NOVO CÓDIGO DO TRABALHO
VERSUS
LEGISLAÇÃO ANTERIOR

MARIA DO ROSÁRIO PALMA RAMALHO
ISABEL VIEIRA BORGES
DIOGO PEREIRA DUARTE
JOANA PINTO MONTEIRO

NOVO CÓDIGO DO TRABALHO
VERSUS
LEGISLAÇÃO ANTERIOR

NOVO CÓDIGO DO TRABALHO
VERSUS LEGISLAÇÃO ANTERIOR

AUTORES
MARIA DO ROSÁRIO PALMA RAMALHO, ISABEL VIEIRA BORGES,
DIOGO PEREIRA DUARTE, JOANA PINTO MONTEIRO

EDITOR
EDIÇÕES ALMEDINA, SA
Av. Fernão Magalhães, n.º 584, 5.º Andar
3000-174 Coimbra
Tel.: 239 851 904
Fax: 239 851 901
www.almedina.net
editora@almedina.net

PRÉ-IMPRESSÃO | IMPRESSÃO | ACABAMENTO
G.C. – GRÁFICA DE COIMBRA, LDA.
Palheira – Assafarge
3001-453 Coimbra
producao@graficadecoimbra.pt

Março, 2009

DEPÓSITO LEGAL
291764/09

Os dados e as opiniões inseridos na presente publicação
são da exclusiva responsabilidade do(s) seu(s) autor(es).

Toda a reprodução desta obra, por fotocópia ou outro qualquer
processo, sem prévia autorização escrita do Editor, é ilícita
e passível de procedimento judicial contra o infractor.

Biblioteca Nacional de Portugal – Catalogação na Publicação

PORTUGAL. Leis, decretos, etc.

Novo código do trabalho versus legislação
anterior / coord. Maria do Rosário Palma
Ramalho... [et al.]
ISBN 978-972-40-3827-8

I – RAMALHO, Maria do Rosário Palma

CDU   349
      331

NOTA PRÉVIA

A ideia do presente trabalho resultou da verificação das mudanças que o novo Código do Trabalho, aprovado pela Lei n.º 7/2009, de 12 de Fevereiro, veio introduzir no ordenamento juslaboral anterior e, designadamente nos dois diplomas que constituíram, nos últimos anos, os seus pilares regulativos – o Código do Trabalho de 2003, aprovado pela Lei n.º 99/2003, de 27 de Agosto, e a Regulamentação do Código do Trabalho, aprovada pela Lei n.º 35/2004, de 29 de Julho. Como já se antecipava pelos trabalhos preparatórios do Código, as mudanças introduzidas são muito vastas, e se, em muitos casos, tais mudanças parecem ser ditadas por objectivos de clarificação ou sistematização, em muitos outros elas correspondem a alterações substantivas de porte variável. Naturalmente, a conjugação destes vários tipos de alterações no novo diploma – cujo conjunto permite afirmar que, mais do que uma revisão do Código do Trabalho anterior, estamos perante um novo Código do Trabalho – torna difícil a apreensão do novo regime e, sobretudo, a avaliação das diferenças que ele patenteia em relação ao regime anterior.

O estudo que ora se publica pretende facilitar a tarefa de apreensão e avaliação do novo Código do Trabalho e foi elaborado pela equipa docente da cadeira de Direito do Trabalho I do 4.º ano (turma de dia) do Curso de Licenciatura em Direito da Faculdade de Direito de Lisboa, sob o patrocínio do Instituto de Direito do Trabalho dessa Faculdade. Contudo, ele só foi possível com a colaboração preciosa de um grupo de alunos da cadeira que fizeram o trabalho inicial de compilação e comparação dos vários regimes.

Por se tratar de um trabalho de comparação de regimes legais, o critério de apresentação das matérias que se adoptou assenta, de uma forma simples, no novo Código do Trabalho, assinalando-se, no mesmo local, as disposições correspondentes do regime anterior, com indicação da respectiva fonte.

Espera-se que este trabalho seja mais uma ferramenta útil para lidar com a grande mas já tradicional volatilidade dos regimes laborais e com os problemas inerentes, bem conhecidos de todos aqueles que têm que, aos mais variados níveis, se ocupam destas matérias.

Lisboa, 15 Fevereiro de 2009

Prof.ª Doutora Maria do Rosário Palma Ramalho
Mestre Isabel Vieira Borges
Mestre Diogo Duarte
Mestre Joana Pinto Monteiro

Colaboraram na presente edição os seguintes alunos da Faculdade de Direito de Lisboa:

>Ana Cristina Veiga Henriques
>Ana Luísa Palmeira Brito
>Ana Patrícia Judicibus Fonseca
>Ana Rita Vigário Pacheco Pinto Caeiro
>Ana Sofia Amaro Lopes
>Andreia Alexandre Rebelo Cunha Silva
>Andreia Castro Carmo
>Cheila Cristiana Pereira Duarte
>Daniel Luís Martins Silva
>Diogo Fernandes Colaço
>Diogo Filipe Gil Castanheira Pereira
>Eurico Miguel Mendes Antunes
>Guilherme Garrido Gaspar
>Iolanda Patrícia Pereira Mouta Mendes
>Joana Freire Pais Almeida
>Manuel Frederico Silva Bruschy Martins
>Márcio Rui Gonçalves Pereira
>Mariana Almeida Barros
>Natacha Sofia da Graça
>Rui Miguel Santos Real
>Rute Isabel Ramalho Lopes
>Soraia Alexandra Garcia Sesta
>Steve Alex Esteves Graça
>Vanessa Nascimento Silva Lemos

LISTA DE ABREVIATURAS DA LEGISLAÇÃO ANTERIOR[1]

CT – **Código do Trabalho** – Lei n.º 99/2003, de 27 de Agosto, na redacção dada pela Lei n.º 9/2006, de 20 de Março, pela Lei n.º 59/2007, de 4 de Setembro, e pela Lei n.º 12-A/2008, de 27 de Fevereiro;

LTT – **Lei do Trabalho Temporário** – Lei n.º 19/2007, de 22 de Maio – Aprova um novo regime jurídico do trabalho temporário, de forma a regular o licenciamento e exercício da actividade das empresas de trabalho temporário, bem como as relações contratuais entre trabalhadores temporários, empresas de trabalho temporário e empresas utilizadoras.

RCT – **Regulamentação do Código do Trabalho** – Lei n.º 35/2004, de 29 de Julho, na redacção dada pela Lei n.º 9/2006, de 20 de Março, e pelo Decreto-Lei n.º 164/2007, de 3 de Maio.

---

[1] Revogada pela Lei n.º 7/2009, de 12 de Fevereiro.

LIVRO I [2]
Parte geral

TÍTULO I
Fontes e aplicação do direito do trabalho

CAPÍTULO I
Fontes do direito do trabalho

Artigo 1.º
Fontes específicas

O contrato de trabalho está sujeito, em especial, aos instrumentos de regulamentação colectiva de trabalho, assim como aos usos laborais que não contrariem o princípio da boa fé.

Artigo 2.º
Instrumentos de regulamentação colectiva de trabalho

1 – Os instrumentos de regulamentação colectiva de trabalho podem ser negociais ou não negociais.
2 – Os instrumentos de regulamentação colectiva de trabalho negociais são a convenção colectiva, o acordo de adesão e a decisão arbitral em processo de arbitragem voluntária.
3 – As convenções colectivas podem ser:
a) Contrato colectivo, a convenção celebrada entre associação sindical e associação de empregadores;
b) Acordo colectivo, a convenção celebrada entre associação sindical e uma

Artigo 1.º (CT)
Fontes específicas

O contrato de trabalho está sujeito, em especial, aos instrumentos de regulamentação colectiva de trabalho, assim como aos usos laborais que não contrariem o princípio da boa fé.

Artigo 2.º (CT)
Instrumentos de regulamentação colectiva de trabalho

1 – Os instrumentos de regulamentação colectiva de trabalho podem ser negociais ou não negociais.
2 – Os instrumentos de regulamentação colectiva de trabalho negociais são a convenção colectiva, o acordo de adesão e a decisão de arbitragem voluntária.
3 – As convenções colectivas podem ser:
a) Contratos colectivos – as convenções celebradas entre associações sindicais e associações de empregadores;
b) Acordos colectivos – as convenções celebradas por associações sindicais

---

[2] Código de Trabalho – aprovado pela Lei n.º 7/2009, de 12 de Fevereiro.

pluralidade de empregadores para diferentes empresas;

c) Acordo de empresa, a convenção celebrada entre associação sindical e um empregador para uma empresa ou estabelecimento.

4 – Os instrumentos de regulamentação colectiva de trabalho não negociais são a portaria de extensão, a portaria de condições de trabalho e a decisão arbitral em processo de arbitragem obrigatória ou necessária.

Artigo 3.º
Relações entre fontes de regulação

1 – As normas legais reguladoras de contrato de trabalho podem ser afastadas por instrumento de regulamentação colectiva de trabalho, salvo quando delas resultar o contrário.

2 – As normas legais reguladoras de contrato de trabalho não podem ser afastadas por portaria de condições de trabalho.

3 – As normas legais reguladoras de contrato de trabalho só podem ser afastadas por instrumento de regulamentação colectiva de trabalho que, sem oposição daquelas normas, disponha em sentido mais favorável aos trabalhadores quando respeitem às seguintes matérias:

a) Direitos de personalidade, igualdade e não discriminação;
b) Protecção na parentalidade;
c) Trabalho de menores;
d) Trabalhador com capacidade de trabalho reduzida, com deficiência ou doença crónica;
e) Trabalhador-estudante;
f) Dever de informação do empregador;

e uma pluralidade de empregadores para diferentes empresas;

c) Acordos de empresa – as convenções subscritas por associações sindicais e um empregador para uma empresa ou estabelecimento.

4 – Os instrumentos de regulamentação colectiva de trabalho não negociais são o regulamento de extensão, o regulamento de condições mínimas e a decisão de arbitragem obrigatória.

Artigo 4.º (CT)
Princípio do tratamento mais favorável

1 – As normas deste Código podem, sem prejuízo do disposto no número seguinte, ser afastadas por instrumento de regulamentação colectiva de trabalho, salvo quando delas resultar o contrário.

2 – As normas deste Código não podem ser afastadas por regulamento de condições mínimas.

3 – As normas deste Código só podem ser afastadas por contrato de trabalho quando este estabeleça condições mais favoráveis para o trabalhador e se delas não resultar o contrário.

Artigo 5.º (CT)
Aplicação de disposições

Sempre que numa disposição deste Código se determinar que a mesma pode ser afastada por instrumento de regulamentação colectiva de trabalho, entende-se que o não pode ser por cláusula de contrato de trabalho.

g) Limites à duração dos períodos normais de trabalho diário e semanal;

h) Duração mínima dos períodos de repouso, incluindo a duração mínima do período anual de férias;

i) Duração máxima do trabalho dos trabalhadores nocturnos;

j) Forma de cumprimento e garantias da retribuição;

l) Capítulo sobre prevenção e reparação de acidentes de trabalho e doenças profissionais e legislação que o regulamenta;

m) Transmissão de empresa ou estabelecimento;

n) Direitos dos representantes eleitos dos trabalhadores.

4 – As normas legais reguladoras de contrato de trabalho só podem ser afastadas por contrato individual que estabeleça condições mais favoráveis para o trabalhador, se delas não resultar o contrário.

5 – Sempre que uma norma legal reguladora de contrato de trabalho determine que a mesma pode ser afastada por instrumento de regulamentação colectiva de trabalho entende-se que o não pode ser por contrato de trabalho.

CAPÍTULO II
Aplicação do direito do trabalho

Artigo 4.º
Igualdade de tratamento de trabalhador estrangeiro ou apátrida

Sem prejuízo do estabelecido quanto à lei aplicável ao destacamento de trabalhadores e do disposto no artigo seguinte, o trabalhador estrangeiro ou

Artigo 86.º (CT)
Âmbito

Sem prejuízo do estabelecido quanto à lei aplicável e em relação ao destacamento de trabalhadores, a prestação de trabalho subordinado em território português por cidadão estrangeiro está sujeita às normas desta subsecção.

apátrida que esteja autorizado a exercer uma actividade profissional subordinada em território português goza dos mesmos direitos e está sujeito aos mesmos deveres do trabalhador com nacionalidade portuguesa.

Artigo 5.º
Forma e conteúdo de contrato com trabalhador estrangeiro ou apátrida

1 – O contrato de trabalho celebrado com trabalhador estrangeiro ou apátrida está sujeito a forma escrita e deve conter, sem prejuízo de outras exigíveis no caso de ser a termo, as seguintes indicações:

a) Identificação, assinaturas e domicílio ou sede das partes;

b) Referência ao visto de trabalho ou ao título de autorização de residência ou permanência do trabalhador em território português;

c) Actividade do empregador;

d) Actividade contratada e retribuição do trabalhador;

e) Local e período normal de trabalho;

f) Valor, periodicidade e forma de pagamento da retribuição;

g) Datas da celebração do contrato e do início da prestação de actividade.

2 – O trabalhador deve ainda anexar ao contrato a identificação e domicílio

Artigo 87.º (CT)
Igualdade de tratamento

O trabalhador estrangeiro que esteja autorizado a exercer uma actividade profissional subordinada em território português goza dos mesmos direitos e está sujeito aos mesmos deveres do trabalhador com nacionalidade portuguesa.

Artigo 90.º (CT)
Apátridas

O regime constante desta subsecção aplica-se ao trabalho de apátridas em território português.

Artigo 88.º (CT)
Formalidades

1 – O contrato de trabalho celebrado com um cidadão estrangeiro, para a prestação de actividade executada em território português, para além de revestir a forma escrita, deve cumprir as formalidades reguladas em legislação especial.

2 – O disposto neste artigo não é aplicável à celebração de contratos de trabalho com cidadãos nacionais dos países membros do Espaço Económico Europeu e dos países que consagrem a igualdade de tratamento com os cidadãos nacionais, em matéria de livre exercício de actividades profissionais.

Artigo 89.º (CT)
Deveres de comunicação

1 – A celebração ou cessação de contratos de trabalho a que se refere esta subsecção determina o cumprimento de deveres de comunicação à entidade competente, regulados em legislação especial.

da pessoa ou pessoas beneficiárias de pensão em caso de morte resultante de acidente de trabalho ou doença profissional.

3 – O contrato de trabalho deve ser elaborado em duplicado, entregando o empregador um exemplar ao trabalhador.

4 – O exemplar do contrato que ficar com o empregador deve ter apensos documentos comprovativos do cumprimento das obrigações legais relativas à entrada e à permanência ou residência do cidadão estrangeiro ou apátrida em Portugal, sendo apensas cópias dos mesmos documentos aos restantes exemplares.

5 – O empregador deve comunicar ao serviço com competência inspectiva do ministério responsável pela área laboral, mediante formulário electrónico:

a) A celebração de contrato de trabalho com trabalhador estrangeiro ou apátrida, antes do início da sua execução;

b) A cessação de contrato, nos 15 dias posteriores.

6 – O disposto neste artigo não é aplicável a contrato de trabalho de cidadão nacional de país membro do Espaço Económico Europeu ou de outro Estado que consagre a igualdade de tratamento com cidadão nacional em matéria de livre exercício de actividade profissional.

7 – Constitui contra-ordenação grave a violação do disposto nos n.ᵒˢ 1, 3, 4 ou 5.

2 – O disposto no número anterior não é aplicável à celebração de contratos de trabalho com cidadãos nacionais dos países membros do Espaço Económico Europeu ou outros relativamente aos quais vigore idêntico regime.

Artigo 157.º (RCT)
Âmbito

O presente capítulo regula o n.º 1 do artigo 88.º e o n.º 1 do artigo 89.º do Código do Trabalho.

Artigo 158.º (RCT)
Formalidades

1 – Para efeitos do n.º 1 do artigo 88.º do Código do Trabalho, o contrato de trabalho deve conter, sem prejuízo de outras exigíveis para a celebração do contrato a termo previstas no Código do Trabalho, as seguintes indicações:

a) Nome ou denominação e domicílio ou sede dos contraentes;

b) Referência ao visto de trabalho ou ao título de autorização de residência ou permanência do trabalhador em território português;

c) Actividade do empregador;

d) Actividade contratada e retribuição do trabalhador;

e) Local e período normal de trabalho;

f) Valor, periodicidade e forma de pagamento da retribuição;

g) Datas da celebração do contrato e do início da prestação de actividade.

2 – Para efeitos do n.º 1 do artigo 88.º do Código do Trabalho, o trabalhador deve ainda anexar ao contrato a identificação e domicílio da pessoa ou pessoas beneficiárias de pensão em caso de morte resultante de acidente de trabalho ou doença profissional.

3 – O contrato de trabalho deve ser elaborado em triplicado, entregando o empregador um exemplar ao trabalhador.

4 – O exemplar do contrato que ficar com o empregador deve ter apensos documentos comprovativos do cumprimento das obrigações legais relativas à entrada e à permanência ou residência do cidadão estrangeiro em Portugal, sendo apensas cópias dos mesmos documentos aos restantes exemplares.

Artigo 159.º (RCT)
Comunicação da celebração e da cessação

1 – Para efeitos do n.º 1 do artigo 89.º do Código do Trabalho, antes do início da prestação de trabalho por parte do trabalhador estrangeiro ou apátrida, o empregador deve comunicar, por escrito, a celebração do contrato à Inspecção-Geral do Trabalho.

2 – A comunicação deve ser acompanhada de um exemplar do contrato de trabalho, que fica arquivado no serviço competente.

3 – Verificando-se a cessação do contrato de trabalho, o empregador deve comunicar, por escrito, esse facto, no prazo de 15 dias, à Inspecção-Geral do Trabalho.

4 – O disposto nos números anteriores não é aplicável à celebração de contratos de trabalho com cidadãos nacionais dos países membros do espaço económico europeu ou outros relativamente aos quais vigore idêntico regime.

Artigo 648.º (CT)
Trabalhador estrangeiro
Constitui contra-ordenação grave a violação do disposto no artigo 87.º

Artigo 479.º (RCT)
Trabalhador estrangeiro ou apátrida
Constitui contra-ordenação grave a violação do disposto nos n.ºs 1, 3 e 4 do artigo 158.º e nos n.ºs 1 a 3 do artigo 159.º

Artigo 6.º
Destacamento em território português

1 – Consideram-se submetidas ao regime de destacamento as seguintes situações, nas quais o trabalhador, contratado por empregador estabelecido noutro Estado, presta a sua actividade em território português:

a) Em execução de contrato entre o empregador e o beneficiário que exerce a actividade, desde que o trabalhador permaneça sob a autoridade e direcção daquele;

b) Em estabelecimento do mesmo empregador, ou empresa de outro empregador com o qual exista uma relação societária de participações recíprocas, de domínio ou de grupo;

c) Ao serviço de um utilizador, à disposição do qual foi colocado por empresa de trabalho temporário ou outra empresa.

2 – O regime é também aplicável ao destacamento efectuado nas situações referidas nas alíneas a) e b) do número anterior por um utilizador estabelecido noutro Estado, ao abrigo da respectiva legislação nacional, desde que o contrato

Artigo 7.º (CT)
Destacamento em território português

1 – O destacamento pressupõe que o trabalhador, contratado por um empregador estabelecido noutro Estado e enquanto durar o contrato de trabalho, preste a sua actividade em território português num estabelecimento do empregador ou em execução de contrato celebrado entre o empregador e o beneficiário da actividade, ainda que em regime de trabalho temporário.

2 – As normas deste Código são aplicáveis, com as limitações decorrentes do artigo seguinte, ao destacamento de trabalhadores para prestar trabalho em território português e que ocorra nas situações contempladas em legislação especial.

Artigo 11.º (RCT)
Âmbito

1 – O presente capítulo regula o n.º 2 do artigo 7.º e o artigo 8.º do Código do Trabalho.

2 – O presente capítulo é aplicável ao destacamento de trabalhador para prestar trabalho em território português, efectuado por empresa estabele-

de trabalho subsista durante o destacamento.

3 – O regime de destacamento em território português não é aplicável ao pessoal navegante da marinha mercante.

cida noutro Estado, que ocorra numa das seguintes situações:

a) Em execução de contrato entre o empregador que efectua o destacamento e o beneficiário que exerce actividade em território português, desde que o trabalhador permaneça sob a autoridade e direcção daquele empregador;

b) Em estabelecimento da mesma empresa, ou empresa de outro empregador com o qual exista uma relação societária de participações recíprocas, de domínio ou de grupo;

c) Se o destacamento for efectuado por uma empresa de trabalho temporário ou empresa que coloque o trabalhador à disposição de um utilizador.

3 – O presente capítulo é também aplicável ao destacamento efectuado nas situações referidas nas alíneas a) e b) do número anterior por um utilizador estabelecido noutro Estado, ao abrigo da respectiva legislação nacional, desde que o contrato de trabalho subsista durante o destacamento.

4 – O regime de destacamento em território português não é aplicável ao pessoal navegante da marinha mercante.

Artigo 7.º
Condições de trabalho de trabalhador destacado

1 – Sem prejuízo de regime mais favorável constante de lei ou contrato de trabalho, o trabalhador destacado tem direito às condições de trabalho previstas na lei e em regulamentação colectiva de trabalho de eficácia geral aplicável que respeitem a:

a) Segurança no emprego;

Artigo 8.º (CT)
Condições de trabalho

Sem prejuízo de regimes mais favoráveis constantes da lei aplicável à relação laboral ou previstos no contrato de trabalho e ressalvadas as excepções constantes de legislação especial, os trabalhadores destacados nos termos do artigo anterior têm direito às condições de trabalho previstas neste Código e na regulamentação colectiva de trabalho

b) Duração máxima do tempo de trabalho;
c) Períodos mínimos de descanso;
d) Férias;
e) Retribuição mínima e pagamento de trabalho suplementar;
f) Cedência de trabalhadores por parte de empresa de trabalho temporário;
g) Cedência ocasional de trabalhadores;
h) Segurança e saúde no trabalho;
i) Protecção na parentalidade;
j) Protecção do trabalho de menores;
l) Igualdade de tratamento e não discriminação.

2 – Para efeito do disposto no número anterior:

a) A retribuição mínima integra os subsídios ou abonos atribuídos ao trabalhador por causa do destacamento que não constituam reembolso de despesas efectuadas, nomeadamente com viagens, alojamento e alimentação;

b) As férias, a retribuição mínima e o pagamento de trabalho suplementar não são aplicáveis ao destacamento de trabalhador qualificado por parte de empresa fornecedora de um bem, para efectuar a montagem ou a instalação inicial indispensável ao seu funcionamento, desde que a mesma esteja integrada no contrato de fornecimento e a sua duração não seja superior a oito dias no período de um ano.

3 – O disposto na alínea *b)* do número anterior não abrange o destacamento em actividades de construção que visem a realização, reparação, manutenção, alteração ou eliminação de construções, nomeadamente escavações, aterros, construção, montagem e desmontagem de elementos prefabricados, arranjo ou

de eficácia geral vigente em território nacional respeitantes a:
a) Segurança no emprego;
b) Duração máxima do tempo de trabalho;
c) Períodos mínimos de descanso;
d) Férias retribuídas;
e) Retribuição mínima e pagamento de trabalho suplementar;
f) Condições de cedência de trabalhadores por parte de empresas de trabalho temporário;
g) Condições de cedência ocasional de trabalhadores;
h) Segurança, higiene e saúde no trabalho;
i) Protecção da maternidade e paternidade;
j) Protecção do trabalho de menores;
l) Igualdade de tratamento e não discriminação.

Artigo 12.º (RCT)
Condições de trabalho

1 – A retribuição mínima prevista na alínea e) do artigo 8.º do Código do Trabalho integra os subsídios ou abonos atribuídos aos trabalhadores por causa do destacamento, que não constituam reembolso de despesas efectivamente efectuadas, nomeadamente viagens, alojamento e alimentação.

2 – As férias, a retribuição mínima e o pagamento de trabalho suplementar, referidos nas alíneas d) e e) do artigo 8.º do Código do Trabalho, não são aplicáveis ao destacamento de trabalhador qualificado, por parte de empresa fornecedora de um bem, para efectuar a montagem ou a instalação inicial indispensável ao seu funcionamento, desde que a mesma esteja

instalação de equipamentos, transformação, renovação, reparação, conservação ou manutenção, designadamente pintura e limpeza, desmantelamento, demolição e saneamento.

integrada no contrato de fornecimento e a sua duração não seja superior a oito dias no período de um ano.

3 – O disposto no número anterior não abrange o destacamento em actividades de construção que visem a realização, reparação, manutenção, alteração ou eliminação de construções, nomeadamente escavações, aterros, construção, montagem e desmontagem de elementos prefabricados, arranjo ou instalação de equipamentos, transformação, renovação, reparação, conservação ou manutenção, designadamente pintura e limpeza, desmantelamento, demolição e saneamento.

Artigo 8.º
Destacamento para outro Estado

1 – O trabalhador contratado por uma empresa estabelecida em Portugal, que preste actividade no território de outro Estado em situação a que se refere o artigo 6.º, tem direito às condições de trabalho previstas no artigo anterior, sem prejuízo de regime mais favorável constante da lei aplicável ou do contrato.

2 – O empregador deve comunicar, com cinco dias de antecedência, ao serviço com competência inspectiva do ministério responsável pela área laboral a identidade dos trabalhadores a destacar para o estrangeiro, o utilizador, o local de trabalho, o início e o termo previsíveis da deslocação.

3 – Constitui contra-ordenação grave a violação do disposto no número anterior.

Artigo 9.º (CT)
Destacamento para outros Estados

O trabalhador contratado por uma empresa estabelecida em Portugal, se prestar a sua actividade no território de outro Estado, tanto num estabelecimento do empregador como em execução de contrato celebrado entre o empregador e o beneficiário da actividade, ainda que em regime de trabalho temporário, enquanto durar o contrato de trabalho e sem prejuízo de regimes mais favoráveis constantes da lei aplicável à relação laboral ou previstos contratualmente, tem direito às condições de trabalho constantes do artigo anterior.

Artigo 9.º
Contrato de trabalho
com regime especial

Ao contrato de trabalho com regime especial aplicam-se as regras gerais deste Código que sejam compatíveis com a sua especificidade.

Artigo 10.º
Situações equiparadas

As normas legais respeitantes a direitos de personalidade, igualdade e não discriminação e segurança e saúde no trabalho são aplicáveis a situações em que ocorra prestação de trabalho por uma pessoa a outra, sem subordinação jurídica, sempre que o prestador de trabalho deva considerar-se na dependência económica do beneficiário da actividade.

TÍTULO II
Contrato de trabalho

CAPÍTULO I
Disposições gerais

SECÇÃO I
Contrato de trabalho

Artigo 11.º
Noção de contrato de trabalho

Contrato de trabalho é aquele pelo qual uma pessoa singular se obriga, mediante retribuição, a prestar a sua actividade a outra ou outras pessoas, no âmbito de organização e sob a autoridade destas.

Artigo 11.º (CT)
Regimes especiais

Aos contratos de trabalho com regime especial aplicam-se as regras gerais deste Código que não sejam incompatíveis com a especificidade desses contratos.

Artigo 13.º (CT)
Contratos equiparados

Ficam sujeitos aos princípios definidos neste Código, nomeadamente quanto a direitos de personalidade, igualdade e não discriminação e segurança, higiene e saúde no trabalho, sem prejuízo de regulamentação em legislação especial, os contratos que tenham por objecto a prestação de trabalho, sem subordinação jurídica, sempre que o trabalhador deva considerar-se na dependência económica do beneficiário da actividade.

Artigo 10.º (CT)
Noção

Contrato de trabalho é aquele pelo qual uma pessoa se obriga, mediante retribuição, a prestar a sua actividade a outra ou outras pessoas, sob a autoridade e direcção destas.

Artigo 12.º
Presunção de contrato de trabalho

1 – Presume-se a existência de contrato de trabalho quando, na relação entre a pessoa que presta uma actividade e outra ou outras que dela beneficiam, se verifiquem algumas das seguintes características:

a) A actividade seja realizada em local pertencente ao seu beneficiário ou por ele determinado;

b) Os equipamentos e instrumentos de trabalho utilizados pertençam ao beneficiário da actividade;

c) O prestador de actividade observe horas de início e de termo da prestação, determinadas pelo beneficiário da mesma;

d) Seja paga, com determinada periodicidade, uma quantia certa ao prestador de actividade, como contrapartida da mesma;

e) O prestador de actividade desempenhe funções de direcção ou chefia na estrutura orgânica da empresa.

2 – Constitui contra-ordenação muito grave imputável ao empregador a prestação de actividade, por forma aparentemente autónoma, em condições características de contrato de trabalho, que possa causar prejuízo ao trabalhador ou ao Estado.

3 – Em caso de reincidência, é aplicada a sanção acessória de privação do direito a subsídio ou benefício outorgado por entidade ou serviço público, por período até dois anos.

4 – Pelo pagamento da coima, são solidariamente responsáveis o empregador,

Artigo 12.º (CT)[3]
Presunção

Presume-se que existe um contrato de trabalho sempre que o prestador esteja na dependência e inserido na estrutura organizativa do beneficiário da actividade e realize a sua prestação sob as ordens, direcção e fiscalização deste, mediante retribuição.

---

[3] Com a redacção dada pela Lei n.º 9/2006, de 20 de Março.

as sociedades que com este se encontrem em relações de participações recíprocas, de domínio ou de grupo, bem como o gerente, administrador ou director, nas condições a que se referem o artigo 334.º e o n.º 2 do artigo 335.º.

SECÇÃO II
Sujeitos

SUBSECÇÃO I
Capacidade

Artigo 13.º
Princípio geral sobre capacidade

A capacidade para celebrar contrato de trabalho regula-se nos termos gerais do direito e pelo disposto neste Código.

Artigo 14.º (CT)
Princípio geral

A capacidade para celebrar contratos de trabalho regula-se nos termos gerais e pelo disposto neste Código.

SUBSECÇÃO II
Direitos de personalidade

Artigo 14.º
Liberdade de expressão e de opinião

É reconhecida, no âmbito da empresa, a liberdade de expressão e de divulgação do pensamento e opinião, com respeito dos direitos de personalidade do trabalhador e do empregador, incluindo as pessoas singulares que o representam, e do normal funcionamento da empresa.

Artigo 15.º (CT)
Liberdade de expressão e de opinião

É reconhecida no âmbito da empresa a liberdade de expressão e de divulgação do pensamento e opinião, com respeito dos direitos de personalidade do trabalhador e empregador, incluindo as pessoas singulares que o representam, e do normal funcionamento da empresa.

Artigo 15.º
Integridade física e moral

O empregador, incluindo as pessoas singulares que o representam, e o trabalhador gozam do direito à respectiva integridade física e moral.

Artigo 18.º (CT)
Integridade física e moral

O empregador, incluindo as pessoas singulares que o representam, e o trabalhador gozam do direito à respectiva integridade física e moral.

Artigo 16.º
Reserva da intimidade da vida privada

1 – O empregador e o trabalhador devem respeitar os direitos de personalidade da contraparte, cabendo-lhes, designadamente, guardar reserva quanto à intimidade da vida privada.

2 – O direito à reserva da intimidade da vida privada abrange quer o acesso, quer a divulgação de aspectos atinentes à esfera íntima e pessoal das partes, nomeadamente relacionados com a vida familiar, afectiva e sexual, com o estado de saúde e com as convicções políticas e religiosas.

Artigo 17.º
Protecção de dados pessoais

1 – O empregador não pode exigir a candidato a emprego ou a trabalhador que preste informações relativas:

a) À sua vida privada, salvo quando estas sejam estritamente necessárias e relevantes para avaliar da respectiva aptidão no que respeita à execução do contrato de trabalho e seja fornecida por escrito a respectiva fundamentação;

b) À sua saúde ou estado de gravidez, salvo quando particulares exigências inerentes à natureza da actividade profissional o justifiquem e seja fornecida por escrito a respectiva fundamentação.

2 – As informações previstas na alínea *b)* do número anterior são prestadas a médico, que só pode comunicar ao empregador se o trabalhador está ou não apto a desempenhar a actividade.

3 – O candidato a emprego ou o trabalhador que haja fornecido informações de índole pessoal goza do direito

Artigo 16.º (CT)
Reserva da intimidade da vida privada

1 – O empregador e o trabalhador devem respeitar os direitos de personalidade da contraparte, cabendo-lhes, designadamente, guardar reserva quanto à intimidade da vida privada.

2 – O direito à reserva da intimidade da vida privada abrange quer o acesso, quer a divulgação de aspectos atinentes à esfera íntima e pessoal das partes, nomeadamente relacionados com a vida familiar, afectiva e sexual, com o estado de saúde e com as convicções políticas e religiosas.

Artigo 17.º (CT)
Protecção de dados pessoais

1 – O empregador não pode exigir ao candidato a emprego ou ao trabalhador que preste informações relativas à sua vida privada, salvo quando estas sejam estritamente necessárias e relevantes para avaliar da respectiva aptidão no que respeita à execução do contrato de trabalho e seja fornecida por escrito a respectiva fundamentação.

2 – O empregador não pode exigir ao candidato a emprego ou ao trabalhador que preste informações relativas à sua saúde ou estado de gravidez, salvo quando particulares exigências inerentes à natureza da actividade profissional o justifiquem e seja fornecida por escrito a respectiva fundamentação.

3 – As informações previstas no número anterior são prestadas a médico, que só pode comunicar ao empregador se o trabalhador está ou não apto a desempenhar a actividade, salvo autorização escrita deste.

ao controlo dos respectivos dados pessoais, podendo tomar conhecimento do seu teor e dos fins a que se destinam, bem como exigir a sua rectificação e actualização.

4 – Os ficheiros e acessos informáticos utilizados pelo empregador para tratamento de dados pessoais do candidato a emprego ou trabalhador ficam sujeitos à legislação em vigor relativa à protecção de dados pessoais.

5 – Constitui contra-ordenação muito grave a violação do disposto nos n.ºˢ 1 ou 2.

4 – O candidato a emprego ou o trabalhador que haja fornecido informações de índole pessoal goza do direito ao controlo dos respectivos dados pessoais, podendo tomar conhecimento do seu teor e dos fins a que se destinam, bem como exigir a sua rectificação e actualização.

5 – Os ficheiros e acessos informáticos utilizados pelo empregador para tratamento de dados pessoais do candidato a emprego ou trabalhador ficam sujeitos à legislação em vigor relativa à protecção de dados pessoais.

Artigo 641.º (CT)
Direitos de personalidade

1 – Constitui contra-ordenação muito grave a violação do disposto nos n.ºˢ 1, 2 e 3 do artigo 17.º, nos n.ºˢ 1 e 2 do artigo 19.º e no n.º 1 do artigo 20.º

Artigo 18.º
Dados biométricos

1 – O empregador só pode tratar dados biométricos do trabalhador após notificação à Comissão Nacional de Protecção de Dados.

2 – O tratamento de dados biométricos só é permitido se os dados a utilizar forem necessários, adequados e proporcionais aos objectivos a atingir.

3 – Os dados biométricos são conservados durante o período necessário para a prossecução das finalidades do tratamento a que se destinam, devendo ser destruídos no momento da transferência do trabalhador para outro local de trabalho ou da cessação do contrato de trabalho.

4 – A notificação a que se refere o n.º 1 deve ser acompanhada de parecer

Artigo 27.º (RCT)
Dados biométricos

1 – O empregador só pode tratar dados biométricos do trabalhador após notificação à Comissão Nacional de Protecção de Dados.

2 – O tratamento de dados biométricos só é permitido se os dados a utilizar forem necessários, adequados e proporcionais aos objectivos a atingir.

3 – Os dados biométricos são conservados durante o período necessário para a prossecução das finalidades do tratamento a que se destinam, devendo ser destruídos no momento da transferência do trabalhador para outro local de trabalho ou da cessação do contrato de trabalho.

4 – A notificação a que se refere o n.º 1 deve ser acompanhada de parecer

da comissão de trabalhadores ou, não estando este disponível 10 dias após a consulta, de comprovativo do pedido de parecer.

5 – Constitui contra-ordenação grave a violação do disposto no n.º 3.

da comissão de trabalhadores ou, 10 dias após a consulta, comprovativo do pedido de parecer.

Artigo 471.º (RCT)
Dados biométricos

Constitui contra-ordenação grave a violação do disposto nos n.ºs 1 e 3 do artigo 27.º

Artigo 19.º
Testes e exames médicos

1 – Para além das situações previstas em legislação relativa a segurança e saúde no trabalho, o empregador não pode, para efeitos de admissão ou permanência no emprego, exigir a candidato a emprego ou a trabalhador a realização ou apresentação de testes ou exames médicos, de qualquer natureza, para comprovação das condições físicas ou psíquicas, salvo quando estes tenham por finalidade a protecção e segurança do trabalhador ou de terceiros, ou quando particulares exigências inerentes à actividade o justifiquem, devendo em qualquer caso ser fornecida por escrito ao candidato a emprego ou trabalhador a respectiva fundamentação.

2 – O empregador não pode, em circunstância alguma, exigir a candidata a emprego ou a trabalhadora a realização ou apresentação de testes ou exames de gravidez.

3 – O médico responsável pelos testes e exames médicos só pode comunicar ao empregador se o trabalhador está ou não apto para desempenhar a actividade.

4 – Constitui contra-ordenação muito grave a violação do disposto nos n.ºs 1 ou 2.

Artigo 19.º (CT)
Testes e exames médicos

1 – Para além das situações previstas na legislação relativa a segurança, higiene e saúde no trabalho, o empregador não pode, para efeitos de admissão ou permanência no emprego, exigir ao candidato a emprego ou ao trabalhador a realização ou apresentação de testes ou exames médicos, de qualquer natureza, para comprovação das condições físicas ou psíquicas, salvo quando estes tenham por finalidade a protecção e segurança do trabalhador ou de terceiros, ou quando particulares exigências inerentes à actividade o justifiquem, devendo em qualquer caso ser fornecida por escrito ao candidato a emprego ou trabalhador a respectiva fundamentação.

2 – O empregador não pode, em circunstância alguma, exigir à candidata a emprego ou à trabalhadora a realização ou apresentação de testes ou exames de gravidez.

3 – O médico responsável pelos testes e exames médicos só pode comunicar ao empregador se o trabalhador está ou não apto para desempenhar a actividade, salvo autorização escrita deste.

Artigo 641.º (CT)
Direitos de personalidade

1 – Constitui contra-ordenação muito grave a violação do disposto nos n.ᵒˢ 1, 2 e 3 do artigo 17.º, nos n.ᵒˢ 1 e 2 do artigo 19.º e no n.º 1 do artigo 20.º

Artigo 20.º
Meios de vigilância a distância

1 – O empregador não pode utilizar meios de vigilância a distância no local de trabalho, mediante o emprego de equipamento tecnológico, com a finalidade de controlar o desempenho profissional do trabalhador.

2 – A utilização de equipamento referido no número anterior é lícita sempre que tenha por finalidade a protecção e segurança de pessoas e bens ou quando particulares exigências inerentes à natureza da actividade o justifiquem.

3 – Nos casos previstos no número anterior, o empregador informa o trabalhador sobre a existência e finalidade dos meios de vigilância utilizados, devendo nomeadamente afixar nos locais sujeitos os seguintes dizeres, consoante os casos: «Este local encontra-se sob vigilância de um circuito fechado de televisão» ou «Este local encontra-se sob vigilância de um circuito fechado de televisão, procedendo-se à gravação de imagem e som», seguido de símbolo identificativo.

4 – Constitui contra-ordenação muito grave a violação do disposto no n.º 1 e constitui contra-ordenação leve a violação do disposto no n.º 3.

Artigo 20.º (CT)
Meios de vigilância a distância

1 – O empregador não pode utilizar meios de vigilância a distância no local de trabalho, mediante o emprego de equipamento tecnológico, com a finalidade de controlar o desempenho profissional do trabalhador.

2 – A utilização do equipamento identificado no número anterior é lícita sempre que tenha por finalidade a protecção e segurança de pessoas e bens ou quando particulares exigências inerentes à natureza da actividade o justifiquem.

3 – Nos casos previstos no número anterior o empregador deve informar o trabalhador sobre a existência e finalidade dos meios de vigilância utilizados.

Artigo 29.º (RCT)
Informação sobre meios de vigilância a distância

Para efeitos do n.º 3 do artigo 20.º do Código do Trabalho, o empregador deve afixar nos locais de trabalho em que existam meios de vigilância a distância os seguintes dizeres, consoante os casos: «Este local encontra-se sob vigilância de um circuito fechado de televisão» ou «Este local encontra-se sob vigilância de um circuito fechado de televisão, procedendo-se à gravação de imagem e som», seguido de símbolo identificativo.

Artigo 21.º
Utilização de meios de vigilância a distância

1 – A utilização de meios de vigilância a distância no local de trabalho está sujeita a autorização da Comissão Nacional de Protecção de Dados.

2 – A autorização só pode ser concedida se a utilização dos meios for necessária, adequada e proporcional aos objectivos a atingir.

3 – Os dados pessoais recolhidos através dos meios de vigilância a distância são conservados durante o período necessário para a prossecução das finalidades da utilização a que se destinam, devendo ser destruídos no momento da transferência do trabalhador para outro local de trabalho ou da cessação do contrato de trabalho.

4 – O pedido de autorização a que se refere o n.º 1 deve ser acompanhado de parecer da comissão de trabalhadores ou, não estando este disponível 10 dias após a consulta, de comprovativo do pedido de parecer.

5 – Constitui contra-ordenação grave a violação do disposto no n.º 3.

Artigo 641.º (CT)
Direitos de personalidade

1 – Constitui contra-ordenação muito grave a violação do disposto nos n.ºˢ 1, 2 e 3 do artigo 17.º, nos n.ºˢ 1 e 2 do artigo 19.º e no n.º 1 do artigo 20.º

Artigo 28.º (RCT)
Utilização de meios de vigilância a distância

1 – Para efeitos do n.º 2 do artigo 20.º do Código do Trabalho, a utilização de meios de vigilância a distância no local de trabalho está sujeita a autorização da Comissão Nacional de Protecção de Dados.

2 – A autorização referida no número anterior só pode ser concedida se a utilização dos meios for necessária, adequada e proporcional aos objectivos a atingir.

3 – Os dados pessoais recolhidos através dos meios de vigilância a distância são conservados durante o período necessário para a prossecução das finalidades da utilização a que se destinam, devendo ser destruídos no momento da transferência do trabalhador para outro local de trabalho ou da cessação do contrato de trabalho.

4 – O pedido de autorização a que se refere o n.º 1 deve ser acompanhado de parecer da comissão de trabalhadores ou, 10 dias após a consulta, comprovativo do pedido de parecer.

Artigo 472.º (RCT)
Utilização de meios de vigilância a distância

1 – Constitui contra-ordenação muito grave a violação do disposto no n.º 1 do artigo 28.º

Artigo 22.º
Confidencialidade de mensagens e de acesso a informação

1 – O trabalhador goza do direito de reserva e confidencialidade relativamente ao conteúdo das mensagens de natureza pessoal e acesso a informação de carácter não profissional que envie, receba ou consulte, nomeadamente através do correio electrónico.

2 – O disposto no número anterior não prejudica o poder de o empregador estabelecer regras de utilização dos meios de comunicação na empresa, nomeadamente do correio electrónico.

2 – Constitui contra-ordenação grave a violação do disposto no n.º 3 do artigo 28.º

Artigo 21.º (CT)
Confidencialidade de mensagens e de acesso a informação

1 – O trabalhador goza do direito de reserva e confidencialidade relativamente ao conteúdo das mensagens de natureza pessoal e acesso a informação de carácter não profissional que envie, receba ou consulte, nomeadamente através do correio electrónico.

2 – O disposto no número anterior não prejudica o poder de o empregador estabelecer regras de utilização dos meios de comunicação na empresa, nomeadamente do correio electrónico.

SUBSECÇÃO III
Igualdade e não discriminação

DIVISÃO I
Disposições gerais sobre igualdade e não discriminação

Artigo 23.º
Conceitos em matéria de igualdade e não discriminação

1 – Para efeitos do presente Código, considera-se:

a) Discriminação directa, sempre que, em razão de um factor de discriminação, uma pessoa seja sujeita a tratamento menos favorável do que aquele que é, tenha sido ou venha a ser dado a outra pessoa em situação comparável;

b) Discriminação indirecta, sempre que uma disposição, critério ou prática aparentemente neutro seja susceptível de colocar uma pessoa, por motivo de um factor de discriminação, numa

Artigo 32.º (RCT)
Conceitos

1 – Constituem factores de discriminação, além dos previstos no n.º 1 do artigo 23.º do Código do Trabalho, nomeadamente, o território de origem, língua, raça, instrução, situação económica, origem ou condição social.

2 – Considera-se:

a) Discriminação directa sempre que, em razão de um dos factores indicados no referido preceito legal, uma pessoa seja sujeita a tratamento menos favorável do que aquele que é, tenha sido ou venha a ser dado a outra pessoa em situação comparável;

posição de desvantagem comparativamente com outras, a não ser que essa disposição, critério ou prática seja objectivamente justificado por um fim legítimo e que os meios para o alcançar sejam adequados e necessários;

c) Trabalho igual, aquele em que as funções desempenhadas ao serviço do mesmo empregador são iguais ou objectivamente semelhantes em natureza, qualidade e quantidade;

d) Trabalho de valor igual, aquele em que as funções desempenhadas ao serviço do mesmo empregador são equivalentes, atendendo nomeadamente à qualificação ou experiência exigida, às responsabilidades atribuídas, ao esforço físico e psíquico e às condições em que o trabalho é efectuado.

2 – Constitui discriminação a mera ordem ou instrução que tenha por finalidade prejudicar alguém em razão de um factor de discriminação.

b) Discriminação indirecta sempre que uma disposição, critério ou prática aparentemente neutro seja susceptível de colocar pessoas que se incluam num dos factores característicos indicados no referido preceito legal numa posição de desvantagem comparativamente com outras, a não ser que essa disposição, critério ou prática seja objectivamente justificado por um fim legítimo e que os meios para o alcançar sejam adequados e necessários;

c) Trabalho igual aquele em que as funções desempenhadas ao mesmo empregador são iguais ou objectivamente semelhantes em natureza, qualidade e quantidade;

d) Trabalho de valor igual aquele que corresponde a um conjunto de funções, prestadas ao mesmo empregador, consideradas equivalentes atendendo, nomeadamente, às qualificações ou experiência exigida, às responsabilidades atribuídas, ao esforço físico e psíquico e às condições em que o trabalho é efectuado.

3 – Constitui discriminação uma ordem ou instrução que tenha a finalidade de prejudicar pessoas em razão de um factor referido no n.º 1 deste artigo ou no n.º 1 do artigo 23.º do Código do Trabalho.

Artigo 24.º
Direito à igualdade no acesso a emprego e no trabalho

1 – O trabalhador ou candidato a emprego tem direito a igualdade de oportunidades e de tratamento no que se refere ao acesso ao emprego, à formação e promoção ou carreira profissionais e às condições de trabalho, não podendo ser

Artigo 22.º (CT)
Direito à igualdade no acesso ao emprego e no trabalho

1 – Todos os trabalhadores têm direito à igualdade de oportunidades e de tratamento no que se refere ao acesso ao emprego, à formação e promoção profissionais e às condições de trabalho.

privilegiado, beneficiado, prejudicado, privado de qualquer direito ou isento de qualquer dever em razão, nomeadamente, de ascendência, idade, sexo, orientação sexual, estado civil, situação familiar, situação económica, instrução, origem ou condição social, património genético, capacidade de trabalho reduzida, deficiência, doença crónica, nacionalidade, origem étnica ou raça, território de origem, língua, religião, convicções políticas ou ideológicas e filiação sindical, devendo o Estado promover a igualdade de acesso a tais direitos.

2 – O direito referido no número anterior respeita, designadamente:

a) A critérios de selecção e a condições de contratação, em qualquer sector de actividade e a todos os níveis hierárquicos;

b) A acesso a todos os tipos de orientação, formação e reconversão profissionais de qualquer nível, incluindo a aquisição de experiência prática;

c) A retribuição e outras prestações patrimoniais, promoção a todos os níveis hierárquicos e critérios para selecção de trabalhadores a despedir;

d) A filiação ou participação em estruturas de representação colectiva, ou em qualquer outra organização cujos membros exercem uma determinada profissão, incluindo os benefícios por elas atribuídos.

3 – O disposto nos números anteriores não prejudica a aplicação:

a) De disposições legais relativas ao exercício de uma actividade profissional por estrangeiro ou apátrida;

b) De disposições relativas à especial protecção de património genético, gravidez, parentalidade, adopção e outras

2 – *Nenhum trabalhador ou candidato a emprego pode ser privilegiado, beneficiado, prejudicado, privado de qualquer direito ou isento de qualquer dever em razão, nomeadamente, de ascendência, idade, sexo, orientação sexual, estado civil, situação familiar, património genético, capacidade de trabalho reduzida, deficiência, doença crónica, nacionalidade, origem étnica, religião, convicções políticas ou ideológicas e filiação sindical.*

Artigo 33.º (RCT)
Direito à igualdade nas condições de acesso e no trabalho

1 – O direito à igualdade de oportunidades e de tratamento no que se refere ao acesso ao emprego, à formação e promoção profissionais e às condições de trabalho respeita:

a) Aos critérios de selecção e às condições de contratação, em qualquer sector de actividade e a todos os níveis hierárquicos;

b) Ao acesso a todos os tipos de orientação, formação e reconversão profissionais de qualquer nível, incluindo a aquisição de experiência prática;

c) À retribuição e outras prestações patrimoniais, promoções a todos os níveis hierárquicos e aos critérios que servem de base para a selecção dos trabalhadores a despedir;

d) À filiação ou participação em organizações de trabalhadores ou de empregadores, ou em qualquer outra organização cujos membros exercem uma determinada profissão, incluindo os benefícios por elas atribuídos.

2 – O disposto no número anterior

situações respeitantes à conciliação da actividade profissional com a vida familiar.

4 – O empregador deve afixar na empresa, em local apropriado, a informação relativa aos direitos e deveres do trabalhador em matéria de igualdade e não discriminação.

5 – Constitui contra-ordenação muito grave a violação do disposto no n.º 1 e constitui contra-ordenação leve a violação do disposto no n.º 4.

não prejudica a aplicação das disposições legais relativas:
a) Ao exercício de uma actividade profissional por estrangeiro ou apátrida;
b) À especial protecção da gravidez, maternidade, paternidade, adopção e outras situações respeitantes à conciliação da actividade profissional com a vida familiar.
3 – Nos aspectos referidos no n.º 1, são permitidas diferenças de tratamento baseadas na idade que sejam necessárias e apropriadas à realização de um objectivo legítimo, designadamente de política de emprego, mercado de trabalho ou formação profissional.
4 – As disposições legais ou de instrumentos de regulamentação colectiva de trabalho que justifiquem os comportamentos referidos no n.º 3 devem ser avaliadas periodicamente e revistas se deixarem de se justificar.

Artigo 31.º (RCT)
Dever de informação

O empregador deve afixar na empresa, em local apropriado, a informação relativa aos direitos e deveres do trabalhador em matéria de igualdade e não discriminação.

Artigo 642.º (CT)
Igualdade

1 – Constitui contra-ordenação muito grave a violação do disposto no n.º 2 do artigo 22.º, no n.º 1 do artigo 23.º, nos artigos 24.º e 27.º, no n.º 1 do artigo 28.º, no artigo 29.º e no n.º 1 do artigo 30.º
2 – A decisão condenatória pode ser objecto de publicidade.

Artigo 473.º (RCT)
Igualdade

1 – O disposto no artigo 642.º do Código do Trabalho é extensivo aos factores de discriminação referidos no n.º 3 do artigo 32.º
2 – Constitui contra-ordenação muito grave a violação do disposto no artigo 34.º
3 – Constitui contra-ordenação leve a violação do disposto nos artigos 31.º e 40.º

Artigo 25.º
Proibição de discriminação

1 – O empregador não pode praticar qualquer discriminação, directa ou indirecta, em razão nomeadamente dos factores referidos no n.º 1 do artigo anterior.
2 – Não constitui discriminação o comportamento baseado em factor de discriminação que constitua um requisito justificável e determinante para o exercício da actividade profissional, em virtude da natureza da actividade em causa ou do contexto da sua execução, devendo o objectivo ser legítimo e o requisito proporcional.
3 – São nomeadamente permitidas diferenças de tratamento baseadas na idade que sejam necessárias e apropriadas à realização de um objectivo legítimo, designadamente de política de emprego, mercado de trabalho ou formação profissional.
4 – As disposições legais ou de instrumentos de regulamentação colectiva de trabalho que justifiquem os comportamentos referidos no número anterior devem ser avaliadas periodicamente e revistas se deixarem de se justificar.

Artigo 23.º (CT)
Proibição de discriminação

1 – O empregador não pode praticar qualquer discriminação, directa ou indirecta, baseada, nomeadamente, na ascendência, idade, sexo, orientação sexual, estado civil, situação familiar, património genético, capacidade de trabalho reduzida, deficiência ou doença crónica, nacionalidade, origem étnica, religião, convicções políticas ou ideológicas e filiação sindical.
2 – Não constitui discriminação o comportamento baseado num dos factores indicados no número anterior, sempre que, em virtude da natureza das actividades profissionais em causa ou do contexto da sua execução, esse factor constitua um requisito justificável e determinante para o exercício da actividade profissional, devendo o objectivo ser legítimo e o requisito proporcional.
3 – Cabe a quem alegar a discriminação fundamentá-la, indicando o trabalhador ou trabalhadores em relação aos quais se considera discriminado, incumbindo ao empregador provar que as diferenças de condições de

5 – Cabe a quem alega discriminação indicar o trabalhador ou trabalhadores em relação a quem se considera discriminado, incumbindo ao empregador provar que a diferença de tratamento não assenta em qualquer factor de discriminação.

6 – O disposto no número anterior é designadamente aplicável em caso de invocação de qualquer prática discriminatória no acesso ao trabalho ou à formação profissional ou nas condições de trabalho, nomeadamente por motivo de dispensa para consulta pré-natal, protecção da segurança e saúde de trabalhadora grávida, puérpera ou lactante, licenças por parentalidade ou faltas para assistência a menores.

7 – É inválido o acto de retaliação que prejudique o trabalhador em consequência de rejeição ou submissão a acto discriminatório.

8 – Constitui contra-ordenação muito grave a violação do disposto nos n.ᵒˢ 1 ou 7.

trabalho não assentam em nenhum dos factores indicados no n.º 1.*

Artigo 33.º (RCT)
Direito à igualdade nas condições de acesso e no trabalho

1 – O direito à igualdade de oportunidades e de tratamento no que se refere ao acesso ao emprego, à formação e promoção profissionais e às condições de trabalho respeita:

a) Aos critérios de selecção e às condições de contratação, em qualquer sector de actividade e a todos os níveis hierárquicos;

b) Ao acesso a todos os tipos de orientação, formação e reconversão profissionais de qualquer nível, incluindo a aquisição de experiência prática;

c) À retribuição e outras prestações patrimoniais, promoções a todos os níveis hierárquicos e aos critérios que servem de base para a selecção dos trabalhadores a despedir;

d) À filiação ou participação em organizações de trabalhadores ou de empregadores, ou em qualquer outra organização cujos membros exercem uma determinada profissão, incluindo os benefícios por elas atribuídos.

2 – O disposto no número anterior não prejudica a aplicação das disposições legais relativas:

a) Ao exercício de uma actividade profissional por estrangeiro ou apátrida;

b) À especial protecção da gravidez, maternidade, paternidade, adopção e outras situações respeitantes à conciliação da actividade profissional com a vida familiar.

3 – Nos aspectos referidos no n.º 1, são permitidas diferenças de tratamento baseadas na idade que sejam necessárias e apropriadas à realização de um objectivo legítimo, designadamente de política de emprego, mercado de trabalho ou formação profissional.

4 – As disposições legais ou de instrumentos de regulamentação colectiva de trabalho que justifiquem os comportamentos referidos no n.º 3 devem ser avaliadas periodicamente e revistas se deixarem de se justificar.

Artigo 35.º (RCT)
Extensão da protecção em situações de discriminação

Em caso de invocação de qualquer prática discriminatória no acesso ao trabalho, à formação profissional e nas condições de trabalho, nomeadamente por motivo de licença por maternidade, dispensa para consultas pré-natais, protecção da segurança e saúde e de despedimento de trabalhadora grávida, puérpera ou lactante, licença parental ou faltas para assistência a menores, aplica-se o regime previsto no n.º 3 do artigo 23.º do Código do Trabalho em matéria de ónus da prova.

Artigo 34.º (RCT)
Protecção contra actos de retaliação

É inválido qualquer acto que prejudique o trabalhador em consequência de rejeição ou submissão a actos discriminatórios.

Artigo 642.º (CT)
Igualdade

1 – Constitui contra-ordenação muito grave a violação do disposto no n.º 2 do artigo 22.º, no n.º 1 do artigo

23.º, nos artigos 24.º e 27.º, no n.º 1 do artigo 28.º, no artigo 29.º e no n.º 1 do artigo 30.º

2 – A decisão condenatória pode ser objecto de publicidade.

Artigo 473.º (RCT)
Igualdade

1 – O disposto no artigo 642.º do Código do Trabalho é extensivo aos factores de discriminação referidos no n.º 3 do artigo 32.º

2 – Constitui contra-ordenação muito grave a violação do disposto no artigo 34.º

3 – Constitui contra-ordenação leve a violação do disposto nos artigos 31.º e 40.º

Artigo 26.º
Regras contrárias ao princípio da igualdade e não discriminação

1 – A disposição de instrumento de regulamentação colectiva de trabalho ou de regulamento interno de empresa que estabeleça profissão ou categoria profissional que respeite especificamente a trabalhadores de um dos sexos considera-se aplicável a trabalhadores de ambos sexos.

2 – A disposição de instrumento de regulamentação colectiva de trabalho ou de regulamento interno de empresa que estabeleça condições de trabalho, designadamente retribuição, aplicáveis exclusivamente a trabalhadores de um dos sexos para categoria profissional correspondente a trabalho igual ou a trabalho de valor igual considera-se substituída pela disposição mais favorável aplicável a trabalhadores de ambos sexos.

Artigo 31.º (CT)
Regras contrárias ao princípio da igualdade

1 – As disposições de qualquer instrumento de regulamentação colectiva de trabalho que estabeleçam profissões e categorias profissionais que se destinem especificamente a trabalhadores do sexo feminino ou masculino têm-se por aplicáveis a ambos os sexos.

2 – Os instrumentos de regulamentação colectiva de trabalho devem incluir, sempre que possível, disposições que visem a efectiva aplicação das normas da presente divisão.

Artigo 39.º (RCT)
Regras contrárias ao princípio da igualdade

1 – As disposições de estatutos das organizações representativas de empregadores e de trabalhadores, bem como

3 – O disposto nos números anteriores é aplicável a disposição contrária ao princípio da igualdade em função de outro factor de discriminação.

4 – A disposição de estatuto de organização representativa de empregadores ou de trabalhadores que restrinja o acesso a emprego, actividade profissional, formação profissional, condições de trabalho ou carreira profissional exclusivamente a trabalhadores de um dos sexos, fora dos casos previstos no n.º 2 do artigo 25.º e dos previstos em lei específica decorrentes da protecção do património genético do trabalhador ou dos seus descendentes, considera-se aplicável a trabalhadores de ambos os sexos.

os regulamentos internos de empresa que restrinjam o acesso a qualquer emprego, actividade profissional, formação profissional, condições de trabalho ou carreira profissional exclusivamente a trabalhadores masculinos ou femininos, fora dos casos previstos no n.º 2 do artigo 23.º e no artigo 30.º do Código do Trabalho, têm-se por aplicáveis a ambos os sexos.

2 – As disposições de instrumentos de regulamentação colectiva de trabalho, bem como os regulamentos internos de empresa que estabeleçam condições de trabalho, designadamente retribuições, aplicáveis exclusivamente a trabalhadores masculinos ou femininos para categorias profissionais com conteúdo funcional igual ou equivalente consideram-se substituídas pela disposição mais favorável, a qual passa a abranger os trabalhadores de ambos sexos.

3 – Para efeitos do número anterior, considera-se que a categoria profissional tem igual conteúdo funcional ou é equivalente quando a respectiva descrição de funções corresponder, respectivamente, a trabalho igual ou trabalho de valor igual, nos termos das alíneas c) e d) do n.º 1 do artigo 32.º

Artigo 27.º
Medida de acção positiva

Para os efeitos deste Código, não se considera discriminação a medida legislativa de duração limitada que beneficia certo grupo, desfavorecido em função de factor de discriminação, com o objectivo de garantir o exercício, em condições de igualdade, dos direitos previstos na lei ou corrigir situação de desigualdade que persista na vida social.

Artigo 25.º (CT)
Medidas de acção positiva

Não são consideradas discriminatórias as medidas de carácter temporário concretamente definido de natureza legislativa que beneficiem certos grupos desfavorecidos, nomeadamente em função do sexo, capacidade de trabalho reduzida, deficiência ou doença crónica, nacionalidade ou origem étnica, com o objectivo de garantir o exercício,

Artigo 28.º
Indemnização por acto discriminatório

A prática de acto discriminatório lesivo de trabalhador ou candidato a emprego confere-lhe o direito a indemnização por danos patrimoniais e não patrimoniais, nos termos gerais de direito.

DIVISÃO II
Proibição de assédio

Artigo 29.º
Assédio

1 – Entende-se por assédio o comportamento indesejado, nomeadamente o baseado em factor de discriminação, praticado aquando do acesso ao emprego ou no próprio emprego, trabalho ou formação profissional, com o objectivo ou o efeito de perturbar ou constranger a pessoa, afectar a sua dignidade, ou de lhe criar um ambiente intimidativo, hostil, degradante, humilhante ou desestabilizador.

2 – Constitui assédio sexual o comportamento indesejado de carácter sexual, sob forma verbal, não verbal ou física, com o objectivo ou o efeito referido no número anterior.

3 – À prática de assédio aplica-se o disposto no artigo anterior.

4 – Constitui contra-ordenação muito grave a violação do disposto neste artigo.

em condições de igualdade, dos direitos previstos neste Código e de corrigir uma situação factual de desigualdade que persista na vida social.

Artigo 26.º (CT)
Obrigação de indemnização

Sem prejuízo do disposto no livro II, a prática de qualquer acto discriminatório lesivo de um trabalhador ou candidato a emprego confere-lhe o direito a uma indemnização, por danos patrimoniais e não patrimoniais, nos termos gerais.

Artigo 24.º (CT)
Assédio

1 – Constitui discriminação o assédio a candidato a emprego e a trabalhador.

2 – Entende-se por assédio todo o comportamento indesejado relacionado com um dos factores indicados no n.º 1 do artigo anterior, praticado aquando do acesso ao emprego ou no próprio emprego, trabalho ou formação profissional, com o objectivo ou o efeito de afectar a dignidade da pessoa ou criar um ambiente intimidativo, hostil, degradante, humilhante ou desestabilizador.

3 – Constitui, em especial, assédio todo o comportamento indesejado de carácter sexual, sob forma verbal, não verbal ou física, com o objectivo ou o efeito referidos no número anterior.

Artigo 642.º (CT)
Igualdade

1 – Constitui contra-ordenação muito grave a violação do disposto no n.º 2 do

DIVISÃO III
Igualdade e não discriminação em função do sexo

Artigo 30.º
Acesso ao emprego, actividade profissional ou formação

1 – A exclusão ou restrição de acesso de candidato a emprego ou trabalhador em razão do sexo a determinada actividade ou à formação profissional exigida para ter acesso a essa actividade constitui discriminação em função do sexo.

2 – O anúncio de oferta de emprego e outra forma de publicidade ligada à pré-selecção ou ao recrutamento não pode conter, directa ou indirectamente, qualquer restrição, especificação ou preferência baseada no sexo.

3 – Em acção de formação profissional dirigida a profissão exercida predominantemente por trabalhadores de um dos sexos deve ser dada, sempre que se justifique, preferência a trabalhadores do sexo com menor representação, bem como, sendo apropriado, a trabalhador com escolaridade reduzida, sem qualificação ou responsável por família monoparental ou no caso de licença parental ou adopção.

4 – Constitui contra-ordenação muito grave a violação do disposto nos n.ºs 1 ou 2.

artigo 22.º, no n.º 1 do artigo 23.º, nos artigos 24.º e 27.º, no n.º 1 do artigo 28.º, no artigo 29.º e no n.º 1 do artigo 30.º

Artigo 27.º (CT)
Acesso ao emprego, actividade profissional e formação

1 – Toda a exclusão ou restrição de acesso de um candidato a emprego ou trabalhador em razão do respectivo sexo a qualquer tipo de actividade profissional ou à formação exigida para ter acesso a essa actividade constitui uma discriminação em função do sexo.

2 – Os anúncios de ofertas de emprego e outras formas de publicidade ligadas à pré-selecção e ao recrutamento não podem conter, directa ou indirectamente, qualquer restrição, especificação ou preferência baseada no sexo.

Artigo 36.º (RCT)
Formação profissional

Nas acções de formação profissional dirigidas a profissões exercidas predominantemente por trabalhadores de um dos sexos deve ser dada, sempre que se justifique, preferência a trabalhadores do sexo com menor representação, bem como, em quaisquer acções de formação profissional, a trabalhadores com escolaridade reduzida, sem qualificação ou responsáveis por famílias monoparentais ou no caso de licença por maternidade, paternidade ou adopção.

Artigo 642.º (CT)
Igualdade

1 – Constitui contra-ordenação muito grave a violação do disposto no n.º 2 do

artigo 22.º, no n.º 1 do artigo 23.º, nos artigos 24.º e 27.º, no n.º 1 do artigo 28.º, no artigo 29.º e no n.º 1 do artigo 30.º

2 – A decisão condenatória pode ser objecto de publicidade.

Artigo 31.º
Igualdade de condições de trabalho

1 – Os trabalhadores têm direito à igualdade de condições de trabalho, em particular quanto à retribuição, devendo os elementos que a determinam não conter qualquer discriminação fundada no sexo.

2 – A igualdade de retribuição implica que, para trabalho igual ou de valor igual:

a) Qualquer modalidade de retribuição variável, nomeadamente a paga à tarefa, seja estabelecida na base da mesma unidade de medida;

b) A retribuição calculada em função do tempo de trabalho seja a mesma.

3 – As diferenças de retribuição não constituem discriminação quando assentes em critérios objectivos, comuns a homens e mulheres, nomeadamente, baseados em mérito, produtividade, assiduidade ou antiguidade.

4 – Sem prejuízo do disposto no número anterior, as licenças, faltas ou dispensas relativas à protecção na parentalidade não podem fundamentar diferenças na retribuição dos trabalhadores.

5 – Os sistemas de descrição de tarefas e de avaliação de funções devem assentar em critérios objectivos comuns a homens e mulheres, de forma a excluir qualquer discriminação baseada no sexo.

Artigo 28.º (CT)
Condições de trabalho

1 – É assegurada a igualdade de condições de trabalho, em particular quanto à retribuição, entre trabalhadores de ambos os sexos.

2 – As diferenciações retributivas não constituem discriminação se assentes em critérios objectivos, comuns a homens e mulheres, sendo admissíveis, nomeadamente, distinções em função do mérito, produtividade, assiduidade ou antiguidade dos trabalhadores.

3 – Os sistemas de descrição de tarefas e de avaliação de funções devem assentar em critérios objectivos comuns a homens e mulheres, de forma a excluir qualquer discriminação baseada no sexo.

Artigo 37.º (RCT)
Igualdade de retribuição

1 – Para efeitos do n.º 1 do artigo 28.º do Código do Trabalho, a igualdade de retribuição implica, nomeadamente, a eliminação de qualquer discriminação fundada no sexo, no conjunto de elementos de que depende a sua determinação.

2 – Sem prejuízo do disposto no n.º 2 do artigo 28.º do Código do Trabalho, a igualdade de retribuição implica que para trabalho igual ou de valor igual:

a) Qualquer modalidade de retribuição variável, nomeadamente a paga à

6 – Constitui contra-ordenação muito grave a violação do disposto no n.º 1, e constitui contra-ordenação grave a violação do disposto no n.º 5.

Artigo 32.º
Registo de processos de recrutamento

1 – Todas as entidades devem manter durante cinco anos o registo dos processos de recrutamento efectuados, devendo constar do mesmo, com desagregação por sexo, os seguintes elementos:

a) Convites para o preenchimento de lugares;
b) Anúncios de oferta de emprego;
c) Número de candidaturas para apreciação curricular;
d) Número de candidatos presentes em entrevistas de pré-selecção;
e) Número de candidatos aguardando ingresso;
f) Resultados de testes ou provas de admissão ou selecção;
g) Balanços sociais relativos a dados,

tarefa, seja estabelecida na base da mesma unidade de medida;
b) A retribuição calculada em função do tempo de trabalho seja a mesma.
3 – Não podem constituir fundamento das diferenciações retributivas, a que se refere o n.º 2 do artigo 28.º do Código do Trabalho, as licenças, faltas e dispensas relativas à protecção da maternidade e da paternidade.

Artigo 642.º (CT)
Igualdade

1 – Constitui contra-ordenação muito grave a violação do disposto no n.º 2 do artigo 22.º, no n.º 1 do artigo 23.º, nos artigos 24.º e 27.º, no n.º 1 do artigo 28.º, no artigo 29.º e no n.º 1 do artigo 30.º
2 – A decisão condenatória pode ser objecto de publicidade.

Artigo 40.º (RCT)
Registos

Todas as entidades devem manter durante cinco anos registo dos recrutamentos feitos donde constem, por sexos, nomeadamente, os seguintes elementos:
a) Convites para o preenchimento de lugares;
b) Anúncios de ofertas de emprego;
c) Número de candidaturas apresentadas para apreciação curricular;
d) Número de candidatos presentes nas entrevistas de pré-selecção;
e) Número de candidatos aguardando ingresso;
f) Resultados dos testes ou provas de admissão ou selecção;
g) Balanços sociais, nos termos dos artigos 458.º a 464.º, bem como da legislação aplicável à Administração

que permitam analisar a existência de eventual discriminação de pessoas de um dos sexos no acesso ao emprego, formação e promoção profissionais e condições de trabalho.

2 – Constitui contra-ordenação leve a violação do disposto neste artigo.

SUBSECÇÃO IV
Parentalidade

Artigo 33.º
Parentalidade

1 – A maternidade e a paternidade constituem valores sociais eminentes.

2 – Os trabalhadores têm direito à protecção da sociedade e do Estado na realização da sua insubstituível acção em relação ao exercício da parentalidade.

Artigo 34.º
Articulação com regime de protecção social

1 – A protecção social nas situações previstas na presente subsecção, designadamente os regimes de concessão de prestações sociais para os diferentes períodos de licença por parentalidade, consta de legislação específica.

2 – Para efeitos do disposto na presente subsecção, consideram-se equivalentes a períodos de licença parental os

Pública, relativos a dados que permitam analisar a existência de eventual discriminação de um dos sexos no acesso ao emprego, formação e promoção profissionais e condições de trabalho.

Artigo 473.º (RCT)
Igualdade

1 – O disposto no artigo 642.º do Código do Trabalho é extensivo aos factores de discriminação referidos no n.º 3 do artigo 32.º

2 – Constitui contra-ordenação muito grave a violação do disposto no artigo 34.º

3 – Constitui contra-ordenação leve a violação do disposto nos artigos 31.º e 40.º

Artigo 33.º (CT)
Maternidade e paternidade

1 – A maternidade e a paternidade constituem valores sociais eminentes.

2 – A mãe e o pai têm direito à protecção da sociedade e do Estado na realização da sua insubstituível acção em relação aos filhos, nomeadamente quanto à sua educação.

Artigo 103.º (RCT)
Subsídio

1 – Durante as licenças, faltas e dispensas referidas nos artigos 35.º, 36.º, 38.º e 40.º, no n.º 3 do artigo 47.º e na alínea c) do n.º 4 do artigo 49.º do Código do Trabalho, bem como no artigo 68.º, o trabalhador tem direito a um subsídio, nos termos da legislação da segurança social.

2 – O disposto no número anterior é ainda aplicável aos primeiros 15 dias,

períodos de concessão das prestações sociais correspondentes, atribuídas a um dos progenitores no âmbito do subsistema de solidariedade e do sistema previdencial da Segurança Social ou outro regime de protecção social de enquadramento obrigatório.

Artigo 35.º
Protecção na parentalidade

1 – A protecção na parentalidade concretiza-se através da atribuição dos seguintes direitos:

a) Licença em situação de risco clínico durante a gravidez;

b) Licença por interrupção de gravidez;

c) Licença parental, em qualquer das modalidades;

d) Licença por adopção;

e) Licença parental complementar em qualquer das modalidades;

f) Dispensa da prestação de trabalho por parte de trabalhadora grávida, puérpera ou lactante, por motivo de protecção da sua segurança e saúde;

g) Dispensa para consulta pré-natal;

h) Dispensa para avaliação para adopção;

i) Dispensa para amamentação ou aleitação;

j) Faltas para assistência a filho;

l) Faltas para assistência a neto;

m) Licença para assistência a filho;

n) Licença para assistência a filho com deficiência ou doença crónica;

o) Trabalho a tempo parcial de trabalhador com responsabilidades familiares;

ou período equivalente, da licença parental gozada pelo pai, desde que sejam imediatamente subsequentes à licença por maternidade ou por paternidade.

3 – No caso de trabalhadora lactante dispensada do trabalho, nos termos do n.º 3 do artigo 47.º ou da alínea c) do n.º 4 do artigo 49.º do Código do Trabalho, o direito referido no n.º 1 mantém-se até um ano após o parto.

Artigo 100.º (RCT)
Condição de exercício do poder paternal

O trabalhador não deve estar impedido ou inibido totalmente de exercer o poder paternal para que possa exercer os seguintes direitos:

a) Licença por paternidade;

b) Licença por adopção;

c) Dispensa para aleitação;

d) Licença parental, ou os regimes alternativos de trabalho a tempo parcial ou de períodos intercalados de ambos;

e) Faltas para assistência a filho menor ou pessoa com deficiência ou doença crónica;

f) Licença especial para assistência a filho, incluindo pessoa com deficiência ou doença crónica;

g) Faltas para assistência a neto;

h) Condições especiais de trabalho para assistência a filho com deficiência ou doença crónica;

i) Trabalho a tempo parcial para assistência a filho;

j) Trabalho em regime de flexibilidade de horário para assistência a filho.

p) Horário flexível de trabalhador com responsabilidades familiares;

q) Dispensa de prestação de trabalho em regime de adaptabilidade;

r) Dispensa de prestação de trabalho suplementar;

s) Dispensa de prestação de trabalho no período nocturno.

2 – Os direitos previstos no número anterior apenas se aplicam, após o nascimento do filho, a trabalhadores progenitores que não estejam impedidos ou inibidos totalmente do exercício do poder paternal, com excepção do direito de a mãe gozar 14 semanas de licença parental inicial e dos referentes a protecção durante a amamentação.

Artigo 36.º
Conceitos em matéria de protecção da parentalidade

1 – No âmbito do regime de protecção da parentalidade, entende-se por:

a) Trabalhadora grávida, a trabalhadora em estado de gestação que informe o empregador do seu estado, por escrito, com apresentação de atestado médico;

b) Trabalhadora puérpera, a trabalhadora parturiente e durante um período de 120 dias subsequentes ao parto que informe o empregador do seu estado, por escrito, com apresentação de atestado médico ou certidão de nascimento do filho;

c) Trabalhadora lactante, a trabalhadora que amamenta o filho e informe o empregador do seu estado, por escrito, com apresentação de atestado médico.

2 – O regime de protecção da parentalidade é ainda aplicável desde que o empregador tenha conhecimento da situação ou do facto relevante.

Artigo 34.º (CT)
Definições

Para efeitos do exercício dos direitos conferidos na presente subsecção, entende-se por:

a) Trabalhadora grávida – toda a trabalhadora que informe o empregador do seu estado de gestação, por escrito, com apresentação de atestado médico;

b) Trabalhadora puérpera – toda a trabalhadora parturiente e durante um período de cento e vinte dias imediatamente posteriores ao parto, que informe o empregador do seu estado, por escrito, com apresentação de atestado médico;

c) Trabalhadora lactante – toda a trabalhadora que amamenta o filho e informe o empregador do seu estado, por escrito, com apresentação de atestado médico.

Artigo 37.º
Licença em situação de risco clínico durante a gravidez

1 – Em situação de risco clínico para a trabalhadora grávida ou para o nascituro, impeditivo do exercício de funções, independentemente do motivo que determine esse impedimento e esteja este ou não relacionado com as condições de prestação do trabalho, caso o empregador não lhe proporcione o exercício de actividade compatível com o seu estado e categoria profissional, a trabalhadora tem direito a licença, pelo período de tempo que por prescrição médica for considerado necessário para prevenir o risco, sem prejuízo da licença parental inicial.

2 – Para o efeito previsto no número anterior, a trabalhadora informa o empregador e apresenta atestado médico que indique a duração previsível da licença, prestando essa informação com a antecedência de 10 dias ou, em caso de urgência comprovada pelo médico, logo que possível.

3 – Constitui contra-ordenação muito grave a violação do disposto no n.º 1.

Artigo 35.º (CT)
Licença por maternidade

1 – A trabalhadora tem direito a uma licença por maternidade de 120 dias consecutivos, 90 dos quais necessariamente a seguir ao parto, podendo os restantes ser gozados, total ou parcialmente, antes ou depois do parto.

2 – No caso de nascimentos múltiplos, o período de licença previsto no número anterior é acrescido de 30 dias por cada gemelar além do primeiro.

3 – Nas situações de risco clínico para a trabalhadora ou para o nascituro, impeditivo do exercício de funções, independentemente do motivo que determine esse impedimento, caso não lhe seja garantido o exercício de funções ou local compatíveis com o seu estado, a trabalhadora goza do direito a licença, anterior ao parto, pelo período de tempo necessário para prevenir o risco, fixado por prescrição médica, sem prejuízo da licença por maternidade prevista no n.º 1.

4 – É obrigatório o gozo de, pelo menos, seis semanas de licença por maternidade a seguir ao parto.

5 – Em caso de internamento hospitalar da mãe ou da criança durante o período de licença a seguir ao parto, este período é suspenso, a pedido daquela, pelo tempo de duração do internamento.

6 – A licença prevista no n.º 1, com a duração mínima de 14 dias e máxima de 30 dias, é atribuída à trabalhadora em caso de aborto espontâneo, bem como nas situações previstas no artigo 142.º do Código Penal.

Artigo 68.º (RCT)
Licença por maternidade

1 – A trabalhadora pode optar por uma licença por maternidade superior em 25% à prevista no n.º 1 do artigo 35.º do Código do Trabalho, devendo o acréscimo ser gozado necessariamente a seguir ao parto, nos termos da legislação da segurança social.

2 – A trabalhadora deve informar o empregador até sete dias após o parto de qual a modalidade de licença por maternidade por que opta, presumindo-se, na falta de declaração, que a licença tem a duração de 120 dias.

3 – O regime previsto nos artigos anteriores aplica-se ao pai que goze a licença por paternidade nos casos previstos nos n.ºs 2 e 4 do artigo 36.º do Código do Trabalho.

4 – A trabalhadora grávida que pretenda gozar parte da licença por maternidade antes do parto, nos termos do n.º 1 do artigo 35.º do Código do Trabalho, deve informar o empregador e apresentar atestado médico que indique a data previsível do mesmo.

5 – A informação referida no número anterior deve ser prestada com a antecedência de 10 dias ou, em caso de urgência comprovada pelo médico, logo que possível.

6 – Em caso de internamento hospitalar da mãe ou da criança durante o período de licença a seguir ao parto, nos termos do n.º 5 do artigo 35.º do Código do Trabalho, a contagem deste período é suspensa pelo tempo de duração do internamento, mediante comunicação ao respectivo empregador, acompanhada de declaração emitida pelo estabelecimento hospitalar.

7 – O disposto nos n.ᵒˢ 4 e 5 aplica-se também, nos termos previstos no n.º 3 do artigo 35.º do Código do Trabalho, em situação de risco clínico para a trabalhadora ou para o nascituro, impeditivo do exercício de funções, que seja distinto de risco específico de exposição a agentes, processos ou condições de trabalho, se o mesmo não puder ser evitado com o exercício de outras tarefas compatíveis com o seu estado e categoria profissional ou se o empregador não o possibilitar.

Artigo 643.º (CT)
Protecção da maternidade
e da paternidade

1 – Constitui contra-ordenação muito grave a violação do disposto no artigo 35.º e nos n.ᵒˢ 1, 2, 4 e 5 do artigo 49.º, de acordo com a regulamentação prevista no n.º 6 do mesmo artigo.

2 – Constitui contra-ordenação grave a violação do disposto nos artigos 36.º a 42.º, nos n.ᵒˢ 1, 2, 3, 4, 5 e 7 do artigo 43.º, no n.º 1 do artigo 44.º, no n.º 3 do artigo 49.º, no artigo 50.º e no n.º 1 do artigo 51.º

3 – Constitui contra-ordenação leve a violação do disposto nos artigos 45.º e 46.º

Artigo 475.º (RCT)
Maternidade e paternidade

1 – Constitui contra-ordenação muito grave a violação do disposto nos n.ᵒˢ 1, 3 e 6 do artigo 68.º

2 – Constitui contra-ordenação grave a violação do disposto no n.º 4 do artigo 70.º, nos n.ᵒˢ 1, 2, 6 e 7 do artigo 71.º, nos n.ᵒˢ 3, 4 e 5 do artigo 73.º, no n.º 2 do artigo 76.º, no n.º 2 do artigo

80.º, no artigo 96.º, nas alíneas a) e b) dos n.ᵒˢ 1 e no n.º 2 do artigo 97.º, no n.º 4 do artigo 98.º e no n.º 2 do artigo 101.º

3 – Constitui, ainda, contra-ordenação grave o impedimento, por parte do empregador, que a trabalhadora grávida efectue a consulta pré-natal ou a preparação para o parto durante o horário de trabalho, quando a mesma não for possível fora desse horário, bem como a violação do disposto no artigo 47.º do Código do Trabalho.

4 – Constitui contra-ordenação leve a violação do disposto no artigo 67.º

5 – O disposto nos números anteriores não é aplicável no âmbito da relação jurídica de emprego público que confira a qualidade de funcionário ou agente da Administração Pública.

Artigo 38.º
Licença por interrupção da gravidez

1 – Em caso de interrupção da gravidez, a trabalhadora tem direito a licença com duração entre 14 e 30 dias.

2 – Para o efeito previsto no número anterior, a trabalhadora informa o empregador e apresenta, logo que possível, atestado médico com indicação do período da licença.

3 – Constitui contra-ordenação muito grave a violação do disposto no n.º 1.

Artigo 35.º (CT)
Licença por maternidade

1 – A trabalhadora tem direito a uma licença por maternidade de 120 dias consecutivos, 90 dos quais necessariamente a seguir ao parto, podendo os restantes ser gozados, total ou parcialmente, antes ou depois do parto.

2 – No caso de nascimentos múltiplos, o período de licença previsto no número anterior é acrescido de 30 dias por cada gemelar além do primeiro.

3 – Nas situações de risco clínico para a trabalhadora ou para o nascituro, impeditivo do exercício de funções, independentemente do motivo que determine esse impedimento, caso não lhe seja garantido o exercício de funções ou local compatíveis com o seu estado, a trabalhadora goza do direito a licença, anterior ao parto, pelo período

de tempo necessário para prevenir o risco, fixado por prescrição médica, sem prejuízo da licença por maternidade prevista no n.º 1.

4 – É obrigatório o gozo de, pelo menos, seis semanas de licença por maternidade a seguir ao parto.

5 – Em caso de internamento hospitalar da mãe ou da criança durante o período de licença a seguir ao parto, este período é suspenso, a pedido daquela, pelo tempo de duração do internamento.

6 – A licença prevista no n.º 1, com a duração mínima de 14 dias e máxima de 30 dias, é atribuída à trabalhadora em caso de aborto espontâneo, bem como nas situações previstas no artigo 142.º do Código Penal.

Artigo 643.º (CT)
Protecção da maternidade e da paternidade

1 – Constitui contra-ordenação muito grave a violação do disposto no artigo 35.º e nos n.ºs 1, 2, 4 e 5 do artigo 49.º, de acordo com a regulamentação prevista no n.º 6 do mesmo artigo.

2 – Constitui contra-ordenação grave a violação do disposto nos artigos 36.º a 42.º, nos n.ºs 1, 2, 3, 4, 5 e 7 do artigo 43.º, no n.º 1 do artigo 44.º, no n.º 3 do artigo 49.º, no artigo 50.º e no n.º 1 do artigo 51.º

3 – Constitui contra-ordenação leve a violação do disposto nos artigos 45.º e 46.º

Artigo 39.º
Modalidades de licença parental

A licença parental compreende as seguintes modalidades:
a) Licença parental inicial;

Sem correspondência.

b) Licença parental inicial exclusiva da mãe;
c) Licença parental inicial a gozar pelo pai por impossibilidade da mãe;
d) Licença parental exclusiva do pai.

Artigo 40.º
Licença parental inicial

1 – A mãe e o pai trabalhadores têm direito, por nascimento de filho, a licença parental inicial de 120 ou 150 dias consecutivos, cujo gozo podem partilhar após o parto, sem prejuízo dos direitos da mãe a que se refere o artigo seguinte.

2 – A licença referida no número anterior é acrescida em 30 dias, no caso de cada um dos progenitores gozar, em exclusivo, um período de 30 dias consecutivos, ou dois períodos de 15 dias consecutivos, após o período de gozo obrigatório pela mãe a que se refere o n.º 2 do artigo seguinte.

3 – No caso de nascimentos múltiplos, o período de licença previsto nos números anteriores é acrescido de 30 dias por cada gémeo além do primeiro.

4 – Em caso de partilha do gozo da licença, a mãe e o pai informam os respectivos empregadores, até sete dias após o parto, do início e termo dos períodos a gozar por cada um, entregando para o efeito, declaração conjunta.

5 – Caso a licença parental não seja partilhada pela mãe e pelo pai, e sem prejuízo dos direitos da mãe a que se refere o artigo seguinte, o progenitor que gozar a licença informa o respectivo empregador, até sete dias após o parto, da duração da licença e do início do respectivo período, juntando declaração do outro progenitor da qual conste que o

Artigo 35.º *(CT)*
Licença por maternidade

1 – A trabalhadora tem direito a uma licença por maternidade de 120 dias consecutivos, 90 dos quais necessariamente a seguir ao parto, podendo os restantes ser gozados, total ou parcialmente, antes ou depois do parto.

2 – No caso de nascimentos múltiplos, o período de licença previsto no número anterior é acrescido de 30 dias por cada gemelar além do primeiro.

3 – Nas situações de risco clínico para a trabalhadora ou para o nascituro, impeditivo do exercício de funções, independentemente do motivo que determine esse impedimento, caso não lhe seja garantido o exercício de funções ou local compatíveis com o seu estado, a trabalhadora goza do direito a licença, anterior ao parto, pelo período de tempo necessário para prevenir o risco, fixado por prescrição médica, sem prejuízo da licença por maternidade prevista no n.º 1.

4 – É obrigatório o gozo de, pelo menos, seis semanas de licença por maternidade a seguir ao parto.

5 – Em caso de internamento hospitalar da mãe ou da criança durante o período de licença a seguir ao parto, este período é suspenso, a pedido daquela, pelo tempo de duração do internamento.

6 – A licença prevista no n.º 1, com a duração mínima de 14 dias e máxima

mesmo exerce actividade profissional e que não goza a licença parental inicial.

6 – Na falta da declaração referida nos n.ᵒˢ 4 e 5 a licença é gozada pela mãe.

7 – Em caso de internamento hospitalar da criança ou do progenitor que estiver a gozar a licença prevista nos n.ᵒˢ 1, 2 ou 3 durante o período após o parto, o período de licença suspende-se, a pedido do progenitor, pelo tempo de duração do internamento.

8 – A suspensão da licença no caso previsto no número anterior é feita mediante comunicação ao empregador, acompanhada de declaração emitida pelo estabelecimento hospitalar.

9 – Constitui contra-ordenação muito grave a violação do disposto nos n.ᵒˢ 1, 2, 3, 7 ou 8.

de 30 dias, é atribuída à trabalhadora em caso de aborto espontâneo, bem como nas situações previstas no artigo 142.º do Código Penal.

Artigo 36.º (CT)
Licença por paternidade

1 – O pai tem direito a uma licença por paternidade de cinco dias úteis, seguidos ou interpolados, que são obrigatoriamente gozados no primeiro mês a seguir ao nascimento do filho.

2 – O pai tem ainda direito a licença, por período de duração igual àquele a que a mãe teria direito nos termos do n.º 1 do artigo anterior, ou ao remanescente daquele período caso a mãe já tenha gozado alguns dias de licença, nos seguintes casos:

a) Incapacidade física ou psíquica da mãe, e enquanto esta se mantiver;
b) Morte da mãe;
c) Decisão conjunta dos pais.

3 – No caso previsto na alínea b) do número anterior o período mínimo de licença assegurado ao pai é de 30 dias.

4 – A morte ou incapacidade física ou psíquica da mãe não trabalhadora durante o período de 120 dias imediatamente a seguir ao parto confere ao pai os direitos previstos nos n.ᵒˢ 2 e 3.

Artigo 68.º (RCT)
Licença por maternidade

1 – A trabalhadora pode optar por uma licença por maternidade superior em 25% à prevista no n.º 1 do artigo 35.º do Código do Trabalho, devendo o acréscimo ser gozado necessariamente a seguir ao parto, nos termos da legislação da segurança social.

2 – A trabalhadora deve informar o empregador até sete dias após o parto de qual a modalidade de licença por maternidade por que opta, presumindo-se, na falta de declaração, que a licença tem a duração de 120 dias.

3 – O regime previsto nos artigos anteriores aplica-se ao pai que goze a licença por paternidade nos casos previstos nos n.ᵒˢ 2 e 4 do artigo 36.º do Código do Trabalho.

4 – A trabalhadora grávida que pretenda gozar parte da licença por maternidade antes do parto, nos termos do n.º 1 do artigo 35.º do Código do Trabalho, deve informar o empregador e apresentar atestado médico que indique a data previsível do mesmo.

5 – A informação referida no número anterior deve ser prestada com a antecedência de 10 dias ou, em caso de urgência comprovada pelo médico, logo que possível.

6 – Em caso de internamento hospitalar da mãe ou da criança durante o período de licença a seguir ao parto, nos termos do n.º 5 do artigo 35.º do Código do Trabalho, a contagem deste período é suspensa pelo tempo de duração do internamento, mediante comunicação ao respectivo empregador, acompanhada de declaração emitida pelo estabelecimento hospitalar.

7 – O disposto nos n.ᵒˢ 4 e 5 aplica-se também, nos termos previstos no n.º 3 do artigo 35.º do Código do Trabalho, em situação de risco clínico para a trabalhadora ou para o nascituro, impeditivo do exercício de funções, que seja distinto de risco específico de exposição a agentes, processos ou condições de trabalho, se o mesmo não puder ser

evitado com o exercício de outras tarefas compatíveis com o seu estado e categoria profissional ou se o empregador não o possibilitar.

Artigo 69.º (RCT)
Licença por paternidade

1 – *É obrigatório o gozo da licença por paternidade prevista no n.º 1 do artigo 36.º do Código do Trabalho, devendo o trabalhador informar o empregador com a antecedência de cinco dias relativamente ao início do período, consecutivo ou interpolado, de licença ou, em caso de urgência comprovada, logo que possível.*

2 – *Para efeitos do gozo de licença em caso de incapacidade física ou psíquica ou morte da mãe, nos termos do n.º 2 do artigo 36.º do Código do Trabalho, o trabalhador deve, logo que possível, informar o empregador, apresentar certidão de óbito ou atestado médico comprovativo e, sendo caso disso, declarar qual o período de licença por maternidade gozado pela mãe.*

3 – *O trabalhador que pretenda gozar a licença por paternidade, por decisão conjunta dos pais, deve informar o empregador com a antecedência de 10 dias e:*

a) Apresentar documento de que conste a decisão conjunta;

b) Declarar qual o período de licença por maternidade gozado pela mãe, que não pode ser inferior a seis semanas a seguir ao parto;

c) Provar que o empregador da mãe foi informado da decisão conjunta.

Artigo 643.º (CT)
Protecção da maternidade e da paternidade

1 – Constitui contra-ordenação muito grave a violação do disposto no artigo 35.º e nos n.ᵒˢ 1, 2, 4 e 5 do artigo 49.º, de acordo com a regulamentação prevista no n.º 6 do mesmo artigo.

2 – Constitui contra-ordenação grave a violação do disposto nos artigos 36.º a 42.º, nos n.ᵒˢ 1, 2, 3, 4, 5 e 7 do artigo 43.º, no n.º 1 do artigo 44.º, no n.º 3 do artigo 49.º, no artigo 50.º e no n.º 1 do artigo 51.º

3 – Constitui contra-ordenação leve a violação do disposto nos artigos 45.º e 46.º

Artigo 475.º (RCT)
Maternidade e paternidade

1 – Constitui contra-ordenação muito grave a violação do disposto nos n.ᵒˢ 1, 3 e 6 do artigo 68.º

2 – Constitui contra-ordenação grave a violação do disposto no n.º 4 do artigo 70.º, nos n.ᵒˢ 1, 2, 6 e 7 do artigo 71.º, nos n.ᵒˢ 3, 4 e 5 do artigo 73.º, no n.º 2 do artigo 76.º, no n.º 2 do artigo 80.º, no artigo 96.º, nas alíneas a) e b) dos n.ᵒˢ 1 e no n.º 2 do artigo 97.º, no n.º 4 do artigo 98.º e no n.º 2 do artigo 101.º

3 – Constitui, ainda, contra-ordenação grave o impedimento, por parte do empregador, que a trabalhadora grávida efectue a consulta pré-natal ou a preparação para o parto durante o horário de trabalho, quando a mesma não for possível fora desse horário, bem como a violação do disposto no artigo 47.º do Código do Trabalho.

4 – *Constitui contra-ordenação leve a violação do disposto no artigo 67.º*

5 – O disposto nos números anteriores não é aplicável no âmbito da relação jurídica de emprego público que confira a qualidade de funcionário ou agente da Administração Pública.

Artigo 41.º
Períodos de licença parental exclusiva da mãe

1 – A mãe pode gozar até 30 dias da licença parental inicial antes do parto.

2 – É obrigatório o gozo, por parte da mãe, de seis semanas de licença a seguir ao parto.

3 – A trabalhadora que pretenda gozar parte da licença antes do parto deve informar desse propósito o empregador e apresentar atestado médico que indique a data previsível do parto, prestando essa informação com a antecedência de 10 dias ou, em caso de urgência comprovada pelo médico, logo que possível.

4 – Constitui contra-ordenação muito grave a violação do disposto nos n.ºs 1 ou 2.

Artigo 35.º (CT)
Licença por maternidade

1 – A trabalhadora tem direito a uma licença por maternidade de 120 dias consecutivos, 90 dos quais necessariamente a seguir ao parto, podendo os restantes ser gozados, total ou parcialmente, antes ou depois do parto.

2 – No caso de nascimentos múltiplos, o período de licença previsto no número anterior é acrescido de 30 dias por cada gemelar além do primeiro.

3 – Nas situações de risco clínico para a trabalhadora ou para o nascituro, impeditivo do exercício de funções, independentemente do motivo que determine esse impedimento, caso não lhe seja garantido o exercício de funções ou local compatíveis com o seu estado, a trabalhadora goza do direito a licença, anterior ao parto, pelo período de tempo necessário para prevenir o risco, fixado por prescrição médica, sem prejuízo da licença por maternidade prevista no n.º 1.

4 – É obrigatório o gozo de, pelo menos, seis semanas de licença por maternidade a seguir ao parto.

5 – Em caso de internamento hospitalar da mãe ou da criança durante o período de licença a seguir ao parto, este período é suspenso, a pedido daquela, pelo tempo de duração do internamento.

6 – A licença prevista no n.º 1, com a duração mínima de 14 dias e máxima de 30 dias, é atribuída à trabalhadora em caso de aborto espontâneo, bem como nas situações previstas no artigo 142.º do Código Penal.

Artigo 68.º (RCT)
Licença por maternidade

1 – A trabalhadora pode optar por uma licença por maternidade superior em 25% à prevista no n.º 1 do artigo 35.º do Código do Trabalho, devendo o acréscimo ser gozado necessariamente a seguir ao parto, nos termos da legislação da segurança social.

2 – A trabalhadora deve informar o empregador até sete dias após o parto de qual a modalidade de licença por maternidade por que opta, presumindo--se, na falta de declaração, que a licença tem a duração de 120 dias.

3 – O regime previsto nos artigos anteriores aplica-se ao pai que goze a licença por paternidade nos casos previstos nos n.ºs 2 e 4 do artigo 36.º do Código do Trabalho.

4 – A trabalhadora grávida que pretenda gozar parte da licença por maternidade antes do parto, nos termos do n.º 1 do artigo 35.º do Código do Trabalho, deve informar o empregador e apresentar atestado médico que indique a data previsível do mesmo.

5 – A informação referida no número anterior deve ser prestada com a antecedência de 10 dias ou, em caso de urgência comprovada pelo médico, logo que possível.

6 – Em caso de internamento hospitalar da mãe ou da criança durante o período de licença a seguir ao parto,

nos termos do n.º 5 do artigo 35.º do Código do Trabalho, a contagem deste período é suspensa pelo tempo de duração do internamento, mediante comunicação ao respectivo empregador, acompanhada de declaração emitida pelo estabelecimento hospitalar.

7 – O disposto nos n.ᵒˢ 4 e 5 aplica-se também, nos termos previstos no n.º 3 do artigo 35.º do Código do Trabalho, em situação de risco clínico para a trabalhadora ou para o nascituro, impeditivo do exercício de funções, que seja distinto de risco específico de exposição a agentes, processos ou condições de trabalho, se o mesmo não puder ser evitado com o exercício de outras tarefas compatíveis com o seu estado e categoria profissional ou se o empregador não o possibilitar.

Artigo 643.º (CT)
Protecção da maternidade e da paternidade

1 – Constitui contra-ordenação muito grave a violação do disposto no artigo 35.º e nos n.ᵒˢ 1, 2, 4 e 5 do artigo 49.º, de acordo com a regulamentação prevista no n.º 6 do mesmo artigo.

2 – Constitui contra-ordenação grave a violação do disposto nos artigos 36.º a 42.º, nos n.ᵒˢ 1, 2, 3, 4, 5 e 7 do artigo 43.º, no n.º 1 do artigo 44.º, no n.º 3 do artigo 49.º, no artigo 50.º e no n.º 1 do artigo 51.º

3 – Constitui contra-ordenação leve a violação do disposto nos artigos 45.º e 46.º

Artigo 475.º (RCT)
Maternidade e paternidade

1 – Constitui contra-ordenação

muito grave a violação do disposto nos n.ᵒˢ 1, 3 e 6 do artigo 68.º

2 – Constitui contra-ordenação grave a violação do disposto no n.º 4 do artigo 70.º, nos n.ᵒˢ 1, 2, 6 e 7 do artigo 71.º, nos n.ᵒˢ 3, 4 e 5 do artigo 73.º, no n.º 2 do artigo 76.º, no n.º 2 do artigo 80.º, no artigo 96.º, nas alíneas a) e b) dos n.ᵒˢ 1 e no n.º 2 do artigo 97.º, no n.º 4 do artigo 98.º e no n.º 2 do artigo 101.º

3 – Constitui, ainda, contra-ordenação grave o impedimento, por parte do empregador, que a trabalhadora grávida efectue a consulta pré-natal ou a preparação para o parto durante o horário de trabalho, quando a mesma não for possível fora desse horário, bem como a violação do disposto no artigo 47.º do Código do Trabalho.

4 – Constitui contra-ordenação leve a violação do disposto no artigo 67.º

5 – O disposto nos números anteriores não é aplicável no âmbito da relação jurídica de emprego público que confira a qualidade de funcionário ou agente da Administração Pública.

Artigo 42.º
Licença parental inicial a gozar por um progenitor em caso de impossibilidade do outro

1 – O pai ou a mãe tem direito a licença, com a duração referida nos n.ᵒˢ 1, 2 ou 3 do artigo 40.º, ou do período remanescente da licença, nos casos seguintes:

a) Incapacidade física ou psíquica do progenitor que estiver a gozar a licença, enquanto esta se mantiver;

b) Morte do progenitor que estiver a gozar a licença.

Artigo 36.º (CT)
Licença por paternidade

1 – O pai tem direito a uma licença por paternidade de cinco dias úteis, seguidos ou interpolados, que são obrigatoriamente gozados no primeiro mês a seguir ao nascimento do filho.

2 – O pai tem ainda direito a licença, por período de duração igual àquele a que a mãe teria direito nos termos do n.º 1 do artigo anterior, ou ao remanescente daquele período caso a mãe já tenha gozado alguns dias de licença, nos seguintes casos:

2 – Apenas há lugar à duração total da licença referida no n.º 2 do artigo 40.º caso se verifiquem as condições aí previstas, à data dos factos referidos no número anterior.

3 – Em caso de morte ou incapacidade física ou psíquica da mãe, a licença parental inicial a gozar pelo pai tem a duração mínima de 30 dias.

4 – Em caso de morte ou incapacidade física ou psíquica de mãe não trabalhadora nos 120 dias a seguir ao parto, o pai tem direito a licença nos termos do n.º 1, com a necessária adaptação, ou do número anterior.

5 – Para efeito do disposto nos números anteriores, o pai informa o empregador, logo que possível e, consoante a situação, apresenta atestado médico comprovativo ou certidão de óbito e, sendo caso disso, declara o período de licença já gozado pela mãe.

6 – Constitui contra-ordenação muito grave a violação do disposto nos n.ºˢ 1 a 4.

a) Incapacidade física ou psíquica da mãe, e enquanto esta se mantiver;
b) Morte da mãe;
c) Decisão conjunta dos pais.

3 – No caso previsto na alínea b) do número anterior o período mínimo de licença assegurado ao pai é de 30 dias.

4 – A morte ou incapacidade física ou psíquica da mãe não trabalhadora durante o período de 120 dias imediatamente a seguir ao parto confere ao pai os direitos previstos nos n.ºˢ 2 e 3.

Artigo 69.º (RCT)
Licença por paternidade

1 – É obrigatório o gozo da licença por paternidade prevista no n.º 1 do artigo 36.º do Código do Trabalho, devendo o trabalhador informar o empregador com a antecedência de cinco dias relativamente ao início do período, consecutivo ou interpolado, de licença ou, em caso de urgência comprovada, logo que possível.

2 – Para efeitos do gozo de licença em caso de incapacidade física ou psíquica ou morte da mãe, nos termos do n.º 2 do artigo 36.º do Código do Trabalho, o trabalhador deve, logo que possível, informar o empregador, apresentar certidão de óbito ou atestado médico comprovativo e, sendo caso disso, declarar qual o período de licença por maternidade gozado pela mãe.

3 – O trabalhador que pretenda gozar a licença por paternidade, por decisão conjunta dos pais, deve informar o empregador com a antecedência de 10 dias e:
a) Apresentar documento de que conste a decisão conjunta;

b) *Declarar qual o período de licença por maternidade gozado pela mãe, que não pode ser inferior a seis semanas a seguir ao parto;*

c) *Provar que o empregador da mãe foi informado da decisão conjunta.*

Artigo 643.º (CT)
Protecção da maternidade e da paternidade

1 – Constitui contra-ordenação muito grave a violação do disposto no artigo 35.º e nos n.ᵒˢ 1, 2, 4 e 5 do artigo 49.º, de acordo com a regulamentação prevista no n.º 6 do mesmo artigo.

2 – Constitui contra-ordenação grave a violação do disposto nos artigos 36.º a 42.º, nos n.ᵒˢ 1, 2, 3, 4, 5 e 7 do artigo 43.º, no n.º 1 do artigo 44.º, no n.º 3 do artigo 49.º, no artigo 50.º e no n.º 1 do artigo 51.º

3 – Constitui contra-ordenação leve a violação do disposto nos artigos 45.º e 46.º

Artigo 43.º
Licença parental exclusiva do pai

1 – É obrigatório o gozo pelo pai de uma licença parental de 10 dias úteis, seguidos ou interpolados, nos 30 dias seguintes ao nascimento do filho, cinco dos quais gozados de modo consecutivos imediatamente a seguir a este.

2 – Após o gozo da licença prevista no número anterior, o pai tem ainda direito a 10 dias úteis de licença, seguidos ou interpolados, desde que gozados em simultâneo com o gozo da licença parental inicial por parte da mãe.

3 – No caso de nascimentos múltiplos, à licença prevista nos números

Artigo 36.º (CT)
Licença por paternidade

1 – O pai tem direito a uma licença por paternidade de cinco dias úteis, seguidos ou interpolados, que são obrigatoriamente gozados no primeiro mês a seguir ao nascimento do filho.

2 – O pai tem ainda direito a licença, por período de duração igual àquele a que a mãe teria direito nos termos do n.º 1 do artigo anterior, ou ao remanescente daquele período caso a mãe já tenha gozado alguns dias de licença, nos seguintes casos:

a) Incapacidade física ou psíquica da mãe, e enquanto esta se mantiver;

anteriores acrescem dois dias por cada gémeo além do primeiro.

4 – Para efeitos do disposto nos números anteriores, o trabalhador deve avisar o empregador com a antecedência possível que, no caso previsto no n.º 2, não deve ser inferior a cinco dias.

5 – Constitui contra-ordenação muito grave a violação do disposto nos n.ᵒˢ 1, 2 ou 3.

b) Morte da mãe;
c) Decisão conjunta dos pais.

3 – No caso previsto na alínea b) do número anterior o período mínimo de licença assegurado ao pai é de 30 dias.

4 – A morte ou incapacidade física ou psíquica da mãe não trabalhadora durante o período de 120 dias imediatamente a seguir ao parto confere ao pai os direitos previstos nos n.ᵒˢ 2 e 3.

Artigo 69.º (RCT)
Licença por paternidade

1 – É obrigatório o gozo da licença por paternidade prevista no n.º 1 do artigo 36.º do Código do Trabalho, devendo o trabalhador informar o empregador com a antecedência de cinco dias relativamente ao início do período, consecutivo ou interpolado, de licença ou, em caso de urgência comprovada, logo que possível.

2 – Para efeitos do gozo de licença em caso de incapacidade física ou psíquica ou morte da mãe, nos termos do n.º 2 do artigo 36.º do Código do Trabalho, o trabalhador deve, logo que possível, informar o empregador, apresentar certidão de óbito ou atestado médico comprovativo e, sendo caso disso, declarar qual o período de licença por maternidade gozado pela mãe.

3 – O trabalhador que pretenda gozar a licença por paternidade, por decisão conjunta dos pais, deve informar o empregador com a antecedência de 10 dias e:

a) Apresentar documento de que conste a decisão conjunta;

b) Declarar qual o período de licença por maternidade gozado pela

mãe, que não pode ser inferior a seis semanas a seguir ao parto;
c) Provar que o empregador da mãe foi informado da decisão conjunta.

Artigo 643.º (CT)
Protecção da maternidade e da paternidade

1 – Constitui contra-ordenação muito grave a violação do disposto no artigo 35.º e nos n.ᵒˢ 1, 2, 4 e 5 do artigo 49.º, de acordo com a regulamentação prevista no n.º 6 do mesmo artigo.

2 – Constitui contra-ordenação grave a violação do disposto nos artigos 36.º a 42.º, nos n.ᵒˢ 1, 2, 3, 4, 5 e 7 do artigo 43.º, no n.º 1 do artigo 44.º, no n.º 3 do artigo 49.º, no artigo 50.º e no n.º 1 do artigo 51.º

3 – Constitui contra-ordenação leve a violação do disposto nos artigos 45.º e 46.º

Artigo 44.º
Licença por adopção

1 – Em caso de adopção de menor de 15 anos, o candidato a adoptante tem direito à licença referida nos n.ᵒˢ 1 ou 2 do artigo 40.º.

2 – No caso de adopções múltiplas, o período de licença referido no número anterior é acrescido de 30 dias por cada adopção além da primeira.

3 – Havendo dois candidatos a adoptantes, a licença deve ser gozada nos termos dos n.ᵒˢ 1 e 2 do artigo 40.º.

4 – O candidato a adoptante não tem direito a licença em caso de adopção de filho do cônjuge ou de pessoa com quem viva em união de facto.

5 – Em caso de incapacidade ou falecimento do candidato a adoptante

Artigo 38.º (CT)
Adopção

1 – Em caso de adopção de menor de 15 anos, o candidato a adoptante tem direito a 100 dias consecutivos de licença para acompanhamento do menor de cuja adopção se trate, com início a partir da confiança judicial ou administrativa a que se referem os diplomas legais que disciplinam o regime jurídico da adopção.

2 – Sendo dois os candidatos a adoptantes, a licença a que se refere o número anterior pode ser repartida entre eles.

Artigo 71.º (RCT)
Licença por adopção

1 – O período de licença por adopção, previsto no n.º 1 do artigo 38.º do

durante a licença, o cônjuge sobrevivo, que não seja candidato a adoptante e com quem o adoptando viva em comunhão de mesa e habitação, tem direito a licença correspondente ao período não gozado ou a um mínimo de 14 dias.

6 – A licença tem início a partir da confiança judicial ou administrativa, nos termos do regime jurídico da adopção.

7 – Quando a confiança administrativa consistir na confirmação da permanência do menor a cargo do adoptante, este tem direito a licença, pelo período remanescente, desde que a data em que o menor ficou de facto a seu cargo tenha ocorrido antes do termo da licença parental inicial.

8 – Em caso de internamento hospitalar do candidato a adoptante ou do adoptando, o período de licença é suspenso pelo tempo de duração do internamento, devendo aquele comunicar esse facto ao empregador, apresentando declaração comprovativa passada pelo estabelecimento hospitalar.

9 – Em caso de partilha do gozo da licença, os candidatos a adoptantes informam os respectivos empregadores, com a antecedência de 10 dias ou, em caso de urgência comprovada, logo que possível, fazendo prova da confiança judicial ou administrativa do adoptando e da idade deste, do início e termo dos períodos a gozar por cada um, entregando para o efeito declaração conjunta.

10 – Caso a licença por adopção não seja partilhada, o candidato a adoptante que gozar a licença informa o respectivo empregador, nos prazos referidos no número anterior, da duração da licença e do início do respectivo período.

Código do Trabalho, é acrescido, no caso de adopções múltiplas, de 30 dias por cada adopção além da primeira.

2 – Quando a confiança administrativa consistir na confirmação da permanência do menor a cargo do adoptante, este tem direito a licença desde que a data em que o menor ficou de facto a seu cargo tenha ocorrido há menos de 100 dias e até ao momento em que estes se completam.

3 – O trabalhador candidato a adopção deve informar o empregador do gozo da respectiva licença com a antecedência de 10 dias ou, em caso de urgência comprovada, logo que possível, fazendo prova da confiança judicial ou administrativa do adoptando e da idade deste.

4 – No caso de os cônjuges candidatos à adopção serem trabalhadores, o período de licença pode ser integralmente gozado por um deles ou por ambos, em tempo parcial ou em períodos sucessivos, conforme decisão conjunta.

5 – Em qualquer dos casos referidos no número anterior, o trabalhador deve:

a) Apresentar documento de que conste a decisão conjunta;

b) Declarar qual o período de licença gozado pelo seu cônjuge, sendo caso disso;

c) Provar que o seu cônjuge informou o respectivo empregador da decisão conjunta.

6 – Se o trabalhador falecer durante a licença, o cônjuge sobrevivo que não seja adoptante tem direito a licença correspondente ao período não gozado ou a um mínimo de 14 dias se o adoptado viver consigo em comunhão de mesa e habitação.

11 – Constitui contra-ordenação muito grave a violação do disposto nos n.ᵒˢ 1 a 3, 5, 7 ou 8.

7 – Em caso de internamento hospitalar do candidato à adopção ou do adoptando, o período de licença é suspenso pelo tempo de duração do internamento, mediante comunicação daquele ao respectivo empregador, acompanhada de declaração passada pelo estabelecimento hospitalar.

8 – O trabalhador candidato a adoptante não tem direito a licença por adopção do filho do cônjuge ou de pessoa que com ele viva em união de facto.

Artigo 643.º (CT)
Protecção da maternidade e da paternidade

1 – Constitui contra-ordenação muito grave a violação do disposto no artigo 35.º e nos n.ᵒˢ 1, 2, 4 e 5 do artigo 49.º, de acordo com a regulamentação prevista no n.º 6 do mesmo artigo.

2 – Constitui contra-ordenação grave a violação do disposto nos artigos 36.º a 42.º, nos n.ᵒˢ 1, 2, 3, 4, 5 e 7 do artigo 43.º, no n.º 1 do artigo 44.º, no n.º 3 do artigo 49.º, no artigo 50.º e no n.º 1 do artigo 51.º

3 – Constitui contra-ordenação leve a violação do disposto nos artigos 45.º e 46.º

Artigo 475.º (RCT)
Maternidade e paternidade

1 – Constitui contra-ordenação muito grave a violação do disposto nos n.ᵒˢ 1, 3 e 6 do artigo 68.º

2 – Constitui contra-ordenação grave a violação do disposto no n.º 4 do artigo 70.º, nos n.ᵒˢ 1, 2, 6 e 7 do artigo 71.º, nos n.ᵒˢ 3, 4 e 5 do artigo 73.º, no n.º 2 do artigo 76.º, no n.º 2 do artigo

**Artigo 45.º
Dispensa para avaliação
para a adopção**

Para efeitos de realização de avaliação para a adopção, os trabalhadores têm direito a três dispensas de trabalho para deslocação aos serviços da Segurança Social ou recepção dos técnicos em seu domicílio, devendo apresentar a devida justificação ao empregador.

**Artigo 46.º
Dispensa para consulta pré-natal**

1 – A trabalhadora grávida tem direito a dispensa do trabalho para consultas pré-natais, pelo tempo e número de vezes necessários.

2 – A trabalhadora deve, sempre que possível, comparecer a consulta pré-natal fora do horário de trabalho.

3 – Sempre que a consulta pré-natal só seja possível durante o horário de trabalho, o empregador pode exigir à

80.º, no artigo 96.º, nas alíneas a) e b) dos n.ᵒˢ 1 e no n.º 2 do artigo 97.º, no n.º 4 do artigo 98.º e no n.º 2 do artigo 101.º

3 – Constitui, ainda, contra-ordenação grave o impedimento, por parte do empregador, que a trabalhadora grávida efectue a consulta pré-natal ou a preparação para o parto durante o horário de trabalho, quando a mesma não for possível fora desse horário, bem como a violação do disposto no artigo 47.º do Código do Trabalho.

4 – Constitui contra-ordenação leve a violação do disposto no artigo 67.º

5 – O disposto nos números anteriores não é aplicável no âmbito da relação jurídica de emprego público que confira a qualidade de funcionário ou agente da Administração Pública.

Sem correspondência.

*Artigo 39.º (CT)
Dispensas para consultas,
amamentação e aleitação*

1 – A trabalhadora grávida tem direito a dispensa de trabalho para se deslocar a consultas pré-natais, pelo tempo e número de vezes necessários e justificados.

2 – A mãe que, comprovadamente, amamente o filho tem direito a dispensa de trabalho para o efeito, durante todo o tempo que durar a amamentação.

trabalhadora a apresentação de prova desta circunstância e da realização da consulta ou declaração dos mesmos factos.

4 – Para efeito dos números anteriores, a preparação par a o parto é equiparada a consulta pré-natal.

5 – O pai tem direito a três dispensas do trabalho para acompanhar a trabalhadora às consultas pré-natais.

6 – Constitui contra-ordenação grave a violação do disposto neste artigo.

3 – No caso de não haver lugar a amamentação, a mãe ou o pai têm direito, por decisão conjunta, à dispensa referida no número anterior para aleitação, até o filho perfazer um ano.

Artigo 72.º (RCT)
Dispensa para consultas pré-natais

1 – Para efeitos do n.º 1 do artigo 39.º do Código do Trabalho, a trabalhadora grávida deve, sempre que possível, comparecer às consultas pré-natais fora do horário de trabalho.

2 – Sempre que a consulta pré-natal só seja possível durante o horário de trabalho, o empregador pode exigir à trabalhadora a apresentação de prova desta circunstância e da realização da consulta ou declaração dos mesmos factos.

3 – Para efeito dos números anteriores, a preparação para o parto é equiparada a consulta pré-natal.

Artigo 643.º (CT)
Protecção da maternidade e da paternidade

1 – Constitui contra-ordenação muito grave a violação do disposto no artigo 35.º e nos n.ºs 1, 2, 4 e 5 do artigo 49.º, de acordo com a regulamentação prevista no n.º 6 do mesmo artigo.

2 – Constitui contra-ordenação grave a violação do disposto nos artigos 36.º a 42.º, nos n.ºs 1, 2, 3, 4, 5 e 7 do artigo 43.º, no n.º 1 do artigo 44.º, no n.º 3 do artigo 49.º, no artigo 50.º e no n.º 1 do artigo 51.º

3 – Constitui contra-ordenação leve a violação do disposto nos artigos 45.º e 46.º

Artigo 475.º (RCT)
Maternidade e paternidade

1 – Constitui contra-ordenação muito grave a violação do disposto nos n.ºs 1, 3 e 6 do artigo 68.º

2 – Constitui contra-ordenação grave a violação do disposto no n.º 4 do artigo 70.º, nos n.ºs 1, 2, 6 e 7 do artigo 71.º, nos n.ºs 3, 4 e 5 do artigo 73.º, no n.º 2 do artigo 76.º, no n.º 2 do artigo 80.º, no artigo 96.º, nas alíneas a) e b) dos n.ºs 1 e no n.º 2 do artigo 97.º, no n.º 4 do artigo 98.º e no n.º 2 do artigo 101.º

3 – Constitui, ainda, contra-ordenação grave o impedimento, por parte do empregador, que a trabalhadora grávida efectue a consulta pré-natal ou a preparação para o parto durante o horário de trabalho, quando a mesma não for possível fora desse horário, bem como a violação do disposto no artigo 47.º do Código do Trabalho.

4 – Constitui contra-ordenação leve a violação do disposto no artigo 67.º

5 – O disposto nos números anteriores não é aplicável no âmbito da relação jurídica de emprego público que confira a qualidade de funcionário ou agente da Administração Pública.

Artigo 47.º
Dispensa para amamentação ou aleitação

1 – A mãe que amamenta o filho tem direito a dispensa de trabalho para o efeito, durante o tempo que durar a amamentação.

2 – No caso de não haver amamentação, desde que ambos os progenitores exerçam actividade profissional, qual-

Artigo 39.º (CT)
Dispensas para consultas, amamentação e aleitação

1 – A trabalhadora grávida tem direito a dispensa de trabalho para se deslocar a consultas pré-natais, pelo tempo e número de vezes necessários e justificados.

2 – A mãe que, comprovadamente, amamente o filho tem direito a dispensa

quer deles ou ambos, consoante decisão conjunta, têm direito a dispensa para aleitação, até o filho perfazer um ano.

3 – A dispensa diária para amamentação ou aleitação é gozada em dois períodos distintos, com a duração máxima de uma hora cada, salvo se outro regime for acordado com o empregador.

4 – No caso de nascimentos múltiplos, a dispensa referida no número anterior é acrescida de mais 30 minutos por cada gémeo além do primeiro.

5 – Se qualquer dos progenitores trabalhar a tempo parcial, a dispensa diária para amamentação ou aleitação é reduzida na proporção do respectivo período normal de trabalho, não podendo ser inferior a 30 minutos.

6 – Na situação referida no número anterior, a dispensa diária é gozada em período não superior a uma hora e, sendo caso disso, num segundo período com a duração remanescente, salvo se outro regime for acordado com o empregador.

7 – Constitui contra-ordenação grave a violação do disposto neste artigo.

de trabalho para o efeito, durante todo o tempo que durar a amamentação.

3 – No caso de não haver lugar a amamentação, a mãe ou o pai têm direito, por decisão conjunta, à dispensa referida no número anterior para aleitação, até o filho perfazer um ano.

Artigo 73.º (RCT)
Dispensas para amamentação e aleitação

1 – Para efeitos do n.º 2 do artigo 39.º do Código do Trabalho, a trabalhadora comunica ao empregador, com a antecedência de 10 dias relativamente ao início da dispensa, que amamenta o filho, devendo apresentar atestado médico após o 1.º ano de vida do filho.

2 – A dispensa para aleitação, prevista no n.º 3 do artigo 39.º do Código do Trabalho, pode ser exercida pela mãe ou pelo pai trabalhador, ou por ambos, conforme decisão conjunta, devendo o beneficiário, em qualquer caso:

a) Comunicar ao empregador que aleita o filho, com a antecedência de 10 dias relativamente ao início da dispensa;

b) Apresentar documento de que conste a decisão conjunta;

c) Declarar qual o período de dispensa gozado pelo outro progenitor, sendo caso disso;

d) Provar que o outro progenitor informou o respectivo empregador da decisão conjunta.

3 – A dispensa diária para amamentação ou aleitação é gozada em dois períodos distintos, com a duração máxima de uma hora cada, salvo se outro regime for acordado com o empregador.

4 – No caso de nascimentos múltiplos, a dispensa referida no número anterior é acrescida de mais trinta minutos por cada gemelar além do primeiro.

5 – Se a mãe ou o pai trabalharem a tempo parcial, a dispensa diária para amamentação ou aleitação é reduzida na proporção do respectivo período normal de trabalho, não podendo ser inferior a 30 minutos.

6 – Na situação referida no número anterior, a dispensa diária é gozada em período não superior a uma hora e, sendo caso disso, num segundo período com a duração remanescente, salvo se outro regime for acordado com o empregador.

Artigo 643.º (CT)
Protecção da maternidade e da paternidade

1 – Constitui contra-ordenação muito grave a violação do disposto no artigo 35.º e nos n.ºs 1, 2, 4 e 5 do artigo 49.º, de acordo com a regulamentação prevista no n.º 6 do mesmo artigo.

2 – Constitui contra-ordenação grave a violação do disposto nos artigos 36.º a 42.º, nos n.ºs 1, 2, 3, 4, 5 e 7 do artigo 43.º, no n.º 1 do artigo 44.º, no n.º 3 do artigo 49.º, no artigo 50.º e no n.º 1 do artigo 51.º

3 – Constitui contra-ordenação leve a violação do disposto nos artigos 45.º e 46.º

Artigo 475.º (RCT)
Maternidade e paternidade

1 – Constitui contra-ordenação muito grave a violação do disposto nos n.ºs 1, 3 e 6 do artigo 68.º

2 – Constitui contra-ordenação grave a violação do disposto no n.º 4 do artigo 70.º, nos n.ºˢ 1, 2, 6 e 7 do artigo 71.º, nos n.ºˢ 3, 4 e 5 do artigo 73.º, no n.º 2 do artigo 76.º, no n.º 2 do artigo 80.º, no artigo 96.º, nas alíneas a) e b) dos n.ºˢ 1 e no n.º 2 do artigo 97.º, no n.º 4 do artigo 98.º e no n.º 2 do artigo 101.º

3 – Constitui, ainda, contra-ordenação grave o impedimento, por parte do empregador, que a trabalhadora grávida efectue a consulta pré-natal ou a preparação para o parto durante o horário de trabalho, quando a mesma não for possível fora desse horário, bem como a violação do disposto no artigo 47.º do Código do Trabalho.

4 – Constitui contra-ordenação leve a violação do disposto no artigo 67.º

5 – O disposto nos números anteriores não é aplicável no âmbito da relação jurídica de emprego público que confira a qualidade de funcionário ou agente da Administração Pública.

Artigo 48.º
Procedimento de dispensa para amamentação ou aleitação

1 – Para efeito de dispensa para amamentação, a trabalhador a comunica ao empregador, com a antecedência de 10 dias relativamente ao início da dispensa, que amamenta o filho, devendo apresentar atestado médico se a dispensa se prolongar para além do primeiro ano de vida do filho.

2 – Para efeito de dispensa para aleitação, o progenitor:

a) Comunica ao empregador que aleita o filho, com a antecedência de 10 dias relativamente ao início da dispensa;

Artigo 73.º (RCT)
Dispensas para amamentação e aleitação

1 – Para efeitos do n.º 2 do artigo 39.º do Código do Trabalho, a trabalhadora comunica ao empregador, com a antecedência de 10 dias relativamente ao início da dispensa, que amamenta o filho, devendo apresentar atestado médico após o 1.º ano de vida do filho.

2 – A dispensa para aleitação, prevista no n.º 3 do artigo 39.º do Código do Trabalho, pode ser excedida pela mãe ou pelo pai trabalhador, ou por ambos, conforme decisão conjunta, devendo o beneficiário, em qualquer caso:

b) Apresenta documento de que conste a decisão conjunta;

c) Declara qual o período de dispensa gozado pelo outro progenitor, sendo caso disso;

d) Prova que o outro progenitor exerce actividade profissional e, caso seja trabalhador por conta de outrem, que informou o respectivo empregador da decisão conjunta.

Artigo 49.º
Falta para assistência a filho

1 – O trabalhador pode faltar ao trabalho para prestar assistência inadiável e imprescindível, em caso de doença ou acidente, a filho menor de 12 anos ou,

a) Comunicar ao empregador que aleita o filho, com a antecedência de 10 dias relativamente ao início da dispensa;

b) Apresentar documento de que conste a decisão conjunta;

c) Declarar qual o período de dispensa gozado pelo outro progenitor, sendo caso disso;

d) Provar que o outro progenitor informou o respectivo empregador da decisão conjunta.

3 – A dispensa diária para amamentação ou aleitação é gozada em dois períodos distintos, com a duração máxima de uma hora cada, salvo se outro regime for acordado com o empregador.

4 – No caso de nascimentos múltiplos, a dispensa referida no número anterior é acrescida de mais trinta minutos por cada gemelar além do primeiro.

5 – Se a mãe ou o pai trabalharem a tempo parcial, a dispensa diária para amamentação ou aleitação é reduzida na proporção do respectivo período normal de trabalho, não podendo ser inferior a 30 minutos.

6 – Na situação referida no número anterior, a dispensa diária é gozada em período não superior a uma hora e, sendo caso disso, num segundo período com a duração remanescente, salvo se outro regime for acordado com o empregador.

Artigo 40.º (CT)
Falta para assistência a menores

1 – Os trabalhadores têm direito a faltar ao trabalho, até um limite máximo de 30 dias por ano, para prestar assistência inadiável e imprescindível, independentemente da idade, a filho com deficiência ou doença crónica, até 30 dias por ano ou durante todo o período de eventual hospitalização.

2 – O trabalhador pode faltar ao trabalho até 15 dias por ano para prestar assistência inadiável e imprescindível em caso de doença ou acidente a filho com 12 ou mais anos de idade que, no caso de ser maior, faça parte do seu agregado familiar.

3 – Aos períodos de ausência previstos nos números anteriores acresce um dia por cada filho além do primeiro.

4 – A possibilidade de faltar prevista nos números anteriores não pode ser exercida simultaneamente pelo pai e pela mãe.

5 – Para efeitos de justificação da falta, o empregador pode exigir ao trabalhador:

a) Prova do carácter inadiável e imprescindível da assistência;

b) Declaração de que o outro progenitor tem actividade profissional e não falta pelo mesmo motivo ou está impossibilitado de prestar a assistência;

c) Em caso de hospitalização, declaração comprovativa passada pelo estabelecimento hospitalar.

6 – No caso referido no n.º 3 do artigo seguinte, o pai ou a mãe informa o respectivo empregador da prestação de assistência em causa, sendo o seu direito referido nos n.º 1 ou 2 reduzido em conformidade.

7 – Constitui contra-ordenação grave a violação do disposto nos n.ºs 1, 2 ou 3.

em caso de doença ou acidente, a filhos, adoptados ou a enteados menores de 10 anos.

2 – Em caso de hospitalização, o direito a faltar estende-se pelo período em que aquela durar, se se tratar de menores de 10 anos, mas não pode ser exercido simultaneamente pelo pai e pela mãe ou equiparados.

3 – O disposto nos números anteriores é aplicável aos trabalhadores a quem tenha sido deferida a tutela, ou confiada a guarda da criança, por decisão judicial ou administrativa.

Artigo 42.º (CT)
Faltas para assistência a pessoa com deficiência ou doença crónica

O disposto no artigo 40.º aplica-se, independentemente da idade, caso o filho, adoptado ou filho do cônjuge que com este resida seja portador de deficiência ou doença crónica.

Artigo 74.º (RCT)
Faltas para assistência a filho menor, com deficiência ou doença crónica

1 – Para efeitos de justificação das faltas a que se referem os artigos 40.º e 42.º do Código do Trabalho, o empregador pode exigir ao trabalhador:

a) Prova do carácter inadiável e imprescindível da assistência;

b) Declaração de que o outro progenitor tem actividade profissional e não faltou pelo mesmo motivo ou está impossibilitado de prestar a assistência.

2 – Em caso de hospitalização, o empregador pode exigir declaração de internamento passada pelo estabelecimento hospitalar.

Artigo 643.º (CT)
Protecção da maternidade e da paternidade

1 – Constitui contra-ordenação muito grave a violação do disposto no artigo 35.º e nos n.ᵒˢ 1, 2, 4 e 5 do artigo 49.º, de acordo com a regulamentação prevista no n.º 6 do mesmo artigo.

2 – Constitui contra-ordenação grave a violação do disposto nos artigos 36.º a 42.º, nos n.ᵒˢ 1, 2, 3, 4, 5 e 7 do artigo 43.º, no n.º 1 do artigo 44.º, no n.º 3 do artigo 49.º, no artigo 50.º e no n.º 1 do artigo 51.º

3 – Constitui contra-ordenação leve a violação do disposto nos artigos 45.º e 46.º

Artigo 50.º
Falta para assistência a neto

1 – O trabalhador pode faltar até 30 dias consecutivos, a seguir ao nascimento de neto que consigo viva em comunhão de mesa e habitação e que seja filho de adolescente com idade inferior a 16 anos.

2 – Se houver dois titulares do direito, há apenas lugar a um período de faltas, a gozar por um deles, ou por ambos em tempo parcial ou em períodos sucessivos, conforme decisão conjunta.

3 – O trabalhador pode também faltar, em substituição dos progenitores, para prestar assistência inadiável e imprescindível, em caso de doença ou acidente, a neto menor ou, independentemente da idade, com deficiência ou doença crónica.

4 – Para efeitos dos n.ᵒˢ 1 e 2, o trabalhador informa o empregador com a antecedência de cinco dias, declarando que:

Artigo 41.º (CT)
Faltas para assistência a netos

O trabalhador pode faltar até 30 dias consecutivos, a seguir ao nascimento de netos que sejam filhos de adolescentes com idade inferior a 16 anos, desde que consigo vivam em comunhão de mesa e habitação.

Artigo 75.º (RCT)
Falta para assistência a netos

1 – *Para efeitos do artigo 41.º do Código do Trabalho, o trabalhador que pretenda faltar ao trabalho em caso de nascimento de netos que sejam de filhos de adolescentes com idade inferior a 16 anos deve informar o empregador com a antecedência de cinco dias, declarando que:*

a) O neto vive consigo em comunhão de mesa e habitação;

b) O neto é filho de adolescente com idade inferior a 16 anos;

a) O neto vive consigo em comunhão de mesa e habitação;
b) O neto é filho de adolescente com idade inferior a 16 anos;
c) O cônjuge do trabalhador exerce actividade profissional ou se encontra física ou psiquicamente impossibilitado de cuidar do neto ou não vive em comunhão de mesa e habitação com este.

5 – O disposto neste artigo é aplicável a tutor do adolescente, a trabalhador a quem tenha sido deferida a confiança judicial ou administrativa do mesmo, bem como ao seu cônjuge ou pessoa em união de facto.

6 – No caso referido no n.º 3, o trabalhador informa o empregador, no prazo previsto nos n.ºs 1 ou 2 do artigo 253.º, declarando:
a) O carácter inadiável e imprescindível da assistência;
b) Que os progenitores são trabalhadores e não faltam pelo mesmo motivo ou estão impossibilitados de prestar a assistência, bem como que nenhum outro familiar do mesmo grau falta pelo mesmo motivo.

7 – Constitui contra-ordenação grave a violação do disposto nos n.ºs 1, 2 ou 3.

c) O cônjuge do trabalhador exerce actividade profissional ou se encontra física ou psiquicamente impossibilitado de cuidar do neto ou não vive em comunhão de mesa e habitação com este.

2 – Se houver dois titulares do direito, estes podem gozar apenas um período de faltas, integralmente por um deles, ou por ambos em tempo parcial ou em períodos sucessivos, conforme decisão conjunta.

3 – Nos casos referidos no número anterior, o titular que faltar ao trabalho deve apresentar ao empregador:

a) O documento de que conste a decisão conjunta;

b) A prova de que o outro titular informou o respectivo empregador da decisão conjunta

Artigo 643.º (CT)
Protecção da maternidade
e da paternidade

1 – Constitui contra-ordenação muito grave a violação do disposto no artigo 35.º e nos n.ºs 1, 2, 4 e 5 do artigo 49.º, de acordo com a regulamentação prevista no n.º 6 do mesmo artigo.

2 – Constitui contra-ordenação grave a violação do disposto nos artigos 36.º a 42.º, nos n.ºs 1, 2, 3, 4, 5 e 7 do artigo 43.º, no n.º 1 do artigo 44.º, no n.º 3 do artigo 49.º, no artigo 50.º e no n.º 1 do artigo 51.º

3 – Constitui contra-ordenação leve a violação do disposto nos artigos 45.º e 46.º.

Artigo 51.º
Licença parental complementar

1 – O pai e a mãe têm direito, para assistência a filho ou adoptado com idade não superior a seis anos, a licença parental complementar, em qualquer das seguintes modalidades:
a) Licença parental alargada, por três meses;
b) Trabalho a tempo parcial durante 12 meses, com um período normal de trabalho igual a metade do tempo completo;
c) Períodos intercalados de licença parental alargada e de trabalho a tempo parcial em que a duração total da ausência e da redução do tempo de trabalho seja igual aos períodos normais de trabalho de três meses;
d) Ausências interpoladas ao trabalho com duração igual aos períodos normais de trabalho de três meses, desde que previstas em instrumento de regulamentação colectiva de trabalho.

2 – O pai e a mãe podem gozar qualquer das modalidades referidas no número anterior de modo consecutivo ou até três períodos interpolados, não sendo permitida a cumulação por um dos progenitores do direito do outro.

3 – Se ambos os progenitores pretenderem gozar simultaneamente a licença e estiverem ao serviço do mesmo empregador, este pode adiar a licença de um deles com fundamento em exigências imperiosas ligadas ao funcionamento da empresa ou serviço, desde que seja fornecida por escrito a respectiva fundamentação.

4 – Durante o período de licença parental complementar em qualquer das

Artigo 43.º (CT)
Licença parental e especial
para assistência a filho ou adoptado

1 – Para assistência a filho ou adoptado e até aos 6 anos de idade da criança, o pai e a mãe que não estejam impedidos ou inibidos totalmente de exercer o poder paternal têm direito, alternativamente:
a) A licença parental de três meses;
b) A trabalhar a tempo parcial durante 12 meses, com um período normal de trabalho igual a metade do tempo completo;
c) A períodos intercalados de licença parental e de trabalho a tempo parcial em que a duração total da ausência e da redução do tempo de trabalho seja igual aos períodos normais de trabalho de três meses.

2 – O pai e a mãe podem gozar qualquer dos direitos referidos no número anterior de modo consecutivo ou até três períodos interpolados, não sendo permitida a acumulação por um dos progenitores do direito do outro.

3 – Depois de esgotado qualquer dos direitos referidos nos números anteriores, o pai ou a mãe têm direito a licença especial para assistência a filho ou adoptado, de modo consecutivo ou interpolado, até ao limite de dois anos.

4 – No caso de nascimento de um terceiro filho ou mais, a licença prevista no número anterior é prorrogável até três anos.

5 – O trabalhador tem direito a licença para assistência a filho de cônjuge ou de pessoa em união de facto que com este resida, nos termos do presente artigo.

modalidades, o trabalhador não pode exercer outra actividade incompatível com a respectiva finalidade, nomeadamente trabalho subordinado ou prestação continuada de serviços fora da sua residência habitual.

5 – O exercício dos direitos referidos nos números anteriores depende de informação sobre a modalidade pretendida e o início e o termo de cada período, dirigida por escrito ao empregador com antecedência de 30 dias relativamente ao seu início.

6 – Constitui contra-ordenação grave a violação do disposto nos n.ºs 1, 2 ou 3.

6 – O exercício dos direitos referidos nos números anteriores depende de aviso prévio dirigido ao empregador, com antecedência de 30 dias relativamente ao início do período de licença ou de trabalho a tempo parcial.

7 – Em alternativa ao disposto no n.º 1, o pai e a mãe podem ter ausências interpoladas ao trabalho com duração igual aos períodos normais de trabalho de três meses, desde que reguladas em instrumento de regulamentação colectiva de trabalho.

Artigo 76.º (RCT)
Licença parental

1 – Para efeitos dos n.ºs 1 e 2 do artigo 43.º do Código do Trabalho, o pai ou a mãe que pretenda utilizar a licença parental, ou os regimes alternativos de trabalho a tempo parcial ou de períodos intercalados de ambos, deve informar o empregador, por escrito, do início e termo do período de licença, do trabalho a tempo parcial ou dos períodos intercalados pretendidos.

2 – Se ambos os progenitores pretenderem gozar simultaneamente a licença e estiverem ao serviço do mesmo empregador, este pode adiar a licença de um deles com fundamento em exigências imperiosas ligadas ao funcionamento da empresa ou serviço e desde que seja fornecida por escrito a respectiva fundamentação.

Artigo 643.º (CT)
Protecção da maternidade e da paternidade

1 – Constitui contra-ordenação muito grave a violação do disposto no artigo 35.º e nos n.ºs 1, 2, 4 e 5 do artigo

49.º, de acordo com a regulamentação prevista no n.º 6 do mesmo artigo.

2 – Constitui contra-ordenação grave a violação do disposto nos artigos 36.º a 42.º, nos n.ºs 1, 2, 3, 4, 5 e 7 do artigo 43.º, no n.º 1 do artigo 44.º, no n.º 3 do artigo 49.º, no artigo 50.º e no n.º 1 do artigo 51.º

3 – Constitui contra-ordenação leve a violação do disposto nos artigos 45.º e 46.º

Artigo 475.º (RCT)
Maternidade e paternidade

1 – Constitui contra-ordenação muito grave a violação do disposto nos n.ºs 1, 3 e 6 do artigo 68.º

2 – Constitui contra-ordenação grave a violação do disposto no n.º 4 do artigo 70.º, nos n.ºs 1, 2, 6 e 7 do artigo 71.º, nos n.ºs 3, 4 e 5 do artigo 73.º, no n.º 2 do artigo 76.º, no n.º 2 do artigo 80.º, no artigo 96.º, nas alíneas a) e b) dos n.ºs 1 e no n.º 2 do artigo 97.º, no n.º 4 do artigo 98.º e no n.º 2 do artigo 101.º

3 – Constitui, ainda, contra-ordenação grave o impedimento, por parte do empregador, que a trabalhadora grávida efectue a consulta pré-natal ou a preparação para o parto durante o horário de trabalho, quando a mesma não for possível fora desse horário, bem como a violação do disposto no artigo 47.º do Código do Trabalho.

4 – Constitui contra-ordenação leve a violação do disposto no artigo 67.º

5 – O disposto nos números anteriores não é aplicável no âmbito da relação jurídica de emprego público que confira a qualidade de funcionário ou agente da Administração Pública.

Artigo 52.º
Licença para assistência a filho

1 – Depois de esgotado o direito referido no artigo anterior, os progenitores têm direito a licença para assistência a filho, de modo consecutivo ou interpolado, até ao limite de dois anos.

2 – No caso de terceiro filho ou mais, a licença prevista no número anterior tem o limite de três anos.

3 – O trabalhador tem direito a licença se o outro progenitor exercer actividade profissional ou estiver impedido ou inibido totalmente de exercer o poder paternal.

4 – Se houver dois titulares, a licença pode ser gozada por qualquer deles ou por ambos em períodos sucessivos.

5 – Durante o período de licença para assistência a filho, o trabalhador não pode exercer outra actividade incompatível com a respectiva finalidade, nomeadamente trabalho subordinado ou prestação continuada de serviços fora da sua residência habitual.

6 – Para exercício do direito, o trabalhador informa o empregador, por escrito e com a antecedência de 30 dias:

a) Do início e do termo do período em que pretende gozar a licença;

b) Que o outro progenitor tem actividade profissional e não se encontra ao mesmo tempo em situação de licença, ou que está impedido ou inibido totalmente de exercer o poder paternal;

c) Que o menor vive com ele em comunhão de mesa e habitação;

d) Que não está esgotado o período máximo de duração da licença.

7 – Na falta de indicação em contrário por parte do trabalhador, a licença tem a duração de seis meses.

Artigo 43.º (CT)
Licença parental e especial para assistência a filho ou adoptado

1 – Para assistência a filho ou adoptado e até aos 6 anos de idade da criança, o pai e a mãe que não estejam impedidos ou inibidos totalmente de exercer o poder paternal têm direito, alternativamente:

a) A licença parental de três meses;

b) A trabalhar a tempo parcial durante 12 meses, com um período normal de trabalho igual a metade do tempo completo;

c) A períodos intercalados de licença parental e de trabalho a tempo parcial em que a duração total da ausência e da redução do tempo de trabalho seja igual aos períodos normais de trabalho de três meses.

2 – O pai e a mãe podem gozar qualquer dos direitos referidos no número anterior de modo consecutivo ou até três períodos interpolados, não sendo permitida a acumulação por um dos progenitores do direito do outro.

3 – Depois de esgotado qualquer dos direitos referidos nos números anteriores, o pai ou a mãe têm direito a licença especial para assistência a filho ou adoptado, de modo consecutivo ou interpolado, até ao limite de dois anos.

4 – No caso de nascimento de um terceiro filho ou mais, a licença prevista no número anterior é prorrogável até três anos.

5 – O trabalhador tem direito a licença para assistência a filho de cônjuge ou de pessoa em união de facto que com este resida, nos termos do presente artigo.

8 – À prorrogação do período de licença pelo trabalhador, dentro dos limites previstos nos n.ºˢ 1 e 2, é aplicável o disposto no n.º 6.

9 – Constitui contra-ordenação grave a violação do disposto nos n.ºˢ 1 ou 2.

6 – *O exercício dos direitos referidos nos números anteriores depende de aviso prévio dirigido ao empregador, com antecedência de 30 dias relativamente ao início do período de licença ou de trabalho a tempo parcial.*

7 – *Em alternativa ao disposto no n.º 1, o pai e a mãe podem ter ausências interpoladas ao trabalho com duração igual aos períodos normais de trabalho de três meses, desde que reguladas em instrumento de regulamentação colectiva de trabalho.*

Artigo 77.º
Licenças para assistência a filho ou adoptado e pessoa com deficiência ou doença crónica

1 – Para efeitos dos n.ºˢ 3 e 4 do artigo 43.º e do n.º 1 do artigo 44.º do Código do Trabalho, o trabalhador tem direito a licença especial para assistência a filho ou adoptado ou a licença para assistência a pessoa com deficiência ou doença crónica se o outro progenitor exercer actividade profissional ou estiver impedido ou inibido totalmente de exercer o poder paternal.

2 – Se houver dois titulares, a licença pode ser gozada por qualquer deles ou por ambos em períodos sucessivos.

3 – O trabalhador deve informar o empregador, por escrito e com a antecedência de 30 dias, do início e termo do período em que pretende gozar a licença e declarar que o outro progenitor tem actividade profissional e não se encontra ao mesmo tempo em situação de licença ou está impedido ou inibido totalmente de exercer o poder paternal, que o filho faz parte do seu agregado familiar e não está esgotado o período máximo de duração da licença.

4 – Na falta de indicação em contrário por parte do trabalhador, a licença tem a duração de seis meses.

5 – O trabalhador deve comunicar ao empregador, por escrito e com a antecedência de 15 dias relativamente ao termo do período de licença, a sua intenção de regressar ao trabalho, ou de a prorrogar, excepto se o período máximo da licença entretanto se completar.

Artigo 643.º (CT)
Protecção da maternidade e da paternidade

1 – Constitui contra-ordenação muito grave a violação do disposto no artigo 35.º e nos n.ᵒˢ 1, 2, 4 e 5 do artigo 49.º, de acordo com a regulamentação prevista no n.º 6 do mesmo artigo.

2 – Constitui contra-ordenação grave a violação do disposto nos artigos 36.º a 42.º, nos n.ᵒˢ 1, 2, 3, 4, 5 e 7 do artigo 43.º, no n.º 1 do artigo 44.º, no n.º 3 do artigo 49.º, no artigo 50.º e no n.º 1 do artigo 51.º

3 – Constitui contra-ordenação leve a violação do disposto nos artigos 45.º e 46.º

Artigo 53.º
Licença para assistência a filho com deficiência ou doença crónica

1 – Os progenitores têm direito a licença por período até seis meses, prorrogável até quatro anos, para assistência de filho com deficiência ou doença crónica.

2 – Caso o filho com deficiência ou doença crónica tenha 12 ou mais anos

Artigo 44.º (CT)
Licença para assistência a pessoa com deficiência ou doença crónica

1 – O pai ou a mãe têm direito a licença por período até seis meses, prorrogável com limite de quatro anos, para acompanhamento de filho, adoptado ou filho de cônjuge que com este resida, que seja portador de deficiência

de idade a necessidade de assistência é confirmada por atestado médico.

3 – É aplicável à licença prevista no n.º 1 o regime constante dos n.ᵒˢ 3 a 8 do artigo anterior.

4 – Constitui contra-ordenação grave a violação do disposto no n.º 1.

ou doença crónica, durante os primeiros 12 anos de vida.

2 – À licença prevista no número anterior é aplicável, com as necessárias adaptações, inclusivamente quanto ao seu exercício, o estabelecido para a licença especial de assistência a filhos no artigo anterior.

Artigo 77.º (RCT)
Licenças para assistência a filho ou adoptado e pessoa com deficiência ou doença crónica

1 – Para efeitos dos n.ᵒˢ 3 e 4 do artigo 43.º e do n.º 1 do artigo 44.º do Código do Trabalho, o trabalhador tem direito a licença especial para assistência a filho ou adoptado ou a licença para assistência a pessoa com deficiência ou doença crónica se o outro progenitor exercer actividade profissional ou estiver impedido ou inibido totalmente de exercer o poder paternal.

2 – Se houver dois titulares, a licença pode ser gozada por qualquer deles ou por ambos em períodos sucessivos.

3 – O trabalhador deve informar o empregador, por escrito, e com a antecedência de 30 dias, do início e termo do período em que pretende gozar a licença e declarar que o outro progenitor tem actividade profissional e não se encontra ao mesmo tempo em situação de licença ou está impedido ou inibido totalmente de exercer o poder paternal, que o filho faz parte do seu agregado familiar e não está esgotado o período máximo de duração da licença.

4 – Na falta de indicação em contrário por parte do trabalhador, a licença tem a duração de seis meses.

5 – *O trabalhador deve comunicar ao empregador, por escrito, e com a antecedência de 15 dias relativamente ao termo do período de licença, a sua intenção de regressar ao trabalho, ou de a prorrogar, excepto se o período máximo da licença entretanto se completar.*

Artigo 643.º (CT)
Protecção da maternidade
e da paternidade

1 – Constitui contra-ordenação muito grave a violação do disposto no artigo 35.º e nos n.ᵒˢ 1, 2, 4 e 5 do artigo 49.º, de acordo com a regulamentação prevista no n.º 6 do mesmo artigo.

2 – Constitui contra-ordenação grave a violação do disposto nos artigos 36.º a 42.º, nos n.ᵒˢ 1, 2, 3, 4, 5 e 7 do artigo 43.º, no n.º 1 do artigo 44.º, no n.º 3 do artigo 49.º, no artigo 50.º e no n.º 1 do artigo 51.º

3 – Constitui contra-ordenação leve a violação do disposto nos artigos 45.º e 46.º

Artigo 54.º
Redução do tempo de trabalho para assistência a filho menor com deficiência ou doença crónica

1 – Os progenitores de menor com deficiência ou doença crónica, com idade não superior a um ano, têm direito a redução de cinco horas do período normal de trabalho semanal, ou

outras condições de trabalho especiais, para assistência ao filho.

2 – Não há lugar ao exercício do direito referido no número anterior quando um dos progenitores não exerçam

Artigo 37.º (CT)
Assistência a menor com deficiência

1 – A mãe ou o pai têm direito a condições especiais de trabalho, nomeadamente a redução do período normal de trabalho, se o menor for portador de deficiência ou doença crónica.

2 – O disposto no número anterior é aplicável, com as necessárias adaptações, à tutela, à confiança judicial ou administrativa e à adopção, de acordo com o respectivo regime.

actividade profissional e não esteja impedido ou inibido totalmente de exercer o poder paternal.

3 – Se ambos os progenitores forem titulares do direito, a redução do período normal de trabalho pode ser utilizada por qualquer deles ou por ambos em períodos sucessivos.

4 – O empregador deve adequar o horário de trabalho resultante da redução do período normal de trabalho tendo em conta a preferência do trabalhador, sem prejuízo de exigências imperiosas do funcionamento da empresa.

5 – A redução do período normal de trabalho semanal não implica diminuição de direitos consagrados na lei, salvo quanto à retribuição, que só é devida na medida em que a redução, em cada ano, exceda o número de faltas substituíveis por perda de gozo de dias de férias.

6 – Para redução do período normal de trabalho semanal, o trabalhador deve comunicar ao empregador a sua intenção com a antecedência de 10 dias, bem como:

a) Apresentar atestado médico comprovativo da deficiência ou da doença crónica;

b) Declarar que o outro progenitor tem actividade profissional ou que está impedido ou inibido totalmente de exercer o poder paternal e, sendo caso disso, que não exerce ao mesmo tempo este direito.

7 – Constitui contra-ordenação grave a violação do disposto nos n.ᵒˢ 1, 3, 4 ou 5.

Artigo 70.º (RCT)
Condições especiais de trabalho
para assistência a filho
com deficiência ou doença crónica

1 – Para efeitos do n.º 1 do artigo 37.º do Código do Trabalho, o trabalhador tem direito, nomeadamente, à redução de cinco horas do período normal de trabalho semanal para assistência a filho até 1 ano de idade com deficiência ou doença crónica se o outro progenitor exercer actividade profissional ou estiver impedido ou inibido totalmente de exercer o poder paternal.

2 – Se ambos os progenitores forem titulares do direito, a redução do período normal de trabalho pode ser utilizada por qualquer deles ou por ambos em períodos sucessivos.

3 – O trabalhador deve comunicar ao empregador que pretende reduzir o período normal de trabalho com a antecedência de 10 dias, bem como:

a) Apresentar atestado médico comprovativo da deficiência ou da doença crónica;

b) Declarar que o outro progenitor tem actividade profissional ou que está impedido ou inibido totalmente de exercer o poder paternal e, sendo caso disso, que não exerce ao mesmo tempo este direito.

4 – O empregador deve adequar a redução do período normal de trabalho tendo em conta a preferência do trabalhador, salvo se outra solução for imposta por exigências imperiosas do funcionamento da empresa.

Artigo 82.º (RCT)
Efeitos da redução do período normal de trabalho

1 – A redução do período normal de trabalho prevista no n.º 1 do artigo 70.º não implica diminuição de direitos consagrados na lei, salvo o disposto no número seguinte.

2 – As horas de redução do período normal de trabalho só são retribuídas na medida em que, em cada ano, excedam o número correspondente aos dias de faltas não retribuídas previstas no n.º 2 do artigo 232.º do Código do Trabalho.

Artigo 100.º (RCT)
Condição de exercício do poder paternal

O trabalhador não deve estar impedido ou inibido totalmente de exercer o poder paternal para que possa exercer os seguintes direitos:

a) Licença por paternidade;
b) Licença por adopção;
c) Dispensa para aleitação;
d) Licença parental, ou os regimes alternativos de trabalho a tempo parcial ou de períodos intercalados de ambos;
e) Faltas para assistência a filho menor ou pessoa com deficiência ou doença crónica;
f) Licença especial para assistência a filho, incluindo pessoa com deficiência ou doença crónica;
g) Faltas para assistência a neto;
h) Condições especiais de trabalho para assistência a filho com deficiência ou doença crónica;
i) Trabalho a tempo parcial para assistência a filho;

j) Trabalho em regime de flexibilidade de horário para assistência a filho.

Artigo 643.º (CT)
**Protecção da maternidade
e da paternidade**

1 – Constitui contra-ordenação muito grave a violação do disposto no artigo 35.º e nos n.ᵒˢ 1, 2, 4 e 5 do artigo 49.º, de acordo com a regulamentação prevista no n.º 6 do mesmo artigo.

2 – Constitui contra-ordenação grave a violação do disposto nos artigos 36.º a 42.º, nos n.ᵒˢ 1, 2, 3, 4, 5 e 7 do artigo 43.º, no n.º 1 do artigo 44.º, no n.º 3 do artigo 49.º, no artigo 50.º e no n.º 1 do artigo 51.º

3 – Constitui contra-ordenação leve a violação do disposto nos artigos 45.º e 46.º

Artigo 475.º (RCT)
Maternidade e paternidade

1 – Constitui contra-ordenação muito grave a violação do disposto nos n.ᵒˢ 1, 3 e 6 do artigo 68.º

2 – Constitui contra-ordenação grave a violação do disposto no n.º 4 do artigo 70.º, nos n.ᵒˢ 1, 2, 6 e 7 do artigo 71.º, nos n.ᵒˢ 3, 4 e 5 do artigo 73.º, no n.º 2 do artigo 76.º, no n.º 2 do artigo 80.º, no artigo 96.º, nas alíneas a) e b) dos n.ᵒˢ 1 e no n.º 2 do artigo 97.º, no n.º 4 do artigo 98.º e no n.º 2 do artigo 101.º

3 – Constitui, ainda, contra-ordenação grave o impedimento, por parte do empregador, que a trabalhadora grávida efectue a consulta pré-natal ou a preparação para o parto durante o

horário de trabalho, quando a mesma não for possível fora desse horário, bem como a violação do disposto no artigo 47.º do Código do Trabalho.
4 – Constitui contra-ordenação leve a violação do disposto no artigo 67.º
5 – O disposto nos números anteriores não é aplicável no âmbito da relação jurídica de emprego público que confira a qualidade de funcionário ou agente da Administração Pública.

Artigo 55.º
Trabalho a tempo parcial de trabalhador com responsabilidades familiares

1 – O trabalhador com filho menor de 12 anos ou, independentemente da idade, filho com deficiência ou doença crónica que com ele viva em comunhão de mesa e habitação tem direito a trabalhar a tempo parcial.

2 – O direito pode ser exercido por qualquer dos progenitores ou por ambos em períodos sucessivos, depois da licença parental complementar, em qualquer das suas modalidades.

3 – Salvo acordo em contrário, o período normal de trabalho a tempo parcial corresponde a metade do praticado a tempo completo numa situação comparável e, conforme o pedido do trabalhador, é prestado diariamente, de manhã ou de tarde, ou em três dias por semana.

4 – A prestação de trabalho a tempo parcial pode ser prorrogada até dois anos ou, no caso de terceiro filho ou mais, três anos, ou ainda, no caso de filho com deficiência ou doença crónica, quatro anos.

5 – Durante o período de trabalho em regime de tempo parcial, o trabalhador

Artigo 45.º (CT)
Tempo de trabalho

1 – O trabalhador com um ou mais filhos menores de 12 anos tem direito a trabalhar a tempo parcial ou com flexibilidade de horário.

2 – O disposto no número anterior aplica-se, independentemente da idade, no caso de filho com deficiência, nos termos previstos em legislação especial.

3 – A trabalhadora grávida, puérpera ou lactante tem direito a ser dispensada de prestar a actividade em regime de adaptabilidade do período de trabalho.

4 – O direito referido no número anterior pode estender-se aos casos em que não há lugar a amamentação, quando a prática de horário organizado de acordo com o regime de adaptabilidade afecte as exigências de regularidade da aleitação.

Artigo 78.º (RCT)
Trabalho a tempo parcial

1 – Para efeitos dos n.ºs 1 e 2 do artigo 45.º do Código do Trabalho, o direito a trabalhar a tempo parcial pode ser exercido por qualquer dos progenitores, ou por ambos em períodos

não pode exercer outra actividade incompatível com a respectiva finalidade, nomeadamente trabalho subordinado ou prestação continuada de serviços fora da sua residência habitual.

6 – A prestação de trabalho a tempo parcial cessa no termo do período para que foi concedida ou no da sua prorrogação, retomando o trabalhador a prestação de trabalho a tempo completo.

7 – Constitui contra-ordenação grave a violação do disposto neste artigo.

sucessivos, depois da licença parental, ou dos regimes alternativos de trabalho a tempo parcial ou de períodos intercalados de ambos.

2 – Salvo acordo em contrário, o período normal de trabalho a tempo parcial corresponde a metade do praticado a tempo completo numa situação comparável e é prestado diariamente, de manhã ou de tarde, ou em três dias por semana, conforme o pedido do trabalhador.

Artigo 81.º (RCT)
Prorrogação e cessação do trabalho a tempo parcial

1 – A prestação de trabalho a tempo parcial pode ser prorrogada até ao máximo de dois anos ou de três anos, no caso de terceiro filho ou mais, ou ainda quatro anos no caso de filho com deficiência ou doença crónica, sendo aplicável à prorrogação o disposto para o pedido inicial.

2 – A prestação de trabalho a tempo parcial cessa no termo do período para que foi concedida ou no da sua prorrogação, retomando o trabalhador a prestação de trabalho a tempo completo.

Artigo 102.º (RCT)
Incompatibilidades

Durante o período de licença parental ou dos regimes alternativos de trabalho a tempo parcial ou de períodos intercalados de ambos, de licença especial para assistência a filho ou de licença para assistência a pessoa com deficiência ou doença crónica, ou ainda durante o período de trabalho a tempo

	parcial para assistência a filho, o trabalhador não pode exercer outra actividade incompatível com a respectiva finalidade, nomeadamente trabalho subordinado ou prestação continuada de serviços fora da sua residência habitual.
	Artigo 643.º (CT) ***Protecção da maternidade e da paternidade*** *1 – Constitui contra-ordenação muito grave a violação do disposto no artigo 35.º e nos n.ᵒˢ 1, 2, 4 e 5 do artigo 49.º, de acordo com a regulamentação prevista no n.º 6 do mesmo artigo.* *2 – Constitui contra-ordenação grave a violação do disposto nos artigos 36.º a 42.º, nos n.ᵒˢ 1, 2, 3, 4, 5 e 7 do artigo 43.º, no n.º 1 do artigo 44.º, no n.º 3 do artigo 49.º, no artigo 50.º e no n.º 1 do artigo 51.º* *3 – Constitui contra-ordenação leve a violação do disposto nos artigos 45.º e 46.º*
Artigo 56.º **Horário flexível de trabalhador com responsabilidades familiares** 1 – O trabalhador com filho menor de 12 anos ou, independentemente da idade, filho com deficiência ou doença crónica que com ele viva em comunhão de mesa e habitação, tem direito a trabalhar em regime de horário de trabalho flexível, podendo o direito ser exercido por qualquer dos progenitores ou por ambos. 2 – Entende-se por horário flexível aquele em que o trabalhador pode escolher, dentro de certos limites, as horas	**Artigo 45.º (CT)** ***Tempo de trabalho*** *1 – O trabalhador com um ou mais filhos menores de 12 anos tem direito a trabalhar a tempo parcial ou com flexibilidade de horário.* *2 – O disposto no número anterior aplica-se, independentemente da idade, no caso de filho com deficiência, nos termos previstos em legislação especial.* *3 – A trabalhadora grávida, puérpera ou lactante tem direito a ser dispensada de prestar a actividade em regime de adaptabilidade do período de trabalho.*

de início e termo do período normal de trabalho diário.

3 – O horário flexível, a elaborar pelo empregador, deve:

a) Conter um ou dois períodos de presença obrigatória, com duração igual a metade do período normal de trabalho diário;

b) Indicar os períodos para início e termo do trabalho normal diário, cada um com duração não inferior a um terço do período normal de trabalho diário, podendo esta duração ser reduzida na medida do necessário para que o horário se contenha dentro do período de funcionamento do estabelecimento;

c) Estabelecer um período para intervalo de descanso não superior a duas horas.

4 – O trabalhador que trabalhe em regime de horário flexível pode efectuar até seis horas consecutivas de trabalho e até 10 horas de trabalho em cada dia e deve cumprir o correspondente período normal de trabalho semanal, em média de cada período de quatro semanas.

5 – Constitui contra-ordenação grave a violação do disposto no n.º 1.

4 – O direito referido no número anterior pode estender-se aos casos em que não há lugar a amamentação, quando a prática de horário organizado de acordo com o regime de adaptabilidade afecte as exigências de regularidade da aleitação.

Artigo 79.º (RCT)
Flexibilidade de horário

1 – Para efeitos dos n.ºˢ 1 e 2 do artigo 45.º do Código do Trabalho, o direito a trabalhar com flexibilidade de horário pode ser exercido por qualquer dos progenitores ou por ambos.

2 – Entende-se por flexibilidade de horário aquele em que o trabalhador pode escolher, dentro de certos limites, as horas de início e termo do período normal de trabalho diário.

3 – A flexibilidade de horário deve:

a) Conter um ou dois períodos de presença obrigatória, com duração igual a metade do período normal de trabalho diário;

b) Indicar os períodos para início e termo do trabalho normal diário, cada um com duração não inferior a um terço do período normal de trabalho diário, podendo esta duração ser reduzida na medida do necessário para que o horário se contenha dentro do período de funcionamento do estabelecimento;

c) Estabelecer um período para intervalo de descanso não superior a duas horas.

4 – O trabalhador que trabalhe em regime de flexibilidade de horário pode efectuar até seis horas consecutivas de trabalho e até dez horas de trabalho

Artigo 57.º
Autorização de trabalho a tempo parcial ou em regime de horário flexível

1 – O trabalhador que pretenda trabalhar a tempo parcial ou em regime de horário de trabalho flexível deve solicitá-lo ao empregador, por escrito, com a antecedência de 30 dias, com os seguintes elementos:

a) Indicação do prazo previsto, dentro do limite aplicável;

b) Declaração da qual conste:

i) Que o menor vive com ele em comunhão de mesa e habitação;

em cada dia e deve cumprir o correspondente período normal de trabalho semanal, em média de cada período de quatro semanas.

5 – O regime de trabalho com flexibilidade de horário referido nos números anteriores deve ser elaborado pelo empregador.

Artigo 643.º (CT)
Protecção da maternidade e da paternidade

1 – Constitui contra-ordenação muito grave a violação do disposto no artigo 35.º e nos n.ºs 1, 2, 4 e 5 do artigo 49.º, de acordo com a regulamentação prevista no n.º 6 do mesmo artigo.

2 – Constitui contra-ordenação grave a violação do disposto nos artigos 36.º a 42.º, nos n.ºs 1, 2, 3, 4, 5 e 7 do artigo 43.º, no n.º 1 do artigo 44.º, no n.º 3 do artigo 49.º, no artigo 50.º e no n.º 1 do artigo 51.º

3 – Constitui contra-ordenação leve a violação do disposto nos artigos 45.º e 46.º

Artigo 80.º (RCT)
Autorização para trabalho a tempo parcial ou com flexibilidade de horário

1 – Para efeitos do artigo 45.º do Código do Trabalho, o trabalhador que pretenda trabalhar a tempo parcial ou com flexibilidade de horário deve solicitá-lo ao empregador, por escrito, com a antecedência de 30 dias, com os seguintes elementos:

a) Indicação do prazo previsto, até ao máximo de dois anos, ou de três anos no caso de três filhos ou mais;

ii) No regime de trabalho a tempo parcial, que não está esgotado o período máximo de duração;

iii) No regime de trabalho a tempo parcial, que o outro progenitor tem actividade profissional e não se encontra ao mesmo tempo em situação de trabalho a tempo parcial ou que está impedido ou inibido totalmente de exercer o poder paternal;

c) A modalidade pretendida de organização do trabalho a tempo parcial.

2 – O empregador apenas pode recusar o pedido com fundamento em exigências imperiosas do funcionamento da empresa, ou na impossibilidade de substituir o trabalhador se este for indispensável.

3 – No prazo de 20 dias contados a partir da recepção do pedido, o empregador comunica ao trabalhador, por escrito, a sua decisão.

4 – No caso de pretender recusar o pedido, na comunicação o empregador indica o fundamento da intenção de recusa, podendo o trabalhador apresentar, por escrito, uma apreciação no prazo de cinco dias a partir da recepção.

5 – Nos cinco dias subsequentes ao fim do prazo para apreciação pelo trabalhador, o empregador envia o processo para apreciação pela entidade competente na área da igualdade de oportunidades entre homens e mulheres, com cópia do pedido, do fundamento da intenção de o recusar e da apreciação do trabalhador.

6 – A entidade referida no número anterior, no prazo de 30 dias, notifica o empregador e o trabalhador do seu parecer, o qual se considera favorável à

b) Declaração de que o menor faz parte do seu agregado familiar, que o outro progenitor não se encontra ao mesmo tempo em situação de trabalho a tempo parcial, que não está esgotado o período máximo de duração deste regime de trabalho ou, no caso de flexibilidade de horário, que o outro progenitor tem actividade profissional ou está impedido ou inibido totalmente de exercer o poder paternal;

c) A repartição semanal do período de trabalho pretendida, no caso de trabalho a tempo parcial.

2 – O empregador apenas pode recusar o pedido com fundamento em exigências imperiosas ligadas ao funcionamento da empresa ou serviço, ou à impossibilidade de substituir o trabalhador se este for indispensável, carecendo sempre a recusa de parecer prévio favorável da entidade que tenha competência na área da igualdade de oportunidades entre homens e mulheres.

3 – Se o parecer referido no número anterior for desfavorável, o empregador só pode recusar o pedido após decisão judicial que reconheça a existência de motivo justificativo.

4 – O empregador deve informar o trabalhador, por escrito, no prazo de 20 dias contados a partir da recepção do mesmo, indicando o fundamento da intenção de recusa.

5 – O trabalhador pode apresentar uma apreciação escrita do fundamento da intenção de recusa, no prazo de cinco dias contados a partir da sua recepção.

6 – O empregador deve submeter o processo à apreciação da entidade que

intenção do empregador se não for emitido naquele prazo.

7 – Se o parecer referido no número anterior for desfavorável, o empregador só pode recusar o pedido após decisão judicial que reconheça a existência de motivo justificativo.

8 – Considera-se que o empregador aceita o pedido do trabalhador nos seus precisos termos:

a) Se não comunicar a intenção de recusa no prazo de 20 dias após a recepção do pedido;

b) Se, tendo comunicado a intenção de recusar o pedido, não informar o trabalhador da decisão sobre o mesmo nos cinco dias subsequentes à notificação referida no n.º 6 ou, consoante o caso, ao fim do prazo estabelecido nesse número;

c) Se não submeter o processo à apreciação da entidade competente na área da igualdade de oportunidades entre homens e mulheres dentro do prazo previsto no n.º 5.

9 – Ao pedido de prorrogação é aplicável o disposto para o pedido inicial.

10 – Constitui contra ordenação grave a violação do disposto nos n.ᵒˢ 2, 3, 5 ou 7.

tenha competência na área da igualdade de oportunidades entre homens e mulheres, nos cinco dias subsequentes ao fim do prazo para apreciação pelo trabalhador, acompanhado de cópia do pedido, do fundamento da intenção de o recusar e da apreciação do trabalhador.

7 – A entidade que tenha competência na área da igualdade de oportunidades entre homens e mulheres deve notificar o empregador e o trabalhador do seu parecer, no prazo de 30 dias.

8 – Se o parecer não for emitido no prazo referido no número anterior, considera-se que é favorável à intenção do empregador.

9 – Considera-se que o empregador aceita o pedido do trabalhador nos seus precisos termos:

a) Se não comunicar a intenção de recusa no prazo de 20 dias após a recepção do pedido;

b) Se, tendo comunicado a intenção de recusar o pedido, não informar o trabalhador da decisão sobre o mesmo nos cinco dias subsequentes à notificação referida no n.º 7 ou, consoante o caso, no fim do prazo estabelecido nesse número;

c) Se não submeter o processo à apreciação da entidade que tenha competência na área da igualdade de oportunidades entre homens e mulheres dentro do prazo previsto no n.º 6.

Artigo 475.º (RCT)
Maternidade e paternidade

1 – Constitui contra-ordenação muito grave a violação do disposto nos n.ᵒˢ 1, 3 e 6 do artigo 68.º

Artigo 58.º
Dispensa de algumas formas de organização do tempo de trabalho

1 – A trabalhadora grávida, puérpera ou lactante tem direito a ser dispensada de prestar
trabalho em horário de trabalho organizado de acordo com regime de adaptabilidade, de banco de horas ou de horário concentrado.

2 – O direito referido no número anterior aplica-se a qualquer dos progenitores em caso de aleitação quando a prestação de trabalho nos regimes nele referidos afecte a sua regularidade.

3 – Constitui contra-ordenação grave a violação do disposto neste artigo.

2 – Constitui contra-ordenação grave a violação do disposto no n.º 4 do artigo 70.º, nos n.ºˢ 1, 2, 6 e 7 do artigo 71.º, nos n.ºˢ 3, 4 e 5 do artigo 73.º, no n.º 2 do artigo 76.º, no n.º 2 do artigo 80.º, no artigo 96.º, nas alíneas a) e b) dos n.ºˢ 1 e no n.º 2 do artigo 97.º, no n.º 4 do artigo 98.º e no n.º 2 do artigo 101.º

3 – Constitui, ainda, contra-ordenação grave o impedimento, por parte do empregador, que a trabalhadora grávida efectue a consulta pré-natal ou a preparação para o parto durante o horário de trabalho, quando a mesma não for possível fora desse horário, bem como a violação do disposto no artigo 47.º do Código do Trabalho.

4 – Constitui contra-ordenação leve a violação do disposto no artigo 67.º

5 – O disposto nos números anteriores não é aplicável no âmbito da relação jurídica de emprego público que confira a qualidade de funcionário ou agente da Administração Pública.

Sem correspondência.

Artigo 59.º
Dispensa de prestação de trabalho suplementar

1 – A trabalhadora grávida, bem como o trabalhador ou trabalhadora com filho de idade inferior a 12 meses, não está obrigada a prestar trabalho suplementar.

2 – A trabalhadora não está obrigada a prestar trabalho suplementar durante todo o tempo que durar a amamentação se for necessário para a sua saúde ou para a da criança.

3 – Constitui contra-ordenação muito grave a violação do disposto neste artigo.

Artigo 60.º
Dispensa de prestação de trabalho no período nocturno

1 – A trabalhadora tem direito a ser dispensada de prestar trabalho entre as 20 horas de um dia e as 7 horas do dia seguinte:

a) Durante um período de 112 dias antes e depois do parto, dos quais pelo menos metade antes da data previsível do mesmo;

b) Durante o restante período de gravidez, se for necessário para a sua saúde ou para a do nascituro;

Artigo 46.º (CT)
Trabalho suplementar

1 – A trabalhadora grávida ou com filho de idade inferior a 12 meses não está obrigada a prestar trabalho suplementar.

2 – O regime estabelecido no número anterior aplica-se ao pai que beneficiou da licença por paternidade nos termos do n.º 2 do artigo 36.º.

Artigo 643.º (CT)
Protecção da maternidade e da paternidade

1 – Constitui contra-ordenação muito grave a violação do disposto no artigo 35.º e nos n.ºs 1, 2, 4 e 5 do artigo 49.º, de acordo com a regulamentação prevista no n.º 6 do mesmo artigo.

2 – Constitui contra-ordenação grave a violação do disposto nos artigos 36.º a 42.º, nos n.ºs 1, 2, 3, 4, 5 e 7 do artigo 43.º, no n.º 1 do artigo 44.º, no n.º 3 do artigo 49.º, no artigo 50.º e no n.º 1 do artigo 51.º

3 – Constitui contra-ordenação leve a violação do disposto nos artigos 45.º e 46.º

Artigo 47.º (CT)
Trabalho no período nocturno

1 – A trabalhadora é dispensada de prestar trabalho entre as 20 horas de um dia e as 7 horas do dia seguinte:

a) Durante um período de 112 dias antes e depois do parto, dos quais pelo menos metade antes da data presumível do parto;

b) Durante o restante período de gravidez, se for apresentado atestado médico que certifique que tal é necessário para a sua saúde ou para a do nascituro;

c) Durante todo o tempo que durar a amamentação, se for necessário para a sua saúde ou para a da criança.

2 – À trabalhadora dispensada da prestação de trabalho nocturno deve ser atribuído, sempre que possível, um horário de trabalho diurno compatível.

3 – A trabalhadora é dispensada do trabalho sempre que não seja possível aplicar o disposto no número anterior.

4 – A trabalhadora que pretenda ser dispensada de prestar trabalho nocturno deve informar o empregador e apresentar atestado médico, no caso da alínea *b)* ou *c)* do n.º 1, com a antecedência de 10 dias.

5 – Em situação de urgência comprovada pelo médico, a informação referida no número anterior pode ser feita independentemente do prazo.

6 – Sem prejuízo do disposto nos números anteriores, a dispensa da prestação de trabalho nocturno deve ser determinada por médico do trabalho sempre, que este, no âmbito da vigilância da saúde dos trabalhadores, identificar qualquer risco para a trabalhadora grávida, puérpera ou lactante.

7 – Constitui contra-ordenação grave a violação do disposto nos n.ᵒˢ 1, 2 ou 3.

Artigo 61.º
Formação para reinserção profissional

O empregador deve facultar ao trabalhador, após a licença para assistência a filho ou para assistência a pessoas com

c) Durante todo o tempo que durar a amamentação, se for apresentado atestado médico que certifique que tal é necessário para a sua saúde ou para a da criança.

2 – À trabalhadora dispensada da prestação de trabalho nocturno deve ser atribuído, sempre que possível, um horário de trabalho diurno compatível.

3 – A trabalhadora é dispensada do trabalho sempre que não seja possível aplicar o disposto no número seguinte.

Artigo 83.º (RCT)
Dispensa de trabalho nocturno

1 – Para efeitos do artigo 47.º do Código do Trabalho, a trabalhadora grávida, puérpera ou lactante que pretenda ser dispensada de prestar trabalho nocturno deve informar o empregador e apresentar atestado médico, nos casos em que este seja legalmente exigido, com a antecedência de 10 dias.

2 – Em situação de urgência comprovada pelo médico, a informação referida no número anterior pode ser feita independentemente do prazo.

3 – Sem prejuízo do disposto nos números anteriores, a dispensa da prestação de trabalho nocturno deve ser determinada por médico do trabalho sempre que este, no âmbito da vigilância da saúde dos trabalhadores, identificar qualquer risco para a trabalhadora grávida, puérpera ou lactante.

Artigo 48.º (CT)
Reinserção profissional

A fim de garantir uma plena reinserção profissional do trabalhador, após o decurso da licença para assistência a filho ou adoptado e para assistência a deficiência ou doença crónica, a participação em acções de formação e actualização profissional, de modo a promover a sua plena reinserção profissional.

Artigo 62.º
Protecção da segurança e saúde de trabalhadora grávida, puérpera ou lactante

1 – A trabalhadora grávida, puérpera ou lactante tem direito a especiais condições de segurança e saúde nos locais de trabalho, de modo a evitar a exposição a riscos para a sua segurança e saúde, nos termos dos números seguintes.

2 – Sem prejuízo de outras obrigações previstas em legislação especial, em actividade susceptível de apresentar um risco específico de exposição a agentes, processos ou condições de trabalho, o empregador deve proceder à avaliação da natureza, grau e duração da exposição de trabalhadora grávida, puérpera ou lactante, de modo a determinar qualquer risco para a sua segurança e saúde e as repercussões sobre a gravidez ou a amamentação, bem como as medidas a tomar.

3 – Nos casos referidos no número anterior, o empregador deve tomar a medida necessária para evitar a exposição da trabalhadora a esses riscos, nomeadamente:

a) Proceder à adaptação das condições de trabalho;

b) Se a adaptação referida na alínea anterior for impossível, excessivamente demorada ou demasiado onerosa, atribuir à trabalhadora outras tarefas compatíveis com o seu estado e categoria profissional;

pessoa com deficiência ou doença crónica o empregador deve facultar a sua participação em acções de formação e reciclagem profissional.

Artigo 49.º (CT)
Protecção da segurança e saúde

1 – A trabalhadora grávida, puérpera ou lactante tem direito a especiais condições de segurança e saúde nos locais de trabalho, de modo a evitar a exposição a riscos para a sua segurança e saúde, nos termos dos números seguintes.

2 – Sem prejuízo de outras obrigações previstas em legislação especial, nas actividades susceptíveis de apresentarem um risco específico de exposição a agentes, processos ou condições de trabalho, o empregador deve proceder à avaliação da natureza, grau e duração da exposição da trabalhadora grávida, puérpera ou lactante, de modo a determinar qualquer risco para a sua segurança e saúde e as repercussões sobre a gravidez ou a amamentação bem como as medidas a tomar.

3 – Sem prejuízo dos direitos de informação e consulta previstos em legislação especial, a trabalhadora grávida, puérpera ou lactante tem direito a ser informada, por escrito, dos resultados da avaliação referida no número anterior, bem como das medidas de protecção adoptadas.

4 – Sempre que os resultados da avaliação referida no n.º 2 revelem riscos para a segurança ou saúde da trabalhadora grávida, puérpera ou lactante ou repercussões sobre a gravidez ou amamentação, o empregador deve

c) Se as medidas referidas nas alíneas anteriores não forem viáveis, dispensar a trabalhadora de prestar trabalho durante o período necessário.

4 – Sem prejuízo dos direitos de informação e consulta previstos em legislação especial, a trabalhadora grávida, puérpera ou lactante tem direito a ser informada, por escrito, dos resultados da avaliação referida no n.º 2 e das medidas de protecção adoptadas.

5 – É vedado o exercício por trabalhadora grávida, puérpera ou lactante de actividades cuja avaliação tenha revelado riscos de exposição a agentes ou condições de trabalho que ponham em perigo a sua segurança ou saúde ou o desenvolvimento do nascituro.

6 – As actividades susceptíveis de apresentarem um risco específico de exposição a agentes, processos ou condições de trabalho referidos no n.º 2, bem como os agentes e condições de trabalho referidos no número anterior, são determinados em legislação específica.

7 –A trabalhadora grávida, puérpera ou lactante, ou os seus representantes, têm direito de requerer ao serviço com competência inspectiva do ministério responsável pela área laboral uma acção de fiscalização, a realizar com prioridade e urgência, se o empregador não cumprir as obrigações decorrentes deste artigo.

8 – Constitui contra-ordenação muito grave a violação do disposto nos n.ᵒˢ 1, 2, 3 ou 5 e constitui contra-ordenação grave a violação do disposto no n.º 4.

tomar as medidas necessárias para evitar a exposição da trabalhadora a esses riscos, nomeadamente:

a) Proceder à adaptação das condições de trabalho;

b) Se a adaptação referida na alínea anterior for impossível, excessivamente demorada ou demasiado onerosa, atribuir à trabalhadora grávida, puérpera ou lactante outras tarefas compatíveis com o seu estado e categoria profissional;

c) Se as medidas referidas nas alíneas anteriores não forem viáveis, dispensar do trabalho a trabalhadora durante todo o período necessário para evitar a exposição aos riscos.

5 – É vedado à trabalhadora grávida, puérpera ou lactante o exercício de todas as actividades cuja avaliação tenha revelado riscos de exposição aos agentes e condições de trabalho, que ponham em perigo a sua segurança ou saúde.

6 – As actividades susceptíveis de apresentarem um risco específico de exposição a agentes, processos ou condições de trabalho referidos no n.º 2, bem como os agentes e condições de trabalho referidos no número anterior, são determinados em legislação especial.

Artigo 84.º (RCT)
Actividades condicionadas

Para efeitos dos n.ᵒˢ 2 e 6 do artigo 49.º do Código do Trabalho, são condicionadas à trabalhadora grávida, puérpera ou lactantes as actividades referidas nos artigos 85.º a 88.º.

Artigo 85.º (RCT)
Agentes físicos

São condicionadas à trabalhadora grávida, puérpera ou lactantes as acti-

vidades que envolvam a exposição a agentes físicos susceptíveis de provocar lesões fetais ou o desprendimento da placenta, nomeadamente:

a) Choques, vibrações mecânicas ou movimentos;

b) Movimentação manual de cargas que comportem riscos, nomeadamente dorso-lombares, ou cujo peso exceda 10 kg;

c) Ruído;

d) Radiações não ionizantes;

e) Temperaturas extremas, de frio ou de calor;

f) Movimentos e posturas, deslocações querem no interior quer no exterior do estabelecimento, fadiga mental e física e outras sobrecargas físicas ligadas à actividade exercida.

Artigo 86.º (RCT)
Agentes biológicos

São condicionadas à trabalhadora grávida, puérpera ou lactante todas as actividades em que possa existir o risco de exposição a agentes biológicos classificados nos grupos de risco 2, 3, e 4, de acordo com a legislação relativa às prescrições mínimas de protecção da segurança e saúde dos trabalhadores contra os riscos da exposição a agentes biológicos durante o trabalho que não sejam mencionados no artigo 91.º.

Artigo 87.º (RCT)
Agentes químicos

São condicionadas à trabalhadora grávida, puérpera ou lactante as actividades em que exista ou possa existir o risco de exposição a:

a) Substâncias químicas e preparações perigosas qualificadas com uma

ou mais das frases de risco seguintes: «R40 – possibilidade de efeitos irreversíveis», «R45 – pode causar cancro», «R49 – pode causar cancro por inalação» e «R63 – possíveis riscos durante a gravidez de efeitos indesejáveis na descendência», nos termos da legislação sobre a classificação, embalagem e rotulagem das substâncias e preparações perigosas;
   b) Auramina;
   c) Mercúrio e seus derivados;
   d) Medicamentos antimitóticos;
   e) Monóxido de carbono;
   f) Agentes químicos perigosos de penetração cutânea formal;
   g) Substâncias ou preparações que se libertem nos processos industriais referidos no artigo seguinte.

Artigo 88.º (RCT)
Processos industriais e condições de trabalho

São condicionadas à trabalhadora grávida, puérpera ou lactantes as actividades em locais de trabalho onde decorram ou possam decorrer os seguintes processos industriais:
   a) Fabrico de auramina;
   b) Trabalhos susceptíveis de provocarem a exposição a hidrocarbonetos policíclicos aromáticos presentes nomeadamente na fuligem, no alcatrão, no pez, nos fumos ou nas poeiras de hulha;
   c) Trabalhos susceptíveis de provocarem a exposição a poeiras, fumos ou névoas produzidos durante a calcinação electrorrefinação de mates de níquel;
   d) Processo de ácido forte durante o fabrico de álcool isopropílico;

e) Trabalhos susceptíveis de provocarem a exposição a poeiras de madeiras de folhosas.

Artigo 89.º (RCT)
Actividades proibidas

Para efeitos do n.º 5 do artigo 49.º do Código do Trabalho, são proibidas à trabalhadora grávida as actividades referidas nos artigos 90.º a 93.º.

Artigo 90.º (RCT)
Agentes físicos

É proibida à trabalhadora grávida a realização de actividades em que esteja, ou possa estar, exposta aos seguintes agentes físicos:

a) Radiações ionizantes;

b) Atmosferas com sobrepressão elevada, nomeadamente câmaras hiperbáricas ou de mergulho submarino.

Artigo 91.º (RCT)
Agentes biológicos

É proibida à trabalhadora grávida a realização de qualquer actividade em que possa estar em contacto com vectores de transmissão do toxoplasma e com o vírus da rubéola, salvo se existirem provas de que a trabalhadora grávida possui anticorpos ou imunidade a esses agentes e se encontra suficientemente protegida.

Artigo 92.º (RCT)
Agentes químicos

É proibida à trabalhadora grávida a realização de qualquer actividade em que possa estar em contacto com:

a) As substâncias químicas perigosas, qualificadas com uma ou mais frases de risco seguintes: «*R46 – pode causar alterações genéticas hereditárias*», «*R61 – risco durante a gravidez com efeitos adversos na descendência*» *e* «*R64 – pode causar dano nas crianças alimentadas com leite materno*», *nos termos da legislação sobre a classificação, embalagem e rotulagem das substâncias e preparações perigosas;*

b) O chumbo e seus compostos na medida em que esses agentes podem ser absorvidos pelo organismo humano.

Artigo 93.º (RCT)
Condições de trabalho

É proibida à trabalhadora grávida a prestação de trabalho subterrâneo em minas.

Artigo 94.º (RCT)
Agentes e condições de trabalho

É proibida à trabalhadora lactante a realização de qualquer actividade que envolva a exposição aos seguintes agentes físicos e químicos:

a) Radiações ionizantes;

b) Substâncias químicas qualificadas com a frase de risco «*R64 – pode causar dano nas crianças alimentadas com leite materno*», *nos termos da legislação sobre a classificação, embalagem e rotulagem das substâncias e preparações perigosas;*

c) Chumbo e seus compostos na medida em que esses agentes podem ser absorvidos pelo organismo humano.

Artigo 95.º (RCT)
Condições de trabalho

É proibida à trabalhadora lactante a prestação de trabalho subterrâneo em minas.

Artigo 63.º
Protecção em caso de despedimento

1 – O despedimento de trabalhadora grávida, puérpera ou lactante ou de trabalhador no gozo de licença parental carece de parecer prévio da entidade competente na área da igualdade de oportunidades entre homens e mulheres.

2 – O despedimento por facto imputável a trabalhador que se encontre em qualquer das situações referidas no número anterior presume-se feito sem justa causa.

3 – Para efeitos do número anterior, o empregador deve remeter cópia do processo à entidade competente na área da igualdade de oportunidade entre homens e mulheres:

a) Depois das diligências probatórias referidas no n.º 2 do artigo 356.º, no despedimento por facto imputável ao trabalhador;

b) Depois da fase de informações e

Artigo 643.º (CT)
Protecção da maternidade e da paternidade

1 – Constitui contra-ordenação muito grave a violação do disposto no artigo 35.º e nos n.ᵒˢ 1, 2, 4 e 5 do artigo 49.º, de acordo com a regulamentação prevista no n.º 6 do mesmo artigo.

2 – Constitui contra-ordenação grave a violação do disposto nos artigos 36.º a 42.º, nos n.ᵒˢ 1, 2, 3, 4, 5 e 7 do artigo 43.º, no n.º 1 do artigo 44.º, no n.º 3 do artigo 49.º, no artigo 50.º e no n.º 1 do artigo 51.º

3 – Constitui contra-ordenação leve a violação do disposto nos artigos 45.º e 46.º

Artigo 51.º (CT)
Protecção no despedimento

1 – O despedimento de trabalhadora grávida, puérpera ou lactante carece sempre de parecer prévio da entidade que tenha competência na área da igualdade de oportunidades entre homens e mulheres.

2 – O despedimento por facto imputável a trabalhadora grávida, puérpera ou lactante presume-se feito sem justa causa.

3 – O parecer referido no n.º 1 deve ser comunicado ao empregador e à trabalhadora nos 30 dias subsequentes à recepção do processo de despedimento pela entidade competente.

4 – É inválido o procedimento de despedimento de trabalhadora grávida, puérpera ou lactante, caso não tenha sido solicitado o parecer referido no n.º 1, cabendo o ónus da prova deste facto ao empregador.

negociação prevista no artigo 361.º, no despedimento colectivo;
c) Depois das consultas referidas no n.º 1 do artigo 370.º, no despedimento por extinção de posto de trabalho;
d) Depois das consultas referidas no artigo 377.º, no despedimento por inadaptação.
4 – A entidade competente deve comunicar o parecer referido no n.º 1 ao empregador e ao trabalhador, nos 30 dias subsequentes à recepção do processo, considerando-se em sentido favorável ao despedimento quando não for emitido dentro do referido prazo.
5 – Cabe ao empregador provar que solicitou o parecer a que se refere o n.º 1.
6 – Se o parecer for desfavorável ao despedimento, o empregador só o pode efectuar após decisão judicial que reconheça a existência de motivo justificativo, devendo a acção ser intentada nos 30 dias subsequentes à notificação do parecer.
7 – A suspensão judicial do despedimento só não é decretada se o parecer for favorável ao despedimento e o tribunal considerar que existe probabilidade séria de verificação da justa causa.
8 – Se o despedimento for declarado ilícito, o empregador não se pode opor à reintegração do trabalhador nos termos do n.º 1 do artigo 392.º e o trabalhador tem direito, em alternativa à reintegração, a indemnização calculada nos termos do n.º 3 do referido artigo.
9 – Constitui contra-ordenação grave a violação do disposto nos n.ºˢ 1 ou 6.

5 – *Se o parecer referido no n.º 1 for desfavorável ao despedimento, este só pode ser efectuado pelo empregador após decisão judicial que reconheça a existência de motivo justificativo.*
6 – *A suspensão judicial do despedimento de trabalhadora grávida, puérpera ou lactante só não é decretada se o parecer referido no n.º 1 for favorável ao despedimento e o tribunal considerar que existe probabilidade séria de verificação da justa causa.*
7 – *Se o despedimento de trabalhadora grávida, puérpera ou lactante for declarado ilícito, esta tem direito, em alternativa à reintegração, a uma indemnização calculada nos termos previstos no n.º 4 do artigo 439.º, ou estabelecida em instrumento de regulamentação colectiva de trabalho aplicável, sem prejuízo, em qualquer caso, de indemnização por danos não patrimoniais e do disposto no livro II deste Código.*
8 – *O empregador não se pode opor à reintegração prevista no n.º 2 do artigo 438.º de trabalhadora grávida, puérpera ou lactante.*

Artigo 98.º (RCT)
Protecção no despedimento

1 – Para efeitos do artigo 51.º do Código do Trabalho, o empregador deve remeter cópia do processo à entidade que tenha competência na área da igualdade de oportunidade entre homens e mulheres, nos seguintes momentos previstos naquele diploma:
a) Depois das diligências probatórias referidas no n.º 3 do artigo 414.º ou no n.º 2 do artigo 418.º, no despedimento por facto imputável ao trabalhador;

b) Depois da fase de informações e negociações prevista no artigo 420.º, no despedimento colectivo;

c) Depois das consultas referidas nos n.ºˢ 1 e 2 do artigo 424.º, no despedimento por extinção de posto de trabalho;

d) Depois das consultas referidas no artigo 427.º, no despedimento por inadaptação.

2 – A exigência de parecer prévio da entidade que tenha competência na área da igualdade de oportunidades entre homens e mulheres considera-se verificada, e em sentido favorável ao despedimento, se a mesma não se pronunciar no prazo de 30 dias a contar da recepção da cópia do processo.

3 – A acção judicial a que se refere o n.º 5 do artigo 51.º do Código do Trabalho deve ser intentada nos 30 dias subsequentes à notificação do parecer prévio desfavorável ao despedimento emitido pela entidade que tenha competência na área da igualdade de oportunidades entre homens e mulheres.

4 – O pai tem direito, durante o gozo da licença por paternidade, à mesma protecção no despedimento de trabalhadora grávida, puérpera ou lactante.

Artigo 643.º (CT)
Protecção da maternidade e da paternidade

1 – Constitui contra-ordenação muito grave a violação do disposto no artigo 35.º e nos n.ºˢ 1, 2, 4 e 5 do artigo 49.º, de acordo com a regulamentação prevista no n.º 6 do mesmo artigo.

2 – Constitui contra-ordenação grave a violação do disposto nos artigos 36.º a

42.º, nos n.ᵒˢ 1, 2, 3, 4, 5 e 7 do artigo 43.º, no n.º 1 do artigo 44.º, no n.º 3 do artigo 49.º, no artigo 50.º e no n.º 1 do artigo 51.º

3 – Constitui contra-ordenação leve a violação do disposto nos artigos 45.º e 46.º

Artigo 475.º (RCT)
Maternidade e paternidade

1 – Constitui contra-ordenação muito grave a violação do disposto nos n.ᵒˢ 1, 3 e 6 do artigo 68.º

2 – Constitui contra-ordenação grave a violação do disposto no n.º 4 do artigo 70.º, nos n.ᵒˢ 1, 2, 6 e 7 do artigo 71.º, nos n.ᵒˢ 3, 4 e 5 do artigo 73.º, no n.º 2 do artigo 76.º, no n.º 2 do artigo 80.º, no artigo 96.º, nas alíneas a) e b) dos n.ᵒˢ 1 e no n.º 2 do artigo 97.º, no n.º 4 do artigo 98.º e no n.º 2 do artigo 101.º

3 – Constitui, ainda, contra-ordenação grave o impedimento, por parte do empregador, que a trabalhadora grávida efectue a consulta pré-natal ou a preparação para o parto durante o horário de trabalho, quando a mesma não for possível fora desse horário, bem como a violação do disposto no artigo 47.º do Código do Trabalho.

4 – Constitui contra-ordenação leve a violação do disposto no artigo 67.º

5 – O disposto nos números anteriores não é aplicável no âmbito da relação jurídica de emprego público que confira a qualidade de funcionário ou agente da Administração Pública.

Artigo 64.º
Extensão de direitos atribuídos a progenitores

1 – O adoptante, o tutor, a pessoa a quem for deferida a confiança judicial ou administrativa do menor, bem como o cônjuge ou a pessoa em união de facto com qualquer daqueles ou com o progenitor, desde que viva em comunhão de mesa e habitação com o menor, beneficia dos seguintes direitos:
 a) Dispensa para aleitação;
 b) Licença parental complementar em qualquer das modalidades, licença para a assistência a filho e licença para assistência a filho com deficiência ou doença crónica;
 c) Falta para assistência a filho ou a neto;
 d) Redução do tempo de trabalho para assistência a filho menor com deficiência ou doença crónica;
 e) Trabalho a tempo parcial de trabalhador com responsabilidades familiares;
 f) Horário flexível de trabalhador com responsabilidades familiares.

2 – Sempre que o exercício dos direitos referidos nos números anteriores dependa de uma relação de tutela ou confiança judicial ou administrativa do menor, o respectivo titular deve, para que o possa exercer, mencionar essa qualidade ao empregador.

Artigo 99.º (RCT)
Extensão de direitos atribuídos aos progenitores

1 – O adoptante, o tutor ou a pessoa a quem for deferida a confiança judicial ou administrativa do menor, bem como o cônjuge ou a pessoa em união de facto com qualquer daqueles ou com o progenitor, desde que viva em comunhão de mesa e habitação com o menor, beneficia dos seguintes direitos:
 a) Dispensa para aleitação;
 b) Licença especial para a assistência a filho e licença para assistência a pessoa com deficiência ou doença crónica;
 c) Faltas para a assistência a filho menor, ou pessoa com deficiência ou doença crónica;
 d) Condições especiais de trabalho para assistência a filho com deficiência ou doença crónica;
 e) Trabalho a tempo parcial;
 f) Trabalho em regime de flexibilidade de horário.

2 – O adoptante e o tutor do menor beneficiam do direito a licença parental ou a regimes alternativos de trabalho a tempo parcial ou de períodos intercalados de ambos.

3 – O regime de faltas para assistência a netos, previsto no artigo 41.º do Código do Trabalho, é aplicável ao tutor do adolescente, a trabalhador a quem tenha sido deferida a confiança judicial ou administrativa do mesmo, bem como ao seu cônjuge ou pessoa em união de facto.

4 – Sempre que qualquer dos direitos referidos nos n.ºs 1 e 3 depender de uma relação de tutela ou confiança judicial

Artigo 65.º
Regime de licenças, faltas e dispensas

1 – Não determinam perda de quaisquer direitos, salvo quanto à retribuição, e são consideradas como prestação efectiva de trabalho as ausências ao trabalho resultantes de:
   a) Licença em situação de risco clínico durante a gravidez;
   b) Licença por interrupção de gravidez;
   c) Licença parental, em qualquer das modalidades;
   d) Licença por adopção;
   e) Licença parental complementar em qualquer das modalidades;
   f) Falta para a assistência a filho;
   g) Falta para a assistência a neto;
   h) Dispensa de prestação de trabalho no período nocturno;
   i) Dispensa da prestação de trabalho por parte de trabalhadora grávida, puérpera ou lactante, por motivo de protecção da sua segurança e saúde;
   j) Dispensa para avaliação para adopção.

2 – A dispensa para consulta pré--natal, amamentação ou aleitação não determina perda de quaisquer direitos e é considerada como prestação efectiva de trabalho.

3 – As licenças por situação de risco clínico durante a gravidez, por interrupção de gravidez, por adopção e licença parental em qualquer modalidade:
   a) Suspendem o gozo das férias, devendo os dias remanescentes ser gozados

ou administrativa do menor, o respectivo titular deve, para que o possa exercer, mencionar essa qualidade ao empregador.

Artigo 50.º (CT)
Regime das licenças, faltas e dispensas

1 – Não determinam perda de quaisquer direitos e são consideradas, salvo quanto à retribuição, como prestação efectiva de serviço, as ausências ao trabalho resultantes:
   a) Do gozo das licenças por maternidade e em caso de aborto espontâneo ou nas situações previstas no artigo 142.º do Código Penal;
   b) Do gozo das licenças por paternidade, nos casos previstos no artigo 36.º;
   c) Do gozo da licença por adopção;
   d) Das faltas para assistência a menores;
   e) Das dispensas ao trabalho da trabalhadora grávida, puérpera ou lactante, por motivos de protecção da sua segurança e saúde;
   f) Das dispensas de trabalho nocturno;
   g) Das faltas para assistência a filhos com deficiência ou doença crónica.

2 – As dispensas para consulta, amamentação e aleitação não determinam perda de quaisquer direitos e são considerada como prestação efectiva de serviço.

3 – Os períodos de licença parental e especial previstos nos artigos 43.º e 44.º, são tomados em consideração para a taxa de formação das pensões de invalidez e velhice dos regimes de segurança social.

após o seu termo, mesmo que tal se verifique no ano seguinte;

b) Não prejudicam o tempo já decorrido de estágio ou acção ou curso de formação, devendo o trabalhador cumprir apenas o período em falta para o completar;

c) Adiam a prestação de prova para a progressão na carreira profissional, a qual deve ter lugar após o termo da licença.

4 – A licença parental e a licença parental complementar, em quaisquer das suas modalidades, por adopção, para assistência a filho e para assistência a filho com deficiência ou doença crónica:

a) Suspendem-se por doença do trabalhador, se este informar o empregador e apresentar atestado médico comprovativo, e prosseguem logo após a cessação desse impedimento;

b) Não podem ser suspensas por conveniência do empregador;

c) Não prejudicam o direito do trabalhador a aceder à informação periódica emitida pelo empregador para o conjunto dos trabalhadores;

d) Terminam com a cessação da situação que originou a respectiva licença que deve ser comunicada ao empregador no prazo de cinco dias;

5 – No termo de qualquer situação de licença, faltas, dispensa ou regime de trabalho especial, o trabalhador, tem direito a retomar a actividade contratada, devendo, no caso previsto na alínea *d)* do número anterior, retomá-la na primeira vaga que ocorrer na empresa ou, se esta entretanto se não verificar, no termo do período previsto para a licença.

6 – A licença para a assistência a filho ou para assistência a filho com deficiência

Artigo 96.º (RCT)
Protecção no trabalho

O trabalhador, após terminar qualquer situação de licença, faltas, dispensa ou regime de trabalho especial regulado no presente capítulo tem direito a retomar a actividade contratada.

Artigo 97.º (RCT)
Efeitos das licenças

1 – O gozo das licenças por maternidade e paternidade não afecta o aumento da duração do período de férias previsto no n.º 3 do artigo 213.º do Código do Trabalho.

2 – A licença parental, a licença especial para assistência a filho e a licença para assistência a pessoa com deficiência ou doença crónica, previstas nos artigos 43.º e 44.º do Código do Trabalho:

a) Suspendem-se por doença do trabalhador, se este informar o empregador e apresentar atestado médico comprovativo, e prosseguem logo após a cessação desse impedimento;

b) Não podem ser suspensas por conveniência do empregador;

c) Terminam em caso do falecimento do filho, que deve ser comunicado ao empregador no prazo de cinco dias.

3 – No caso previsto na alínea c) do número anterior, o trabalhador retoma a actividade contratada na primeira vaga que ocorrer na empresa ou, se esta entretanto se não verificar, no termo do período previsto para a licença.

4 – Terminadas as licenças referidas no n.º 2, o trabalhador deve apresentar-se ao empregador para retomar a actividade contratada, sob pena de incorrer em faltas injustificadas.

ou doença crónica, suspende os direitos, deveres e garantias das partes na medida em que pressuponham a efectiva prestação de trabalho, designadamente a retribuição, mas não prejudica os benefícios complementares de assistência médica e medicamentosa a que o trabalhador tenha direito.

7 – Constitui contra-ordenação grave a violação do disposto nos n.ºs 1, 2, 3 ou 4.

Artigo 101.º (RCT)
Regime das licenças, dispensas e faltas

1 – As licenças, dispensas e faltas previstas no artigo 41.º, e nos n.ºs 1 e 2 do artigo 43.º do Código do Trabalho não determinam perda de quaisquer efeitos, salvo quanto à retribuição.

2 – As licenças por maternidade, paternidade, adopção e a licença parental:

a) Suspendem o gozo das férias, devendo os restantes dias ser gozados após o seu termo, mesmo que tal se verifique no ano seguinte;

b) Não prejudicam o tempo já decorrido de qualquer estágio ou curso de formação, sem prejuízo de o trabalhador cumprir o período em falta para o completar;

c) Adiam a prestação de provas para a progressão na carreira profissional, as quais devem ter lugar após o termo da licença.

3 – As licenças, dispensas e faltas previstas no n.º 1 não são cumuláveis com outras similares consagradas em lei ou instrumento de regulamentação colectiva de trabalho.

4 – As licenças previstas nos n.ºs 3, 4 e 5 do artigo 43.º e no artigo 44.º do Código do Trabalho suspendem os direitos, deveres e garantias das partes na medida em que pressuponham a efectiva prestação de trabalho, designadamente a retribuição, mas não prejudicam a atribuição dos benefícios de assistência médica e medicamentosa a que o trabalhador tenha direito.

5 – Durante as licenças previstas nos artigos 43.º e 44.º do Código do Trabalho, o trabalhador tem direito a aceder à informação periódica emitida pelo empregador para o conjunto dos trabalhadores.

Artigo 643.º (CT)
Protecção da maternidade e da paternidade

1 – Constitui contra-ordenação muito grave a violação do disposto no artigo 35.º e nos n.ºs 1, 2, 4 e 5 do artigo 49.º, de acordo com a regulamentação prevista no n.º 6 do mesmo artigo.

2 – Constitui contra-ordenação grave a violação do disposto nos artigos 36.º a 42.º, nos n.ºs 1, 2, 3, 4, 5 e 7 do artigo 43.º, no n.º 1 do artigo 44.º, no n.º 3 do artigo 49.º, no artigo 50.º e no n.º 1 do artigo 51.º

3 – Constitui contra-ordenação leve a violação do disposto nos artigos 45.º e 46.º

Artigo 475.º (RCT)
Maternidade e paternidade

1 – Constitui contra-ordenação muito grave a violação do disposto nos n.ºs 1, 3 e 6 do artigo 68.º

2 – Constitui contra-ordenação grave a violação do disposto no n.º 4 do artigo 70.º, nos n.ºs 1, 2, 6 e 7 do artigo 71.º, nos n.ºs 3, 4 e 5 do artigo 73.º, no n.º 2 do artigo 76.º, no n.º 2 do artigo 80.º, no artigo 96.º, nas alíneas a) e b) dos n.ºs 1 e no n.º 2 do artigo 97.º, no n.º 4 do artigo 98.º e no n.º 2 do artigo 101.º

3 – Constitui, ainda, contra-ordenação grave o impedimento, por parte do empregador, que a trabalhadora grávida efectue a consulta pré-natal ou a preparação para o parto durante o horário de trabalho, quando a mesma não for possível fora desse horário, bem

SUBSECÇÃO V
Trabalho de menores

Artigo 66.º
Princípios gerais relativos ao trabalho de menor

1 – O empregador deve proporcionar ao menor condições de trabalho adequadas à idade e ao desenvolvimento do mesmo e que protejam a segurança, a saúde, o desenvolvimento físico, psíquico e moral, a educação e a formação, prevenindo em especial qualquer risco resultante da sua falta de experiência ou da inconsciência dos riscos existentes ou potenciais.

2 – O empregador deve, em especial, avaliar os riscos relacionados com o trabalho, antes de o menor o iniciar ou antes de qualquer alteração importante das condições de trabalho, incidindo nomeadamente sobre:

a) Equipamento e organização do local e do posto de trabalho;

b) Natureza, grau e duração da exposição a agentes físicos, biológicos e químicos;

c) Escolha, adaptação e utilização de equipamentos de trabalho, incluindo agentes, máquinas e aparelhos e a respectiva utilização;

d) Adaptação da organização do trabalho, dos processos de trabalho ou da sua execução;

e) Grau de conhecimento do menor no que se refere à execução do trabalho,

como a violação do disposto no artigo 47.º do Código do Trabalho.

4 – Constitui contra-ordenação leve a violação do disposto no artigo 67.º

5 – O disposto nos números anteriores não é aplicável no âmbito da relação jurídica de emprego público que confira a qualidade de funcionário ou agente da Administração Pública.

Artigo 53.º (CT)
Princípios Gerais

1 – O empregador deve proporcionar ao menor condições de trabalho adequadas à respectiva idade que protejam a sua segurança, saúde, desenvolvimento físico, psíquico e moral, educação e formação, prevenindo, de modo especial, qualquer risco resultante da sua falta de experiência, da inconsciência dos riscos existentes ou potenciais ou do grau de desenvolvimento do menor.

2 – O empregador deve, de modo especial, avaliar os riscos relacionados com o trabalho, antes de o menor começar a trabalhar e sempre que haja qualquer alteração importante das condições de trabalho, incidindo nomeadamente sobre:

a) Equipamento e organização local e do posto de trabalho;

b) Natureza, grau e duração da exposição a agentes físicos, biológicos e químicos;

c) Escolha, adaptação e utilização de equipamentos de trabalho, incluindo agentes, máquinas, aparelhos e a respectiva utilização;

d) Adaptação da organização do trabalho, dos processos de trabalho ou da sua execução;

aos riscos para a segurança e a saúde e às medidas de prevenção.

3 – O empregador deve informar o menor e os seus representantes legais dos riscos identificados e das medidas tomadas para a sua prevenção.

4 – A emancipação não prejudica a aplicação das normas relativas à protecção da saúde, educação e formação do trabalhador menor.

5 – Constitui contra-ordenação muito grave a violação do disposto nos n.ᵒˢ 1, 2 ou 3.

e) Grau de conhecimento do menor no que se refere à execução do trabalho, aos riscos para a segurança e saúde e às medidas de prevenção.

3 – O empregador deve informar o menor e os seus representantes legais dos riscos identificados e das medidas tomadas para a sua prevenção

5 – A emancipação não prejudica a aplicação das normas relativas à protecção da saúde, educação e formação do trabalhador menor.

Artigo 644.º (CT)
Trabalho de menores

1 – Constitui contra-ordenação muito grave a violação do disposto nos n.ᵒˢ 1, 2, 3 e 4 do artigo 53.º, no n.º 1 do artigo 56.º e a imposição a menores de trabalhos proibidos pelo regime previsto no n.º 2 do artigo 60.º

2 – Constitui contra-ordenação grave a violação do disposto no n.º 5 do artigo 58.º, no n.º 1 do artigo 60.º, no n.º 1 do artigo 61.º, nos n.ᵒˢ 1 e 3 do artigo 62.º, nos artigos 63.º e 64.º, nos n.ᵒˢ 1 e 2 do artigo 65.º, no n.º 1 do artigo 66.º, no artigo 67.º, no n.º 1 do artigo 68.º e no n.º 1 do artigo 69.º

3 – Em caso de violação do disposto no n.º 1 do artigo 69.º, são responsáveis pela infracção todos os empregadores para quem o menor trabalhe.

4 – Constitui contra-ordenação leve a violação do disposto no n.º 4 do artigo 55.º e no n.º 3 do artigo 56.º

5 – A decisão condenatória pode ser objecto de publicidade.

Artigo 67.º
Formação profissional de menor

1 – O Estado deve proporcionar a menor que tenha concluído a escolaridade obrigatória a formação profissional adequada à sua preparação para a vida activa.

2 – O empregador deve assegurar a formação profissional de menor ao seu serviço, solicitando a colaboração dos organismos competentes sempre que não disponha de meios para o efeito.

3 – É, em especial, assegurado ao menor o direito a licença sem retribuição para a frequência de curso profissional que confira habilitação escolar ou curso de educação e formação para jovens, salvo quando a mesma for susceptível de causar prejuízo grave à empresa, e sem prejuízo dos direitos do trabalhador-estudante.

4 – O menor que se encontre na situação do n.º 1 do artigo 69.º tem direito a passar ao regime de trabalho a tempo parcial, fixando-se, na falta de acordo, a duração semanal do trabalho num número de horas que, somado à duração escolar ou de formação, perfaça 40 horas semanais.

Artigo 54.º (CT)
Formação profissional

1 – O Estado deve proporcionar aos menores que tenham concluído a escolaridade obrigatória a formação profissional adequada à sua preparação para a vida activa.

2 – O empregador deve assegurar a formação profissional de menor ao seu serviço, solicitando a colaboração dos organismos competentes sempre que não disponha de meios para o efeito.

Artigo 57.º (CT)
Formação e comunicação

A concretização do disposto no n.º 1 do artigo anterior, bem como os incentivos e apoios financeiros à formação profissional dos menores, são objecto de legislação especial.

Artigo 61.º (CT)
Direitos especiais do menor

1 – São, em especial, assegurados ao menor os seguintes direitos:

a) Licença sem retribuição para a frequência de programas de formação profissional que confiram grau de equivalência escolar, salvo quando a sua utilização for susceptível de causar prejuízo grave ao empregador, e sem prejuízo dos direitos especiais conferidos neste Código ao trabalhador-estudante;

b) Passagem ao regime de trabalho a tempo parcial, relativamente ao menor na situação a que se refere a alínea a) do n.º 1 do artigo 56.º, fixando-se, na falta de acordo, a duração semanal do trabalho num número de horas que, somada à duração escolar ou de formação, perfaça quarenta horas semanais.

Artigo 68.º
Admissão de menor ao trabalho

1 – Só pode ser admitido a prestar trabalho o menor que tenha completado a idade mínima de admissão, tenha concluído a escolaridade obrigatória e disponha de capacidades físicas e psíquicas adequadas ao posto de trabalho.

2 – A idade mínima de admissão para prestar trabalho é de 16 anos.

3 – O menor com idade inferior a 16 anos que tenha concluído a escolaridade obrigatória pode prestar trabalhos leves que consistam em tarefas simples e definidas que, pela sua natureza, pelos esforços físicos ou mentais exigidos ou pelas condições específicas em que são realizadas, não sejam susceptíveis de o prejudicar no que respeita à integridade física, segurança e saúde, assiduidade escolar, participação em programas de orientação ou de formação, capacidade para beneficiar da instrução ministrada, ou ainda ao seu desenvolvimento físico, psíquico, moral, intelectual e cultural.

4 – Em empresa familiar, o menor com idade inferior a 16 anos deve trabalhar sob a vigilância e direcção de um membro do seu agregado familiar, maior de idade.

5 – O empregador comunica ao serviço com competência inspectiva do

2 – No caso previsto na alínea b) do número anterior, pode ser concedida ao menor, pelo período de um ano, renovável, havendo aproveitamento, uma bolsa para compensação da perda de retribuição, tendo em conta o rendimento do agregado familiar e a remuneração perdida, nos termos e condições a definir em legislação especial.

Artigo 55.º (CT)
Admissão ao trabalho

1 – Só pode ser admitido a prestar trabalho, qualquer que seja a espécie e modalidade de pagamento, o menor que tenha completado a idade mínima de admissão, tenha concluído a escolaridade obrigatória e disponha de capacidades físicas e psíquicas adequadas ao posto de trabalho.

2 – A idade mínima de admissão para prestar trabalho é de 16 anos.

3 – O menor com idade inferior a 16 anos que tenha concluído a escolaridade obrigatória pode prestar trabalhos leves que, pela natureza das tarefas ou pelas condições específicas em que são realizadas, não sejam susceptíveis de prejudicar a sua segurança e saúde, a sua assiduidade escolar, a sua participação em programas de orientação ou de formação e a sua capacidade para beneficiar da instrução ministrada, ou o seu desenvolvimento físico, psíquico, moral, intelectual e cultural em actividades e condições a determinar em legislação especial.

4 – O empregador deve comunicar à Inspecção-Geral do Trabalho, nos oito dias subsequentes, a admisão de menor efectuada nos termos do número anterior.

ministério responsável pela área laboral a admissão de menor efectuada ao abrigo do n.º 3, nos oito dias subsequentes;

6 – Constitui contra-ordenação grave a violação do disposto nos n.ᵒˢ 3 ou 4 e constitui contra-ordenação leve a violação do disposto no número anterior.

Artigo 114.º (RCT)
Âmbito

1 – O presente capítulo regula:

a) Os trabalhos leves prestados por menor com idade inferior a 16 anos que tenha concluído a escolaridade obrigatória, a que se refere o n.º 3 do artigo 55.º do Código do Trabalho;

b) A formação de menor admitido ao trabalho que não tenha concluído a escolaridade obrigatória ou não tenha qualificação profissional, nos termos do n.º 1 do artigo 56.º e do artigo 57.º do Código do Trabalho;

c) Os incentivos e apoios financeiros à formação profissional dos menores previstos no artigo 57.º do Código do Trabalho;

d) Os trabalhos proibidos ou condicionados a menores previstos no n.º 2 do artigo 60.º do Código do Trabalho;

e) A bolsa para compensação da perda de retribuição, nos termos do n.º 2 do artigo 61.º do Código do Trabalho.

2 – Os artigos 127.º a 136.º aplicam-se à formação de menor que não tenha concluído a escolaridade obrigatória ou não tenha qualificação profissional.

Artigo 115.º (RCT)
Trabalhos leves prestados por menor com idade inferior a 16 anos

1 – Para efeitos do n.º 3 do artigo 55.º do Código do Trabalho, consideram-se trabalhos leves os que consistem em tarefas simples e definidas que não exijam esforços físicos ou mentais susceptíveis de pôr em risco a integridade física, a saúde e o desenvolvimento físico, psíquico e moral do menor.

2 – Em empresa familiar, o menor com idade inferior a 16 anos deve tra-

balhar sob a vigilância e direcção de um membro do agregado familiar maior de idade.

3 – São proibidos a menor com idade inferior a 16 anos as actividades e os trabalhos a que se referem os artigos 122.º a 126.º

Artigo 644.º (CT)
Trabalho de menores

1 – Constitui contra-ordenação muito grave a violação do disposto nos n.ºs 1, 2, 3 e 4 do artigo 53.º, no n.º 1 do artigo 56.º e a imposição a menores de trabalhos proibidos pelo regime previsto no n.º 2 do artigo 60.º

2 – Constitui contra-ordenação grave a violação do disposto no n.º 5 do artigo 58.º, no n.º 1 do artigo 60.º, no n.º 1 do artigo 61.º, nos n.ºs 1 e 3 do artigo 62.º, nos artigos 63.º e 64.º, nos n.ºs 1 e 2 do artigo 65.º, no n.º 1 do artigo 66.º, no artigo 67.º, no n.º 1 do artigo 68.º e no n.º 1 do artigo 69.º

3 – Em caso de violação do disposto no n.º 1 do artigo 69.º, são responsáveis pela infracção todos os empregadores para quem o menor trabalhe.

4 – Constitui contra-ordenação leve a violação do disposto no n.º 4 do artigo 55.º e no n.º 3 do artigo 56.º

5 – A decisão condenatória pode ser objecto de publicidade.

Artigo 476.º (RCT)
Trabalho de menores

1 – Constitui contra-ordenação muito grave a violação do disposto no n.º 3 do artigo 115.º, nos artigos 116.º a 121.º e nos artigos 123.º a 126.º

2 – Constitui contra-ordenação grave a violação do disposto nos n.ºs 1 e 2 do

artigo 115.º, do n.º 2 do artigo 122.º e do n.º 2 artigo 131.º

3 – Constitui contra-ordenação leve a violação do disposto no n.º 4 do artigo 131.º

4 – A decisão condenatória pode ser objecto de publicidade.

Artigo 69.º
Admissão de menor sem escolaridade obrigatória ou sem qualificação profissional

1 – O menor com idade inferior a 16 anos que tenha concluído a escolaridade obrigatória mas não possua qualificação profissional, ou o menor com pelo menos 16 anos de idade mas não tenha concluído a escolaridade obrigatória ou não possua qualificação profissional só pode ser admitido a prestar trabalho desde que frequente a modalidade de educação ou formação que confira, consoante o caso, a escolaridade obrigatória, qualificação profissional, ou ambas, nomeadamente em Centros Novas Oportunidades.

2 – O disposto no número anterior não é aplicável a menor que apenas preste trabalho durante as férias escolares.

3 – Na situação a que se refere o n.º 1, o menor beneficia do estatuto de trabalhador-estudante, tendo a dispensa de trabalho para a frequência de aulas com duração em dobro da prevista no n.º 3 do artigo 90.º.

4 – O empregador comunica ao serviço com competência inspectiva do ministério responsável pela área laboral a admissão de menor efectuada nos termos dos n.ºˢ 1 e 2, nos oito dias subsequentes.

Artigo 56.º (CT)
Admissão ao trabalho sem escolaridade obrigatória ou sem qualquer qualificação profissional

1 – O menor com idade inferior a 16 anos que tenha concluído a escolaridade obrigatória mas não possua uma qualificação profissional bem como o menor que tenha completado a idade mínima de admissão sem ter concluído a escolaridade obrigatória ou que não possua qualificação profissional só podem ser admitidos a prestar trabalho desde que se verifiquem cumulativamente as seguintes condições:

a) Frequente modalidade de educação ou formação que confira a escolaridade obrigatória e uma qualificação profissional, se não concluiu aquela, ou uma qualificação profissional, se concluiu a escolaridade;

b) Tratando-se de contrato de trabalho a termo, a sua duração não seja inferior à duração total da formação, se o empregador assumir a responsabilidade do processo formativo, ou permita realizar um período mínimo de formação, se esta responsabilidade estiver a cargo de outra entidade;

c) O período normal de trabalho inclua uma parte reservada à formação correspondente a pelo menos 40% do limite máximo constante da lei, da regulamentação colectiva aplicável ou

5 – Constitui contra-ordenação muito grave a violação do disposto no n.º 1, contra-ordenação grave a violação do disposto no n.º 3 e contra-ordenação leve a falta de comunicação prevista no número anterior.

6 – Em caso de admissão de menor com idade inferior a 16 anos e sem escolaridade obrigatória, é aplicada a sanção acessória de privação do direito a subsídio ou benefício outorgado por entidade ou serviço público, por período até dois anos.

do período praticado a tempo completo, na respectiva categoria;

d) O horário de trabalho possibilite a participação nos programas de educação ou formação profissional.

2 – O disposto no número anterior não é aplicável ao menor que apenas preste trabalho durante as férias escolares.

3 – O empregador deve comunicar à Inspecção-Geral do Trabalho, nos oito dias subsequentes, a admissão de menores efectuada nos termos do número anterior.

Artigo 644.º (CT)
Trabalho de menores

1 – Constitui contra-ordenação muito grave a violação do disposto nos n.ºˢ 1, 2, 3 e 4 do artigo 53.º, no n.º 1 do artigo 56.º e a imposição a menores de trabalhos proibidos pelo regime previsto no n.º 2 do artigo 60.º

2 – Constitui contra-ordenação grave a violação do disposto no n.º 5 do artigo 58.º, no n.º 1 do artigo 60.º, no n.º 1 do artigo 61.º, nos n.ºˢ 1 e 3 do artigo 62.º, nos artigos 63.º e 64.º, nos n.ºˢ 1 e 2 do artigo 65.º, no n.º 1 do artigo 66.º, no artigo 67.º, no n.º 1 do artigo 68.º e no n.º 1 do artigo 69.º

3 – Em caso de violação do disposto no n.º 1 do artigo 69.º, são responsáveis pela infracção todos os empregadores para quem o menor trabalhe.

4 – Constitui contra-ordenação leve a violação do disposto no n.º 4 do artigo 55.º e no n.º 3 do artigo 56.º

5 – A decisão condenatória pode ser objecto de publicidade.

Artigo 70.º
Capacidade do menor para celebrar contrato de trabalho e receber a retribuição

1 – É válido o contrato de trabalho celebrado por menor que tenha completado 16 anos de idade e tenha concluído a escolaridade obrigatória, salvo oposição escrita dos seus representantes legais.

2 – O contrato celebrado por menor que não tenha completado 16 anos de idade ou não tenha concluído a escolaridade obrigatória só é válido mediante autorização escrita dos seus representantes legais.

3 – O menor tem capacidade para receber a retribuição, salvo oposição escrita dos seus representantes legais.

4 – Os representantes legais podem a todo o tempo declarar a oposição ou revogar a autorização referida no n.º 2, sendo o acto eficaz decorridos 30 dias sobre a sua comunicação ao empregador.

5 – No caso previsto nos n.ºs 1 ou 2, os representantes legais podem reduzir até metade a prazo previsto no número anterior, com fundamento em que tal é necessário para a frequência de estabelecimento de ensino ou de acção de formação profissional.

6 – Constitui contra-ordenação grave o pagamento de retribuição ao menor caso haja oposição escrita dos seus representantes legais.

Artigo 58.º (CT)
Celebração do contrato de trabalho

1 – É válido o contrato de trabalho celebrado directamente com o menor que tenha completado 16 anos de idade e tenha concluído a escolaridade obrigatória, salvo oposição escrita dos seus representantes legais.

2 – O contrato celebrado directamente com o menor que não tenha completado 16 anos de idade ou não tenha concluído a escolaridade obrigatória só é válido mediante autorização escrita dos seus representantes legais.

3 – A oposição a que se refere o n.º 1, bem como a revogação da autorização exigida no número anterior, podem ser declaradas a todo o tempo, tornando-se eficazes decorridos 30 dias.

4 – Na declaração de oposição ou de revogação da autorização, o representante legal pode reduzir até metade o prazo previsto no número anterior, demonstrando que tal é necessário à frequência de estabelecimento de ensino ou de acção de formação profissional.

5 – O menor tem capacidade para receber a retribuição devida pelo seu trabalho, salvo quando houver oposição escrita dos seus representantes legais.

Artigo 644.º (CT)
Trabalho de menores

1 – Constitui contra-ordenação muito grave a violação do disposto nos n.ºs 1, 2, 3 e 4 do artigo 53.º, no n.º 1 do artigo 56.º e a imposição a menores de trabalhos proibidos pelo regime previsto no n.º 2 do artigo 60.º

2 – Constitui contra-ordenação grave a violação do disposto no n.º 5 do artigo 58.º, no n.º 1 do artigo 60.º, no n.º 1 do artigo 61.º, nos n.ᵒˢ 1 e 3 do artigo 62.º, nos artigos 63.º e 64.º, nos n.ᵒˢ 1 e 2 do artigo 65.º, no n.º 1 do artigo 66.º, no artigo 67.º, no n.º 1 do artigo 68.º e no n.º 1 do artigo 69.º

3 – Em caso de violação do disposto no n.º 1 do artigo 69.º, são responsáveis pela infracção todos os empregadores para quem o menor trabalhe.

4 – Constitui contra-ordenação leve a violação do disposto no n.º 4 do artigo 55.º e no n.º 3 do artigo 56.º

5 – A decisão condenatória pode ser objecto de publicidade.

Artigo 71.º
Denúncia de contrato por menor

1 – O menor na situação referida no artigo 69.º que denuncie o contrato de trabalho sem termo durante a formação, ou num período imediatamente subsequente de duração igual àquela, deve compensar o empregador do custo directo com a formação que este tenha suportado.

2 – O disposto no número anterior é igualmente aplicável caso o menor denuncie o contrato de trabalho a termo depois de o empregador lhe haver proposto por escrito a conversão do mesmo em contrato sem termo.

Artigo 59.º (CT)
Denúncia do contrato pelo menor

1 – Se o menor, na situação referida no artigo 56.º, denunciar o contrato de trabalho sem termo durante a formação, ou num período imediatamente subsequente de duração igual àquela, deve compensar o empregador em valor correspondente ao custo directo com a formação, desde que comprovadamente assumido por este.

2 – O disposto no número anterior é igualmente aplicável se o menor denunciar o contrato de trabalho a termo depois de o empregador lhe haver proposto por escrito a conversão do mesmo em contrato sem termo.

3 – O disposto no número anterior não é aplicável ao menor que apenas preste trabalho durante as férias escolares.

Artigo 72.º
Protecção da segurança e saúde de menor

1 – Sem prejuízo das obrigações estabelecidas em disposições especiais,

Artigo 60.º (CT)
Garantias de protecção da saúde e educação

1 – Sem prejuízo das obrigações estabelecidas em disposições especiais,

Artigo 72.º

o empregador deve submeter o menor a exames de saúde, nomeadamente:

a) Exame de saúde que certifique a adequação da sua capacidade física e psíquica ao exercício das funções, a realizar antes do início da prestação do trabalho, ou nos 15 dias subsequentes à admissão se esta for urgente e com o consentimento dos representantes legais do menor;

b) Exame de saúde anual, para que do exercício da actividade profissional não resulte prejuízo para a sua saúde e para o seu desenvolvimento físico e psíquico.

2 – Os trabalhos que, pela sua natureza ou pelas condições em que são prestados, sejam prejudiciais ao desenvolvimento físico, psíquico e moral dos menores são proibidos ou condicionados por legislação específica.

3 – Constitui contra-ordenação grave a violação do disposto no n.º 1.

o empregador deve submeter o trabalhador menor a exames médicos para garantia da sua segurança e saúde, nomeadamente:

a) Exame de saúde que certifique a sua capacidade física e psíquica adequada ao exercício das funções, a realizar antes do início da prestação do trabalho, ou até 15 dias depois da admissão se esta for urgente e com o consentimento dos representantes legais do menor;

b) Exame médico anual, para prevenir que do exercício da actividade profissional não resulte prejuízo para a sua saúde e para o seu desenvolvimento físico e mental.

2 – A prestação de trabalhos que, pela sua natureza ou pelas condições em que são prestados, sejam prejudiciais ao desenvolvimento físico, psíquico e moral dos menores é proibida ou condicionada por legislação especial.

Artigo 114.º (RCT)
Âmbito

1 – O presente capítulo regula:

a) Os trabalhos leves prestados por menor com idade inferior a 16 anos que tenha concluído a escolaridade obrigatória, a que se refere o n.º 3 do artigo 55.º do Código do Trabalho;

b) A formação de menor admitido ao trabalho que não tenha concluído a escolaridade obrigatória ou não tenha qualificação profissional, nos termos do n.º 1 do artigo 56.º e do artigo 57.º do Código do Trabalho;

c) Os incentivos e apoios financeiros à formação profissional dos menores previstos no artigo 57.º do Código do Trabalho;

d) Os trabalhos proibidos ou condicionados a menores previstos no n.º 2 do artigo 60.º do Código do Trabalho;

e) A bolsa para compensação da perda de retribuição, nos termos do n.º 2 do artigo 61.º do Código do Trabalho.

2 – Os artigos 127.º a 136.º aplicam-se à formação de menor que não tenha concluído a escolaridade obrigatória ou não tenha qualificação profissional.

Artigo 115.º (RCT)
Trabalhos leves prestados por menor com idade inferior a 16 anos

1 – Para efeitos do n.º 3 do artigo 55.º do Código do Trabalho, consideram-se trabalhos leves os que consistem em tarefas simples e definidas que não exijam esforços físicos ou mentais susceptíveis de pôr em risco a integridade física, a saúde e o desenvolvimento físico, psíquico e moral do menor.

2 – Em empresa familiar, o menor com idade inferior a 16 anos deve trabalhar sob a vigilância e direcção de um membro do agregado familiar maior de idade.

3 – São proibidos a menor com idade inferior a 16 anos as actividades e os trabalhos a que se referem os artigos 122.º a 126.º

Artigo 644.º (CT)
Trabalho de menores

1 – Constitui contra-ordenação muito grave a violação do disposto nos n.ºs 1, 2, 3 e 4 do artigo 53.º, no n.º 1 do artigo 56.º e a imposição a menores de trabalhos proibidos pelo regime previsto no n.º 2 do artigo 60.º

2 – Constitui contra-ordenação grave a violação do disposto no n.º 5 do artigo 58.º, no n.º 1 do artigo 60.º, no n.º 1 do artigo 61.º, nos n.ᵒˢ 1 e 3 do artigo 62.º, nos artigos 63.º e 64.º, nos n.ᵒˢ 1 e 2 do artigo 65.º, no n.º 1 do artigo 66.º, no artigo 67.º, no n.º 1 do artigo 68.º e no n.º 1 do artigo 69.º

3 – Em caso de violação do disposto no n.º 1 do artigo 69.º, são responsáveis pela infracção todos os empregadores para quem o menor trabalhe.

4 – Constitui contra-ordenação leve a violação do disposto no n.º 4 do artigo 55.º e no n.º 3 do artigo 56.º

5 – A decisão condenatória pode ser objecto de publicidade.

Artigo 476.º (RCT)
Trabalho de menores

1 – Constitui contra-ordenação muito grave a violação do disposto no n.º 3 do artigo 115.º, nos artigos 116.º a 121.º e nos artigos 123.º a 126.º

2 – Constitui contra-ordenação grave a violação do disposto nos n.ᵒˢ 1 e 2 do artigo 115.º, do n.º 2 do artigo 122.º e do n.º 2 artigo 131.º

3 – Constitui contra-ordenação leve a violação do disposto no n.º 4 do artigo 131.º

4 – A decisão condenatória pode ser objecto de publicidade.

Artigo 73.º
Limites máximos do período normal de trabalho de menor

1 – O período normal de trabalho de menor não pode ser superior a oito horas em cada dia e a 40 horas em cada semana.

Artigo 62.º (CT)
Limites máximos do período normal de trabalho

1 – O período normal de trabalho dos menores, ainda que em regime de adaptabilidade do tempo de trabalho, não pode ser superior a oito horas em

2 – Os instrumentos de regulamentação colectiva de trabalho devem reduzir, sempre que possível, os limites máximos do período normal de trabalho de menor.

3 – No caso de trabalhos leves efectuados por menor com idade inferior a 16 anos, o período normal de trabalho não pode ser superior a sete horas em cada dia e 35 horas em cada semana.

4 – Constitui contra-ordenação grave a violação do disposto nos n.ᵒˢ 1 ou 3.

cada dia e a quarenta horas em cada semana.

2 – Os instrumentos de regulamentação colectiva de trabalho devem reduzir, sempre que possível, os limites máximos dos períodos normais de trabalho dos menores.

3 – No caso de trabalhos leves efectuados por menores com idade inferior a 16 anos, o período normal de trabalho não pode ser superior a sete horas em cada dia e trinta e cinco horas em cada semana.

Artigo 644.º (CT)
Trabalho de menores

1 – Constitui contra-ordenação muito grave a violação do disposto nos n.ᵒˢ 1, 2, 3 e 4 do artigo 53.º, no n.º 1 do artigo 56.º e a imposição a menores de trabalhos proibidos pelo regime previsto no n.º 2 do artigo 60.º

2 – Constitui contra-ordenação grave a violação do disposto no n.º 5 do artigo 58.º, no n.º 1 do artigo 60.º, no n.º 1 do artigo 61.º, nos n.ᵒˢ 1 e 3 do artigo 62.º, nos artigos 63.º e 64.º, nos n.ᵒˢ 1 e 2 do artigo 65.º, no n.º 1 do artigo 66.º, no artigo 67.º, no n.º 1 do artigo 68.º e no n.º 1 do artigo 69.º

3 – Em caso de violação do disposto no n.º 1 do artigo 69.º, são responsáveis pela infracção todos os empregadores para quem o menor trabalhe.

4 – Constitui contra-ordenação leve a violação do disposto no n.º 4 do artigo 55.º e no n.º 3 do artigo 56.º

5 – A decisão condenatória pode ser objecto de publicidade

Artigo 74.º
Dispensa de algumas formas de organização do tempo de trabalho de menor

1 – O menor é dispensado de prestar trabalho em horário organizado de acordo com o regime de adaptabilidade, banco de horas ou horário concentrado quando o mesmo puder prejudicar a sua saúde ou segurança no trabalho.

2 – Para efeito do número anterior, o menor deve ser submetido a exame de saúde previamente ao início da aplicação do horário em causa.

3 – Constitui contra-ordenação grave a violação do disposto neste artigo.

Artigo 63.º (CT)
Dispensa de horários de trabalho com adaptabilidade

O trabalhador menor tem direito a dispensa de horários de trabalho organizados de acordo com o regime de adaptabilidade do tempo de trabalho se for apresentado atestado médico do qual conste que tal prática pode prejudicar a sua saúde ou segurança no trabalho.

Artigo 644.º (CT)
Trabalho de menores

1 – Constitui contra-ordenação muito grave a violação do disposto nos n.ºs 1, 2, 3 e 4 do artigo 53.º, no n.º 1 do artigo 56.º e a imposição a menores de trabalhos proibidos pelo regime previsto no n.º 2 do artigo 60.º

2 – Constitui contra-ordenação grave a violação do disposto no n.º 5 do artigo 58.º, no n.º 1 do artigo 60.º, no n.º 1 do artigo 61.º, nos n.ºs 1 e 3 do artigo 62.º, nos artigos 63.º e 64.º, nos n.ºs 1 e 2 do artigo 65.º, no n.º 1 do artigo 66.º, no artigo 67.º, no n.º 1 do artigo 68.º e no n.º 1 do artigo 69.º

3 – Em caso de violação do disposto no n.º 1 do artigo 69.º, são responsáveis pela infracção todos os empregadores para quem o menor trabalhe.

4 – Constitui contra-ordenação leve a violação do disposto no n.º 4 do artigo 55.º e no n.º 3 do artigo 56.º

5 – A decisão condenatória pode ser objecto de publicidade

Artigo 75.º
Trabalho suplementar de menor

1 – O trabalhador menor não pode prestar trabalho suplementar.

Artigo 64.º (CT)
Trabalho suplementar

O trabalhador menor não pode prestar trabalho suplementar.

2 – O disposto no número anterior não é aplicável se a prestação de trabalho suplementar por parte de menor com idade igual ou superior a 16 anos for indispensável para prevenir ou reparar prejuízo grave para a empresa, devido a facto anormal e imprevisível ou a circunstância excepcional ainda que previsível, cujas consequências não podiam ser evitadas, desde que não haja outro trabalhador disponível e por um período não superior a cinco dias úteis.

3 – Na situação referida no número anterior, o menor tem direito a período equivalente de descanso compensatório, a gozar nas três semanas seguintes.

4 – Constitui contra-ordenação grave a violação do disposto neste artigo.

Artigo 644.º (CT)
Trabalho de menores

1 – Constitui contra-ordenação muito grave a violação do disposto nos n.ºˢ 1, 2, 3 e 4 do artigo 53.º, no n.º 1 do artigo 56.º e a imposição a menores de trabalhos proibidos pelo regime previsto no n.º 2 do artigo 60.º

2 – Constitui contra-ordenação grave a violação do disposto no n.º 5 do artigo 58.º, no n.º 1 do artigo 60.º, no n.º 1 do artigo 61.º, nos n.ºˢ 1 e 3 do artigo 62.º, nos artigos 63.º e 64.º, nos n.ºˢ 1 e 2 do artigo 65.º, no n.º 1 do artigo 66.º, no artigo 67.º, no n.º 1 do artigo 68.º e no n.º 1 do artigo 69.º

3 – Em caso de violação do disposto no n.º 1 do artigo 69.º, são responsáveis pela infracção todos os empregadores para quem o menor trabalhe.

4 – Constitui contra-ordenação leve a violação do disposto no n.º 4 do artigo 55.º e no n.º 3 do artigo 56.º

5 – A decisão condenatória pode ser objecto de publicidade

Artigo 76.º
Trabalho de menor
no período nocturno

1 – É proibido o trabalho de menor com idade inferior a 16 anos entre as 20 horas de um dia e as 7 horas do dia seguinte.

2 – O menor com idade igual ou superior a 16 anos não pode prestar trabalho entre as 22 horas de um dia e as 7 horas do dia seguinte, sem prejuízo do disposto nos números seguintes.

3 – O menor com idade igual ou superior a 16 anos pode prestar trabalho nocturno:

Artigo 65.º (CT)
Trabalho no período nocturno

1 – É proibido o trabalho de menor com idade inferior a 16 anos entre as 20 horas de um dia e as 7 horas do dia seguinte.

2 – O menor com idade igual ou superior a 16 anos não pode prestar trabalho entre as 22 horas de um dia e as 7 horas do dia seguinte, sem prejuízo do disposto no n.º 3.

3 – Por instrumento de regulamentação colectiva de trabalho o menor com idade igual ou superior a 16 anos pode prestar trabalho nocturno em a) Em actividade prevista em instrumento de regulamentação colectiva de trabalho, excepto no período compreendido entre as 0 e as 5 horas;

b) Que se justifique por motivos objectivos, em actividade de natureza cultural, artística, desportiva ou publicitária, desde que tenha um período equivalente de descanso compensatório no dia seguinte ou no mais próximo possível.

4 – No caso do número anterior, a prestação de trabalho nocturno por menor deve ser vigiada por um adulto, se for necessário para protecção da sua segurança ou saúde.

5 – O disposto nos n.ºs 2 e 3 não é aplicável se a prestação de trabalho nocturno ocorrer em circunstância referida no n.º 2 do artigo anterior, sendo devido o descanso previsto no n.º 3 do mesmo artigo.

6 – Constitui contra-ordenação grave a violação do disposto nos n.ºs 1, 2 ou 4.

sectores de actividade específicos, excepto no período compreendido entre as 0 e as 5 horas.

4 – O menor com idade igual ou superior a 16 anos pode prestar trabalho nocturno, incluindo o período compreendido entre as 0 e as 5 horas, sempre que tal se justifique por motivos objectivos, em actividades de natureza cultural, artística, desportiva ou publicitária, desde que lhe seja concedido um descanso compensatório com igual número de horas, a gozar no dia seguinte ou no mais próximo possível.

5 – Nos casos dos n.ºs 3 e 4, o menor deve ser vigiado por um adulto durante a prestação do trabalho nocturno, se essa vigilância for necessária para protecção da sua segurança ou saúde.

6 – O disposto nos n.ºs 2, 3 e 4 não é aplicável se a prestação de trabalho nocturno por parte de menor com idade igual ou superior a 16 anos for indispensável, devido a factos anormais e imprevisíveis ou a circunstâncias excepcionais ainda que previsíveis, cujas consequências não podiam ser evitadas, desde que não haja outros trabalhadores disponíveis e por um período não superior a cinco dias úteis.

7 – Nas situações referidas no número anterior, o menor tem direito a descanso compensatório com igual número de horas, a gozar durante as três semanas seguintes.

Artigo 644.º (CT)
Trabalho de menores

1 – Constitui contra-ordenação muito grave a violação do disposto nos n.ºs 1, 2, 3 e 4 do artigo 53.º, no n.º 1 do

Artigo 77.º
Intervalo de descanso de menor

1 – O período de trabalho diário de menor deve ser interrompido por intervalo de duração entre uma e duas horas, por forma a não prestar mais de quatro horas de trabalho consecutivo se tiver idade inferior a 16 anos, ou quatro horas e 30 minutos se tiver idade igual ou superior a 16 anos.

2 – O instrumento de regulamentação colectiva de trabalho pode estabelecer duração do intervalo de descanso superior a duas horas, bem como a frequência e a duração de outros intervalos de descanso no período de trabalho diário ou, no caso de menor com idade igual ou superior a 16 anos, redução do intervalo até 30 minutos.

3 – Constitui contra-ordenação grave a violação do disposto no n.º 1.

artigo 56.º e a imposição a menores de trabalhos proibidos pelo regime previsto no n.º 2 do artigo 60.º

2 – Constitui contra-ordenação grave a violação do disposto no n.º 5 do artigo 58.º, no n.º 1 do artigo 60.º, no n.º 1 do artigo 61.º, nos n.ᵒˢ 1 e 3 do artigo 62.º, nos artigos 63.º e 64.º, nos n.ᵒˢ 1 e 2 do artigo 65.º, no n.º 1 do artigo 66.º, no artigo 67.º, no n.º 1 do artigo 68.º e no n.º 1 do artigo 69.º

3 – Em caso de violação do disposto no n.º 1 do artigo 69.º, são responsáveis pela infracção todos os empregadores para quem o menor trabalhe.

4 – Constitui contra-ordenação leve a violação do disposto no n.º 4 do artigo 55.º e no n.º 3 do artigo 56.º

5 – A decisão condenatória pode ser objecto de publicidade

Artigo 66.º (CT)
Intervalo de descanso

1 – O período de trabalho diário do menor deve ser interrompido por um intervalo de duração entre uma e duas horas, por forma que não preste mais de quatro horas de trabalho consecutivo, se tiver idade inferior a 16 anos, ou quatro horas e trinta minutos, se tiver idade igual ou superior a 16 anos.

2 – Por instrumento de regulamentação colectiva de trabalho pode ser estabelecida uma duração do intervalo de descanso superior a duas horas, bem como a frequência e a duração de outros intervalos de descanso no período de trabalho diário ou, no caso de menor com idade igual ou superior a 16 anos, pode o intervalo ser reduzido até trinta minutos.

Artigo 78.º
Descanso diário de menor

1 – O menor tem direito a descanso diário, entre os períodos de trabalho de dois dias sucessivos, coma duração mínima de 14 horas consecutivas se tiver idade inferior a 16 anos, ou 12 horas consecutivas se tiver idade igual ou superior a 16 anos.

2 – Em relação a menor com idade igual ou superior a 16 anos, o descanso diário previsto no número anterior pode ser reduzido por instrumento de regulamentação colectiva de trabalho se for justificado por motivo objectivo, desde que não afecte a sua segurança ou saúde

Artigo 644.º (CT)
Trabalho de menores

1 – Constitui contra-ordenação muito grave a violação do disposto nos n.ᵒˢ 1, 2, 3 e 4 do artigo 53.º, no n.º 1 do artigo 56.º e a imposição a menores de trabalhos proibidos pelo regime previsto no n.º 2 do artigo 60.º

2 – Constitui contra-ordenação grave a violação do disposto no n.º 5 do artigo 58.º, no n.º 1 do artigo 60.º, no n.º 1 do artigo 61.º, nos n.ᵒˢ 1 e 3 do artigo 62.º, nos artigos 63.º e 64.º, nos n.ᵒˢ 1 e 2 do artigo 65.º, no n.º 1 do artigo 66.º, no artigo 67.º, no n.º 1 do artigo 68.º e no n.º 1 do artigo 69.º

3 – Em caso de violação do disposto no n.º 1 do artigo 69.º, são responsáveis pela infracção todos os empregadores para quem o menor trabalhe.

4 – Constitui contra-ordenação leve a violação do disposto no n.º 4 do artigo 55.º e no n.º 3 do artigo 56.º

5 – A decisão condenatória pode ser objecto de publicidade

Artigo 67.º (CT)
Descanso diário

1 – O horário de trabalho de menor com idade inferior a 16 anos deve assegurar um descanso diário mínimo de catorze horas consecutivas, entre os períodos de trabalho de dois dias sucessivos.

2 – O horário de trabalho de menor com idade igual ou superior a 16 anos deve assegurar um descanso diário mínimo de doze horas consecutivas, entre os períodos de trabalho de dois dias sucessivos.

3 – Em relação a menor com idade igual ou superior a 16 anos, o descanso

e a redução seja compensada nos três dias seguintes, no sector da agricultura, turismo, hotelaria ou restauração, em embarcação da marinha do comércio, hospital ou outro estabelecimento de saúde ou em actividade caracterizada por períodos de trabalho fraccionados ao longo do dia.

3 – O disposto no n.º 1 não se aplica a menor com idade igual ou superior a 16 anos que preste trabalho cuja duração normal não seja superior a 20 horas por semana, ou trabalho ocasional por período não superior a um mês:

a) Em serviço doméstico realizado em agregado familiar;

b) Em empresa familiar, desde que não seja nocivo, prejudicial ou perigoso para o menor.

4 – Constitui contra-ordenação grave a violação do disposto nos n.ᵒˢ 1 ou 2 deste artigo.

diário previsto no número anterior pode ser reduzido por instrumento de regulamentação colectiva de trabalho se for justificado por motivos objectivos, desde que não afecte a sua segurança ou saúde e a redução seja compensada nos três dias seguintes:

a) Para efectuar trabalhos nos sectores do turismo, hotelaria, restauração, em hospitais e outros estabelecimentos de saúde e em actividades caracterizadas por períodos de trabalho fraccionados ao longo do dia;

b) Na medida do necessário para assegurar os intervalos de descanso do período normal de trabalho diário.

4 – O disposto no n.º 2 não se aplica a menor com idade igual ou superior a 16 anos que preste trabalho ocasional por prazo não superior a um mês ou trabalho cuja duração normal não seja superior a vinte horas por semana:

a) Em serviço doméstico realizado em agregado familiar;

b) Numa empresa familiar e desde que não seja nocivo, prejudicial ou perigoso para o menor.

Artigo 644.º (CT)
Trabalho de menores

1 – Constitui contra-ordenação muito grave a violação do disposto nos n.ᵒˢ 1, 2, 3 e 4 do artigo 53.º, no n.º 1 do artigo 56.º e a imposição a menores de trabalhos proibidos pelo regime previsto no n.º 2 do artigo 60.º

2 – Constitui contra-ordenação grave a violação do disposto no n.º 5 do artigo 58.º, no n.º 1 do artigo 60.º, no n.º 1 do artigo 61.º, nos n.ᵒˢ 1 e 3 do artigo 62.º, nos artigos 63.º e 64.º, nos n.ᵒˢ 1 e 2 do artigo 65.º, no n.º 1 do artigo 66.º, no artigo 67.º, no n.º 1 do artigo 68.º e no n.º 1 do artigo 69.º

3 – Em caso de violação do disposto no n.º 1 do artigo 69.º, são responsáveis pela infracção todos os empregadores para quem o menor trabalhe.

4 – Constitui contra-ordenação leve a violação do disposto no n.º 4 do artigo 55.º e no n.º 3 do artigo 56.º

5 – A decisão condenatória pode ser objecto de publicidade

Artigo 79.º
Descanso semanal de menor

1 – O descanso semanal de menor tem a duração de dois dias, se possível, consecutivos, em cada período de sete dias, salvo havendo razões técnicas ou de organização do trabalho, a definir por instrumento de regulamentação colectiva de trabalho, que justifiquem que o descanso semanal de menor com idade igual ou superior a 16 anos tenha a duração de 36 horas consecutivas.

2 – O descanso semanal de menor com idade igual ou superior a 16 anos pode ser de um dia em situação a que se referem os n.ºˢ 2 ou 3 do artigo anterior, desde que a redução se justifique por motivo objectivo e, no primeiro caso, seja estabelecida em instrumento de regulamentação colectiva de trabalho, devendo em qualquer caso ser assegurado descanso adequado.

3 – Constitui contra-ordenação grave a violação do disposto neste artigo.

Artigo 68.º (CT)
Descanso semanal

1 – O menor tem direito a dois dias de descanso, se possível consecutivos, em cada período de sete dias, salvo se, relativamente a menor com idade igual ou superior a 16 anos, razões técnicas ou de organização do trabalho a definir por instrumento de regulamentação colectiva de trabalho justificarem que o descanso semanal tenha a duração de trinta e seis horas consecutivas.

2 – O descanso semanal pode ser de um dia relativamente a menor com idade igual ou superior a 16 anos que preste trabalho ocasional por prazo não superior a um mês ou trabalho cuja duração normal não seja superior a vinte horas por semana, desde que a redução se justifique por motivos objectivos e o menor tenha descanso adequado:

a) Em serviço doméstico realizado em agregado familiar;

b) Numa empresa familiar e desde que não seja nocivo, prejudicial ou perigoso para o menor.

3 – Por instrumento de regulamentação colectiva de trabalho, pode ser de um dia o descanso semanal do menor com idade igual ou superior a 16 anos que trabalhe em embarcações da marinha do comércio, hospitais e estabelecimentos de saúde, na agricultura, turismo, hotelaria, restauração e em actividades caracterizadas por períodos de trabalho fraccionados ao longo do dia, desde que a redução se justifique por motivos objectivos e o menor tenha descanso adequado.

Artigo 644.º (CT)
Trabalho de menores

1 – Constitui contra-ordenação muito grave a violação do disposto nos n.ºs 1, 2, 3 e 4 do artigo 53.º, no n.º 1 do artigo 56.º e a imposição a menores de trabalhos proibidos pelo regime previsto no n.º 2 do artigo 60.º

2 – Constitui contra-ordenação grave a violação do disposto no n.º 5 do artigo 58.º, no n.º 1 do artigo 60.º, no n.º 1 do artigo 61.º, nos n.ºs 1 e 3 do artigo 62.º, nos artigos 63.º e 64.º, nos n.ºs 1 e 2 do artigo 65.º, no n.º 1 do artigo 66.º, no artigo 67.º, no n.º 1 do artigo 68.º e no n.º 1 do artigo 69.º

3 – Em caso de violação do disposto no n.º 1 do artigo 69.º, são responsáveis pela infracção todos os empregadores para quem o menor trabalhe.

4 – Constitui contra-ordenação leve a violação do disposto no n.º 4 do artigo 55.º e no n.º 3 do artigo 56.º

5 – A decisão condenatória pode ser objecto de publicidade

Artigo 80.º
Descanso semanal e períodos de trabalho de menor em caso de pluriemprego

1 – Se o menor trabalhar para vários

Artigo 69.º (CT)
Descanso semanal em caso de pluriemprego

1 – Se o menor trabalhar para vários empregadores, os descansos semanais

empregadores, os descansos semanais devem ser coincidentes e a soma dos períodos de trabalho não deve exceder os limites máximos do período normal de trabalho.

2 – Para efeitos do disposto no número anterior, o menor ou, se este tiver idade inferior a 16 anos, os seus representantes legais, devem informar por escrito:

a) Antes da admissão, o novo empregador, sobre a existência de outro emprego e a duração do trabalho e os descansos semanais correspondentes;

b) Aquando de uma admissão ou sempre que haja alteração das condições de trabalho em causa, os outros empregadores, sobre a duração do trabalho e os descansos semanais correspondentes.

3 – O empregador que, sendo informado nos termos do número anterior, celebre contrato de trabalho com o menor ou altere a duração do trabalho ou dos descansos semanais, é responsável pelo cumprimento do disposto no n.º 1.

4 – Constitui contra-ordenação grave a violação do disposto no n.º 1, pela qual é responsável o empregador que se encontre na situação referida no número anterior.

devem ser coincidentes e a soma dos períodos de trabalho não deve exceder os limites máximos do período normal de trabalho.

2 – Para efeitos do disposto no número anterior, o menor ou, se este tiver idade inferior a 16 anos, os seus representantes legais devem informar por escrito:

a) O empregador, antes da admissão, da existência de outro emprego e da duração do trabalho e descansos semanais correspondentes;

b) Cada um dos empregadores, da duração do trabalho e descansos semanais praticados ao serviço dos outros.

3 – O empregador que, sendo previamente informado nos termos do número anterior, celebre contrato de trabalho com o menor ou que altere a duração do trabalho ou dos descansos semanais é responsável pelo cumprimento do disposto no n.º 1.

Artigo 644.º (CT)
Trabalho de menores

1 – Constitui contra-ordenação muito grave a violação do disposto nos n.ºˢ 1, 2, 3 e 4 do artigo 53.º, no n.º 1 do artigo 56.º e a imposição a menores de trabalhos proibidos pelo regime previsto no n.º 2 do artigo 60.º

2 – Constitui contra-ordenação grave a violação do disposto no n.º 5 do artigo 58.º, no n.º 1 do artigo 60.º, no n.º 1 do artigo 61.º, nos n.ºˢ 1 e 3 do artigo 62.º, nos artigos 63.º e 64.º, nos n.ºˢ 1 e 2 do artigo 65.º, no n.º 1 do artigo 66.º, no artigo 67.º, no n.º 1 do artigo 68.º e no n.º 1 do artigo 69.º

3 – Em caso de violação do disposto no n.º 1 do artigo 69.º, são responsáveis pela infracção todos os empregadores para quem o menor trabalhe.

4 – Constitui contra-ordenação leve a violação do disposto no n.º 4 do artigo 55.º e no n.º 3 do artigo 56.º

5 – A decisão condenatória pode ser objecto de publicidade.

Artigo 81.º
Participação de menor em espectáculo ou outra actividade

A participação de menor em espectáculo ou outra actividade de natureza cultural, artística ou publicitária é regulada em legislação específica.

Artigo 70.º (CT)
Participação de menores em espectáculos e outras actividades

A participação de menores em espectáculos e outras actividades de natureza cultural, artística ou publicitária é objecto de regulamentação em legislação especial.

Artigo 82.º
Crime por utilização indevida de trabalho de menor

1 – A utilização de trabalho de menor em violação do disposto no n.º 1 do artigo 68.º ou do n.º 2 do artigo 72.º é punida com pena de prisão até 2 anos ou com pena de multa até 240 dias, se pena mais grave não couber por força de outra disposição legal.

2 – No caso de o menor não ter completado a idade mínima de admissão ou não ter concluído a escolaridade obrigatória, os limites das penas são elevados para o dobro.

3 – Em caso de reincidência, os limites mínimos das penas previstas nos números anteriores são elevados para o triplo.

Artigo 608.º (CT)
Utilização indevida de trabalho de menor

1 – A utilização do trabalho de menor em violação do disposto no n.º 1 do artigo 55.º e do n.º 2 do artigo 60.º é punida com pena de prisão até 2 anos ou com pena de multa até 240 dias, se pena mais grave não couber por força de outra disposição legal.

2 – No caso de o menor não ter ainda completado a idade mínima de admissão nem ter concluído a escolaridade obrigatória, os limites das penas são elevados para o dobro.

3 – No caso de reincidência, os limites mínimos das penas previstas nos números anteriores são elevados para o triplo.

Artigo 83.º
Crime de desobediência por não cessação da actividade de menor

Quando o serviço com competência inspectiva do ministério responsável

Artigo 609.º (CT)
Desobediência

Quando a Inspecção – Geral do Trabalho verificar a violação do disposto no n.º 1 do artigo 55.º ou das normas

pela área laboral verificar a violação do disposto no n.º 1 do artigo 68.º ou das normas relativas a trabalhos proibidos a que se refere o n.º 2 do artigo 72.º, notifica por escrito o infractor para que faça cessar de imediato a actividade do menor, com a cominação de que, se o não fizer, incorre em crime de desobediência qualificada.

relativas a trabalhos proibidos a quês se refere o n.º 2 do artigo 60.º, notifica, por escrito, o infractor para fazer cessar de imediato a actividade do menor, com a cominação de que, se não o fizer, incorre no crime de desobediência qualificada.

SUBSECÇÃO VI
Trabalhador com capacidade de trabalho reduzida

Artigo 84.º
Princípios gerais quanto ao emprego de trabalhador com capacidade de trabalho reduzida

1 – O empregador deve facilitar o emprego a trabalhador com capacidade de trabalho reduzida, proporcionando-lhe adequadas condições de trabalho, nomeadamente a adaptação do posto de trabalho, retribuição e promovendo ou auxiliando acções de formação e aperfeiçoamento profissional apropriadas.

2 – O Estado deve estimular e apoiar, pelos meios convenientes, a acção das empresas na realização dos objectivos definidos no número anterior.

3 – Independentemente do disposto nos números anteriores, podem ser estabelecidas, por lei ou instrumento de regulamentação colectiva de trabalho, especiais medidas de protecção de trabalhador com capacidade de trabalho reduzida, particularmente no que respeita à sua admissão e condições de prestação da actividade, tendo sempre em conta os interesses do trabalhador e do empregador.

Artigo 71.º (CT)
Princípio geral

1 – O empregador deve facilitar o emprego ao trabalhador com capacidade de trabalho reduzida, proporcionando-lhe adequadas condições de trabalho, nomeadamente a adaptação do posto de trabalho, retribuição e promovendo ou auxiliando acções de formação e aperfeiçoamento profissional apropriadas.

2 – O Estado deve estimular e apoiar, pelos meios que forem tidos por convenientes, a acção das empresas na realização dos objectivos definidos no número anterior.

3 – Independentemente do disposto nos números anteriores, podem ser estabelecidas, por lei ou instrumento de regulamentação colectiva de trabalho, especiais medidas de protecção dos trabalhadores com capacidade de trabalho reduzida, particularmente no que respeita à sua admissão e condições de prestação da actividade, tendo sempre em conta os interesses desses trabalhadores e dos empregadores.

4 – O regime do presente artigo consta de legislação específica.
5 – Constitui contra-ordenação muito grave a violação do disposto no n.º 1.

SUBSECÇÃO VII
Trabalhador com deficiência ou doença crónica

Artigo 85.º
Princípios gerais quanto ao emprego de trabalhador com deficiência ou doença crónica

1 – O trabalhador com deficiência ou doença crónica é titular dos mesmos direitos e está adstrito aos mesmos deveres dos demais trabalhadores no acesso ao emprego, à formação, promoção ou carreira profissionais e às condições de trabalho, sem prejuízo das especificidades inerentes à sua situação.
2 – O Estado deve estimular e apoiar a acção do empregador na contratação de trabalhador com deficiência ou doença crónica e na sua readaptação profissional.
3 – Constitui contra-ordenação muito grave a violação do disposto no n.º 1.

Artigo 645.º (CT)
Trabalhador com capacidade de trabalho reduzida

Constitui contra-ordenação muito grave a violação do disposto no n.º 1 do artigo 71.º

Artigo 73.º (CT)
Igualdade de tratamento

1 – O trabalhador com deficiência ou doença crónica é titular dos mesmos direitos e está adstrito aos mesmos deveres dos demais trabalhadores no acesso ao emprego, à formação e promoção profissionais e às condições de trabalho, sem prejuízo das especificidades inerentes à sua situação.
2 – O Estado deve estimular e apoiar a acção do empregador na contratação de trabalhadores com deficiência ou doença crónica.
3 – O Estado deve estimular e apoiar a acção do empregador na readaptação profissional de trabalhador com deficiência ou doença crónica superveniente.

Artigo 646.º (CT)
Trabalhador com deficiência ou doença crónica

1 – Constitui contra-ordenação muito grave a violação do disposto no n.º 1 do artigo 73.º
2 – Constitui contra-ordenação grave a violação do disposto nos artigos 75.º a 77.º

Artigo 86.º
Medidas de acção positiva em favor de trabalhador com deficiência ou doença crónica

1 – O empregador deve adoptar medidas adequadas para que a pessoa com deficiência ou doença crónica tenha acesso a um emprego, o possa exercer e nele progredir, ou para que tenha formação profissional, excepto se tais medidas implicarem encargos desproporcionados.

2 – O Estado deve estimular e apoiar, pelos meios convenientes, a acção do empregador na realização dos objectivos referidos no número anterior.

3 – Os encargos referidos no n.º 1 não são considerados desproporcionados quando forem compensados por apoios do Estado, nos termos previstos em legislação específica.

4 – Podem ser estabelecidas por lei ou instrumento de regulamentação colectiva de trabalho medidas de protecção específicas de trabalhador com deficiência ou doença crónica e incentivos a este ou ao empregador, particularmente no que respeita à admissão, condições de prestação da actividade e adaptação de posto de trabalho, tendo em conta os respectivos interesses.

Artigo 74.º (CT)
Medidas de acção positiva do empregador

1 – O empregador deve promover a adopção de medidas adequadas para que uma pessoa com deficiência ou doença crónica tenha acesso a um emprego, o possa exercer ou nele progredir, ou para que lhe seja ministrada formação profissional, excepto se tais medidas implicarem encargos desproporcionados para o empregador.

2 – O Estado deve estimular e apoiar, pelos meios que forem tidos por convenientes, a acção do empregador na realização dos objectivos referidos no número anterior.

3 – Os encargos referidos no n.º 1 não são considerados desproporcionados quando forem, nos termos previstos em legislação especial, compensados por apoios do Estado em matéria de pessoa com deficiência ou doença crónica.

Artigo 78.º (CT)
Medidas de protecção

Independentemente do disposto na presente subsecção podem ser estabelecidas por lei ou instrumento de regulamentação colectiva de trabalho especiais medidas de protecção do trabalhador com deficiência ou doença crónica, particularmente no que respeita à sua admissão, condições de prestação da actividade, adaptação de postos de trabalho e incentivos ao trabalhador e ao empregador tendo sempre em conta os respectivos interesses.

Artigo 87.º
Dispensa de algumas formas de organização do tempo de trabalho de trabalhador com deficiência ou doença crónica

1 – O trabalhador com deficiência ou doença crónica é dispensado da prestação de trabalho, se esta puder prejudicar a sua saúde ou segurança no trabalho:

a) Em horário organizado de acordo com o regime de adaptabilidade, de banco de horas ou horário concentrado;

b) Entre as 20 horas de um dia e as 7 horas do dia seguinte.

2 – Para efeito do disposto no número anterior, o trabalhador deve ser submetido a exame de saúde previamente ao início da aplicação do horário em causa.

3 – Constitui contra-ordenação grave a violação do disposto neste artigo.

Artigo 75.º (CT)
Dispensa de horários de trabalho com adaptabilidade

O trabalhador com deficiência ou doença crónica tem direito a dispensa de horários de trabalho organizados de acordo com o regime de adaptabilidade do tempo de trabalho se for apresentado atestado médico do qual conste que tal prática pode prejudicar a sua saúde ou a segurança no trabalho.

Artigo 77.º (CT)
Trabalho no período nocturno

O trabalhador com deficiência ou doença crónica é dispensado de prestar trabalho entre as 20 horas e as 7 horas do dia seguinte se for apresentado atestado médico do qual conste que tal prática pode prejudicar a sua saúde ou a segurança no trabalho

Artigo 646.º (CT)
Trabalhador com deficiência ou doença crónica

1 – Constitui contra-ordenação muito grave a violação do disposto no n.º 1 do artigo 73.º

2 – Constitui contra-ordenação grave a violação do disposto nos artigos 75.º a 77.º

Artigo 88.º
Trabalho suplementar de trabalhador com deficiência ou doença crónica

1 – O trabalhador com deficiência ou doença crónica não é obrigado a prestar trabalho suplementar.

2 – Constitui contra-ordenação grave a violação do disposto neste artigo.

Artigo 76.º (CT)
Trabalho suplementar

O trabalhador com deficiência ou doença crónica não está sujeito à obrigação de prestar trabalho suplementar.

SUBSECÇÃO VIII
Trabalhador-estudante

Artigo 89.º
Noção de trabalhador-estudante

1 – Considera-se trabalhador-estudante o trabalhador que frequenta qualquer nível de educação escolar, bem como curso de pós-graduação, mestrado ou doutoramento em instituição de ensino, ou ainda curso de formação profissional ou programa de ocupação temporária de jovens com duração igual ou superior a seis meses.

2 – A manutenção do estatuto de trabalhador-estudante depende de aproveitamento escolar no ano lectivo anterior.

Artigo 646.º (CT)
Trabalhador com deficiência ou doença crónica

1 – Constitui contra-ordenação muito grave a violação do disposto no n.º 1 do artigo 73.º

2 – Constitui contra-ordenação grave a violação do disposto nos artigos 75.º a 77.º

Artigo 79.º (CT)
Noção

1 – Considera-se trabalhador-estudante aquele que presta uma actividade sob autoridade e direcção de outrem e que frequenta qualquer nível de educação escolar, incluindo cursos de pós-graduação, em instituição de ensino.

2 – A manutenção do Estatuto do Trabalhador-estudante é condicionada pela obtenção de aproveitamento escolar, nos termos previstos em legislação especial.

Artigo 155.º (RCT)
Especificidades da frequência de estabelecimento de ensino

1 – O trabalhador-estudante não está sujeito à frequência de um número mínimo de disciplinas de determinado curso, em graus de ensino em que isso seja possível, nem a regimes de prescrição ou que impliquem mudança de estabelecimento de ensino.

2 – O trabalhador-estudante não está sujeito a qualquer disposição legal que faça depender o aproveitamento escolar de frequência de um número mínimo de aulas por disciplina.

3 – O trabalhador-estudante não está sujeito a limitações quanto ao

	número de exames a realizar na época de recurso. *4 – No caso de não haver época de recurso, o trabalhador-estudante tem direito, na medida em que for legalmente admissível, a uma época especial de exame em todas as disciplinas.* *5 – O estabelecimento de ensino com horário pós-laboral deve assegurar que os exames e as provas de avaliação, bem como serviços mínimos de apoio ao trabalhador-estudante decorram, na medida do possível, no mesmo horário.* *6 – O trabalhador-estudante tem direito a aulas de compensação ou de apoio pedagógico que sejam consideradas imprescindíveis pelos órgãos do estabelecimento de ensino.*

Artigo 156.º (RCT)
Cumulação de regimes

O trabalhador-estudante não pode cumular perante o estabelecimento de ensino e o empregador os benefícios conferidos no Código do Trabalho e neste capítulo com quaisquer regimes que visem os mesmos fins, nomeadamente no que respeita à inscrição, dispensa de trabalho para frequência de aulas, licenças por motivos escolares ou prestação de provas de avaliação.

| **Artigo 90.º**
Organização do tempo de trabalho de trabalhador-estudante

1 – O horário de trabalho de trabalhador-estudante deve, sempre que possível, ser ajustado de modo a permitir a frequência das aulas e a deslocação para o estabelecimento de ensino.

2 – Quando não seja possível a aplicação do disposto no número anterior, o | *Artigo 80.º (CT)*
Horário de trabalho

1 – O trabalhador-estudante deve beneficiar de horários de trabalho específicos, com flexibilidade ajustável à frequência das aulas e à inerente deslocação para os respectivos estabelecimentos de ensino.

2 – Quando não seja possível a aplicação do regime previsto no número |

trabalhador-estudante tem direito a dispensa de trabalho para frequência de aulas, se assim o exigir o horário escolar, sem perda de direitos e que conta como prestação efectiva de trabalho.

3 – A dispensa de trabalho para frequência de aulas pode ser utilizada de uma só vez ou fraccionadamente, à escolha do trabalhador-estudante, e tem a seguinte duração máxima, dependendo do período normal de trabalho semanal:

a) Três horas semanais para período igual ou superior a 20 horas e inferior a 30 horas;

b) Quatro horas semanais para período igual ou superior a 30 horas e inferior a 34 horas;

c) Cinco horas semanais para período igual ou superior a 34 horas e inferior a 38 horas;

d) Seis horas semanais para período igual ou superior a 38 horas.

4 – O trabalhador-estudante cujo período de trabalho seja impossível ajustar, de acordo com os números anteriores, ao regime de turnos a que está afecto, tem preferência na ocupação de posto de trabalho compatível com a sua qualificação profissional e com a frequência de aulas.

5 – Caso o horário de trabalho ajustado ou a dispensa de trabalho para frequência de aulas comprometa manifestamente o funcionamento da empresa, nomeadamente por causa do número de trabalhadores-estudantes existente, o empregador, promove um acordo com o trabalhador interessado e a comissão de trabalhadores ou, na sua falta, a comissão intersindical, comissões sindicais ou delegados sindicais, sobre a medida em que o interesse daquele pode ser satisfeito,

anterior o trabalhador-estudante beneficia de dispensa de trabalho para frequência de aulas, nos termos previstos em legislação especial.

Artigo 149.º (RCT)
Dispensa de trabalho

1 – Para efeitos do n.º 2 do artigo 80.º do Código do Trabalho, o trabalhador-estudante beneficia de dispensa de trabalho até seis horas semanais, sem perda de quaisquer direitos, contando como prestação efectiva de serviço, se assim o exigir o respectivo horário escolar.

2 – A dispensa de trabalho para frequência de aulas prevista no n.º 1 pode ser utilizada de uma só vez ou fraccionadamente, à escolha do trabalhador-estudante, dependendo do período normal de trabalho semanal aplicável, nos seguintes termos:

a) Igual ou superior a vinte horas e inferior a trinta horas – dispensa até três horas semanais;

b) Igual ou superior a trinta horas e inferior a trinta e quatro horas – dispensa até quatro horas semanais;

c) Igual ou superior a trinta e quatro horas e inferior a trinta e oito horas – dispensa até cinco horas semanais;

d) Igual ou superior a trinta e oito horas – dispensa até seis horas semanais.

3 – O empregador pode, nos 15 dias seguintes à utilização da dispensa de trabalho, exigir a prova da frequência de aulas, sempre que o estabelecimento de ensino proceder ao controlo da frequência.

ou, na falta de acordo, decide fundamentadamente, informando o trabalhador por escrito.

6 – O trabalhador-estudante não é obrigado a prestar trabalho suplementar, excepto por motivo de força maior, nem trabalho em regime de adaptabilidade, banco de horas ou horário concentrado quando o mesmo coincida com o horário escolar ou com a prova de avaliação.

7 – Ao trabalhador-estudante que preste trabalho em regime de adaptabilidade, banco de horas ou horário concentrado é assegurado um dia por mês de dispensa, sem perda de direitos, contando como prestação efectiva de trabalho.

8 – O trabalhador-estudante que preste trabalho suplementar tem direito a descanso compensatório de igual número de horas.

9 – Constitui contra-ordenação grave a violação do disposto nos n.ᵒˢ 1 a 4 e 6 a 8.

Artigo 82.º (CT)
Regime de turnos

1 – O trabalhador-estudante que preste serviço em regime de turnos tem os direitos conferidos no artigo 80.º, desde que o ajustamento dos períodos de trabalho não seja totalmente incompatível com o funcionamento daquele regime.

2 – Nos casos em que não seja possível a aplicação do disposto no número anterior o trabalhador tem preferência na ocupação de postos de trabalho compatíveis com a sua aptidão profissional e com a possibilidade de participar nas aulas que se proponha frequentar.

Artigo 150.º (RCT)
Trabalho suplementar
e adaptabilidade

1 – Ao trabalhador-estudante não pode ser exigida a prestação de trabalho suplementar, excepto por motivo de força maior, nem exigida a prestação de trabalho em regime de adaptabilidade, sempre que colidir com o seu horário escolar ou com a prestação de provas de avaliação.

2 – No caso de o trabalhador realizar trabalho em regime de adaptabilidade tem direito a um dia por mês de dispensa de trabalho, sem perda de quaisquer direitos, contando como prestação efectiva de serviço.

3 – No caso de o trabalhador-estudante realizar trabalho suplementar, o descanso compensatório previsto no artigo 202.º do Código do Trabalho é, pelo menos, igual ao número de horas de trabalho suplementar prestado.

Artigo 154.º (RCT)
Excesso de candidatos à frequência de cursos

1 – Sempre que a pretensão formulada pelo trabalhador-estudante no sentido de lhe ser aplicado o disposto no artigo 80.º do Código do Trabalho e no artigo 149.º se revele, manifesta e comprovadamente, comprometedora do normal funcionamento da empresa, fixa-se, por acordo entre o empregador, trabalhador interessado e comissão de trabalhadores ou, na sua falta, comissão intersindical, comissões sindicais ou delegados sindicais, as condições em que é decidida a pretensão apresentada.

2 – Na falta do acordo previsto na segunda parte do número anterior, o empregador decide fundamentadamente, informando por escrito o trabalhador interessado.

Artigo 647.º (CT)
Trabalhador-estudante

Constitui contra-ordenação grave a violação do disposto nos artigos 80.º a 83.º

Artigo 478.º (RCT)
Trabalhador-estudante

1 – Constitui contra-ordenação grave a violação do disposto nos n.ºˢ 1 e 2 do artigo 149.º, no n.º 3 do artigo 150.º e nos n.ºˢ 1 e 2 do artigo 151.º

2 – Constitui contra-ordenação leve a violação do disposto nos n.ºˢ 1 e 2 do artigo 150.º e no artigo 152.º

Artigo 91.º
Faltas para prestação de provas de avaliação

1 – O trabalhador-estudante pode faltar justificadamente por motivo de prestação de prova de avaliação, nos seguintes termos:

a) No dia da prova e no imediatamente anterior;

b) No caso de provas em dias consecutivos ou de mais de uma prova no mesmo dia, os dias imediatamente anteriores são tantos quantas as provas a prestar;

c) Os dias imediatamente anteriores referidos nas alíneas anteriores incluem dias de descanso semanal e feriados;

d) As faltas dadas ao abrigo das alíneas anteriores não podem exceder quatro dias por disciplina em cada ano lectivo.

2 – O direito previsto no número anterior só pode ser exercido em dois anos lectivos relativamente a cada disciplina.

3 – Consideram-se ainda justificadas as faltas dadas por trabalhador-estudante na estrita medida das deslocações necessárias para prestar provas de avaliação, sendo retribuídas até 10 faltas em cada ano lectivo, independentemente do número de disciplinas.

4 – Considera-se prova de avaliação o exame ou outra prova, escrita ou oral, ou a apresentação de trabalho, quando este o substitua ou complemente e desde que determine directa ou indirectamente o aproveitamento escolar.

5 – Constitui contra-ordenação grave a violação do disposto nos n.ᵒˢ 1 ou 3.

Artigo 81.º (CT)
Prestação de provas de avaliação

O trabalhador-estudante tem direito a ausentar-se para prestação de provas de avaliação, nos termos previstos em legislação especial.

Artigo 151.º (RCT)
Prestação de provas de avaliação

1 – Para efeitos do artigo 81.º do Código do Trabalho, o trabalhador-estudante tem direito a faltar justificadamente ao trabalho para prestação de provas de avaliação nos seguintes termos:

a) Até dois dias por cada prova de avaliação, sendo um o da realização da prova e o outro o imediatamente anterior, aí se incluindo sábados, domingos e feriados;

b) No caso de provas em dias consecutivos ou de mais de uma prova no mesmo dia, os dias anteriores são tantos quantas as provas de avaliação a efectuar, aí se incluindo sábados, domingos e feriados;

c) Os dias de ausência referidos nas alíneas anteriores não podem exceder um máximo de quatro por disciplina em cada ano lectivo.

2 – O direito previsto no número anterior só pode ser exercido em dois anos lectivos relativamente a cada disciplina.

3 – Consideram-se ainda justificadas as faltas dadas pelo trabalhador-estudante na estrita medida das necessidades impostas pelas deslocações para prestar provas de avaliação, não sendo retribuídas, independentemente do número de disciplinas, mais de 10 faltas.

4 – Para efeitos de aplicação deste artigo, consideram-se provas de avaliação os exames e outras provas escritas ou orais, bem como a apresentação de trabalhos, quando estes os substituem ou os complementam, desde que determinem directa ou indirectamente o aproveitamento escolar.

Artigo 647.º (CT)
Trabalhador-estudante

Constitui contra-ordenação grave a violação do disposto nos artigos 80.º a 83.º.

Artigo 478.º (RCT)
Trabalhador-estudante

1 – Constitui contra-ordenação grave a violação do disposto nos n.ºs 1 e 2 do artigo 149.º, no n.º 3 do artigo 150.º e nos n.ºs 1 e 2 do artigo 151.º

2 – Constitui contra-ordenação leve a violação do disposto nos n.ºs 1 e 2 do artigo 150.º e no artigo 152.º

Artigo 92.º
Férias e licenças
de trabalhador-estudante

1 – O trabalhador-estudante tem direito a marcar o período de férias de acordo com as suas necessidades escolares, podendo gozar até 15 dias de férias interpoladas, na medida em que tal seja compatível com as exigências imperiosas do funcionamento da empresa.

2 – O trabalhador-estudante tem direito, em cada ano civil, a licença sem retribuição, com a duração de 10 dias úteis seguidos ou interpolados.

3 – Constitui contra-ordenação grave a violação do disposto no n.º 1 e cons-

Artigo 83.º (CT)
Férias e licenças

1 – O trabalhador-estudante tem direito a marcar as férias de acordo com as suas necessidades escolares, salvo se daí resultar comprovada incompatibilidade com o mapa de férias elaborado pelo empregador.

2 – O trabalhador-estudante tem direito, em cada ano civil, a beneficiar de licença prevista em legislação especial.

Artigo 152.º (RCT)
Férias e licenças

1 – Para efeitos do n.º 1 do artigo 83.º do Código do Trabalho, o trabalhador-

titui contra-ordenação leve a violação do disposto no número anterior.

-estudante tem direito a marcar o gozo de 15 dias de férias interpoladas, sem prejuízo do número de dias de férias a que tem direito.

2 – Para efeitos do n.º 2 do artigo 83.º do Código do Trabalho, o trabalhador-estudante, justificando-se por motivos escolares, pode utilizar em cada ano civil, seguida ou interpoladamente, até 10 dias úteis de licença sem retribuição, desde que o requeira nos seguintes termos:

a) Com quarenta e oito horas de antecedência ou, sendo inviável, logo que possível, no caso de pretender um dia de licença;

b) Com oito dias de antecedência, no caso de pretender dois a cinco dias de licença;

c) Com 15 dias de antecedência, caso pretenda mais de 5 dias de licença.

Artigo 647.º (CT)
Trabalhador-estudante

Constitui contra-ordenação grave a violação do disposto nos artigos 80.º a 83.º

Artigo 478.º (RCT)
Trabalhador-estudante

1 – Constitui contra-ordenação grave a violação do disposto nos n.ºs 1 e 2 do artigo 149.º, no n.º 3 do artigo 150.º e nos n.ºs 1 e 2 do artigo 151.º

2 – Constitui contra-ordenação leve a violação do disposto nos n.ºs 1 e 2 do artigo 150.º e no artigo 152.º

Artigo 93.º
Promoção profissional de trabalhador-estudante

O empregador deve possibilitar a trabalhador-estudante promoção profissional adequada à qualificação obtida, não sendo todavia obrigatória a reclassificação profissional por mero efeito da qualificação.

Artigo 94.º
Concessão do estatuto de trabalhador-estudante

1 – O trabalhador-estudante deve comprovar perante o empregador a sua condição de estudante, apresentando igualmente o horário das actividades educativas a frequentar.

2 – O trabalhador-estudante deve escolher, entre as possibilidades existentes, o horário mais compatível com o horário de trabalho, sob pena de não beneficiar dos inerentes direitos.

3 – Considera-se aproveitamento escolar a transição de ano ou a aprovação ou progressão em, pelo menos, metade das disciplinas em que o trabalhador-estudante esteja matriculado, a aprovação ou validação de metade dos módulos ou unidades equivalentes de cada disciplina, definidos pela instituição de ensino ou entidade formadora para o ano lectivo ou para o período anual de frequência, no caso de percursos educativos organizados em regime modular ou equivalente que não definam condições de transição de ano ou progressão em disciplinas.

Artigo 84.º (CT)
Efeitos profissionais da valorização escolar

Ao trabalhador-estudante devem ser proporcionadas oportunidades de promoção profissional adequadas à valorização obtida nos cursos ou pelos conhecimentos adquiridos, não sendo, todavia, obrigatória a respectiva reclassificação profissional por simples obtenção desses cursos ou conhecimentos.

Artigo 148.º (RCT)
Concessão do estatuto de trabalhador-estudante

1 – Para poder beneficiar do regime previsto nos artigos 79.º a 85.º do Código do Trabalho, o trabalhador-estudante deve comprovar perante o empregador a sua condição de estudante, apresentando igualmente o respectivo horário escolar.

2 – Para efeitos do n.º 2 do artigo 79.º do Código do Trabalho, o trabalhador deve comprovar:

a) Perante o empregador, no final de cada ano lectivo, o respectivo aproveitamento escolar;

b) Perante o estabelecimento de ensino, a sua qualidade de trabalhador, mediante documento comprovativo da respectiva inscrição na segurança social ou que se encontra numa das situações previstas no artigo 17.º da Lei n.º 99/2003, de 27 de Agosto.

3 – Para efeitos do número anterior considera-se aproveitamento escolar o trânsito de ano ou a aprovação em, pelo menos, metade das disciplinas em que o trabalhador-estudante esteja matriculado

4 – Considera-se ainda que tem aproveitamento escolar o trabalhador que não satisfaça o disposto no número anterior devido a acidente de trabalho ou doença profissional, doença prolongada, licença em situação de risco clínico durante a gravidez, ou por ter gozado licença parental inicial, licença por adopção ou licença parental complementar por período não inferior a um mês.

5 – O trabalhador-estudante não pode cumular os direitos previstos neste Código com quaisquer regimes que visem os mesmos fins, nomeadamente no que respeita a dispensa de trabalho para frequência de aulas, licenças por motivos escolares ou faltas para prestação de provas de avaliação.

Artigo 95.º
Cessação e renovação de direitos

1 – O direito a horário de trabalho ajustado ou a dispensa de trabalho para frequência de aulas, a marcação do período de férias de acordo com as necessidades escolares ou a licença sem retribuição cessa quando o trabalhador-estudante não tenha aproveitamento no ano em que beneficie desse direito.

2 – Os restantes direitos cessam quando o trabalhador-estudante não tenha aproveitamento em dois anos consecutivos ou três interpolados.

3 – Os direitos do trabalhador-estudante cessam imediatamente em caso de falsas declarações relativamente aos factos de que depende a concessão do estatuto ou a factos constitutivos de direitos, bem como quando estes sejam utilizados para outros fins.

ou, no âmbito do ensino recorrente por unidades capitalizáveis no 3.º ciclo do ensino básico e no ensino secundário, a capitalização de um número de unidades igual ou superior ao dobro das disciplinas

4 – É considerado com aproveitamento escolar o trabalhador que não satisfaça o disposto no número anterior por causa de ter gozado a licença por maternidade ou licença parental não inferior a um mês ou devido a acidente de trabalho ou doença profissional.

5 – O trabalhador-estudante tem o dever de escolher, de entre as possibilidades existentes no respectivo estabelecimento de ensino, o horário escolar compatível com as suas obrigações profissionais, sob pena de não poder beneficiar dos inerentes direitos.

Artigo 153.º (RCT)
Cessação de direitos

1 – Os direitos conferidos ao trabalhador-estudante em matéria de horário de trabalho, de férias e licenças, previstos nos artigos 80.º e 83.º do Código do Trabalho e nos artigos 149.º e 152.º, cessam quando o trabalhador-estudante não conclua com aproveitamento o ano escolar ao abrigo de cuja frequência beneficiou desses mesmos direitos.

2 – Os restantes direitos conferidos ao trabalhador-estudante cessam quando este não tenha aproveitamento em dois anos consecutivos ou três interpolados.

3 – Os direitos dos trabalhadores-estudantes cessam imediatamente no ano lectivo em causa em caso de falsas declarações relativamente aos factos de que depende a concessão do estatuto ou

4 – O trabalhador-estudante pode exercer de novo os direitos no ano lectivo subsequente àquele em que os mesmos cessaram, não podendo esta situação ocorrer de duas vezes.

Artigo 96.º
Procedimento para exercício de direitos de trabalhador-estudante

1 – O trabalhador-estudante deve comprovar perante o empregador o respectivo aproveitamento, no final de cada ano lectivo.

2 – O controlo de assiduidade do trabalhador-estudante pode ser feito, por acordo com o trabalhador, directamente pelo empregador, através dos serviços administrativos do estabelecimento de ensino, por correio electrónico ou fax, no qual é aposta uma data e hora a partir da qual o trabalhador-estudante termina a sua responsabilidade escolar.

3 – Na falta de acordo o empregador pode, nos 15 dias seguintes à utilização da dispensa de trabalho para esse fim, exigir a prova da frequência de aulas, sempre que o estabelecimento de ensino proceder ao controlo da frequência.

4 – O trabalhador-estudante deve solicitar a licença sem retribuição com a seguinte antecedência:

a) 48 horas ou, sendo inviável, logo que possível, no caso de um dia de licença;

b) Oito dias, no caso de dois a cinco dias de licença;

a factos constitutivos de direitos, bem como quando tenham sido utilizados para fins diversos.

4 – No ano lectivo subsequente àquele em que cessaram os direitos previstos no Código do Trabalho e neste capítulo, pode ao trabalhador-estudante ser novamente concedido o exercício dos mesmos, não podendo esta situação ocorrer mais do que duas vezes.

Artigo 148.º (RCT)
Concessão do estatuto de trabalhador-estudante

1 – Para poder beneficiar do regime previsto nos artigos 79.º a 85.º do Código do Trabalho, o trabalhador-estudante deve comprovar perante o empregador a sua condição de estudante, apresentando igualmente o respectivo horário escolar.

2 – Para efeitos do n.º 2 do artigo 79.º do Código do Trabalho, o trabalhador deve comprovar:

a) Perante o empregador, no final de cada ano lectivo, o respectivo aproveitamento escolar;

b) Perante o estabelecimento de ensino, a sua qualidade de trabalhador, mediante documento comprovativo da respectiva inscrição na segurança social ou que se encontra numa das situações previstas no artigo 17.º da Lei n.º 99/2003, de 27 de Agosto.

3 – Para efeitos do número anterior considera-se aproveitamento escolar o trânsito de ano ou a aprovação em, pelo menos, metade das disciplinas em que o trabalhador-estudante esteja matriculado ou, no âmbito do ensino recorrente por unidades capitalizáveis no 3.º

c) 15 dias, no caso de mais de cinco dias de licença.

ciclo do ensino básico e no ensino secundário, a capitalização de um número de unidades igual ou superior ao dobro das disciplinas

4 – É considerado com aproveitamento escolar o trabalhador que não satisfaça o disposto no número anterior por causa de ter gozado a licença por maternidade ou licença parental não inferior a um mês ou devido a acidente de trabalho ou doença profissional.

5 – O trabalhador-estudante tem o dever de escolher, de entre as possibilidades existentes no respectivo estabelecimento de ensino, o horário escolar compatível com as suas obrigações profissionais, sob pena de não poder beneficiar dos inerentes direitos.

Artigo 152.º (RCT)
Férias e licenças

1 – Para efeitos do n.º 1 do artigo 83.º do Código do Trabalho, o trabalhador-estudante tem direito a marcar o gozo de 15 dias de férias interpoladas, sem prejuízo do número de dias de férias a que tem direito.

2 – Para efeitos do n.º 2 do artigo 83.º do Código do Trabalho, o trabalhador-estudante, justificando-se por motivos escolares, pode utilizar em cada ano civil, seguida ou interpoladamente, até 10 dias úteis de licença sem retribuição, desde que o requeira nos seguintes termos:

a) Com quarenta e oito horas de antecedência ou, sendo inviável, logo que possível, no caso de pretender um dia de licença;

b) Com oito dias de antecedência, no caso de pretender dois a cinco dias de licença;

SUBSECÇÃO IX
O empregador e a empresa

Artigo 97.º
Poder de direcção

Compete ao empregador estabelecer os termos em que o trabalho deve ser prestado, dentro dos limites decorrentes do contrato e das normas que o regem.

Artigo 98.º
Poder disciplinar

O empregador tem poder disciplinar sobre o trabalhador ao seu serviço, enquanto vigorar o contrato de trabalho.

Artigo 99.º
Regulamento interno de empresa

1 – O empregador pode elaborar regulamento interno de empresa sobre organização e disciplina do trabalho.

2 – Na elaboração do regulamento interno de empresa é ouvida a comissão de trabalhadores ou, na sua falta, as comissões intersindicais, as comissões sindicais ou os delegados sindicais.

3 – O regulamento interno apenas produz efeitos após:

a) Publicitação do respectivo conteúdo, designadamente afixação na sede da empresa e nos locais de trabalho, de modo a possibilitar o seu pleno conhecimento, a todo o tempo, pelos trabalhadores;

b) Enviá-lo ao serviço com competência inspectiva do ministério responsável pela área laboral.

c) Com 15 dias de antecedência, caso pretenda mais de 5 dias de licença.

Artigo 150.º (CT)
Poder de direcção

Compete ao empregador, dentro dos limites decorrentes do contrato e das normas que o regem, fixar os termos em que deve ser prestado o trabalho.

Artigo 365.º (CT)
Poder disciplinar

1 – O empregador tem poder disciplinar sobre o trabalhador que se encontre ao seu serviço, enquanto vigorar o contrato de trabalho.

2 – O poder disciplinar tanto pode ser exercido directamente pelo empregador como pelo superior hierárquico do trabalhador, nos termos por aquele estabelecidos.

Artigo 153.º (CT)
Regulamento interno de empresa

1 – O empregador pode elaborar regulamentos internos de empresa contendo normas de organização e disciplina do trabalho.

2 – Na elaboração do regulamento interno de empresa é ouvida a comissão de trabalhadores, quando exista.

3 – O empregador deve dar publicidade ao conteúdo do regulamento interno de empresa, designadamente afixando-o na sede da empresa e nos locais de trabalho, de modo a possibilitar o seu pleno conhecimento, a todo o tempo, pelos trabalhadores.

4 – O regulamento interno de empresa só produz efeitos depois de recebido na Inspecção-Geral do Trabalho para registo e depósito.

4 – A elaboração de regulamento interno de empresa sobre determinadas matérias pode ser tornada obrigatória por instrumento de regulamentação colectiva de trabalho negocial.

5 – Constitui contra-ordenação grave a violação do disposto no n.º 2 e da alínea *a)* do n.º 3, e leve a violação da alínea *b)* do n.º 3.

Artigo 100.º
Tipos de empresas

1 – Considera-se:

a) Microempresa a que emprega menos de 10 trabalhadores;

b) Pequena empresa a que emprega de 10 a menos de 50 trabalhadores;

c) Média empresa a que emprega de 50 a menos de 250 trabalhadores;

d) Grande empresa a que emprega 250 ou mais trabalhadores.

2 – Para efeitos do número anterior, o número de trabalhadores corresponde à média do ano civil antecedente.

3 – No ano de início da actividade, o número de trabalhadores a ter em conta para aplicação do regime é o existente no dia da ocorrência do facto.

Artigo 101.º
Pluralidade de empregadores

1 – O trabalhador pode obrigar-se a prestar trabalho a vários empregadores entre os quais exista uma relação societária de participações recíprocas, de

5 – *A elaboração do regulamento interno de empresa sobre determinadas matérias pode ser tornada obrigatória por instrumento de regulamentação colectiva de trabalho negocial.*

Artigo 657.º (CT)
Regulamento de empresa

Constitui contra-ordenação leve a violação do disposto nos n.ºs 2 e 3 do artigo 153.º

Artigo 91.º (CT)
Tipos de empresas

1 – Considera-se:

a) Microempresa a que empregar no máximo 10 trabalhadores;

b) Pequena empresa a que empregar mais de 10 até ao máximo de 50 trabalhadores;

c) Média empresa a que empregar mais de 50 até ao máximo de 200 trabalhadores;

d) Grande empresa a que empregar mais de 200 trabalhadores.

2 – Para efeitos do número anterior, o número de trabalhadores é calculado com recurso à média do ano civil antecedente.

3 – No ano de início da actividade, a determinação do número de trabalhadores é reportada ao dia da ocorrência do facto que determina o respectivo regime.

Artigo 92.º (CT)
Pluralidade de empregadores

1 – O trabalhador pode obrigar-se a prestar trabalho a vários empregadores entre os quais exista uma relação societária de participações recíprocas, de domínio ou de grupo, ou que tenham estruturas organizativas comuns.

2 – O contrato de trabalho com pluralidade de empregadores está sujeito a forma escrita e deve conter:

a) Identificação, assinaturas e domicílio ou sede das partes;

b) Indicação da actividade do trabalhador, do local e do período normal de trabalho;

c) Indicação do empregador que representa os demais no cumprimento dos deveres e no exercício dos direitos emergentes do contrato de trabalho.

3 – Os empregadores são solidariamente responsáveis pelo cumprimento das obrigações decorrentes do contrato de trabalho, cujo credor seja o trabalhador ou terceiro.

4 – Cessando a situação referida no n.º 1, considera-se que o trabalhador fica apenas vinculado ao empregador a que se refere a alínea *c)* do n.º 2, salvo acordo em contrário.

5 – A violação de requisitos indicados nos n.ᵒˢ 1 ou 2 confere ao trabalhador o direito de optar pelo empregador ao qual fica vinculado.

6 – Constitui contra-ordenação grave a violação do disposto nos n.ᵒˢ 1 ou 2, sendo responsáveis pela mesma, todos os empregadores, os quais são representados para este efeito por aquele a que se refere a alínea *c)* do n.º 2.

domínio ou de grupo, sempre que se observem cumulativamente os seguintes requisitos:

a) O contrato de trabalho conste de documento escrito, no qual se estipule a actividade a que o trabalhador se obriga, o local e o período normal de trabalho;

b) Sejam identificados todos os empregadores;

c) Seja identificado o empregador que representa os demais no cumprimento dos deveres e no exercício dos direitos emergentes do contrato de trabalho.

2 – O disposto no número anterior aplica-se também a empregadores que, independentemente da natureza societária, mantenham estruturas organizativas comuns.

3 – Os empregadores beneficiários da prestação de trabalho são solidariamente responsáveis pelo cumprimento das obrigações que decorram do contrato de trabalho celebrado nos termos dos números anteriores cujo credor seja o trabalhador ou terceiros.

4 – Cessando a verificação dos pressupostos enunciados nos n.ᵒˢ 1 e 2, considera-se que o trabalhador fica unicamente vinculado ao empregador a que se refere a alínea c) do n.º 1, salvo acordo em contrário.

5 – A violação dos requisitos indicados no n.º 1 confere ao trabalhador o direito de optar pelo empregador relativamente ao qual fica unicamente vinculado.

SECÇÃO III
Formação do contrato

SUBSECÇÃO I
Negociação

Artigo 102.º
Culpa na formação do contrato

Quem negoceia com outrem para a conclusão de um contrato de trabalho deve, tanto nos preliminares como na formação dele, proceder segundo as regras da boa fé, sob pena de responder pelos danos culposamente causados.

SUBSECÇÃO II
Promessa de contrato de trabalho

Artigo 103.º
Regime da promessa de contrato de trabalho

1 – A promessa de contrato de trabalho está sujeita a forma escrita e deve conter:

a) Identificação, assinaturas e domicílio ou sede das partes;

b) Declaração, em termos inequívocos, da vontade de o promitente ou promitentes se obrigarem a celebrar o referido contrato;

c) Actividade a prestar e correspondente retribuição.

2 – O não cumprimento da promessa de contrato de trabalho dá lugar a responsabilidade nos termos gerais.

3 – À promessa de contrato de trabalho não é aplicável o disposto no artigo 830.º do Código Civil.

Artigo 649.º (CT)
Prestação de trabalho a vários empregadores

1 – Constitui contra-ordenação grave a violação do disposto nos n.ᵒˢ 1 e 2 do artigo 92.º

Artigo 93.º (CT)
Culpa na formação do contrato

Quem negoceia com outrem para a conclusão de um contrato de trabalho deve, tanto nos preliminares como na formação dele, proceder segundo as regras da boa fé, sob pena de responder pelos danos culposamente causados.

Artigo 94.º (CT)
Promessa de contrato de trabalho

1 – A promessa de contrato de trabalho só é válida se constar de documento no qual se exprima, em termos inequívocos, a vontade de o promitente ou promitentes se obrigarem a celebrar o contrato definitivo, a espécie de trabalho a prestar e a respectiva retribuição.

2 – O não cumprimento da promessa de contrato de trabalho dá lugar a responsabilidade nos termos gerais.

3 – Não é aplicável ao contrato previsto no n.º 1 o disposto no artigo 830.º do Código Civil.

Artigo 103.º (CT)
Forma escrita

1 – Estão sujeitos a forma escrita, nomeadamente:

a) Contrato-promessa de trabalho;

b) Contrato para prestação subordinada de teletrabalho;

c) Contrato de trabalho a termo;
d) Contrato de trabalho com trabalhador estrangeiro, salvo disposição legal em contrário;
e) Contrato de trabalho em comissão de serviço;
f) Contrato de trabalho com pluralidade de empregadores;
g) Contrato de trabalho a tempo parcial;
h) Contrato de pré-reforma;
i) Contrato de cedência ocasional de trabalhadores.

2 – Dos contratos em que é exigida forma escrita deve constar a identificação e a assinatura das partes.

SUBSECÇÃO III
Contrato de adesão

Artigo 104.º
Contrato de trabalho de adesão

1 – A vontade contratual do empregador pode manifestar-se através de regulamento interno de empresa, e a do trabalhador pela adesão expressa ou tácita ao mesmo regulamento.

2 – Presume-se a adesão do trabalhador quando este não se opuser por escrito no prazo de 21 dias, a contar do início da execução do contrato ou da divulgação do regulamento, se esta for posterior.

Artigo 95.º (CT)
Contrato de trabalho de adesão

1 – A vontade contratual pode manifestar-se, por parte do empregador, através dos regulamentos internos de empresa e, por parte do trabalhador, pela adesão expressa ou tácita dos ditos regulamento.

2 – Presume-se a adesão do trabalhador quando este não se opuser por escrito no prazo de 21 dias, a contar do início da execução do contrato ou da divulgação do regulamento, se esta for posterior.

Artigo 105.º
Cláusulas contratuais gerais

O regime das cláusulas contratuais gerais aplica-se aos aspectos essenciais do contrato de trabalho que não resultem de prévia negociação específica, mesmo na parte em que o seu conteúdo se determine por remissão para instrumento de regulamentação colectiva de trabalho.

Artigo 96.º (CT)
Cláusulas contratuais gerais

O regime das cláusulas contratuais gerais aplica-se aos aspectos essenciais do contrato de trabalho em que não tenha havido prévia negociação individual, mesmo na parte em que o seu conteúdo se determine por remissão para cláusulas de instrumento de regulamentação colectiva de trabalho.

SUBSECÇÃO IV
Informação sobre aspectos relevantes
na prestação de trabalho

Artigo 106.º
Dever de informação

1 – O empregador deve informar o trabalhador sobre aspectos relevantes do contrato de
trabalho.

2 – O trabalhador deve informar o empregador sobre aspectos relevantes para a prestação da actividade laboral.

3 – O empregador deve prestar ao trabalhador, pelo menos, as seguintes informações:

a) A respectiva identificação, nomeadamente, sendo sociedade, a existência de uma relação de coligação societária, de participações recíprocas, de domínio ou de grupo, bem como a sede ou domicílio;

b) O local de trabalho ou, não havendo um fixo ou predominante, a indicação de que o trabalho é prestado em várias localizações;

c) A categoria do trabalhador ou a descrição sumária das funções correspondentes;

d) A data de celebração do contrato e a do início dos seus efeitos;

e) A duração previsível do contrato, se este for celebrado a termo;

f) A duração das férias ou o critério para a sua determinação;

g) Os prazos de aviso prévio a observar pelo empregador e pelo trabalhador para a cessação do contrato, ou o critério para a sua determinação;

h) O valor e a periodicidade da retribuição;

i) O período normal de trabalho diário

Artigo 97.º (CT)
Dever de informação

1 – O empregador tem o dever de informar o trabalhador sobre aspectos relevantes do contrato de trabalho.

2 – O trabalhador tem o dever de informar o empregador sobre aspectos relevantes para a prestação da actividade laboral.

Artigo 98.º (CT)
Objecto do dever de informação

1 – O empregador deve prestar ao trabalhador, pelo menos, as seguintes informações relativas ao contrato de trabalho:

a) A respectiva identificação, nomeadamente, sendo sociedade, a existência de uma relação de coligação societária;

b) O local de trabalho, bem como a sede ou o domicílio do empregador;

c) A categoria do trabalhador e a caracterização sumária do seu conteúdo;

d) A data de celebração do contrato e a do início dos seus efeitos;

e) A duração previsível do contrato, se este for sujeito a termo resolutivo;

f) A duração das férias ou, se não for possível conhecer essa duração, os critérios para a sua determinação;

g) Os prazos de aviso prévio a observar pelo empregador e pelo trabalhador para a cessação do contrato ou, se não for possível conhecer essa duração, os critérios para a sua determinação;

h) O valor e a periodicidade da retribuição;

e semanal, especificando os casos em que é definido em termos médios;

j) O número da apólice de seguro de acidentes de trabalho e a identificação da entidade seguradora;

l) O instrumento de regulamentação colectiva de trabalho aplicável, se houver.

4 – A informação sobre os elementos referidos nas alíneas f) a i) do número anterior pode ser substituída pela referência às disposições pertinentes da lei, do instrumento de regulamentação colectiva de trabalho aplicável ou do regulamento interno de empresa.

5 – Constitui contra-ordenação grave a violação do disposto em qualquer alínea do n.º 3.

Artigo 107.º
Meios de informação

1 – A informação prevista no artigo anterior deve ser prestada por escrito, podendo constar de um ou de vários documentos, assinados pelo empregador.

2 – Quando a informação seja prestada através de mais de um documento, um deles deve conter os elementos referidos nas alíneas a) a d), h) e i) do n.º 1 do artigo anterior.

3 – O dever previsto no n.º 3 do artigo anterior considera-se cumprido quando a informação em causa conste de contrato de trabalho reduzido a escrito ou de contrato-promessa de contrato de trabalho.

i) O período normal de trabalho diário e semanal, especificando os casos em que é definido em termos médios;

j) O instrumento de regulamentação colectiva de trabalho aplicável, quando seja o caso.

2 – O empregador deve ainda prestar ao trabalhador a informação relativa a outros direitos e deveres que decorrem do contrato de trabalho.

3 – A informação sobre os elementos referidos nas alíneas f), g), h) e i) do n.º 1 pode ser substituída pela referência às disposições pertinentes da lei, do instrumento de regulamentação colectiva de trabalho aplicável ou do regulamento interno de empresa.

Artigo 650.º (CT)
Dever de informação

Constitui contra-ordenação leve a violação do disposto no artigo 98.º, nos n.ᵒˢ 1, 2, 4 e 5 do artigo 99.º, no artigo 100.º e no n.º 1 do artigo 101.º

Artigo 99.º (CT)
Meio de informação

1 – A informação prevista no artigo anterior deve ser prestada por escrito, podendo constar de um só ou de vários documentos, os quais devem ser assinados pelo empregador.

2 – Quando a informação seja prestada através de mais de um documento, um deles, pelo menos, deve conter os elementos referidos nas alíneas a), b), c), d), h) e i) do n.º 1 do artigo anterior.

3 – O dever prescrito no n.º 1 do artigo anterior considera-se cumprido quando, sendo o contrato de trabalho reduzido a escrito, ou sendo celebrado um contrato-promessa de contrato de

4 – Os documentos referidos nos n.ᵒˢ 1 e 2 devem ser entregues ao trabalhador nos 60 dias subsequentes ao início da execução do contrato ou, se este cessar antes deste prazo, até ao respectivo termo.

5 – Constitui contra-ordenação grave a violação do disposto nos n.ᵒˢ 1, 2 ou 4.

trabalho, deles constem os elementos de informação em causa.

4 – Os documentos referidos nos números anteriores devem ser entregues ao trabalhador nos 60 dias subsequentes ao início da execução do contrato.

5 – A obrigação estabelecida no número anterior deve ser observada ainda que o contrato de trabalho cesse antes de decorridos os 60 dias aí previstos.

Artigo 650.º (CT)
Dever de informação

Constitui contra-ordenação leve a violação do disposto no artigo 98.º, nos n.ᵒˢ 1, 2, 4 e 5 do artigo 99.º, no artigo 100.º e no n.º 1 do artigo 101.º

Artigo 108.º
Informação relativa a prestação de trabalho no estrangeiro

1 – Se o trabalhador cujo contrato de trabalho seja regulado pela lei portuguesa exercer a sua actividade no território de outro Estado por período superior a um mês, o empregador deve prestar-lhe, por escrito e até à sua partida, as seguintes informações complementares:

a) Duração previsível do período de trabalho a prestar no estrangeiro;

b) Moeda e lugar do pagamento das prestações pecuniárias;

c) Condições de repatriamento;

d) Acesso a cuidados de saúde.

2 – A informação referida na alínea *b)* ou *c)* do número anterior pode ser substituída por referência a disposições de lei, instrumento de regulamentação colectiva de trabalho ou regulamento interno de empresa que regulem a matéria nela referida.

Artigo 100.º (CT)
Informação relativa à prestação de trabalho no estrangeiro

1 – Se o trabalhador cujo contrato de trabalho seja regulado pela lei portuguesa exercer a sua actividade no território de outro Estado, por período superior a um mês, o empregador deve prestar-lhe, por escrito e até à sua partida, as seguintes informações complementares:

a) Duração previsível do período de trabalho a prestar no estrangeiro;

b) Moeda em que é efectuada a retribuição e respectivo lugar do pagamento;

c) Condições de eventual repatriamento;

d) Acesso a cuidados de saúde.

2 – As informações referidas nas alíneas b) e c) do número anterior podem ser substituídas pela referência às disposições legais, aos instrumentos de

3 – Constitui contra-ordenação grave a violação do disposto neste artigo.

Artigo 109.º
Actualização da informação

1 – O empregador deve informar o trabalhador sobre alteração relativa a qualquer elemento referido no n.º 3 do artigo 106.º ou no n.º 1 do artigo anterior, por escrito e nos 30 dias subsequentes.

2 – O disposto no número anterior não é aplicável quando a alteração resulte de lei, de instrumento de regulamentação colectiva de trabalho ou de regulamento interno de empresa.

3 – O trabalhador deve prestar ao empregador informação sobre todas as alterações relevantes para a prestação da actividade laboral, no prazo previsto no n.º 1.

4 – Constitui contra-ordenação grave a violação do disposto no n.º 1.

regulamentação colectiva de trabalho ou ao regulamento interno de empresa que fixem as matérias nelas referidas.

Artigo 650.º (CT)
Dever de informação

Constitui contra-ordenação leve a violação do disposto no artigo 98.º, nos n.ᵒˢ 1, 2, 4 e 5 do artigo 99.º, no artigo 100.º e no n.º 1 do artigo 101.º

Artigo 101.º (CT)
Informação sobre alterações

1 – Havendo alteração de qualquer dos elementos referidos no n.º 1 do artigo 98.º e no n.º 1 do artigo anterior, o empregador deve comunicar esse facto ao trabalhador, por escrito, nos 30 dias subsequentes à data em que a alteração produz efeitos.

2 – O disposto no número anterior não é aplicável quando a alteração resultar da lei, do instrumento de regulamentação colectiva de trabalho aplicável ou do regulamento interno de empresa.

3 – O trabalhador deve prestar ao empregador informação sobre todas as alterações relevantes para a prestação da actividade laboral, no prazo previsto no n.º 1.

Artigo 650.º (CT)
Dever de informação

Constitui contra-ordenação leve a violação do disposto no artigo 98.º, nos n.ᵒˢ 1, 2, 4 e 5 do artigo 99.º, no artigo 100.º e no n.º 1 do artigo 101.º

SUBSECÇÃO V
Forma de contrato de trabalho

Artigo 110.º
Regra geral sobre a forma de contrato de trabalho

O contrato de trabalho não depende da observância de forma especial, salvo quando a lei determina o contrário.

SECÇÃO IV
Período experimental

Artigo 111.º
Noção de período experimental

1 – O período experimental corresponde ao tempo inicial de execução do contrato de trabalho, durante o qual as partes apreciam o interesse na sua manutenção.

2 – No decurso do período experimental, as partes devem agir de modo a que possam apreciar o interesse na manutenção do contrato de trabalho.

3 – O período experimental pode ser excluído por acordo escrito entre as partes.

Artigo 102.º (CT)
Regra geral

O contrato de trabalho não depende da observância de forma especial, salvo quando se determinar o contrário.

Artigo 104.º (CT)
Noção

1 – O período experimental corresponde ao tempo inicial de execução do contrato e a sua duração obedece ao fixado nos artigos seguintes.

2 – As partes devem, no decurso do período experimental, agir de modo a permitir que se possa apreciar o interesse na manutenção do contrato de trabalho.

3 – A antiguidade do trabalhador conta-se desde o início do período experimental.

Artigo 110.º (CT)
Redução e exclusão

1 – A duração do período experimental pode ser reduzida por instrumento de regulamentação colectiva de trabalho ou por acordo escrito das partes.

2 – O período experimental pode ser excluído por acordo escrito das partes.

Artigo 112.°[04]
Duração do período experimental

1 – No contrato de trabalho por tempo indeterminado, o período experimental tem a seguinte duração:

a) 90 dias para a generalidade dos trabalhadores;

b) 180 dias para os trabalhadores que exerçam cargos de complexidade técnica, elevado grau de responsabilidade ou que pressuponham uma especial qualificação, bem como os que desempenhem funções de confiança;

b) 240 dias para trabalhador que exerça cargo de direcção ou quadro superior.

2 – No contrato de trabalho a termo, o período experimental tem a seguinte duração:

a) 30 dias em caso de contrato com duração igual ou superior a seis meses;

b) 15 dias em caso de contrato a termo certo com duração inferior a seis meses ou de contrato a termo incerto cuja duração previsível não ultrapasse aquele limite.

3 – No contrato em comissão de serviço, a existência de período experimental depende de estipulação expressa no acordo, não podendo exceder 180 dias.

4 – O período experimental, de acordo com qualquer dos números anteriores, é reduzido ou excluído, consoante a duração de anterior contrato a termo

Artigo 107.° (CT)
Contratos por tempo indeterminado

Nos contratos de trabalho por tempo indeterminado, o período experimental tem a seguinte duração:

a) 90 dias para a generalidade dos trabalhadores;

b) 180 dias para os trabalhadores que exerçam cargos de complexidade técnica, elevado grau de responsabilidade ou que pressuponham uma especial qualificação, bem como para os que desempenhem funções de confiança;

c) 240 dias para pessoal de direcção e quadros superiores.

Artigo 108.° (CT)
Contratos a termo

Nos contratos de trabalho a termo, o período experimental tem a seguinte duração:

a) 30 dias para contratos de duração igual ou superior a seis meses;

b) 15 dias nos contratos a termo certo de duração inferior a seis meses e nos contratos a termo incerto cuja duração se preveja não vir a ser superior àquele limite.

Artigo 109.° (CT)
Contratos em comissão de serviço

1 – Nos contratos em comissão de serviço, a existência de período experi-

---

[4] A presente norma previa inicialmente um prazo de 180 dias para a generalidade dos trabalhadores. A mesma foi alvo de apreciação de constitucionalidade pelo Tribunal Constitucional pelo Acórdão do Tribunal Constitucional n.° 632/2008, publicado no DRE, 1ª Série, n.° 6 de 9 de Janeiro de 2009, tendo o Tribunal pronunciado-se pela inconstitucionalidade desta, por violação do disposto nos artigos 53.° e 18, n.° 2, da Constituição da República Portuguesa.

para a mesma actividade, ou de trabalho temporário executado no mesmo posto de trabalho, ou ainda de contrato de prestação de serviços para o mesmo objecto, com o mesmo empregador, tenha sido inferior ou igual ou superior à duração daquele.

5 – A duração do período experimental pode ser reduzida por instrumento de regulamentação colectiva de trabalho ou por acordo escrito entre partes.

6 – A antiguidade do trabalhador conta-se desde o início do período experimental.

mental depende de estipulação expressa no respectivo acordo.

2 – O período experimental não pode, nestes casos, exceder 180 dias.

Artigo 110.º (CT)
Redução e exclusão

1 – A duração do período experimental pode ser reduzida por instrumento de regulamentação colectiva de trabalho ou por acordo escrito das partes.

2 – O período experimental pode ser excluído por acordo escrito das partes.

Artigo 104.º (CT)
Noção

1 – O período experimental corresponde ao tempo inicial de execução do contrato e a sua duração obedece ao fixado nos artigos seguintes.

2 – As partes devem, no decurso do período experimental, agir de modo a permitir que se possa apreciar o interesse na manutenção do contrato de trabalho.

3 – A antiguidade do trabalhador conta-se desde o início do período experimental.

Artigo 113.º
Contagem do período experimental

1 – O período experimental conta a partir do início da execução da prestação do trabalhador, compreendendo acção de formação determinada pelo empregador, na parte em que não exceda metade da duração daquele período.

2 – Não são considerados na contagem os dias de falta, ainda que justificada, de licença, de dispensa ou de suspensão do contrato.

Artigo 106.º (CT)
Contagem do período experimental

1 – O período experimental começa a contar-se a partir do início da execução da prestação do trabalhador, compreendendo as acções de formação ministradas pelo empregador ou frequentadas por determinação deste, desde que não excedam metade do período experimental.

2 – Para efeitos da contagem do período experimental não são tidos em

Artigo 114.º
Denúncia do contrato durante o período experimental

1 – Durante o período experimental, salvo acordo escrito em contrário, qualquer das partes pode denunciar o contrato sem aviso prévio e invocação de justa causa, nem direito a indemnização.

2 – Tendo o período experimental durado mais de 60 dias, a denúncia do contrato por parte do empregador depende de aviso prévio de sete dias.

3 – Tendo o período experimental durado mais de 120 dias, a denúncia do contrato por parte do empregador depende de aviso prévio de 15 dias.

4 – O não cumprimento, total ou parcial, do período de aviso prévio previsto nos n.ᵒˢ 2 e 3, determina o pagamento da retribuição correspondente ao aviso prévio em falta.

conta os dias de faltas, ainda que justificadas, de licença e de dispensa, bem como de suspensão do contrato.

Artigo 105.º (CT)
Denúncia

1 – Durante o período experimental, qualquer das partes pode denunciar o contrato sem aviso prévio nem necessidade de invocação de justa causa, não havendo direito a indemnização, salvo acordo escrito em contrário.

2 – Tendo o período experimental durado mais de 60 dias, para denunciar o contrato nos termos previstos no número anterior, o empregador tem de dar um aviso prévio de 7 dias.

SECÇÃO V
Actividade do trabalhador

Artigo 115.º
Determinação da actividade do trabalhador

1 – Cabe às partes determinar por acordo a actividade para que o trabalhador é contratado.

2 – A determinação a que se refere o número anterior pode ser feita por remissão para categoria de instrumento de regulamentação colectiva de trabalho ou de regulamento interno de empresa.

3 – Quando a natureza da actividade envolver a prática de negócios jurídicos,

Artigo 111.º (CT)
Objecto do contrato de trabalho

1 – Cabe às partes definir a actividade para que o trabalhador é contratado.

2 – A definição a que se refere o número anterior pode ser feita por remissão para categoria constante do instrumento de regulamentação colectiva de trabalho aplicável ou de regulamento interno de empresa.

3 – Quando a natureza da actividade para que o trabalhador é contratado

considera-se que o contrato de trabalho concede ao trabalhador os necessários poderes, salvo se a lei exigir instrumento especial.

envolver a prática de negócios jurídicos, o contrato de trabalho implica a concessão àquele dos necessários poderes, salvo nos casos em que a lei expressamente exigir instrumento especial.

Artigo 116.º
Autonomia técnica

A sujeição à autoridade e direcção do empregador não prejudica a autonomia técnica do trabalhador inerente à actividade prestada, nos termos das regras legais ou deontológicas aplicáveis.

Artigo 112.º (CT)
Autonomia técnica

A sujeição à autoridade e direcção do empregador por força da celebração de contrato de trabalho não prejudica a autonomia técnica inerente à actividade para que o trabalhador foi contratado, nos termos das regras legais ou deontológicas aplicáveis.

Artigo 117.º
Efeitos de falta de título profissional

1 – Sempre que o exercício de determinada actividade se encontre legalmente condicionado à posse de título profissional, designadamente carteira profissional, a sua falta determina a nulidade do contrato.

2 – Quando o título profissional é retirado ao trabalhador, por decisão que já não admite recurso, o contrato caduca logo que as partes sejam notificadas da decisão.

Artigo 113.º (CT)
Título profissional

1 – Sempre que o exercício de determinada actividade se encontre legalmente condicionado à posse de carteira profissional ou título com valor legal equivalente, a sua falta determina a nulidade do contrato.

2 – Se posteriormente à celebração do contrato, por decisão que já não admite recurso, a carteira profissional ou título com valor legal equivalente vier a ser retirado ao trabalhador, o contrato caduca logo que as partes disso sejam notificadas pela entidade competente.

3 – O disposto nos números anteriores não prejudica a aplicação de outras sanções previstas na lei.

Artigo 118.º
Funções desempenhadas pelo trabalhador

1 – O trabalhador deve, em princípio, exercer funções correspondentes à actividade para que se encontra contratado, devendo o empregador atribuir-lhe, no

Artigo 151.º (CT)
Funções desempenhadas

1 – O trabalhador deve, em princípio, exercer funções correspondentes à actividade para que foi contratado.

2 – A actividade contratada, ainda que descrita por remissão para cate-

âmbito da referida actividade, as funções mais adequadas às suas aptidões e qualificação profissional.

2 – A actividade contratada, ainda que determinada por remissão para categoria profissional de instrumento de regulamentação colectiva de trabalho ou regulamento interno de empresa, compreende as funções que lhe sejam afins ou funcionalmente ligadas, para as quais o trabalhador tenha qualificação adequada e que não impliquem desvalorização profissional.

3 – Para efeitos do número anterior e sem prejuízo do disposto em instrumento de regulamentação colectiva de trabalho, consideram-se afins ou funcionalmente ligadas, designadamente, as funções compreendidas no mesmo grupo ou carreira profissional.

4 – Sempre que o exercício de funções acessórias exigir especial qualificação, o trabalhador tem direito a formação profissional não inferior a 10 horas anuais.

5 – Constitui contra-ordenação grave a violação do disposto no número anterior.

Artigo 119.º
Mudança para categoria inferior

A mudança do trabalhador para categoria inferior àquela para que se

goria profissional constante de instrumento de regulamentação colectiva de trabalho ou regulamento interno de empresa, compreende as funções que lhe sejam afins ou funcionalmente ligadas, para as quais o trabalhador detenha a qualificação profissional adequada e que não impliquem desvalorização profissional.

3 – Para efeitos do número anterior, e salvo regime em contrário constante de instrumento de regulamentação colectiva de trabalho, consideram-se afins ou funcionalmente ligadas, designadamente, as actividades compreendidas no mesmo grupo ou carreira profissional.

4 – O disposto nos números anteriores confere ao trabalhador, sempre que o exercício das funções acessórias exigir especiais qualificações, o direito a formação profissional não inferior a dez horas anuais, nos termos previstos nos n.ºs 3 a 5 do artigo 137.º

5 – O empregador deve procurar atribuir a cada trabalhador, no âmbito da actividade para que foi contratado, as funções mais adequadas às suas aptidões e qualificação profissional.

Artigo 656.º (CT)
Exercício de funções afins ou funcionalmente ligadas à actividade contratada

Constitui contra-ordenação grave a violação do disposto no n.º 4 do artigo 151.º e no artigo 152.º

Artigo 313.º (CT)
Mudança de categoria

1 – O trabalhador só pode ser colocado em categoria inferior àquela para

encontra contratado pode ter lugar mediante acordo, com fundamento em necessidade premente da empresa ou do trabalhador, devendo ser autorizada pelo serviço com competência inspectiva do ministério responsável pela área laboral no caso de determinar diminuição da retribuição.

Artigo 120.º
Mobilidade funcional

1 – O empregador pode, quando o interesse da empresa o exija, encarregar o trabalhador de exercer temporariamente funções não compreendidas na actividade contratada, desde que tal não implique modificação substancial da posição do trabalhador.

2 – As partes podem alargar ou restringir a faculdade conferida no número anterior, mediante acordo que caduca ao fim de dois anos se não tiver sido aplicado.

3 – A ordem de alteração deve ser justificada, mencionando se for caso disso o acordo a que se refere o número anterior, e indicar a duração previsível da mesma, que não deve ultrapassar dois anos.

4 – O disposto no n.º 1 não pode implicar diminuição da retribuição, tendo o trabalhador direito às condições de trabalho mais favoráveis que sejam inerentes às funções exercidas.

5 – Salvo disposição em contrário, o trabalhador não adquire a categoria correspondente às funções temporariamente exercidas.

que foi contratado ou a que foi promovido quando tal mudança, imposta por necessidades prementes da empresa ou por estrita necessidade do trabalhador, seja por este aceite e autorizada pela Inspecção-Geral do Trabalho

2 – Salvo disposição em contrário, o trabalhador não adquire a categoria correspondente às funções que exerça temporariamente.

Artigo 314.º (CT)
Mobilidade funcional

1 – O empregador pode, quando o interesse da empresa o exija, encarregar temporariamente o trabalhador de funções não compreendidas na actividade contratada, desde que tal não implique modificação substancial da posição do trabalhador.

2 – Por estipulação contratual as partes podem alargar ou restringir a faculdade conferida no número anterior.

3 – O disposto no n.º 1 não pode implicar diminuição da retribuição, tendo o trabalhador direito a auferir das vantagens inerentes à actividade temporariamente desempenhada.

4 – A ordem de alteração deve ser justificada, com indicação do tempo previsível.

Artigo 313.º (CT)
Mudança de categoria

1 – O trabalhador só pode ser colocado em categoria inferior àquela para que foi contratado ou a que foi promovido quando tal mudança, imposta por necessidades prementes da empresa ou por estrita necessidade do trabalhador,

6 – O disposto nos números anteriores pode ser afastado por instrumento de regulamentação colectiva de trabalho.

7 – Constitui contra-ordenação grave a violação do disposto nos n.ºs 1, 3 ou 4.

SECÇÃO VI
Invalidade do contrato de trabalho

Artigo 121.º
Invalidade parcial de contrato de trabalho

1 – A nulidade ou a anulação parcial não determina a invalidade de todo o contrato de trabalho, salvo quando se mostre que este não teria sido celebrado sem a parte viciada.

2 – A cláusula de contrato de trabalho que viole norma imperativa considera-se substituída por esta.

Artigo 122.º
Efeitos da invalidade de contrato de trabalho

1 – O contrato de trabalho declarado nulo ou anulado produz efeitos como válido em relação ao tempo em que seja executado.

2 – A acto modificativo de contrato de trabalho que seja inválido aplica-se o disposto no número anterior, desde que não afecte as garantias do trabalhador.

seja por este aceite e autorizada pela Inspecção-Geral do Trabalho

2 – Salvo disposição em contrário, o trabalhador não adquire a categoria correspondente às funções que exerça temporariamente.

Artigo 673.º (CT)
Mobilidade funcional

Constitui contra-ordenação grave a violação do disposto nos n.ºs 1, 3 e 4 do artigo 314.º

Artigo 114.º (CT)
Invalidade parcial do contrato

1 – A nulidade ou a anulação parcial não determina a invalidade de todo o contrato de trabalho, salvo quando se mostre que este não teria sido concluído sem a parte viciada.

2 – As cláusulas do contrato de trabalho que violem normas imperativas consideram-se substituídas por estas.

Artigo 115.º (CT)
Efeitos da invalidade do contrato

1 – O contrato de trabalho declarado nulo ou anulado produz efeitos como se fosse válido em relação ao tempo durante o qual esteve em execução.

2 – Aos actos modificativos inválidos do contrato de trabalho aplica-se o disposto no número anterior, desde que não afectem as garantias do trabalhador.

Artigo 123.º
Invalidade e cessação de contrato de trabalho

1 – A facto extintivo ocorrido antes da declaração de nulidade ou anulação de contrato de trabalho aplicam-se as normas sobre cessação do contrato.

2 – Se for declarado nulo ou anulado o contrato a termo que já tenha cessado, a indemnização tem por limite o valor estabelecido no artigo 393.º ou 401.º, respectivamente para despedimento ilícito ou denúncia sem aviso prévio.

3 – À invocação de invalidade pela parte de má fé, estando a outra de boa fé, seguida de imediata cessação da prestação de trabalho, aplica-se o regime da indemnização prevista no n.º 3 do artigo 392.º ou no artigo 401.º para o despedimento ilícito ou para a denúncia sem aviso prévio, conforme o caso.

4 – A má fé consiste na celebração do contrato ou na manutenção deste com o conhecimento da causa de invalidade.

Artigo 124.º
Contrato com objecto ou fim contrário à lei ou à ordem pública

1 – Se o contrato de trabalho tiver por objecto ou fim uma actividade contrária à lei ou à ordem pública, a parte que conhecia a ilicitude perde a favor do serviço responsável pela gestão financeira do orçamento da Segurança Social as vantagens auferidas decorrentes do contrato.

2 – A parte que conhecia a ilicitude não pode eximir-se ao cumprimento de

Artigo 116.º (CT)
Invalidade e cessação do contrato

1 – Aos factos extintivos ocorridos antes da declaração de nulidade ou anulação do contrato de trabalho aplicam-se as normas sobre cessação do contrato.

2 – Se, porém, for declarado nulo ou anulado o contrato celebrado a termo e já extinto, a indemnização a que haja lugar tem por limite o valor estabelecido nos artigos 440.º e 448.º, respectivamente para os casos de despedimento ilícito ou de denúncia sem aviso prévio.

3 – Á invocação da invalidade pela parte de má fé, estando a outra de boa fé, seguida de imediata cessação da prestação de trabalho, aplica-se o regime da indemnização prevista no n.º 1 do artigo 439.º ou no artigo 448.º para o despedimento ilícito ou para a denúncia sem aviso prévio, conforme os casos.

4 – A má fé consiste na celebração do contrato ou na manutenção deste com o conhecimento da causa de invalidade.

Artigo 117.º (CT)
Contrato com objecto ou fim contrário à lei, à ordem pública ou ofensivo dos bons costumes

1 – Se o contrato tiver por objecto ou fim uma actividade contrária à lei, à ordem pública ou ofensiva dos bons costumes, a parte que conhecia a ilicitude perde a favor do Instituto de Gestão Financeira da Segurança Social todas as vantagens auferidas decorrentes do contrato de trabalho.

2 – A parte que conhecia a ilicitude não pode eximir-se ao cumprimento de qualquer obrigação contratual ou legal, qualquer obrigação contratual ou legal, nem reaver aquilo que prestou ou o seu valor, quando a outra parte ignorar essa ilicitude.

3 – Constitui contra-ordenação grave a violação do disposto no n.º 1.

Artigo 125.º
Convalidação de contrato de trabalho

1 – Cessando a causa da invalidade durante a execução de contrato de trabalho, este considera-se convalidado desde o início da execução.

2 – No caso de contrato a que se refere o artigo anterior, a convalidação só produz efeitos a partir do momento em que cessa a causa da invalidade.

SECÇÃO VII
Direitos, deveres e garantias das partes

SUBSECÇÃO I
Distrições gerais

Artigo 126.º
Deveres gerais das partes

1 – O empregador e o trabalhador devem proceder de boa fé no exercício dos seus direitos e no cumprimento das respectivas obrigações.

2 – Na execução do contrato de trabalho, as partes devem colaborar na obtenção da maior produtividade, bem como na promoção humana, profissional e social do trabalhador.

nem reaver aquilo que prestou ou o seu valor, quando a outra parte ignorar essa ilicitude.

Artigo 651.º (CT)
Perda de vantagens em caso de contrato de trabalho com objecto ilícito

Constitui contra-ordenação grave a violação do disposto no n.º 1 do artigo 117.º

Artigo 118.º (CT)
Convalidação do contrato

1 – Cessando a causa da invalidade durante a execução do contrato, este considera-se convalidado desde o início.

2 – O disposto no número anterior não se aplica aos contratos a que se refere o artigo anterior, em relação aos quais a convalidação só produz efeitos a partir do momento em que cessar a causa da invalidade.

Artigo 119.º (CT)
Princípio geral

1 – O empregador e o trabalhador, no cumprimento das respectivas obrigações, assim como no exercício dos correspondentes direitos, devem proceder de boa fé.

2 – Na execução do contrato de trabalho devem as partes colaborar na obtenção da maior produtividade, bem como na promoção humana, profissional e social do trabalhador.

Artigo 127.º
Deveres do empregador

1 – O empregador deve, nomeadamente:

a) Respeitar e tratar o trabalhador com urbanidade e probidade;

b) Pagar pontualmente a retribuição, que deve ser justa e adequada ao trabalho;

c) Proporcionar boas condições de trabalho, do ponto de vista físico e moral;

d) Contribuir para a elevação da produtividade e empregabilidade do trabalhador, nomeadamente proporcionando-lhe formação profissional adequada a desenvolver a sua qualificação;

e) Respeitar a autonomia técnica do trabalhador que exerça actividade cuja regulamentação ou deontologia profissional a exija;

f) Possibilitar o exercício de cargos em estruturas representativas dos trabalhadores;

g) Prevenir riscos e doenças profissionais, tendo em conta a protecção da segurança e saúde do trabalhador, devendo indemnizá-lo dos prejuízos resultantes de acidentes de trabalho;

h) Adoptar, no que se refere a segurança e saúde no trabalho, as medidas que decorram de lei ou instrumento de regulamentação colectiva de trabalho;

i) Fornecer ao trabalhador a informação e a formação adequadas à prevenção de riscos de acidente ou doença;

j) Manter actualizado, em cada estabelecimento, o registo dos trabalhadores com indicação de nome, datas de nascimento e admissão, modalidade de contrato, categoria, promoções, retribuições, datas de início e termo das férias

Artigo 120.º (CT)
Deveres do empregador

Sem prejuízo de outras obrigações, o empregador deve:

a) Respeitar e tratar com urbanidade e probidade o trabalhador;

b) Pagar pontualmente a retribuição, que deve ser justa e adequada ao trabalho;

c) Proporcionar boas condições de trabalho, tanto do ponto de vista físico como moral;

d) Contribuir para a elevação do nível de produtividade do trabalhador, nomeadamente proporcionando-lhe formação profissional;

e) Respeitar a autonomia técnica do trabalhador que exerça actividades cuja regulamentação profissional a exija;

f) Possibilitar o exercício de cargos em organizações representativas dos trabalhadores;

g) Prevenir riscos e doenças profissionais, tendo em conta a protecção da segurança e saúde do trabalhador, devendo indemnizá-lo dos prejuízos resultantes de acidentes de trabalho;

h) Adoptar, no que se refere à higiene, segurança e saúde no trabalho, as medidas que decorram, para a empresa, estabelecimento ou actividade, da aplicação das prescrições legais e convencionais vigentes;

i) Fornecer ao trabalhador a informação e a formação adequadas à prevenção de riscos de acidente e doença;

j) Manter permanentemente actualizado o registo do pessoal em cada um dos seus estabelecimentos, com indicação dos nomes, datas de nascimento e admissão, modalidades dos contratos, categorias, promoções, retribuições, e faltas que impliquem perda da retribuição ou diminuição de dias de férias.

2 – Na organização da actividade, o empregador deve observar o princípio geral da adaptação do trabalho à pessoa, com vista nomeadamente a atenuar o trabalho monótono ou cadenciado em função do tipo de actividade, e as exigências em matéria de segurança e saúde, designadamente no que se refere a pausas durante o tempo de trabalho.

3 – O empregador deve proporcionar ao trabalhador condições de trabalho que favoreçam a conciliação da actividade profissional com a vida familiar e pessoal.

4 – O empregador deve comunicar ao serviço com competência inspectiva do ministério responsável pela área laboral, antes do início da actividade da empresa, a denominação, sector de actividade ou objecto social, endereço da sede e outros locais de trabalho, indicação da publicação oficial do respectivo pacto social, estatuto ou acto constitutivo, identificação e domicílio dos respectivos gerentes ou administradores, o número de trabalhadores ao serviço e a apólice de seguro de acidentes de trabalho.

5 – A alteração dos elementos referidos no número anterior deve ser comunicada no prazo de 30 dias.

6 – Constitui contra-ordenação leve a violação do disposto na alínea j) do n.º 1 ou nos n.ᵒˢ 4 ou 5.

Artigo 128.º
Deveres do trabalhador

1 – Sem prejuízo de outras obrigações, o trabalhador deve:

a) Respeitar e tratar o empregador, os superiores hierárquicos, os compa-

datas de início e termo das férias e faltas que impliquem perda da retribuição ou diminuição dos dias de férias.

Artigo 149.º (CT)
Princípio geral

As condições de prestação de trabalho devem favorecer a compatibilização da vida profissional com a vida familiar do trabalhador, bem como assegurar o respeito das normas aplicáveis em matéria de segurança, higiene e saúde no trabalho.

Artigo 161.º (CT)
Ritmo de trabalho

O empregador que pretenda organizar a actividade laboral segundo um certo ritmo deve observar o princípio geral da adaptação do trabalho ao homem, com vista, nomeadamente, a atenuar o trabalho monótono e o trabalho cadenciado em função do tipo de actividade e das exigências em matéria de segurança e saúde, em especial no que se refere às pausas durante o tempo de trabalho.

Artigo 652.º (CT)
Registo de pessoal

Constitui contra-ordenação leve a violação do disposto na alínea j) do artigo 120.º

Artigo 121.º (CT)
Deveres do trabalhador

1 – Sem prejuízo de outras obrigações, o trabalhador deve:

a) Respeitar e tratar com urbanidade e probidade o empregador, os superiores

nheiros de trabalho e as pessoas que se relacionem com a empresa, com urbanidade e probidade;
b) Comparecer ao serviço com assiduidade e pontualidade;
c) Realizar o trabalho com zelo e diligência;
d) Participar de modo diligente em acções de formação profissional que lhe sejam proporcionadas pelo empregador;
e) Cumprir as ordens e instruções do empregador respeitantes a execução ou disciplina do trabalho, bem como a segurança e saúde no trabalho, que não sejam contrárias aos seus direitos ou garantias;
f) Guardar lealdade ao empregador, nomeadamente não negociando por conta própria ou alheia em concorrência com ele, nem divulgando informações referentes à sua organização, métodos de produção ou negócios;
g) Velar pela conservação e boa utilização de bens relacionados com o trabalho que lhe forem confiados pelo empregador;
h) Promover ou executar os actos tendentes à melhoria da produtividade da empresa;
i) Cooperar para a melhoria da segurança e saúde no trabalho, nomeadamente por intermédio dos representantes dos trabalhadores eleitos para esse fim;
j) Cumprir as prescrições sobre segurança e saúde no trabalho que decorram de lei ou instrumento de regulamentação colectiva de trabalho.
2 – O dever de obediência respeita tanto a ordens ou instruções do empregador como de superior hierárquico do trabalhador, dentro dos poderes que por aquele lhe forem atribuídos.

hierárquicos, os companheiros de trabalho e as demais pessoas que estejam ou entrem em relação com a empresa;
b) Comparecer ao serviço com assiduidade e pontualidade;
c) Realizar o trabalho com zelo e diligência;
d) Cumprir as ordens e instruções do empregador em tudo o que respeite à execução e disciplina do trabalho, salvo na medida em que se mostrem contrárias aos seus direitos e garantias;
e) Guardar lealdade ao empregador, nomeadamente não negociando por conta própria ou alheia em concorrência com ele, nem divulgando informações referentes à sua organização, métodos de produção ou negócios;
f) Velar pela conservação e boa utilização dos bens relacionados com o seu trabalho que lhe forem confiados pelo empregador;
g) Promover ou executar todos os actos tendentes à melhoria da produtividade da empresa;
h) Cooperar, na empresa, estabelecimento ou serviço, para a melhoria do sistema de segurança, higiene e saúde no trabalho, nomeadamente por intermédio dos representantes dos trabalhadores eleitos para esse fim;
i) Cumprir as prescrições de segurança, higiene e saúde no trabalho estabelecidas nas disposições legais ou convencionais aplicáveis, bem como as ordens dadas pelo empregador.
2 – O dever de obediência, a que se refere a alínea d) do número anterior, respeita tanto às ordens e instruções dadas directamente pelo empregador como às emanadas dos superiores

Artigo 129.º
Garantias do trabalhador

1 – É proibido ao empregador:

a) Opor-se, por qualquer forma, a que o trabalhador exerça os seus direitos, bem como despedi-lo, aplicar-lhe outra sanção, ou tratá-lo desfavoravelmente por causa desse exercício;

b) Obstar injustificadamente à prestação efectiva de trabalho;

c) Exercer pressão sobre o trabalhador para que actue no sentido de influir desfavoravelmente nas condições de trabalho dele ou dos companheiros;

d) Diminuir a retribuição, salvo nos casos previstos neste Código ou em instrumento de regulamentação colectiva de trabalho;

e) Mudar o trabalhador para categoria inferior, salvo nos casos previstos neste Código;

f) Transferir o trabalhador para outro local de trabalho, salvo nos casos previstos neste Código ou em instrumento de regulamentação colectiva de trabalho, ou ainda quando haja acordo;

g) Ceder trabalhador para utilização de terceiro, salvo nos casos previstos neste Código ou em instrumento de regulamentação colectiva de trabalho;

h) Obrigar o trabalhador a adquirir bens ou serviços a ele próprio ou a pessoa por ele indicada;

i) Explorar, com fim lucrativo, cantina, refeitório, economato ou outro estabelecimento directamente relacionado com o trabalho, para fornecimento de

hierárquicos do trabalhador, dentro dos poderes que por aquele lhes forem atribuídos.

Artigo 122.º (CT)
Garantias do trabalhador

É proibido ao empregador:

a) Opor-se, por qualquer forma, a que o trabalhador exerça os seus direitos, bem como despedi-lo, aplicar-lhe outras sanções, ou tratá-lo desfavoravelmente por causa desse exercício;

b) Obstar, injustificadamente, à prestação efectiva do trabalho;

c) Exercer pressão sobre o trabalhador para que actue no sentido de influir desfavoravelmente nas condições de trabalho dele ou dos companheiros;

d) Diminuir a retribuição, salvo nos casos previstos neste Código e nos instrumentos de regulamentação colectiva de trabalho;

e) Baixar a categoria do trabalhador, salvo nos casos previstos neste Código;

f) Transferir o trabalhador para outro local de trabalho, salvo nos casos previstos neste Código e nos instrumentos de regulamentação colectiva de trabalho, ou quando haja acordo;

g) Ceder trabalhadores do quadro de pessoal próprio para utilização de terceiros que sobre esses trabalhadores exerçam os poderes de autoridade e direcção próprios do empregador ou por pessoa por ele indicada, salvo nos casos especialmente previstos;

h) Obrigar o trabalhador a adquirir bens ou a utilizar serviços fornecidos pelo empregador ou por pessoa por ele indicada;

bens ou prestação de serviços aos seus trabalhadores;

j) Fazer cessar o contrato e readmitir o trabalhador, mesmo com o seu acordo, com o propósito de o prejudicar em direito ou garantia decorrente da antiguidade.

2 – Constitui contra-ordenação muito grave a violação do disposto neste artigo.

i) Explorar, com fins lucrativos, quaisquer cantinas, refeitórios, economatos ou outros estabelecimentos directamente relacionados com o trabalho, para fornecimento de bens ou prestação de serviços aos trabalhdores;

j) Fazer cessar o contrato e readmitir o trabalhador, mesmo com o seu acordo, havendo o propósito de o prejudicar em direitos ou garantias decorrentes da antiguidade.

Artigo 653.º (CT)
Garantias do trabalhador

Constitui contra-ordenação muito grave a violação do disposto no artigo 122.º

SUBSECÇÃO II
Formação profissional

Artigo 130.º
Objectivos da formação profissional

São objectivos da formação profissional:

a) Proporcionar qualificação inicial a jovem que ingresse no mercado de trabalho sem essa qualificação;

b) Assegurar a formação contínua dos trabalhadores da empresa;

c) Promover a qualificação ou reconversão profissional de trabalhador em risco de desemprego;

d) Promover a reabilitação profissional de trabalhador com deficiência, em particular daquele cuja incapacidade resulta de acidente de trabalho;

e) Promover a integração sócio-profissional de trabalhador pertencente a grupo com particulares dificuldades de inserção.

Artigo 123.º (CT)
Princípio geral

1 – O empregador deve proporcionar ao trabalhador acções de formação profissional adequadas à sua qualificação.

2 – O trabalhador deve participar de modo diligente nas acções de formação profissional que lhe sejam proporcionadas, salvo se houver motivo atendível.

3 – Compete ao Estado, em particular, garantir o acesso dos cidadãos à formação profissional, permitindo a todos a aquisição e a permanente actualização dos conhecimentos e competências, desde a entrada na vida activa, e proporcionar os apoios públicos ao funcionamento do sistema de formação profissional.

Artigo 124.º (CT)
Objectivos

São objectivos da formação profissional:

a) Garantir uma qualificação inicial a todos os jovens que tenham ingressado ou pretendam ingressar no mercado de trabalho sem ter ainda obtido essa qualificação;

b) Promover a formação contínua dos trabalhadores empregados, enquanto instrumento para a competitividade das empresas e para a valorização e actualização profissional, nomeadamente quando a mesma é promovida e desenvolvida com base na iniciativa dos empregadores;

c) Garantir o direito individual à formação, criando condições objectivas para que o mesmo possa ser exercido, independentemente da situação laboral do trabalhador;

d) Promover a qualificação ou a reconversão profissional de trabalhadores desempregados, com vista ao seu rápido ingresso no mercado de trabalho;

e) Promover a reabilitação profissional de pessoas com deficiência, em particular daqueles cuja incapacidade foi adquirida em consequência de acidente de trabalho;

f) Promover a integração sócio-profissional de grupos com particulares dificuldades de inserção, através do desenvolvimento de acções de formação profissional especial.

Artigo 131.º
Formação contínua

1 – No âmbito da formação contínua, o empregador deve:

Artigo 125.º (CT)
Formação contínua

1 – No âmbito do sistema de formação profissional, compete ao empregador:

a) Promover o desenvolvimento e a adequação da qualificação do trabalhador, tendo em vista melhorar a sua empregabilidade e aumentar a produtividade e a competitividade da empresa;

b) Assegurar a cada trabalhador o direito individual à formação, através de um número mínimo anual de horas de formação, mediante acções desenvolvidas na empresa ou a concessão de tempo para frequência de formação por iniciativa do trabalhador;

c) Organizar a formação na empresa, estruturando planos de formação anuais ou plurianuais e, relativamente a estes, assegurar o direito a informação e consulta dos trabalhadores e dos seus representantes;

d) Reconhecer e valorizar a qualificação adquirida pelo trabalhador.

2 – O trabalhador tem direito, em cada ano, a um número mínimo de 35 horas de formação contínua ou, sendo contratado a termo por período igual ou superior a três meses, um número mínimo de horas proporcional à duração do contrato nesse ano.

3 – A formação referida no número anterior pode ser desenvolvida pelo empregador, por entidade formadora certificada para o efeito ou por estabelecimento de ensino reconhecido pelo ministério competente e dá lugar à emissão de certificado e a registo na Caderneta Individual de Competências nos termos do regime jurídico do Sistema Nacional de Qualificações.

4 – Par a efeito de cumprimento do disposto no n.º 2, são consideradas as horas de dispensa de trabalho para frequência de aulas e de faltas para prestação de provas de avaliação, ao abrigo

a) Promover, com vista ao incremento da produtividade e da competitividade da empresa, o desenvolvimento das qualificações dos respectivos trabalhadores, nomeadamente através do acesso à formação profissional;

b) Organizar a formação na empresa, estruturando planos de formação e aumentando o investimento em capital humano, de modo a garantir a permanente adequação das qualificações dos seus trabalhadores;

c) Assegurar o direito à informação e consulta dos trabalhadores e dos seus representantes, relativamente aos planos de formação anuais e plurianuais executados pelo empregador;

d) Garantir um número mínimo de horas de formação anuais a cada trabalhador, seja em acções a desenvolver na empresa, seja através da concessão de tempo para o desenvolvimento da formação por iniciativa do trabalhador;

e) Reconhecer e valorizar as qualificações adquiridas pelos trabalhadores, através da introdução de créditos à formação ou outros benefícios, de modo a estimular a sua participação na formação.

2 – A formação contínua de activos deve abranger, em cada ano, pelo menos 10% dos trabalhadores com contrato sem termo de cada empresa.

3 – Ao trabalhador deve ser assegurada, no âmbito da formação contínua, um número mínimo de vinte horas anuais de formação certificada.

4 – O número mínimo de horas anuais de formação certificada a que se refere o número anterior é de trinta e cinco horas a partir de 2006.

do regime de trabalhador-estudante, bem como as ausências a que haja lugar no âmbito de processo de reconhecimento, validação e certificação de competências.

5 – O empregador deve assegurar, em cada ano, formação contínua a pelo menos 10% dos trabalhadores da empresa.

6 – O empregador pode antecipar até dois anos ou, desde que o plano de formação o preveja, diferir por igual período, a efectivação da formação anual a que se refere o n.º 2, imputando-se a formação realizada ao cumprimento da obrigação mais antiga.

7 – O período de antecipação a que se refere o número anterior é de cinco anos no caso de frequência de processo de reconhecimento, validação e certificação de competências, ou de formação que confira dupla certificação.

8 – A formação contínua que seja assegurada pelo utilizador ou pelo cessionário, no caso de, respectivamente, trabalho temporário ou cedência ocasional de trabalhador, exonera o empregador, podendo haver lugar a compensação por parte deste em termos a acordar.

9 – O disposto na lei em matéria de formação contínua pode ser adaptado por convenção colectiva que tenha em conta as características do sector de actividade, a qualificação dos trabalhadores e a dimensão da empresa.

10 – Constitui contra-ordenação grave a violação do disposto nos n.ºs 1, 2 ou 5.

5 – As horas de formação certificada a que se referem os n.ºs 3 e 4 que não foram organizadas sob a responsabilidade do empregador por motivo que lhe seja imputável são transformadas em créditos acumuláveis ao longo de três anos, no máximo.

6 – A formação prevista no n.º 1 deve ser complementada por outras acções previstas em instrumento de regulamentação colectiva de trabalho.

7 – A formação a que se refere o n.º 1 impende igualmente sobre a empresa utilizadora de mão-de-obra relativamente ao trabalhador que, ao abrigo de um contrato celebrado com o respectivo empregador, nela desempenhe a sua actividade por um período, ininterrupto, superior a 18 meses.

8 – O disposto no presente artigo não prejudica o cumprimento das obrigações específicas em matéria de formação profissional a proporcionar ao trabalhador contratado a termo.

Artigo 163.º (RCT)
Mínimo de horas anuais de formação

1 – O empregador deve assegurar o cumprimento de um número mínimo de horas anuais de formação certificada que pode ser realizado através de uma ou mais acções de formação.

2 – A formação certificada a que se refere o número anterior pode ser realizada directamente pelo

1 – O empregador deve assegurar o cumprimento de um número mínimo de horas anuais de formação certificada que pode ser realizado através de uma ou mais acções de formação.

2 – A formação certificada a que se refere o número anterior pode ser realizada directamente pelo empregador ou através de entidade formadora acreditada.

Artigo 162.º (RCT)
Direito individual à formação

1 – O direito individual à formação vence-se no dia 1 de Janeiro de cada ano civil, sem prejuízo do disposto no número seguinte.

2 – No ano da contratação, o trabalhador tem direito à formação, após seis meses de duração do contrato, devendo o número de horas ser proporcional àquela duração.

3 – O direito individual à formação do trabalhador concretiza-se, na parte a que o empregador está adstrito, através da formação contínua.

Artigo 165.º (RCT)
Plano de formação

1 – O empregador deve elaborar planos de formação, anuais ou plurianuais, com base no diagnóstico das necessidades de qualificação dos trabalhadores.

2 – O plano de formação deve especificar, nomeadamente, os objectivos, as acções que dão lugar à emissão de certificados de formação profissional, as entidades formadoras, o local e horário de realização das acções.

3 – Os elementos referidos no número anterior, que o plano de formação não possa desde logo especificar, devem ser comunicados aos trabalhadores interessados, à comissão de trabalhadores ou, na sua falta, à comissão sindical ou intersindical ou aos delegados sindicais, logo que possível.

4 – *O disposto nos números anteriores não se aplica às microempresas.*

Artigo 654.º (CT)
Formação profissional

Constitui contra-ordenação grave a violação do disposto nos n.ºs 1, 2, 3, 4, 5 e 7 do artigo 125.º

Artigo 480.º (RCT)
Formação profissional

1 – Constitui contra-ordenação grave a violação do disposto nos artigos 164.º, 165.º e 166.º, no n.º 1 do artigo 167.º e no artigo 169.º

2 – Constitui contra-ordenação leve a violação do disposto nos n.ºs 1, 2 e 5 do artigo 170.º

Artigo 132.º
Crédito de horas e subsídio para formação contínua

1 – As horas de formação previstas no n.º 2 do artigo anterior, que não sejam asseguradas pelo empregador até ao termo dos dois anos posteriores ao seu vencimento, transformam-se em crédito de horas em igual número para formação por iniciativa do trabalhador.

2 – O crédito de horas para formação é referido ao período normal de trabalho, confere direito a retribuição e conta como tempo de serviço efectivo.

3 – O trabalhador pode utilizar o crédito de horas para a frequência de acções de formação, mediante comunicação ao empregador com a antecedência mínima de 10 dias.

4 – Por instrumento de regulamentação colectiva de trabalho ou acordo individual, pode ser estabelecido um subsídio para pagamento do custo da

Artigo 168.º RCT
Crédito de horas para formação contínua

1 – O trabalhador pode utilizar o crédito de horas correspondente ao número mínimo de horas de formação contínua anuais, se esta não for assegurada pelo empregador ao longo de três anos por motivo que lhe seja imputável, para a frequência de acções de formação por sua iniciativa, mediante comunicação ao empregador com antecedência mínima de 10 dias.

2 – Sempre que haja interesse para a empresa e para o trabalhador pode ocorrer a antecipação, até ao máximo de três anos, do número de horas anuais de formação.

3 – Nas situações de acumulação de créditos, a imputação da formação realizada inicia-se pelas horas dos anos mais distantes, sendo o excesso imputado às horas correspondentes ao ano em curso.

formação, até ao valor da retribuição do período de crédito de horas utilizado.

5 – Em caso de cumulação de créditos de horas, a formação realizada é imputada ao crédito vencido há mais tempo.

6 – O crédito de horas para formação que não seja utilizado cessa passados três anos sobre a sua constituição.

Artigo 133.º
Conteúdo da formação contínua

1 – A área da formação contínua é determinada por acordo ou, na falta deste, pelo empregador, caso em que deve coincidir ou ser afim com a actividade prestada pelo trabalhador.

2 – A área da formação a que se refere o artigo anterior é escolhida pelo trabalhador, devendo ter correspondência com a actividade prestada ou respeitar a tecnologias de informação e comunicação, segurança e saúde no trabalho ou língua estrangeira.

3 – Constitui contra-ordenação grave a violação do disposto no n.º 1.

Artigo 134.º
Efeito da cessação do contrato de trabalho no direito a formação

Cessando o contrato de trabalho, o trabalhador tem direito a receber a retribuição correspondente ao número mínimo anual de horas de formação que não

4 – *O conteúdo da formação referida no n.º 1 é escolhido pelo trabalhador devendo ter correspondência com a actividade prestada ou respeitar a qualificações básicas em tecnologias de informação e comunicação, segurança, higiene e saúde no trabalho ou numa língua estrangeira.*

5 – *O crédito de horas para formação é referido ao período normal de trabalho, confere direito a retribuição e conta como tempo de serviço efectivo.*

Artigo 164.º (RCT)
Conteúdo da formação

1 – *A área em que é ministrada a formação profissional pode ser fixada por acordo e, na falta deste, é determinada pelo empregador.*

2 – *Sendo fixada pelo empregador, a área de formação profissional tem de coincidir ou ser afim com a actividade desenvolvida pelo trabalhador nos termos do contrato.*

Artigo 480.º (RCT)
Formação profissional

1 – *Constitui contra-ordenação grave a violação do disposto nos artigos 164.º, 165.º e 166.º, no n.º 1 do artigo 167.º e no artigo 169.º*

2 – *Constitui contra-ordenação leve a violação do disposto nos n.ºs 1, 2 e 5 do artigo 170.º*

Artigo 169.º (RCT)
Cessação da relação de trabalho

Cessando o contrato de trabalho, o trabalhador tem direito a receber a retribuição correspondente ao crédito de horas para formação que não lhe tenha sido proporcionado.

lhe tenha sido proporcionado, ou ao crédito de horas para formação de que seja titular à data da cessação.

SECÇÃO VIII
Cláusulas acessórias

SUBSECÇÃO I
Condição e termo

Artigo 135.º
Condição ou termo suspensivo

Ao contrato de trabalho pode ser aposta, por escrito, condição ou termo suspensivo, nos termos gerais.

Artigo 127.º (CT)
Condição e termo suspensivos

Ao contrato de trabalho pode ser aposta, por escrito, condição ou termo suspensivos, nos termos gerais.

SUBSECÇÃO II
Cláusulas de limitação da liberdade de trabalho

Artigo 136.º
Pacto de não concorrência

1 – É nula a cláusula de contrato de trabalho ou de instrumento de regulamentação colectiva de trabalho que, por qualquer forma, possa prejudicar o exercício da liberdade de trabalho após a cessação do contrato.

2 – É lícita a limitação da actividade do trabalhador durante o período máximo de dois anos subsequente à cessação do contrato de trabalho, nas seguintes condições:

a) Constar de acordo escrito, nomeadamente de contrato de trabalho ou de revogação deste;

b) Tratar-se de actividade cujo exercício possa causar prejuízo ao empregador;

c) Atribuir ao trabalhador, durante o período de limitação da actividade, uma compensação que pode ser reduzida

Artigo 146.º (CT)
Pacto de não concorrência

1 – São nulas as cláusulas dos contratos de trabalho e de instrumento de regulamentação colectiva de trabalho que, por qualquer forma, possam prejudicar o exercício da liberdade de trabalho, após a cessação do contrato.

2 – É lícita, porém, a cláusula pela qual se limite a actividade do trabalhador no período máximo de dois anos subsequentes à cessação do contrato de trabalho, se ocorrerem cumulativamente as seguintes condições:

a) Constar tal cláusula, por forma escrita, do contrato de trabalho ou do acordo de cessação deste;

b) Tratar-se de actividade cujo exercício possa efectivamente causar prejuízo ao empregador;

c) Atribuir-se ao trabalhador uma compensação durante o período de

equitativamente quando o empregador tiver realizado despesas avultadas com a sua formação profissional.

3 – Em caso de despedimento declarado ilícito ou de resolução com justa causa pelo trabalhador com fundamento em acto ilícito do empregador, a compensação a que se refere a alínea *c)* do número anterior é elevada até ao valor da retribuição base à data da cessação do contrato, sob pena de não poder ser invocada a limitação da actividade prevista na cláusula de não concorrência.

4 – São deduzidas do montante da compensação referida no número anterior as importâncias auferidas pelo trabalhador no exercício de outra actividade profissional, iniciada após a cessação do contrato de trabalho, até ao valor decorrente da aplicação da alínea *c)* do n.º 2.

5 – Tratando-se de trabalhador afecto ao exercício de actividade cuja natureza suponha especial relação de confiança ou que tenha acesso a informação particularmente sensível no plano da concorrência, a limitação a que se refere o n.º 2 pode durar até três anos.

limitação da sua actividade, que pode sofrer redução equitativa quando o empregador houver despendido somas avultadas com a sua formação profissional.

3 – Em caso de despedimento declarado ilícito ou de resolução com justa causa pelo trabalhador com fundamento em acto ilícito do empregador o montante referido na alínea c) do número anterior é elevado até ao equivalente à retribuição base devida no momento da cessação do contrato, sob pena de não poder ser invocada a cláusula de não concorrência.

4 – São deduzidas no montante da compensação referida no número anterior as importâncias recebidas pelo trabalhador no exercício de qualquer actividade profissional iniciada após a cessação do contrato de trabalho até ao montante fixado nos termos da alínea c) do n.º 2.

5 – Tratando-se de trabalhador afecto ao exercício de actividade cuja natureza suponha especial relação de confiança ou com acesso a informação particularmente sensível no plano da concorrência, a limitação a que se refere o n.º 2 pode ser prolongada até três anos.

Artigo 137.º
Pacto de permanência

1 – As partes podem convencionar que o trabalhador se obriga a não denunciar o contrato de trabalho, por um período não superior a três anos, como compensação ao empregador por despesas avultadas feitas com a sua formação profissional.

Artigo 147.º (CT)
Pacto de permanência

1 – É lícita a cláusula pela qual as partes convencionem, sem diminuição de retribuição, a obrigatoriedade de prestação de serviço durante certo prazo, não superior a três anos, como compensação de despesas extraordinárias comprovadamente feitas pelo

2 – O trabalhador pode desobrigar-se do cumprimento do acordo previsto no número anterior mediante pagamento do montante correspondente às despesas nele referidas.

Artigo 138.º
Limitação da liberdade de trabalho

É nulo o acordo entre empregadores, nomeadamente em cláusula de contrato de utilização de trabalho temporário, que proíba a admissão de trabalhador que a eles preste ou tenha prestado trabalho, bem como obrigue, em caso de admissão, ao pagamento uma indemnização.

empregador na formação profissional do trabalhador, podendo este desobrigar-se restituindo a soma das importâncias despendidas.

2 – Em caso de resolução do contrato de trabalho pelo trabalhador com justa causa ou quando, tendo sido declarado ilícito o despedimento, o trabalhador não opte pela reintegração, não existe a obrigação de restituir as somas referidas no número anterior.

Artigo 148.º (CT)
Limitação de liberdade de trabalho

São proibidos quaisquer acordos entre empregadores no sentido de limitarem a admissão de trabalhadores que a eles tenham prestado serviço.

SECÇÃO IX
Modalidades de contrato de trabalho

SUBSECÇÃO I
Contrato a termo resolutivo

Artigo 139.º
Regime do termo resolutivo

O regime do contrato de trabalho a termo resolutivo, constante da presente subsecção, pode ser afastado por instrumento de regulamentação colectiva de trabalho, com excepção da alínea b) do n.º 4 do artigo seguinte e dos n.ᵒˢ 1, 4 e 5 do artigo 148.º.

Artigo 128.º (CT)
Termo resolutivo

Ao contrato de trabalho sujeito a termo resolutivo são aplicáveis os preceitos das subsecções seguintes, que podem ser afastados ou modificados por instrumento de regulamentação colectiva de trabalho, excepto no que respeita ao disposto na alínea b) do n.º 3 do artigo 129.º.

Artigo 140.º
Admissibilidade de contrato de trabalho a termo resolutivo

1 – O contrato de trabalho a termo resolutivo só pode ser celebrado para satisfação de necessidade temporária da empresa e pelo período estritamente necessário à satisfação dessa necessidade.

2 – Considera-se, nomeadamente, necessidade temporária da empresa:

a) Substituição directa ou indirecta de trabalhador ausente ou que, por qualquer motivo, se encontre temporariamente impedido de trabalhar;

b) Substituição directa ou indirecta de trabalhador em relação ao qual esteja pendente em juízo acção de apreciação da licitude de despedimento;

c) Substituição directa ou indirecta de trabalhador em situação de licença sem retribuição;

d) Substituição de trabalhador a tempo completo que passe a prestar trabalho a tempo parcial por período determinado;

e) Actividade sazonal ou outra cujo ciclo anual de produção apresente irregularidades decorrentes da natureza estrutural do respectivo mercado, incluindo o abastecimento de matéria-prima;

f) Acréscimo excepcional de actividade da empresa;

g) Execução de tarefa ocasional ou serviço determinado precisamente definido e não duradouro;

h) Execução de obra, projecto ou outra actividade definida e temporária, incluindo a execução, direcção ou fiscalização de trabalhos de construção civil, obras públicas, montagens e reparações industriais, em regime de empreitada ou em administração directa, bem como os respectivos projectos ou

Artigo 129.º *(CT)*
Admissibilidade do contrato

1 – O contrato de trabalho a termo só pode ser celebrado para a satisfação de necessidades temporárias da empresa e pelo período estritamente necessário à satisfação dessas necessidades.

2 – Consideram-se, nomeadamente, necessidades temporárias da empresa as seguintes:

a) Substituição directa ou indirecta de trabalhador ausente ou que, por qualquer razão, se encontre temporariamente impedido de prestar serviço;

b) Substituição directa ou indirecta de trabalhador em relação ao qual esteja pendente em juízo acção de apreciação da licitude do despedimento;

c) Substituição directa ou indirecta de trabalhador em situação de licença sem retribuição;

d) Substituição de trabalhador a tempo completo que passe a prestar trabalho a tempo parcial por período determinado;

e) Actividades sazonais ou outras actividades cujo ciclo anual de produção apresente irregularidades decorrentes da natureza estrutural do respectivo mercado, incluindo o abastecimento de matérias-primas;

f) Acréscimo excepcional de actividade da empresa;

g) Execução de tarefa ocasional ou serviço determinado precisamente definido e não duradouro;

h) Execução de uma obra, projecto ou outra actividade definida e temporária, incluindo a execução, direcção e fiscalização de trabalhos de construção civil, obras públicas, montagens e reparações industriais, em regime de outra actividade complementar de controlo e acompanhamento.

3 – Sem prejuízo do disposto no n.º 1, só pode ser celebrado contrato de trabalho a termo incerto em situação referida em qualquer das alíneas *a)* a *c)* ou *e)* a *h)* do número anterior.

4 – Além das situações previstas no n.º 1, pode ser celebrado contrato de trabalho a termo certo para:

a) Lançamento de nova actividade de duração incerta, bem como início de laboração de empresa ou de estabelecimento pertencente a empresa com menos de 750 trabalhadores;

b) Contratação de trabalhador à procura de primeiro emprego, em situação de desemprego de longa duração ou noutra prevista em legislação especial de política de emprego.

5 – Cabe ao empregador a prova dos factos que justificam a celebração de contrato de trabalho a termo.

6 – Constitui contra-ordenação muito grave a violação do disposto em qualquer dos n.ºˢ 1 a 4.

empreitada ou em administração directa, incluindo os respectivos projectos e outras actividades complementares de controlo e acompanhamento.

3 – Além das situações previstas no n.º 1, pode ser celebrado um contrato a termo nos seguintes casos:

a) Lançamento de uma nova actividade de duração incerta, bem como início de laboração de uma empresa ou estabelecimento;

b)Contratação de trabalhadores à procura de primeiro emprego ou de desempregados de longa duração ou noutras situações previstas em legislação especial de política de emprego.

Artigo 130.º (CT)
Justificação do termo

1 – A prova dos factos que justificam a celebração de contrato a termo cabe ao empregador.

2 – Considera-se sem termo o contrato de trabalho no qual a estipulação da cláusula acessória tenha por fim iludir as disposições que regulam o contrato sem termo ou o celebrado fora dos casos previstos no artigo anterior.

Artigo 655.º (CT)
Contrato a termo

1 – Constitui contra-ordenação muito grave a violação do disposto nos artigos 129.º, 137.º e 143.º

2 – Constitui contra-ordenação grave a violação do disposto na alínea e) do n.º 1 e no n.º 3 do artigo 131.º, no n.º 1 do artigo 132.º e no n.º 1 do artigo 135.º

3 – Constitui contra-ordenação leve a violação do disposto no artigo 133.º

Artigo 141.º
Forma e conteúdo de contrato de trabalho a termo

1 – O contrato de trabalho a termo está sujeito a forma escrita e deve conter:

a) Identificação, assinaturas e domicílio ou sede das partes;

b) Actividade do trabalhador e correspondente retribuição;

c) Local e período normal de trabalho;

d) Data de início do trabalho;

e) Indicação do termo estipulado e do respectivo motivo justificativo;

f) Datas de celebração do contrato e, sendo a termo certo, da respectiva cessação.

2 – Na falta da referência exigida pela alínea d) do número anterior, considera-se que o contrato tem início na data da sua celebração.

3 – Para efeitos da alínea e) do n.º 1, a indicação do motivo justificativo do termo deve ser feita com menção expressa dos factos que o integram, devendo estabelecer-se a relação entre a justificação invocada e o termo estipulado.

4 – Constitui contra-ordenação grave a violação do disposto na alínea *e)* do n.º 1 ou no n.º 3.

Artigo 131.º (CT)
Formalidades

1 – Do contrato de trabalho a termo devem constar as seguintes indicações:

a) Nome ou denominação e domicílio ou sede dos contraentes;

b) Actividade contratada e retribuição do trabalhador;

c) Local e período normal de trabalho;

d) Data de início do trabalho;

e) Indicação do termo estipulado e do respectivo motivo justificativo;

f) Data da celebração do contrato e, sendo a termo certo, da respectiva cessação.

2 – Na falta da referência exigida pela alínea d) do número anterior, considera-se que o contrato tem início na data da sua celebração.

3 – Para efeitos da alínea e) do n.º 1, a indicação do motivo justificativo da aposição do termo deve ser feita pela menção expressa dos factos que o integram, devendo estabelecer-se a relação entre a justificação invocada e o termo estipulado.

4 – Considera-se sem termo o contrato em que falte a redução a escrito, a assinatura das partes, o nome ou denominação, ou, simultaneamente, as datas da celebração do contrato e de início do trabalho, bem como aquele em que se omitam ou sejam insuficientes as referências exigidas na alínea e) do n.º 1.

Artigo 103.º (CT)
Forma escrita

1 – Estão sujeitos a forma escrita, nomeadamente:

a) Contrato-promessa de trabalho;

b) Contrato para prestação subordinada de teletrabalho;
c) Contrato de trabalho a termo;
d) Contrato de trabalho com trabalhador estrangeiro, salvo disposição legal em contrário;
e) Contrato de trabalho em comissão de serviço;
f) Contrato de trabalho com pluralidade de empregadores;
g) Contrato de trabalho a tempo parcial;
h) Contrato de pré-reforma;
i) Contrato de cedência ocasional de trabalhadores.

2 – Dos contratos em que é exigida forma escrita deve constar a identificação e a assinatura das partes.

Artigo 655.º (CT)
Contrato a termo

1 – Constitui contra-ordenação muito grave a violação do disposto nos artigos 129.º, 137.º e 143.º

2 – Constitui contra-ordenação grave a violação do disposto na alínea e) do n.º 1 e no n.º 3 do artigo 131.º, no n.º 1 do artigo 132.º e no n.º 1 do artigo 135.º

3 – Constitui contra-ordenação leve a violação do disposto no artigo 133.º.

Artigo 142.º
Casos especiais de contrato de trabalho de muito curta duração

1 – O contrato de trabalho em actividade sazonal agrícola ou para realização de evento turístico de duração não superior a uma semana não está sujeito a forma escrita, devendo o empregador comunicar a sua celebração ao serviço

Artigo 142.º (CT)
Estipulação de prazo inferior a seis meses

1 – O contrato só pode ser celebrado por prazo inferior a seis meses nas situações previstas nas alíneas a) a g) do n.º 2 do artigo 129.º

2 – Nos casos em que é admitida a celebração do contrato por prazo

competente da Segurança Social, mediante formulário electrónico que contém os elementos referidos nas alíneas *a), b)* e *d)* do n.º 1 do artigo anterior, bem como o local de trabalho.

2 – Nos casos previstos no número anterior, a duração total de contratos de trabalho a termo com o mesmo empregador não pode exceder 60 dias de trabalho no ano civil.

3 – Em caso de violação do disposto em qualquer dos números anteriores, o contrato considera-se celebrado pelo prazo de seis meses, contando-se neste prazo a duração de contratos anteriores celebrados ao abrigo dos mesmos preceitos.

Artigo 143.º
Sucessão de contrato de trabalho a termo

1 – A cessação de contrato de trabalho a termo, por motivo não imputável ao trabalhador, impede nova admissão ou afectação de trabalhador através de contrato de trabalho a termo ou de trabalho temporário cuja execução se concretize no mesmo posto de trabalho, ou ainda de contrato de prestação de serviços para o mesmo objecto, celebrado com o mesmo empregador ou sociedade que com este se encontre em relação de domínio ou de grupo, ou mantenha estruturas organizativas comuns, antes de decorrido um período de tempo equivalente a um terço da duração do contrato, incluindo renovações.

2 – O disposto no número anterior não é aplicável nos seguintes casos:

a) Nova ausência do trabalhador substituído, quando o contrato de traba-

inferior a seis meses a sua duração não pode ser inferior à prevista para a tarefa ou serviço a realizar.

3 – Sempre que se verifique a violação do disposto no n.º 1, o contrato considera-se celebrado pelo prazo de seis meses.

Artigo 132.º (CT)
Contratos sucessivos

1 – A cessação, por motivo não imputável ao trabalhador, de contrato de trabalho a termo impede nova admissão a termo para o mesmo posto de trabalho, antes de decorrido um período de tempo equivalente a um terço da duração do contrato, incluindo as suas renovações.

2 – O disposto no número anterior não é aplicável nos seguintes casos:

a) Nova ausência do trabalhador substituído, quando o contrato de trabalho a termo tenha sido celebrado para a sua substituição;

b) Acréscimos excepcionais da actividade da empresa, após a cessação do contrato;

c) Actividades sazonais;

d) Trabalhador anteriormente contratado ao abrigo do regime aplicável à contratação de trabalhadores à procura

lho a termo tenha sido celebrado para a sua substituição;

b) Acréscimo excepcional da actividade da empresa, após a cessação do contrato;

c) Actividade sazonal;

d) Trabalhador anteriormente contratado ao abrigo do regime aplicável à contratação de trabalhador à procura de primeiro emprego.

3 – Constitui contra-ordenação grave a violação do disposto no n.º 1.

Artigo 144.º
Informações relativas a contrato de trabalho a termo

1 – O empregador deve comunicar a celebração de contrato de trabalho a termo, com indicação do respectivo motivo justificativo, bem como a cessação do mesmo à comissão de trabalhadores e à associação sindical em que o trabalhador esteja filiado, no prazo de cinco dias úteis.

2 – O empregador deve comunicar, nos termos previstos em portaria do ministro responsável pela área laboral, ao serviço com competência inspectiva do ministério responsável pela área laboral os elementos a que se refere o número anterior.

de primeiro emprego, sem prejuízo do previsto nos n.ᵒˢ 1 e 2 do artigo 139.º

3 – Considera-se sem termo o contrato celebrado entre as mesmas partes em violação do disposto no n.º 1, contando para a antiguidade do trabalhador todo o tempo de trabalho prestado para o empregador em cumprimento dos sucessivos contratos.

Artigo 655.º (CT)
Contrato a termo

1 – Constitui contra-ordenação muito grave a violação do disposto nos artigos 129.º, 137.º e 143.º

2 – Constitui contra-ordenação grave a violação do disposto na alínea e) do n.º 1 e no n.º 3 do artigo 131.º, no n.º 1 do artigo 132.º e no n.º 1 do artigo 135.º

3 – Constitui contra-ordenação leve a violação do disposto no artigo 133.º

Artigo 133.º (CT)
Informações

1 – O empregador deve comunicar, no prazo máximo de cinco dias úteis, à comissão de trabalhadores e, tratando-se de trabalhador filiado em associação sindical, à respectiva estrutura representativa a celebração, com indicação do respectivo fundamento legal, e a cessação do contrato a termo.

2 – O empregador deve comunicar, trimestralmente, à Inspecção-Geral do Trabalho os elementos a que se refere o número anterior.

3 – O empregador deve comunicar, no prazo máximo de cinco dias úteis, à entidade que tenha competência na área da igualdade de oportunidades

3 – O empregador deve comunicar, no prazo de cinco dias úteis, à entidade com competência na área da igualdade de oportunidades entre homens e mulheres o motivo da não renovação de contrato de trabalho a termo sempre que estiver em causa uma trabalhadora grávida, puérpera ou lactante.

4 – O empregador deve afixar informação relativa à existência de postos de trabalho permanentes que estejam disponíveis na empresa ou estabelecimento.

5 – Constitui contra-ordenação leve a violação do disposto neste artigo.

entre homens e mulheres o motivo da não renovação de contrato de trabalho a termo sempre que estiver em causa uma trabalhadora grávida, puérpera ou lactante.

4 – O empregador deve afixar informação relativa à existência de postos de trabalho permanentes que se encontrem disponíveis na empresa ou estabelecimento.

Artigo 655.º (CT)
Contrato a termo

1 – Constitui contra-ordenação muito grave a violação do disposto nos artigos 129.º, 137.º e 143.º

2 – Constitui contra-ordenação grave a violação do disposto na alínea e) do n.º 1 e no n.º 3 do artigo 131.º, no n.º 1 do artigo 132.º e no n.º 1 do artigo 135.º

3 – Constitui contra-ordenação leve a violação do disposto no artigo 133.º.

Artigo 145.º
Preferência na admissão

1 – Até 30 dias após a cessação do contrato, o trabalhador tem, em igualdade de condições, preferência na celebração de contrato sem termo, sempre que o empregador proceda a recrutamento externo para o exercício de funções idênticas àquelas para que foi contratado.

2 – A violação do disposto no número anterior obriga o empregador a indemnizar o trabalhador no valor correspondente a três meses de retribuição base.

3 – Cabe ao trabalhador alegar a violação da preferência prevista no n.º 1 e ao empregador a prova do cumprimento do disposto nesse preceito.

4 – Constitui contra-ordenação grave a violação do disposto no n.º 1.

Artigo 135.º (CT)
Preferência na admissão

1 – Até 30 dias após a cessação do contrato, o trabalhador tem, em igualdade de condições, preferência na celebração de contrato sem termo, sempre que o empregador proceda a recrutamento externo para o exercício de funções idênticas àquelas para que foi contratado.

2 – A violação do disposto no número anterior obriga o empregador a indemnizar o trabalhador no valor correspondente a três meses de retribuição base.

3 – Cabe ao trabalhador alegar a violação da preferência prevista no n.º 1 e ao empregador a prova do cumprimento do disposto nesse preceito.

Artigo 146.º
Igualdade de tratamento no âmbito de contrato a termo

1 – O trabalhador contratado a termo tem os mesmos direitos e está adstrito aos mesmos deveres de trabalhador permanente em situação comparável, salvo se razões objectivas justificarem tratamento diferenciado.

2 – Os trabalhadores contratados a termo são considerados, para efeitos da determinação das obrigações sociais relacionadas com o número de trabalhadores, com base na média dos existentes na empresa no final de cada mês do ano civil anterior.

Artigo 147.º
Contrato de trabalho sem termo

1 – Considera-se sem termo o contrato de trabalho:
a) Em que a estipulação de termo tenha por fim iludir as disposições que regulam o contrato sem termo;
b) Celebrado fora dos casos previstos nos n.ºs 1, 3 ou 4 do artigo 140.º;

Artigo 655.º (CT)
Contrato a termo

1 – Constitui contra-ordenação muito grave a violação do disposto nos artigos 129.º, 137.º e 143.º

2 – Constitui contra-ordenação grave a violação do disposto na alínea e) do n.º 1 e no n.º 3 do artigo 131.º, no n.º 1 do artigo 132.º e no n.º 1 do artigo 135.º

3 – Constitui contra-ordenação leve a violação do disposto no artigo 133.º

Artigo 136.º (CT)
Igualdade de tratamento

O trabalhador contratado a termo tem os mesmos direitos e está adstrito aos mesmos deveres do trabalhador permanente numa situação comparável, salvo se razões objectivas justificarem um tratamento diferenciado.

Artigo 134.º (CT)
Obrigações sociais

O trabalhador admitido a termo é incluído, segundo um cálculo efectuado com recurso à média no ano civil anterior, no total dos trabalhadores da empresa para determinação das obrigações sociais relacionadas com o número de trabalhadores ao serviço.

Artigo 130.º (CT)
Justificação do termo

1 – A prova dos factos que justificam a celebração de contrato a termo cabe ao empregador.

2 – Considera-se sem termo o contrato de trabalho no qual a estipulação da cláusula acessória tenha por fim iludir as disposições que regulam o

c) Em que falte a redução a escrito, a identificação ou a assinatura das partes, ou, simultaneamente, as datas de celebração do contrato e de início do trabalho, bem como aquele em que se omitam ou sejam insuficientes as referências ao termo e ao motivo justificativo;

d) Celebrado em violação do disposto no n.º 1 do artigo 143.º

2 – Converte-se em contrato de trabalho sem termo:

a) Aquele cuja renovação tenha sido feita em violação do disposto no artigo 149.º;

b) Aquele em que seja excedido o prazo de duração ou o número de renovações a que se refere o artigo seguinte;

c) O celebrado a termo incerto, quando o trabalhador permaneça em actividade após a data de caducidade indicada na comunicação do empregador ou, na falta desta, decorridos 15 dias após a verificação do termo.

3 – Em situação referida no n.º 1 ou 2, a antiguidade do trabalhador conta-se desde o início da prestação de trabalho, excepto em situação a que se refere a alínea d) do n.º 1, em que compreende o tempo de trabalho prestado em cumprimento dos contratos sucessivos.

contrato sem termo ou o celebrado fora dos casos previstos no artigo anterior.

Artigo 131.º (CT)
Formalidades

1 – Do contrato de trabalho a termo devem constar as seguintes indicações:

a) Nome ou denominação e domicílio ou sede dos contraentes;

b) Actividade contratada e retribuição do trabalhador;

c) Local e período normal de trabalho;

d) Data de início do trabalho;

e) Indicação do termo estipulado e do respectivo motivo justificativo;

f) Data da celebração do contrato e, sendo a termo certo, da respectiva cessação.

2 – Na falta da referência exigida pela alínea d) do número anterior, considera-se que o contrato tem início na data da sua celebração.

3 – Para efeitos da alínea e) do n.º 1, a indicação do motivo justificativo da aposição do termo deve ser feita pela menção expressa dos factos que o integram, devendo estabelecer-se a relação entre a justificação invocada e o termo estipulado.

4 – Considera-se sem termo o contrato em que falte a redução a escrito, a assinatura das partes, o nome ou denominação, ou, simultaneamente, as datas da celebração do contrato e de início do trabalho, bem como aquele em que se omitam ou sejam insuficientes as referências exigidas na alínea e) do n.º 1.

Artigo 132.º (CT)
Contratos sucessivos

1 – A cessação, por motivo não imputável ao trabalhador, de contrato de trabalho a termo impede nova admissão a termo para o mesmo posto de trabalho, antes de decorrido um período de tempo equivalente a um terço da duração do contrato, incluindo as suas renovações.

Artigo 140.º (CT)
Renovação do contrato

1 – Por acordo das partes, o contrato a termo certo pode não estar sujeito a renovação.

2 – O contrato renova-se no final do termo estipulado, por igual período, na falta de declaração das partes em contrário.

3 – A renovação do contrato está sujeita à verificação das exigências materiais da sua celebração, bem como às de forma no caso de se estipular prazo diferente.

4 – Considera-se sem termo o contrato cuja renovação tenha sido feita em desrespeito dos pressupostos indicados no número anterior.

5 – Considera-se como único contrato aquele que seja objecto de renovação.

Artigo 141.º (CT)
Contrato sem termo

O contrato considera-se sem termo se forem excedidos os prazos de duração máxima ou o número de renovações a que se refere o artigo 139.º, contando-se a antiguidade do trabalhador desde o início da prestação de trabalho.

Artigo 148.º
Duração de contrato de trabalho a termo

1 – O contrato de trabalho a termo certo pode ser renovado até três vezes e a sua duração não pode exceder:

a) 18 meses, quando se tratar de pessoa à procura de primeiro emprego;

b) Dois anos, nos demais casos previstos no n.º 4 do artigo 140.º;

c) Três anos, nos restantes casos.

2 – O contrato de trabalho a termo certo só pode ser celebrado por prazo inferior a seis meses em situação prevista em qualquer das alíneas *a)* a *g)* do n.º 2 do artigo 140.º, não podendo a duração ser inferior à prevista para a tarefa ou serviço a realizar.

3 – Em caso de violação do disposto na primeira parte do número anterior, o contrato considera-se celebrado pelo prazo de seis meses desde que corresponda à satisfação de necessidades temporárias da empresa.

Artigo 145.º (CT)
Contrato sem termo

1 – Considera-se contratado sem termo o trabalhador que permaneça no desempenho da sua actividade após a data da produção de efeitos da denúncia ou, na falta desta, decorridos 15 dias depois da conclusão da actividade, serviço, obra ou projecto para que haja sido contratado ou o regresso do trabalhador substituído ou a cessação do contrato deste.

2 – Na situação a que se refere o número anterior, a antiguidade do trabalhador conta-se desde o início da prestação de trabalho.

Artigo 139.º (CT)
Duração

1 – O contrato a termo certo dura pelo período acordado, não podendo exceder três anos, incluindo renovações, nem ser renovado mais de duas vezes, sem prejuízo do disposto no número seguinte.

2 – Decorrido o período de três anos ou verificado o número máximo de renovações a que se refere o número anterior, o contrato pode, no entanto, ser objecto de mais uma renovação desde que a respectiva duração não seja inferior a um nem superior a três anos.

3 – A duração máxima do contrato a termo certo, incluindo renovações, não pode exceder dois anos nos casos previstos no n.º 3 do artigo 129.º, salvo quando se tratar de trabalhadores à procura de primeiro emprego cuja contratação a termo não pode exceder 18 meses.

4 – A duração do contrato de trabalho a termo incerto não pode ser superior a seis anos.

5 – É incluída no cômputo do limite referido na alínea *c)* do n.º 1 a duração de contratos de trabalho a termo ou de trabalho temporário cuja execução se concretiza no mesmo posto de trabalho, bem como de contrato de prestação de serviço para o mesmo objecto, entre o trabalhador e o mesmo empregador ou sociedades que com este se encontrem em relação de domínio ou de grupo ou mantenham estruturas organizativas comuns.

Artigo 149.º
Renovação de contrato de trabalho a termo certo

1 – As partes podem acordar que o contrato de trabalho a termo certo não fica sujeito a renovação.

2 – Na ausência de estipulação a que

Artigo 141.º (CT)
Contrato sem termo

O contrato considera-se sem termo se forem excedidos os prazos de duração máxima ou o número de renovações a que se refere o artigo 139.º, contando-se a antiguidade do trabalhador desde o início da prestação de trabalho.

Artigo 142.º (CT)
Estipulação de prazo inferior a seis meses

1 – O contrato só pode ser celebrado por prazo inferior a seis meses nas situações previstas nas alíneas a) a g) do n.º 2 do artigo 129.º

2 – Nos casos em que é admitida a celebração do contrato por prazo inferior a seis meses a sua duração não pode ser inferior à prevista para a tarefa ou serviço a realizar.

3 – Sempre que se verifique a violação do disposto no n.º 1, o contrato considera-se celebrado pelo prazo de seis meses.

Artigo 144.º (CT)
Duração

O contrato de trabalho a termo incerto dura por todo o tempo necessário para a substituição do trabalhador ausente ou para a conclusão da actividade, tarefa, obra ou projecto cuja execução justifica a celebração.

Artigo 140.º (CT)
Renovação do contrato

1 – Por acordo das partes, o contrato a termo certo pode não estar sujeito a renovação.

2 – O contrato renova-se no final do termo estipulado, por igual período, na

se refere o número anterior e de declaração de qualquer das partes que o faça cessar, o contrato renova-se no final do termo, por igual período se outro não for acordado pelas partes.

3 – A renovação do contrato está sujeita à verificação da sua admissibilidade, nos termos previstos para a sua celebração, bem como a iguais requisitos de forma no caso de se estipular período diferente.

4 – Considera-se como único contrato aquele que seja objecto de renovação.

falta de declaração das partes em contrário.

3 – A renovação do contrato está sujeita à verificação das exigências materiais da sua celebração, bem como às de forma no caso de se estipular prazo diferente.

4 – Considera-se sem termo o contrato cuja renovação tenha sido feita em desrespeito dos pressupostos indicados no número anterior.

5 – Considera-se como único contrato aquele que seja objecto de renovação.

SUBSECÇÃO II
Trabalho a tempo parcial

Artigo 150.º
Noção de trabalho a tempo parcial

1 – Considera-se trabalho a tempo parcial o que corresponda a um período normal de trabalho semanal inferior ao praticado a tempo completo em situação comparável.

2 – Para efeitos do número anterior, se o período normal de trabalho não for igual em cada semana, é considerada a respectiva média no período de referência aplicável.

3 – O trabalho a tempo parcial pode ser prestado apenas em alguns dias por semana, por mês ou por ano, devendo o número de dias de trabalho ser estabelecido por acordo.

4 – As situações de trabalhador a tempo parcial e de trabalhador a tempo completo são comparáveis quando estes prestem idêntico trabalho no mesmo estabelecimento ou, não havendo neste trabalhador em situação comparável, noutro estabelecimento da mesma em-

Artigo 180.º (CT)
Noção

1 – Considera-se trabalho a tempo parcial o que corresponda a um período normal de trabalho semanal igual ou inferior a 75% do praticado a tempo completo numa situação comparável.

2 – O limite percentual referido no número anterior pode ser aumentado por instrumento de regulamentação colectiva de trabalho.

3 – O trabalho a tempo parcial pode, salvo estipulação em contrário, ser prestado em todos ou alguns dias da semana, sem prejuízo do descanso semanal, devendo o número de dias de trabalho ser fixado por acordo.

4 – Para efeitos da presente subsecção, se o período normal de trabalho não for igual em cada semana, é considerada a respectiva média num período de quatro meses ou período diferente estabelecido por instrumento de regulamentação colectiva de trabalho.

presa com idêntica actividade, devendo ser levadas em conta a antiguidade e a qualificação.

5 – Se não existir trabalhador em situação comparável nos termos do número anterior, atende-se ao disposto em instrumento de regulamentação colectiva de trabalho ou na lei para trabalhador a tempo completo e com as mesmas antiguidade e qualificação.

6 – O instrumento de regulamentação colectiva de trabalho pode estabelecer o limite máximo de percentagem do tempo completo que determina a qualificação do tempo parcial, ou critérios de comparação além dos previstos na par te final do n.º 4.

Artigo 151.º
Liberdade de celebração de contrato de trabalho a tempo parcial

A liberdade de celebração de contrato de trabalho a tempo parcial não pode ser excluída por instrumento de regulamentação colectiva de trabalho.

Artigo 182.º (CT)
Situações comparáveis

1 – As situações de trabalhadores a tempo parcial e de trabalhadores a tempo completo são comparáveis quando, no mesmo estabelecimento, prestem idêntico tipo de trabalho, devendo ser levadas em conta a antiguidade e a qualificação técnica ou profissional.

2 – Quando não exista no estabelecimento nenhum trabalhador a tempo completo em situação comparável, o juízo de comparação pode ser feito com trabalhador de outro estabelecimento da mesma empresa onde se desenvolva idêntica actividade.

3 – Se não existir trabalhador em situação comparável nos termos dos números anteriores, atender-se-á ao regime fixado em instrumento de regulamentação colectiva de trabalho ou na lei para trabalhador em tempo completo e com a mesma antiguidade e qualificação técnica ou profissional.

4 – Por instrumento de regulamentação colectiva de trabalho podem ser estabelecidos critérios de comparação para além do previsto no n.º 1.

Artigo 181.º (CT)
Liberdade de celebração

A liberdade de celebração de contratos de trabalho a tempo parcial não pode ser excluída por aplicação de disposições constantes de instrumentos de regulamentação colectiva de trabalho.

Artigo 152.º
Preferência na admissão para trabalho a tempo parcial

1 – Os instrumentos de regulamentação colectiva de trabalho devem estabelecer, para a admissão em regime de tempo parcial, preferências em favor de pessoa com responsabilidades familiares, com capacidade de trabalho reduzida, com deficiência ou doença crónica ou que frequente estabelecimento de ensino.

2 – Constitui contra-ordenação grave o desrespeito de preferência estabelecida nos termos do n.º 1.

Artigo 153.º
Forma e conteúdo de contrato de trabalho a tempo parcial

1 – O contrato de trabalho a tempo parcial está sujeito a forma escrita e deve conter:
a) Identificação, assinaturas e domicílio ou sede das partes;
b) Indicação do período normal de trabalho diário e semanal, com refe-

Artigo 183.º (CT)
Preferência na admissão ao trabalho a tempo parcial

1 – Os instrumentos de regulamentação colectiva de trabalho devem estabelecer, para a admissão em regime de tempo parcial, preferências em favor dos trabalhadores com responsabilidades familiares, dos trabalhadores com capacidade de trabalho reduzida, pessoa com deficiência ou doença crónica e dos trabalhadores que frequentem estabelecimentos de ensino médio ou superior.

2 – O trabalhador que pretenda usufruir do regime de reforma parcial beneficia, independentemente de previsão em instrumento de regulamentação colectiva de trabalho, da preferência prevista no número anterior.

Artigo 660.º (CT)
Trabalho a tempo parcial

1 – Constitui contra-ordenação grave a violação do disposto no artigo 183.º, nos n.ºs 1, 4, 5 e 6 do artigo 185.º e no n.º 4 do artigo 186.º

2 – Constitui contra-ordenação leve a violação do disposto no n.º 2 do artigo 187.º

Artigo 184.º (CT)
Forma e formalidades

1 – Do contrato de trabalho a tempo parcial deve constar a indicação do período normal de trabalho diário e semanal com referência comparativa ao trabalho a tempo completo.

2 – Quando não tenha sido observada a forma escrita, presume-se que o contrato foi celebrado por tempo completo.

rência comparativa a trabalho a tempo completo.

2 – Na falta da indicação referida na alínea b) do número anterior, presume-se que o contrato é celebrado a tempo completo.

3 – Quando não tenha sido observada a forma escrita, considera-se o contrato celebrado a tempo completo.

Artigo 154.º
Condições de trabalho a tempo parcial

1 – A trabalhador a tempo parcial é aplicável o regime previsto na lei e em instrumento de regulamentação colectiva de trabalho que, pela sua natureza, não implique a prestação de trabalho a tempo completo.

2 – O trabalhador a tempo parcial não pode ter tratamento menos favorável do que o trabalhador a tempo completo em situação comparável, a menos que um tratamento diferente seja justificado por razões objectivas, que podem ser definidas por instrumento de regulamentação colectiva de trabalho.

3 – O trabalhador a tempo parcial tem direito:

a) À retribuição base e outras prestações, com ou sem carácter retributivo, previstas na lei ou em instrumento de regulamentação colectiva de trabalho ou, caso sejam mais favoráveis, às auferidas por trabalhador a tempo completo em situação comparável, na proporção do respectivo período normal de trabalho semanal;

b) Ao subsídio de refeição, no montante previsto em instrumento de regulamentação colectiva de trabalho ou,

3 – Se faltar no contrato a indicação do período normal de trabalho semanal, presume-se que o contrato foi celebrado para a duração máxima do período normal de trabalho admitida para o contrato a tempo parcial pela lei ou por instrumento de regulamentação colectiva de trabalho aplicável.

Artigo 185.º (CT)
Condições de trabalho

1 – Ao trabalho a tempo parcial é aplicável o regime previsto na lei e na regulamentação colectiva que, pela sua natureza, não implique a prestação de trabalho a tempo completo, não podendo os trabalhadores a tempo parcial ter um tratamento menos favorável do que os trabalhadores a tempo completo numa situação comparável, a menos que um tratamento diferente seja justificado por motivos objectivos.

2 – As razões objectivas atendíveis nos termos do n.º 1 podem ser definidas por instrumento de regulamentação colectiva de trabalho.

3 – Os instrumentos de regulamentação colectiva de trabalho, sempre que tal for consentido pela natureza das actividades ou profissões abrangidas, devem conter normas sobre o regime de trabalho a tempo parcial.

4 – O trabalhador a tempo parcial tem direito à retribuição base prevista na lei ou na regulamentação colectiva, ou, caso seja mais favorável, à auferida por trabalhadores a tempo completo numa situação comparável, em proporção do respectivo período normal de trabalho semanal.

caso seja mais favorável, ao praticado na empresa, excepto quando o período normal de trabalho diário seja inferior a cinco horas, caso em que é calculado em proporção do respectivo período normal de trabalho semanal.

4 – Constitui contra-ordenação grave a violação do disposto neste artigo.

5 – O trabalhador a tempo parcial tem direito a outras prestações, com ou sem carácter retributivo, previstas na regulamentação colectiva ou, caso seja mais favorável, auferidas por trabalhadores a tempo completo numa situação comparável, nos termos constantes dessa regulamentação ou, na sua falta, em proporção do respectivo período normal de trabalho semanal.

6 – O trabalhador a tempo parcial tem direito ao subsídio de refeição previsto na regulamentação colectiva ou, caso seja mais favorável, ao definido pelos usos da empresa, excepto quando a sua prestação de trabalho diário seja inferior a cinco horas, sendo então calculado em proporção do respectivo período normal de trabalho semanal.

Artigo 660.º (CT)
Trabalho a tempo parcial

1 – Constitui contra-ordenação grave a violação do disposto no artigo 183.º, nos n.ᵒˢ 1, 4, 5 e 6 do artigo 185.º e no n.º 4 do artigo 186.º

2 – Constitui contra-ordenação leve a violação do disposto no n.º 2 do artigo 187.º

Artigo 155.º
Alteração da duração do trabalho a tempo parcial

1 – O trabalhador a tempo parcial pode passar a trabalhar a tempo completo, ou o inverso, a título definitivo ou por período determinado, mediante acordo escrito com o empregador.

2 – O trabalhador pode fazer cessar o acordo referido no número anterior por

Artigo 186.º (CT)
Alteração da duração do trabalho

1 – O trabalhador a tempo parcial pode passar a trabalhar a tempo completo, ou o inverso, a título definitivo ou por período determinado, mediante acordo escrito com o empregador.

2 – O acordo referido no número anterior pode cessar por iniciativa do trabalhador até ao sétimo dia seguinte

meio de comunicação escrita enviada ao empregador até ao sétimo dia seguinte à celebração.

3 – Exceptua-se do disposto no número anterior o acordo de modificação do período de trabalho devidamente datado e cujas assinaturas sejam objecto de reconhecimento notarial presencial.

4 – Quando a passagem de trabalho a tempo completo para trabalho a tempo parcial, nos termos do n.º 1, se verifique por período determinado, decorrido este, o trabalhador tem direito a retomar a prestação de trabalho a tempo completo.

5 – Constitui contra-ordenação grave a violação do disposto no n.º 4.

Artigo 156.º
Deveres do empregador em caso de trabalho a tempo parcial

1 – Sempre que possível, o empregador deve:

a) Tomar em consideração o pedido de mudança do trabalhador a tempo completo para trabalho a tempo parcial disponível no estabelecimento;

b) Tomar em consideração o pedido de mudança do trabalhador a tempo

à data da respectiva celebração, mediante comunicação escrita enviada ao empregador.

3 – Exceptua-se do disposto no número anterior o acordo de modificação do período de trabalho devidamente datado e cujas assinaturas sejam objecto de reconhecimento notarial presencial.

4 – Quando a passagem de trabalho a tempo completo para trabalho a tempo parcial, nos termos do n.º 1, se verificar por período determinado, até ao máximo de três anos, o trabalhador tem direito a retomar a prestação de trabalho a tempo completo.

5 – O prazo referido no número anterior pode ser elevado por instrumento de regulamentação colectiva de trabalho ou por acordo entre as partes.

Artigo 660.º (CT)
Trabalho a tempo parcial

1 – Constitui contra-ordenação grave a violação do disposto no artigo 183.º, nos n.ºˢ 1, 4, 5 e 6 do artigo 185.º e no n.º 4 do artigo 186.º

2 – Constitui contra-ordenação leve a violação do disposto no n.º 2 do artigo 187.º

Artigo 187.º (CT)
Deveres do empregador

1 – Sempre que possível, o empregador deve tomar em consideração:

a) O pedido de mudança do trabalhador a tempo completo para um trabalho a tempo parcial que se torne disponível no estabelecimento;

b) O pedido de mudança do trabalhador a tempo parcial para um trabalho a tempo completo, ou de aumento

parcial para trabalho disponível a tempo completo, ou de aumento do seu tempo de trabalho;
c) Facilitar o acesso a trabalho a tempo parcial a todos os níveis da empresa, incluindo os cargos de direcção.
2 – O empregador deve, ainda:
a) Fornecer aos trabalhadores, em tempo oportuno, informação sobre os postos de trabalho a tempo parcial e a tempo completo disponíveis no estabelecimento, de modo a facilitar as mudanças a que se referem as alíneas *a)* e *b)* do número anterior;
b) Fornecer às estruturas de representação colectiva dos trabalhadores da empresa informações adequadas sobre o trabalho a tempo parcial praticado na empresa.
3 – Constitui contra-ordenação leve a violação do disposto no número anterior.

SUBSECÇÃO III
Trabalho intermitente

Artigo 157.º
Admissibilidade de trabalho intermitente

1 – Em empresa que exerça actividade com descontinuidade ou intensidade variável, as partes podem acordar que a prestação de trabalho seja inter-

do seu tempo de trabalho, se surgir esta possibilidade;
c) As medidas destinadas a facilitar o acesso ao trabalho a tempo parcial em todos os níveis da empresa, incluindo os postos de trabalho qualificados e os cargos de direcção e, se pertinente, as medidas destinadas a facilitar o acesso do trabalhador a tempo parcial à formação profissional, para favorecer a progressão e a mobilidade profissionais.
2 – O empregador deve, ainda:
a) Fornecer, em tempo oportuno, informação sobre os postos de trabalho a tempo parcial e a tempo completo disponíveis no estabelecimento, de modo a facilitar as mudanças a que se referem as alíneas a) e b) do número anterior;
b) Fornecer aos órgãos de representação dos trabalhadores informações adequadas sobre o trabalho a tempo parcial na empresa.

Artigo 660.º (CT)
Trabalho a tempo parcial

1 – Constitui contra-ordenação grave a violação do disposto no artigo 183.º, nos n.ᵒˢ 1, 4, 5 e 6 do artigo 185.º e no n.º 4 do artigo 186.º
2 – Constitui contra-ordenação leve a violação do disposto no n.º 2 do artigo 187.º

Sem correspondência.

calada por um ou mais períodos de inactividade.

2 – O contrato de trabalho intermitente não pode ser celebrado a termo resolutivo ou em regime de trabalho temporário.

Artigo 158.º
Forma e conteúdo de contrato de trabalho intermitente

1 – O contrato de trabalho intermitente está sujeito a forma escrita e deve conter:

a) Identificação, assinaturas e domicílio ou sede das partes;

b) Indicação do número anual de horas de trabalho, ou do número anual de dias de trabalho a tempo completo.

2 – Quando não tenha sido observada a forma escrita, ou na falta da indicação referida na alínea *b)* do número anterior, considera-se o contrato celebrado sem período de inactividade.

3 – O contrato considera-se celebrado pelo número anual de horas resultante do disposto no n.º 2 do artigo seguinte, caso o número anual de horas de trabalho ou o número anual de dias de trabalho a tempo completo seja inferior a esse limite.

Sem correspondência.

Artigo 159.º
Período de prestação de trabalho

1 – As partes estabelecem a duração da prestação de trabalho, de modo consecutivo ou interpolado, bem como o início e termo de cada período de trabalho, ou a antecedência com que o empregador deve informar o trabalhador do início daquele.

2 – A prestação de trabalho referida no número anterior não pode ser inferior

Sem correspondência.

a seis meses a tempo completo, por ano, dos quais pelo menos quatro meses devem ser consecutivos.

3 – A antecedência a que se refere o n.º 1 não deve ser inferior a 20 dias.

4 – Constitui contra-ordenação grave a violação do disposto no número anterior.

Artigo 160.º
Direitos do trabalhador

1 – Durante o período de inactividade, o trabalhador tem direito a compensação retributiva em valor estabelecido em instrumento de regulamentação colectiva de trabalho ou, na sua falta, de 20 % da retribuição base, a pagar pelo empregador com periodicidade igual à da retribuição.

2 – Os subsídios de férias e de Natal são calculados com base na média dos valores de retribuições e compensações retributivas auferidas nos últimos 12 meses, ou no período de duração do contrato se esta for inferior.

3 – Durante o período de inactividade, o trabalhador pode exercer outra actividade.

4 – Durante o período de inactividade, mantêm-se os direitos, deveres e garantias das partes que não pressuponham a efectiva prestação de trabalho.

5 – Constitui contra-ordenação grave a violação do disposto nos n.ºs 1 ou 2.

Sem correspondência.

SUBSECÇÃO IV
Comissão de serviço

Artigo 161.º
Objecto da comissão de serviço

Pode ser exercido em comissão de serviço cargo de administração ou

Artigo 244.º (CT)
Objecto

Podem ser exercidos em comissão de serviço os cargos de administração ou

equivalente, de direcção ou chefia directamente dependente da administração ou de director-geral ou equivalente, funções de secretariado pessoal de titular de qualquer desses cargos, ou ainda, desde que instrumento de regulamentação colectiva de trabalho o preveja, funções cuja natureza também suponha especial relação de confiança em relação a titular daqueles cargos.

equivalentes, de direcção dependentes da administração e as funções de secretariado pessoal relativas aos titulares desses cargos, bem como outras, previstas em instrumento de regulamentação colectiva de trabalho, cuja natureza também suponha, quanto aos mesmos titulares, especial relação de confiança.

Artigo 162.º
Regime de contrato de trabalho em comissão de serviço

1 – Pode exercer cargo ou funções em comissão de serviço, um trabalhador da empresa ou outro admitido para o efeito.

2 – No caso de admissão de trabalhador para exercer cargo ou funções em comissão de serviço, pode ser acordada a sua permanência após o termo da comissão.

3 – O contrato para exercício de cargo ou funções em comissão de serviço está sujeito a forma escrita e deve conter:

a) Identificação, assinaturas e domicílio ou sede das partes;

b) Indicação do cargo ou funções a desempenhar, com menção expressa do regime de comissão de serviço;

c) No caso de trabalhador da empresa, a actividade que exerce, bem como, sendo diversa, a que vai exercer após cessar a comissão;

d) No caso de trabalhador admitido em regime de comissão de serviço que se preveja permanecer na empresa, a actividade que vai exercer após cessar a comissão.

4 – Não se considera em regime de comissão de serviço o contrato que não

Artigo 245.º (CT)
Formalidades

1 – Do acordo para o exercício de cargos em regime de comissão de serviço devem constar as seguintes indicações:

a) Identificação dos contraentes;

b) Cargo ou funções a desempenhar, com menção expressa do regime de comissão de serviço;

c) Actividade antes exercida pelo trabalhador ou, não estando este vinculado ao empregador, aquela que vai exercer aquando da cessação da comissão de serviço, se for esse o caso.

2 – Não se considera sujeito ao regime de comissão de serviço o acordo não escrito ou em que falte a menção referida na alínea b) do número anterior.

Artigo 248.º (CT)
Contagem do tempo de serviço

O tempo de serviço prestado em regime de comissão de serviço conta como se tivesse sido prestado na categoria de que o trabalhador é titular.

Artigo 668.º (CT)
Comissão de serviço

1 – Constitui contra-ordenação grave:

tenha a forma escrita ou a que falte a menção referida na alínea *b)* do número anterior.

5 – O tempo de serviço prestado em regime de comissão de serviço conta para efeitos de antiguidade do trabalhador como se tivesse sido prestado na categoria de que este é titular.

6 – Constitui contra-ordenação grave a falta da menção referida na alínea *b)* do n.º 3, salvo se o empregador reconhecer expressamente e por escrito que o cargo ou funções são exercidos com carácter permanente, e constitui contra--ordenação leve a falta de redução a escrito do contrato ou a violação da alínea *c)* do referido número.

a) A falta de redução a escrito da menção referida na alínea b) do n.º 1 do artigo 245.º, salvo se o empregador reconhecer expressamente e por escrito que o cargo ou função é exercido com carácter permanente;

b) A violação das alíneas a) e c) do n.º 1 do artigo 247.º

2 – Constitui contra-ordenação leve a falta da forma escrita prevista no n.º 1 do artigo 245.º e a violação das alíneas a) e c) do mesmo número.

Artigo 163.º
Cessação de comissão de serviço

1 – Qualquer das partes pode pôr termo à comissão de serviço, mediante aviso prévio por escrito, com a antecedência mínima de 30 ou 60 dias, consoante aquela tenha durado, respectivamente, até dois anos ou período superior.

2 – A falta de aviso prévio não obsta à cessação da comissão de serviço, constituindo a parte faltosa na obrigação de indemnizar a contraparte nos termos do artigo 401.º

Artigo 246.º (CT)
Cessação da comissão de serviço

Qualquer das partes pode pôr termo à prestação de trabalho em comissão de serviço, mediante comunicação escrita à outra, com a antecedência mínima de 30 ou 60 dias, consoante a prestação de trabalho em regime de comissão de serviço tenha durado, respectivamente, até dois anos ou por período superior.

Artigo 164.º
Efeitos da cessação da comissão de serviço

1 – Cessando a comissão de serviço, o trabalhador tem direito:

a) Caso se mantenha ao serviço da empresa, a exercer a actividade desempenhada antes da comissão de serviço, ou a correspondente à categoria a que

Artigo 247.º (CT)
Efeitos da cessação da comissão de serviço

1 – Cessando a comissão de serviço, o trabalhador tem direito:

a) A exercer a actividade desempenhada antes da comissão de serviço ou as funções correspondentes à categoria a que entretanto tenha sido promovido

tenha sido promovido ou, ainda, a actividade prevista no acordo a que se refere a alínea *c)* ou *d)* do n.º 3 do artigo 162.º;

b) A resolver o contrato de trabalho nos 30 dias seguintes à decisão do empregador que ponha termo à comissão de serviço, com direito a indemnização calculada nos termos do artigo 366.º;

c) Tendo sido admitido para trabalhar em comissão de serviço e esta cesse por iniciativa do empregador que não corresponda a despedimento por facto imputável ao trabalhador, a indemnização calculada nos termos do artigo 366.º.

2 – Os prazos previstos no artigo anterior e o valor da indemnização a que se referem as alíneas *b)* e *c)* do n.º 1 podem ser aumentados por instrumento de regulamentação colectiva de trabalho ou contrato de trabalho.

3 – Constitui contra-ordenação grave a violação do disposto no n.º 1.

ou, se contratado para o efeito, a exercer a actividade correspondente à categoria constante do acordo, se tal tiver sido convencionado pelas partes;

b) A resolver o contrato de trabalho nos 30 dias seguintes à decisão do empregador que ponha termo à comissão de serviço;

c) A uma indemnização correspondente a um mês de retribuição base auferida no desempenho da comissão de serviço, por cada ano completo de antiguidade na empresa, sendo no caso de fracção de ano o valor de referência calculado proporcionalmente, no caso previsto na alínea anterior e sempre que a extinção da comissão de serviço determine a cessação do contrato de trabalho do trabalhador contratado para o efeito.

2 – Salvo acordo em contrário, o trabalhador que denuncie o contrato de trabalho na pendência da comissão de serviço não tem direito à indemnização prevista na alínea c) do número anterior.

3 – A indemnização prevista na alínea c) do n.º 1 não é devida quando a cessação da comissão de serviço resultar de despedimento por facto imputável ao trabalhador.

4 – Os prazos previstos no artigo anterior e o valor da indemnização previsto na alínea c) do n.º 1 podem ser aumentados por instrumento de regulamentação colectiva de trabalho ou contrato de trabalho.

Artigo 668.º (CT)
Comissão de serviço

1 – Constitui contra-ordenação grave:
a) A falta de redução a escrito da menção referida na alínea b) do n.º 1 do

SUBSECÇÃO V
Teletrabalho

Artigo 165.º
Noção de teletrabalho

Considera-se teletrabalho a prestação laboral realizada com subordinação jurídica, habitualmente fora da empresa e através do recurso a tecnologias de informação e de comunicação.

Artigo 166.º
Regime de contrato para prestação subordinada de teletrabalho

1 – Pode exercer a actividade em regime de teletrabalho um trabalhador da empresa ou outro admitido para o efeito, mediante a celebração de contrato para prestação subordinada de teletrabalho.

2 – Verificadas as condições previstas no n.º 1 do artigo 195.º, o trabalhador tem direito a passar a exercer a actividade em regime de teletrabalho, quando este seja compatível com a actividade desempenhada.

3 – O empregador não pode opor-se ao pedido do trabalhador nos termos do número anterior.

4 – O contrato está sujeito a forma escrita e deve conter:

artigo 245.º, salvo se o empregador reconhecer expressamente e por escrito que o cargo ou função é exercido com carácter permanente;

b) A violação das alíneas a) e c) do n.º 1 do artigo 247.º

2 – Constitui contra-ordenação leve a falta da forma escrita prevista no n.º 1 do artigo 245.º e a violação das alíneas a) e c) do mesmo número.

Artigo 233.º (CT)
Noção

Para efeitos deste Código, considera-se teletrabalho a prestação laboral realizada com subordinação jurídica, habitualmente fora da empresa do empregador, e através do recurso a tecnologias de informação e de comunicação.

Artigo 234.º (CT)
Formalidades

1 – Do contrato para prestação subordinada de teletrabalho devem constar as seguintes indicações:

a) Identificação dos contraentes;

b) Cargo ou funções a desempenhar, com menção expressa do regime de teletrabalho;

c) Duração do trabalho em regime de teletrabalho;

d) Actividade antes exercida pelo teletrabalhador ou, não estando este vinculado ao empregador, aquela que exercerá aquando da cessação do trabalho em regime de teletrabalho, se for esse o caso;

e) Propriedade dos instrumentos de trabalho a utilizar pelo teletrabalhador, bem como a entidade responsável pela

a) Identificação, assinaturas e domicílio ou sede das partes;

b) Indicação da actividade a prestar pelo trabalhador, com menção expressa do regime de teletrabalho, e correspondente retribuição;

c) Indicação do período normal de trabalho;

d) Se o período previsto para a prestação de trabalho em regime de teletrabalho for inferior à duração previsível do contrato de trabalho, a actividade a exercer após o termo daquele período;

e) Propriedade dos instrumentos de trabalho bem como o responsável pela respectiva instalação e manutenção e pelo pagamento das inerentes despesas de consumo e de utilização;

f) Identificação do estabelecimento ou departamento da empresa em cuja dependência fica o trabalhador, bem como quem este deve contactar no âmbito da prestação de trabalho.

5 – O trabalhador em regime de teletrabalho pode passar a trabalhar no regime dos demais trabalhadores da empresa, a título definitivo ou por período determinado, mediante acordo escrito com o empregador.

6 – A forma escrita é exigida apenas para prova da estipulação do regime de teletrabalho.

7 – Constitui contra-ordenação grave a violação do disposto no n.º 3 e constitui contra-ordenação leve a violação do disposto no n.º 4.

respectiva instalação e manutenção e pelo pagamento das inerentes despesas de consumo e de utilização;

f) Identificação do estabelecimento ou departamento da empresa ao qual deve reportar o teletrabalhador;

g) Identificação do superior hierárquico ou de outro interlocutor da empresa com o qual o teletrabalhador pode contactar no âmbito da respectiva prestação laboral.

2 – Não se considera sujeito ao regime de teletrabalho o acordo não escrito ou em que falte a menção referida na alínea b) do número anterior.

Artigo 667.º (CT)
Teletrabalho

1 – Constitui contra-ordenação grave a violação do disposto no n.º 3 do artigo 235.º, no artigo 237.º, no artigo 240.º e no n.º 2 do artigo 243.º

2 – Constitui contra-ordenação leve a violação do disposto no n.º 1 do artigo 234.º.

Artigo 167.º
Regime no caso de trabalhador anteriormente vinculado ao empregador

1 – No caso de trabalhador anteriormente vinculado ao empregador, a duração inicial do contrato par a prestação subordinada de teletrabalho não pode exceder três anos, ou o prazo estabelecido em instrumento de regulamentação colectiva de trabalho.

2 – Qualquer das partes pode denunciar o contrato referido no número anterior durante os primeiros 30 dias da sua execução.

3 – Cessando o contrato para prestação subordinada de teletrabalho, o trabalhador retoma a prestação de trabalho, nos termos acordados ou nos previstos em instrumento de regulamentação colectiva de trabalho.

4 – Constitui contra-ordenação grave a violação do disposto no número anterior.

Artigo 168.º
Instrumentos de trabalho em prestação subordinada de teletrabalho

1 – Na falta de estipulação no contrato, presume-se que os instrumentos de trabalho respeitantes a tecnologias de informação e de comunicação utilizados pelo trabalhador pertencem ao empregador, que deve assegurar as respectivas instalação e manutenção e o pagamento das inerentes despesas.

Artigo 235.º (CT)
Liberdade contratual

1 – O trabalhador pode passar a trabalhar em regime de teletrabalho por acordo escrito celebrado com o empregador, cuja duração inicial não pode exceder três anos.

2 – O acordo referido no número anterior pode cessar por decisão de qualquer das partes durante os primeiros 30 dias da sua execução.

3 – Cessado o acordo, o trabalhador tem direito a retomar a prestação de trabalho, nos termos previstos no contrato de trabalho ou em instrumento de regulamentação colectiva de trabalho.

4 – O prazo referido no n.º 1 pode ser modificado por instrumento de regulamentação colectiva de trabalho.

Artigo 667.º (CT)
Teletrabalho

1 – Constitui contra-ordenação grave a violação do disposto no n.º 3 do artigo 235.º, no artigo 237.º, no artigo 240.º e no n.º 2 do artigo 243.º

2 – Constitui contra-ordenação leve a violação do disposto no n.º 1 do artigo 234.º

Artigo 238.º (CT)
Instrumentos de trabalho

1 – Na ausência de qualquer estipulação contratual, presume-se que os instrumentos de trabalho utilizados pelo teletrabalhador no manuseamento de tecnologias de informação e de comunicação constituem propriedade do empregador, a quem compete a respectiva instalação e manutenção, bem como o pagamento das inerentes despesas.

2 – O teletrabalhador deve observar

2 – O trabalhador deve observar as regras de utilização e funcionamento dos instrumentos de trabalho que lhe forem disponibilizados.

3 – Salvo acordo em contrário, o trabalhador não pode dar aos instrumentos de trabalho disponibilizados pelo empregador uso diverso do inerente ao cumprimento da sua prestação de trabalho.

Artigo 169.º
Igualdade de tratamento de trabalhador em regime de teletrabalho

1 – O trabalhador em regime de teletrabalho tem os mesmos direitos e deveres dos demais trabalhadores, nomeadamente no que se refere a formação e promoção ou carreira profissionais, limites do período normal de trabalho e outras condições de trabalho, segurança e saúde no trabalho e reparação de danos emergentes de acidente de trabalho ou doença profissional.

2 – No âmbito da formação profissional, o empregador deve proporcionar ao trabalhador, em caso de necessidade, formação adequada sobre a utilização de tecnologias de informação e de comunicação inerentes ao exercício da respectiva actividade.

3 – O empregador deve evitar o isolamento do trabalhador, nomeadamente através de contactos regulares com a empresa e os demais trabalhadores.

as regras de utilização e funcionamento dos equipamentos e instrumentos de trabalho que lhe forem disponibilizados.

3 – Salvo acordo em contrário, o teletrabalhador não pode dar aos equipamentos e instrumentos de trabalho que lhe forem confiados pelo empregador uso diverso do inerente ao cumprimento da sua prestação de trabalho.

Artigo 236.º (CT)
Igualdade de tratamento

O teletrabalhador tem os mesmos direitos e está adstrito às mesmas obrigações dos trabalhadores que não exerçam a sua actividade em regime de teletrabalho tanto no que se refere à formação e promoção profissionais como às condições de trabalho.

Artigo 239.º (CT)
Segurança, higiene e saúde no trabalho

1 – O teletrabalhador é abrangido pelo regime jurídico relativo à segurança, higiene e saúde no trabalho, bem como pelo regime jurídico dos acidentes de trabalho e doenças profissionais.

2 – O empregador é responsável pela definição e execução de uma política de segurança, higiene e saúde que abranja os teletrabalhadores, aos quais devem ser proporcionados, nomeadamente, exames médicos periódicos e equipamentos de protecção visual.

Artigo 240.º (CT)
Período normal de trabalho

O teletrabalhador está sujeito aos limites máximos do período normal de

Artigo 170.º
Privacidade de trabalhador em regime de teletrabalho

1 – O empregador deve respeitar a privacidade do trabalhador e os tempos de descanso e de repouso da família deste, bem como proporcionar-lhe boas condições de trabalho, tanto do ponto de vista físico como psíquico.

2 – Sempre que o teletrabalho seja realizado no domicílio do trabalhador, a visita ao local de trabalho só deve ter por objecto o controlo da actividade

trabalho diário e semanal aplicáveis aos trabalhadores que não exercem a sua actividade em regime de teletrabalho.

Artigo 241.º (CT)
Isenção de horário de trabalho

O teletrabalhador pode estar isento de horário de trabalho.

Artigo 242.º (CT)
Deveres secundários

1 – O empregador deve proporcionar ao teletrabalhador formação específica para efeitos de utilização e manuseamento das tecnologias de informação e de comunicação necessárias ao exercício da respectiva prestação laboral.

2 – O empregador deve proporcionar ao teletrabalhador contactos regulares com a empresa e demais trabalhadores, a fim de evitar o seu isolamento.

3 – O teletrabalhador deve, em especial, guardar segredo sobre as informações e as técnicas que lhe tenham sido confiadas pelo empregador.

Artigo 237.º (CT)
Privacidade

1 – O empregador deve respeitar a privacidade do teletrabalhador e os tempos de descanso e de repouso da família, bem como proporcionar-lhe boas condições de trabalho, tanto do ponto de vista físico como moral.

2 – Sempre que o teletrabalho seja realizado no domicílio do trabalhador, as visitas ao local de trabalho só devem ter por objecto o controlo da actividade laboral daquele, bem como dos res-

laboral, bem como dos instrumentos de trabalho e apenas pode ser efectuada entre as 9 e as 19 horas, com a assistência do trabalhador ou de pessoa por ele designada.

3 – Constitui contra-ordenação grave a violação do disposto neste artigo.

Artigo 171.º
Participação e representação colectivas de trabalhador em regime de teletrabalho

1 – O trabalhador em regime de teletrabalho integra o número de trabalhadores da empresa para todos os efeitos relativos a estruturas de representação colectiva, podendo candidatar-se a essas estruturas.

2 – O trabalhador pode utilizar as tecnologias de informação e de comunicação afectas à prestação de trabalho para participar em reunião promovida no local de trabalho por estrutura de representação colectiva dos trabalhadores.

3 – Qualquer estrutura de representação colectiva dos trabalhadores pode utilizar as tecnologias referidas no número anterior para, no exercício da sua actividade, comunicar com o trabalhador em regime de teletrabalho, nomeadamente divulgando informações a que se refere o n.º 1 do artigo 465.º.

4 – Constitui contra-ordenação grave a violação do disposto nos n.ᵒˢ 2 ou 3.

pectivos equipamentos e apenas podem ser efectuadas entre a 9 e as 19 horas, com a assistência do trabalhador ou de pessoa por ele designada.

Artigo 667.º (CT)
Teletrabalho

1 – Constitui contra-ordenação grave a violação do disposto no n.º 3 do artigo 235.º, no artigo 237.º, no artigo 240.º e no n.º 2 do artigo 243.º

2 – Constitui contra-ordenação leve a violação do disposto no n.º 1 do artigo 234.º.

Artigo 243.º (CT)
Participação e representação colectivas

1 – O teletrabalhador é considerado para o cálculo do limiar mínimo exigível para efeitos de constituição das estruturas representativas dos trabalhadores previstas neste Código, podendo candidatar-se a essas estruturas.

2 – O teletrabalhador pode participar nas reuniões promovidas no local de trabalho pelas comissões de trabalhadores ou associações sindicais, nomeadamente através do emprego das tecnologias de informação e de comunicação que habitualmente utiliza na prestação da sua actividade laboral.

3 – As comissões de trabalhadores e as associações sindicais podem, com as necessárias adaptações, exercer, através das tecnologias de informação e de comunicação habitualmente utilizadas pelo teletrabalhador na prestação da sua actividade laboral, o respectivo direito de afixação e divulgação de textos, convocatórias, comunicações ou informações relativos à vida sindical e aos interesses sócio-profissionais dos trabalhadores.

Artigo 667.º (CT)
Teletrabalho

1 – Constitui contra-ordenação grave a violação do disposto no n.º 3 do artigo 235.º, no artigo 237.º, no artigo 240.º e no n.º 2 do artigo 243.º

2 – Constitui contra-ordenação leve a violação do disposto no n.º 1 do artigo 234.º.

SUBSECÇÃO VI
Trabalho temporário

DIVISÃO I
Disposições gerais relativas a trabalho temporário

Artigo 172.º
Conceitos específicos do regime de trabalho temporário

Considera-se:

a) Contrato de trabalho temporário, o contrato de trabalho a termo celebrado entre uma empresa de trabalho temporário e um trabalhador, pelo qual este se obriga, mediante retribuição daquela, a prestar a sua actividade a utilizadores, mantendo-se vinculado à empresa de trabalho temporário;

b) Contrato de trabalho por tempo indeterminado para cedência temporária, o contrato de trabalho por tempo indeterminado celebrado entre uma empresa de trabalho temporário e um trabalhador, pelo qual este se obriga, mediante retribuição daquela, a prestar temporariamente a sua actividade a utilizadores, mantendo-se vinculado à empresa de trabalho temporário;

c) Contrato de utilização de trabalho temporário, o contrato de prestação de serviço a termo resolutivo entre um utilizador e uma empresa de trabalho temporário, pelo qual esta se obriga,

Artigo 2.º (LTT)
Conceitos

Para efeitos da presente lei, considera-se:

a) «Empresa de trabalho temporário» a pessoa singular ou colectiva cuja actividade consiste na cedência temporária a utilizadores da actividade de trabalhadores que, para esse efeito, admite e retribui;

b) «Trabalhador temporário» a pessoa que celebra com uma empresa de trabalho temporário um contrato de trabalho temporário ou um contrato de trabalho por tempo indeterminado para cedência temporária;

c) «Utilizador» a pessoa singular ou colectiva, com ou sem fins lucrativos, que ocupa, sob a sua autoridade e direcção, trabalhadores cedidos por uma empresa de trabalho temporário;

d) «Contrato de trabalho temporário» o contrato de trabalho a termo celebrado entre uma empresa de trabalho temporário e um trabalhador, pelo qual este se obriga, mediante retribuição

mediante retribuição, a ceder àquele um ou mais trabalhadores temporários.

Artigo 173.º
Cedência ilícita de trabalhador

1 – É nulo o contrato de utilização, o contrato de trabalho temporário ou o contrato de trabalho por tempo indeterminado para cedência temporária celebrado por empresa de trabalho temporário não titular de licença para o exercício da respectiva actividade.

2 – É nulo o contrato celebrado entre empresas de trabalho temporário pelo qual uma cede à outra um trabalhador para que este seja posterior mente cedido a terceiro.

3 – No caso previsto no n.º 1, considera-se que o trabalho é prestado à empresa de trabalho temporário em regime de contrato de trabalho sem termo.

4 – No caso previsto no n.º 2, consi-

daquela, a prestar temporariamente a sua actividade a utilizadores, mantendo o vínculo jurídico-laboral à empresa de trabalho temporário;

e) «Contrato de trabalho por tempo indeterminado para cedência temporária» o contrato de trabalho por tempo indeterminado celebrado entre uma empresa de trabalho temporário e um trabalhador, pelo qual este se obriga, mediante retribuição daquela, a prestar temporariamente a sua actividade a utilizadores, mantendo o vínculo jurídico--laboral à empresa de trabalho temporário;

f) «Contrato de utilização de trabalho temporário» o contrato de prestação de serviço a termo resolutivo celebrado entre um utilizador e uma empresa de trabalho temporário, pelo qual esta se obriga, mediante retribuição, a ceder um ou mais trabalhadores temporários.

Artigo 16.º (LTT)
Cedência ilícita

1 – São nulos os contratos de utilização, de trabalho temporário e o de trabalho por tempo indeterminado para cedência temporária celebrados por empresa de trabalho temporário não licenciada nos termos da presente lei.

2 – É nulo o contrato celebrado entre empresas de trabalho temporário, nos termos do qual uma cede à outra um trabalhador para que posteriormente seja cedido a terceiro.

3 – No caso previsto no n.º 1 considera-se que o trabalho é prestado à empresa de trabalho temporário em regime de contrato de trabalho sem termo.

dera-se que o trabalho é prestado à empresa que contrate o trabalhador em regime de contrato de trabalho sem termo.

5 – No caso de o trabalhador ser cedido a utilizador por empresa de trabalho temporário licenciada sem que tenha celebrado contrato de trabalho temporário ou contrato de trabalho por tempo indeterminado para cedência temporária, considera-se que o trabalho é prestado a esta empresa em regime de contrato de trabalho sem termo.

6 – Em substituição do disposto no n.º 3, 4 ou 5, o trabalhador pode optar, nos 30 dias seguintes ao início da prestação de actividade, por uma indemnização nos termos do artigo 326.º.

7 – Constitui contra-ordenação muito grave, imputável à empresa de trabalho temporário e ao utilizador, a celebração de contrato de utilização de trabalho temporário por parte de empresa não titular de licença.

4 – No caso previsto no n.º 2 considera-se que o trabalho é prestado à empresa que realizou a cedência em regime de contrato de trabalho sem termo.

5 – No caso de o trabalhador ser cedido a um utilizador por uma empresa de trabalho temporário licenciada sem que tenha celebrado contrato de trabalho temporário ou contrato de trabalho por tempo indeterminado para cedência temporária nos termos previstos na presente lei, considera-se que o trabalho é prestado pelo trabalhador a esta empresa em regime de contrato de trabalho sem termo.

6 – Em substituição do disposto nos números anteriores pode o trabalhador optar, nos 30 dias após o início da prestação da actividade ao utilizador ou a terceiro, por uma indemnização nos termos do artigo 443.º do Código do Trabalho.

Artigo 44.º (LTT)
Contra-ordenações

1 – Constitui contra-ordenação leve:
a) Imputável à empresa de trabalho temporário, a violação dos n.ºs 1, 2 e 3 do artigo 9.º, 3 do artigo 10.º, e 2 do artigo 14.º, das alíneas a) e c) a f) do n.º 1 do artigo 26.º, do n.º 3 do artigo 36.º, do artigo 40.º e do n.º 2 do artigo 41.º;
b) Imputável ao utilizador, a violação do artigo 22.º, e dos n.ºs 2 do artigo 33.º e 1 e 3 do artigo 35.º;
c) Imputável à empresa de trabalho temporário e ao utilizador, a violação das alíneas a), c) e f) do n.º 1 do artigo 20.º

2 – Constitui contra-ordenação grave:
a) Imputável à empresa de trabalho temporário, a violação dos n.ºs 3, 4, 5, 6

e 7 do artigo 6.º, 1 do artigo 10.º, 2 do artigo 11.º, e 4 do artigo 13.º, da alínea a) do n.º 1 do artigo 31.º, do artigo 32.º, do n.º 4 do artigo 36.º e dos artigos 39.º e 40.º;

b) Imputável ao utilizador, a violação dos n.ºs 2 do artigo 35.º e 6 do artigo 36.º

3 – Constitui contra-ordenação muito grave:

a) Imputável à empresa de trabalho temporário, o exercício da actividade de cedência temporária de trabalhadores sem licença, ou sem a caução referida no n.º 1 do artigo 6.º, ou sem o requisito de capacidade técnica referido no n.º 4 do artigo 4.º;

b) Imputável ao utilizador, a utilização de trabalhador cedido em violação do disposto no n.º 3 do artigo 18.º, a violação do n.º 7 do artigo 36.º e a celebração de contrato de utilização de trabalho temporário com empresa não autorizada.

Artigo 174.º
Casos especiais de responsabilidade da empresa de trabalho temporário ou do utilizador

1 – A celebração de contrato de utilização de trabalho temporário por empresa de trabalho temporário não licenciada responsabiliza solidariamente esta e o utilizador pelos créditos do trabalhador emergentes do contrato de trabalho, da sua violação ou cessação, relativos aos últimos três anos, bem como pelos encargos sociais correspondentes.

2 – O utilizador é subsidiariamente responsável pelos créditos do trabalhador relativos aos primeiros 12 meses de

Artigo 17.º (LTT)
Casos especiais de responsabilidade

1 – A celebração de contrato de utilização de trabalho temporário com empresa de trabalho temporário não licenciada responsabiliza solidariamente esta e o utilizador pelos créditos emergentes do contrato de trabalho e da sua violação ou cessação, pertencentes ao trabalhador, bem como pelos encargos sociais correspondentes, relativos aos últimos três anos.

2 – O utilizador é subsidiariamente responsável pelo incumprimento por parte da empresa de trabalho temporário de créditos de trabalho temporário, trabalho e pelos encargos sociais correspondentes.

DIVISÃO II
Contrato de utilização de trabalho temporário

Artigo 175.º
Admissibilidade de contrato de utilização de trabalho temporário

1 – O contrato de utilização de trabalho temporário só pode ser celebrado nas situações referidas nas alíneas *a)* a *g)* do n.º 2 do artigo 140.º e ainda nos seguintes casos:

a) Vacatura de posto de trabalho quando decorra processo de recrutamento para o seu preenchimento;

b) Necessidade intermitente de mão-de-obra, determinada por flutuação da actividade durante dias ou partes de dia, desde que a utilização não ultrapasse semanalmente metade do período normal de trabalho maioritariamente praticado no utilizador;

c) Necessidade intermitente de prestação de apoio familiar directo, de natureza social, durante dias ou partes de dias;

d) Realização de projecto temporário, designadamente instalação ou reestruturação de empresa ou estabelecimento, montagem ou reparação industrial.

2 – Para efeito do disposto no número anterior, no que se refere à alínea *f)* do n.º 2 do artigo 140.º, considera-se acréscimo excepcional de actividade da empresa o que tenha duração até 12 meses.

3 – A duração do contrato de utilização não pode exceder o período estritamente necessário à satisfação da necessidade do utilizador a que se refere o n.º 1.

bem como dos encargos sociais correspondentes ao ano subsequente ao início da prestação.

Artigo 18.º LTT
Admissibilidade do contrato

1 – A celebração do contrato de utilização de trabalho temporário só é permitida nos seguintes casos:

a) Substituição directa ou indirecta de trabalhador ausente ou que, por qualquer razão, se encontre temporariamente impedido de prestar serviço;

b) Substituição directa ou indirecta de trabalhador em relação ao qual esteja pendente em juízo acção de apreciação da licitude do despedimento;

c) Substituição directa ou indirecta de trabalhador em situação de licença sem retribuição;

d) Substituição de trabalhador a tempo completo que passe a prestar trabalho a tempo parcial por período determinado;

e) Necessidade decorrente da vacatura de postos de trabalho quando já decorra processo de recrutamento para o seu preenchimento;

f) Actividades sazonais ou outras actividades cujo ciclo anual de produção apresente irregularidades decorrentes da natureza estrutural do respectivo mercado, incluindo o abastecimento de matérias-primas;

g) Acréscimo excepcional da actividade da empresa;

h) Execução de tarefa ocasional ou serviço determinado precisamente definido e não duradouro;

i) Necessidades intermitentes de mão-de-obra, determinadas por flutuações

4 – Não é permitida a utilização de trabalhador temporário em posto de trabalho particularmente perigoso para a sua segurança ou saúde, salvo se for essa a sua qualificação profissional.

5 – Não é permitido celebrar contrato de utilização de trabalho temporário para satisfação de necessidades que foram asseguradas por trabalhador cujo contrato tenha cessado nos 12 meses anteriores por despedimento colectivo ou despedimento por extinção de posto de trabalho.

6 – Constitui contra-ordenação muito grave imputável ao utilizador a violação do disposto no n.º 4.

da actividade durante dias ou partes do dia, desde que a utilização não ultrapasse semanalmente metade do período normal de trabalho praticado no utilizador;

j) Necessidades intermitentes de trabalhadores para a prestação de apoio familiar directo, de natureza social, durante dias ou partes do dia;

l) Necessidades de mão-de-obra para a realização de projectos com carácter temporal limitado, designadamente instalação e reestruturação de empresas ou estabelecimentos, montagens e reparações industriais.

2 – O contrato de utilização deve ser celebrado pelo período estritamente necessário à satisfação das necessidades do utilizador referidas no número anterior.

3 – Não é permitida a utilização de trabalhador temporário em postos de trabalho particularmente perigosos para a sua segurança ou saúde, salvo se for essa a sua qualificação profissional.

4 – Não são permitidos contratos de utilização para satisfação de necessidades que eram realizadas por trabalhadores cujos contratos cessaram, nos 12 meses anteriores, por despedimento colectivo ou extinção de postos de trabalho.

5 – Para efeitos do disposto na alínea g) do n.º 1, considera-se «acréscimo excepcional da actividade» o acréscimo cuja duração não ultrapasse 12 meses.

Artigo 44.º (LTT)
Contra-ordenações

1 – Constitui contra-ordenação leve:
a) Imputável à empresa de trabalho temporário, a violação dos n.ºs 1, 2 e 3

do artigo 9.º, 3 do artigo 10.º, e 2 do artigo 14.º, das alíneas a) e c) a f) do n.º 1 do artigo 26.º, do n.º 3 do artigo 36.º, do artigo 40.º e do n.º 2 do artigo 41.º;

b) Imputável ao utilizador, a violação do artigo 22.º, e dos n.ºs 2 do artigo 33.º e 1 e 3 do artigo 35.º;

c) Imputável à empresa de trabalho temporário e ao utilizador, a violação das alíneas a), c) e f) do n.º 1 do artigo 20.º

2 – Constitui contra-ordenação grave:

a) Imputável à empresa de trabalho temporário, a violação dos n.ºs 3, 4, 5, 6 e 7 do artigo 6.º, 1 do artigo 10.º, 2 do artigo 11.º, e 4 do artigo 13.º, da alínea a) do n.º 1 do artigo 31.º, do artigo 32.º, do n.º 4 do artigo 36.º e dos artigos 39.º e 40.º;

b) Imputável ao utilizador, a violação dos n.ºs 2 do artigo 35.º e 6 do artigo 36.º

3 – Constitui contra-ordenação muito grave:

a) Imputável à empresa de trabalho temporário, o exercício da actividade de cedência temporária de trabalhadores sem licença, ou sem a caução referida no n.º 1 do artigo 6.º, ou sem o requisito de capacidade técnica referido no n.º 4 do artigo 4.º;

b) Imputável ao utilizador, a utilização de trabalhador cedido em violação do disposto no n.º 3 do artigo 18.º, a violação do n.º 7 do artigo 36.º e a celebração de contrato de utilização de trabalho temporário com empresa não autorizada.

Artigo 176.º
Justificação de contrato de utilização de trabalho temporário

1 – Cabe ao utilizador a prova dos factos que justificam a celebração de contrato de utilização de trabalho temporário.

2 – É nulo o contrato de utilização celebrado fora das situações a que se refere o n.º 1 do artigo anterior.

3 – No caso previsto no número anterior, considera-se que o trabalho é prestado pelo trabalhador ao utilizador em regime de contrato de trabalho sem termo, sendo aplicável o disposto no n.º 6 do artigo 173.º.

Artigo 19.º (LTT)
Justificação do contrato

1 – A prova dos motivos que justificam a celebração do contrato de utilização de trabalho temporário cabe ao utilizador.

2 – São nulos os contratos de utilização celebrados fora das situações previstas no artigo anterior.

3 – No caso previsto no número anterior, considera-se que o trabalho é prestado pelo trabalhador ao utilizador em regime de contrato de trabalho sem termo.

4 – Em substituição do disposto nos números anteriores, pode o trabalhador optar, nos 30 dias após o início da prestação da actividade ao utilizador ou a terceiro, por uma indemnização, nos termos do artigo 443.º do Código do Trabalho.

Artigo 177.º
Forma e conteúdo de contrato de utilização de trabalho temporário

1 – O contrato de utilização de trabalho temporário está sujeito a forma escrita, é celebrado em dois exemplares e deve conter:

a) Identificação, assinaturas, domicílio ou sede das partes, os respectivos números de contribuintes e do regime geral da segurança social, bem como, quanto à empresa de trabalho temporário, o número e a data do alvará da respectiva licença;

b) Motivo justificativo do recurso ao trabalho temporário por parte do utilizador;

c) Caracterização do posto de trabalho a preencher, dos respectivos riscos profissionais e, sendo caso disso, dos

Artigo 20.º (LTT)
Formalidades específicas

1 – Sem prejuízo do disposto no artigo 14.º, o contrato de utilização de trabalho temporário deve ainda conter as seguintes menções:

a) Nome ou denominação e residência ou sede da empresa de trabalho temporário e do utilizador, bem como indicação dos respectivos números de contribuinte e do regime geral da segurança social, da modalidade adoptada para os serviços de segurança, higiene e saúde no trabalho e dos respectivos contactos, assim como, quanto à primeira, o número e a data do alvará de licença para o exercício da actividade;

b) Indicação fundamentada dos motivos de recurso ao trabalho temporário por parte do utilizador;

riscos elevados ou relativos a posto de trabalho particularmente perigoso, a qualificação profissional requerida, bem como a modalidade adoptada pelo utilizador para os serviços de segurança e saúde no trabalho e o respectivo contacto;

d) Local e período normal de trabalho;

e) Retribuição de trabalhador do utilizador que exerça as mesmas funções;

f) Pagamento devido pelo utilizador à empresa de trabalho temporário;

g) Início e duração, certa ou incerta, do contrato;

h) Data da celebração do contrato.

2 – Para efeitos da alínea b) do número anterior, a indicação do motivo justificativo deve ser feita pela menção expressa dos factos que o integram, devendo estabelecer-se a relação entre a justificação invocada e o termo estipulado.

3 – O contrato de utilização de trabalho temporário deve ter em anexo cópia da apólice de seguro de acidentes de trabalho que englobe o trabalhador temporário e a actividade a exercer por este, sem o que o utilizador é solidariamente responsável pela reparação dos danos emergentes de acidente de trabalho.

4 – O contrato é nulo se não for celebrado por escrito ou omitir a menção exigida pela alínea *b)* do n.º 1.

5 – No caso previsto no número anterior, considera-se que o trabalho é prestado pelo trabalhador ao utilizador em regime de contrato de trabalho sem termo, sendo aplicável o disposto no n.º 6 do artigo 173.º.

6 – Constitui contra-ordenação leve imputável à empresa de trabalho tem-

c) Caracterização do posto de trabalho a preencher, dos respectivos riscos profissionais e, sendo caso disso, dos riscos elevados ou relativos a postos de trabalho particularmente perigosos, bem como da qualificação profissional requerida pelas funções a desempenhar;

d) Local de trabalho e período normal de trabalho;

e) Montante da retribuição devida, a que se refere o n.º 1 do artigo 37.º, a trabalhador do utilizador que ocupe o mesmo posto de trabalho;

f) Retribuição devida pelo utilizador à empresa de trabalho temporário;

g) Início e duração, certa ou incerta, do contrato;

h) Data da celebração do contrato.

2 – Para efeitos da alínea b) do número anterior, a indicação do motivo justificativo deve ser feita pela menção expressa dos factos que o integram, devendo estabelecer-se a relação entre a justificação invocada e o termo estipulado.

3 – Na falta de documento escrito ou no caso de omissão da menção exigida pela alínea b) do n.º 1, considera-se que o contrato é nulo.

4 – No caso previsto no número anterior considera-se que o trabalho é prestado pelo trabalhador ao utilizador em regime de contrato de trabalho sem termo.

5 – Em substituição do disposto no número anterior, pode o trabalhador optar, nos 30 dias após o início da prestação da actividade ao utilizador, por uma indemnização, nos termos do artigo 443.º do Código do Trabalho.

6 – O utilizador deve exigir da empresa de trabalho temporário, no

porário e ao utilizador a violação do disposto nas alíneas *a)*, *c)* ou *f)* do n.º 1.

momento da celebração do contrato de utilização de trabalho temporário, a junção a este de cópia da apólice de seguro de acidente de trabalho que englobe o trabalhador temporário e as funções que ele irá desempenhar ao abrigo do contrato de utilização de trabalho temporário, sob pena de passar a ser solidariamente responsável pela reparação dos danos emergentes de acidente de trabalho.

Artigo 44.º (LTT)
Contra-ordenações

1 – Constitui contra-ordenação leve:
a) Imputável à empresa de trabalho temporário, a violação dos n.ºs 1, 2 e 3 do artigo 9.º, 3 do artigo 10.º, e 2 do artigo 14.º, das alíneas a) e c) a f) do n.º 1 do artigo 26.º, do n.º 3 do artigo 36.º, do artigo 40.º e do n.º 2 do artigo 41.º;

b) Imputável ao utilizador, a violação do artigo 22.º, e dos n.ºs 2 do artigo 33.º e 1 e 3 do artigo 35.º;

c) Imputável à empresa de trabalho temporário e ao utilizador, a violação das alíneas a), c) e f) do n.º 1 do artigo 20.º

2 – Constitui contra-ordenação grave:
a) Imputável à empresa de trabalho temporário, a violação dos n.ºs 3, 4, 5, 6 e 7 do artigo 6.º, 1 do artigo 10.º, 2 do artigo 11.º, e 4 do artigo 13.º, da alínea a) do n.º 1 do artigo 31.º, do artigo 32.º, do n.º 4 do artigo 36.º e dos artigos 39.º e 40.º;

b) Imputável ao utilizador, a violação dos n.ºs 2 do artigo 35.º e 6 do artigo 36.º

3 – Constitui contra-ordenação muito grave:

a) Imputável à empresa de trabalho temporário, o exercício da actividade de cedência temporária de trabalhadores sem licença, ou sem a caução referida no n.º 1 do artigo 6.º, ou sem o requisito de capacidade técnica referido no n.º 4 do artigo 4.º;
b) Imputável ao utilizador, a utilização de trabalhador cedido em violação do disposto no n.º 3 do artigo 18.º, a violação do n.º 7 do artigo 36.º e a celebração de contrato de utilização de trabalho temporário com empresa não autorizada.

Artigo 178.º Duração de contrato de utilização de trabalho temporário	Artigo 21.º (LTT) *Duração*
1 – O contrato de utilização de trabalho temporário é celebrado a termo resolutivo, certo ou incerto. 2 – A duração do contrato de utilização de trabalho temporário, incluindo renovações, não pode exceder a duração da causa justificativa, nem o limite de dois anos, ou de seis ou 12 meses em caso de, respectivamente, vacatura de posto de trabalho quando já decorra processo de recrutamento para o seu preenchimento ou acréscimo excepcional da actividade da empresa. 3 – Considera-se como um único contrato o que seja objecto de renovação. 4 – No caso de o trabalhador temporário continuar ao serviço do utilizador decorridos 10 dias após a cessação do contrato de utilização sem a celebração de contrato que o fundamente, considera-se que o trabalho passa a ser prestado ao utilizador com base em contrato de trabalho sem termo.	*1 – Os contratos de utilização de trabalho temporário, sem prejuízo do disposto nos números seguintes, podem renovar-se, enquanto se mantenha a sua causa justificativa, até ao limite máximo de dois anos.* *2 – A duração do contrato de utilização não pode exceder 6 ou 12 meses, consoante o motivo justificativo invocado pelo utilizador seja, respectivamente, o constante da alínea e) ou g) do n.º 1 do artigo 18.º* *3 – A duração do contrato não pode exceder a duração da causa justificativa.* *4 – Considera-se como um único contrato aquele que seja objecto de uma ou mais renovações.* *Artigo 23.º (LTT)* *Inobservância do prazo* *No caso de o trabalhador temporário continuar ao serviço do utilizador decorridos 10 dias após a cessação do contrato de utilização de trabalho*

temporário sem que tenha ocorrido a celebração de contrato que o fundamenta, considera-se que o trabalho passa a ser prestado ao utilizador com base em contrato de trabalhosem termo, celebrado entre este e o trabalhador.

Artigo 179.º
Proibição de contratos sucessivos

1 – No caso de se ter completado a duração máxima de contrato de utilização de trabalho temporário, é proibida a sucessão no mesmo posto de trabalho de trabalhador temporário ou de trabalhador contratado a termo, antes de decorrer um período de tempo igual a um terço da duração do referido contrato, incluindo renovações.

2 – O disposto no número anterior não é aplicável nos seguintes casos:

a) Nova ausência do trabalhador substituído, quando o contrato de utilização tenha sido celebrado para sua substituição;

b) Acréscimo excepcional de necessidade de mão-de-obra em actividade sazonal.

3 – Constitui contra-ordenação grave a violação do disposto no n.º 1.

Artigo 24.º (LTT)
Contratos sucessivos

1 – É proibida a sucessão de trabalhadores temporários e de trabalhadores contratados a termo no mesmo posto de trabalho quando tenha sido atingida a duração máxima prevista no artigo 21.º, antes de decorrido um período de tempo equivalente a um terço da duração do contrato, incluindo renovações.

2 – O disposto no número anterior não é aplicável nos seguintes casos:

a) Nova ausência do trabalhador substituído, quando o contrato de utilização tenha sido celebrado para sua substituição;

b) Acréscimos excepcionais de necessidade de mão-de-obra temporária em actividades sazonais.

Artigo 44.º (LTT)
Contra-ordenações

1 – Constitui contra-ordenação leve:

a) Imputável à empresa de trabalho temporário, a violação dos n.ºs 1, 2 e 3 do artigo 9.º, 3 do artigo 10.º, e 2 do artigo 14.º, das alíneas a) e c) a f) do n.º 1 do artigo 26.º, do n.º 3 do artigo 36.º, do artigo 40.º e do n.º 2 do artigo 41.º;

b) Imputável ao utilizador, a violação do artigo 22.º, e dos n.ºs 2 do artigo 33.º e 1 e 3 do artigo 35.º;

c) *Imputável à empresa de trabalho temporário e ao utilizador, a violação das alíneas a), c) e f) do n.º 1 do artigo 20.º*

2 – Constitui contra-ordenação grave:

a) Imputável à empresa de trabalho temporário, a violação dos n.ᵒˢ 3, 4, 5, 6 e 7 do artigo 6.º, 1 do artigo 10.º, 2 do artigo 11.º, e 4 do artigo 13.º, da alínea a) do n.º 1 do artigo 31.º, do artigo 32.º, do n.º 4 do artigo 36.º e dos artigos 39.º e 40.º;

b) Imputável ao utilizador, a violação dos n.ᵒˢ 2 do artigo 35.º e 6 do artigo 36.º

3 – Constitui contra-ordenação muito grave:

a) Imputável à empresa de trabalho temporário, o exercício da actividade de cedência temporária de trabalhadores sem licença, ou sem a caução referida no n.º 1 do artigo 6.º, ou sem o requisito de capacidade técnica referido no n.º 4 do artigo 4.º;

b) Imputável ao utilizador, a utilização de trabalhador cedido em violação do disposto no n.º 3 do artigo 18.º, a violação do n.º 7 do artigo 36.º e a celebração de contrato de utilização de trabalho temporário com empresa não autorizada.

DIVISÃO III
Contrato de trabalho temporário

Artigo 180.º
Admissibilidade de contrato de trabalho temporário

1 – O contrato de trabalho temporário só pode ser celebrado a termo resolutivo, certo ou incerto, nas situações previstas para a celebração de contrato de utilização.

Artigo 25.º (LTT)
Celebração de contrato de trabalho temporário

1 – A celebração de contrato de trabalho temporário a termo certo ou incerto só é permitida nas situações previstas para a celebração de contrato de utilização.

2 – É nulo o termo estipulado em violação do disposto no número anterior, considerando-se o trabalho efectuado em execução do contrato como prestado à empresa de trabalho temporário em regime de contrato de trabalho sem termo, e sendo aplicável o disposto no n.º 6 do artigo 173.º.

3 – Caso a nulidade prevista no número anterior concorra com a nulidade do contrato de utilização de trabalho temporário, prevista no n.º 2 do artigo 176.º ou no n.º 4 do artigo 177.º, considera-se que o trabalho é prestado ao utilizador em regime de contrato de trabalho sem termo, sendo aplicável o disposto no n.º 6 do artigo 173.º.

Artigo 181.º
Forma e conteúdo de contrato de trabalho temporário

1 – O contrato de trabalho temporário está sujeito a forma escrita, é celebrado em dois exemplares e deve conter:

a) Identificação, assinaturas, domicílio ou sede das partes e número e data do alvará da licença da empresa de trabalho temporário;

b) Motivos que justificam a celebração do contrato, com menção concreta dos factos que os integram;

c) Actividade contratada;

d) Local e período normal de trabalho;

e) Retribuição;

f) Data de início do trabalho;

g) Termo do contrato;

2 – *É nulo o termo estipulado em violação do disposto no número anterior.*

3 – *No caso previsto no número anterior, considera-se que o trabalho é prestado pelo trabalhador à empresa de trabalho temporário em regime de contrato de trabalho sem termo.*

4 – *Caso a consequência prevista no n.º 2 concorra com a prevista no n.º 3 do artigo 19.º ou no n.º 3 do artigo 20.º, considera-se que o trabalho é prestado ao utilizador em regime de contrato de trabalho sem termo.*

5 – *Em substituição do disposto nos números anteriores pode o trabalhador optar, nos 30 dias após o início da prestação da actividade ao utilizador ou a terceiro, por uma indemnização, nos termos do artigo 443.º do Código do Trabalho.*

Artigo 26.º (LTT)
Menções obrigatórias

1 – *O contrato de trabalho temporário a termo deve conter as seguintes menções:*

a) Nome ou denominação e domicílio ou sede dos contraentes e número e data do alvará de licenciamento para o exercício da actividade de empresa de trabalho temporário;

b) Indicação dos motivos que justificam a celebração do contrato, com menção concreta dos factos que integram esses motivos;

c) Actividade contratada;

d) Local e período normal de trabalho;

e) Retribuição;

f) Data de início do trabalho;

h) Data da celebração.

2 – Na falta de documento escrito ou em caso de omissão ou insuficiência da indicação do motivo justificativo da celebração do contrato, considera-se que o trabalho é prestado à empresa de trabalho temporário em regime do contrato de trabalho sem termo, sendo aplicável o disposto no n.º 6 do artigo 173.º.

3 – O contrato que não contenha a menção do seu termo considera-se celebrado pelo prazo de um mês, não sendo permitida a sua renovação.

4 – Um exemplar do contrato fica com o trabalhador.

5 – Constitui contra-ordenação leve, imputável à empresa de trabalho temporário, a violação do disposto na alínea *a)* ou qualquer das alíneas *c)* a *f)* do n.º 1 ou no n.º 4.

g) Termo do contrato, de acordo com o disposto no artigo 27.º;
h) Data da celebração.

2 – Na falta de documento escrito ou em caso de omissão ou insuficiência da indicação do motivo justificativo da celebração do contrato de trabalho a termo, considera-se que o trabalho é prestado pelo trabalhador à empresa de trabalho temporário em regime do contrato de trabalho sem termo.

3 – Em substituição do disposto no número anterior pode o trabalhador optar, nos 30 dias após o início da prestação da actividade ao utilizador ou a terceiro, por uma indemnização, nos termos do artigo 443.º do Código do Trabalho.

4 – Na falta da menção exigida pela alínea g) do n.º 1, o contrato considera-se celebrado pelo prazo de um mês, não sendo permitida a sua renovação.

Artigo 44.º (LTT)
Contra-ordenações

1 – Constitui contra-ordenação leve:
a) Imputável à empresa de trabalho temporário, a violação dos n.ºs 1, 2 e 3 do artigo 9.º, 3 do artigo 10.º, e 2 do artigo 14.º, das alíneas a) e c) a f) do n.º 1 do artigo 26.º, do n.º 3 do artigo 36.º, do artigo 40.º e do n.º 2 do artigo 41.º;
b) Imputável ao utilizador, a violação do artigo 22.º, e dos n.ºs 2 do artigo 33.º e 1 e 3 do artigo 35.º;
c) Imputável à empresa de trabalho temporário e ao utilizador, a violação das alíneas a), c) e f) do n.º 1 do artigo 20.º

2 – Constitui contra-ordenação grave:
a) Imputável à empresa de trabalho temporário, a violação dos n.ºs 3, 4, 5, 6

e 7 do artigo 6.º, 1 do artigo 10.º, 2 do artigo 11.º, e 4 do artigo 13.º, da alínea a) do n.º 1 do artigo 31.º, do artigo 32.º, do n.º 4 do artigo 36.º e dos artigos 39.º e 40.º;

b) Imputável ao utilizador, a violação dos n.ºˢ 2 do artigo 35.º e 6 do artigo 36.º

3 – Constitui contra-ordenação muito grave:

a) Imputável à empresa de trabalho temporário, o exercício da actividade de cedência temporária de trabalhadores sem licença, ou sem a caução referida no n.º 1 do artigo 6.º, ou sem o requisito de capacidade técnica referido no n.º 4 do artigo 4.º;

b) Imputável ao utilizador, a utilização de trabalhador cedido em violação do disposto no n.º 3 do artigo 18.º, a violação do n.º 7 do artigo 36.º e a celebração de contrato de utilização de trabalho temporário com empresa não autorizada.

Artigo 182.º
Duração de contrato de trabalho temporário

1 – A duração do contrato de trabalho temporário não pode exceder a do contrato de utilização.

2 – O contrato de trabalho temporário a termo certo não está sujeito ao limite de duração do n.º 2 do artigo 148.º e pode ser renovado enquanto se mantenha o motivo justificativo.

3 – A duração do contrato de trabalho temporário a termo certo, incluindo renovações, não pode exceder dois anos, ou seis ou 12 meses quando aquele seja celebrado, respectivamente, em caso de vacatura de posto de trabalho quando

Artigo 27.º (LTT)
Duração

1 – O contrato de trabalho temporário a termo certo dura pelo tempo acordado, não podendo exceder dois anos, ou 6 ou 12 meses, quando o motivo justificativo invocado pelo utilizador seja respectivamente o constante da alínea e) ou g) do n.º 1 do artigo 18.º, incluindo renovações, podendo estas ocorrer enquanto se mantenha a causa justificativa da sua celebração.

2 – O contrato de trabalho temporário a termo incerto dura por todo o tempo necessário à satisfação das necessidades temporárias do utilizador, não podendo no entanto ultrapassar o

decorra processo de recrutamento para o seu preenchimento ou de acréscimo excepcional de actividade da empresa.

4 – O contrato de trabalho temporário a termo incerto dura pelo tempo necessário à satisfação de necessidade temporária do utilizador, não podendo exceder os limites de duração referidos no número anterior.

5 – É aplicável ao cômputo dos limites referidos nos números anteriores o disposto no n.º 5 do artigo 148.º.

6 – À caducidade do contrato de trabalho temporário é aplicável o disposto no artigo 344.º ou 345.º, consoante seja a termo certo ou incerto.

DIVISÃO IV
Contrato de trabalho por tempo indeterminado para cedência temporária

Artigo 183.º
Forma e conteúdo de contrato de trabalho por tempo indeterminado para cedência temporária

1 – O contrato de trabalho por tempo indeterminado para cedência temporária está sujeito a forma escrita, é celebrado em dois exemplares e deve conter:

a) Identificação, assinaturas, domicílio ou sede das partes e número e data do alvará da licença da empresa de trabalho temporário;

b) Menção expressa de que o trabalhador aceita que a empresa de trabalho temporário o ceda temporariamente a utilizadores;

c) Actividade contratada ou descrição genérica das funções a exercer e da qualificação profissional adequada, bem

limite máximo de dois anos, ou 6 ou 12 meses, quando o motivo justificativo invocado seja respectivamente o constante da alínea e) ou g) do n.º 1 do artigo 18.º.

Artigo 28.º (LTT)
Estipulação de prazo inferior a seis meses

O contrato de trabalho temporário não está sujeito aos limites previstos no artigo 142.º do Código do Trabalho.

Artigo 29.º LTT
Caducidade do contrato de trabalho temporário

À caducidade do contrato de trabalho temporário a termo é aplicável o disposto nos artigos 388.º e 389.º do Código do Trabalho, consoante se trate de termo certo ou incerto.

Artigo 30.º (LTT)
Admissibilidade do contrato

É permitida, nos termos dos artigos seguintes, a celebração de contrato de trabalho por tempo indeterminado para cedência temporária entre a empresa de trabalho temporário e o trabalhador.

Artigo 31.º (LTT)
Formalidades

1 – Do contrato de trabalho por tempo indeterminado para cedência temporária devem constar as seguintes indicações:

a) Aceitação expressa por parte do trabalhador que a empresa de trabalho temporário o ceda temporariamente a utilizadores;

b) Actividade contratada ou descri-

como a área geográfica na qual o trabalhador está adstrito a exercer funções;

d) Retribuição mínima durante as cedências que ocorram, nos termos do artigo 185.º.

2 – Um exemplar do contrato fica com o trabalhador.

3 – Na falta de documento escrito ou no caso de omissão ou insuficiência das menções referidas na alínea *b)* ou *c)* do n.º 1, considera-se que o trabalho é prestado à empresa de trabalho temporário em regime de contrato de trabalho sem termo, sendo aplicável o disposto no n.º 6 do artigo 173.º.

4 – Constitui contra-ordenação grave a violação do disposto na alínea *b)* do n.º 1.

ção genérica das funções a exercer e da qualificação profissional adequada, bem como a área geográfica na qual o trabalhador está adstrito a exercer funções;

c) Número e data do alvará da empresa de trabalho temporário;

d) Limite mínimo retributivo para as cedências que venham a ocorrer, nunca inferior à retribuição mínima mensal garantida ou, quando mais favorável, ao previsto em instrumento de regulamentação colectiva de trabalho.

2 – Na falta de documento escrito ou perante a omissão ou insuficiência das referências exigidas pelas alíneas a) e b) do número anterior, considera-se que o trabalho é prestado pelo trabalhador à empresa de trabalho temporário em regime de contrato de trabalho sem termo.

3 – Em substituição do disposto nos números anteriores, pode o trabalhador optar, nos 30 dias após o início da prestação da actividade ao utilizador ou a terceiro, por uma indemnização, nos termos do artigo 443.º do Código do Trabalho.

Artigo 44.º (LTT)
Contra-ordenações

1 – Constitui contra-ordenação leve:
a) Imputável à empresa de trabalho temporário, a violação dos n.ᵒˢ 1, 2 e 3 do artigo 9.º, 3 do artigo 10.º, e 2 do artigo 14.º, das alíneas a) e c) a f) do n.º 1 do artigo 26.º, do n.º 3 do artigo 36.º, do artigo 40.º e do n.º 2 do artigo 41.º;

b) Imputável ao utilizador, a violação do artigo 22.º, e dos n.ᵒˢ 2 do artigo 33.º e 1 e 3 do artigo 35.º;

c) *Imputável à empresa de trabalho temporário e ao utilizador, a violação das alíneas a), c) e f) do n.º 1 do artigo 20.º*
2 – Constitui contra-ordenação grave:
a) Imputável à empresa de trabalho temporário, a violação dos n.ºs 3, 4, 5, 6 e 7 do artigo 6.º, 1 do artigo 10.º, 2 do artigo 11.º, e 4 do artigo 13.º, da alínea a) do n.º 1 do artigo 31.º, do artigo 32.º, do n.º 4 do artigo 36.º e dos artigos 39.º e 40.º;
b) Imputável ao utilizador, a violação dos n.ºs 2 do artigo 35.º e 6 do artigo 36.º
3 – Constitui contra-ordenação muito grave:
a) Imputável à empresa de trabalho temporário, o exercício da actividade de cedência temporária de trabalhadores sem licença, ou sem a caução referida no n.º 1 do artigo 6.º, ou sem o requisito de capacidade técnica referido no n.º 4 do artigo 4.º;
b) Imputável ao utilizador, a utilização de trabalhador cedido em violação do disposto no n.º 3 do artigo 18.º, a violação do n.º 7 do artigo 36.º e a celebração de contrato de utilização de trabalho temporário com empresa não autorizada.

Artigo 184.º
Período sem cedência temporária

1 – No período em que não se encontre em situação de cedência, o trabalhador contratado por tempo indeterminado pode prestar actividade à empresa de trabalho temporário.

2 – Durante o período referido no número anterior, o trabalhador tem direito:

Artigo 32.º (LTT)
Período de inactividade

1 – Nos períodos em que não se encontre em situação de cedência temporária, o trabalhador contratado por tempo indeterminado pode prestar a sua actividade à empresa de trabalho temporário.

2 – Durante os períodos referidos no número anterior, o trabalhador

a) Caso não exerça actividade, a compensação prevista em instrumento de regulamentação colectiva de trabalho, ou no valor de dois terços da última retribuição ou da retribuição mínima mensal garantida, consoante o que for mais favorável;

b) Caso exerça actividade à empresa de trabalho temporário, a retribuição correspondente à actividade desempenhada, sem prejuízo do valor referido no contrato de trabalho a que se refere o artigo anterior.

3 – Constitui contra-ordenação grave imputável à empresa de trabalho temporário a violação do disposto neste artigo.

contratado por tempo indeterminado tem direito à compensação equivalente a dois terços da última retribuição, nunca inferior ao valor da retribuição mínima mensal garantida ou, quando mais favorável, à prevista em instrumento de regulamentação colectiva de trabalho, salvo se o trabalhador continuar a sua actividade na empresa de trabalho temporário, tendo nesse caso direito à retribuição equivalente à actividade desempenhada, sem prejuízo dos limites referidos na alínea d) do n.º 1 do artigo anterior.

Artigo 44.º (LTT)
Contra-ordenações

1 – Constitui contra-ordenação leve:

a) Imputável à empresa de trabalho temporário, a violação dos n.ºs 1, 2 e 3 do artigo 9.º, 3 do artigo 10.º, e 2 do artigo 14.º, das alíneas a) e c) a f) do n.º 1 do artigo 26.º, do n.º 3 do artigo 36.º, do artigo 40.º e do n.º 2 do artigo 41.º;

b) Imputável ao utilizador, a violação do artigo 22.º, e dos n.ºs 2 do artigo 33.º e 1 e 3 do artigo 35.º;

c) Imputável à empresa de trabalho temporário e ao utilizador, a violação das alíneas a), c) e f) do n.º 1 do artigo 20.º

2 – Constitui contra-ordenação grave:

a) Imputável à empresa de trabalho temporário, a violação dos n.ºs 3, 4, 5, 6 e 7 do artigo 6.º, 1 do artigo 10.º, 2 do artigo 11.º, e 4 do artigo 13.º, da alínea a) do n.º 1 do artigo 31.º, do artigo 32.º, do n.º 4 do artigo 36.º e dos artigos 39.º e 40.º;

DIVISÃO V
Regime de prestação de trabalho de trabalhador temporário

Artigo 185.º
Condições de trabalho de trabalhador temporário

1 – O trabalhador temporário pode ser cedido a mais de um utilizador, ainda que não seja titular de contrato de trabalho por tempo indeterminado para cedência temporária, se o contrário não for estabelecido no respectivo contrato.

2 – Durante a cedência, o trabalhador está sujeito ao regime aplicável ao utilizador no que respeita ao modo, lugar, duração do trabalho e suspensão do contrato de trabalho, segurança e saúde no trabalho e acesso a equipamentos sociais.

3 – O utilizador deve elaborar o horário de trabalho do trabalhador e marcar o período das férias que sejam gozadas ao seu serviço.

4 – Durante a execução do contrato, o exercício do poder disciplinar cabe à empresa de trabalho temporário.

b) Imputável ao utilizador, a violação dos n.ᵒˢ 2 do artigo 35.º e 6 do artigo 36.º

3 – Constitui contra-ordenação muito grave:

a) Imputável à empresa de trabalho temporário, o exercício da actividade de cedência temporária de trabalhadores sem licença, ou sem a caução referida no n.º 1 do artigo 6.º, ou sem o requisito de capacidade técnica referido no n.º 4 do artigo 4.º;

b) Imputável ao utilizador, a utilização de trabalhador cedido em violação do disposto no n.º 3 do artigo 18.º, a violação do n.º 7 do artigo 36.º e a celebração de contrato de utilização de trabalho temporário com empresa não autorizada.

Artigo 33.º (LTT)
Enquadramento
dos trabalhadores temporários

1 – O trabalhador cedido temporariamente ao abrigo de contrato de utilização não é incluído no efectivo do pessoal do utilizador para determinação das obrigações relativas ao número de trabalhadores empregados, excepto no que respeita à organização dos serviços de segurança, higiene e saúde no trabalho e para efeitos de qualificação enquanto tipo de empresa.

2 – O utilizador deve incluir na elaboração do balanço social a informação relativa ao trabalhador que lhe seja cedido temporariamente ao abrigo de contrato de utilização.

3 – O trabalhador nas situações referidas nos números anteriores não é considerado para efeitos do balanço social da empresa de trabalho temporário,

5 – O trabalhador tem direito à retribuição mínima de instrumento de regulamentação colectiva de trabalho aplicável à empresa de trabalho temporário ou ao utilizador que corresponda às suas funções, ou à praticada por este para trabalho igual ou de valor igual, consoante a que for mais favorável.

6 – O trabalhador tem direito, em proporção da duração do respectivo contrato, a férias, subsídios de férias e de Natal, bem como a outras prestações regulares e periódicas a que os trabalhadores do utilizador tenham direito por trabalho igual ou de valor igual.

7 – A retribuição do período de férias e os subsídios de férias e de Natal de trabalhador contratado por tempo indeterminado para cedência temporária são calculados com base na média das retribuições auferidas nos últimos 12 meses, ou no período de execução do contrato se este for inferior, excluindo as compensações referidas no artigo 184.º e os períodos correspondentes.

8 – O trabalhador temporário cedido a utilizador no estrangeiro por período inferior a oito meses tem direito ao pagamento de um abono mensal a título de ajudas de custo até ao limite de 25% do valor da retribuição base.

9 – O disposto no número anterior não se aplica a trabalhador titular de contrato de trabalho por tempo indeterminado para cedência temporária, ao qual são aplicáveis as regras de abono de ajudas de custo por deslocação em serviço previstas na lei geral.

10 – Sem prejuízo do disposto nos números anteriores, após 60 dias de prestação de trabalho, é aplicável ao trabalhador temporário o instrumento de *devendo ser incluído no mapa do quadro de pessoal desta, elaborado de acordo com a portaria do ministro responsável pela área laboral.*

Artigo 35.º (LTT)
Regime da prestação de trabalho

1 – Sem prejuízo do disposto no artigo seguinte, durante a cedência, o trabalhador fica sujeito ao regime de trabalho aplicável ao utilizador no que respeita ao modo, lugar, duração de trabalho e suspensão da prestação de trabalho, segurança, higiene e saúde no trabalho e acesso aos seus equipamentos sociais.

2 – O utilizador deve elaborar o horário de trabalho do trabalhador cedido e marcar o seu período de férias, sempre que estas sejam gozadas ao serviço daquele.

3 – O exercício do poder disciplinar cabe, durante a execução do contrato, à empresa de trabalho temporário.

4 – Sem prejuízo da observância das condições de trabalho resultantes do respectivo contrato, o trabalhador pode ser cedido a mais de um utilizador, ainda que não seja sujeito de contrato de trabalho por tempo indeterminado para cedência temporária.

Artigo 37.º (LTT)
Retribuição e férias

1 – O trabalhador cedido tem direito a auferir a retribuição mínima fixada na lei ou instrumento de regulamentação colectiva de trabalho aplicável ao utilizador para a categoria profissional correspondente às funções desempenhadas, a não ser que outra mais elevada seja por este praticada para o

regulamentação colectiva de trabalho aplicável a trabalhadores do utilizador que exerçam as mesmas funções.

11 – O utilizador deve informar o trabalhador temporário dos postos de trabalho disponíveis na empresa ou estabelecimento para funções idênticas às exercidas por este, com vista à sua candidatura.

12 – Constitui contra-ordenação grave a violação do disposto no n.º 3 e constitui o exercício de poder disciplinar por parte do utilizador ou a violação do disposto no número anterior.

desempenho das mesmas funções, sempre com ressalva de retribuição mais elevada consagrada em instrumento de regulamentação colectiva de trabalho aplicável à empresa de trabalho temporário.

2 – O trabalhador tem ainda direito, na proporção do tempo de duração do contrato de trabalho temporário, a férias, subsídios de férias e de Natal e a outros subsídios regulares e periódicos que pelo utilizador sejam devidos aos seus trabalhadores por idêntica prestação de trabalho.

3 – O disposto no número anterior aplica-se também ao trabalhador temporário que tenha realizado a sua actividade a mais de um utilizador.

4 – Os trabalhadores temporários cedidos a utilizadores no estrangeiro por período inferior a oito meses têm direito ao pagamento de um abono mensal a título de ajudas de custo até ao limite de 25% do valor da retribuição base.

5 – O disposto no número anterior não se aplica aos trabalhadores possuidores de contrato de trabalho por tempo indeterminado para cedência temporária ou contrato de trabalho sem termo, aos quais é aplicável as regras de abono de ajudas de custo por deslocação em serviço previstas na lei geral.

Artigo 38.º (LTT)
Retribuição das férias
e subsídio de Natal

A retribuição do período de férias e os subsídios de férias e de Natal do trabalhador contratado por tempo indeterminado para cedência temporária são calculados com base na média das retribuições auferidas nos últimos 12 meses ou no período de execução do contrato se este for inferior, sem incluir as compensações referidas no artigo 32.º e os períodos correspondentes.

Artigo 40.º (LTT)
Postos de trabalho disponíveis

O utilizador deve informar o trabalhador cedido da existência de postos de trabalho disponíveis na empresa ou estabelecimento para o exercício de funções idênticas àquelas para que foi contratado, com vista à sua candidatura.

Artigo 44.º (LTT)
Contra-ordenações

1 – Constitui contra-ordenação leve:

a) Imputável à empresa de trabalho temporário, a violação dos n.ºˢ 1, 2 e 3 do artigo 9.º, 3 do artigo 10.º, e 2 do artigo 14.º, das alíneas a) e c) a f) do n.º 1 do artigo 26.º, do n.º 3 do artigo 36.º, do artigo 40.º e do n.º 2 do artigo 41.º;

b) Imputável ao utilizador, a violação do artigo 22.º, e dos n.ºˢ 2 do artigo 33.º e 1 e 3 do artigo 35.º;

c) Imputável à empresa de trabalho temporário e ao utilizador, a violação das alíneas a), c) e f) do n.º 1 do artigo 20.º

2 – Constitui contra-ordenação grave:

a) Imputável à empresa de trabalho temporário, a violação dos n.ºˢ 3, 4, 5, 6 e 7 do artigo 6.º, 1 do artigo 10.º, 2 do artigo 11.º, e 4 do artigo 13.º, da alínea a) do n.º 1 do artigo 31.º, do artigo 32.º, do n.º 4 do artigo 36.º e dos artigos 39.º e 40.º;

b) Imputável ao utilizador, a violação dos n.ᵒˢ 2 do artigo 35.º e 6 do artigo 36.º
3 – Constitui contra-ordenação muito grave:
a) Imputável à empresa de trabalho temporário, o exercício da actividade de cedência temporária de trabalhadores sem licença, ou sem a caução referida no n.º 1 do artigo 6.º, ou sem o requisito de capacidade técnica referido no n.º 4 do artigo 4.º;
b) Imputável ao utilizador, a utilização de trabalhador cedido em violação do disposto no n.º 3 do artigo 18.º, a violação do n.º 7 do artigo 36.º e a celebração de contrato de utilização de trabalho temporário com empresa não autorizada.

Artigo 186.º
Segurança e saúde no trabalho temporário

1 – O trabalhador temporário beneficia do mesmo nível de protecção em matéria de segurança e saúde no trabalho que os restantes trabalhadores do utilizador.
2 – Antes da cedência do trabalhador temporário, o utilizador deve informar, por escrito, a empresa de trabalho temporário sobre:
a) Os resultados da avaliação dos riscos para a segurança e saúde do trabalhador temporário inerentes ao posto de trabalho a que vai ser afecto e, em caso de riscos elevados relativos a posto de trabalho particularmente perigoso, a necessidade de qualificação profissional adequada e de vigilância médica especial;

Artigo 36.º (LTT)
Segurança, higiene e saúde no trabalho

1 – O trabalhador temporário beneficia do mesmo nível de protecção em matéria de segurança, higiene e saúde no trabalho que os restantes trabalhadores da empresa ou do estabelecimento do utilizador.
2 – Antes da colocação do trabalhador temporário, o utilizador deve informar, por escrito, a empresa de trabalho temporário sobre:
a) Os resultados da avaliação dos riscos para a segurança e saúde do trabalhador temporário inerentes ao posto de trabalho a que é afecto e, sendo caso disso, dos riscos elevados ou relativos a postos de trabalho particularmente perigosos, bem como da necessidade de

Artigo 186.º

b) As instruções sobre as medidas a adoptar em caso de perigo grave e iminente;

c) As medidas de primeiros socorros, de combate a incêndios e de evacuação dos trabalhadores em caso de sinistro, assim como os trabalhadores ou serviços encarregados de as pôr em prática;

d) O modo de o médico do trabalho ou o técnico de higiene e segurança da empresa de trabalho temporário aceder a posto de trabalho a ocupar.

3 – A empresa de trabalho temporário deve comunicar ao trabalhador temporário a informação prevista no número anterior, por escrito e antes da sua cedência ao utilizador.

4 – Os exames de saúde de admissão, periódicos e ocasionais são da responsabilidade da empresa de trabalho temporário, incumbindo ao respectivo médico do trabalho a conservação das fichas clínicas.

5 – A empresa de trabalho temporário deve informar o utilizador de que o trabalhador está considerado apto em resultado do exame de saúde, dispõe das qualificações profissionais adequadas e tem a informação referida no n.º 2.

6 – O utilizador deve assegurar ao trabalhador temporário formação suficiente e adequada ao posto de trabalho, tendo em conta a sua qualificação profissional e experiência.

7 – O trabalhador exposto a riscos elevados relativos a posto de trabalho particularmente perigoso deve ter vigilância médica especial, a cargo do utilizador, cujo médico do trabalho deve informar o médico do trabalho da empresa de trabalho temporário sobre eventual contra-indicação.

qualificação profissional adequada e de vigilância médica especial;

b) As medidas e as instruções a adoptar em caso de perigo grave e iminente;

c) As medidas de primeiros socorros, de combate a incêndios e de evacuação dos trabalhadores em caso de sinistro, assim como os trabalhadores ou serviços encarregados de as pôr em prática;

d) As condições que permitam o acesso aos postos de trabalho ocupados ou susceptíveis de serem ocupados pelo trabalhador temporário por parte do médico do trabalho ou do técnico de higiene e segurança da empresa de trabalho temporário.

3 – A empresa de trabalho temporário deve comunicar ao trabalhador temporário, por escrito e antes da sua cedência ao utilizador, todos os elementos previstos no número anterior.

4 – Os exames de saúde de admissão, periódicos e ocasionais, são da responsabilidade da empresa de trabalho temporário, incumbindo ao respectivo médico do trabalho a conservação das fichas clínicas.

5 – O utilizador deve assegurar-se de que o trabalhador foi considerado apto em resultado do exame de saúde, dispõe das qualificações profissionais requeridas e recebeu a informação referida no n.º 2.

6 – O utilizador deve assegurar ao trabalhador temporário uma formação suficiente e adequada às características do posto de trabalho tendo em conta a sua qualificação profissional e experiência.

7 – Os trabalhadores expostos a riscos elevados enumerados no n.º 2 do artigo 213.º da Lei n.º 35/2004, de 29

8 – O utilizador deve comunicar o início da actividade de trabalhador temporário, nos cinco dias úteis subsequentes, aos serviços de segurança e saúde no trabalho, aos representantes dos trabalhadores para a segurança e saúde no trabalho, aos trabalhadores com funções específicas neste domínio e à comissão de trabalhadores.

9 – Constitui contra-ordenação muito grave a violação do disposto no n.º 7, constitui contra-ordenação grave a violação do disposto nos n.ºs 4, 5 ou 6 e constitui contra-ordenação leve a 5 ou 6 e constitui contra-ordenação leve a violação do disposto nos n.ºs 3 ou 8.

de Julho, ou relativos a postos de trabalho particularmente perigosos devem beneficiar de uma vigilância médica especial a cargo do utilizador, devendo o respectivo médico do trabalho pronunciar-se sobre a existência ou ausência de qualquer contra-indicação e informar o médico do trabalho da empresa de trabalho temporário.

Artigo 44.º (LTT)
Contra-ordenações

1 – Constitui contra-ordenação leve:

a) Imputável à empresa de trabalho temporário, a violação dos n.ºs 1, 2 e 3 do artigo 9.º, 3 do artigo 10.º, e 2 do artigo 14.º, das alíneas a) e c) a f) do n.º 1 do artigo 26.º, do n.º 3 do artigo 36.º, do artigo 40.º e do n.º 2 do artigo 41.º;

b) Imputável ao utilizador, a violação do artigo 22.º, e dos n.ºs 2 do artigo 33.º e 1 e 3 do artigo 35.º;

c) Imputável à empresa de trabalho temporário e ao utilizador, a violação das alíneas a), c) e f) do n.º 1 do artigo 20.º

2 – Constitui contra-ordenação grave:

a) Imputável à empresa de trabalho temporário, a violação dos n.ºs 3, 4, 5, 6 e 7 do artigo 6.º, 1 do artigo 10.º, 2 do artigo 11.º, e 4 do artigo 13.º, da alínea a) do n.º 1 do artigo 31.º, do artigo 32.º, do n.º 4 do artigo 36.º e dos artigos 39.º e 40.º;

b) Imputável ao utilizador, a violação dos n.ºs 2 do artigo 35.º e 6 do artigo 36.º

3 – Constitui contra-ordenação muito grave:

a) Imputável à empresa de trabalho temporário, o exercício da actividade de cedência temporária de trabalhadores sem licença, ou sem a caução referida no n.º 1 do artigo 6.º, ou sem o requisito de capacidade técnica referido no n.º 4 do artigo 4.º;

b) Imputável ao utilizador, a utilização de trabalhador cedido em violação do disposto no n.º 3 do artigo 18.º, a violação do n.º 7 do artigo 36.º e a celebração de contrato de utilização de trabalho temporário com empresa não autorizada.

Artigo 187.º
Formação profissional de trabalhador temporário

1 – A empresa de trabalho temporário deve assegurar a formação profissional de trabalhador temporário contratado a termo sempre que a duração do contrato, incluindo renovações, ou a soma de contratos de trabalho temporário sucessivos num ano civil seja superior a três meses.

2 – A formação profissional prevista no número anterior deve ter a duração mínima de oito horas, ou duração mais elevada de acordo com o n.º 2 do artigo 131.º.

3 – A empresa de trabalho temporário deve afectar à formação profissional dos trabalhadores temporários, pelo menos, 1% do seu volume anual de negócios nesta actividade.

4 – A empresa de trabalho temporário não pode exigir ao trabalhador temporário qualquer quantia, seja a que título for, nomeadamente por serviços de orientação ou formação profissional.

5 – Constitui contra-ordenação grave a violação do disposto neste artigo.

6 – Em caso de violação do n.º 4, pode ser aplicada a sanção acessória de

Artigo 39.º (LTT)
Formação profissional

1 – A empresa de trabalho temporário não pode exigir ao trabalhador temporário qualquer quantia, seja a que título for, nomeadamente por serviços de orientação ou formação profissional.

2 – Sem prejuízo do previsto no n.º 7 do artigo 125.º do Código do Trabalho, a empresa de trabalho temporário deve realizar formação profissional do trabalhador temporário contratado a termo sempre que a duração do contrato, inicial ou com renovações, exceda três meses ou sempre que, havendo sucessão de contratos de trabalho temporários a termo, a soma das respectivas durações exceda três meses num período de um ano civil.

3 – Sem prejuízo do n.º 2 do artigo 137.º do Código do Trabalho, a duração da formação profissional prevista no número anterior deve corresponder ao mínimo de oito horas.

4 – A empresa de trabalho temporário deve afectar à formação profissional dos trabalhadores temporários, pelo menos, 1% do seu volume anual de negócios nesta actividade.

suspensão temporária do exercício da actividade até dois anos, a qual é averbada no registo nacional das empresas de trabalho temporário.

Artigo 44.º (LTT)
Contra-ordenações

1 – Constitui contra-ordenação leve:
a) Imputável à empresa de trabalho temporário, a violação dos n.ºˢ 1, 2 e 3 do artigo 9.º, 3 do artigo 10.º, e 2 do artigo 14.º, das alíneas a) e c) a f) do n.º 1 do artigo 26.º, do n.º 3 do artigo 36.º, do artigo 40.º e do n.º 2 do artigo 41.º;
b) Imputável ao utilizador, a violação do artigo 22.º, e dos n.ºˢ 2 do artigo 33.º e 1 e 3 do artigo 35.º;
c) Imputável à empresa de trabalho temporário e ao utilizador, a violação das alíneas a), c) e f) do n.º 1 do artigo 20.º

2 – Constitui contra-ordenação grave:
a) Imputável à empresa de trabalho temporário, a violação dos n.ºˢ 3, 4, 5, 6 e 7 do artigo 6.º, 1 do artigo 10.º, 2 do artigo 11.º, e 4 do artigo 13.º, da alínea a) do n.º 1 do artigo 31.º, do artigo 32.º, do n.º 4 do artigo 36.º e dos artigos 39.º e 40.º;
b) Imputável ao utilizador, a violação dos n.ºˢ 2 do artigo 35.º e 6 do artigo 36.º

3 – Constitui contra-ordenação muito grave:
a) Imputável à empresa de trabalho temporário, o exercício da actividade de cedência temporária de trabalhadores sem licença, ou sem a caução referida no n.º 1 do artigo 6.º, ou sem o requisito de capacidade técnica referido no n.º 4 do artigo 4.º;
b) Imputável ao utilizador, a utilização de trabalhador cedido em violação do disposto no n.º 3 do artigo 18.º, a violação do n.º 7 do artigo 36.º e a celebração de contrato de utilização

de trabalho temporário com empresa não autorizada.

Artigo 45.º (LTT)
Sanções acessórias

1 – Juntamente com a coima, pode ser punida com a interdição ou suspensão do exercício da respectiva actividade a empresa de trabalho temporário que admita trabalhadores com violação das normas sobre a idade mínima e a escolaridade obrigatória.

2 – A empresa de trabalho temporário pode ainda ser punida com a interdição ou suspensão do exercício da respectiva actividade em caso de reincidência na prática das seguintes infracções:

a) Não actualização ou não reconstituição da caução referida no artigo 6.º;

b) Não constituição ou não reconstituição da caução específica referida na alínea a) do n.º 1 do artigo 10.º;

c) Não inscrição de trabalhadores temporários na segurança social;

d) Não constituição de seguro de acidentes de trabalho de trabalhadores temporários;

e) Atraso por um período superior a 30 dias no pagamento pontual da retribuição devida a trabalhadores temporários.

3 – Juntamente com a coima, pode ser punida com a suspensão temporária do exercício da actividade por um período máximo de dois anos a empresa de trabalho temporário que não inclua todos os trabalhadores e todas as retribuições passíveis de desconto para a segurança social na folha de remune-

ração mensal ou que viole o disposto no n.º 1 do artigo 39.º

4 – As sanções acessórias referidas nos números anteriores são averbadas no registo referido no artigo 8.º

5 – Juntamente com a coima, o exercício da actividade de cedência de trabalhadores temporários a utilizadores sem licença ou com licença suspensa é ainda punível com ordem de encerramento do estabelecimento onde a actividade é exercida até à regularização da situação.

Artigo 188.º	Artigo 34.º (LTT)
Substituição de trabalhador temporário	***Substituição do trabalhador temporário***

1 – Salvo acordo em contrário, em caso de cessação do contrato de trabalhador temporário ou ausência deste, a empresa de trabalho temporário deve ceder outro trabalhador ao utilizador, no prazo de 48 horas.

2 – O utilizador pode recusar a prestação do trabalhador temporário, nos primeiros 15 ou 30 dias de permanência deste ao seu serviço, consoante o contrato de utilização tenha ou não duração inferior a seis meses, caso em que a empresa de trabalho temporário deve proceder nos termos do número anterior.

1 – Salvo acordo em contrário, a cessação ou suspensão do contrato de trabalho temporário ou do contrato por tempo indeterminado para cedência temporária por facto respeitante ao trabalhador não envolve a cessação do contrato de utilização, devendo a empresa de trabalho temporário, no prazo de quarenta e oito horas, colocar à disposição do utilizador outro trabalhador para substituir aquele cujo contrato cessou ou se encontra suspenso.

2 – Igual obrigação existe para a empresa de trabalho temporário se, durante os primeiros 15 ou 30 dias de permanência do trabalhador ao serviço do utilizador, consoante o contrato tenha duração inferior ou igual ou superior a seis meses, este comunicar àquela que recusa o trabalhador ou sempre que em procedimento disciplinar se verifique a suspensão preventiva do trabalhador temporário.

Artigo 189.º
Enquadramento de trabalhador temporário

1 – O trabalhador temporário é considerado, no que diz respeito à empresa de trabalho temporário e ao utilizador, para efeitos de aplicação do regime relativo a estruturas de representação colectiva dos trabalhadores, consoante estejam em causa matérias referentes à empresa de trabalho temporário ou ao utilizador, nomeadamente a constituição das mesmas estruturas.

2 – O trabalhador temporário não é incluído no número de trabalhadores do utilizador para determinação das obrigações em função do número de trabalhadores, excepto no que respeita à organização de serviços de segurança e saúde no trabalho e à classificação de acordo com o tipo de empresa.

3 – O utilizador deve incluir a informação relativa a trabalhador temporário no balanço social e no relatório anual da actividade dos serviços de segurança e saúde no trabalho.

4 – A empresa de trabalho temporário deve incluir a informação relativa a trabalhador temporário no mapa do quadro de pessoal e nos relatórios anuais da formação profissional e da actividade dos serviços de segurança e saúde no trabalho.

5 – Constitui contra-ordenação leve a violação do disposto no n.º 3.

Artigo 33.º (LTT)
Enquadramento dos trabalhadores temporários

1 – O trabalhador cedido temporariamente ao abrigo de contrato de utilização não é incluído no efectivo do pessoal do utilizador para determinação das obrigações relativas ao número de trabalhadores empregados, excepto no que respeita à organização dos serviços de segurança, higiene e saúde no trabalho e para efeitos de qualificação enquanto tipo de empresa.

2 – O utilizador deve incluir na elaboração do balanço social a informação relativa ao trabalhador que lhe seja cedido temporariamente ao abrigo de contrato de utilização.

3 – O trabalhador nas situações referidas nos números anteriores não é considerado para efeitos do balanço social da empresa de trabalho temporário, devendo ser incluído no mapa do quadro de pessoal desta, elaborado de acordo com a portaria do ministro responsável pela área laboral.

Artigo 42.º (LTT)
Estruturas de representação colectiva dos trabalhadores

1 – Os trabalhadores temporários são considerados, no que diz respeito à empresa de trabalho temporário, para efeitos de aplicação do regime relativo às estruturas de representação colectiva dos trabalhadores, sempre que estiver em causa matérias respeitantes à empresa de trabalho temporário, nomeadamente na constituição das mesmas.

2 – Os trabalhadores temporários são considerados, no que diz respeito ao utilizador, para efeitos de aplicação do regime relativo às estruturas de representação colectiva dos trabalhadores, sempre que estiver em causa matérias respeitantes ao utilizador, nomeadamente na constituição das mesmas.

Artigo 44.º (LTT)
Contra-ordenações

1 – Constitui contra-ordenação leve:
a) Imputável à empresa de trabalho temporário, a violação dos n.ºs 1, 2 e 3 do artigo 9.º, 3 do artigo 10.º, e 2 do artigo 14.º, das alíneas a) e c) a f) do n.º 1 do artigo 26.º, do n.º 3 do artigo 36.º, do artigo 40.º e do n.º 2 do artigo 41.º;

b) Imputável ao utilizador, a violação do artigo 22.º, e dos n.ºs 2 do artigo 33.º e 1 e 3 do artigo 35.º;

c) Imputável à empresa de trabalho temporário e ao utilizador, a violação das alíneas a), c) e f) do n.º 1 do artigo 20.º

2 – Constitui contra-ordenação grave:
a) Imputável à empresa de trabalho temporário, a violação dos n.ºs 3, 4, 5, 6 e 7 do artigo 6.º, 1 do artigo 10.º, 2 do artigo 11.º, e 4 do artigo 13.º, da alínea a) do n.º 1 do artigo 31.º, do artigo 32.º, do n.º 4 do artigo 36.º e dos artigos 39.º e 40.º;

b) Imputável ao utilizador, a violação dos n.ºs 2 do artigo 35.º e 6 do artigo 36.º

3 – Constitui contra-ordenação muito grave:
a) Imputável à empresa de trabalho temporário, o exercício da actividade de cedência temporária de trabalhadores sem licença, ou sem a caução

Artigo 190.º
Prestações garantidas pela caução para exercício da actividade de trabalho temporário

1 – A caução constituída pela empresa de trabalho temporário para o exercício da actividade garante, nos termos de legislação específica, o pagamento de:

a) Crédito do trabalhador temporário relativo a retribuição, indemnização ou compensação pela cessação do contrato de trabalho e outras prestações pecuniárias, em mora por período superior a 15 dias;

b) Contribuições para a segurança social, em mora por período superior a 30 dias.

2 – A existência de crédito do trabalhador em mora pode ser verificada mediante decisão definitiva de aplicação de coima por falta do respectivo pagamento, ou decisão condenatória transitada em julgado.

referida no n.º 1 do artigo 6.º, ou sem o requisito de capacidade técnica referido no n.º 4 do artigo 4.º;

b) Imputável ao utilizador, a utilização de trabalhador cedido em violação do disposto no n.º 3 do artigo 18.º, a violação do n.º 7 do artigo 36.º e a celebração de contrato de utilização de trabalho temporário com empresa não autorizada.

Artigo 6.º (LTT)
Caução

1 – O requerente constituirá, a favor do Instituto do Emprego e Formação Profissional, uma caução para o exercício da actividade de trabalho temporário, de valor correspondente a 200 meses da retribuição mínima mensal garantida, acrescido do montante da taxa social única incidente sobre aquele valor.

2 – A caução destina-se a garantir a responsabilidade das empresas de trabalho temporário pelo pagamento das retribuições e demais encargos com os trabalhadores temporariamente cedidos, nomeadamente contribuições para a segurança social, e pode ser prestada por depósito, garantia bancária ou contrato de seguro.

3 – A caução será anualmente actualizada por referência ao montante da retribuição mínima mensal garantida fixada para cada ano.

4 – Sem prejuízo do disposto no n.º 2, se no ano anterior houver pagamentos de créditos a trabalhadores através da caução, a mesma será reforçada para um valor correspondente a pelo menos 15% da massa salarial anual relativa aos trabalhadores em cedência temporária naquele ano.

5 – A actualização referida no n.º 3 será efectuada até 31 de Janeiro de cada ano ou até 30 dias após a

publicação do diploma de revisão da retribuição mínima mensal garantida, se posterior.

6 – O reforço da caução previsto no n.º 4 deve ser efectuado por iniciativa da empresa de trabalho temporário até ao dia 31 de Janeiro de cada ano.

7 – Sempre que se verifiquem pagamentos por conta da caução, o Instituto do Emprego e Formação Profissional notificará a empresa de trabalho temporário para, no prazo de 30 dias, fazer a prova da sua reconstituição.

8 – A empresa responsável pelo depósito, garantia bancária na modalidade on first demand ou contrato de seguro só poderá proceder à redução ou cessação expressa do Instituto do Emprego e Formação Profissional.

9 – Cessando o exercício da actividade, os respectivos trabalhadores devem, para efeitos de pagamento através da caução, reclamar os respectivos créditos no prazo de 30 dias a contar do termo da actividade, bem como comunicar tal facto ao Instituto do Emprego e Formação Profissional.

10 – Provando a empresa de trabalho temporário, mediante declaração comprovativa, a liquidação dos créditos reclamados previstos no número anterior e demais encargos com os trabalhadores, cessam os efeitos da caução e esta será devolvida pelo Instituto do Emprego e Formação Profissional.

Artigo 7.º
Execução da caução (LTT)

1 – No caso de a empresa de trabalho temporário faltar ao pagamento pontual das prestações pecuniárias devidas ao trabalhador, que se prolongue por período superior a 15 dias, devem as prestações em mora ser cumpridas através da caução.

2 – Caso seja verificada a existência de créditos dos trabalhadores, mediante decisão definitiva de aplicação de coima por falta de pagamento de créditos ou decisão condenatória transitada em julgado, o Instituto do Emprego e Formação Profissional deve proceder aos pagamentos devidos ao trabalhador através da caução referida no n.º 1 do artigo 6.º.

3 – A falta de pagamento pontual previsto no n.º 1 deve ser declarada pela empresa empregadora, a pedido do trabalhador, no prazo de cinco dias ou, em caso de recusa ou impossibilidade, suprida mediante declaração da Inspecção-Geral do Trabalho, após solicitação do trabalhador.

4 – Compete ao Instituto do Emprego e Formação Profissional o cumprimento das prestações em mora previstas no n.º 1, devendo, para o efeito, ser apresentada a declaração da empresa empregadora ou, na sua falta, da Inspecção-Geral do Trabalho.

5 – No caso de ser apresentada a declaração da Inspecção-Geral do Trabalho prevista no número anterior, o Instituto do Emprego e Formação Profissional deve notificar a empresa de trabalho temporário de que o trabalhador requereu o pagamento de retribuições por conta da caução e de que o

Artigo 191.º
Execução da caução

1 – O trabalhador deve reclamar os respectivos créditos no prazo de 30 dias a contar do termo do contrato de trabalho, bem como comunicar tal facto ao serviço público de emprego, para efeitos de pagamento através da caução.

2 – A falta de pagamento pontual de crédito do trabalhador que se prolongue por período superior a 15 dias deve ser declarada, a pedido deste, pelo empregador, no prazo de cinco dias ou, em

mesmo é efectuado se aquela não provar o respectivo pagamento no prazo de oito dias.

6 – Compete igualmente ao Instituto do Emprego e Formação Profissional, a pedido dos titulares dos demais encargos previstos no n.º 2 do artigo 6.º, o cumprimento das prestações em mora superior a 30 dias, devendo, para o efeito, ser apresentada a respectiva declaração comprovativa.

7 – No caso de a caução ser insuficiente face aos créditos existentes, o pagamento é feito de acordo com os seguintes critérios de precedência:

a) Créditos retributivos dos trabalhadores relativos aos últimos 30 dias da actividade, com o limite correspondente ao montante de três retribuições mínimas mensais garantidas;

b) Outros créditos retributivos por ordem de pedido;

c) Indemnizações e compensações pela cessação do contrato de trabalho temporário;

d) Demais encargos com os trabalhadores.

Artigo 6.º (LTT)
Caução

1 – O requerente constituirá, a favor do Instituto do Emprego e Formação Profissional, uma caução para o exercício da actividade de trabalho temporário, de valor correspondente a 200 meses da retribuição mínima mensal garantida, acrescido do montante da taxa social única incidente sobre aquele valor.

2 – A caução destina-se a garantir a responsabilidade das empresas de trabalho temporário pelo pagamento das

caso de recusa, pelo serviço com competência inspectiva do ministério responsável pela área laboral, no prazo de 10 dias.

3 – A declaração referida no número anterior deve especificar a natureza, o montante e o período a que o crédito respeita.

4 – O trabalhador ou o credor dos demais encargos previstos no artigo anterior pode solicitar ao serviço público de emprego o pagamento do respectivo crédito através da caução, nos 30 dias seguintes à data do seu vencimento, apresentando a declaração referida no n.º 2.

5 – No caso de ser apresentada a declaração emitida pelo serviço com competência inspectiva do ministério responsável pela área laboral, o serviço público de emprego notifica a empresa de trabalho temporário de que o trabalhador requereu o pagamento de crédito por conta da caução e de que este é efectuado se a mesma não provar o pagamento no prazo de oito dias.

6 – No caso de a caução ser insuficiente face aos créditos cujo pagamento é solicitado, este é feito de acordo com os seguintes critérios de precedência:

a) Créditos retributivos dos trabalhadores relativos aos últimos 30 dias da actividade, com o limite correspondente ao montante de três vezes a retribuição mínima mensal garantida;

b) Outros créditos retributivos por ordem de pedido;

c) Indemnizações e compensações pela cessação do contrato de trabalho temporário;

d) Demais encargos com os trabalhadores.

retribuições e demais encargos com os trabalhadores temporariamente cedidos, nomeadamente contribuições para a segurança social, e pode ser prestada por depósito, garantia bancária ou contrato de seguro.

3 – A caução será anualmente actualizada por referência ao montante da retribuição mínima mensal garantida fixada para cada ano.

4 – Sem prejuízo do disposto no n.º 2, se no ano anterior houver pagamentos de créditos a trabalhadores através da caução, a mesma será reforçada para um valor correspondente a pelo menos 15% da massa salarial anual relativa aos trabalhadores em cedência temporária naquele ano.

5 – A actualização referida no n.º 3 será efectuada até 31 de Janeiro de cada ano ou até 30 dias após a publicação do diploma de revisão da retribuição mínima mensal garantida, se posterior.

6 – O reforço da caução previsto no n.º 4 deve ser efectuado por iniciativa da empresa de trabalho temporário até ao dia 31 de Janeiro de cada ano.

7 – Sempre que se verifiquem pagamentos por conta da caução, o Instituto do Emprego e Formação Profissional notificará a empresa de trabalho temporário para, no prazo de 30 dias, fazer a prova da sua reconstituição.

8 – A empresa responsável pelo depósito, garantia bancária na modalidade on first demand ou contrato de seguro só poderá proceder à redução ou cessação expressa do Instituto do Emprego e Formação Profissional.

9 – Cessando o exercício da actividade, os respectivos trabalhadores devem, para efeitos de pagamento através da caução, reclamar os respectivos créditos no prazo de 30 dias a contar do termo da actividade, bem como comunicar tal facto ao Instituto do Emprego e Formação Profissional.

10 – Provando a empresa de trabalho temporário, mediante declaração comprovativa, a liquidação dos créditos reclamados previstos no número anterior e demais encargos com os trabalhadores, cessam os efeitos da caução e esta será devolvida pelo Instituto do Emprego e Formação Profissional.

Artigo 7.º
Execução da caução (LTT)

1 – No caso de a empresa de trabalho temporário faltar ao pagamento pontual das prestações pecuniárias devidas ao trabalhador, que se prolongue por período superior a 15 dias, devem as prestações em mora ser cumpridas através da caução.

2 – Caso seja verificada a existência de créditos dos trabalhadores, mediante decisão definitiva de aplicação de coima por falta de pagamento de créditos ou decisão condenatória transitada em julgado, o Instituto do Emprego e Formação Profissional deve proceder aos pagamentos devidos ao trabalhador através da caução referida no n.º 1 do artigo 6.º.

3 – A falta de pagamento pontual previsto no n.º 1 deve ser declarada pela empresa empregadora, a pedido do trabalhador, no prazo de cinco dias ou, em caso de recusa ou impossibilidade, suprida mediante declaração da Inspecção-Geral do Trabalho, após solicitação do trabalhador.

Artigo 191.º

4 – Compete ao Instituto do Emprego e Formação Profissional o cumprimento das prestações em mora previstas no n.º 1, devendo, para o efeito, ser apresentada a declaração da empresa empregadora ou, na sua falta, da Inspecção-Geral do Trabalho.

5 – No caso de ser apresentada a declaração da Inspecção-Geral do Trabalho prevista no número anterior, o Instituto do Emprego e Formação Profissional deve notificar a empresa de trabalho temporário de que o trabalhador requereu o pagamento de retribuições por conta da caução e de que o mesmo é efectuado se aquela não provar o respectivo pagamento no prazo de oito dias.

6 – Compete igualmente ao Instituto do Emprego e Formação Profissional, a pedido dos titulares dos demais encargos previstos no n.º 2 do artigo 6.º, o cumprimento das prestações em mora superior a 30 dias, devendo, para o efeito, ser apresentada a respectiva declaração comprovativa.

7 – No caso de a caução ser insuficiente face aos créditos existentes, o pagamento é feito de acordo com os seguintes critérios de precedência:

a) Créditos retributivos dos trabalhadores relativos aos últimos 30 dias da actividade, com o limite correspondente ao montante de três retribuições mínimas mensais garantidas;

b) Outros créditos retributivos por ordem de pedido;

c) Indemnizações e compensações pela cessação do contrato de trabalho temporário;

d) Demais encargos com os trabalhadores.

Artigo 192.º
Sanções acessórias no âmbito de trabalho temporário

1 – Juntamente com a coima, pode ser punida com a sanção acessória de interdição do exercício da actividade até dois anos a empresa de trabalho temporário que admita trabalhador em violação das normas sobre a idade mínima ou a escolaridade obrigatória.

2 – A empresa de trabalho temporário pode ainda ser punida com a sanção acessória de interdição do exercício da actividade até dois anos em caso de reincidência na prática das seguintes infracções:

a) Não constituição de seguro de acidentes de trabalho de trabalhador temporário;

b) Atraso por período superior a 30 dias no pagamento da retribuição devida a trabalhadores temporários.

3 – A empresa de trabalho temporário, juntamente com a coima aplicável à contra-ordenação por celebração de contrato de utilização de trabalho temporário não sendo titular de licença, é ainda punível com ordem de encerramento do estabelecimento onde a actividade é exercida, até à regularização da situação.

4 – A sanção acessória referida nos números anteriores é averbada no registo nacional das empresas de trabalho temporário, previsto em legislação específica.

Artigo 45.º(LTT)
Sanções acessórias

1 – Juntamente com a coima, pode ser punida com a interdição ou suspensão do exercício da respectiva actividade a empresa de trabalho temporário que admita trabalhadores com violação das normas sobre a idade mínima e a escolaridade obrigatória.

2 – A empresa de trabalho temporário pode ainda ser punida com a interdição ou suspensão do exercício da respectiva actividade em caso de reincidência na prática das seguintes infracções:

a) Não actualização ou não reconstituição da caução referida no artigo 6.º;

b) Não constituição ou não reconstituição da caução específica referida na alínea a) do n.º 1 do artigo 10.º;

c) Não inscrição de trabalhadores temporários na segurança social;

d) Não constituição de seguro de acidentes de trabalho de trabalhadores temporários;

e) Atraso por um período superior a 30 dias no pagamento pontual da retribuição devida a trabalhadores temporários.

3 – Juntamente com a coima, pode ser punida com a suspensão temporária do exercício da actividade por um período máximo de dois anos a empresa de trabalho temporário que não inclua todos os trabalhadores e todas as retribuições passíveis de desconto para a segurança social na folha de remuneração mensal ou que viole o disposto no n.º 1 do artigo 39.º.

4 – As sanções acessórias referidas nos números anteriores são averbadas no registo referido no artigo 8.º.

CAPÍTULO II
Prestação do trabalho

SECÇÃO I
Local de trabalho

Artigo 193.º
Noção de local de trabalho

1 – O trabalhador deve, em princípio, exercer a actividade no local contratualmente definido, sem prejuízo do disposto no artigo seguinte.

2 – O trabalhador encontra-se adstrito a deslocações inerentes às suas funções ou indispensáveis à sua formação profissional.

Artigo 194.º
Transferência de local de trabalho

1 – O empregador pode transferir o trabalhador para outro local de trabalho, temporária ou definitivamente, nas seguintes situações:

a) Em caso de mudança ou extinção, total ou parcial, do estabelecimento onde aquele presta serviço;

b) Quando outro motivo do interesse da empresa o exija e a transferência não implique prejuízo sério para o trabalhador.

2 – As partes podem alargar ou restringir o disposto no número anterior, mediante acordo que caduca ao fim de dois anos se não tiver sido aplicado.

3 – A transferência temporária não pode exceder seis meses, salvo por exigências imperiosas do funcionamento da empresa.

5 – *Juntamente com a coima, o exercício da actividade de cedência de trabalhadores temporários a utilizadores sem licença ou com licença suspensa é ainda punível com ordem de encerramento do estabelecimento onde a actividade é exercida até à regularização da situação.*

Artigo 154.º (CT)
Noção

1 – O trabalhador deve, em princípio, realizar a sua prestação no local de trabalho contratualmente definido, sem prejuízo do disposto nos artigos 315.º a 317.º

2 – O trabalhador encontra-se adstrito às deslocações inerentes às suas funções ou indispensáveis à sua formação profissional.

Artigo 315.º (CT)
Mobilidade geográfica

1 – O empregador pode, quando o interesse da empresa o exija, transferir o trabalhador para outro local de trabalho se essa transferência não implicar prejuízo sério para o trabalhador.

2 – O empregador pode transferir o trabalhador para outro local de trabalho se a alteração resultar da mudança, total ou parcial, do estabelecimento onde aquele presta serviço.

3 – Por estipulação contratual as partes podem alargar ou restringir a faculdade conferida nos números anteriores.

4 – No caso previsto no n.º 2, o trabalhador pode resolver o contrato se houver prejuízo sério, tendo nesse caso direito à indemnização prevista no n.º 1 do artigo 443.º

4 – O empregador deve custear as despesas do trabalhador decorrentes do acréscimo dos custos de deslocação e da mudança de residência ou, em caso de transferência temporária, de alojamento.

5 – No caso de transferência definitiva, o trabalhador pode resolver o contrato se tiver prejuízo sério, tendo direito à compensação prevista no artigo 366.º.

6 – O disposto nos números anteriores pode ser afastado por instrumento de regulamentação colectiva de trabalho.

7 – Constitui contra-ordenação grave a violação do disposto nos n.ºˢ 1 ou 4, no caso de transferência definitiva, e constitui contra-ordenação leve a violação do disposto no n.º 3.

5 – O empregador deve custear as despesas do trabalhador impostas pela transferência decorrentes do acréscimo dos custos de deslocação e resultantes da mudança de residência.

Artigo 316.º (CT)
Transferência temporária

1 – O empregador pode, quando o interesse da empresa o exija, transferir temporariamente o trabalhador para outro local de trabalho se essa transferência não implicar prejuízo sério para o trabalhador.

2 – Por estipulação contratual as partes podem alargar ou restringir a faculdade conferida no número anterior.

3 – Da ordem de transferência, além da justificação, deve constar o tempo previsível da alteração, que, salvo condições especiais, não pode exceder seis meses.

4 – O empregador deve custear as despesas do trabalhador impostas pela transferência temporária decorrentes do acréscimo dos custos de deslocação e resultantes do alojamento.

Artigo 674.º
Transferência do local de trabalho

1 – Constitui contra-ordenação grave a violação do disposto nos n.ºˢ 1 e 5 do artigo 315.º

2 – Constitui contra-ordenação leve a violação do disposto no n.º 3 do artigo 316.º

Artigo 195.º
Transferência a pedido do trabalhador

1 – O trabalhador vítima de violência doméstica tem direito a ser transferido, temporária ou definitivamente, a seu pedido, para outro estabelecimento da empresa, verificadas as seguintes condições:
a) Apresentação de queixa-crime;
b) Saída da casa de morada de família no momento em que se efective a transferência.

2 – Em situação prevista no número anterior, o empregador apenas pode adiar a transferência com fundamento em exigências imperiosas ligadas ao funcionamento da empresa ou serviço, ou até que exista posto de trabalho compatível disponível.

3 – No caso previsto do número anterior, o trabalhador tem direito a suspender o contrato de imediato até que ocorra a transferência.

4 – É garantida a confidencialidade da situação que motiva as alterações contratuais do número anterior, se solicitado pelo interessado.

5 – Constitui contra-ordenação grave a violação do disposto no n.º 2.

Sem correspondência.

Artigo 196.º
Procedimento em caso de transferência do local de trabalho

1 – O empregador deve comunicar a transferência ao trabalhador, por escrito, com oito ou 30 dias de antecedência, consoante esta seja temporária ou definitiva.

2 – A comunicação deve ser fundamentada e indicar a duração previsível

Artigo 317.º (CT)
Procedimento

Salvo motivo imprevisível, a decisão de transferência de local de trabalho tem de ser comunicada ao trabalhador, devidamente fundamentada e por escrito, com 30 dias de antecedência, nos casos previstos no artigo 315.º, ou com 8 dias de antecedência, nos casos previstos no artigo 316.º

da transferência, mencionando, sendo caso disso, o acordo a que se refere o n.º 2 do artigo 194.º.

SECÇÃO II
Duração e organização do tempo de trabalho

SUBSECÇÃO I
Noções e princípios gerais sobre duração e organização do tempo de trabalho

Artigo 197.º
Tempo de trabalho

1 – Considera-se tempo de trabalho qualquer período durante o qual o trabalhador exerce a actividade ou permanece adstrito à realização da prestação, bem como as interrupções e os intervalos previstos no número seguinte.

2 – Consideram-se compreendidos no tempo de trabalho:

a) A interrupção de trabalho como tal considerada em instrumento de regulamentação colectiva de trabalho, em regulamento interno de empresa ou resultante de uso da empresa;

b) A interrupção ocasional do período de trabalho diário inerente à satisfação de necessidades pessoais inadiáveis do trabalhador ou resultante de consentimento do empregador;

c) A interrupção de trabalho por motivos técnicos, nomeadamente limpeza, manutenção ou afinação de equipamento, mudança de programa de produção, carga ou descarga de mercadorias, falta de matéria-prima ou energia, ou por factor climatérico que afecte a actividade da empresa, ou por motivos económicos, designadamente quebra de encomendas;

Artigo 155.º (CT)
Tempo de trabalho

Considera-se tempo de trabalho qualquer período durante o qual o trabalhador está a desempenhar a actividade ou permanece adstrito à realização da prestação, bem como as interrupções e os intervalos previstos no artigo seguinte.

Artigo 156.º (CT)
Interrupções e intervalos

Consideram-se compreendidos no tempo de trabalho:

a) As interrupções de trabalho como tal consideradas em instrumento de regulamentação colectiva de trabalho, em regulamento interno de empresa ou resultantes dos usos reiterados da empresa;

b) As interrupções ocasionais no período de trabalho diário, quer as inerentes à satisfação de necessidades pessoais inadiáveis do trabalhador, quer as resultantes do consentimento do empregador;

c) As interrupções de trabalho ditadas por motivos técnicos, nomeadamente limpeza, manutenção ou afinação

d) O intervalo para refeição em que o trabalhador tenha de permanecer no espaço habitual de trabalho ou próximo dele, para poder ser chamado a prestar trabalho normal em caso de necessidade;
e) A interrupção ou pausa no período de trabalho imposta por normas de segurança e saúde no trabalho.
3 – Constitui contra-ordenação grave a violação do disposto no número anterior.

de equipamentos, mudança dos programas de produção, carga ou descarga de mercadorias, falta de matéria-prima ou energia, ou factores climatéricos que afectem a actividade da empresa, ou por motivos económicos, designadamente quebra de encomendas;
d) Os intervalos para refeição em que o trabalhador tenha de permanecer no espaço habitual de trabalho ou próximo dele, adstrito à realização da prestação, para poder ser chamado a prestar trabalho normal em caso de necessidade;
e) As interrupções ou pausas nos períodos de trabalho impostas por normas especiais de segurança, higiene e saúde no trabalho.

Artigo 658.º (CT)
Duração do trabalho

Constitui contra-ordenação grave a violação do disposto nos artigos 156.º, 162.º a 165.º e no n.º 4 do artigo 166.º

Artigo 198.º
Período normal de trabalho

O tempo de trabalho que o trabalhador se obriga a prestar, medido em número de horas por dia e por semana, denomina-se período normal de trabalho.

Artigo 158.º (CT)
Período normal de trabalho

O tempo de trabalho que o trabalhador se obriga a prestar, medido em número de horas por dia e por semana, denomina-se «período normal de trabalho».

Artigo 199.º
Período de descanso

Entende-se por período de descanso o que não seja tempo de trabalho.

Artigo 157.º (CT)
Período de descanso

Entende-se por período de descanso todo aquele que não seja tempo de trabalho.

Artigo 200.º
Horário de trabalho

1 – Entende-se por horário de trabalho a determinação das horas de início e termo do período normal de trabalho diário e do intervalo de descanso, bem como do descanso semanal.

2 – O horário de trabalho delimita o período normal de trabalho diário e semanal.

3 – O início e o termo do período normal de trabalho diário podem ocorrer em dias consecutivos.

Artigo 201.º
Período de funcionamento

1 – Entende-se por período de funcionamento o período de tempo diário durante o qual o estabelecimento pode exercer a sua actividade.

2 – O período de funcionamento de estabelecimento de venda ao público denomina-se período de abertura.

3 – O período de funcionamento de estabelecimento industrial denomina-se período de laboração.

4 – O regime dos períodos de funcionamento consta de legislação específica.

Artigo 159.º (CT)
Horário de trabalho

1 – Entende-se por horário de trabalho a determinação das horas do início e do termo do período normal de trabalho diário, bem como dos intervalos de descanso.

2 – O horário de trabalho delimita o período de trabalho diário e semanal.

3 – O início e o termo do período de trabalho diário podem ocorrer em dias de calendário consecutivos.

Artigo 160.º (CT)
Período de funcionamento

1 – Entende-se por período de funcionamento o intervalo de tempo diário durante o qual os estabelecimentos podem exercer a sua actividade.

2 – O período de funcionamento dos estabelecimentos de venda ao público denomina-se «período de abertura».

3 – O período de funcionamento dos estabelecimentos industriais denomina-se «período de laboração».

Artigo 171.º (CT)
Horário de trabalho e períodos de funcionamento

1 – O empregador legalmente sujeito a regime de período de funcionamento deve respeitar esse regime na organização dos horários de trabalho para os trabalhadores ao seu serviço.

2 – Os períodos de funcionamento constam de legislação especial.

Artigo 202.º
Registo de tempos de trabalho

1 – O empregador deve manter o registo dos tempos de trabalho, incluindo dos trabalhadores que estão isentos de horário de trabalho, em local acessível e por forma que permita a sua consulta imediata.

2 – O registo deve conter a indicação das horas de início e de termo do tempo de trabalho, bem como das interrupções ou intervalos que nele não se compreendam, por forma a permitir apurar o número de horas de trabalho prestadas por trabalhador, por dia e por semana, bem como as prestadas em situação referida na alínea b) do n.º 1 do artigo 257.º.

3 – O empregador deve assegurar que o trabalhador que preste trabalho no exterior da empresa vise o registo imediatamente após o seu regresso à empresa, ou envie o mesmo devidamente visado, de modo que a empresa disponha do registo devidamente visado no prazo de 15 dias a contar da prestação.

4 – O empregador deve manter o registo dos tempos de trabalho, bem como a declaração a que se refere o artigo 257.º e o acordo a que se refere a alínea f) do n.º 3 do artigo 226.º, durante cinco anos.

5 – Constitui contra-ordenação grave a violação do disposto neste artigo.

SUBSECÇÃO II
Limites da duração do trabalho

Artigo 203.º
Limites máximos do período normal de trabalho

1 – O período normal de trabalho não pode exceder oito horas por dia e 40 horas por semana.

Artigo 162.º (CT)
Registo

O empregador deve manter um registo que permita apurar o número de horas de trabalho prestadas pelo trabalhador, por dia e por semana, com indicação da hora de início e de termo do trabalho.

Artigo 658.º (CT)
Duração do trabalho

Constitui contra-ordenação grave a violação do disposto nos artigos 156.º, 162.º a 165.º e no n.º 4 do artigo 166.º

Artigo 163.º (CT)
Limites máximos dos períodos normais de trabalho

1 – O período normal de trabalho não pode exceder oito horas por dia nem quarenta horas por semana.

2 – O período normal de trabalho diário de trabalhador que preste trabalho exclusivamente em dias de descanso semanal da generalidade dos trabalhadores da empresa ou estabelecimento pode ser aumentado até quatro horas diárias, sem prejuízo do disposto em instrumento de regulamentação colectiva de trabalho.

3 – Há tolerância de 15 minutos para transacções, operações ou outras tarefas começadas e não acabadas na hora estabelecida para o termo do período normal de trabalho diário, tendo tal tolerância carácter excepcional e devendo o acréscimo de trabalho ser pago ao perfazer quatro horas ou no termo do ano civil.

4 – Os limites máximos do período normal de trabalho podem ser reduzidos por instrumento de regulamentação colectiva de trabalho, não podendo daí resultar diminuição da retribuição dos trabalhadores.

5 – Constitui contra-ordenação grave a violação do disposto neste artigo.

2 – Há tolerância de quinze minutos para as transacções, operações e serviços começados e não acabados na hora estabelecida para o termo do período normal de trabalho diário, não sendo, porém, de admitir que tal tolerância deixe de revestir carácter excepcional, devendo o acréscimo de trabalho ser pago quando perfizer quatro horas ou no termo de cada ano civil.

3 – O período normal de trabalho diário dos trabalhadores que prestem trabalho exclusivamente nos dias de descanso semanal dos restantes trabalhadores da empresa ou estabelecimento pode ser aumentado, no máximo, em quatro horas diárias, sem prejuízo do disposto em instrumento de regulamentação colectiva de trabalho.

Artigo 168.º (CT)
Redução dos limites máximos dos períodos normais de trabalho

1 – A redução dos limites máximos dos períodos normais de trabalho pode ser estabelecida por instrumento de regulamentação colectiva de trabalho.

2 – Da redução dos limites máximos dos períodos normais de trabalho não pode resultar diminuição da retribuição dos trabalhadores.

Artigo 658.º (CT)
Duração do trabalho

Constitui contra-ordenação grave a violação do disposto nos artigos 156.º, 162.º a 165.º e no n.º 4 do artigo 166.º

Artigo 204.º
Adaptabilidade por regulamentação colectiva

1 – Por instrumento de regulamentação colectiva de trabalho, o período normal de trabalho pode ser definido em termos médios, caso em que o limite diário estabelecido no n.º 1 do artigo anterior pode ser aumentado até quatro horas e a duração do trabalho semanal pode atingir 60 horas, só não se contando nestas o trabalho suplementar prestado por motivo de força maior.

2 – O período normal de trabalho definido nos termos previstos no número anterior não pode exceder 50 horas em média num período de dois meses.

3 – Constitui contra-ordenação grave a violação do disposto neste artigo.

Artigo 205.º
Adaptabilidade individual

1 – O empregador e o trabalhador podem, por acordo, definir o período normal de trabalho em termos médios.

2 – O acordo pode prever o aumento do período normal de trabalho diário até duas horas e que o trabalho semanal possa atingir 50 horas, só não se contando nestas o trabalho suplementar prestado por motivo de força maior.

3 – Em semana cuja duração do trabalho seja inferior a 40 horas, a redução pode ser até duas horas diárias ou, sendo acordada, em dias ou meios dias, sem prejuízo do direito a subsídio de refeição.

Artigo 164.º
Adaptabilidade

1 – Por instrumento de regulamentação colectiva de trabalho, o período normal de trabalho pode ser definido em termos médios, caso em que o limite diário fixado no n.º 1 do artigo anterior pode ser aumentado até ao máximo de quatro horas, sem que a duração do trabalho semanal exceda sessenta horas, só não contando para este limite o trabalho suplementar prestado por motivo de força maior.

2 – O período normal de trabalho definido nos termos previstos no número anterior não pode exceder cinquenta horas em média num período de dois meses.

Artigo 658.º (CT)
Duração do trabalho

Constitui contra-ordenação grave a violação do disposto nos artigos 156.º, 162.º a 165.º e no n.º 4 do artigo 166.º

Artigo 165.º
Regime especial de adaptabilidade

1 – Por acordo, o empregador e os trabalhadores podem definir o período normal de trabalho em termos médios, observando o disposto nos números seguintes.

2 – O acordo a que se refere o número anterior pode ser obtido mediante proposta dirigida pelo empregador aos trabalhadores, presumindo-se a sua aceitação pelos trabalhadores que, no prazo de 21 dias a contar do respectivo conhecimento, incluindo os períodos a que se referem os n.ºˢ 2 e 3 do artigo 173.º, não se oponham por escrito.

3 – O período normal de trabalho

4 – O acordo pode ser celebrado mediante proposta, por escrito, do empregador presumindo-se a aceitação por parte de trabalhador que a ela não se oponha, por escrito, nos 14 dias seguintes ao conhecimento da mesma, aí incluídos os períodos a que se refere o n.º 2 do artigo 217.º.

5 – O regime jurídico previsto nos números anteriores mantém-se até ao termo do período de referência em execução à data da entrada em vigor de instrumento de regulamentação colectiva de trabalho que incida sobre a matéria.

6 – Constitui contra-ordenação grave a violação do disposto neste artigo.

diário pode ser aumentado até ao máximo de duas horas, sem que a duração do trabalho semanal exceda cinquenta horas, só não contando para este limite o trabalho suplementar prestado por motivo de força maior.

4 – Nas semanas em que a duração do trabalho seja inferior a quarenta horas, a redução diária não pode ser superior a duas horas, mas as partes podem também acordar na redução da semana de trabalho em dias ou meios dias, sem prejuízo do direito ao subsídio de refeição.

5 – O regime previsto nos números anteriores mantém-se até ao termo do período de referência em execução à data da entrada em vigor de instrumento de regulamentação colectiva de trabalho que incida sobre a matéria.

Artigo 658.º (CT)
Duração do trabalho

Constitui contra-ordenação grave a violação do disposto nos artigos 156.º, 162.º a 165.º e no n.º 4 do artigo 166.º

Artigo 206.º
Adaptabilidade grupal

1 – O instrumento de regulamentação colectiva de trabalho que institua o regime de adaptabilidade previsto no artigo 204.º pode prever que:

a) O empregador possa aplicar o regime ao conjunto dos trabalhadores de uma equipa, secção ou unidade económica caso, pelo menos, 60% dos trabalhadores dessa estrutura sejam por ele abrangidos, mediante filiação em associação sindical celebrante da convenção e por escolha dessa convenção como aplicável;

Sem correspondência.

b) O disposto na alínea anterior se aplique enquanto os trabalhadores da equipa, secção ou unidade económica em causa abrangidos pelo regime de acordo com a parte final da alínea anterior forem em número igual ou superior ao correspondente à percentagem nele indicada.

2 – Caso a proposta a que se refere o n.º 4 do artigo anterior seja aceite por, pelo menos, 75% dos trabalhadores da equipa, secção ou unidade económica a quem for dirigida, o empregador pode aplicar o mesmo regime ao conjunto dos trabalhadores dessa estrutura.

3 – Ocorrendo alteração por entrada ou saída de trabalhadores na composição da equipa, secção ou unidade económica, o disposto no número anterior aplica-se enquanto dessa alteração não resultar percentagem inferior à nele indicada.

4 – O regime de adaptabilidade instituído nos termos dos n.ºs 1 ou 2 não se aplica a trabalhador abrangido por convenção colectiva que disponha de modo contrário a esse regime ou, relativamente a regime referido no n.º 1, a trabalhador representado por associação sindical que tenha deduzido oposição a portaria de extensão da convenção colectiva em causa.

5 – Constitui contra-ordenação grave a prática de horário de trabalho em violação do disposto neste artigo.

Artigo 207.º
Período de referência

1 – Em regime de adaptabilidade, a duração média do trabalho é apurada por referência a período estabelecido em instrumento de regulamentação colectiva

Artigo 166.º (CT)
Período de referência

1 – A duração média do trabalho deve ser apurada por referência ao período que esteja fixado em instrumento de regulamentação colectiva de

de trabalho que não seja superior a 12 meses ou, na sua falta, a um período de quatro meses.

2 – Na situação a que se refere a parte final do número anterior, o período de referência pode ser aumentado para seis meses quando esteja em causa:

a) Trabalhador familiar do empregador;

b) Trabalhador que ocupe cargo de administração ou de direcção, ou que tenha poder de decisão autónomo;

c) Actividade caracterizada por implicar afastamento entre o local de trabalho e a residência do trabalhador ou entre diversos locais de trabalho do trabalhador;

d) Actividade de segurança e vigilância de pessoas ou bens com carácter de permanência, designadamente de guarda, porteiro ou trabalhador de empresa de segurança ou vigilância;

e) Actividade caracterizada pela necessidade de assegurar a continuidade do serviço ou da produção, nomeadamente:

i) Recepção, tratamento ou cuidados providenciados por hospital ou estabelecimento semelhante, incluindo a actividade de médico em formação, ou por instituição residencial ou prisão;

ii) Porto ou aeroporto;

iii) Imprensa, rádio, televisão, produção cinematográfica, correios, telecomunicações, serviço de ambulâncias, sapadores bombeiros ou protecção civil;

iv) Produção, transporte ou distribuição de gás, água, electricidade, recolha de lixo ou instalações de incineração;

v) Indústria cujo processo de trabalho não possa ser interrompido por motivos técnicos;

trabalho aplicável, não podendo ser superior a 12 meses, ou, na falta de tal previsão, por referência a períodos máximos de 4 meses.

2 – O período de referência de quatro meses referido no número anterior pode ser alargado para seis meses nas seguintes situações:

a) Trabalhadores familiares do empregador;

b) Trabalhadores que ocupem cargos de administração e de direcção ou com poder de decisão autónomo;

c) Havendo afastamento entre o local de trabalho e o local de residência do trabalhador ou entre diferentes locais de trabalho do trabalhador;

d) Pessoal operacional de vigilância, transporte e tratamento de sistemas electrónicos de segurança, designadamente quando se trate de guardas ou porteiros.

3 – O disposto no número anterior é ainda aplicável a actividades caracterizadas pela necessidade de assegurar a continuidade do serviço ou de produção, nomeadamente recepção, tratamento ou cuidados de saúde em hospitais ou estabelecimentos semelhantes, instituições residenciais e prisões, incluindo os médicos em formação:

a) Portos ou aeroportos;

b) Imprensa, rádio, televisão, produção cinematográfica, correios, telecomunicações, serviço de ambulâncias, sapadores-bombeiros ou protecção civil;

c) Produção, transmissão e distribuição de gás, água, electricidade, recolha de lixo ou instalações de incineração;

d) Indústrias em que o processo de trabalho não possa ser interrompido por motivos técnicos;

vi) Investigação e desenvolvimento;
vii) Agricultura;
viii) Transporte de passageiros em serviço regular de transporte urbano.

f) Acréscimo previsível de actividade, nomeadamente na agricultura, no turismo e nos serviços postais;

g) Trabalhador de transporte ferroviário que preste trabalho intermitente a bordo de comboios ou tendo por fim assegurar a continuidade e regularidade do tráfego ferroviário;

h) Caso fortuito ou de força maior;

i) Acidente ou risco de acidente iminente.

3 – Sem prejuízo do disposto em instrumento de regulamentação colectiva de trabalho, o período de referência apenas pode ser alterado durante o seu decurso quando circunstâncias objectivas o justifiquem e o total de horas de trabalho prestadas não seja superior às que teriam sido realizadas caso não vigorasse o regime de adaptabilidade, aplicando-se com as necessárias adaptações o disposto no n.º 3 do artigo 205.º.

4 – Constitui contra-ordenação grave a violação do disposto no número anterior.

Artigo 208.º
Banco de horas

1 – Por instrumento de regulamentação colectiva de trabalho, pode ser instituído um regime de banco de horas, em que a organização do tempo de tra-

e) Investigação e desenvolvimento;
f) Agricultura;
g) Transporte de passageiros em serviços regulares de transporte urbano;
h) Transporte ferroviário em relação a trabalhadores que prestem trabalho intermitente, em comboios ou aqueles cuja prestação esteja ligada à continuidade e regularidade do tráfego ferroviário;
i) Havendo acréscimo previsível de actividade no turismo e nos serviços postais entre outras;
j) Caso fortuito ou motivo de força maior;
l) Em caso de acidente ou de risco de acidente iminente.

4 – Salvo quando expressamente previsto em instrumento de regulamentação colectiva de trabalho, o período de referência apenas pode ser alterado durante a sua execução quando justificado por circunstâncias objectivas e o total de horas de trabalho prestadas for inferior ou igual às que teriam sido realizadas caso não vigorasse um regime de adaptabilidade, aplicando-se com as necessárias adaptações o disposto no n.º 4 do artigo 165.º

Artigo 658.º (CT)
Duração do trabalho

Constitui contra-ordenação grave a violação do disposto nos artigos 156.º, 162.º a 165.º e no n.º 4 do artigo 166.º

Sem correspondência.

balho obedeça ao disposto nos números seguintes.

2 – O período normal de trabalho pode ser aumentado até quatro horas diárias e pode atingir 60 horas semanais, tendo o acréscimo por limite 200 horas por ano.

3 – O limite anual referido no número anterior pode ser afastado por instrumento de regulamentação colectiva de trabalho caso a utilização do regime tenha por objectivo evitar a redução do número de trabalhadores, só podendo esse limite ser aplicado durante um período até 12 meses.

4 – O instrumento de regulamentação colectiva de trabalho deve regular:

a) A compensação do trabalho prestado em acréscimo, que pode ser feita mediante redução equivalente do tempo de trabalho, pagamento em dinheiro ou ambas as modalidades;

b) A antecedência com que o empregador deve comunicar ao trabalhador a necessidade de prestação de trabalho;

c) O período em que a redução do tempo de trabalho para compensar trabalho prestado em acréscimo deve ter lugar, por iniciativa do trabalhador ou, na sua falta, do empregador, bem como a antecedência com que qualquer deles deve informar o outro da utilização dessa redução.

5 – Constitui contra-ordenação grave a prática de horário de trabalho em violação do disposto neste artigo.

Artigo 209.º
Horário concentrado

1 – O período normal de trabalho diário pode ter aumento até quatro horas diárias:

Sem correspondência.

a) Por acordo entre empregador e trabalhador ou por instrumento de regulamentação colectiva, para concentrar o período normal de trabalho semanal no máximo de quatro dias de trabalho;

b) Por instrumento de regulamentação colectiva para estabelecer um horário de trabalho que contenha, no máximo, três dias de trabalho consecutivos, seguidos no mínimo de dois dias de descanso, devendo a duração do período normal de trabalho semanal ser respeitado, em média, num período de referência de 45 dias.

2 – Aos trabalhadores abrangidos por regime de horário de trabalho concentrado não pode ser simultaneamente aplicável o regime de adaptabilidade.

3 – O instrumento de regulamentação colectiva de trabalho que institua o horário concentrado regula a retribuição e outras condições da sua aplicação.

Artigo 210.º
Excepções aos limites máximos do período normal de trabalho

1 – Os limites do período normal de trabalho constantes do artigo 203.º só podem ser ultrapassados nos casos expressamente previstos neste Código, ou quando instrumento de regulamentação colectiva de trabalho o permita nas seguintes situações:

a) Em relação a trabalhador de entidade sem fim lucrativo ou estreitamente ligada ao interesse público, desde que a sujeição do período normal de trabalho a esses limites seja incomportável;

b) Em relação a trabalhador cujo trabalho seja acentuadamente intermitente ou de simples presença.

Artigo 167.º (CT)
Excepções aos limites máximos dos períodos normais de trabalho

1 – Os limites dos períodos normais de trabalho fixados no artigo 163.º só podem ser ultrapassados nos casos expressamente previstos neste Código, salvo o disposto no número seguinte.

2 – O acréscimo dos limites do período normal de trabalho pode ser determinado em instrumento de regulamentação colectiva de trabalho:

a) Em relação ao pessoal que preste serviço em actividades sem fins lucrativos ou estreitamente ligadas ao interesse público, desde que se mostre absolutamente incomportável a sujeição do seu período de trabalho a esses limites;

2 – Sempre que entidade referida na alínea *a)* do número anterior prossiga actividade industrial, o período normal de trabalho não deve ultrapassar 40 horas por semana, na média do período de referência aplicável.

Artigo 211.º
Limite máximo da duração média do trabalho semanal

1 – Sem prejuízo do disposto nos artigos 203.º a 210.º, a duração média do trabalho semanal, incluindo trabalho suplementar, não pode ser superior a 48 horas, num período de referência estabelecido em instrumento de regulamentação colectiva de trabalho que não ultrapasse 12 meses ou, na falta deste, num período de referência de quatro meses, ou de seis meses nos casos previstos no n.º 2 do artigo 207.º.

2 – No cálculo da média referida no número anterior, os dias de férias são subtraídos ao período de referência em que são gozados.

3 – Os dias de ausência por doença, bem como os dias de licença parental, inicial ou complementar, e de licença para assistência a filho com deficiência ou doença crónica são considerados com base no correspondente período normal de trabalho.

4 – O disposto nos números anteriores não se aplica a trabalhador que ocupe cargo de administração ou de

b) Em relação às pessoas cujo trabalho seja acentuadamente intermitente ou de simples presença.

3 – Sempre que as actividades referidas na alínea a) do número anterior tenham carácter industrial, o período normal de trabalho é fixado de modo a não ultrapassar a média de quarenta horas por semana no termo do número de semanas estabelecido no respectivo instrumento de regulamentação colectiva de trabalho.

Artigo 169.º (CT)
Duração média do trabalho

1 – Sem prejuízo dos limites previstos nos artigos 163.º a 167.º, a duração média do trabalho semanal, incluindo trabalho suplementar, não pode exceder quarenta e oito horas, num período de referência fixado em instrumento de regulamentação colectiva de trabalho, não devendo, em caso algum, ultrapassar 12 meses ou, na falta de fixação em instrumento de regulamentação colectiva, num período de referência de 4 meses, que pode ser de 6 meses nos casos previstos nos n.ºs 2 e 3 do artigo 166.º

2 – No cálculo da média referida no número anterior, os dias de férias são subtraídos ao período de referência em que são gozados.

3 – Os dias de ausência por doença, bem como os dias de licença por maternidade e paternidade e de licença especial do pai ou da mãe para assistência a pessoa com deficiência e a doente crónico são considerados com base no correspondente período normal de trabalho.

direcção ou com poder de decisão autónomo, que esteja isento de horário de trabalho, ao abrigo das alíneas *a)* ou *b)* do n.º 1 do artigo 219.º.

SUBSECÇÃO III
Horário de trabalho

Artigo 212.º
Elaboração de horário de trabalho

1 – Compete ao empregador determinar o horário de trabalho do trabalhador, dentro dos limites da lei, designadamente do regime de período de funcionamento aplicável.

2 – Na elaboração do horário de trabalho, o empregador deve:

a) Ter em consideração prioritariamente as exigências de protecção da segurança e saúde do trabalhador;

b) Facilitar ao trabalhador a conciliação da actividade profissional com a vida familiar;

c) Facilitar ao trabalhador a frequência de curso escolar, bem como de formação técnica ou profissional.

3 – A comissão de trabalhadores ou, na sua falta, as comissões intersindicais, as comissões sindicais ou os delegados sindicais devem ser consultados previamente sobre a definição e a organização dos horários de trabalho.

4 – Constitui contra-ordenação grave a violação do disposto nos n.ºs 2 ou 3.

4 – *O disposto nos n.ºs 1 e 2 não é aplicável a trabalhadores que ocupem cargos de administração e de direcção ou com poder de decisão autónomo que estejam isentos de horário de trabalho.*

Artigo 170.º (CT)
Definição do horário de trabalho

1 – Compete ao empregador definir os horários de trabalho dos trabalhadores ao seu serviço, dentro dos condicionalismos legais.

2 – As comissões de trabalhadores ou, na sua falta, as comissões intersindicais, as comissões sindicais ou os delegados sindicais devem ser consultados previamente sobre a definição e a organização dos horários de trabalho.

Artigo 172.º (CT)
Critérios especiais de definição do horário de trabalho

1 – Na definição do horário de trabalho, o empregador deve facilitar ao trabalhador a frequência de cursos escolares, em especial os de formação técnica ou profissional.

2 – Na definição do horário de trabalho são prioritárias as exigências de protecção da segurança e saúde dos trabalhadores.

3 – Havendo trabalhadores pertencentes ao mesmo agregado familiar, a fixação do horário de trabalho deve tomar sempre em conta esse facto.

Artigo 659.º (CT)
Horário de trabalho

1 – Constitui contra-ordenação grave a violação do disposto nos artigos 172.º

Artigo 213.º
Intervalo de descanso

1 – O período de trabalho diário deve ser interrompido por um intervalo de descanso, de duração não inferior a uma hora nem superior a duas, de modo que o trabalhador não preste mais de cinco horas de trabalho consecutivo.

2 – Por instrumento de regulamentação colectiva de trabalho, pode ser permitida a prestação de trabalho até seis horas consecutivas e o intervalo de descanso pode ser reduzido, excluído ou ter duração superior à prevista no número anterior, bem como pode ser determinada a existência de outros intervalos de descanso.

3 – Compete ao serviço com competência inspectiva do ministério responsável pela área laboral, mediante requerimento do empregador, instruído com declaração escrita de concordância do trabalhador abrangido e informação à comissão de trabalhadores da empresa e ao sindicato representativo do trabalhador em causa, autorizar a redução ou exclusão de intervalo de descanso, quando tal se mostre favorável ao interesse do trabalhador ou se justifique pelas condições particulares de trabalho de certas actividades.

4 – Não é permitida a alteração de intervalo de descanso prevista nos números anteriores que implicar mais de seis horas de trabalho consecutivo,
a 174.º, no n.º 3 do artigo 175.º, no n.º 1 do artigo 176.º, no n.º 3 do artigo 177.º, nos n.ºˢ 3 e 4 do artigo 178.º

2 – Constitui contra-ordenação leve a violação do disposto no n.º 2 do artigo 170.º e no n.º 1 do artigo 179.º

Artigo 174.º (CT)
Intervalo de descanso

A jornada de trabalho diária deve ser interrompida por um intervalo de descanso, de duração não inferior a uma hora, nem superior a duas, de modo que os trabalhadores não prestem mais de cinco horas de trabalho consecutivo.

Artigo 175.º (CT)
Redução ou dispensa de intervalo de descanso

1 – Por instrumento de regulamentação colectiva de trabalho pode ser estabelecida a prestação de trabalho até seis horas consecutivas e o intervalo diário de descanso ser reduzido, excluído ou ter uma duração superior à prevista no artigo anterior, bem como ser determinada a frequência e a duração de quaisquer outros intervalos de descanso do período de trabalho diário.

2 – Compete à Inspecção-Geral do Trabalho, mediante requerimento do empregador, instruído com declaração escrita de concordância do trabalhador abrangido e informação à comissão de trabalhadores da empresa e ao sindicato representativo do trabalhador em causa, autorizar a redução ou exclusão dos intervalos de descanso, quando tal se mostre favorável aos interesses dos trabalhadores ou se justifique pelas condições particulares de trabalho de certas actividades.

excepto quanto a actividades de pessoal operacional de vigilância, transporte e tratamento de sistemas electrónicos de segurança e indústrias em que o processo de laboração não possa ser interrompido por motivos técnicos e, bem assim, quanto a trabalhadores que ocupem cargos de administração e de direcção e outras pessoas com poder de decisão autónomo que estejam isentos de horário de trabalho.

5 – Constitui contra-ordenação grave a violação do disposto nos n.ᵒˢ 1 ou 4.

3 – Não é permitida a alteração aos intervalos de descanso prevista nos n.ᵒˢ 1 e 2, se ela implicar a prestação de mais de seis horas consecutivas de trabalho, excepto quanto a actividades de pessoal operacional de vigilância, transporte e tratamento de sistemas electrónicos de segurança e indústrias em que o processo de laboração não possa ser interrompido por motivos técnicos e, bem assim, quanto a trabalhadores que ocupem cargos de administração e de direcção e outras pessoas com poder de decisão autónomo que estejam isentos de horário de trabalho.

4 – O pedido de redução ou dispensa de intervalo de descanso previsto no n.º 2 considera-se tacitamente deferido se não for proferida a decisão final dentro do prazo de 15 dias a contar da apresentação do requerimento.

Artigo 659.º (CT)
Horário de trabalho

1 – Constitui contra-ordenação grave a violação do disposto nos artigos 172.º a 174.º, no n.º 3 do artigo 175.º, no n.º 1 do artigo 176.º, no n.º 3 do artigo 177.º, nos n.ᵒˢ 3 e 4 do artigo 178.º

2 – Constitui contra-ordenação leve a violação do disposto no n.º 2 do artigo 170.º e no n.º 1 do artigo 179.º

Artigo 214.º
Descanso diário

1 – O trabalhador tem direito a um período de descanso de, pelo menos, 11 horas seguidas entre dois períodos diários de trabalho consecutivos.

2 – O disposto no número anterior não é aplicável:

Artigo 176.º (CT)
Descanso diário

1 – É garantido ao trabalhador um período mínimo de descanso de onze horas seguidas entre dois períodos diários de trabalho consecutivos.

2 – O disposto no número anterior não é aplicável a trabalhadores que

a) A trabalhador que ocupe cargo de administração ou de direcção ou com poder de decisão autónomo, que esteja isento de horário de trabalho;

b) Quando seja necessária a prestação de trabalho suplementar, por motivo de força maior, ou por ser indispensável para reparar ou prevenir prejuízo grave para a empresa ou para a sua viabilidade devido a acidente ou a risco de acidente iminente;

c) Quando o período normal de trabalho seja fraccionado ao longo do dia com fundamento em característica da actividade, nomeadamente em serviços de limpeza;

d) Em actividade caracterizada pela necessidade de assegurar a continuidade do serviço ou da produção, nomeadamente a referida em qualquer das alíneas *d)* e *e)* do n.º 2 do artigo 207.º, com excepção da subalínea *viii)* da alínea *e)*, e em caso de acréscimo previsível de actividade no turismo, desde que instrumento de regulamentação colectiva de trabalho assegure ao trabalhador um período equivalente de descanso compensatório e regule o período em que o mesmo deve ser gozado.

3 – Em caso previsto na alínea *a)* ou *b)* do número anterior, entre dois períodos diários de trabalho consecutivos deve ser observado um período de descanso que permita a recuperação do trabalhador.

4 – Constitui contra-ordenação grave a violação do disposto nos n.ºs 1 ou 3.

ocupem cargos de administração e de direcção ou com poder de decisão autónomo que estejam isentos de horário de trabalho, nem quando seja necessária a prestação de trabalho suplementar por motivo de força maior, ou por ser indispensável para prevenir ou reparar prejuízos graves para a empresa ou para a sua viabilidade devidos a acidente ou a risco de acidente iminente.

3 – A regra constante do n.º 1 não é aplicável quando os períodos normais de trabalho sejam fraccionados ao longo do dia com fundamento nas características da actividade, nomeadamente no caso dos serviços de limpeza.

4 – O disposto no n.º 1 não é aplicável a actividades caracterizadas pela necessidade de assegurar a continuidade do serviço ou da produção, nomeadamente as actividades a seguir indicadas, desde que através de instrumento de regulamentação colectiva de trabalho sejam garantidos ao trabalhador os correspondentes descansos compensatórios:

a) Pessoal operacional de vigilância, transporte e tratamento de sistemas electrónicos de segurança;

b) Recepção, tratamento e cuidados dispensados em hospitais ou estabelecimentos semelhantes, instituições residenciais e prisões;

c) Portos e aeroportos;

d) Imprensa, rádio, televisão, produção cinematográfica, correios ou telecomunicações, ambulâncias, sapadores-bombeiros ou protecção civil;

e) Produção, transporte e distribuição de gás, água ou electricidade, recolha de lixo e incineração;

f) Indústrias em que o processo de laboração não possa ser interrompido por motivos técnicos;

g) *Investigação e desenvolvimento;*
h) *Agricultura.*
5 – *O disposto no número anterior é extensivo aos casos de acréscimo previsível de actividade no turismo.*

Artigo 659.º (CT)
Horário de trabalho

1 – Constitui contra-ordenação grave a violação do disposto nos artigos 172.º a 174.º, no n.º 3 do artigo 175.º, no n.º 1 do artigo 176.º, no n.º 3 do artigo 177.º, nos n.ºs 3 e 4 do artigo 178.º

2 – Constitui contra-ordenação leve a violação do disposto no n.º 2 do artigo 170.º e no n.º 1 do artigo 179.º

Artigo 215.º
Mapa de horário de trabalho

1 – O empregador elabora o mapa de horário de trabalho tendo em conta as disposições legais e o instrumento de regulamentação colectiva de trabalho aplicável, do qual devem constar:

a) Firma ou denominação do empregador;

b) Actividade exercida;

c) Sede e local de trabalho dos trabalhadores a que o horário respeita;

d) Início e termo do período de funcionamento e, se houver, dia de encerramento ou suspensão de funcionamento da empresa ou estabelecimento;

e) Horas de início e termo dos períodos normais de trabalho, com indicação de intervalos de descanso;

f) Dia de descanso semanal obrigatório e descanso semanal complementar, se este existir;

g) Instrumento de regulamentação colectiva de trabalho aplicável, se houver;

Artigo 179.º (CT)
Mapas de horário de trabalho

1 – Sem prejuízo do disposto no n.º 4 do artigo 173.º, em todos os locais de trabalho deve ser afixado, em lugar bem visível, um mapa de horário de trabalho, elaborado pelo empregador de harmonia com as disposições legais e com os instrumentos de regulamentação colectiva de trabalho aplicáveis.

2 – O empregador deve enviar cópia do mapa de horário de trabalho à Inspecção-Geral do Trabalho com a antecedência mínima de quarenta e oito horas relativamente à sua entrada em vigor.

3 – As condições de publicidade dos horários de trabalho do pessoal afecto à exploração de veículos automóveis, propriedade de empresas de transportes ou privativos de outras entidades sujeitas às disposições deste Código, são estabelecidas em portaria dos Ministros responsáveis pela área laboral e pelo

h) Regime resultante de acordo que institua horário de trabalho em regime de adaptabilidade, se houver.

2 – Quando as indicações referidas no número anterior não sejam comuns a todos os trabalhadores, o mapa de horário de trabalho deve conter a identificação dos trabalhadores cujo regime seja diferente do estabelecido para os restantes, sem prejuízo do disposto no n.º 4.

3 – Sempre que o horário de trabalho inclua turnos, o mapa deve ainda indicar o número de turnos e aqueles em que haja menores, bem como a escala de rotação se existir.

4 – A composição dos turnos, de harmonia com a respectiva escala, se existir, é registada em livro próprio ou em suporte informático e faz parte integrante do mapa de horário de trabalho.

5 – Constitui contra-ordenação grave a violação do disposto neste artigo.

sector dos transportes, ouvidas as organizações sindicais e de empregadores interessadas.

Artigo 659.º (CT)
Horário de trabalho

1 – Constitui contra-ordenação grave a violação do disposto nos artigos 172.º a 174.º, no n.º 3 do artigo 175.º, no n.º 1 do artigo 176.º, no n.º 3 do artigo 177.º, nos n.ºs 3 e 4 do artigo 178.º

2 – Constitui contra-ordenação leve a violação do disposto no n.º 2 do artigo 170.º e no n.º 1 do artigo 179.º

Artigo 180.º (RCT)
Mapa de horário de trabalho

1 – Do mapa de horário de trabalho deve constar:

a) Firma ou denominação do empregador;

b) Actividade exercida;

c) Sede e local de trabalho;

d) Começo e termo do período de funcionamento da empresa ou estabelecimento, consoante o caso;

e) Dia de encerramento ou suspensão de laboração, salvo tratando-se de empregador isento dessa obrigatoriedade;

f) Horas de início e termo dos períodos normais de trabalho, com indicação dos intervalos de descanso;

g) Dia de descanso semanal e dia ou meio dia de descanso semanal complementar, se este existir;

h) Instrumento de regulamentação colectiva de trabalho aplicável, se o houver;

i) Regime resultante do acordo individual que institui a adaptabilidade, se o houver.

Artigo 216.º
Afixação e envio de mapa de horário de trabalho

1 – O empregador afixa o mapa de horário de trabalho no local de trabalho a que respeita, em lugar bem visível.

2 – Quando as indicações referidas no número anterior não forem comuns a todos os trabalhadores, devem também constar dos mapas de horário de trabalho os nomes dos trabalhadores cujo regime seja diferente do estabelecido para os restantes, sem prejuízo do n.º 4.

3 – Sempre que os horários de trabalho incluam turnos de pessoal diferente, devem constar ainda do respectivo mapa:

a) Número de turnos;
b) Escala de rotação, se a houver;
c) Horas de início e termo dos períodos normais de trabalho, com indicação dos intervalos de descanso;
d) Dias de descanso do pessoal de cada turno;
e) Indicação dos turnos em que haja menores.

4 – A composição dos turnos, de harmonia com a respectiva escala, se a houver, é registada em livro próprio ou em suporte informático e faz parte integrante do mapa de horário de trabalho.

Artigo 482.º (RCT)
Mapas de horário de trabalho

1 – Constitui contra-ordenação grave a violação do disposto no artigo 180.º e no artigo 182.º.

2 – Constitui contra-ordenação leve a violação do disposto no n.º 2 do artigo 181.º.

Artigo 179.º (CT)
Mapas de horário de trabalho

1 – Sem prejuízo do disposto no n.º 4 do artigo 173.º, em todos os locais de trabalho deve ser afixado, em lugar bem visível, um mapa de horário de

2 – Quando várias empresas, estabelecimentos ou serviços desenvolvam, simultaneamente, actividades no mesmo local de trabalho, o titular das instalações deve consentir a afixação dos diferentes mapas de horário de trabalho.

3 – Na mesma data, o empregador deve apresentar cópia do mapa de horário de trabalho ao serviço com competência inspectiva do ministério responsável pela área laboral, nomeadamente através de correio electrónico, com a antecedência mínima de 48 horas relativamente à sua entrada em vigor.

4 – As condições de publicidade de horário de trabalho de trabalhador afecto à exploração de veículo automóvel são estabelecidas em portaria dos ministros responsáveis pela área laboral e pelo sector dos transportes.

5 – Constitui contra-ordenação leve a violação do disposto nos n.ºs 1, 2 ou 3.

trabalho, elaborado pelo empregador de harmonia com as disposições legais e com os instrumentos de regulamentação colectiva de trabalho aplicáveis.

2 – O empregador deve enviar cópia do mapa de horário de trabalho à Inspecção-Geral do Trabalho com a antecedência mínima de quarenta e oito horas relativamente à sua entrada em vigor.

3 – As condições de publicidade dos horários de trabalho do pessoal afecto à exploração de veículos automóveis, propriedade de empresas de transportes ou privativos de outras entidades sujeitas às disposições deste Código, são estabelecidas em portaria dos Ministros responsáveis pela área laboral e pelo sector dos transportes, ouvidas as organizações sindicais e de empregadores interessadas.

Artigo 181.º (RCT)
Afixação e envio do mapa de horário de trabalho

1 – O empregador procede à afixação nos locais de trabalho do mapa de horário de trabalho.

2 – Quando várias empresas, estabelecimentos ou serviços desenvolvam, simultaneamente, actividades no mesmo local de trabalho, deve o empregador em cujas instalações os trabalhadores prestam serviço afixar os diferentes mapas de horário de trabalho.

3 – Na mesma data, o empregador deve apresentar cópia do mapa de horário de trabalho à Inspecção-Geral do Trabalho, nomeadamente através de correio electrónico.

Artigo 659.º (CT)
Horário de trabalho

1 – Constitui contra-ordenação grave a violação do disposto nos artigos 172.º a 174.º, no n.º 3 do artigo 175.º, no n.º 1 do artigo 176.º, no n.º 3 do artigo 177.º, nos n.ᵒˢ 3 e 4 do artigo 178.º

2 – Constitui contra-ordenação leve a violação do disposto no n.º 2 do artigo 170.º e no n.º 1 do artigo 179.º

Artigo 482.º (RCT)
Mapas de horário de trabalho

1 – Constitui contra-ordenação grave a violação do disposto no artigo 180.º e no artigo 182.º.

2 – Constitui contra-ordenação leve a violação do disposto no n.º 2 do artigo 181.º

Artigo 217.º
Alteração de horário de trabalho

1 – À alteração de horário de trabalho é aplicável o disposto sobre a sua elaboração, com as especificidades constantes dos números seguintes.

2 – A alteração de horário de trabalho deve ser precedida de consulta aos trabalhadores envolvidos e à comissão de trabalhadores ou, na sua falta, à comissão sindical ou intersindical ou aos delegados sindicais, bem como, ainda que vigore o regime de adaptabilidade, ser afixada na empresa com antecedência de sete dias relativamente ao início da sua aplicação, ou três dias em caso de microempresa.

3 – Exceptua-se do disposto no número anterior a alteração de horário de trabalho cuja duração não seja superior a uma semana, desde que seja registada

Artigo 173.º (CT)
Alteração do horário de trabalho

1 – Não podem ser unilateralmente alterados os horários individualmente acordados.

2 – Todas as alterações dos horários de trabalho devem ser precedidas de consulta aos trabalhadores afectados, à comissão de trabalhadores ou, na sua falta, à comissão sindical ou intersindical ou aos delegados sindicais, ser afixadas na empresa com antecedência de sete dias, ainda que vigore um regime de adaptabilidade, e comunicadas à Inspecção-Geral do Trabalho, nos termos previstos em legislação especial.

3 – O prazo a que se refere o número anterior é de três dias em caso de microempresa.

4 – Exceptua-se do disposto no n.º 2 a alteração do horário de trabalho cuja

em livro próprio, com a menção de que foi consultada a estrutura de representação colectiva dos trabalhadores referida no número anterior, e o empregador não recorra a este regime mais de três vezes por ano.

4 – Não pode ser unilateralmente alterado o horário individualmente acordado.

5 – A alteração que implique acréscimo de despesas para o trabalhador confere direito a compensação económica.

6 – Constitui contra-ordenação grave a violação do disposto neste artigo.

duração não exceda uma semana, não podendo o empregador recorrer a este regime mais de três vezes por ano, desde que seja registada em livro próprio com a menção de que foi previamente informada e consultada a comissão de trabalhadores ou, na sua falta, a comissão sindical ou intersindical ou os delegados sindicais.

5 – As alterações que impliquem acréscimo de despesas para os trabalhadores conferem o direito a compensação económica.

Artigo 659.º (CT)
Horário de trabalho

1 – Constitui contra-ordenação grave a violação do disposto nos artigos 172.º a 174.º, no n.º 3 do artigo 175.º, no n.º 1 do artigo 176.º, no n.º 3 do artigo 177.º, nos n.ᵒˢ 3 e 4 do artigo 178.º

2 – Constitui contra-ordenação leve a violação do disposto no n.º 2 do artigo 170.º e no n.º 1 do artigo 179.º

Artigo 182.º (RCT)
Alteração do mapa de horário de trabalho

A alteração de qualquer elemento constante do mapa de horário de trabalho está sujeita às normas fixadas para a sua elaboração e afixação.

Artigo 482.º (RCT)
Mapas de horário de trabalho

1 – Constitui contra-ordenação grave a violação do disposto no artigo 180.º e no artigo 182.º.

2 – Constitui contra-ordenação leve a violação do disposto no n.º 2 do artigo 181.º

SUBSECÇÃO IV
Isenção de horário de trabalho

Artigo 218.º
Condições de isenção de horário de trabalho

1 – Por acordo escrito, pode ser isento de horário de trabalho o trabalhador que se encontre numa das seguintes situações:
a) Exercício de cargo de administração ou direcção, ou de funções de confiança, fiscalização ou apoio a titular desses cargos;
b) Execução de trabalhos preparatórios ou complementares que, pela sua natureza, só possam ser efectuados fora dos limites do horário de trabalho;
c) Teletrabalho e outros casos de exercício regular de actividade fora do estabelecimento, sem controlo imediato por superior hierárquico.
2 – O instrumento de regulamentação colectiva de trabalho pode prever outras situações de admissibilidade de isenção de horário de trabalho.
3 – O acordo referido no n.º 1 deve ser enviado ao serviço com competência inspectiva do ministério responsável pela área laboral.
4 – Constitui contra-ordenação leve a violação do disposto no número anterior.

Artigo 177.º
Condições de isenção de horário de trabalho

1 – Por acordo escrito, pode ser isento de horário de trabalho o trabalhador que se encontre numa das seguintes situações:
a) Exercício de cargos de administração, de direcção, de confiança, de fiscalização ou de apoio aos titulares desses cargos;
b) Execução de trabalhos preparatórios ou complementares que, pela sua natureza, só possam ser efectuados fora dos limites dos horários normais de trabalho;
c) Exercício regular da actividade fora do estabelecimento, sem controlo imediato da hierarquia.
2 – Podem ser previstas em instrumento de regulamentação colectiva de trabalho outras situações de admissibilidade de isenção de horário de trabalho para além das indicadas nas alíneas do número anterior.
3 – O acordo referido no n.º 1 deve ser enviado à Inspecção-Geral do Trabalho.

Artigo 659.º (CT)
Horário de trabalho

1 – Constitui contra-ordenação grave a violação do disposto nos artigos 172.º a 174.º, no n.º 3 do artigo 175.º, no n.º 1 do artigo 176.º, no n.º 3 do artigo 177.º, nos n.ºs 3 e 4 do artigo 178.º
2 – Constitui contra-ordenação leve a violação do disposto no n.º 2 do artigo 170.º e no n.º 1 do artigo 179.º

Artigo 219.º
Modalidades e efeitos de isenção de horário de trabalho

1 – As partes podem acordar numa das seguintes modalidades de isenção de horário de trabalho:

a) Não sujeição aos limites máximos do período normal de trabalho;

b) Possibilidade de determinado aumento do período normal de trabalho, por dia ou por semana;

c) Observância do período normal de trabalho acordado.

2 – Na falta de estipulação das partes, aplica-se o disposto na alínea *a)* do número anterior.

3 – A isenção não prejudica o direito a dia de descanso semanal, obrigatório ou complementar, a feriado ou a descanso diário.

4 – Constitui contra-ordenação grave a violação do disposto no número anterior.

Artigo 178.º (CT)
Efeitos da isenção de horário de trabalho

1 – Nos termos do que for acordado, a isenção de horário pode compreender as seguintes modalidades:

a) Não sujeição aos limites máximos dos períodos normais de trabalho;

b) Possibilidade de alargamento da prestação a um determinado número de horas, por dia ou por semana;

c) Observância dos períodos normais de trabalho acordados.

2 – Na falta de estipulação das partes o regime de isenção de horário segue o disposto na alínea a) do número anterior.

3 – A isenção não prejudica o direito aos dias de descanso semanal obrigatório, aos feriados obrigatórios e aos dias e meios dias de descanso complementar, nem ao descanso diário a que se refere o n.º 1 do artigo 176.º, excepto nos casos previstos no n.º 2 desse artigo.

4 – Nos casos previstos no n.º 2 do artigo 176.º deve ser observado um período de descanso que permita a recuperação do trabalhador entre dois períodos diários de trabalho consecutivos.

Artigo 659.º (CT)
Horário de trabalho

1 – Constitui contra-ordenação grave a violação do disposto nos artigos 172.º a 174.º, no n.º 3 do artigo 175.º, no n.º 1 do artigo 176.º, no n.º 3 do artigo 177.º, nos n.ᵒˢ 3 e 4 do artigo 178.º

2 – Constitui contra-ordenação leve a violação do disposto no n.º 2 do artigo 170.º e no n.º 1 do artigo 179.º

SUBSECÇÃO V
Trabalho por turnos

Artigo 220.º
Noção de trabalho por turnos

Considera-se trabalho por turnos qualquer organização do trabalho em equipa em que os trabalhadores ocupam sucessivamente os mesmos postos de trabalho, a um determinado ritmo, incluindo o rotativo, contínuo ou descontínuo, podendo executar o trabalho a horas diferentes num dado período de dias ou semanas.

Artigo 221.º
Organização de turnos

1 – Devem ser organizados turnos de pessoal diferente sempre que o período de funcionamento ultrapasse os limites máximos do período normal de trabalho.

2 – Os turnos devem, na medida do possível, ser organizados de acordo com os interesses e as preferências manifestados pelos trabalhadores.

3 – A duração de trabalho de cada turno não pode ultrapassar os limites máximos dos períodos normais de trabalho.

4 – O trabalhador só pode mudar de turno após o dia de descanso semanal.

5 – Os turnos no regime de laboração contínua e os de trabalhadores que asseguram serviços que não podem ser interrompidos, nomeadamente nas situações a que se referem as alíneas *d)* e *e)* do n.º 2 do artigo 207.º, devem ser organizados de modo que os trabalhadores de cada turno gozem, pelo menos, um

Artigo 188.º (CT)
Noção

Considera-se trabalho por turnos qualquer modo de organização do trabalho em equipa em que os trabalhadores ocupem sucessivamente os mesmos postos de trabalho, a um determinado ritmo, incluindo o ritmo rotativo, que pode ser de tipo contínuo ou descontínuo, o que implica que os trabalhadores podem executar o trabalho a horas diferentes no decurso de um dado período de dias ou semanas.

Artigo 189.º (CT)
Organização

1 – Devem ser organizados turnos de pessoal diferente sempre que o período de funcionamento ultrapasse os limites máximos dos períodos normais de trabalho.

2 – Os turnos devem, na medida do possível, ser organizados de acordo com os interesses e as preferências manifestados pelos trabalhadores.

3 – A duração de trabalho de cada turno não pode ultrapassar os limites máximos dos períodos normais de trabalho.

4 – O trabalhador só pode ser mudado de turno após o dia de descanso semanal.

5 – Os turnos no regime de laboração contínua e dos trabalhadores que assegurem serviços que não possam ser interrompidos, nomeadamente pessoal operacional de vigilância, transporte e tratamento de sistemas electrónicos de segurança, devem ser organizados de

dia de descanso em cada período de sete dias, sem prejuízo do período excedente de descanso a que tenham direito.

6 – O empregador deve ter registo separado dos trabalhadores incluídos em cada turno.

7 – Constitui contra-ordenação grave a violação do disposto nos n.ᵒˢ 3, 4, 5 ou 6.

modo que aos trabalhadores de cada turno seja concedido, pelo menos, um dia de descanso em cada período de sete dias, sem prejuízo do período excedente de descanso a que o trabalhador tenha direito.

Artigo 191.º (CT)
Registo dos trabalhadores em regime de turnos

O empregador que organize um regime de trabalho por turnos deve ter registo separado dos trabalhadores incluídos em cada turno.

Artigo 661.º (CT)
Trabalho por turnos

Constitui contra-ordenação grave a violação do disposto nos n.ᵒˢ 3, 4, e 5 do artigo 189.º e nos artigos 190.º e 191.º

Artigo 222.º
Protecção em matéria de segurança e saúde no trabalho

1 – O empregador deve organizar as actividades de segurança e saúde no trabalho de forma que os trabalhadores por turnos beneficiem de um nível de protecção em matéria de segurança e saúde adequado à natureza do trabalho que exercem.

2 – O empregador deve assegurar que os meios de protecção e prevenção em matéria de segurança e saúde dos trabalhadores por turnos sejam equivalentes aos aplicáveis aos restantes trabalhadores e se encontrem disponíveis a qualquer momento.

3 – Constitui contra-ordenação grave a violação do disposto neste artigo.

Artigo 190.º (CT)
Protecção em matéria de segurança, higiene e saúde

1 – O empregador deve organizar as actividades de segurança, higiene e saúde no trabalho de forma que os trabalhadores por turnos beneficiem de um nível de protecção em matéria de segurança e saúde adequado à natureza do trabalho que exercem.

2 – O empregador deve assegurar que os meios de protecção e prevenção em matéria de segurança e saúde dos trabalhadores por turnos sejam equivalentes aos aplicáveis aos restantes trabalhadores e se encontrem disponíveis a qualquer momento.

SUBSECÇÃO VI
Trabalho nocturno

Artigo 223.º
Noção de trabalho nocturno

1 – Considera-se trabalho nocturno o prestado num período que tenha a duração mínima de sete horas e máxima de 11 horas, compreendendo o intervalo entre as 0 e as 5 horas.

2 – O período de trabalho nocturno pode ser determinado por instrumento de regulamentação colectiva de trabalho, com observância do disposto no número anterior, considerando-se como tal, na falta daquela determinação, o compreendido entre as 22 horas de um dia e as 7 horas do dia seguinte.

Artigo 224.º
Duração do trabalho de trabalhador nocturno

1 – Considera-se trabalhador nocturno o que presta, pelo menos, três horas de trabalho normal nocturno em cada dia ou que efectua durante o período nocturno parte do seu tempo de trabalho anual correspondente a três horas por dia, ou outra definida por instrumento de regulamentação colectiva de trabalho.

2 – O período normal de trabalho diário de trabalhador nocturno, quando vigora regime de adaptabilidade, não deve ser superior a oito horas diárias, em média semanal, sem prejuízo do disposto

Artigo 661.º (CT)
Trabalho por turnos

Constitui contra-ordenação grave a violação do disposto nos n.ºs 3, 4, e 5 do artigo 189.º e nos artigos 190.º e 191.º

Artigo 192.º (CT)
Noção

1 – Considera-se período de trabalho nocturno o que tenha a duração mínima de sete horas e máxima de onze horas, compreendendo o intervalo entre as 0 e as 5 horas.

2 – Os instrumentos de regulamentação colectiva de trabalho podem estabelecer o período de trabalho nocturno, com observância do disposto no número anterior.

3 – Na ausência de fixação por instrumento de regulamentação colectiva de trabalho, considera-se período de trabalho nocturno o compreendido entre as 22 horas de um dia e as 7 horas do dia seguinte.

Artigo 193.º (CT)
Trabalhador nocturno

Entende-se por trabalhador nocturno aquele que execute, pelo menos, três horas de trabalho normal nocturno em cada dia ou que possa realizar durante o período nocturno uma certa parte do seu tempo de trabalho anual, definida por instrumento de regulamentação colectiva de trabalho ou, na sua falta, correspondente a três horas por dia.

Artigo 194.º (CT)
Duração

1 – O período normal de trabalho diário do trabalhador nocturno, quando

em instrumento de regulamentação colectiva de trabalho.

3 – Para apuramento da média referida no número anterior não se contam os dias de descanso semanal obrigatório ou complementar e os dias feriados.

4 – O trabalhador nocturno não deve prestar mais de oito horas de trabalho num período de 24 horas em que efectua trabalho nocturno, em qualquer das seguintes actividades que implicam riscos especiais ou tensão física ou mental significativa:

a) Monótonas, repetitivas, cadenciadas ou isoladas;

b) Em obra de construção, demolição, escavação, movimentação de terras, ou intervenção em túnel, ferrovia ou rodovia sem interrupção de tráfego, ou com risco de queda de altura ou de soterramento;

c) Da indústria extractiva;

d) De fabrico, transporte ou utilização de explosivos e pirotecnia;

e) Que envolvam contacto com corrente eléctrica de média ou alta tensão;

f) De produção ou transporte de gases comprimidos, liquefeitos ou dissolvidos ou com utilização significativa dos mesmos;

g) Que, em função da avaliação dos riscos a ser efectuada pelo empregador, assumam particular penosidade, perigosidade, insalubridade ou toxicidade.

5 – O disposto nos números anteriores não é aplicável a trabalhador que ocupa cargo de administração ou de direcção ou com poder de decisão autónomo que esteja isento de horário de trabalho.

6 – O disposto no n.º 4 não é igualmente aplicável:

vigore regime de adaptabilidade, não deve ser superior a oito horas diárias, em média semanal, salvo disposição diversa estabelecida em instrumento de regulamentação colectiva de trabalho.

2 – Para o apuramento da média referida no número anterior não se contam os dias de descanso semanal obrigatório ou complementar e os dias feriados.

3 – O trabalhador nocturno cuja actividade implique riscos especiais ou uma tensão física ou mental significativa não deve prestá-la por mais de oito horas num período de vinte e quatro horas em que execute trabalho nocturno.

4 – O disposto nos números anteriores não é aplicável a trabalhadores que ocupem cargos de administração e de direcção ou com poder de decisão autónomo que estejam isentos de horário de trabalho.

5 – O disposto no n.º 3 não é igualmente aplicável:

a) Quando seja necessária a prestação de trabalho suplementar por motivo de força maior, ou por ser indispensável para prevenir ou reparar prejuízos graves para a empresa ou para a sua viabilidade devido a acidente ou a risco de acidente iminente;

b) A actividades caracterizadas pela necessidade de assegurar a continuidade do serviço ou da produção, nomeadamente as actividades indicadas no número seguinte, desde que através de instrumento de regulamentação colectiva de trabalho negocial sejam garantidos ao trabalhador os correspondentes descansos compensatórios.

6 – Para efeito do disposto na alínea b) do número anterior atender-se-á às seguintes actividades:

a) Quando a prestação de trabalho suplementar seja necessária por motivo de força maior ou para prevenir ou reparar prejuízo grave para a empresa ou para a sua viabilidade devido a acidente ou a risco de acidente iminente;

b) A actividade caracterizada pela necessidade de assegurar a continuidade do serviço ou da

produção, nomeadamente a referida em qualquer das alíneas *d)* a *f)* do n.º 2 do artigo 207.º, desde que por convenção colectiva seja concedido ao trabalhador período equivalente de descanso compensatório.

7 – Constitui contra-ordenação grave a violação do disposto nos n.ºˢ 2 ou 4.

a) Pessoal operacional de vigilância, transporte e tratamento de sistemas electrónicos de segurança;
b) Recepção, tratamento e cuidados dispensados em hospitais ou estabelecimentos semelhantes, instituições residenciais e prisões;
c) Portos e aeroportos;
d) Imprensa, rádio, televisão, produção cinematográfica, correios ou telecomunicações, ambulâncias, sapadores-bombeiros ou protecção civil;
e) Produção, transporte e distribuição de gás, água ou electricidade, recolha de lixo e incineração;
f) Indústrias em que o processo de laboração não possa ser interrompido por motivos técnicos;
g) Investigação e desenvolvimento;
h) Agricultura.

7 – O disposto no número anterior é extensivo aos casos de acréscimo previsível de actividade no turismo.

Artigo 662.º (CT)
Trabalho nocturno

Constitui contra-ordenação grave a violação do disposto nos n.ºˢ 1 e 3 do artigo 194.º, no artigo 195.º, assim como a violação das condições e garantias definidas nos termos do artigo 196.º

Artigo 184.º (RCT)
Actividades

Entende-se que implicam para o trabalhador nocturno riscos especiais ou uma tensão física ou mental significativa as actividades:
a) Monótonas, repetitivas, cadenciadas e isoladas;
b) Realizadas em obras de construção, escavação, movimentação de

terras, túneis, com riscos de quedas de altura ou de soterramento, demolição e intervenção em ferrovias e rodovias sem interrupção de tráfego;
 c) Realizadas na indústria extractiva;
 d) Realizadas no fabrico, transporte e utilização de explosivos e pirotecnia;
 e) Que envolvam contactos com correntes eléctricas de média e alta tensão;
 f) Realizadas na produção e transporte de gases comprimidos, liquefeitos ou dissolvidos ou com utilização significativa dos mesmos;
 g) Que, em função da avaliação dos riscos a ser efectuada pelo empregador, assumam a natureza de particular penosidade, perigosidade, insalubridade ou toxicidade.

Artigo 225.º
Protecção de trabalhador nocturno

1 – O empregador deve assegurar exames de saúde gratuitos e sigilosos ao trabalhador nocturno destinados a avaliar o seu estado de saúde, antes da sua colocação e posteriormente a intervalos regulares e no mínimo anualmente.

2 – O empregador deve avaliar os riscos inerentes à actividade do trabalhador, tendo presente, nomeadamente, a sua condição física e psíquica, antes do início da actividade e posteriormente, de seis em seis meses, bem como antes de alteração das condições de trabalho.

3 – O empregador deve conservar o registo da avaliação efectuada de acordo com o número anterior.

4 – Aplica-se ao trabalhador nocturno o disposto no artigo 222.º

Artigo 195.º (CT)
Protecção do trabalhador nocturno

1 – O empregador deve assegurar que o trabalhador nocturno, antes da sua colocação e, posteriormente, a intervalos regulares e no mínimo anualmente, beneficie de um exame médico gratuito e sigiloso, destinado a avaliar o seu estado de saúde.

2 – O empregador deve assegurar, sempre que possível, a transferência do trabalhador nocturno que sofra de problemas de saúde relacionados com o facto de executar trabalho nocturno para um trabalho diurno que esteja apto a desempenhar.

3 – Aplica-se ao trabalhador nocturno o disposto no artigo 190.º

5 – Sempre que possível, o empregador deve assegurar a trabalhador que sofra de problema de saúde relacionado com a prestação de trabalho nocturno a afectação a trabalho diurno que esteja apto a desempenhar.

6 – O empregador deve consultar os representantes dos trabalhadores para a segurança e saúde no trabalho ou, na falta destes, o próprio trabalhador, sobre a afectação a trabalho nocturno, a organização deste que melhor se adapte ao trabalhador, bem como sobre as medidas de segurança e saúde a adoptar.

7 – Constitui contra-ordenação grave a violação do disposto neste artigo.

SUBSECÇÃO VII
Trabalho suplementar

Artigo 226.º
Noção de trabalho suplementar

1 – Considera-se trabalho suplementar o prestado fora do horário de trabalho.

Artigo 662.º (CT)
Trabalho nocturno

Constitui contra-ordenação grave a violação do disposto nos n.ºs 1 e 3 do artigo 194.º, no artigo 195.º, assim como a violação das condições e garantias definidas nos termos do artigo 196.º

Artigo 185.º (RCT)
Avaliação de riscos

1 – O empregador deve avaliar os riscos inerentes à actividade do trabalhador, tendo presente, nomeadamente, a sua condição física e psíquica, em momento anterior ao início da actividade e posteriormente, de seis em seis meses, bem como antes da alteração das condições de trabalho.

2 – A avaliação referida no número anterior consta de documento que deve ser facultado à Inspecção-Geral do Trabalho sempre que solicitado.

Artigo 186.º (RCT)
Consulta

O empregador deve consultar os representantes dos trabalhadores para a segurança, higiene e saúde no trabalho ou, na falta destes, os próprios trabalhadores relativamente ao início da prestação de trabalho nocturno, às formas de organização do trabalho nocturno que melhor se adapte ao trabalhador, bem como sobre as medidas de segurança, higiene e saúde a adoptar para a prestação desse trabalho.

Artigo 197.º (CT)
Noção

1 – Considera-se trabalho suplementar todo aquele que é prestado fora do horário de trabalho.

2 – No caso em que o acordo sobre isenção de horário de trabalho tenha limitado a prestação deste a um determinado período de trabalho, diário ou semanal, considera-se trabalho suplementar o que exceda esse período.

3 – Não se compreende na noção de trabalho suplementar:

a) O prestado por trabalhador isento de horário de trabalho em dia normal de trabalho, sem prejuízo do disposto no número anterior;

b) O prestado para compensar suspensão de actividade, independentemente da sua causa, de duração não superior a 48 horas, seguidas ou interpoladas por um dia de descanso ou feriado, mediante acordo entre o empregador e o trabalhador;

c) A tolerância de 15 minutos prevista no n.º 3 do artigo 203.º;

d) A formação profissional realizada fora do horário de trabalho, que não exceda duas horas diárias;

e) O trabalho prestado nas condições previstas na alínea b) do n.º 1 do artigo 257.º;

f) O trabalho prestado para compensação de períodos de ausência ao trabalho, efectuada por iniciativa do trabalhador, desde que uma e outra tenham o acordo do empregador.

4 – Na situação referida na alínea f) do n.º 3, o trabalho prestado para compensação não pode exceder os limites diários do n.º 1 do artigo 228.º

Artigo 227.º
Condições de prestação de trabalho suplementar

1 – O trabalho suplementar só pode ser prestado quando a empresa tenha de

2 – Nos casos em que tenha sido limitada a isenção de horário de trabalho a um determinado número de horas de trabalho, diário ou semanal, considera-se trabalho suplementar o que seja prestado fora desse período.

3 – Quando tenha sido estipulado que a isenção de horário de trabalho não prejudica o período normal de trabalho diário ou semanal considera-se trabalho suplementar aquele que exceda a duração do período normal de trabalho diário ou semanal.

4 – Não se compreende na noção de trabalho suplementar:

a) O trabalho prestado por trabalhador isento de horário de trabalho em dia normal de trabalho, sem prejuízo do previsto no número anterior;

b) O trabalho prestado para compensar suspensões de actividade, independentemente da causa, de duração não superior a quarenta e oito horas seguidas ou interpoladas por um dia de descanso ou feriado, quando haja acordo entre o empregador e o trabalhador;

c) A tolerância de quinze minutos prevista no n.º 2 do artigo 163.º;

d) A formação profissional, ainda que realizada fora do horário de trabalho, desde que não exceda duas horas diárias.

Artigo 198.º (CT)
Obrigatoriedade

O trabalhador é obrigado a realizar a prestação de trabalho suplementar, salvo quando, havendo motivos

fazer face a acréscimo eventual e transitório de trabalho e não se justifique para tal a admissão de trabalhador.

2 – O trabalho suplementar pode ainda ser prestado em caso de força maior ou quando seja indispensável para prevenir ou reparar prejuízo grave para a empresa ou para a sua viabilidade.

3 – O trabalhador é obrigado a realizar a prestação de trabalho suplementar, salvo quando, havendo motivos atendíveis, expressamente solicite a sua dispensa.

4 – Constitui contra-ordenação muito grave a violação do disposto nos n.ᵒˢ 1 ou 2.

atendíveis, expressamente solicite a sua dispensa.

Artigo 199.º (CT)
Condições da prestação de trabalho suplementar

1 – O trabalho suplementar só pode ser prestado quando a empresa tenha de fazer face a acréscimos eventuais e transitórios de trabalho e não se justifique a admissão de trabalhador.

2 – O trabalho suplementar pode ainda ser prestado havendo motivo de força maior ou quando se torne indispensável para prevenir ou reparar prejuízos graves para a empresa ou para a sua viabilidade.

3 – O trabalho suplementar previsto no número anterior apenas fica sujeito aos limites decorrentes do n.º 1 do artigo 169.º

Artigo 663.º (CT)
Trabalho suplementar

1 – Constitui contra-ordenação muito grave a violação do disposto no artigo 199.º, no n.º 1 do artigo 200.º e no n.º 1 do artigo 202.º

2 – Constitui contra-ordenação grave a violação do disposto no n.º 2 do artigo 200.º, no n.º 1 do artigo 201.º, no n.º 3 do artigo 202.º, no n.º 1 do artigo 203.º e nos n.ᵒˢ 1, 2, 3, 4 e 6 do artigo 204.º

3 – Constitui contra-ordenação leve a violação do disposto no n.º 5 do artigo 204.º

Artigo 228.º
Limites de duração do trabalho suplementar

1 – O trabalho suplementar previsto no n.º 1 do artigo anterior está sujeito, por trabalhador, aos seguintes limites:

a) No caso de microempresa ou pequena empresa, 175 horas por ano;

b) No caso de média ou grande empresa, 150 horas por ano;

c) No caso de trabalhador a tempo parcial, 80 horas por ano ou o número de horas correspondente à proporção entre o respectivo período normal de trabalho e o do trabalhador a tempo completo em situação comparável, quando superior;

d) Em dia normal de trabalho, duas horas;

e) Em dia de descanso semanal, obrigatório ou complementar, ou feriado, um número de horas igual ao período normal de trabalho diário;

f) Em meio dia de descanso complementar, um número de horas igual a meio período normal de trabalho diário.

2 – O limite a que se refere a alínea a) ou b) do número anterior pode ser aumentado até 200 horas por ano, por instrumento de regulamentação colectiva de trabalho.

3 – O limite a que se refere a alínea c) do n.º 1 pode ser aumentado, mediante acordo escrito entre o trabalhador e o empregador, até 130 horas por ano ou, por instrumento de regulamentação colectiva de trabalho, até 200 horas por ano.

4 – O trabalho suplementar previsto no n.º 2 do artigo anterior apenas está sujeito ao limite do período de trabalho semanal constante do n.º 1 do artigo 211.º

Artigo 200.º (CT)
Limites da duração do trabalho suplementar

1 – O trabalho suplementar previsto no n.º 1 do artigo anterior fica sujeito, por trabalhador, aos seguintes limites:

a) No caso de microempresa e pequena empresa, cento e setenta e cinco horas de trabalho por ano;

b) No caso de médias e grandes empresas, cento e cinquenta horas de trabalho por ano;

c) Duas horas por dia normal de trabalho;

d) Um número de horas igual ao período normal de trabalho diário nos dias de descanso semanal, obrigatório ou complementar, e nos feriados;

e) Um número de horas igual a meio período normal de trabalho diário em meio dia de descanso complementar.

2 – O limite máximo a que se referem as alíneas a) e b) do número anterior pode ser aumentado até duzentas horas por ano, por instrumento de regulamentação colectiva de trabalho.

3 – Os limites do trabalho suplementar prestado para assegurar o funcionamento dos turnos de serviço das farmácias de venda ao público são objecto de regulamentação em legislação especial.

Artigo 663.º (CT)
Trabalho suplementar

1 – Constitui contra-ordenação muito grave a violação do disposto no artigo 199.º, no n.º 1 do artigo 200.º e no n.º 1 do artigo 202.º

2 – Constitui contra-ordenação grave a violação do disposto no n.º 2 do artigo 200.º, no n.º 1 do artigo 201.º, no

5 – Constitui contra-ordenação muito grave a violação do disposto no n.º 1 e constitui contra-ordenação grave a violação do disposto no n.º 2.

Artigo 229.º
Descanso compensatório de trabalho suplementar

1 – O trabalhador que presta trabalho suplementar em dia útil, em dia de descanso semanal complementar ou em feriado tem direito a descanso compensatório remunerado, correspondente a 25% das horas de trabalho suplementar realizadas, sem prejuízo do disposto no n.º 3.

2 – O descanso compensatório a que se refere o número anterior vence-se quando perfaça um número de horas igual ao período normal de trabalho diário e deve ser gozado nos 90 dias seguintes.

3 – O trabalhador que presta trabalho suplementar impeditivo do gozo do descanso diário tem direito a descanso compensatório remunerado equivalente às horas de descanso em falta, a gozar num dos três dias úteis seguintes.

4 – O trabalhador que presta trabalho em dia de descanso semanal obrigatório tem direito a um dia de descanso compensatório remunerado, a gozar num dos três dias úteis seguintes.

5 – O descanso compensatório é marcado por acordo entre trabalhador e empregador ou, na sua falta, pelo empregador.

6 – O disposto nos n.ºs 1 e 2 pode ser afastado por instrumento de regulamen-

n.º 3 do artigo 202.º, no n.º 1 do artigo 203.º e nos n.ºs 1, 2, 3, 4 e 6 do artigo 204.º

3 – Constitui contra-ordenação leve a violação do disposto no n.º 5 do artigo 204.º

Artigo 202.º (CT)
Descanso compensatório

1 – A prestação de trabalho suplementar em dia útil, em dia de descanso semanal complementar e em dia feriado confere ao trabalhador o direito a um descanso compensatório remunerado, correspondente a 25% das horas de trabalho suplementar realizado.

2 – O descanso compensatório vence-se quando perfizer um número de horas igual ao período normal de trabalho diário e deve ser gozado nos 90 dias seguintes.

3 – Nos casos de prestação de trabalho em dia de descanso semanal obrigatório, o trabalhador tem direito a um dia de descanso compensatório remunerado, a gozar num dos três dias úteis seguintes.

4 – Na falta de acordo, o dia do descanso compensatório é fixado pelo empregador.

5 – O descanso compensatório do trabalho prestado para assegurar o funcionamento dos turnos de serviço das farmácias de venda ao público é objecto de regulamentação em legislação especial.

Artigo 663.º (CT)
Trabalho suplementar

1 – Constitui contra-ordenação muito grave a violação do disposto no artigo 199.º, no n.º 1 do artigo 200.º e no n.º 1 do artigo 202.º

tação colectiva de trabalho que estabeleça a compensação de trabalho suplementar mediante redução equivalente do tempo de trabalho, pagamento em dinheiro ou ambas as modalidades.

7 – Constitui contra-ordenação muito grave a violação do disposto nos n.ᵒˢ 1, 3 ou 4.

Artigo 230.º
Regimes especiais de trabalho suplementar

1 – A prestação de trabalho suplementar, em dia de descanso semanal obrigatório, que não exceda duas horas por motivo de falta imprevista de trabalhador que devia ocupar o posto de trabalho no turno seguinte confere direito a descanso compensatório nos termos do n.º 3 do artigo anterior.

2 – O descanso compensatório de trabalho suplementar prestado em dia útil ou feriado, com excepção do referido no n.º 3 do artigo anterior, pode ser substituído por prestação de trabalho remunerada com acréscimo não inferior a 100%, mediante acordo entre empregador e trabalhador.

3 – Em microempresa ou pequena empresa, por motivo atendível relacionado com a organização do trabalho, o descanso compensatório a que se refere o n.º 1 do artigo anterior, com ressalva do disposto no n.º 3 do mesmo artigo, pode ser substituído por prestação de trabalho remunerada com um acréscimo não inferior a 100%.

4 – Os limites de duração e o descanso compensatório de trabalho suplementar prestado para assegurar os turnos de

2 – *Constitui contra-ordenação grave a violação do disposto no n.º 2 do artigo 200.º, no n.º 1 do artigo 201.º, no n.º 3 do artigo 202.º, no n.º 1 do artigo 203.º e nos n.ᵒˢ 1, 2, 3, 4 e 6 do artigo 204.º*

3 – *Constitui contra-ordenação leve a violação do disposto no n.º 5 do artigo 204.º.*

Artigo 202.º (CT)
Descanso compensatório

1 – A prestação de trabalho suplementar em dia útil, em dia de descanso semanal complementar e em dia feriado confere ao trabalhador o direito a um descanso compensatório remunerado, correspondente a 25% das horas de trabalho suplementar realizado.

2 – O descanso compensatório vence-se quando perfizer um número de horas igual ao período normal de trabalho diário e deve ser gozado nos 90 dias seguintes.

3 – Nos casos de prestação de trabalho em dia de descanso semanal obrigatório, o trabalhador tem direito a um dia de descanso compensatório remunerado, a gozar num dos três dias úteis seguintes.

4 – Na falta de acordo, o dia do descanso compensatório é fixado pelo empregador.

5 – O descanso compensatório do trabalho prestado para assegurar o funcionamento dos turnos de serviço das farmácias de venda ao público é objecto de regulamentação em legislação especial.

serviço de farmácias de venda ao público constam de legislação específica.

5 – Constitui contra-ordenação grave a violação do disposto no n.º 1.

Artigo 203.º (CT)
Casos especiais

1 – Nos casos de prestação de trabalho suplementar em dia de descanso semanal obrigatório motivado pela falta imprevista do trabalhador que deveria ocupar o posto de trabalho no turno seguinte, quando a sua duração não ultrapassar duas horas, o trabalhador tem direito a um descanso compensatório de duração igual ao período de trabalho suplementar prestado naquele dia, ficando o seu gozo sujeito ao regime do n.º 2 do artigo anterior.

2 – Quando o descanso compensatório for devido por trabalho suplementar não prestado em dias de descanso semanal, obrigatório ou complementar, pode o mesmo, por acordo entre o empregador e o trabalhador, ser substituído por prestação de trabalho remunerado com um acréscimo não inferior a 100%.

3 – Nas microempresas e nas pequenas empresas, justificando-se por motivos atendíveis relacionados com a organização do trabalho, o descanso compensatório a que se refere o n.º 1 do artigo anterior pode ser substituído por prestação de trabalho remunerado com um acréscimo não inferior a 100% ou, verificados os pressupostos constantes do n.º 2 do artigo anterior, por um dia de descanso a gozar nos 90 dias seguintes.

Artigo 663.º (CT)
Trabalho suplementar

1 – Constitui contra-ordenação muito grave a violação do disposto no artigo 199.º, no n.º 1 do artigo 200.º e no n.º 1 do artigo 202.º

Artigo 231.º
Registo de trabalho suplementar

1 – O empregador deve ter um registo de trabalho suplementar em que, antes do início da prestação de trabalho suplementar e logo após o seu termo, são anotadas as horas em que cada uma das situações ocorre.

2 – O trabalhador deve visar o registo a que se refere o número anterior, quando não seja por si efectuado, imediatamente a seguir à prestação de trabalho suplementar.

3 – O trabalhador que realize trabalho suplementar no exterior da empresa deve visar o registo, imediatamente após o seu regresso à empresa ou mediante envio do mesmo devidamente visado, devendo em qualquer caso a empresa dispor do registo visado no prazo de 15 dias a contar da prestação.

4 – Do registo devem constar a indicação expressa do fundamento da prestação de trabalho suplementar e os períodos de descanso compensatório gozados pelo trabalhador, além de outros elementos indicados no respectivo modelo, aprovado por portaria do ministro responsável pela área laboral.

5 – A violação do disposto nos números anteriores confere ao trabalhador, por cada dia em que tenha prestado

2 – *Constitui contra-ordenação grave a violação do disposto no n.º 2 do artigo 200.º, no n.º 1 do artigo 201.º, no n.º 3 do artigo 202.º, no n.º 1 do artigo 203.º e nos n.ºs 1, 2, 3, 4 e 6 do artigo 204.º*

3 – *Constitui contra-ordenação leve a violação do disposto no n.º 5 do artigo 204.º*

Artigo 204.º (CT)
Registo

1 – O empregador deve possuir um registo de trabalho suplementar onde, antes do início da prestação e logo após o seu termo, são anotadas as horas de início e termo do trabalho suplementar.

2 – O registo das horas de trabalho suplementar deve ser visado pelo trabalhador imediatamente a seguir à sua prestação.

3 – Do registo previsto no número anterior deve constar sempre a indicação expressa do fundamento da prestação de trabalho suplementar, além de outros elementos fixados em legislação especial.

4 – No mesmo registo devem ser anotados os períodos de descanso compensatório gozados pelo trabalhador.

5 – O empregador deve possuir e manter durante cinco anos a relação nominal dos trabalhadores que efectuaram trabalho suplementar, com discriminação do número de horas prestadas ao abrigo dos n.ºs 1 ou 2 do artigo 199.º e indicação do dia em que gozaram o respectivo descanso compensatório, para fiscalização da Inspecção-Geral do Trabalho.

6 – Nos meses de Janeiro e Julho de cada ano o empregador deve enviar à

actividade fora do horário de trabalho, o direito a retribuição correspondente a duas horas de trabalho suplementar.

6 – O registo de trabalho suplementar é efectuado em suporte documental adequado, nomeadamente impressos adaptados ao sistema de controlo de assiduidade existente na empresa, que permita a sua consulta e impressão imediatas, devendo estar permanentemente actualizado, sem emendas ou rasuras não ressalvadas.

7 – O empregador deve comunicar, nos termos previstos em portaria do ministro responsável pela área laboral, ao serviço com competência inspectiva do ministério responsável pela área laboral, a relação nominal dos trabalhadores que prestaram trabalho suplementar durante o ano civil anterior, com discriminação do número de horas prestadas ao abrigo dos n.ºs 1 ou 2 do artigo 227.º, visada pela comissão de trabalhadores ou, na sua falta, em caso de trabalhador filiado, pelo respectivo sindicato.

8 – O empregador deve manter durante cinco anos relação nominal dos trabalhadores que efectuaram trabalho suplementar, com discriminação do número de horas prestadas ao abrigo dos n.ºs 1 e 2 do artigo 228.º e indicação dos dias de gozo dos correspondentes descansos compensatórios.

9 – Constitui contra-ordenação grave a violação do disposto nos n.ºs 1, 2, 4 ou 7 e constitui contra-ordenação leve a violação do disposto no n.º 8.

Inspecção-Geral do Trabalho relação nominal dos trabalhadores que prestaram trabalho suplementar durante o semestre anterior, com discriminação do número de horas prestadas ao abrigo dos n.ºs 1 ou 2 do artigo 199.º, visada pela comissão de trabalhadores ou, na sua falta, em caso de trabalhador filiado, pelo respectivo sindicato.

7 – A violação do disposto nos n.ºs 1 a 4 confere ao trabalhador, por cada dia em que tenha desempenhado a sua actividade fora do horário de trabalho, o direito à retribuição correspondente ao valor de duas horas de trabalho suplementar.

Artigo 188.º (RCT)
Registo

1 – Sem prejuízo do n.º 2 do artigo 204.º do Código do Trabalho, o visto do registo das horas de início e termo do trabalho suplementar é dispensado quando o registo for directamente efectuado pelo trabalhador.

2 – O registo de trabalho suplementar deve conter os elementos e ser efectuado de acordo com o modelo aprovado por portaria do ministro responsável pela área laboral.

3 – O registo referido no número anterior é efectuado em suporte documental adequado, nomeadamente em impressos adaptados a sistemas de relógio de ponto, mecanográficos ou informáticos, devendo reunir as condições para a sua imediata consulta e impressão, sempre que necessário.

4 – Os suportes documentais de registo de trabalho suplementar devem encontrar-se permanentemente actua-

lizados, sem emendas nem rasuras não ressalvadas.

Artigo 663.º (CT)
Trabalho suplementar

1 – Constitui contra-ordenação muito grave a violação do disposto no artigo 199.º, no n.º 1 do artigo 200.º e no n.º 1 do artigo 202.º

2 – Constitui contra-ordenação grave a violação do disposto no n.º 2 do artigo 200.º, no n.º 1 do artigo 201.º, no n.º 3 do artigo 202.º, no n.º 1 do artigo 203.º e nos n.ºs 1, 2, 3, 4 e 6 do artigo 204.º

3 – Constitui contra-ordenação leve a violação do disposto no n.º 5 do artigo 204.º.

SUBSECÇÃO VIII
Descanso semanal

Artigo 232.º
Descanso semanal

1 – O trabalhador tem direito a, pelo menos, um dia de descanso por semana.

2 – O dia de descanso semanal obrigatório pode deixar de ser o domingo, além de noutros casos previstos em legislação especial, quando o trabalhador presta actividade:

a) Em empresa ou sector de empresa dispensado de encerrar ou suspender o funcionamento um dia completo por semana, ou que seja obrigado a encerrar ou a suspender o funcionamento em dia diverso do domingo;

b) Em empresa ou sector de empresa cujo funcionamento não possa ser interrompido;

c) Em actividade que deva ter lugar em dia de descanso dos restantes trabalhadores;

d) Em actividade de vigilância ou limpeza;

Artigo 205.º (CT)
Descanso semanal obrigatório

1 – O trabalhador tem direito a, pelo menos, um dia de descanso por semana.

2 – O dia de descanso semanal só pode deixar de ser o domingo quando o trabalhador preste serviço a empregador que esteja dispensado de encerrar ou suspender a laboração um dia completo por semana ou que seja obrigado a encerrar ou a suspender a laboração num dia que não seja o domingo.

3 – Pode também deixar de coincidir com o domingo o dia de descanso semanal:

a) De trabalhador necessário para assegurar a continuidade de serviços que não possam ser interrompidos ou que devam ser desempenhados em dia de descanso de outros trabalhadores;

b) Do pessoal dos serviços de limpeza ou encarregado de outros trabalhos

e) Em exposição ou feira.

3 – Por instrumento de regulamentação colectiva de trabalho ou contrato de trabalho, pode ser instituído um período de descanso semanal complementar, contínuo ou descontínuo, em todas ou algumas semanas do ano.

4 – O empregador deve, sempre que possível, proporcionar o descanso semanal no mesmo dia a trabalhadores do mesmo agregado familiar que o solicitem.

5 – Constitui contra-ordenação grave a violação do disposto no n.º 1.

Artigo 233.º
Cumulação de descanso semanal e de descanso diário

1 – Devem ser gozados em continuidade o descanso semanal obrigatório e um período de 11 horas correspondente

preparatórios e complementares que devam necessariamente ser efectuados no dia de descanso dos restantes trabalhadores;

c) De pessoal operacional de vigilância, transporte e tratamento de sistemas electrónicos de segurança;

d) De trabalhador que exerça actividade em exposições e feiras;

e) Nos demais casos previstos em legislação especial.

4 – Sempre que seja possível, o empregador deve proporcionar aos trabalhadores que pertençam ao mesmo agregado familiar o descanso semanal no mesmo dia.

Artigo 206.º (CT)
Descanso semanal complementar

1 – Pode ser concedido, em todas ou em determinadas semanas do ano, meio dia ou um dia de descanso, além do dia de descanso semanal prescrito por lei.

1 – O dia de descanso complementar previsto no número anterior pode ser repartido e descontinuado em termos a definir por instrumento de regulamentação colectiva de trabalho.

Artigo 664.º (CT)
Descanso semanal

Constitui contra-ordenação grave a violação do disposto no n.º 1 do artigo 205.º e no n.º 1 do artigo 207.º

Artigo 207.º (CT)
Duração do descanso semanal obrigatório

1 – Ao dia de descanso semanal obrigatório adiciona-se um período de onze horas, correspondente ao período ao descanso diário estabelecido no artigo 214.º

2 – O período de 11 horas referido no número anterior considera-se cumprido, no todo ou em parte, pelo descanso semanal complementar gozado em continuidade ao descanso semanal obrigatório.

3 – O disposto no n.º 1 não é aplicável:

a) A trabalhador que ocupe cargo de administração ou de direcção ou com poder de decisão autónomo que esteja isento de horário de trabalho;

b) Quando o período normal de trabalho é fraccionado ao longo do dia com fundamento em características da actividade, nomeadamente serviços de limpeza;

c) Em situação prevista na alínea *d)*, *e)*, *h)* ou *i)* do n.º 2 do artigo 207.º, com excepção da subalínea *viii)* da alínea *e)*;

d) Em situação de acréscimo previsível de actividade no turismo.

4 – Constitui contra-ordenação grave a violação do disposto no n.º 1.

mínimo de descanso diário estabelecido no artigo 176.º

2 – O período de onze horas referido no número anterior considera-se cumprido, no todo ou em parte, pela concessão de descanso semanal complementar, se este for contíguo ao dia de descanso semanal.

3 – O disposto no n.º 1 não é aplicável a trabalhadores que ocupem cargos de administração e de direcção ou com poder de decisão autónomo que estejam isentos de horário de trabalho.

4 – O disposto no n.º 1 não é igualmente aplicável:

a) Quando seja necessária a prestação de trabalho suplementar por motivo de força maior, ou por ser indispensável para prevenir ou reparar prejuízos graves para a empresa ou para a sua viabilidade devidos a acidente ou a risco de acidente iminente;

b) Quando os períodos normais de trabalho são fraccionados ao longo do dia com fundamento nas características da actividade, nomeadamente serviços de limpeza;

c) A actividades caracterizadas pela necessidade de assegurar a continuidade do serviço ou da produção, nomeadamente às actividades indicadas no número seguinte, desde que através de instrumento de regulamentação colectiva de trabalho ou de acordo individual sejam garantidos ao trabalhador os correspondentes descansos compensatórios.

5 – Para efeito do disposto na alínea c) do número anterior atender-se-á às seguintes actividades:

a) Pessoal operacional de vigilância, transporte e tratamento de sistemas electrónicos de segurança;

Artigo 234.º

b) *Recepção, tratamento e cuidados dispensados em hospitais ou estabelecimentos semelhantes, instituições residenciais e prisões;*
c) *Portos e aeroportos;*
d) *Imprensa, rádio, televisão, produção cinematográfica, correios ou telecomunicações, ambulâncias, sapadores-bombeiros ou protecção civil;*
e) *Produção, transporte e distribuição de gás, água ou electricidade, recolha de lixo e incineração;*
f) *Indústrias em que o processo de laboração não possa ser interrompido por motivos técnicos;*
g) *Investigação e desenvolvimento;*
h) *Agricultura.*
6 – *O disposto na alínea c) do n.º 4 é extensivo aos casos de acréscimo previsível de actividade no turismo.*

Artigo 664.º (CT)
Descanso semanal

Constitui contra-ordenação grave a violação do disposto no n.º 1 do artigo 205.º e no n.º 1 do artigo 207.º

SUBSECÇÃO IX
Feriados

Artigo 234.º
Feriados obrigatórios

1 – São feriados obrigatórios os dias 1 de Janeiro, de Sexta-Feira Santa, de Domingo de Páscoa, 25 de Abril, 1 de Maio, de Corpo de Deus, 10 de Junho, 15 de Agosto, 5 de Outubro, 1 de Novembro, 1, 8 e 25 de Dezembro.

2 – O feriado de Sexta-Feira Santa pode ser observado em outro dia com significado local no período da Páscoa.

3 – Mediante legislação específica, determinados feriados obrigatórios podem ser observados na segunda-feira da semana subsequente.

Artigo 208.º (CT)
Feriados obrigatórios

1 – São feriados obrigatórios:
1 de Janeiro;
Sexta-Feira Santa;
Domingo de Páscoa;
25 de Abril;
1 de Maio;
Corpo de Deus (festa móvel);
10 de Junho;
15 de Agosto;
5 de Outubro;
1 de Novembro;
1, 8 e 25 de Dezembro.

2 – O feriado de Sexta-Feira Santa pode ser observado em outro dia com significado local no período da Páscoa.

3 – Mediante legislação especial, determinados feriados obrigatórios podem ser observados na segunda-feira da semana subsequente.

Artigo 235.º
Feriados facultativos

1 – Além dos feriados obrigatórios, podem ser observados a título de feriado, mediante instrumento de regulamentação colectiva de trabalho ou contrato de trabalho, a terça-feira de Carnaval e o feriado municipal da localidade.

2 – Em substituição de qualquer feriado referido no número anterior, pode ser observado outro dia em que acordem empregador e trabalhador.

Artigo 236.º
Regime dos feriados

1 – Nos dias considerados como feriado obrigatório, têm de encerrar ou suspender a laboração todas as actividades que não sejam permitidas aos domingos.

2 – O instrumento de regulamentação colectiva de trabalho ou o contrato de trabalho não pode estabelecer feriados diferentes dos indicados nos artigos anteriores.

SUBSECÇÃO X
Férias

Artigo 237.º
Direito a férias

1 – O trabalhador tem direito, em cada ano civil, a um período de férias retribuídas, que se vence em 1 de Janeiro.

Artigo 209.º (CT)
Feriados facultativos

1 – Além dos feriados obrigatórios, apenas podem ser observados a terça-feira de Carnaval e o feriado municipal da localidade.

2 – Em substituição de qualquer dos feriados referidos no número anterior, pode ser observado, a título de feriado, qualquer outro dia em que acordem empregador e trabalhador.

Artigo 210.º (CT)
Imperatividade

São nulas as disposições de contrato de trabalho ou de instrumento de regulamentação colectiva de trabalho que estabeleçam feriados diferentes dos indicados nos artigos anteriores.

Artigo 211.º (CT)
Direito a férias

1 – O trabalhador tem direito a um período de férias retribuídas em cada ano civil.

2 – O direito a férias, em regra, reporta-se ao trabalho prestado no ano civil anterior, mas não está condicionado à assiduidade ou efectividade de serviço.

3 – O direito a férias é irrenunciável e o seu gozo não pode ser substituído, ainda que com o acordo do trabalhador, por qualquer compensação, económica ou outra, sem prejuízo do disposto no n.º 5 do artigo seguinte.

4 – O direito a férias deve ser exercido de modo a proporcionar ao trabalhador a recuperação física e psíquica, condições de disponibilidade pessoal, integração na vida familiar e participação social e cultural.

2 – O direito a férias deve efectivar-se de modo a possibilitar a recuperação física e psíquica do trabalhador e assegurar-lhe condições mínimas de disponibilidade pessoal, de integração na vida familiar e de participação social e cultural.

3 – O direito a férias é irrenunciável e, fora dos casos previstos neste Código, o seu gozo efectivo não pode ser substituído, ainda que com o acordo do trabalhador, por qualquer compensação económica ou outra.

4 – O direito a férias reporta-se, em regra, ao trabalho prestado no ano civil anterior e não está condicionado à assiduidade ou efectividade de serviço, sem prejuízo do disposto no n.º 3 do artigo seguinte e do n.º 2 do artigo 232.º

Artigo 212.º (CT)
Aquisição do direito a férias

1 – O direito a férias adquire-se com a celebração do contrato de trabalho e vence-se no dia 1 de Janeiro de cada ano civil, salvo o disposto nos números seguintes.

2 – No ano da contratação, o trabalhador tem direito, após seis meses completos de execução do contrato, a gozar 2 dias úteis de férias por cada mês de duração do contrato, até ao máximo de 20 dias úteis.

3 – No caso de sobrevir o termo do ano civil antes de decorrido o prazo referido no número anterior ou antes de gozado o direito a férias, pode o trabalhador usufrui-lo até 30 de Junho do ano civil subsequente.

4 – Da aplicação do disposto nos n.ᵒˢ 2 e 3 não pode resultar para o trabalhador o direito ao gozo de um

Artigo 238.º
Duração do período de férias

1 – O período anual de férias tem a duração mínima de 22 dias úteis.

2 – Para efeitos de férias, são úteis os dias da semana de segunda-feira a sexta-feira, com excepção de feriados.

3 – A duração do período de férias é aumentada no caso de o trabalhador não ter faltado ou ter apenas faltas justificadas no ano a que as férias se reportam, nos seguintes termos:

a) Três dias de férias, até uma falta ou dois meios dias;

b) Dois dias de férias, até duas faltas ou quatro meios dias;

c) Um dia de férias, até três faltas ou seis meios dias.

4 – Para efeitos do número anterior, são considerados faltas os dias de suspensão do contrato de trabalho por facto respeitante ao trabalhador e são consideradas como período de trabalho efectivo as licenças constantes nas alíneas a) a e) do n.º 1 do artigo 35.º.

5 – O trabalhador pode renunciar ao gozo de dias de férias que excedam 20 dias úteis, ou a correspondente proporção no caso de férias no ano de admissão, sem redução da retribuição e do subsídio relativos ao período de férias vencido, que cumulam com a retribuição do trabalho prestado nesses dias.

6 – Constitui contra-ordenação grave a violação do disposto nos n.ᵒˢ 1, 3 ou 5.

período de férias, no mesmo ano civil, superior a 30 dias úteis, sem prejuízo do disposto em instrumento de regulamentação colectiva de trabalho.

Artigo 213.º (CT)
Duração do período de férias

1 – O período anual de férias tem a duração mínima de 22 dias úteis.

2 – Para efeitos de férias, são úteis os dias da semana de segunda-feira a sexta-feira, com excepção dos feriados, não podendo as férias ter início em dia de descanso semanal do trabalhador.

3 – A duração do período de férias é aumentada no caso de o trabalhador não ter faltado ou na eventualidade de ter apenas faltas justificadas, no ano a que as férias se reportam, nos seguintes termos:

a) Três dias de férias até ao máximo de uma falta ou dois meios dias;

b) Dois dias de férias até ao máximo de duas faltas ou quatro meios dias;

c) Um dia de férias até ao máximo de três faltas ou seis meios dias.

4 – Para efeitos do número anterior são equiparadas às faltas os dias de suspensão do contrato de trabalho por facto respeitante ao trabalhador.

5 – O trabalhador pode renunciar parcialmente ao direito a férias, recebendo a retribuição e o subsídio respectivos, sem prejuízo de ser assegurado o gozo efectivo de 20 dias úteis de férias.

Artigo 665.º (CT)
Férias

1 – Constitui contra-ordenação grave a violação do disposto nos n.ᵒˢ 1, 2 e 4 do artigo 211.º, no n.º 2 do artigo 212.º, nos n.ᵒˢ 1 e 5 do artigo 213.º, no artigo 214.º, nos artigos 215.º e 216.º, no n.º 1 do artigo 219.º, nos n.ᵒˢ 1 e 2 do artigo 220.º, nos n.ᵒˢ 1 e 2 do artigo 221.º e no artigo 222.º

2 – Em caso de violação do disposto nos n.ᵒˢ 1, 2 e 4 do artigo 211.º, no n.º 2 do artigo 212.º, nos n.ᵒˢ 1 e 5 do artigo 213.º, no artigo 214.º, no n.º 1 do artigo 219.º e nos n.ᵒˢ 1 e 2 do artigo 220.º, se o arguido tiver cumprido o disposto no artigo 221.º e proceder ao pagamento voluntário da coima, esta é liquidada pelo valor correspondente à contra-ordenação leve.

3 – Constitui contra-ordenação leve a violação do disposto no artigo 217.º, nos n.ᵒˢ 1 e 2 do artigo 218.º, no n.º 2 do artigo 219.º e no n.º 3 do artigo 220.º.

Artigo 97.º (RCT)
Efeitos das licenças

1 – O gozo das licenças por maternidade e paternidade não afecta o aumento da duração do período de férias previsto no n.º 3 do artigo 213.º do Código do Trabalho.

2 – A licença parental, a licença especial para assistência a filho e a licença para assistência a pessoa com deficiência ou doença crónica, previstas nos artigos 43.º e 44.º do Código do Trabalho:

a) Suspendem-se por doença do trabalhador, se este informar o empregador e apresentar atestado médico comprovativo, e prosseguem logo após a cessação desse impedimento;

b) Não podem ser suspensas por conveniência do empregador;

c) Terminam em caso do falecimento do filho, que deve ser comunicado ao empregador no prazo de cinco dias.

3 – No caso previsto na alínea c) do número anterior, o trabalhador retoma a actividade contratada na primeira vaga que ocorrer na empresa ou, se esta entretanto se não verificar, no termo do período previsto para a licença.

4 – Terminadas as licenças referidas no n.º 2, o trabalhador deve apresentar-se ao empregador para retomar a actividade contratada, sob pena de incorrer em faltas injustificadas.

Artigo 475.º (RCT)
Maternidade e paternidade

1 – Constitui contra-ordenação muito grave a violação do disposto nos n.ºˢ 1, 3 e 6 do artigo 68.º

2 – Constitui contra-ordenação grave a violação do disposto no n.º 4 do artigo 70.º, nos n.ºˢ 1, 2, 6 e 7 do artigo 71.º, nos n.ºˢ 3, 4 e 5 do artigo 73.º, no n.º 2 do artigo 76.º, no n.º 2 do artigo 80.º, no artigo 96.º, nas alíneas a) e b) dos n.ºˢ 1 e no n.º 2 do artigo 97.º, no n.º 4 do artigo 98.º e no n.º 2 do artigo 101.º

3 – Constitui, ainda, contra-ordenação grave o impedimento, por parte do empregador, que a trabalhadora grávida efectue a consulta pré-natal ou a preparação para o parto durante o horário de trabalho, quando a mesma não for possível fora desse horário, bem como a violação do disposto no artigo 47.º do Código do Trabalho.

4 – Constitui contra-ordenação leve a violação do disposto no artigo 67.º

5 – O disposto nos números anteriores não é aplicável no âmbito da relação jurídica de emprego público que confira a qualidade de funcionário ou agente da Administração Pública.

Artigo 239.º
Casos especiais de duração do período de férias

1 – No ano da admissão, o trabalhador tem direito a dois dias úteis de férias por cada mês de duração do contrato, até 20 dias, cujo gozo pode ter lugar após seis meses completos de execução do contrato.

2 – No caso de o ano civil terminar antes de decorrido o prazo referido no número anterior, as férias são gozadas até 30 de Junho do ano subsequente.

3 – Da aplicação do disposto nos números anteriores não pode resultar o gozo, no mesmo ano civil, de mais de 30 dias úteis de férias, sem prejuízo do disposto em instrumento de regulamentação colectiva de trabalho.

4 – No caso de a duração do contrato de trabalho ser inferior a seis meses, o trabalhador tem direito a dois dias úteis de férias por cada mês completo de duração do contrato, contando-se para o efeito todos os dias seguidos ou interpolados de prestação de trabalho.

5 – As férias referidas no número anterior são gozadas imediatamente antes da cessação do contrato, salvo acordo das partes.

6 – No ano de cessação de impedimento prolongado iniciado em ano anterior, o trabalhador tem direito a férias nos termos dos n.ºs 1 e 2.

7 – Constitui contra-ordenação grave a violação do disposto nos n.ºs 1, 4, 5 ou 6.

Artigo 212.º (CT)
Aquisição do direito a férias

1 – O direito a férias adquire-se com a celebração do contrato de trabalho e vence-se no dia 1 de Janeiro de cada ano civil, salvo o disposto nos números seguintes.

2 – No ano da contratação, o trabalhador tem direito, após seis meses completos de execução do contrato, a gozar 2 dias úteis de férias por cada mês de duração do contrato, até ao máximo de 20 dias úteis.

3 – No caso de sobrevir o termo do ano civil antes de decorrido o prazo referido no número anterior ou antes de gozado o direito a férias, pode o trabalhador usufrui-lo até 30 de Junho do ano civil subsequente.

4 – Da aplicação do disposto nos n.ºs 2 e 3 não pode resultar para o trabalhador o direito ao gozo de um período de férias, no mesmo ano civil, superior a 30 dias úteis, sem prejuízo do disposto em instrumento de regulamentação colectiva de trabalho.

Artigo 214.º (CT)
Direito a férias nos contratos de duração inferior a seis meses

1 – O trabalhador admitido com contrato cuja duração total não atinja seis meses tem direito a gozar dois dias úteis de férias por cada mês completo de duração do contrato.

2 – Para efeitos da determinação do mês completo devem contar-se todos os dias, seguidos ou interpolados, em que foi prestado trabalho.

3 – Nos contratos cuja duração total não atinja seis meses, o gozo das férias tem lugar no momento imediatamente anterior ao da cessação, salvo acordo das partes.

Artigo 220.º (CT)
Efeitos da suspensão do contrato de trabalho por impedimento prolongado

1 – No ano da suspensão do contrato de trabalho por impedimento prolongado, respeitante ao trabalhador, se se verificar a impossibilidade total ou parcial do gozo do direito a férias já vencido, o trabalhador tem direito à retribuição correspondente ao período de férias não gozado e respectivo subsídio.

2 – No ano da cessação do impedimento prolongado o trabalhador tem direito às férias nos termos previstos no n.º 2 do artigo 212.º

3 – No caso de sobrevir o termo do ano civil antes de decorrido o prazo referido no número anterior ou antes de gozado o direito a férias, pode o trabalhador usufruí-lo até 30 de Abril do ano civil subsequente.

4 – Cessando o contrato após impedimento prolongado respeitante ao trabalhador, este tem direito à retribuição e ao subsídio de férias correspondentes ao tempo de serviço prestado no ano de início da suspensão.

Artigo 665.º (CT)
Férias

1 – Constitui contra-ordenação grave a violação do disposto nos n.ºs 1, 2 e 4 do artigo 211.º, no n.º 2 do artigo 212.º, nos n.ºs 1 e 5 do artigo 213.º, no artigo 214.º, nos artigos 215.º e 216.º, no n.º 1 do artigo 219.º, nos n.ºs 1 e 2 do artigo 220.º, nos n.ºs 1 e 2 do artigo 221.º e no artigo 222.º

Artigo 240.º
Ano do gozo das férias

1 – As férias são gozadas no ano civil em que se vencem, sem prejuízo do disposto nos números seguintes.

2 – As férias podem ser gozadas até 30 de Abril do ano civil seguinte, em cumulação ou não com férias vencidas no início deste, por acordo entre empregador e trabalhador ou sempre que este as pretenda gozar com familiar residente no estrangeiro.

3 – Pode ainda ser cumulado o gozo de metade do período de férias vencido no ano anterior com o vencido no ano em causa, mediante acordo entre empregador e trabalhador.

4 – Constitui contra-ordenação grave a violação do disposto neste artigo.

2 – Em caso de violação do disposto nos n.ºs 1, 2 e 4 do artigo 211.º, no n.º 2 do artigo 212.º, nos n.ºs 1 e 5 do artigo 213.º, no artigo 214.º, no n.º 1 do artigo 219.º e nos n.ºs 1 e 2 do artigo 220.º, se o arguido tiver cumprido o disposto no artigo 221.º e proceder ao pagamento voluntário da coima, esta é liquidada pelo valor correspondente à contra-ordenação leve.

3 – Constitui contra-ordenação leve a violação do disposto no artigo 217.º, nos n.ºs 1 e 2 do artigo 218.º, no n.º 2 do artigo 219.º e no n.º 3 do artigo 220.º

Artigo 215.º (CT)
Cumulação de férias

1 – As férias devem ser gozadas no decurso do ano civil em que se vencem, não sendo permitido acumular no mesmo ano férias de dois ou mais anos.

2 – As férias podem, porém, ser gozadas no primeiro trimestre do ano civil seguinte, em acumulação ou não com as férias vencidas no início deste, por acordo entre empregador e trabalhador ou sempre que este pretenda gozar as férias com familiares residentes no estrangeiro.

3 – Empregador e trabalhador podem ainda acordar na acumulação, no mesmo ano, de metade do período de férias vencido no ano anterior com o vencido no início desse ano.

Artigo 665.º (CT)
Férias

1 – Constitui contra-ordenação grave a violação do disposto nos n.ºs 1, 2 e 4 do artigo 211.º, no n.º 2 do artigo 212.º, nos n.ºs 1 e 5 do artigo 213.º, no artigo

214.º, nos artigos 215.º e 216.º, no n.º 1 do artigo 219.º, nos n.ᵒˢ 1 e 2 do artigo 220.º, nos n.ᵒˢ 1 e 2 do artigo 221.º e no artigo 222.º

2 – Em caso de violação do disposto nos n.ᵒˢ 1, 2 e 4 do artigo 211.º, no n.º 2 do artigo 212.º, nos n.ᵒˢ 1 e 5 do artigo 213.º, no artigo 214.º, no n.º 1 do artigo 219.º e nos n.ᵒˢ 1 e 2 do artigo 220.º, se o arguido tiver cumprido o disposto no artigo 221.º e proceder ao pagamento voluntário da coima, esta é liquidada pelo valor correspondente à contra-ordenação leve.

3 – Constitui contra-ordenação leve a violação do disposto no artigo 217.º, nos n.ᵒˢ 1 e 2 do artigo 218.º, no n.º 2 do artigo 219.º e no n.º 3 do artigo 220.º

Artigo 241.º
Marcação do período de férias

1 – O período de férias é marcado por acordo entre empregador e trabalhador.

2 – Na falta de acordo, o empregador marca as férias, que não podem ter início em dia de descanso semanal do trabalhador, ouvindo para o efeito a comissão de trabalhadores ou, na sua falta, a comissão intersindical ou a comissão sindical representativa do trabalhador interessado.

3 – Em pequena, média ou grande empresa, o empregador só pode marcar o período de férias entre 1 de Maio e 31 de Outubro, a menos que o instrumento de regulamentação colectiva de trabalho ou o parecer dos representantes dos trabalhadores admita época diferente.

4 – Na falta de acordo, o empregador que exerça actividade ligada ao turismo está obrigado a marcar 25% do período

Artigo 217.º (CT)
Marcação do período de férias

1 – O período de férias é marcado por acordo entre empregador e trabalhador.

2 – Na falta de acordo, cabe ao empregador marcar as férias e elaborar o respectivo mapa, ouvindo para o efeito a comissão de trabalhadores.

3 – Sem prejuízo do disposto no artigo anterior, o empregador só pode marcar o período de férias entre 1 de Maio e 31 de Outubro, salvo parecer favorável em contrário da entidade referida no número anterior ou disposição diversa de instrumento de regulamentação colectiva de trabalho.

4 – Na marcação das férias, os períodos mais pretendidos devem ser rateados, sempre que possível, beneficiando, alternadamente, os trabalhadores em função dos períodos gozados nos dois anos anteriores.

de férias a que os trabalhadores têm direito, ou percentagem superior que resulte de instrumento de regulamentação colectiva de trabalho, entre 1 de Maio e 31 de Outubro, que é gozado de forma consecutiva.

5 – Em caso de cessação do contrato de trabalho sujeita a aviso prévio, o empregador pode determinar que o gozo das férias tenha lugar imediatamente antes da cessação.

6 – Na marcação das férias, os períodos mais pretendidos devem ser rateados, sempre que possível, beneficiando alternadamente os trabalhadores em função dos períodos gozados nos dois anos anteriores.

7 – Os cônjuges, bem como as pessoas que vivam em união de facto ou economia comum nos termos previstos em legislação específica, que trabalham na mesma empresa ou estabelecimento, têm direito a gozar férias em idêntico período, salvo se houver prejuízo grave para a empresa.

8 – O gozo do período de férias pode ser interpolado, por acordo entre empregador e trabalhador, desde que sejam gozados, no mínimo, 10 dias úteis consecutivos.

9 – O empregador elabora o mapa de férias, com indicação do início e do termo dos períodos de férias de cada trabalhador, até 15 de Abril de cada ano e mantém-no afixado nos locais de trabalho entre esta data e 31 de Outubro.

10 – Constitui contra-ordenação grave a violação do disposto nos n.os 2, 3 ou 4 e constitui contra-ordenação leve a violação do disposto em qualquer dos restantes números deste artigo.

5 – Salvo se houver prejuízo grave para o empregador, devem gozar férias em idêntico período os cônjuges que trabalhem na mesma empresa ou estabelecimento, bem como as pessoas que vivam em união de facto ou economia comum nos termos previstos em legislação especial.

6 – O gozo do período de férias pode ser interpolado, por acordo entre empregador e trabalhador e desde que sejam gozados, no mínimo, 10 dias úteis consecutivos.

7 – O mapa de férias, com indicação do início e termo dos períodos de férias de cada trabalhador, deve ser elaborado até 15 de Abril de cada ano e afixado nos locais de trabalho entre esta data e 31 de Outubro.

8 – O disposto no n.º 3 não se aplica às microempresas.

Artigo 213.º (CT)
Duração do período de férias

1 – O período anual de férias tem a duração mínima de 22 dias úteis.

2 – Para efeitos de férias, são úteis os dias da semana de segunda-feira a sexta-feira, com excepção dos feriados, não podendo as férias ter início em dia de descanso semanal do trabalhador.

3 – A duração do período de férias é aumentada no caso de o trabalhador não ter faltado ou na eventualidade de ter apenas faltas justificadas, no ano a que as férias se reportam, nos seguintes termos:

a) Três dias de férias até ao máximo de uma falta ou dois meios dias;

b) Dois dias de férias até ao máximo de duas faltas ou quatro meios dias;

c) Um dia de férias até ao máximo de três faltas ou seis meios dias.

4 – Para efeitos do número anterior são equiparadas às faltas os dias de suspensão do contrato de trabalho por facto respeitante ao trabalhador.

5 – O trabalhador pode renunciar parcialmente ao direito a férias, recebendo a retribuição e o subsídio respectivos, sem prejuízo de ser assegurado o gozo efectivo de 20 dias úteis de férias.

**Artigo 218.º (CT)
Alteração da marcação
do período de férias**

*1 – Se, depois de marcado o período de férias, exigências imperiosas do funcionamento da empresa determinarem o adiamento ou a interrupção das férias já iniciadas, o trabalhador tem direito a ser indemnizado pelo empregador dos prejuízos que comprovadamente haja sofrido na pressuposição de que gozaria integralmente as férias na época fixada.

2 – A interrupção das férias não pode prejudicar o gozo seguido de metade do período a que o trabalhador tenha direito.

3 – Há lugar a alteração do período de férias sempre que o trabalhador, na data prevista para o seu início, esteja temporariamente impedido por facto que não lhe seja imputável, cabendo ao empregador, na falta de acordo, a nova marcação do período de férias, sem sujeição ao disposto no n.º 3 do artigo anterior.

4 – Terminando o impedimento antes de decorrido o período anteriormente marcado, o trabalhador deve gozar os dias de férias ainda compreendidos neste, aplicando-se quanto à marcação*

dos dias restantes o disposto no número anterior.

5 – Nos casos em que a cessação do contrato de trabalho esteja sujeita a aviso prévio, o empregador pode determinar que o período de férias seja antecipado para o momento imediatamente anterior à data prevista para a cessação do contrato.

Artigo 665.º (CT)
Férias

1 – Constitui contra-ordenação grave a violação do disposto nos n.ºs 1, 2 e 4 do artigo 211.º, no n.º 2 do artigo 212.º, nos n.ºs 1 e 5 do artigo 213.º, no artigo 214.º, nos artigos 215.º e 216.º, no n.º 1 do artigo 219.º, nos n.ºs 1 e 2 do artigo 220.º, nos n.ºs 1 e 2 do artigo 221.º e no artigo 222.º

2 – Em caso de violação do disposto nos n.ºs 1, 2 e 4 do artigo 211.º, no n.º 2 do artigo 212.º, nos n.ºs 1 e 5 do artigo 213.º, no artigo 214.º, no n.º 1 do artigo 219.º e nos n.ºs 1 e 2 do artigo 220.º, se o arguido tiver cumprido o disposto no artigo 221.º e proceder ao pagamento voluntário da coima, esta é liquidada pelo valor correspondente à contra-ordenação leve.

3 – Constitui contra-ordenação leve a violação do disposto no artigo 217.º, nos n.ºs 1 e 2 do artigo 218.º, no n.º 2 do artigo 219.º e no n.º 3 do artigo 220.º

Artigo 242.º
Encerramento para férias

1 – Sempre que seja compatível com a natureza da actividade, o empregador pode encerrar a empresa ou o estabelecimento, total ou parcialmente, para férias dos trabalhadores:

Artigo 216.º (CT)
Encerramento da empresa ou estabelecimento

O empregador pode encerrar, total ou parcialmente, a empresa ou o estabelecimento, nos seguintes termos:
a) Encerramento até 15 dias con-

a) Até quinze dias consecutivos entre 1 de Maio e 31 de Outubro;

b) Por período superior a quinze dias consecutivos ou fora do período enunciado na alínea anterior quando assim estiver fixado em instrumento de regulamentação colectiva ou mediante parecer favorável da comissão de trabalhadores;

c) Por período superior a quinze dias consecutivos, entre 1 de Maio e 31 de Outubro, quando a natureza da actividade assim o exigir.

2 – O empregador pode encerrar o estabelecimento durante cinco dias úteis consecutivos, na época de férias escolares do Natal.

Artigo 243.º
Alteração do período de férias por motivo relativo à empresa

1 – O empregador pode alterar o período de férias já marcado ou interromper as já iniciadas por exigências imperiosas do funcionamento da empresa, tendo o trabalhador direito a indemnização pelos prejuízos sofridos por deixar de gozar as férias no período marcado.

2 – A interrupção das férias deve permitir o gozo seguido de metade do período a que o trabalhador tem direito.

3 – Em caso de cessação do contrato de trabalho sujeita a aviso prévio, o empregador pode alterar a marcação das férias, mediante aplicação do disposto no n.º 5 do artigo 241.º.

4 – Constitui contra-ordenação leve a violação do disposto nos n.ᵒˢ 1 ou 2.

secutivos entre 1 de Maio e 31 de Outubro;

b) Encerramento por período superior a 15 dias consecutivos ou fora do período entre 1 de Maio e 31 de Outubro, quando assim estiver fixado em instrumento de regulamentação colectiva de trabalho ou mediante parecer favorável da comissão de trabalhadores;

c) Encerramento por período superior a 15 dias consecutivos entre 1 de Maio e 31 de Outubro, quando a natureza da actividade assim o exigir;

d) Encerramento durante as férias escolares do Natal, não podendo, todavia, exceder cinco dias úteis consecutivos.

Artigo 218.º (CT)
Alteração da marcação do período de férias

1 – Se, depois de marcado o período de férias, exigências imperiosas do funcionamento da empresa determinarem o adiamento ou a interrupção das férias já iniciadas, o trabalhador tem direito a ser indemnizado pelo empregador dos prejuízos que comprovadamente haja sofrido na pressuposição de que gozaria integralmente as férias na época fixada.

2 – A interrupção das férias não pode prejudicar o gozo seguido de metade do período a que o trabalhador tenha direito.

3 – Há lugar a alteração do período de férias sempre que o trabalhador, na data prevista para o seu início, esteja temporariamente impedido por facto que não lhe seja imputável, cabendo ao empregador, na falta de acordo, a nova marcação do período de férias, sem sujeição ao disposto no n.º 3 do artigo anterior.

4 – Terminando o impedimento antes de decorrido o período anteriormente marcado, o trabalhador deve gozar os dias de férias ainda compreendidos neste, aplicando-se quanto à marcação dos dias restantes o disposto no número anterior.

5 – Nos casos em que a cessação do contrato de trabalho esteja sujeita a aviso prévio, o empregador pode determinar que o período de férias seja antecipado para o momento imediatamente anterior à data prevista para a cessação do contrato.

Artigo 665.º (CT)
Férias

1 – Constitui contra-ordenação grave a violação do disposto nos n.ºs 1, 2 e 4 do artigo 211.º, no n.º 2 do artigo 212.º, nos n.ºs 1 e 5 do artigo 213.º, no artigo 214.º, nos artigos 215.º e 216.º, no n.º 1 do artigo 219.º, nos n.ºs 1 e 2 do artigo 220.º, nos n.ºs 1 e 2 do artigo 221.º e no artigo 222.º

2 – Em caso de violação do disposto nos n.ºs 1, 2 e 4 do artigo 211.º, no n.º 2 do artigo 212.º, nos n.ºs 1 e 5 do artigo 213.º, no artigo 214.º, no n.º 1 do artigo 219.º e nos n.ºs 1 e 2 do artigo 220.º, se o arguido tiver cumprido o disposto no artigo 221.º e proceder ao pagamento voluntário da coima, esta é liquidada pelo valor correspondente à contra-ordenação leve.

3 – Constitui contra-ordenação leve a violação do disposto no artigo 217.º, nos n.ºs 1 e 2 do artigo 218.º, no n.º 2 do artigo 219.º e no n.º 3 do artigo 220.º

Artigo 244.º
Alteração do período de férias por motivo relativo ao trabalhador

1 – O gozo das férias não se inicia ou suspende-se quando o trabalhador esteja temporariamente impedido por doença ou outro facto que não lhe seja imputável, desde que haja comunicação do mesmo ao empregador.

2 – Em caso referido no número anterior, o gozo das férias tem lugar após o termo do impedimento na medida do remanescente do período marcado, devendo o período correspondente aos dias não gozados ser marcado por acordo ou, na falta deste, pelo empregador, sem sujeição ao disposto no n.º 3 do artigo 241.º

3 – Em caso de impossibilidade total ou parcial do gozo de férias, por motivo de impedimento do trabalhador, este tem direito à retribuição correspondente ao período de férias não gozado ou ao gozo do mesmo até 30 de Abril do ano seguinte e, em qualquer caso, ao respectivo subsídio.

4 – À doença do trabalhador no período de férias é aplicável o disposto nos n.ºs 2 e 3 do artigo 254.º.

5 – O disposto no n.º 1 não se aplica caso o trabalhador se oponha à verificação da situação de doença nos termos do artigo 254.º

6 – Constitui contra-ordenação grave a violação do disposto nos n.ºs 1, 2 ou 3.

Artigo 218.º (CT)
Alteração da marcação do período de férias

1 – Se, depois de marcado o período de férias, exigências imperiosas do funcionamento da empresa determinarem o adiamento ou a interrupção das férias já iniciadas, o trabalhador tem direito a ser indemnizado pelo empregador dos prejuízos que comprovadamente haja sofrido na pressuposição de que gozaria integralmente as férias na época fixada.

2 – A interrupção das férias não pode prejudicar o gozo seguido de metade do período a que o trabalhador tenha direito.

3 – Há lugar a alteração do período de férias sempre que o trabalhador, na data prevista para o seu início, esteja temporariamente impedido por facto que não lhe seja imputável, cabendo ao empregador, na falta de acordo, a nova marcação do período de férias, sem sujeição ao disposto no n.º 3 do artigo anterior.

4 – Terminando o impedimento antes de decorrido o período anteriormente marcado, o trabalhador deve gozar os dias de férias ainda compreendidos neste, aplicando-se quanto à marcação dos dias restantes o disposto no número anterior.

5 – Nos casos em que a cessação do contrato de trabalho esteja sujeita a aviso prévio, o empregador pode determinar que o período de férias seja antecipado para o momento imediatamente anterior à data prevista para a cessação do contrato.

Artigo 219.º (CT)
Doença no período de férias

1 – No caso de o trabalhador adoecer durante o período de férias, são as mesmas suspensas desde que o empregador seja do facto informado, prosseguindo, logo após a alta, o gozo dos dias de férias compreendidos ainda naquele período, cabendo ao empregador, na falta de acordo, a marcação dos dias de férias não gozados, sem sujeição ao disposto no n.º 3 do artigo 217.º

2 – Cabe ao empregador, na falta de acordo, a marcação dos dias de férias não gozados, que podem decorrer em qualquer período, aplicando-se neste caso o n.º 3 do artigo seguinte.

3 – A prova da doença prevista no n.º 1 é feita por estabelecimento hospitalar, por declaração do centro de saúde ou por atestado médico.

4 – A doença referida no número anterior pode ser fiscalizada por médico designado pela segurança social, mediante requerimento do empregador.

5 – No caso de a segurança social não indicar o médico a que se refere o número anterior no prazo de vinte e quatro horas, o empregador designa o médico para efectuar a fiscalização, não podendo este ter qualquer vínculo contratual anterior ao empregador.

6 – Em caso de desacordo entre os pareceres médicos referidos nos números anteriores, pode ser requerida por qualquer das partes a intervenção de junta médica.

7 – Em caso de incumprimento das obrigações previstas no artigo anterior e nos n.ᵒˢ 1 e 2, bem como de oposição, sem motivo atendível, à fiscalização

Artigo 245.º
Efeitos da cessação do contrato de trabalho no direito a férias

1 – Cessando o contrato de trabalho, o trabalhador tem direito a receber a retribuição de férias e respectivo subsídio:
a) Correspondentes a férias vencidas e não gozadas;
b) Proporcionais ao tempo de serviço prestado no ano da cessação.

2 – No caso referido na alínea *a)* do número anterior, o período de férias é considerado para efeitos de antiguidade.

3 – Em caso de cessação de contrato no ano civil subsequente ao da admissão ou cuja duração não seja superior a 12 meses, o cômputo total das férias ou da correspondente retribuição a que o trabalhador tenha direito não pode exceder o proporcional ao período anual de férias tendo em conta a duração do contrato.

4 – Cessando o contrato após impedimento prolongado do trabalhador, este tem direito à retribuição e ao subsídio de férias correspondentes ao tempo de serviço prestado no ano de início da suspensão.

5 – Constitui contra-ordenação grave a violação do disposto no n.º 1.

referida nos n.ᵒˢ 4, 5 e 6, os dias de alegada doença são considerados dias de férias.

8 – A apresentação ao empregador de declaração médica com intuito fraudulento constitui falsa declaração para efeitos de justa causa de despedimento.

9 – O disposto neste artigo é objecto de regulamentação em legislação especial.

Artigo 220.º (CT)
Efeitos da suspensão do contrato de trabalho por impedimento prolongado

1 – No ano da suspensão do contrato de trabalho por impedimento prolongado, respeitante ao trabalhador, se se verificar a impossibilidade total ou parcial do gozo do direito a férias já vencido, o trabalhador tem direito à retribuição correspondente ao período de férias não gozado e respectivo subsídio.

2 – No ano da cessação do impedimento prolongado o trabalhador tem direito às férias nos termos previstos no n.º 2 do artigo 212.º

3 – No caso de sobrevir o termo do ano civil antes de decorrido o prazo referido no número anterior ou antes de gozado o direito a férias, pode o trabalhador usufrui-lo até 30 de Abril do ano civil subsequente.

4 – Cessando o contrato após impedimento prolongado respeitante ao trabalhador, este tem direito à retribuição e ao subsídio de férias correspondentes ao tempo de serviço prestado no ano de início da suspensão.

Artigo 665.º (CT)
Férias

1 – Constitui contra-ordenação grave a violação do disposto nos n.ᵒˢ 1, 2 e 4 do artigo 211.º, no n.º 2 do artigo 212.º, nos n.ᵒˢ 1 e 5 do artigo 213.º, no artigo 214.º, nos artigos 215.º e 216.º, no n.º 1 do artigo 219.º, nos n.ᵒˢ 1 e 2 do artigo 220.º, nos n.ᵒˢ 1 e 2 do artigo 221.º e no artigo 222.º

2 – Em caso de violação do disposto nos n.ᵒˢ 1, 2 e 4 do artigo 211.º, no n.º 2 do artigo 212.º, nos n.ᵒˢ 1 e 5 do artigo 213.º, no artigo 214.º, no n.º 1 do artigo 219.º e nos n.ᵒˢ 1 e 2 do artigo 220.º, se o arguido tiver cumprido o disposto no artigo 221.º e proceder ao pagamento voluntário da coima, esta é liquidada pelo valor correspondente à contra-ordenação leve.

3 – Constitui contra-ordenação leve a violação do disposto no artigo 217.º, nos n.ᵒˢ 1 e 2 do artigo 218.º, no n.º 2 do artigo 219.º e no n.º 3 do artigo 220.º

Artigo 220.º (CT)
Efeitos da suspensão do contrato de trabalho por impedimento prolongado

1 – No ano da suspensão do contrato de trabalho por impedimento prolongado, respeitante ao trabalhador, se se verificar a impossibilidade total ou parcial do gozo do direito a férias já vencido, o trabalhador tem direito à retribuição correspondente ao período de férias não gozado e respectivo subsídio.

2 – No ano da cessação do impedimento prolongado o trabalhador tem direito às férias nos termos previstos no n.º 2 do artigo 212.º

3 – No caso de sobrevir o termo do ano civil antes de decorrido o prazo

referido no número anterior ou antes de gozado o direito a férias, pode o trabalhador usufrui-lo até 30 de Abril do ano civil subsequente.

4 – Cessando o contrato após impedimento prolongado respeitante ao trabalhador, este tem direito à retribuição e ao subsídio de férias correspondentes ao tempo de serviço prestado no ano de início da suspensão.

Artigo 221.º (CT)
Efeitos da cessação do contrato de trabalho

1 – Cessando o contrato de trabalho, o trabalhador tem direito a receber a retribuição correspondente a um período de férias, proporcional ao tempo de serviço prestado até à data da cessação, bem como ao respectivo subsídio.

2 – Se o contrato cessar antes de gozado o período de férias vencido no início do ano da cessação, o trabalhador tem ainda direito a receber a retribuição e o subsídio correspondentes a esse período, o qual é sempre considerado para efeitos de antiguidade.

3 – Da aplicação do disposto nos números anteriores ao contrato cuja duração não atinja, por qualquer causa, 12 meses, não pode resultar um período de férias superior ao proporcional à duração do vínculo, sendo esse período considerado para efeitos de retribuição, subsídio e antiguidade.

Artigo 665.º (CT)
Férias

1 – Constitui contra-ordenação grave a violação do disposto nos n.ºs 1, 2 e 4

Artigo 246.º
Violação do direito a férias

1 – Caso o empregador obste culposamente ao gozo das férias nos termos previstos nos artigos anteriores, o trabalhador tem direito a compensação no valor do triplo da retribuição correspondente ao período em falta, que deve ser gozado até 30 de Abril do ano civil subsequente.

2 – Constitui contra-ordenação grave a violação do disposto no número anterior.

do artigo 211.º, no n.º 2 do artigo 212.º, nos n.ᵒˢ 1 e 5 do artigo 213.º, no artigo 214.º, nos artigos 215.º e 216.º, no n.º 1 do artigo 219.º, nos n.ᵒˢ 1 e 2 do artigo 220.º, nos n.ᵒˢ 1 e 2 do artigo 221.º e no artigo 222.º

2 – Em caso de violação do disposto nos n.ᵒˢ 1, 2 e 4 do artigo 211.º, no n.º 2 do artigo 212.º, nos n.ᵒˢ 1 e 5 do artigo 213.º, no artigo 214.º, no n.º 1 do artigo 219.º e nos n.ᵒˢ 1 e 2 do artigo 220.º, se o arguido tiver cumprido o disposto no artigo 221.º e proceder ao pagamento voluntário da coima, esta é liquidada pelo valor correspondente à contra-ordenação leve.

3 – Constitui contra-ordenação leve a violação do disposto no artigo 217.º, nos n.ᵒˢ 1 e 2 do artigo 218.º, no n.º 2 do artigo 219.º e no n.º 3 do artigo 220.º

Artigo 222.º (CT)
Violação do direito a férias

Caso o empregador, com culpa, obste ao gozo das férias nos termos previstos nos artigos anteriores, o trabalhador recebe, a título de compensação, o triplo da retribuição correspondente ao período em falta, que deve obrigatoriamente ser gozado no primeiro trimestre do ano civil subsequente.

Artigo 665.º (CT)
Férias

1 – Constitui contra-ordenação grave a violação do disposto nos n.ᵒˢ 1, 2 e 4 do artigo 211.º, no n.º 2 do artigo 212.º, nos n.ᵒˢ 1 e 5 do artigo 213.º, no artigo 214.º, nos artigos 215.º e 216.º, no n.º 1 do artigo 219.º, nos n.ᵒˢ 1 e 2 do artigo

Artigo 247.º
Exercício de outra actividade durante as férias

1 – O trabalhador não pode exercer durante as férias qualquer outra actividade remunerada, salvo quando já a exerça cumulativamente ou o empregador o autorize.

2 – Em caso de violação do disposto no número anterior, sem prejuízo da eventual responsabilidade disciplinar do trabalhador, o empregador tem direito a reaver a retribuição correspondente às férias e o respectivo subsídio, metade dos quais reverte para o serviço responsável pela gestão financeira do orçamento da Segurança Social.

3 – Para os efeitos previstos no número anterior, o empregador pode proceder a descontos na retribuição, até ao limite de um sexto, em relação a cada um dos períodos de vencimento posteriores.

220.º, nos n.ᵒˢ 1 e 2 do artigo 221.º e no artigo 222.º.
2 – Em caso de violação do disposto nos n.ᵒˢ 1, 2 e 4 do artigo 211.º, no n.º 2 do artigo 212.º, nos n.ᵒˢ 1 e 5 do artigo 213.º, no artigo 214.º, no n.º 1 do artigo 219.º e nos n.ᵒˢ 1 e 2 do artigo 220.º, se o arguido tiver cumprido o disposto no artigo 221.º e proceder ao pagamento voluntário da coima, esta é liquidada pelo valor correspondente à contra-ordenação leve.
3 – Constitui contra-ordenação leve a violação do disposto no artigo 217.º, nos n.ᵒˢ 1 e 2 do artigo 218.º, no n.º 2 do artigo 219.º e no n.º 3 do artigo 220.º

Artigo 223.º (CT)
Exercício de outra actividade durante as férias

1 – O trabalhador não pode exercer durante as férias qualquer outra actividade remunerada, salvo se já a viesse exercendo cumulativamente ou o empregador o autorizar a isso.

2 – A violação do disposto no número anterior, sem prejuízo da eventual responsabilidade disciplinar do trabalhador, dá ao empregador o direito de reaver a retribuição correspondente às férias e respectivo subsídio, da qual metade reverte para o Instituto de Gestão Financeira da Segurança Social.

3 – Para os efeitos previstos no número anterior, o empregador pode proceder a descontos na retribuição do trabalhador até ao limite de um sexto, em relação a cada um dos períodos de vencimento posteriores.

SUBSECÇÃO XI
Faltas

Artigo 248.º
Noção de falta

1 – Considera-se falta a ausência de trabalhador do local em que devia desempenhar a actividade durante o período normal de trabalho diário.

2 – Em caso de ausência do trabalhador por períodos inferiores ao período normal de trabalho diário, os respectivos tempos são adicionados para determinação da falta.

3 – Caso a duração do período normal de trabalho diário não seja uniforme, considera-se a duração média para efeito do disposto no número anterior.

Artigo 249.º
Tipos de falta

1 – A falta pode ser justificada ou injustificada.

2 – São consideradas faltas justificadas:

a) As dadas, durante 15 dias seguidos, por altura do casamento;

b) A motivada por falecimento de cônjuge, parente ou afim, nos termos do artigo 251.º;

c) A motivada pela prestação de prova em estabelecimento de ensino, nos termos do artigo 91.º;

d) A motivada por impossibilidade de prestar trabalho devido a facto não imputável ao trabalhador, nomeadamente observância de prescrição médica no seguimento de recurso a técnica de procriação medicamente assistida, doença, acidente ou cumprimento de obrigação legal;

Artigo 224.º (CT)
Noção

1 – Falta é a ausência do trabalhador no local de trabalho e durante o período em que devia desempenhar a actividade a que está adstrito.

2 – Nos casos de ausência do trabalhador por períodos inferiores ao período de trabalho a que está obrigado, os respectivos tempos são adicionados para determinação dos períodos normais de trabalho diário em falta.

3 – Para efeito do disposto no número anterior, caso os períodos de trabalho diário não sejam uniformes, considera-se sempre o de menor duração relativo a um dia completo de trabalho.

Artigo 225.º (CT)
Tipos de faltas

1 – As faltas podem ser justificadas ou injustificadas.

2 – São consideradas faltas justificadas:

a) As dadas, durante 15 dias seguidos, por altura do casamento;

b) As motivadas por falecimento do cônjuge, parentes ou afins, nos termos do artigo 227.º;

c) As motivadas pela prestação de provas em estabelecimento de ensino, nos termos da legislação especial;

d) As motivadas por impossibilidade de prestar trabalho devido a facto que não seja imputável ao trabalhador, nomeadamente doença, acidente ou cumprimento de obrigações legais;

e) As motivadas pela necessidade de prestação de assistência inadiável e

e) A motivada pela prestação de assistência inadiável e imprescindível a filho, a neto ou a membro do agregado familiar de trabalhador, nos termos dos artigos 49.º, 50.º ou 252.º, respectivamente;

f) A motivada por deslocação a estabelecimento de ensino de responsável pela educação de menor por motivo da situação educativa deste, pelo tempo estritamente necessário, até quatro horas por trimestre, por cada um;

g) A de trabalhador eleito para estrutura de representação colectiva dos trabalhadores, nos termos do artigo 409.º;

h) A de candidato a cargo público, nos termos da correspondente lei eleitoral;

i) A autorizada ou aprovada pelo empregador;

j) A que por lei seja como tal considerada.

3 – É considerada injustificada qualquer falta não prevista no número anterior.

Artigo 250.º
Imperatividade do regime de faltas

As disposições relativas aos motivos justificativos de faltas e à sua duração não podem ser afastadas por instrumento de regulamentação colectiva de trabalho, salvo em relação a situação prevista na alínea *g)* do n.º 2 do artigo anterior e desde que em sentido mais favorável ao trabalhador, ou por contrato de trabalho.

imprescindível a membros do seu agregado familiar, nos termos previstos neste Código e em legislação especial;

f) As ausências não superiores a quatro horas e só pelo tempo estritamente necessário, justificadas pelo responsável pela educação de menor, uma vez por trimestre, para deslocação à escola tendo em vista inteirar-se da situação educativa do filho menor;

g) As dadas pelos trabalhadores eleitos para as estruturas de representação colectiva, nos termos do artigo 455.º;

h) As dadas por candidatos a eleições para cargos públicos, durante o período legal da respectiva campanha eleitoral;

i) As autorizadas ou aprovadas pelo empregador;

j) As que por lei forem como tal qualificadas.

3 – São consideradas injustificadas as faltas não previstas no número anterior.

Artigo 226.º (CT)
Imperatividade

As disposições relativas aos tipos de faltas e à sua duração não podem ser objecto de instrumento de regulamentação colectiva de trabalho, salvo tratando-se das situações previstas na alínea g) do n.º 2 do artigo anterior ou de contrato de trabalho.

Artigo 251.º
Faltas por motivo de falecimento de cônjuge, parente ou afim

1 – O trabalhador pode faltar justificadamente:

a) Até cinco dias consecutivos, por falecimento de cônjuge não separado de pessoas e bens ou de parente ou afim no 1.º grau na linha recta;

b) Até dois dias consecutivos, por falecimento de outro parente ou afim na linha recta ou no 2.º grau da linha colateral.

2 – Aplica-se o disposto na alínea *a)* do número anterior em caso de falecimento de pessoa que viva em união de facto ou economia comum com o trabalhador, nos termos previstos em legislação específica.

3 – Constitui contra-ordenação grave a violação do disposto neste artigo.

Artigo 227.º (CT)
Faltas por motivo de falecimento de parentes ou afins

1 – Nos termos da alínea b) do n.º 2 do artigo 225.º, o trabalhador pode faltar justificadamente:

a) Cinco dias consecutivos por falecimento de cônjuge não separado de pessoas e bens ou de parente ou afim no 1.º grau na linha recta;

b) Dois dias consecutivos por falecimento de outro parente ou afim na linha recta ou em 2.º grau da linha colateral.

2 – Aplica-se o disposto na alínea a) do número anterior ao falecimento de pessoa que viva em união de facto ou economia comum com o trabalhador nos termos previstos em legislação especial.

Artigo 666.º (CT)
Faltas

Constitui contra-ordenação grave a violação do disposto no artigo 227.º, no n.º 1 do artigo 230.º e no n.º 1 do artigo 232.º.

Artigo 252.º
Falta para assistência a membro do agregado familiar

1 – O trabalhador tem direito a faltar ao trabalho até 15 dias por ano para prestar assistência inadiável e imprescindível, em caso de doença ou acidente, a cônjuge ou pessoa que viva em união de facto ou economia comum com o trabalhador, parente ou afim na linha recta ascendente ou no 2.º grau da linha colateral.

2 – Ao período de ausência previsto no número anterior acrescem 15 dias

Artigo 203.º (RCT)
Faltas para assistência a membros do agregado familiar

1 – O trabalhador tem direito a faltar ao trabalho até 15 dias por ano para prestar assistência inadiável e imprescindível em caso de doença ou acidente ao cônjuge, parente ou afim na linha recta ascendente ou no 2.º grau da linha colateral, filho, adoptado ou enteado com mais de 10 anos de idade.

2 – Aos 15 dias previstos no número anterior acresce 1 dia por cada filho, adoptado ou enteado além do primeiro.

por ano, no caso de prestação de assistência inadiável e imprescindível a pessoa com deficiência ou doença crónica, que seja cônjuge ou viva em união de facto com o trabalhador.

3 – No caso de assistência a parente ou afim na linha recta ascendente, não é exigível a pertença ao mesmo agregado familiar.

4 – Para justificação da falta, o empregador pode exigir ao trabalhador:

a) Prova do carácter inadiável e imprescindível da assistência;

b) Declaração de que os outros membros do agregado familiar, caso exerçam actividade profissional, não faltaram pelo mesmo motivo ou estão impossibilitados de prestar a assistência;

c) No caso do número anterior, declaração de que outros familiares, caso exerçam actividade profissional, não faltaram pelo mesmo motivo ou estão impossibilitados de prestar a assistência.

Artigo 253.º
Comunicação de ausência

1 – A ausência, quando previsível, é comunicada ao empregador, acompanhada da indicação do motivo justificativo, com a antecedência mínima de cinco dias.

2 – Caso a antecedência prevista no número anterior não possa ser respeitada, nomeadamente por a ausência ser imprevisível com a antecedência de cinco dias, a comunicação ao empregador é feita logo que possível.

3 – A falta de candidato a cargo público durante o período legal da campanha eleitoral é comunicada ao empregador com a antecedência mínima de 48 horas.

3 – O disposto nos números anteriores é aplicável aos trabalhadores a quem tenha sido deferida a tutela de outra pessoa ou confiada a guarda de menor com mais de 10 anos, por decisão judicial ou administrativa.

4 – Para justificação de faltas, o empregador pode exigir ao trabalhador:

a) Prova do carácter inadiável e imprescindível da assistência;

b) Declaração de que os outros membros do agregado familiar, caso exerçam actividade profissional, não faltaram pelo mesmo motivo ou estão impossibilitados de prestar a assistência.

Artigo 228.º (CT)
Comunicação da falta justificada

1 – As faltas justificadas, quando previsíveis, são obrigatoriamente comunicadas ao empregador com a antecedência mínima de cinco dias.

2 – Quando imprevisíveis, as faltas justificadas são obrigatoriamente comunicadas ao empregador logo que possível.

3 – A comunicação tem de ser reiterada para as faltas justificadas imediatamente subsequentes às previstas nas comunicações indicadas nos números anteriores.

4 – A comunicação é reiterada em caso de ausência imediatamente subsequente à prevista em comunicação referida num dos números anteriores, mesmo quando a ausência determine a suspensão do contrato de trabalho por impedimento prolongado.

5 – O incumprimento do disposto neste artigo determina que a ausência seja injustificada.

Artigo 254.º
Prova de motivo justificativo de falta

1 – O empregador pode, nos 15 dias seguintes à comunicação da ausência, exigir ao trabalhador prova de facto invocado para a justificação, a prestar em prazo razoável.

2 – A prova da situação de doença do trabalhador é feita por declaração de estabelecimento hospitalar, ou centro de saúde ou ainda por atestado médico.

3 – A situação de doença referida no número anterior pode ser verificada por médico, nos termos previstos em legislação específica.

4 – A apresentação ao empregador de declaração médica com intuito fraudulento constitui falsa declaração para efeitos de justa causa de despedimento.

5 – O incumprimento de obrigação prevista nos n.ºs 1 ou 2, ou a oposição, sem motivo atendível, à verificação da doença a que se refere o n.º 3 determina que a ausência seja considerada injustificada.

Artigo 229.º (CT)
Prova da falta justificada

1 – O empregador pode, nos 15 dias seguintes à comunicação referida no artigo anterior, exigir ao trabalhador prova dos factos invocados para a justificação.

2 – A prova da situação de doença prevista na alínea d) do n.º 2 do artigo 225.º é feita por estabelecimento hospitalar, por declaração do centro de saúde ou por atestado médico.

3 – A doença referida no número anterior pode ser fiscalizada por médico, mediante requerimento do empregador dirigido à segurança social.

4 – No caso de a segurança social não indicar o médico a que se refere o número anterior no prazo de vinte e quatro horas, o empregador designa o médico para efectuar a fiscalização, não podendo este ter qualquer vínculo contratual anterior ao empregador.

5 – Em caso de desacordo entre os pareceres médicos referidos nos números anteriores, pode ser requerida a intervenção de junta médica.

6 – Em caso de incumprimento das obrigações previstas no artigo anterior e nos números 1 e 2 deste artigo, bem como de oposição, sem motivo atendível, à fiscalização referida nos números 3, 4 e 5, as faltas são consideradas injustificadas.

7 – A apresentação ao empregador de declaração médica com intuito fraudulento constitui falsa declaração para efeitos de justa causa de despedimento.

8 – O disposto neste artigo é objecto de regulamentação em legislação especial.

Artigo 206.º (RCT)
Regime

1 – Aplica-se ao presente capítulo o regime previsto nos artigos 191.º a 201.º, sem prejuízo do disposto no número seguinte.

2 – A entidade que proceder à convocação do trabalhador para o exame médico deve informá-lo de que a sua não comparência ao exame médico, sem motivo atendível, tem como consequência a não justificação das faltas dadas por doença, bem como que deve apresentar, aquando da sua observação, informação clínica e os elementos auxiliares de diagnóstico de que disponha, comprovativos da sua incapacidade.

Artigo 255.º
Efeitos de falta justificada

1 – A falta justificada não afecta qualquer direito do trabalhador, salvo o disposto no número seguinte.

2 – Sem prejuízo de outras disposições legais, determinam a perda de retribuição as seguintes faltas justificadas:

   a) Por motivo de doença, desde que o trabalhador beneficie de um regime de segurança social de protecção na doença;

Artigo 230.º (CT)
Efeitos das faltas justificadas

1 – As faltas justificadas não determinam a perda ou prejuízo de quaisquer direitos do trabalhador, salvo o disposto no número seguinte.

2 – Sem prejuízo de outras previsões legais, determinam a perda de retribuição as seguintes faltas ainda que justificadas:

   a) Por motivo de doença, desde que

b) Por motivo de acidente no trabalho, desde que o trabalhador tenha direito a qualquer subsídio ou seguro;
c) A prevista no artigo 252.º;
d) As previstas na alínea *j)* do n.º 2 do artigo 249.º quando excedam 30 dias por ano;
e) A autorizada ou aprovada pelo empregador.
3 – A falta prevista no artigo 252.º é considerada como prestação efectiva de trabalho.

Artigo 256.º
Efeitos de falta injustificada

1 – A falta injustificada constitui violação do dever de assiduidade e determina perda da retribuição correspondente ao período de ausência, que

o trabalhador beneficie de um regime de segurança social de protecção na doença;
b) Por motivo de acidente no trabalho, desde que o trabalhador tenha direito a qualquer subsídio ou seguro;
c) As previstas na alínea j) do n.º 2 do artigo 225.º, quando superiores a 30 dias por ano;
d) As autorizadas ou aprovadas pelo empregador.
3 – Nos casos previstos na alínea d) do n.º 2 do artigo 225.º, se o impedimento do trabalhador se prolongar efectiva ou previsivelmente para além de um mês, aplica-se o regime de suspensão da prestação do trabalho por impedimento prolongado.
4 – No caso previsto na alínea h) do n.º 2 do artigo 225.º as faltas justificadas conferem, no máximo, direito à retribuição relativa a um terço do período de duração da campanha eleitoral, só podendo o trabalhador faltar meios dias ou dias completos com aviso prévio de quarenta e oito horas.

Artigo 204.º (RCT)
Efeitos

As faltas previstas no artigo anterior não determinam a perda de quaisquer direitos e são consideradas, salvo quanto à retribuição, como prestação efectiva de serviço.

Artigo 231.º (CT)
Efeitos das faltas injustificadas

1 – As faltas injustificadas constituem violação do dever de assiduidade e determinam perda da retribuição correspondente ao período de ausência, o não é contado na antiguidade do trabalhador.

2 – A falta injustificada a um ou meio período normal de trabalho diário, imediatamente anterior ou posterior a dia ou meio dia de descanso ou a feriado, constitui infracção grave.

3 – No caso de apresentação de trabalhador com atraso injustificado:

a) Sendo superior a 60 minutos e para início do trabalho diário, o empregador pode não aceitar a prestação de trabalho durante todo o período normal de trabalho.

b) Sendo superior a 30 minutos, o empregador pode não aceitar a prestação de trabalho durante essa parte do período normal de trabalho.

qual será descontado na antiguidade do trabalhador.

2 – Tratando-se de faltas injustificadas a um ou meio período normal de trabalho diário, imediatamente anteriores ou posteriores aos dias ou meios dias de descanso ou feriados, considera-se que o trabalhador praticou uma infracção grave.

3 – No caso de a apresentação do trabalhador, para início ou reinício da prestação de trabalho, se verificar com atraso injustificado superior a trinta ou sessenta minutos, pode o empregador recusar a aceitação da prestação durante parte ou todo o período normal de trabalho, respectivamente.

Artigo 257.º
Substituição da perda de retribuição por motivo de falta

1 – A perda de retribuição por motivo de faltas pode ser substituída:

a) Por renúncia a dias de férias em igual número, até ao permitido pelo n.º 5 do artigo 238.º, mediante declaração expressa do trabalhador comunicada ao empregador;

b) Por prestação de trabalho em acréscimo ao período normal, dentro dos limites previstos no artigo 204.º quando o instrumento de regulamentação colectiva de trabalho o permita.

2 – O disposto no número anterior não implica redução do subsídio de férias correspondente ao período de férias vencido.

Artigo 232.º (CT)
Efeitos das faltas no direito a férias

1 – As faltas não têm efeito sobre o direito a férias do trabalhador, salvo o disposto no número seguinte.

2 – Nos casos em que as faltas determinem perda de retribuição, as ausências podem ser substituídas, se o trabalhador expressamente assim o preferir, por dias de férias, na proporção de 1 dia de férias por cada dia de falta, desde que seja salvaguardado o gozo efectivo de 20 dias úteis de férias ou da correspondente proporção, se se tratar de férias no ano de admissão.

Artigo 255.º (CT)
Retribuição do período de ferias

1 – A retribuição do período de férias corresponde à que o trabalhador receberia se estivesse em serviço efectivo.

2 – Além da retribuição mencionada no número anterior, o trabalhador tem direito a um subsídio de férias cujo montante compreende a retribuição base e as demais prestações retributivas que sejam contrapartida do modo específico da execução do trabalho.

3 – Salvo acordo escrito em contrário, o subsídio de férias deve ser pago antes do início do período de férias e proporcionalmente nos casos previstos no n.º 6 do artigo 217.º

4 – A redução do período de férias nos termos do n.º 2 do artigo 232.º não implica redução correspondente na retribuição ou no subsídio de férias.

Artigo 666.º (CT)
Faltas

Constitui contra-ordenação grave a violação do disposto no artigo 227.º, no n.º 1 do artigo 230.º e no n.º 1 do artigo 232.º

Artigo 82.º (RCT)
Efeitos da redução do período normal de trabalho

1 – A redução do período normal de trabalho prevista no n.º 1 do artigo 70.º não implica diminuição de direitos consagrados na lei, salvo o disposto no número seguinte.

2 – As horas de redução do período normal de trabalho só são retribuídas na medida em que, em cada ano, excedam o número correspondente aos dias de faltas não retribuídas previstas no n.º 2 do artigo 232.º do Código do Trabalho.

CAPÍTULO III
Retribuição e outras prestações patrimoniais

SECÇÃO I
Disposições gerais sobre retribuição

Artigo 258.º
Princípios gerais sobre a retribuição

1 – Considera-se retribuição a prestação a que, nos termos do contrato, das normas que o regem ou dos usos, o trabalhador tem direito em contrapartida do seu trabalho.

2 – A retribuição compreende a retribuição base e outras prestações regulares e periódicas feitas, directa ou indirectamente, em dinheiro ou em espécie.

3 – Presume-se constituir retribuição qualquer prestação do empregador ao trabalhador.

4 – À prestação qualificada como retribuição é aplicável o correspondente regime de garantias previsto neste Código.

Artigo 259.º
Retribuição em espécie

1 – A prestação retributiva não pecuniária deve destinar-se à satisfação de necessidades pessoais do trabalhador ou da sua família e não lhe pode ser atribuído valor superior ao corrente na região.

2 – O valor das prestações retributivas não pecuniárias não pode exceder o da parte em dinheiro, salvo o disposto em instrumento de regulamentação colectiva de trabalho.

Artigo 249.º (CT)
Princípios gerais

1 – Só se considera retribuição aquilo a que, nos termos do contrato, das normas que o regem ou dos usos, o trabalhador tem direito como contrapartida do seu trabalho.

2 – Na contrapartida do trabalho inclui-se a retribuição base e todas as prestações regulares e periódicas feitas, directa ou indirectamente, em dinheiro ou em espécie.

3 – Até prova em contrário, presume-se constituir retribuição toda e qualquer prestação do empregador ao trabalhador.

4 – A qualificação de certa prestação como retribuição, nos termos dos números 1 e 2, determina a aplicação dos regimes de garantia e de tutela dos créditos retributivos previstos neste Código.

Artigo 267.º (CT)
Forma do cumprimento

1 – A retribuição deve ser satisfeita em dinheiro ou, estando acordado, parcialmente em prestações de outra natureza.

2 – As prestações não pecuniárias devem destinar-se à satisfação de necessidades pessoais do trabalhador ou da sua família e para nenhum efeito pode ser-lhes atribuído valor superior ao corrente na região.

3 – A parte da retribuição satisfeita em prestações não pecuniárias não pode exceder a parte paga em dinheiro, salvo se outra coisa for estabelecida em instrumento de regulamentação colectiva de trabalho.

4 – O empregador pode efectuar o pagamento por meio de cheque bancário, vale postal ou depósito à ordem do trabalhador, observadas que sejam as seguintes condições:

a) O montante da retribuição deve estar à disposição do trabalhador na data do vencimento ou no dia útil imediatamente anterior;

b) As despesas comprovadamente feitas com a conversão dos títulos de crédito em dinheiro ou com o levantamento, por uma só vez, da retribuição, são suportadas pelo empregador.

5 – No acto do pagamento da retribuição, o empregador deve entregar ao trabalhador documento do qual conste a identificação daquele e o nome completo deste, o número de inscrição na instituição de segurança social respectiva, a categoria profissional, o período a que respeita a retribuição, discriminando a retribuição base e as demais prestações, os descontos e deduções efectuados e o montante líquido a receber.

Artigo 260.º
Prestações incluídas ou excluídas da retribuição

1 – Não se consideram retribuição:

a) As importâncias recebidas a título de ajudas de custo, abonos de viagem, despesas de transporte, abonos de instalação e outras equivalentes, devidas ao trabalhador por deslocações, novas ins-

Artigo 260.º (CT)
Ajudas de custo e outros abonos

1 – Não se consideram retribuição as importâncias recebidas a título de ajudas de custo, abonos de viagem, despesas de transporte, abonos de instalação e outras equivalentes, devidas ao trabalhador por deslocações, novas instalações ou despesas feitas em

talações ou despesas feitas em serviço do empregador, salvo quando, sendo tais deslocações ou despesas frequentes, essas importâncias, na parte que exceda os respectivos montantes normais, tenham sido previstas no contrato ou se devam considerar pelos usos como elemento integrante da retribuição do trabalhador;

b) As gratificações ou prestações extraordinárias concedidas pelo empregador como recompensa ou prémio dos bons resultados obtidos pela empresa;

c) As prestações decorrentes de factos relacionados com o desempenho ou mérito profissionais, bem como a assiduidade do trabalhador, cujo pagamento, nos períodos de referência respectivos, não esteja antecipadamente garantido;

d) A participação nos lucros da empresa, desde que ao trabalhador esteja assegurada pelo contrato uma retribuição certa, variável ou mista, adequada ao seu trabalho.

2 – O disposto na alínea *a)* do número anterior aplica-se, com as necessárias adaptações, ao abono para falhas e ao subsídio de refeição.

3 – O disposto nas alíneas *b)* e *c)* do número 1 não se aplica:

a) Às gratificações que sejam devidas por força do contrato ou das normas que o regem, ainda que a sua atribuição esteja condicionada aos bons serviços do trabalhador, nem àquelas que, pela sua importância e carácter regular e permanente, devam, segundo os usos, considerar-se como elemento integrante da retribuição daquele;

b) Às prestações relacionadas com os resultados obtidos pela empresa quando, quer no respectivo título atributivo quer

serviço do empregador, salvo quando, sendo tais deslocações ou despesas frequentes, essas importâncias, na parte que exceda os respectivos montantes normais, tenham sido previstas no contrato ou se devam considerar pelos usos como elemento integrante da retribuição do trabalhador.

2 – O disposto no número anterior aplica-se, com as necessárias adaptações, ao abono para falhas e ao subsídio de refeição.

Artigo 261.º (CT)
Gratificações

1 – Não se consideram retribuição:

a) As gratificações ou prestações extraordinárias concedidas pelo empregador como recompensa ou prémio dos bons resultados obtidos pela empresa;

b) As prestações decorrentes de factos relacionados com o desempenho ou mérito profissionais, bem como a assiduidade do trabalhador, cujo pagamento, nos períodos de referência respectivos, não esteja antecipadamente garantido.

2 – O disposto no número anterior não se aplica às gratificações que sejam devidas por força do contrato ou das normas que o regem, ainda que a sua atribuição esteja condicionada aos bons serviços do trabalhador, nem àquelas que, pela sua importância e carácter regular e permanente, devam, segundo os usos, considerar-se como elemento integrante da retribuição daquele.

3 – O disposto no n.º 1 não se aplica, igualmente, às prestações relacionadas com os resultados obtidos pela empresa quando, quer no respectivo título atributivo quer pela sua atribuição regular pela sua atribuição regular e permanente, revistam carácter estável, independentemente da variabilidade do seu montante.

Artigo 261.º
Modalidades de retribuição

1 – A retribuição pode ser certa, variável ou mista, sendo esta constituída por uma parte certa e outra variável.

2 – É certa a retribuição calculada em função de tempo de trabalho.

3 – Para determinar o valor da retribuição variável, quando não seja aplicável o respectivo critério, considera-se a média dos montantes das prestações correspondentes aos últimos 12 meses, ou ao tempo de execução de contrato que tenha durado menos tempo.

4 – Caso o processo estabelecido no número anterior não seja praticável, o cálculo da retribuição variável faz-se segundo o disposto em instrumento de regulamentação colectiva de trabalho ou, na sua falta, segundo o prudente arbítrio do julgador.

Artigo 262.º
Cálculo de prestação complementar ou acessória

1 – Quando disposição legal, convencional ou contratual não disponha em contrário, a base de cálculo de prestação

e permanente, revistam carácter estável, independentemente da variabilidade do seu montante.

Artigo 262.º (CT)
Participação nos lucros

Não se considera retribuição a participação nos lucros da empresa, desde que ao trabalhador esteja assegurada pelo contrato uma retribuição certa, variável ou mista, adequada ao seu trabalho.

Artigo 251.º (CT)
Modalidades de retribuição

A retribuição pode ser certa, variável ou mista, isto é, constituída por uma parte certa e outra variável.

Artigo 252.º (CT)
Retribuição certa e retribuição variável

1 – É certa a retribuição calculada em função do tempo de trabalho.

2 – Para determinar o valor da retribuição variável toma-se como tal a média dos valores que o trabalhador recebeu ou tinha direito a receber nos últimos 12 meses ou no tempo da execução do contrato, se este tiver durado menos tempo.

Artigo 250.º (CT)
Cálculo de prestações complementares e acessórias

1 – Quando as disposições legais, convencionais ou contratuais não disponham em contrário, entende-se que a

complementar ou acessória é constituída pela retribuição base e diuturnidades.

2 – Para efeito do disposto no número anterior, entende-se por:

a) Retribuição base, a prestação correspondente à actividade do trabalhador no período normal de trabalho;

b) Diuturnidade, a prestação de natureza retributiva a que o trabalhador tenha direito com fundamento na antiguidade.

base de cálculo das prestações complementares e acessórias nelas estabelecidas é constituída apenas pela retribuição base e diuturnidades.

2 – Para efeitos do disposto no número anterior, entende-se por:

a) Retribuição base – aquela que, nos termos do contrato ou instrumento de regulamentação colectiva de trabalho, corresponde ao exercício da actividade desempenhada pelo trabalhador de acordo com o período normal de trabalho que tenha sido definido;

b) Diuturnidade – a prestação pecuniária, de natureza retributiva e com vencimento periódico, devida ao trabalhador, nos termos do contrato ou do instrumento de regulamentação colectiva de trabalho, com fundamento na antiguidade.

Artigo 263.º
Subsídio de Natal

1 – O trabalhador tem direito a subsídio de Natal de valor igual a um mês de retribuição, que deve ser pago até 15 de Dezembro de cada ano.

2 – O valor do subsídio de Natal é proporcional ao tempo de serviço prestado no ano civil, nas seguintes situações:

a) No ano de admissão do trabalhador;

b) No ano de cessação do contrato de trabalho;

c) Em caso de suspensão de contrato de trabalho por facto respeitante ao trabalhador.

3 – Constitui contra-ordenação muito grave a violação do disposto neste artigo.

Artigo 254.º (CT)
Subsídio de Natal

1 – O trabalhador tem direito a subsídio de Natal de valor igual a um mês de retribuição, que deve ser pago até 15 de Dezembro de cada ano.

2 – O valor do subsídio de Natal é proporcional ao tempo de serviço prestado no ano civil, nas seguintes situações:

a) No ano de admissão do trabalhador;

b) No ano da cessação do contrato de trabalho;

c) Em caso de suspensão do contrato de trabalho, salvo se por facto respeitante ao empregador.

Artigo 669.º (CT)
Retribuição

1 – Constitui contra-ordenação muito grave a violação do disposto no n.º 4 do artigo 252.º, nos artigos 254.º e 255.º, no n.º 1 do artigo 257.º, nos n.ᵒˢ 1, 2 e 5 do artigo 258.º, no n.º 1 do artigo 266.º, no n.º 1 do artigo 267.º e no n.º 1 do artigo 270.º

2 – Constitui contra-ordenação grave a violação do disposto no artigo 256.º, na alínea a) do n.º 4 do artigo 267.º e no artigo 347.º, quando a falta de pagamento do subsídio de Natal se prolongue por mais de 30 dias.

3 – Nos casos a que se referem os números 1 e 2, a decisão que aplicar a coima deve conter a ordem de pagamento do quantitativo da retribuição em dívida a efectuar no prazo estabelecido para o pagamento da coima.

Artigo 264.º
Retribuição do período de férias e subsídio

1 – A retribuição do período de férias corresponde à que o trabalhador receberia se estivesse em serviço efectivo.

2 – Além da retribuição mencionada no número anterior, o trabalhador tem direito a subsídio de férias, compreendendo a retribuição base e outras prestações retributivas que sejam contrapartida do modo específico da execução do trabalho, correspondentes à duração mínima das férias, não contando para este efeito o disposto no n.º 3 do artigo 238.º

3 – Salvo acordo escrito em contrário, o subsídio de férias deve ser pago antes do início do período de férias e proporcionalmente em caso de gozo interpolado de férias.

Artigo 255.º (CT)
Retribuição do período de férias

1 – A retribuição do período de férias corresponde à que o trabalhador receberia se estivesse em serviço efectivo.

2 – Além da retribuição mencionada no número anterior, o trabalhador tem direito a um subsídio de férias cujo montante compreende a retribuição base e as demais prestações retributivas que sejam contrapartida do modo específico da execução do trabalho.

3 – Salvo acordo escrito em contrário, o subsídio de férias deve ser pago antes do início do período de férias e proporcionalmente nos casos previstos no n.º 6 do artigo 217.º

4 – A redução do período de férias nos termos do n.º 2 do artigo 232.º não

4 – Constitui contra-ordenação muito grave a violação do disposto neste artigo.

implica redução correspondente na retribuição ou no subsídio de férias.

Artigo 669.º (CT)
Retribuição

1 – Constitui contra-ordenação muito grave a violação do disposto no n.º 4 do artigo 252.º, nos artigos 254.º e 255.º, no n.º 1 do artigo 257.º, nos n.ᵒˢ 1, 2 e 5 do artigo 258.º, no n.º 1 do artigo 266.º, no n.º 1 do artigo 267.º e no n.º 1 do artigo 270.º

2 – Constitui contra-ordenação grave a violação do disposto no artigo 256.º, na alínea a) do n.º 4 do artigo 267.º e no artigo 347.º, quando a falta de pagamento do subsídio de Natal se prolongue por mais de 30 dias.

3 – Nos casos a que se referem os n.ᵒˢ 1 e 2, a decisão que aplicar a coima deve conter a ordem de pagamento do quantitativo da retribuição em dívida a efectuar no prazo estabelecido para o pagamento da coima.

4 – Em caso de não pagamento da retribuição em dívida, a decisão referida no número anterior serve de base à execução efectuada nos termos do artigo 89.º do Decreto-Lei n.º 433/82, de 27 de Outubro, aplicando-se as normas do processo comum de execução para pagamento de quantia certa.

5 – A decisão condenatória pode ser objecto de publicidade.

Artigo 265.º
Retribuição por isenção de horário de trabalho

1 – O trabalhador isento de horário de trabalho tem direito a retribuição específica, estabelecida por instrumento de regulamentação colectiva

Artigo 256.º (CT)
Isenção de horário de trabalho

1 – Por instrumento de regulamentação colectiva de trabalho pode fixar-se a retribuição mínima a que tem direito o trabalhador abrangido pela isenção de horário de trabalho.

de trabalho ou, na falta deste, não inferior a:

a) Uma hora de trabalho suplementar por dia;

b) Duas horas de trabalho suplementar por semana, quando se trate de regime de isenção de horário com observância do período normal de trabalho.

2 – O trabalhador que exerça cargo de administração ou de direcção pode renunciar à retribuição referida no número anterior.

3 – Constitui contra-ordenação grave a violação do disposto no n.º 1.

2 – Na falta de disposições incluídas em instrumento de regulamentação colectiva de trabalho, o trabalhador isento de horário de trabalho tem direito a uma retribuição especial, que não deve ser inferior à retribuição correspondente a uma hora de trabalho suplementar por dia.

3 – Na falta de disposições incluídas em instrumento de regulamentação colectiva de trabalho, quando se trate de regime de isenção de horário com observância dos períodos normais de trabalho, o trabalhador tem direito a uma retribuição especial, que não deve ser inferior à retribuição correspondente a duas horas de trabalho suplementar por semana.

4 – Pode renunciar à retribuição referida nos números anteriores o trabalhador que exerça funções de administração ou de direcção na empresa.

Artigo 669.º (CT)
Retribuição

1 – Constitui contra-ordenação muito grave a violação do disposto no n.º 4 do artigo 252.º, nos artigos 254.º e 255.º, no n.º 1 do artigo 257.º, nos n.ºˢ 1, 2 e 5 do artigo 258.º, no n.º 1 do artigo 266.º, no n.º 1 do artigo 267.º e no n.º 1 do artigo 270.º

2 – Constitui contra-ordenação grave a violação do disposto no artigo 256.º, na alínea a) do n.º 4 do artigo 267.º e no artigo 347.º, quando a falta de pagamento do subsídio de Natal se prolongue por mais de 30 dias.

3 – Nos casos a que se referem os n.ºˢ 1 e 2, a decisão que aplicar a coima deve conter a ordem de pagamento do quantitativo da retribuição em dívida a efectuar no prazo estabelecido para o pagamento da coima.

4 – Em caso de não pagamento da retribuição em dívida, a decisão referida no número anterior serve de base à execução efectuada nos termos do artigo 89.º do Decreto-Lei n.º 433/82, de 27 de Outubro, aplicando-se as normas do processo comum de execução para pagamento de quantia certa.

5 – A decisão condenatória pode ser objecto de publicidade.

Artigo 266.º
Pagamento de trabalho nocturno

1 – O trabalho nocturno é pago com acréscimo de 25% relativamente ao pagamento de trabalho equivalente prestado durante o dia.

2 – O acréscimo previsto no número anterior pode ser substituído, mediante instrumento de regulamentação colectiva de trabalho, por:

a) Redução equivalente do período normal de trabalho;

b) Aumento fixo da retribuição base, desde que não importe tratamento menos favorável para o trabalhador.

3 – O disposto no n.º 1 não se aplica, salvo se previsto em instrumento de regulamentação colectiva de trabalho:

a) Em actividade exercida exclusiva ou predominantemente durante o período nocturno, designadamente espectáculo ou diversão pública;

b) Em actividade que, pela sua natureza ou por força da lei, deva funcionar à disposição do público durante o período nocturno, designadamente empreendimento turístico, estabelecimento de restauração ou de bebidas, ou farmácia, em período de abertura;

Artigo 257.º *(CT)*
Trabalho Nocturno

1 – O trabalho nocturno deve ser retribuído com um acréscimo de 25% relativamente à retribuição do trabalho equivalente prestado durante o dia.

2 – O acréscimo retributivo previsto no número anterior pode ser fixado em instrumento de regulamentação colectiva de trabalho através:

a) De uma redução equivalente dos limites máximos do período normal de trabalho;

b) De aumentos fixos das retribuições base, quando se trate de pessoal incluído em turnos rotativos, e desde que esses aumentos fixos não importem tratamento menos favorável para os trabalhadores.

3 – O disposto no n.º 1 não se aplica ao trabalho prestado durante o período nocturno, salvo se previsto em instrumento de regulamentação colectiva de trabalho:

a) Ao serviço de actividades que sejam exercidas exclusivamente ou predominantemente durante esse período, designadamente as de espectáculos e diversões públicas;

c) Quando a retribuição seja estabelecida atendendo à circunstância de o trabalho dever ser prestado em período nocturno.

4 – Constitui contra-ordenação muito grave a violação do disposto no n.º 1.

b) Ao serviço de actividades que, pela sua natureza ou por força da lei, devam necessariamente funcionar à disposição do público durante o mesmo período, designadamente em empreendimentos turísticos, estabelecimentos de restauração e de bebidas e em farmácias, nos períodos de serviço ao público;

c) Quando a retribuição tenha sido estabelecida atendendo à circunstância de o trabalho dever ser prestado em período nocturno.

Artigo 669.º (CT)
Retribuição

1 – Constitui contra-ordenação muito grave a violação do disposto no n.º 4 do artigo 252.º, nos artigos 254.º e 255.º, no n.º 1 do artigo 257.º, nos n.ºˢ 1, 2 e 5 do artigo 258.º, no n.º 1 do artigo 266.º, no n.º 1 do artigo 267.º e no n.º 1 do artigo 270.º

2 – Constitui contra-ordenação grave a violação do disposto no artigo 256.º, na alínea a) do n.º 4 do artigo 267.º e no artigo 347.º, quando a falta de pagamento do subsídio de Natal se prolongue por mais de 30 dias.

3 – Nos casos a que se referem os n.ºˢ 1 e 2, a decisão que aplicar a coima deve conter a ordem de pagamento do quantitativo da retribuição em dívida a efectuar no prazo estabelecido para o pagamento da coima.

4 – Em caso de não pagamento da retribuição em dívida, a decisão referida no número anterior serve de base à execução efectuada nos termos do artigo 89.º do Decreto-Lei n.º 433/82, de 27 de Outubro, aplicando-se as normas

Artigo 267.º
Retribuição por exercício de funções afins ou funcionalmente ligadas

1 – O trabalhador que exerça funções a que se refere o n.º 2 do artigo 118.º, ainda que a título acessório, tem direito à retribuição mais elevada que lhes corresponda, enquanto tal exercício se mantiver.

2 – Constitui contra-ordenação grave a violação do disposto no número anterior.

Artigo 152.º (CT)
Efeitos retributivos

A determinação pelo empregador do exercício, ainda que acessório, das funções a que se refere o n.º 2 do artigo anterior, a que corresponda uma retribuição mais elevada, confere ao trabalhador o direito a esta enquanto tal exercício se mantiver.

Artigo 656.º (CT)
Exercício de funções afins ou funcionalmente ligadas à actividade contratada

Constitui contra-ordenação grave a violação do disposto no n.º 4 do artigo 151.º e no artigo 152.º.

do processo comum de execução para pagamento de quantia certa.

5 – A decisão condenatória pode ser objecto de publicidade.

Artigo 268.º
Pagamento de trabalho suplementar

1 – O trabalho suplementar é pago pelo valor da retribuição horária com os seguintes acréscimos:

a) 50% pela primeira a hora ou fracção desta e 75% por hora ou fracção subsequente, em dia útil;

b) 100% por cada hora ou fracção, em dia de descanso semanal, obrigatório ou complementar, ou em feriado.

2 – É exigível o pagamento de trabalho suplementar cuja prestação tenha sido prévia e expressamente determinada, ou realizada de modo a não ser previsível a oposição do empregador.

3 – O disposto nos números anteriores pode ser afastado por instrumento de

Artigo 258.º (CT)
Trabalho suplementar

1 – A prestação de trabalho suplementar em dia normal de trabalho confere ao trabalhador o direito aos seguintes acréscimos:

a) 50% da retribuição na primeira hora;

b) 75% da retribuição, nas horas ou fracções subsequentes.

2 – O trabalho suplementar prestado em dia de descanso semanal, obrigatório ou complementar, e em dia feriado confere ao trabalhador o direito a um acréscimo de 100% da retribuição, por cada hora de trabalho efectuado.

3 – A compensação horária que serve de base ao cálculo do trabalho

regulamentação colectiva de trabalho nos termos do n.º 6 do artigo 229.º.

4 – Constitui contra-ordenação grave a violação do disposto no n.º 1.

suplementar é apurada segundo a fórmula do artigo 264.º, considerando-se, nas situações de determinação do período normal de trabalho semanal em termos médios, que significa o número médio de horas do período normal de trabalho semanal efectivamente praticado na empresa.

4 – Os montantes retributivos previstos nos números anteriores podem ser fixados em instrumento de regulamentação colectiva de trabalho.

5 – É exigível o pagamento de trabalho suplementar cuja prestação tenha sido prévia e expressamente determinada, ou realizada de modo a não ser previsível a oposição do empregador.

Artigo 669.º (CT)
Retribuição

1 – Constitui contra-ordenação muito grave a violação do disposto no n.º 4 do artigo 252.º, nos artigos 254.º e 255.º, no n.º 1 do artigo 257.º, nos n.ᵒˢ 1, 2 e 5 do artigo 258.º, no n.º 1 do artigo 266.º, no n.º 1 do artigo 267.º e no n.º 1 do artigo 270.º.

2 – Constitui contra-ordenação grave a violação do disposto no artigo 256.º, na alínea a) do n.º 4 do artigo 267.º e no artigo 347, quando a falta de pagamento do subsídio de Natal se prolongue por mais de 30 dias.

3 – Nos casos a que se referem os n.ᵒˢ 1 e 2, a decisão que aplicar a coima deve conter a ordem de pagamento do quantitativo da retribuição em dívida a efectuar no prazo estabelecido para o pagamento da coima.

4 – Em caso de não pagamento da retribuição em dívida, a decisão referida no número anterior serve de base à execução efectuada nos termos do artigo 89.º do Decreto-Lei n.º 433/82, de 27 de Outubro, aplicando-se as normas do processo comum de execução para pagamento de quantia certa.

5 – A decisão condenatória pode ser objecto de publicidade.

Artigo 269.º
Prestações relativas a dia feriado

1 – O trabalhador tem direito à retribuição correspondente a feriado, sem que o empregador a possa compensar com trabalho suplementar.

2 – O trabalhador que presta trabalho normal em dia feriado em empresa não obrigada a suspender o funcionamento nesse dia tem direito a descanso compensatório de igual duração ou a acréscimo de 100% da retribuição correspondente, cabendo a escolha ao empregador.

Artigo 259.º (CT)
Feriados

1 – O trabalhador tem direito à retribuição correspondente aos feriados, sem que o empregador os possa compensar com trabalho suplementar.

2 – O trabalhador que realiza a prestação em empresa legalmente dispensada de suspender o trabalho em dia feriado obrigatório tem direito a um descanso compensatório de igual duração ou ao acréscimo de 100% da retribuição pelo trabalho prestado nesse dia, cabendo a escolha ao empregador.

SECÇÃO II
Determinação do valor da retribuição

Artigo 270.º
Critérios de determinação da retribuição

Na determinação do valor da retribuição deve ter-se em conta a quantidade, natureza e qualidade do trabalho, observando-se o princípio de que, para trabalho igual ou de valor igual, salário igual.

Artigo 263.º (CT)
Princípios gerais

Na determinação do valor da retribuição deve ter-se em conta a quantidade, natureza e qualidade do trabalho, observando-se o princípio de que para trabalho igual, salário igual.

Artigo 271.º
Cálculo do valor da retribuição horária

1 – O valor da retribuição horária é calculado segundo a seguinte fórmula:
(Rm x 12) : (52 x n)

2 – Para efeito do número anterior, Rm é o valor da retribuição mensal e no período normal de trabalho semanal, definido em termos médios em caso de adaptabilidade.

Artigo 272.º
Determinação judicial do valor da retribuição

1 – Compete ao tribunal, tendo em conta a prática da empresa e os usos do sector ou locais, determinar o valor da retribuição quando as partes o não fizeram e ela não resulte de instrumento de regulamentação colectiva de trabalho aplicável.

2 – Compete ainda ao tribunal resolver dúvida suscitada sobre a qualificação como retribuição de prestação paga pelo empregador.

Artigo 264.º (CT)
Cálculo do valor da retribuição horária

Para os efeitos do presente diploma, o valor da retribuição horária é calculado segundo a seguinte fórmula:
(Rm x 12) : (52 x n)
Em que Rm é o valor da retribuição mensal e no período normal de trabalho semanal.

Artigo 208.º (RCT)
Retribuição mínima horária garantida

1 – Para determinação da retribuição mínima mensal garantida devida nas situações de trabalho em regime de tempo parcial ou com pagamento à quinzena, semana ou dia, utiliza-se a regra de cálculo do valor da retribuição horária estabelecida no artigo 264.º do Código do Trabalho, sendo Rm o valor da retribuição mínima mensal garantida.

2 – Sempre que o período normal de trabalho for de duração variável, atende-se ao seu valor médio anual.

Artigo 265.º (CT)
Fixação judicial da retribuição

1 – Compete ao julgador, tendo em conta a prática na empresa e os usos do sector ou locais, fixar a retribuição quando as partes o não fizerem e ela não resulte das normas de instrumento de regulamentação colectiva de trabalho aplicável ao contrato.

2 – Compete ainda ao julgador resolver as dúvidas que forem suscitadas na qualificação como retribuição das prestações recebidas pelo trabalhador que lhe tenham sido pagas pelo empregador.

SECÇÃO III
Retribuição mínima mensal garantida

Artigo 273.º
Determinação da retribuição mínima mensal garantida

1 – É garantida aos trabalhadores uma retribuição mínima mensal, seja qual for a modalidade praticada, cujo valor é determinado anualmente por legislação específica, ouvida a Comissão Permanente de Concertação Social.

2 – Na determinação da retribuição mínima mensal garantida são ponderados, entre outros factores, as necessidades dos trabalhadores, o aumento de custo de vida e a evolução da produtividade, tendo em vista a sua adequação aos critérios da política de rendimentos e preços.

3 – Constitui contra-ordenação muito grave a violação do disposto no n.º 1.

4 – A decisão que aplicar a coima deve conter a ordem de pagamento do quantitativo da retribuição em dívida ao trabalhador, a efectuar dentro do prazo estabelecido para pagamento da coima.

Artigo 266.º (CT)
Retribuição mínima mensal garantida

1 – A todos os trabalhadores é garantida uma retribuição mínima mensal com o valor que anualmente for fixado por legislação especial, ouvida a Comissão Permanente de Concertação Social.

2 – Na definição dos valores da retribuição mínima mensal garantida são ponderados, entre outros factores, as necessidades dos trabalhadores, o aumento de custo de vida e a evolução da produtividade.

Artigo 669.º (CT)
Retribuição

1 – Constitui contra-ordenação muito grave a violação do disposto no n.º 4 do artigo 252.º, nos artigos 254.º e 255.º, no n.º 1 do artigo 257.º, nos n.ᵒˢ 1, 2 e 5 do artigo 258.º, no n.º 1 do artigo 266.º, no n.º 1 do artigo 267.º e no n.º 1 do artigo 270.º

2 – Constitui contra-ordenação grave a violação do disposto no artigo 256.º, na alínea a) do n.º 4 do artigo 267.º e no artigo 347, quando a falta de pagamento do subsídio de Natal se prolongue por mais de 30 dias.

3 – Nos casos a que se referem os n.ᵒˢ 1 e 2, a decisão que aplicar a coima deve conter a ordem de pagamento do quantitativo da retribuição em dívida a efectuar no prazo estabelecido para o pagamento da coima.

4 – Em caso de não pagamento da retribuição em dívida, a decisão referida no número anterior serve de base à

execução efectuada nos termos do artigo 89.º do Decreto-Lei n.º 433/82, de 27 de Outubro, aplicando-se as normas do processo comum de execução para pagamento de quantia certa.
5 – A decisão condenatória pode ser objecto de publicidade.

Artigo 210.º (RCT)
Actualização da retribuição mínima mensal garantida

Sem prejuízo do disposto no n.º 2 do artigo 266.º do Código do Trabalho, a actualização da retribuição mínima mensal garantida tem em vista a sua adequação aos critérios da política de rendimentos e preços.

Artigo 274.º
Prestações incluídas na retribuição mínima mensal garantida

1 – O montante da retribuição mínima mensal garantida inclui:
a) O valor de prestação em espécie, nomeadamente alimentação ou alojamento, devida ao trabalhador em contrapartida do seu trabalho normal;
b) Comissão sobre vendas ou prémio de produção;
c) Gratificação que constitua retribuição, nos termos da alínea *a)* do n.º 3 do artigo 260.º
2 – O valor de prestação em espécie é calculado segundo os preços correntes na região e não pode ser superior aos seguintes montantes ou percentagens do valor da retribuição mínima mensal garantida, total ou do determinado por aplicação de percentagem de redução a que se refere o artigo seguinte:
a) 35% para a alimentação completa;

Artigo 207.º (RCT)
Âmbito

1 – A retribuição mínima mensal garantida aos trabalhadores, prevista no artigo 266.º do Código do Trabalho, está sujeita às disposições seguintes.
2 – A retribuição mínima mensal garantida não inclui subsídios, prémios, gratificações ou outras prestações de atribuição acidental ou por períodos superiores ao mês, com excepção das:
a) Comissões sobre vendas e outros prémios de produção;
b) Gratificações que, nos termos do n.º 2 do artigo 261.º do Código do Trabalho, constituam retribuição.
3 – No montante da retribuição mínima mensal garantida é incluído o valor de prestações em espécie, nomeadamente a alimentação e o alojamento cuja atribuição seja devida ao trabalhador como contrapartida do seu trabalho normal.

b) 15% para a alimentação constituída por uma refeição principal;

c) 12% para o alojamento do trabalhador;

d) 27,36 € por divisão assoalhada para a habitação do trabalhador e seu agregado familiar;

e) 50% para o total das prestações em espécie.

3 – O valor mencionado na alínea *d)* do número anterior é actualizado por aplicação do coeficiente de actualização das rendas de habitação, sempre que seja aumentado o valor da retribuição mínima mensal garantida.

4 – O montante da retribuição mínima mensal garantida não inclui subsídio, prémio, gratificação ou outra prestação de atribuição acidental ou por período superior a um mês.

Artigo 275.º
Redução da retribuição mínima mensal garantida relacionada com o trabalhador

1 – A retribuição mínima mensal garantida tem a seguinte redução relativamente a:

a) Praticante, aprendiz, estagiário ou formando em situação de formação certificada, 20%;

4 – O valor das prestações em espécie é calculado segundo os preços correntes na região, não podendo, no entanto, ser superior aos seguintes montantes ou percentagens do valor da retribuição mínima mensal garantida ou do determinado por aplicação das percentagens de redução a que se refere o n.º 6:

a) 35% para a alimentação completa;

b) 15% para a alimentação constituída por uma só refeição principal;

c) 12% para o alojamento do trabalhador;

d) 10% por divisão assoalhada para a habitação do trabalhador e seu agregado familiar;

e) 50% para o total das prestações em espécie.

5 – O valor mencionado na alínea d) do número anterior é actualizado, sempre que se verifique a revisão do montante da retribuição mínima mensal garantida, por aplicação do coeficiente de actualização das rendas de habitação.

6 – O valor da retribuição mínima mensal garantida sofre as reduções constantes do artigo 209.º, relativamente à qualificante profissional do trabalhador e à sua aptidão para o trabalho.

Artigo 209.º (RCT)
Reduções relacionadas com o trabalhador

1 – A retribuição mínima mensal garantida é objecto das seguintes reduções relativas ao trabalhador:

a) Praticantes, aprendizes e estagiários que se encontrem numa situação caracterizável como de formação certificada – 20%;

b) Trabalhador com capacidade de trabalho reduzida, a redução correspondente à diferença entre a capacidade plena para o trabalho e o coeficiente de capacidade efectiva para a actividade contratada, se a diferença for superior a 10%, com o limite de 50%.

2 – A redução prevista na alínea *a)* do número anterior não é aplicável por período superior a um ano, incluindo o tempo de formação ao serviço de outro empregador, desde que documentado e visando a mesma qualificação.

3 – O período estabelecido no número anterior é reduzido a seis meses no caso de trabalhador habilitado com curso técnico-profissional ou curso obtido no sistema de formação profissional qualificante para a respectiva profissão.

4 – A certificação do coeficiente de capacidade efectiva é feita, a pedido do trabalhador, do candidato a emprego ou do empregador, pelo serviço público de emprego ou pelos serviços de saúde.

SECÇÃO IV
Cumprimento de obrigação de retribuição

Artigo 276.º
Forma de cumprimento

1 – A retribuição é satisfeita em dinheiro ou, estando acordado, em prestações não pecuniárias, nos termos do artigo 259.º

2 – A parte pecuniária da retribuição pode ser paga por meio de cheque, vale postal ou depósito à ordem do trabalhador, devendo ser suportada pelo empregador a despesa feita com a conversão do título de crédito em dinheiro ou o

b) Trabalhador com capacidade de trabalho reduzida – redução correspondente à diferença entre a capacidade plena para o trabalho e o coeficiente de capacidade efectiva para o desempenho da actividade contratada, se aquela diferença for superior a 10%, mas não podendo resultar redução de retribuição superior a 50%.

2 – A redução prevista na alínea a) do número anterior não é aplicável por período superior a um ano, o qual inclui o tempo de formação passado ao serviço de outros empregadores, desde que documentado e visando a mesma qualificação.

3 – O período estabelecido no número anterior é reduzido a seis meses no caso de trabalhadores habilitados com curso técnico-profissional ou curso obtido no sistema de formação profissional qualificante para a respectiva profissão.

4 – A certificação do coeficiente de capacidade efectiva é feita, a pedido do trabalhador, do candidato a emprego ou do empregador, pelo Instituto do Emprego e da Formação Profissional ou pelos serviços de saúde.

Artigo 267.º (CT)
Forma do cumprimento

1 – A retribuição deve ser satisfeita em dinheiro ou, estando acordado, parcialmente em prestações de outra natureza.

2 – As prestações não pecuniárias devem destinar-se à satisfação de necessidades pessoais do trabalhador ou da sua família e para nenhum efeito pode ser-lhes atribuído valor superior ao corrente na região.

levantamento, por uma só vez, da retribuição.

3 – Até ao pagamento da retribuição, o empregador deve entregar ao trabalhador documento do qual constem a identificação daquele, o nome completo, o número de inscrição na instituição de segurança social e a categoria profissional do trabalhador, a retribuição base e as demais prestações, bem como o período a que respeitam, os descontos ou deduções e o montante líquido a receber.

4 – Constitui contra-ordenação muito grave a violação do disposto no n.º 1, contra-ordenação grave a violação do disposto no n.º 2 e contra-ordenação leve a violação do disposto no n.º 3.

3 – A parte da retribuição satisfeita em prestações não pecuniárias não pode exceder a parte paga em dinheiro, salvo se outra coisa for estabelecida em instrumento de regulamentação colectiva de trabalho.

4 – O empregador pode efectuar o pagamento por meio de cheque bancário, vale postal ou depósito à ordem do trabalhador, observadas que sejam as seguintes condições:

a) O montante da retribuição deve estar à disposição do trabalhador na data do vencimento ou no dia útil imediatamente anterior;

b) As despesas comprovadamente feitas com a conversão dos títulos de crédito em dinheiro ou com o levantamento, por uma só vez, da retribuição, são suportadas pelo empregador.

5 – No acto do pagamento da retribuição, o empregador deve entregar ao trabalhador documento do qual conste a identificação daquele e o nome completo deste, o número de inscrição na instituição de segurança social respectiva, a categoria profissional, o período a que respeita a retribuição, discriminando a retribuição base e as demais prestações, os descontos e deduções efectuados e o montante líquido a receber.

Artigo 669.º (CT)
Retribuição

1 – Constitui contra-ordenação muito grave a violação do disposto no n.º 4 do artigo 252.º, nos artigos 254.º e 255.º, no n.º 1 do artigo 257.º, nos n.ºˢ 1, 2 e 5 do artigo 258.º, no n.º 1 do artigo 266.º, no n.º 1 do artigo 267.º e no n.º 1 do artigo 270.º

2 – Constitui contra-ordenação grave a violação do disposto no artigo 256.º, na alínea a) do n.º 4 do artigo 267.º e no artigo 347, quando a falta de pagamento do subsídio de Natal se prolongue por mais de 30 dias.

3 – Nos casos a que se referem os n.ᵒˢ 1 e 2, a decisão que aplicar a coima deve conter a ordem de pagamento do quantitativo da retribuição em dívida a efectuar no prazo estabelecido para o pagamento da coima.

4 – Em caso de não pagamento da retribuição em dívida, a decisão referida no número anterior serve de base à execução efectuada nos termos do artigo 89.º do Decreto-Lei n.º 433/82, de 27 de Outubro, aplicando-se as normas do processo comum de execução para pagamento de quantia certa.

5 – A decisão condenatória pode ser objecto de publicidade.

Artigo 277.º
Lugar do cumprimento

1 – A retribuição deve ser paga no local de trabalho ou noutro lugar que seja acordado, sem prejuízo do disposto no n.º 2 do artigo anterior.

2 – Caso a retribuição deva ser paga em lugar diverso do local de trabalho, o tempo que o trabalhador gastar para receber a retribuição considera-se tempo de trabalho.

Artigo 278.º
Tempo do cumprimento

1 – O crédito retributivo vence-se por períodos certos e iguais, que, salvo estipulação ou uso diverso, são a semana, a quinzena e o mês do calendário.

2 – A retribuição deve ser paga em

Artigo 268.º (CT)
Lugar do cumprimento

1 – Sem prejuízo do disposto no n.º 4 do artigo anterior, a retribuição deve ser satisfeita no lugar onde o trabalhador presta a sua actividade, salvo se outro for acordado.

2 – Tendo sido estipulado lugar diverso do da prestação de trabalho, o tempo que o trabalhador gastar para receber a retribuição considera-se tempo de trabalho.

Artigo 269.º (CT)
Tempo do cumprimento

1 – A obrigação de satisfazer a retribuição vence-se por períodos certos e iguais, que, salvo estipulação ou usos diversos, são a semana, a quinzena ou o mês do calendário.

dia útil, durante o período de trabalho ou imediatamente a seguir a este.

3 – Em caso de retribuição variável com período de cálculo superior a 15 dias, o trabalhador pode exigir o pagamento em prestações quinzenais.

4 – O montante da retribuição deve estar à disposição do trabalhador na data do vencimento ou em dia útil anterior.

5 – O empregador fica constituído em mora se o trabalhador, por facto que não lhe seja imputável, não puder dispor do montante da retribuição na data do vencimento.

6 – Constitui contra-ordenação grave a violação do disposto no n.º 4.

2 – *O cumprimento deve efectuar-se nos dias úteis, durante o período de trabalho ou imediatamente a seguir a este.*

3 – *Quando a retribuição for variável e a duração da unidade que serve de base ao cálculo exceder 15 dias, o trabalhador pode exigir que o cumprimento se faça em prestações quinzenais.*

4 – *O empregador fica constituído em mora se o trabalhador, por facto que não lhe for imputável, não puder dispor do montante da retribuição na data do vencimento.*

Artigo 267.º (CT)
Forma do cumprimento

1 – *A retribuição deve ser satisfeita em dinheiro ou, estando acordado, parcialmente em prestações de outra natureza.*

2 – *As prestações não pecuniárias devem destinar-se à satisfação de necessidades pessoais do trabalhador ou da sua família e para nenhum efeito pode ser-lhes atribuído valor superior ao corrente na região.*

3 – *A parte da retribuição satisfeita em prestações não pecuniárias não pode exceder a parte paga em dinheiro, salvo se outra coisa for estabelecida em instrumento de regulamentação colectiva de trabalho.*

4 – *O empregador pode efectuar o pagamento por meio de cheque bancário, vale postal ou depósito à ordem do trabalhador, observadas que sejam as seguintes condições:*

a) O montante da retribuição deve estar à disposição do trabalhador na data do vencimento ou no dia útil imediatamente anterior;

b) As despesas comprovadamente feitas com a conversão dos títulos de crédito em dinheiro ou com o levantamento, por uma só vez, da retribuição, são suportadas pelo empregador.

5 – No acto do pagamento da retribuição, o empregador deve entregar ao trabalhador documento do qual conste a identificação daquele e o nome completo deste, o número de inscrição na instituição da segurança social respectiva, a categoria profissional, o período a que respeita a retribuição, discriminando a retribuição base e as demais prestações, os descontos e deduções efectuados e o montante líquido a receber.

Artigo 669.º (CT)
Retribuição

1 – Constitui contra-ordenação muito grave a violação do disposto no n.º 4 do artigo 252.º, nos artigos 254.º e 255.º, no n.º 1 do artigo 257.º, nos n.ºs 1, 2 e 5 do artigo 258.º, no n.º 1 do artigo 266.º, no n.º 1 do artigo 267.º e no n.º 1 do artigo 270.º.

2 – Constitui contra-ordenação grave a violação do disposto no artigo 256.º, na alínea a) do n.º 4 do artigo 267.º e no artigo 347, quando a falta de pagamento do subsídio de Natal se prolongue por mais de 30 dias.

3 – Nos casos a que se referem os n.ºs 1 e 2, a decisão que aplicar a coima deve conter a ordem de pagamento do quantitativo da retribuição em dívida a efectuar no prazo estabelecido para o pagamento da coima.

4 – Em caso de não pagamento da retribuição em dívida, a decisão referida no número anterior serve de base à

execução efectuada nos termos do artigo 89.º do Decreto-Lei n.º 433/82, de 27 de Outubro, aplicando-se as normas do processo comum de execução para pagamento de quantia certa.

5 – A decisão condenatória pode ser objecto de publicidade.

Artigo 279.º
Compensações e descontos

1 – Na pendência de contrato de trabalho, o empregador não pode compensar a retribuição em dívida com crédito que tenha sobre o trabalhador, nem fazer desconto ou dedução no montante daquela.

2 – O disposto no número anterior não se aplica:

a) A desconto a favor do Estado, da segurança social ou outra entidade, ordenado por lei, decisão judicial transitada em julgado ou auto de conciliação, quando o empregador tenha sido notificado da decisão ou do auto;

b) A indemnização devida pelo trabalhador ao empregador, liquidada por decisão judicial transitada em julgado ou auto de conciliação;

c) À sanção pecuniária a que se refere a alínea c) do n.º 1 do artigo 328.º;

d) A amortização de capital ou pagamento de juros de empréstimo concedido pelo empregador ao trabalhador;

e) A preço de refeições no local de trabalho, de utilização de telefone, de fornecimento de géneros, de combustíveis ou materiais, quando solicitados pelo trabalhador, ou outra despesa efectuada pelo empregador por conta do trabalhador com o acordo deste;

f) A abono ou adiantamento por conta da retribuição.

Artigo 270.º (CT)
Compensações e descontos

1 – Na pendência do contrato de trabalho, o empregador não pode compensar a retribuição em dívida com créditos que tenha sobre o trabalhador, nem fazer quaisquer descontos ou deduções no montante da referida retribuição.

2 – O disposto no número anterior não se aplica:

a) Aos descontos a favor do Estado, da segurança social ou de outras entidades, ordenados por lei, por decisão judicial transitada em julgado ou por auto de conciliação, quando da decisão ou do auto tenha sido notificado o empregador;

b) Às indemnizações devidas pelo trabalhador ao empregador, quando se acharem liquidadas por decisão judicial transitada em julgado ou por auto de conciliação;

c) À sanção pecuniária a que se refere a alínea c) do artigo 366.º;

d) Às amortizações de capital e pagamento de juros de empréstimos concedidos pelo empregador ao trabalhador;

e) Aos preços de refeições no local de trabalho, de utilização de telefones, de fornecimento de géneros, de combustíveis ou de materiais, quando solicitados pelo trabalhador, bem como a outras despesas efectuadas pelo empregador

3 – Os descontos a que se refere o número anterior, com excepção do mencionado na alínea a), não podem exceder, no seu conjunto, um sexto da retribuição.

4 – Os preços de refeições ou outros bens fornecidos ao trabalhador por cooperativa de consumo, mediante acordo entre esta e o trabalhador, não estão sujeitos ao limite mencionado no número anterior.

5 – Constitui contra-ordenação muito grave a violação do disposto no n.º 1.

por conta do trabalhador, e consentidas por este;

f) Aos abonos ou adiantamentos por conta da retribuição.

3 – Com excepção da alínea a) os descontos referidos no número anterior não podem exceder, no seu conjunto, um sexto da retribuição.

4 – Os preços de refeições ou de outros fornecimentos ao trabalhador, quando relativos à utilização de cooperativas de consumo, podem, obtido o acordo destas e dos trabalhadores, ser descontados na retribuição em percentagem superior à mencionada no n.º 3.

Artigo 669.º (CT)
Retribuição

1 – Constitui contra-ordenação muito grave a violação do disposto no n.º 4 do artigo 252.º, nos artigos 254.º e 255.º, no n.º 1 do artigo 257.º, nos n.ºˢ 1, 2 e 5 do artigo 258.º, no n.º 1 do artigo 266.º, no n.º 1 do artigo 267.º e no n.º 1 do artigo 270.º.

2 – Constitui contra-ordenação grave a violação do disposto no artigo 256.º, na alínea a) do n.º 4 do artigo 267.º e no artigo 347, quando a falta de pagamento do subsídio de Natal se prolongue por mais de 30 dias.

3 – Nos casos a que se referem os n.ºˢ 1 e 2, a decisão que aplicar a coima deve conter a ordem de pagamento do quantitativo da retribuição em dívida a efectuar no prazo estabelecido para o pagamento da coima.

4 – Em caso de não pagamento da retribuição em dívida, a decisão referida no número anterior serve de base à execução efectuada nos termos do artigo 89.º do Decreto-Lei n.º 433/82, de

27 de Outubro, aplicando-se as normas do processo comum de execução para pagamento de quantia certa.
5 – A decisão condenatória pode ser objecto de publicidade.

Artigo 280.º
Cessão de crédito retributivo

O trabalhador só pode ceder crédito a retribuição, a título gratuito ou oneroso, na medida em que o mesmo seja penhorável.

Artigo 271.º (CT)
Insusceptibilidade de cessão

O trabalhador não pode ceder, a título gratuito ou oneroso, os seus créditos a retribuições na medida em que estes sejam impenhoráveis.

CAPÍTULO IV
Prevenção e reparação de acidentes de trabalho e doenças profissionais

Artigo 281.º
Princípios gerais em matéria de segurança e saúde no trabalho

1 – O trabalhador tem direito a prestar trabalho em condições de segurança e saúde.

2 – O empregador deve assegurar aos trabalhadores condições de segurança e saúde em todos os aspectos relacionados com o trabalho, aplicando as medidas necessárias tendo em conta princípios gerais de prevenção.

3 – Na aplicação das medidas de prevenção, o empregador deve mobilizar os meios necessários, nomeadamente nos domínios da prevenção técnica, da formação, informação e consulta dos trabalhadores e de serviços adequados, internos ou externos à empresa.

4 – Os empregadores que desenvolvam simultaneamente actividades no mesmo local de trabalho devem

Artigo 30.º (CT)
Protecção do património genético

1 – São proibidos ou condicionados os trabalhos que sejam considerados, por regulamentação em legislação especial, susceptíveis de implicar riscos para o património genético do trabalhador ou dos seus descendentes.

2 – As disposições legais previstas no número anterior devem ser revistas periodicamente, em função dos conhecimentos científicos e técnicos e, de acordo com esses conhecimentos, ser actualizadas, revogadas ou tornadas extensivas a todos os trabalhadores.

3 – A violação do disposto no n.º 1 do presente artigo confere ao trabalhador direito à indemnização, por danos patrimoniais e não patrimoniais, nos termos gerais.

cooperar na protecção da segurança e da saúde dos respectivos trabalhadores, tendo em conta a natureza das actividades de cada um.

5 – A lei regula os modos de organização e funcionamento dos serviços de segurança e saúde no trabalho, que o empregador deve assegurar.

6 – São proibidos ou condicionados os trabalhos que sejam considerados, por regulamentação em legislação especial, susceptíveis de implicar riscos para o património genético do trabalhador ou dos seus descendentes.

7 – Os trabalhadores devem cumprir as prescrições de segurança e saúde no trabalho estabelecidas na lei ou em instrumentos de regulamentação colectiva de trabalho, ou determinadas pelo empregador.

Artigo 272.º (CT)
Princípios gerais

1 – O trabalhador tem direito à prestação de trabalho em condições de segurança, higiene e saúde asseguradas pelo empregador.

2 – O empregador é obrigado a organizar as actividades de segurança, higiene e saúde no trabalho que visem a prevenção de riscos profissionais e a promoção da saúde do trabalhador.

3 – A execução de medidas em todas as fases da actividade da empresa, destinadas a assegurar a segurança e saúde no trabalho, assenta nos seguintes princípios de prevenção:

a) Planificação e organização da prevenção de riscos profissionais;

b) Eliminação dos factores de risco e de acidente;

c) Avaliação e controlo dos riscos profissionais;

d) Informação, formação, consulta e participação dos trabalhadores e seus representantes;

e) Promoção e vigilância da saúde dos trabalhadores.

Artigo 273.º (CT)
Obrigações gerais do empregador

1 – O empregador é obrigado a assegurar aos trabalhadores condições de segurança, higiene e saúde em todos os aspectos relacionados com o trabalho.

2 – Para efeitos do disposto no número anterior, o empregador deve aplicar as medidas necessárias, tendo em conta os seguintes princípios de prevenção:

a) Proceder, na concepção das instalações, dos locais e processos de trabalho, à identificação dos riscos previsíveis, combatendo-os na origem, anulando-os ou limitando os seus efeitos, por forma a garantir um nível eficaz de protecção;

b) Integrar no conjunto das actividades da empresa, estabelecimento ou serviço e a todos os níveis a avaliação dos riscos para a segurança e saúde dos trabalhadores, com a adopção de convenientes medidas de prevenção;

c) Assegurar que as exposições aos agentes químicos, físicos e biológicos nos locais de trabalho não constituam risco para a saúde dos trabalhadores;

d) Planificar a prevenção na empresa, estabelecimento ou serviço num sistema coerente que tenha em conta a componente técnica, a organização do trabalho, as relações sociais e os factores materiais inerentes ao trabalho;

e) Ter em conta, na organização dos meios, não só os trabalhadores, como também terceiros susceptíveis de serem abrangidos pelos riscos da realização dos trabalhos, quer nas instalações, quer no exterior;

f) Dar prioridade à protecção colectiva em relação às medidas de protecção individual;

g) Organizar o trabalho, procurando, designadamente, eliminar os efeitos nocivos do trabalho monótono e do trabalho cadenciado sobre a saúde dos trabalhadores;

h) Assegurar a vigilância adequada da saúde dos trabalhadores em função dos riscos a que se encontram expostos no local de trabalho;

i) Estabelecer, em matéria de primeiros socorros, de combate a incêndios e de evacuação de trabalhadores, as medidas que devem ser adoptadas e *a identificação dos trabalhadores responsáveis pela sua aplicação, bem como assegurar os contactos necessários com as entidades exteriores competentes para realizar aquelas operações e as de emergência médica;*

j) Permitir unicamente a trabalhadores com aptidão e formação adequadas, e apenas quando e durante o tempo necessário, o acesso a zonas de risco grave;

l) Adoptar medidas e dar instruções que permitam aos trabalhadores, em caso de perigo grave e iminente que não possa ser evitado, cessar a sua actividade ou afastar-se imediatamente do local de trabalho, sem que possam retomar a actividade enquanto persistir esse perigo, salvo em casos excepcionais e desde que assegurada a protecção adequada;

m) Substituir o que é perigoso pelo que é isento de perigo ou menos perigoso;

n) Dar instruções adequadas aos trabalhadores;

o) Ter em consideração se os trabalhadores têm conhecimentos e aptidões em matérias de segurança e saúde no trabalho que lhes permitam exercer com segurança as tarefas de que os incumbir.

3 – Na aplicação das medidas de prevenção, o empregador deve mobilizar os meios necessários, nomeadamente nos domínios da prevenção técnica, da formação e da informação, e os serviços adequados, internos ou exteriores à empresa, estabelecimento ou serviço, bem como o equipamento de protecção que se torne necessário utilizar, tendo em conta, em qualquer caso, a evolução da técnica.

4 – Quando várias empresas, estabelecimentos ou serviços desenvolvam, simultaneamente, actividades com os respectivos trabalhadores no mesmo local de trabalho, devem os empregadores, tendo em conta a natureza das actividades que cada um desenvolve, cooperar no sentido da protecção da segurança e da saúde, sendo as obrigações asseguradas pelas seguintes entidades:

a) A empresa utilizadora, no caso de trabalhadores em regime de trabalho temporário ou de cedência de mão-de-obra;

b) A empresa em cujas instalações os trabalhadores prestam serviço;

c) Nos restantes casos, a empresa adjudicatária da obra ou serviço, para o que deve assegurar a coordenação dos demais empregadores através da organização das actividades de segurança, higiene e saúde no trabalho, sem prejuízo das obrigações de cada empregador relativamente aos respectivos trabalhadores.

5 – O empregador deve, na empresa, estabelecimento ou serviço, observar as prescrições legais e as estabelecidas em instrumentos de regulamentação colectiva de trabalho, assim como as directrizes das entidades competentes respeitantes à segurança, higiene e saúde no trabalho.

Artigo 274.º (CT)
Obrigações gerais do trabalhador

1 – Constituem obrigações dos trabalhadores:

a) Cumprir as prescrições de segurança, higiene e saúde no trabalho estabelecidas nas disposições legais e em instrumentos de regulamentação colectiva de trabalho, bem como as instruções determinadas com esse fim pelo empregador;

b) Zelar pela sua segurança e saúde, bem como pela segurança e saúde das outras pessoas que possam ser afectadas pelas suas acções ou omissões no trabalho;

c) Utilizar correctamente, e segundo as instruções transmitidas pelo empregador, máquinas, aparelhos, instrumentos, substâncias perigosas e outros equipamentos e meios postos à sua disposição, designadamente os equipamentos de protecção colectiva e individual, bem como cumprir os procedimentos de trabalho estabelecidos;

d) Cooperar, na empresa, estabelecimento ou serviço, para a melhoria do sistema de segurança, higiene e saúde no trabalho;

e) Comunicar imediatamente ao superior hierárquico ou, não sendo possível, aos trabalhadores que tenham sido designados para se ocuparem de todas ou algumas das actividades de segurança, higiene e saúde no trabalho, as avarias e deficiências por si detectadas que se lhe afigurem susceptíveis de originar perigo grave e iminente, assim como qualquer defeito verificado nos sistemas de protecção;

f) Em caso de perigo grave e iminente, não sendo possível estabelecer contacto imediato com o superior hierárquico ou com os trabalhadores que desempenhem funções específicas nos domínios da segurança, higiene e saúde no local de trabalho, adoptar as medidas e instruções estabelecidas para tal situação.

2 – *Os trabalhadores não podem ser prejudicados por causa dos procedimentos adoptados na situação referida na alínea f) do número anterior, nomeadamente em virtude de, em caso de perigo grave e iminente que não possa ser evitado, se afastarem do seu posto de trabalho ou de uma área perigosa, ou tomarem outras medidas para a sua própria segurança ou a de terceiros.*

3 – *Se a conduta do trabalhador tiver contribuído para originar a situação de perigo, o disposto no número anterior não prejudica a sua responsabilidade, nos termos gerais.*

4 – *As medidas e actividades relativas à segurança, higiene e saúde no trabalho não implicam encargos financeiros para os trabalhadores, sem prejuízo da responsabilidade disciplinar e civil emergente do incumprimento culposo das respectivas obrigações.*

5 – *As obrigações dos trabalhadores no domínio da segurança e saúde nos locais de trabalho não excluem a responsabilidade do empregador pela segurança e a saúde daqueles em todos os aspectos relacionados com o trabalho.*

Artigo 282.º Informação, consulta e formação dos trabalhadores	Artigo 275.º (CT) *Informação e consulta dos trabalhadores*
1 – O empregador deve informar os trabalhadores sobre os aspectos relevantes para a protecção da sua segurança e saúde e a de terceiros. 2 – O empregador deve consultar em tempo útil os representantes dos trabalhadores, ou os próprios trabalhadores, sobre a preparação e aplicação das medidas de prevenção.	*1 – Os trabalhadores, assim como os seus representantes na empresa, estabelecimento ou serviço, devem dispor de informação actualizada sobre:* *a) Os riscos para a segurança e saúde, bem como as medidas de protecção e de prevenção e a forma como se aplicam, relativos quer ao posto*

Artigo 282.º

3 – O empregador deve assegurar formação adequada, que habilite os trabalhadores a prevenir os riscos associados à respectiva actividade e os representantes dos trabalhadores a exercer de modo competente as respectivas funções.

4 – Em cada empresa, os trabalhadores são representados na promoção da segurança e saúde no trabalho por representantes eleitos com essa finalidade ou, na sua falta, pela comissão de trabalhadores.

de trabalho ou função, quer, em geral, à empresa, estabelecimento ou serviço;

b) As medidas e as instruções a adoptar em caso de perigo grave e iminente;

c) As medidas de primeiros socorros, de combate a incêndios e de evacuação dos trabalhadores em caso de sinistro, bem como os trabalhadores ou serviços encarregados de as pôr em prática.

2 – Sem prejuízo da formação adequada, a informação a que se refere o número anterior deve ser sempre proporcionada ao trabalhador nos seguintes casos:

a) Admissão na empresa;

b) Mudança de posto de trabalho ou de funções;

c) Introdução de novos equipamentos de trabalho ou alteração dos existentes;

d) Adopção de uma nova tecnologia;

e) Actividades que envolvam trabalhadores de diversas empresas.

3 – O empregador deve consultar por escrito e, pelo menos, duas vezes por ano, previamente ou em tempo útil, os representantes dos trabalhadores ou, na sua falta, os próprios trabalhadores sobre:

a) A avaliação dos riscos para a segurança e saúde no trabalho, incluindo os respeitantes aos grupos de trabalhadores sujeitos a riscos especiais;

b) As medidas de segurança, higiene e saúde antes de serem postas em prática ou, logo que seja possível, em caso de aplicação urgente das mesmas;

c) As medidas que, pelo seu impacte nas tecnologias e nas funções, tenham repercussão sobre a segurança, higiene e saúde no trabalho;

d) O programa e a organização da formação no domínio da segurança, higiene e saúde no trabalho;

e) A designação e a exoneração dos trabalhadores que desempenhem funções específicas nos domínios da segurança, higiene e saúde no local de trabalho;

f) A designação dos trabalhadores responsáveis pela aplicação das medidas de primeiros socorros, de combate a incêndios e de evacuação de trabalhadores, a respectiva formação e o material disponível;

g) O recurso a serviços exteriores à empresa ou a técnicos qualificados para assegurar o desenvolvimento de todas ou parte das actividades de segurança, higiene e saúde no trabalho;

h) O material de protecção que seja necessário utilizar;

i) As informações referidas na alínea *a)* do n.º 1;

j) A lista anual dos acidentes de trabalho mortais e dos que ocasionem incapacidade para o trabalho superior a três dias úteis, elaborada até ao final de Março do ano subsequente;

l) Os relatórios dos acidentes de trabalho;

m) As medidas tomadas de acordo com o disposto nos n.ºs 6 e 9.

4 – Os trabalhadores e os seus representantes podem apresentar propostas, de modo a minimizar qualquer risco profissional.

5 – Para efeitos do disposto nos números anteriores, deve ser facultado o acesso:

a) Às informações técnicas objecto de registo e aos dados médicos colectivos não individualizados;

b) Às informações técnicas provenientes de serviços de inspecção e outros organismos competentes no domínio da segurança, higiene e saúde no trabalho.

6 – O empregador deve informar os trabalhadores com funções específicas no domínio da segurança, higiene e saúde no trabalho sobre as matérias referidas nas alíneas a), b), h), j) e l) do n.º 3 e no n.º 5 deste artigo.

7 – As consultas, respectivas respostas e propostas referidas nos n.ºs 3 e 4 deste artigo devem constar de registo em livro próprio organizado pela empresa.

8 – O empregador deve informar os serviços e os técnicos qualificados exteriores à empresa que exerçam actividades de segurança, higiene e saúde no trabalho sobre os factores que reconhecida ou presumivelmente afectam a segurança e saúde dos trabalhadores e as matérias referidas na alínea a) do n.º 1 e na alínea f) do n.º 3 deste artigo.

9 – A empresa em cujas instalações os trabalhadores prestam serviço deve informar os respectivos empregadores sobre as matérias referidas na alínea a) do n.º 1 e na alínea f) do n.º 3 deste artigo, devendo também ser assegurada informação aos trabalhadores.

Artigo 277.º (CT)
Representantes dos trabalhadores

1 – Os representantes dos trabalhadores para a segurança, higiene e saúde no trabalho são eleitos pelos trabalhadores por voto directo e secreto, segundo o princípio da representação pelo método de Hondt.

2 – Só podem concorrer listas apresentadas pelas organizações sindicais que tenham trabalhadores representados na empresa ou listas que se apresentem subscritas, no mínimo, por 20% dos trabalhadores da empresa, não podendo nenhum trabalhador subscrever ou fazer parte de mais de uma lista.

3 – Cada lista deve indicar um número de candidatos efectivos igual ao dos lugares elegíveis e igual número de candidatos suplentes.

4 – Os representantes dos trabalhadores não poderão exceder:

a) Empresas com menos de 61 trabalhadores – um representante;

b) Empresas de 61 a 150 trabalhadores – dois representantes;

c) Empresas de 151 a 300 trabalhadores – três representantes;

d) Empresas de 301 a 500 trabalhadores – quatro representantes;

e) Empresas de 501 a 1000 trabalhadores – cinco representantes;

f) Empresas de 1001 a 1500 trabalhadores – seis representantes;

g) Empresas com mais de 1500 trabalhadores – sete representantes.

5 – O mandato dos representantes dos trabalhadores é de três anos.

6 – A substituição dos representantes dos trabalhadores só é admitida no caso de renúncia ou impedimento definitivo, cabendo a mesma aos candidatos efectivos e suplentes pela ordem indicada na respectiva lista.

7 – Os representantes dos trabalhadores dispõem, para o exercício das suas funções, de um crédito de cinco horas por mês.

8 – O crédito de horas referido no número anterior não é acumulável com créditos de horas de que o trabalhador beneficie por integrar outras estruturas representativas dos trabalhadores.

Artigo 278.º (CT)
Formação dos trabalhadores

1 – O trabalhador deve receber uma formação adequada no domínio da segurança, higiene e saúde no trabalho, tendo em atenção o posto de trabalho e o exercício de actividades de risco elevado.

2 – Aos trabalhadores e seus representantes, designados para se ocuparem de todas ou algumas das actividades de segurança, higiene e saúde no trabalho, deve ser assegurada, pelo empregador, a formação permanente para o exercício das respectivas funções.

3 – A formação dos trabalhadores da empresa sobre segurança, higiene e saúde no trabalho deve ser assegurada de modo que não possa resultar prejuízo para os mesmos.

Artigo 283.º
Acidentes de trabalho e doenças profissionais

1 – O trabalhador e os seus familiares têm direito à reparação de danos emergentes de acidente de trabalho ou doença profissional.

2 – As doenças profissionais constam da lista organizada e publicada no Diário da República.

3 – A lesão corporal, perturbação funcional ou a doença não incluídas na lista a que se refere o número anterior, são indemnizáveis desde que se prove serem consequência, necessária e directa, da actividade exercida e não

Artigo 281.º (CT)
Beneficiários

1 – O trabalhador e seus familiares têm direito à reparação dos danos emergentes de acidentes de trabalho nos termos previstos neste capítulo e demais legislação regulamentar.

2 – Tem direito à reparação o trabalhador vinculado por contrato de trabalho que preste qualquer actividade, seja ou não explorada com fins lucrativos.

Artigo 303.º (CT)
Sistema e unidade de seguro

1 – O empregador é obrigado a transferir a responsabilidade pela

representem normal desgaste do organismo.

4 – A lei estabelece as situações que excluem o dever de reparação ou que agravam a responsabilidade.

5 – O empregador é obrigado a transferir a responsabilidade pela reparação prevista neste capítulo para entidades legalmente autorizadas a realizar este seguro.

6 – A garantia do pagamento das prestações que forem devidas por acidentes de trabalho que não possam ser pagas pela entidade responsável, nomeadamente por motivo de incapacidade económica, é assumida pelo Fundo de Acidentes de Trabalho, nos termos da lei.

7 – A responsabilidade pela reparação dos danos emergentes de doenças profissionais é assumida pela segurança social, nos termos da lei.

8 – O empregador deve assegurar a trabalhador afectado de lesão provocada por acidente de trabalho ou doença profissional que reduza a sua capacidade de trabalho ou de ganho a ocupação em funções compatíveis.

indemnização prevista neste capítulo para entidades legalmente autorizadas a realizar este seguro.

2 – A obrigação prevista no n.º 1 vale igualmente em relação ao empregador que contrate trabalhadores exclusivamente para prestar trabalho noutras empresas.

3 – Verificando-se alguma das situações referidas no n.º 1 do artigo 295.º, a responsabilidade nela prevista, dependendo das circunstâncias, recai sobre o empregador ou sobre a empresa utilizadora de mão-de-obra, sendo a seguradora apenas subsidiariamente responsável pelas prestações que seriam devidas caso não houvesse actuação culposa.

4 – Quando a retribuição declarada para efeito do prémio de seguro for inferior à real, a seguradora só é responsável em relação àquela retribuição.

5 – No caso previsto no número anterior, o empregador responde pela diferença e pelas despesas efectuadas com a hospitalização e assistência clínica, na respectiva proporção.

Artigo 305.º (CT)
Garantia e actualização
de indemnizações

1 – A garantia do pagamento das indemnizações estabelecidas neste capítulo que não possam ser pagas pela entidade responsável, nomeadamente por motivo de incapacidade económica, é assumida e suportada pelo Fundo de Acidentes de Trabalho, nos termos regulamentados em legislação especial.

2 – São igualmente da responsabilidade do fundo referido no número anterior as actualizações do valor das indemnizações devidas por incapacidade permanente igual ou superior a 30% ou por morte e outras responsabilidades nos termos regulamentados em legislação especial.

3 – O fundo referido nos números anteriores constitui-se credor da entidade economicamente incapaz, ou da respectiva massa falida, cabendo aos seus créditos, caso a entidade incapaz seja uma empresa de seguros, graduação idêntica à dos credores específicos de seguros.

4 – Se no âmbito de um processo de recuperação de empresa esta se encontrar impossibilitada de pagar os prémios dos seguros de acidentes de trabalho dos respectivos trabalhadores, o gestor da empresa deve comunicar tal impossibilidade ao fundo referido nos números anteriores 60 dias antes do vencimento do contrato, por forma a que o fundo, querendo, possa substituir-se à empresa nesse pagamento, sendo neste caso aplicável o disposto no n.º 3.

Artigo 307.º (CT)
Reabilitação

1 – Ao trabalhador afectado de lesão que lhe reduza a capacidade de trabalho ou de ganho, em consequência de acidente de trabalho, é assegurada pela empresa ao serviço da qual ocorreu o acidente a ocupação em funções compatíveis com o respectivo estado, nos termos previstos em legislação especial.

2 – Ao trabalhador referido no número anterior é assegurada, pelo empregador, a formação profissional, a adaptação do posto de trabalho, o trabalho a tempo parcial e a licença para formação ou novo emprego, nos termos previstos em legislação especial.

3 – O Governo deve criar serviços de adaptação ou readaptação profissionais e de colocação, garantindo a coordenação entre esses serviços e os já existentes, quer do Estado, quer das instituições, quer dos empregadores e seguradoras, e utilizando esses serviços tanto quanto possível.

Artigo 309.º (CT)
Remissão

Às doenças profissionais aplicam-se, com as devidas adaptações, as normas relativas aos acidentes de trabalho constantes do capítulo V, sem prejuízo das regras seguintes.

Artigo 310.º (CT)
Lista das doenças profissionais

1 – As doenças profissionais constam da lista organizada e publicada no Diário da República.

2 – A lesão corporal, a perturbação funcional ou a doença não incluídas na lista a que se refere o n.º 1 deste artigo são indemnizáveis desde que se prove serem consequência, necessária e directa, da actividade exercida e não representem normal desgaste do organismo.

Artigo 311.º (CT)
Indemnização

1 – O direito à indemnização emergente de doenças profissionais previstas no n.º 1 do artigo anterior pressupõe que, cumulativamente, se verifiquem as seguintes condições:

a) Estar o trabalhador afectado pela correspondente doença profissional;

Artigo 284.º
Regulamentação da prevenção e reparação

O disposto neste capítulo é regulado em legislação específica.

b) Ter estado o trabalhador exposto ao respectivo risco pela natureza da indústria, actividade ou condições, ambiente e técnicas do trabalho habitual.

2 – Na reparação emergente das doenças profissionais, as indemnizações e pensões são calculadas com base na retribuição auferida pelo doente no ano anterior à cessação da exposição ao risco ou à data do diagnóstico final da doença, se este a preceder.

3 – As responsabilidades referidas no artigo 305.º, no que respeita às doenças profissionais, são assumidas pelo Centro Nacional de Protecção contra os Riscos Profissionais.

Sem correspondência

CAPÍTULO V
Vicissitudes contratuais

SECÇÃO I
Transmissão de empresa ou estabelecimento

Artigo 285.º
Efeitos de transmissão de empresa ou estabelecimento

1 – Em caso de transmissão, por qualquer título, da titularidade de empresa, ou estabelecimento ou ainda de parte de empresa ou estabelecimento que constitua uma unidade económica, transmitem-se para o adquirente a posição do empregador nos contratos de

Artigo 318.º (CT)
Transmissão da empresa ou estabelecimento

1 – Em caso de transmissão, por qualquer título, da titularidade da empresa, do estabelecimento ou de parte da empresa ou estabelecimento que constitua uma unidade económica, transmite-se para o adquirente a posição jurídica de empregador nos

trabalho dos respectivos trabalhadores, bem como a responsabilidade pelo pagamento de coima aplicada pela prática de contra-ordenação laboral.

2 – O transmitente responde solidariamente pelas obrigações vencidas até à data da transmissão, durante o ano subsequente a esta.

3 – O disposto nos números anteriores é igualmente aplicável à transmissão, cessão ou reversão da exploração de empresa, estabelecimento ou unidade económica, sendo solidariamente responsável, em caso de cessão ou reversão, quem imediatamente antes tenha exercido a exploração.

4 – O disposto nos números anteriores não é aplicável em caso de trabalhador que o transmitente, antes da transmissão, transfira para outro estabelecimento ou unidade económica, nos termos do disposto no artigo 194.º, mantendo-o ao seu serviço, excepto no que respeita à responsabilidade do adquirente pelo pagamento de coima aplicada pela prática de contra-ordenação laboral.

5 – Considera-se unidade económica o conjunto de meios organizados com o objectivo de exercer uma actividade económica, principal ou acessória.

6 – Constitui contra-ordenação muito grave a violação do disposto no n.º 1 e na primeira parte do n.º 3.

contratos de trabalho dos respectivos trabalhadores, bem como a responsabilidade pelo pagamento de coima aplicada pela prática de contra-ordenação laboral.

2 – Durante o período de um ano subsequente à transmissão, o transmitente responde solidariamente pelas obrigações vencidas até à data da transmissão.

3 – O disposto nos números anteriores é igualmente aplicável à transmissão, cessão ou reversão da exploração da empresa, do estabelecimento ou da unidade económica, sendo solidariamente responsável, em caso de cessão ou reversão, quem imediatamente antes exerceu a exploração da empresa, estabelecimento ou unidade económica.

4 – Considera-se unidade económica o conjunto de meios organizados com o objectivo de exercer uma actividade económica, principal ou acessória.

Artigo 319.º (CT)
Casos especiais

1 – O disposto no artigo anterior não é aplicável quanto aos trabalhadores que o transmitente, até ao momento da transmissão, tiver transferido para outro estabelecimento ou parte da empresa ou estabelecimento que constitua uma unidade económica, continuando aqueles ao seu serviço, sem prejuízo do disposto no artigo 315.º

2 – O disposto no número anterior não prejudica a responsabilidade do adquirente do estabelecimento ou de parte da empresa ou estabelecimento que constitua uma unidade económica pelo pagamento de coima aplicada pela prática de contra-ordenação laboral.

3 – Tendo cumprido o dever de informação previsto no artigo seguinte, o adquirente pode fazer afixar um aviso nos locais de trabalho no qual se dê conhecimento aos trabalhadores que devem reclamar os seus créditos no prazo de três meses, sob pena de não se lhe transmitirem.

Artigo 675.º(CT)
Transmissão de estabelecimento ou de empresa

1 – Constitui contra-ordenação muito grave a violação do disposto no n.º 1 e na primeira parte do n.º 3 do artigo 318.º
2 – Constitui contra-ordenação leve a violação do disposto nos n.ºˢ 1 e 2 do artigo 320.º

Artigo 286.º
Informação e consulta de representantes dos trabalhadores

1 – O transmitente e o adquirente devem informar os representantes dos respectivos trabalhadores ou, caso não existam, os próprios trabalhadores, sobre data e motivos da transmissão, suas consequências jurídicas, económicas e sociais para os trabalhadores e medidas projectadas em relação a estes.

2 – A informação referida no número anterior deve ser prestada por escrito, antes da transmissão, em tempo útil, pelo menos 10 dias antes da consulta referida no número seguinte.

3 – O transmitente e o adquirente devem consultar os representantes dos respectivos trabalhadores, antes da transmissão, com vista à obtenção de um acordo sobre as medidas que pretendam aplicar aos trabalhadores na sequência

Artigo 320.º (CT)
Informação e consulta dos representantes dos trabalhadores

1 – O transmitente e o adquirente devem informar os representantes dos respectivos trabalhadores ou, na falta destes, os próprios trabalhadores, da data e motivos da transmissão, das suas consequências jurídicas, económicas e sociais para os trabalhadores e das medidas projectadas em relação a estes.

2 – A informação referida no número anterior deve ser prestada por escrito, em tempo útil, antes da transmissão e, sendo o caso, pelo menos 10 dias antes da consulta referida no número seguinte.

3 – O transmitente e o adquirente devem consultar previamente os representantes dos respectivos trabalhadores com vista à obtenção de um acordo

da transmissão, sem prejuízo das disposições legais e convencionais aplicáveis a tais medidas.

4 – Para efeitos dos números anteriores, consideram-se representantes dos trabalhadores as comissões de trabalhadores, bem como as comissões intersindicais, as comissões sindicais ou os delegados sindicais das respectivas empresas.

5 – Constitui contra-ordenação leve a violação do disposto nos n.ºˢ 1, 2 ou 3.

sobre as medidas que pretendam tomar em relação a estes em consequência da transmissão, sem prejuízo das disposições legais e convencionais aplicáveis às medidas objecto de acordo.

4 – Para efeitos dos números anteriores, consideram-se representantes dos trabalhadores as comissões de trabalhadores, bem como as comissões intersindicais, as comissões sindicais e os delegados sindicais das respectivas empresas.

Artigo 675.º (CT)
Transmissão de estabelecimento
ou de empresa

1 – Constitui contra-ordenação muito grave a violação do disposto no n.º 1 e na primeira parte do n.º 3 do artigo 318.º

2 – Constitui contra-ordenação leve a violação do disposto nos n.ºˢ 1 e 2 do artigo 320.º

Artigo 287.º
Representação dos trabalhadores após a transmissão

1 – Caso a empresa ou estabelecimento mantenha a autonomia após a transmissão, o estatuto e a função dos representantes dos trabalhadores afectados por esta não se alteram, desde que se mantenham os requisitos necessários para a instituição da estrutura de representação colectiva em causa.

2 – Caso a empresa, estabelecimento ou unidade económica transmitida seja incorporada na empresa do adquirente e nesta não exista a correspondente estrutura de representação colectiva dos trabalhadores prevista na lei, a existente na entidade incorporada continua em

Artigo 321.º (CT)
Representação dos trabalhadores após a transmissão

1 – Se a empresa, estabelecimento ou parte da empresa ou estabelecimento que constitua uma unidade económica transmitida mantiver a sua autonomia, o estatuto e a função dos representantes dos trabalhadores afectados pela transmissão não se altera.

2 – Se a empresa, estabelecimento ou parte da empresa ou estabelecimento que constitua uma unidade económica transmitida for incorporada na empresa do adquirente e nesta não existir comissão de trabalhadores, a comissão ou subcomissão de trabalhadores que naqueles exista continua em funções por um funções por um período de dois meses a contar da transmissão ou até que nova estrutura entretanto eleita inicie as respectivas funções ou, ainda, por mais dois meses, se a eleição for anulada.

3 – No caso de incorporação de estabelecimento ou parte de empresa ou estabelecimento prevista no número anterior:

a) A subcomissão exerce os direitos próprios de comissão de trabalhadores durante o período em que continuar em funções, em representação dos trabalhadores do estabelecimento transmitido;

b) Os representantes dos trabalhadores para a segurança e saúde no trabalho afectos à entidade incorporada exercem os direitos próprios desta estrutura, nos termos da alínea anterior.

4 – Os membros de estrutura de representação colectiva dos trabalhadores cujo mandato cesse, nos termos do n.º 2, continuam a beneficiar da protecção estabelecida nos n.os 3 a 6 do artigo 410.º ou em instrumento de regulamentação colectiva de trabalho, até à data em que o respectivo mandato terminaria.

período de dois meses a contar da transmissão ou até que nova comissão entretanto eleita inicie as respectivas funções ou, ainda, por mais dois meses, se a eleição for anulada.

3 – Na situação prevista no número anterior, a subcomissão exerce os direitos próprios das comissões de trabalhadores durante o período em que continuar em funções, em representação dos trabalhadores do estabelecimento transmitido.

4 – Os membros da comissão ou subcomissão de trabalhadores cujo mandato cesse, nos termos do n.º 2, continuam a beneficiar da protecção estabelecida nos n.os 2 a 4 do artigo 456.º e em instrumento de regulamentação colectiva de trabalho, até à data em que o respectivo mandato terminaria.

SECÇÃO II
Cedência ocasional de trabalhador

Artigo 288.º
Noção de cedência ocasional de trabalhador

A cedência ocasional consiste na disponibilização temporária de trabalhador, pelo empregador, para prestar trabalho a outra entidade, a cujo poder de direcção aquele fica sujeito, mantendo-se o vínculo contratual inicial.

Artigo 322.º (CT)
Noção

A cedência ocasional de trabalhadores consiste na disponibilização temporária e eventual do trabalhador do quadro de pessoal próprio de um empregador para outra entidade, a cujo poder de direcção o trabalhador fica sujeito, sem prejuízo da manutenção do vínculo contratual inicial.

Artigo 289.º
Admissibilidade de cedência ocasional

1 – A cedência ocasional de trabalhador é lícita quando se verifiquem cumulativamente as seguintes condições:

a) O trabalhador esteja vinculado ao empregador cedente por contrato de trabalho sem termo;

b) A cedência ocorra entre sociedades coligadas, em relação societária de participações recíprocas, de domínio ou de grupo, ou entre empregadores que tenham estruturas organizativas comuns;

c) O trabalhador concorde com a cedência;

d) A duração da cedência não exceda um ano, renovável por iguais períodos até ao máximo de cinco anos.

2 – As condições da cedência ocasional de trabalhador podem ser reguladas por instrumento de regulamentação colectiva de trabalho, com excepção da referida na alínea *c)* do número anterior.

3 – Constitui contra-ordenação grave a violação do disposto no n.º 1.

Artigo 323.º (CT)
Princípio geral

A cedência ocasional de trabalhadores só é admitida se regulada em instrumento de regulamentação colectiva de trabalho ou nos termos dos artigos seguintes.

Artigo 324.º (CT)
Condições

A cedência ocasional de trabalhadores é lícita quando se verifiquem cumulativamente as seguintes condições:

a) O trabalhador cedido esteja vinculado ao empregador cedente por contrato de trabalho sem termo resolutivo;

b) A cedência ocorra no quadro de colaboração entre sociedades coligadas, em relação societária de participações recíprocas, de domínio ou de grupo, ou entre empregadores, independentemente da natureza societária, que mantenham estruturas organizativas comuns;

c) O trabalhador manifeste a sua vontade em ser cedido, nos termos do n.º 2 do artigo seguinte;

d) A duração da cedência não exceda um ano, renovável por iguais períodos até ao limite máximo de cinco anos.

Artigo 676.º (CT)
Cedência ocasional de trabalhadores

1 – Constitui contra-ordenação grave a violação do disposto no artigo 324.º, no n.º 3 do artigo 325.º, nos n.ºs 2, 3 e 4 do artigo 327.º e no artigo 328.º

2 – Constitui contra-ordenação leve a violação do disposto nos n.ºs 1 e 2 do artigo 325.º e no n.º 2 do artigo 326.º

Artigo 290.º
Acordo de cedência ocasional de trabalhador

1 – A cedência ocasional de trabalhador depende de acordo entre cedente e cessionário, sujeito a forma escrita, que deve conter:
a) Identificação, assinaturas e domicílio ou sede das partes;
b) Identificação do trabalhador cedido;
c) Indicação da actividade a prestar pelo trabalhador;
d) Indicação da data de início e da duração da cedência;
e) Declaração de concordância do trabalhador.
2 – Em caso de cessação do acordo de cedência ocasional, de extinção da entidade cessionária ou de cessação da actividade para que foi cedido, o trabalhador regressa ao serviço do cedente, mantendo os direitos que tinha antes da cedência, cuja duração conta para efeitos de antiguidade.
3 – Constitui contra-ordenação grave a violação do disposto na alínea *e)* do n.º 1 ou no n.º 2 e constitui contra-ordenação leve a violação de qualquer dos demais preceitos do n.º 1.

Artigo 291.º
Regime de prestação de trabalho de trabalhador cedido

1 – Durante a cedência ocasional, o trabalhador está sujeito ao regime de trabalho aplicável ao cessionário no que respeita ao modo, local, duração de trabalho, suspensão do contrato de

Artigo 325.º (CT)
Acordo

1 – A cedência ocasional de um trabalhador deve ser titulada por documento assinado pelo cedente e pelo cessionário, identificando o trabalhador cedido temporariamente, a actividade a executar, a data de início da cedência e a duração desta.
2 – O documento só torna a cedência legítima se contiver declaração de concordância do trabalhador.
3 – Cessando o acordo de cedência e em caso de extinção ou de cessação da actividade da empresa cessionária, o trabalhador cedido regressa à empresa cedente, mantendo os direitos que detinha à data do início da cedência, contando-se na antiguidade o período de cedência.

Artigo 676.º (CT)
Cedência ocasional de trabalhadores

1 – Constitui contra-ordenação grave a violação do disposto no artigo 324.º, no n.º 3 do artigo 325.º, nos n.ᵒˢ 2, 3 e 4 do artigo 327.º e no artigo 328.º
2 – Constitui contra-ordenação leve a violação do disposto nos n.ᵒˢ 1 e 2 do artigo 325.º e no n.º 2 do artigo 326.º

Artigo 327.º (CT)
Regime da prestação de trabalho

1 – Durante a execução do contrato de cedência ocasional, o trabalhador cedido fica sujeito ao regime de trabalho aplicável à entidade cessionária no que respeita ao modo, lugar, duração de trabalho e suspensão da prestação

trabalho, segurança e saúde no trabalho e acesso a equipamentos sociais.

2 – O cessionário deve informar o cedente e o trabalhador cedido sobre os riscos para a segurança e saúde inerentes ao posto de trabalho a que este é afecto.

3 – Não é permitida a afectação de trabalhador cedido a posto de trabalho particularmente perigoso para a sua segurança ou saúde, salvo quando corresponda à sua qualificação profissional específica.

4 – O cessionário deve elaborar o horário de trabalho de trabalhador cedido e marcar o período das férias que sejam gozadas ao seu serviço.

5 – O trabalhador cedido tem direito:

a) À retribuição mínima que, em instrumento de regulamentação colectiva de trabalho aplicável ao cedente ou ao cessionário, corresponda às suas funções, ou à praticada por este para as mesmas funções, ou à retribuição auferida no momento da cedência, consoante a que for mais elevada;

b) A férias, subsídios de férias e de Natal e outras prestações regulares e periódicas a que os trabalhadores do cessionário tenham direito por idêntica prestação de trabalho, em proporção da duração da cedência.

6 – A cedência de trabalhador a uma ou mais entidades deve observar as condições constantes do contrato de trabalho.

7 – Constitui contra-ordenação grave a violação do disposto nos n.os 2, 3, 4 ou 5.

de trabalho, segurança, higiene e saúde no trabalho e acesso aos seus equipamentos sociais.

2 – A entidade cessionária deve informar o empregador cedente e o trabalhador cedido sobre os riscos para a segurança e saúde do trabalhador inerentes ao posto de trabalho a que é afecto.

3 – Não é permitida a utilização de trabalhador cedido em postos de trabalho particularmente perigosos para a sua segurança ou saúde, salvo se for essa a sua qualificação profissional.

4 – A entidade cessionária deve elaborar o horário de trabalho do trabalhador cedido e marcar o seu período de férias, sempre que estas sejam gozadas ao serviço daquela.

5 – Os trabalhadores cedidos ocasionalmente não são considerados para efeito do balanço social, sendo incluídos no número de trabalhadores da empresa cedente, de acordo com as adaptações a definir em legislação especial.

6 – Sem prejuízo da observância das condições de trabalho resultantes do respectivo contrato, o trabalhador pode ser cedido ocasionalmente a mais de uma entidade.

Artigo 328.º (CT)
Retribuição e férias

1 – O trabalhador cedido ocasionalmente tem direito a auferir a retribuição mínima fixada na lei ou no instrumento de regulamentação colectiva de trabalho aplicável à entidade cessionária para a categoria profissional correspondente às funções desempenhadas, a não ser que outra mais elevada seja por esta praticada para o desempenho das mesmas funções, sempre com ressalva de retribuição mais elevada consagrada em instrumento de regulamentação colectiva de trabalho aplicável ao empregador cedente.

2 – O trabalhador tem ainda direito, na proporção do tempo de duração do contrato de cedência ocasional, a férias, subsídios de férias e de Natal e a outros subsídios regulares e periódicos que pela entidade cessionária sejam devidos aos seus trabalhadores por idêntica prestação de trabalho.

Artigo 676.º (CT)
Cedência ocasional de trabalhadores

1 – Constitui contra-ordenação grave a violação do disposto no artigo 324.º, no n.º 3 do artigo 325.º, nos n.ºˢ 2, 3 e 4 do artigo 327.º e no artigo 328.º

2 – Constitui contra-ordenação leve a violação do disposto nos n.ºˢ 1 e 2 do artigo 325.º e no n.º 2 do artigo 326.º

Artigo 292.º
Consequência de recurso ilícito a cedência ou de irregularidade do acordo

1 – A cedência ocasional de trabalhador fora das condições em que é admissível, ou a falta do acordo nos termos do n.º 1 do artigo 290.º confere ao trabalhador cedido o direito de optar pela permanência ao serviço do cessionário em regime de contrato de trabalho sem termo.

2 – O direito previsto no número anterior pode ser exercido até ao termo da cedência, mediante comunicação ao cedente e ao cessionário por carta registada com aviso de recepção.

Artigo 329.º (CT)
Consequências do recurso ilícito à cedência ocasional

1 – O recurso ilícito à cedência ocasional de trabalhadores, bem como a inexistência ou irregularidade de documento que a titule, confere ao trabalhador cedido o direito de optar pela integração na empresa cessionária, em regime de contrato de trabalho sem termo resolutivo.

2 – O direito de opção previsto no número anterior deve ser exercido até ao termo da cedência, mediante comunicação às entidades cedente e cessionária, através de carta registada com aviso de recepção.

Artigo 293.º
Enquadramento de trabalhador cedido

1 – O trabalhador cedido não é considerado para efeito da determinação das obrigações do cessionário que tenham em conta o número de trabalhadores empregados, excepto no que respeita à organização dos serviços de segurança e saúde no trabalho.

2 – O cessionário deve comunicar à comissão de trabalhadores o início da utilização de trabalhador em regime de cedência ocasional, no prazo de cinco dias úteis.

3 – Constitui contra-ordenação leve a violação do disposto no número anterior.

SECÇÃO III
Redução da actividade e suspensão de contrato de trabalho

SUBSECÇÃO I
Disposições gerais sobre a redução e suspensão

Artigo 294.º
Factos determinantes de redução ou suspensão

1 – A redução temporária de período normal de trabalho ou a suspensão de contrato de trabalho pode fundamentar-se na impossibilidade temporária, respectivamente parcial ou total, de prestação de trabalho por facto relativo ao trabalhador ou ao empregador.

2 – Permitem também a redução do período normal de trabalho ou a suspen-

Artigo 326.º (CT)
Enquadramento dos trabalhadores cedidos ocasionalmente

1 – O trabalhador cedido ocasionalmente não é incluído no efectivo do pessoal da entidade cessionária para determinação das obrigações relativas ao número de trabalhadores empregados, excepto no que respeita à organização dos serviços de segurança, higiene e saúde no trabalho.

2 – A entidade cessionária é obrigada a comunicar à comissão de trabalhadores, quando exista, no prazo de cinco dias úteis, a utilização de trabalhadores em regime de cedência ocasional.

Artigo 676.º (CT)
Cedência ocasional de trabalhadores

1 – Constitui contra-ordenação grave a violação do disposto no artigo 324.º, no n.º 3 do artigo 325.º, nos n.ºs 2, 3 e 4 do artigo 327.º e no artigo 328.º

2 – Constitui contra-ordenação leve a violação do disposto nos n.ºs 1 e 2 do artigo 325.º e no n.º 2 do artigo 326.º

Artigo 330.º (CT)
Factos que determinam a redução ou a suspensão

1 – A redução do período normal de trabalho ou a suspensão do contrato de trabalho pode fundamentar-se na impossibilidade temporária, respectivamente, parcial ou total, da prestação do trabalho, por facto respeitante ao trabalhador, ou por facto respeitante ao empregador, e no acordo das partes.

são do contrato de trabalho, designadamente:

a) A necessidade de assegurar a viabilidade da empresa e a manutenção de postos de trabalho, em situação de crise empresarial;

b) O acordo entre trabalhador e empregador, nomeadamente acordo de pré-reforma.

3 – Pode ainda ocorrer a suspensão de contrato de trabalho por iniciativa de trabalhador, fundada em falta de pagamento pontual da retribuição.

Artigo 295.º
Efeitos da redução ou da suspensão

1 – Durante a redução ou suspensão, mantêm-se os direitos, deveres e garantias das partes que não pressuponham a efectiva prestação de trabalho.

2 – O tempo de redução ou suspensão conta-se para efeitos de antiguidade.

3 – A redução ou suspensão não tem efeitos no decurso de prazo de caducidade, nem obsta a que qualquer das partes faça cessar o contrato nos termos gerais.

4 – Terminado o período de redução ou suspensão, são restabelecidos os direitos, deveres e garantias das partes decorrentes da efectiva prestação de trabalho.

5 – Constitui contra-ordenação grave o impedimento por parte do empregador a que o trabalhador retome a actividade normal após o termo do período de redução ou suspensão.

2 – Permitem também a redução do período normal de trabalho ou a suspensão do contrato de trabalho, nomeadamente:

a) A necessidade de assegurar a viabilidade da empresa e a manutenção de postos de trabalho em situação de crise empresarial;

b) A celebração, entre trabalhador e empregador, de um acordo de pré-reforma.

3 – Determina ainda redução do período normal de trabalho a situação de reforma parcial nos termos da legislação especial.

Artigo 331.º (CT)
Efeitos da redução e da suspensão

1 – Durante a redução ou suspensão mantêm-se os direitos, deveres e garantias das partes na medida em que não pressuponham a efectiva prestação do trabalho.

2 – O tempo de redução ou suspensão conta-se para efeitos de antiguidade.

3 – A redução ou suspensão não interrompe o decurso do prazo para efeitos de caducidade, nem obsta a que qualquer das partes faça cessar o contrato nos termos gerais.

Artigo 677.º (CT)
Redução da actividade e suspensão do contrato

1 – Constitui contra-ordenação grave a violação do disposto nos n.ºs 1 e 2 do artigo 331.º, no artigo 336.º, nos n.ºs 1, 2 e 3 do artigo 341.º, no artigo 342.º no n.º 1 do artigo 343.º e nos artigos 346.º, 348.º, 350.º e 351.º

SUBSECÇÃO II
Suspensão de contrato de trabalho por facto respeitante a trabalhador

Artigo 296.º
Facto determinante da suspensão respeitante a trabalhador

1 – Determina a suspensão do contrato de trabalho o impedimento temporário por facto respeitante ao trabalhador que não lhe seja imputável e se prolongue por mais de um mês, nomeadamente doença, acidente ou facto decorrente da aplicação da lei do serviço militar.

2 – O trabalhador pode suspender de imediato o contrato de trabalho:

a) Na situação referida no n.º 1 do artigo 195.º, quando não exista outro estabelecimento da empresa para o qual possa pedir transferência;

b) Nos casos previstos no n.º 2 do artigo 195.º, até que ocorra a transferência.

3 – O contrato de trabalho suspende-se antes do prazo referido no n.º 1, no momento em que seja previsível que o impedimento vai ter duração superior àquele prazo.

4 – O contrato de trabalho suspenso caduca no momento em que seja certo que o impedimento se torna definitivo.

5 – O impedimento temporário por facto imputável ao trabalhador determina a suspensão do contrato de trabalho nos casos previstos na lei.

2 – *Constitui contra-ordenação leve a violação do disposto nos artigos 337.º, 338.º e nos n.ºˢ 1 e 2 do artigo 339.º*

Artigo 333.º (CT)
Factos determinantes

1 – Determina a suspensão do contrato de trabalho o impedimento temporário por facto não imputável ao trabalhador que se prolongue por mais de um mês, nomeadamente o serviço militar obrigatório ou serviço cívico substitutivo, doença ou acidente.

2 – O contrato considera-se suspenso, mesmo antes de decorrido o prazo de um mês, a partir do momento em que seja previsível que o impedimento vai ter duração superior àquele prazo.

3 – O contrato de trabalho caduca no momento em que se torne certo que o impedimento é definitivo.

4 – O impedimento temporário por facto imputável ao trabalhador determina a suspensão do contrato de trabalho nos casos previstos na lei.

Artigo 297.º
Regresso do trabalhador

No dia imediato à cessação do impedimento, o trabalhador deve apresentar-se ao empregador para retomar a actividade.

SUBSECÇÃO III
Redução temporária do período normal de trabalho ou suspensão do contrato de trabalho por facto respeitante ao empregador

DIVISÃO I
Situação de crise empresarial

Artigo 298.º
Redução ou suspensão em situação de crise empresarial

1 – O empregador pode reduzir temporariamente os períodos normais de trabalho ou suspender os contratos de trabalho, por motivos de mercado, estruturais ou tecnológicos, catástrofes ou outras ocorrências que tenham afectado gravemente a actividade normal da empresa, desde que tal medida seja indispensável para assegurar a viabilidade da empresa e a manutenção dos postos de trabalho.

2 – A redução a que se refere o número anterior pode abranger:

a) Um ou mais períodos normais de trabalho, diários ou semanais, podendo dizer respeito a diferentes grupos de trabalhadores, rotativamente;

b) Diminuição do número de horas correspondente ao período normal de trabalho, diário ou semanal.

3 – O regime de redução ou suspensão aplica-se aos casos em que essa medida seja determinada no âmbito de declaração de empresa em situação

Artigo 334.º (CT)
Regresso do trabalhador

No dia imediato ao da cessação do impedimento, o trabalhador deve apresentar-se ao empregador, para retomar a actividade, sob pena de incorrer em faltas injustificadas.

Artigo 335.º (CT)
Redução ou suspensão

1 – O empregador pode reduzir temporariamente os períodos normais de trabalho ou suspender os contratos de trabalho, desde que, por motivos de mercado, estruturais ou tecnológicos, catástrofes ou outras ocorrências que tenham afectado gravemente a actividade normal da empresa, tais medidas se mostrem indispensáveis para assegurar a viabilidade da empresa e a manutenção dos postos de trabalho.

2 – A redução a que se refere o número anterior pode assumir as seguintes formas:

a) Interrupção da actividade por um ou mais períodos normais de trabalho, diários ou semanais, podendo abranger, rotativamente, diferentes grupos de trabalhadores;

b) Diminuição do número de horas correspondente ao período normal de trabalho, diário ou semanal.

económica difícil ou, com as necessárias adaptações, em processo de recuperação de empresa.

Artigo 299.º
Comunicações em caso de redução ou suspensão

1 – O empregador comunica, por escrito, à comissão de trabalhadores ou, na sua falta, à comissão intersindical ou comissões sindicais da empresa representativas dos trabalhadores a abranger, a intenção de reduzir ou suspender a prestação do trabalho, informando-as simultaneamente sobre:

a) Fundamentos económicos, financeiros ou técnicos da medida;

b) Quadro de pessoal, discriminado por secções;

c) Critérios para selecção dos trabalhadores a abranger;

d) Número e categorias profissionais dos trabalhadores a abranger;

e) Prazo de aplicação da medida;

f) Áreas de formação a frequentar pelos trabalhadores durante o período de redução ou suspensão, sendo caso disso.

2 – Na falta das entidades referidas no n.º 1, o empregador comunica, por escrito, a cada trabalhador a abranger, a intenção de reduzir ou suspender a prestação de trabalho, podendo estes, nos

Artigo 349.º (CT)
Declaração da empresa em situação económica difícil

O regime da redução ou suspensão previsto nesta divisão aplica-se aos casos em que essas medidas sejam determinadas, na sequência de declaração da empresa em situação económica difícil ou, com as necessárias adaptações, em processo de recuperação de empresa.

Artigo 336.º (CT)
Comunicações

1 – O empregador deve comunicar, por escrito, à comissão de trabalhadores ou, na sua falta, à comissão intersindical ou comissões sindicais da empresa representativas dos trabalhadores a abranger, a intenção de reduzir ou suspender a prestação do trabalho, fazendo acompanhar a comunicação dos seguintes elementos:

a) Descrição dos respectivos fundamentos económicos, financeiros ou técnicos;

b) Quadro de pessoal, discriminado por secções;

c) Indicação dos critérios que servirão de base à selecção dos trabalhadores a abranger;

d) Indicação do número de trabalhadores a abranger pelas medidas de redução e de suspensão, bem como das categorias profissionais abrangidas;

e) Indicação do prazo de aplicação das medidas;

f) Áreas de formação a frequentar pelos trabalhadores durante o período de redução ou suspensão do trabalho, sendo caso disso.

cinco dias posteriores à recepção da comunicação, designar de entre eles uma comissão representativa com o máximo de três ou cinco elementos, consoante a medida abranja até 20 ou mais trabalhadores.

3 – No caso previsto no número anterior, o empregador envia à comissão a informação referida no n.º 1.

4 – Constitui contra-ordenação grave a violação do disposto neste artigo.

Artigo 300.º
Informações e negociação em caso de redução ou suspensão

1 – Nos cinco dias posteriores ao facto previsto no n.º 1 ou 3 do artigo anterior, o empregador promove uma fase de informações e negociação com a estrutura representativa dos trabalhadores, com vista a um acordo sobre a

2 – Na falta das entidades referidas no n.º 1, o empregador deve comunicar, por escrito, a cada um dos trabalhadores que possam vir a ser abrangidos, a intenção de reduzir ou suspender a prestação de trabalho, podendo estes designar, de entre eles, no prazo de cinco dias contados da data de recepção daquela comunicação, uma comissão representativa com o máximo de três ou cinco elementos, consoante as medidas abrangem até 20 ou mais trabalhadores.

3 – No caso previsto no número anterior o empregador deve enviar à comissão nele designada os documentos referidos no n.º 1.

Artigo 677.º (CT)
Redução da actividade e suspensão do contrato

1 – Constitui contra-ordenação grave a violação do disposto nos n.ºs 1 e 2 do artigo 331.º, no artigo 336.º, nos n.ºs 1, 2 e 3 do artigo 341.º, no artigo 342.º no n.º 1 do artigo 343.º e nos artigos 346.º, 348.º, 350.º e 351.º

2 – Constitui contra-ordenação leve a violação do disposto nos artigos 337.º, 338.º e nos n.ºs 1 e 2 do artigo 339.º

Artigo 337.º (CT)
Procedimento de informação e negociação

1 – Nos cinco dias contados da data da comunicação prevista nos n.ºs 1 e 3 do artigo anterior, tem lugar uma fase de informação e negociação entre o empregador e a estrutura representativa dos trabalhadores, com vista à

modalidade, âmbito e duração das medidas a adoptar.

2 – A acta das reuniões de negociação deve conter a matéria acordada e, bem assim, as posições divergentes das partes, com as opiniões, sugestões e propostas de cada uma.

3 – Celebrado o acordo ou, na falta deste, após terem decorrido 10 dias sobre o envio da informação previsto no n.º 1 ou 3 do artigo anterior ou, na falta desta, da comunicação referida no n.º 2 do mesmo artigo, o empregador comunica a cada trabalhador, por escrito, a medida que decidiu aplicar, com menção expressa do fundamento e das datas de início e termo da aplicação.

4 – Na data das comunicações referidas no número anterior, o empregador remete à estrutura representativa dos trabalhadores e ao serviço competente do ministério responsável pela área da segurança social a acta a que se refere o n.º 2, bem como relação de que conste o nome dos trabalhadores, morada, datas de nascimento e de admissão na empresa, situação perante a segurança social, profissão, categoria e retribuição e, ainda, a medida individualmente adoptada, com indicação das datas de início e termo da aplicação.

5 – Na falta de acta da negociação, o empregador envia às entidades referidas no número anterior um documento em que o justifique e descreva o acordo, ou as razões que obstaram ao mesmo e as posições finais das partes.

6 – Constitui contra-ordenação leve a violação do disposto neste artigo.

obtenção de um acordo sobre a dimensão e duração das medidas a adoptar.

2 – Das reuniões de negociação é lavrada acta contendo a matéria acordada e, bem assim, as posições divergentes das partes, com as opiniões, sugestões e propostas de cada uma.

3 – Celebrado o acordo ou, na falta deste, decorridos 10 dias sobre a data da comunicação referida nos n.ºˢ 1 e 3 do artigo anterior, o empregador deve comunicar, por escrito, a cada trabalhador, a medida que decidiu aplicar, com menção expressa do motivo e da data de início e termo da sua aplicação.

4 – Na data em que forem expedidas as comunicações referidas no número anterior, o empregador deve remeter à estrutura representativa dos trabalhadores e aos serviços de conciliação do ministério responsável pela área laboral a acta a que se refere o n.º 2 deste artigo, bem como relação de que conste o nome dos trabalhadores, morada, data de nascimento e de admissão na empresa, situação perante a segurança social, profissão, categoria e retribuição e, ainda, a medida individualmente adoptada com indicação da data de início e termo da aplicação.

5 – Na falta da acta a que se refere o n.º 2 do presente artigo, o empregador, para os efeitos referidos no número anterior, deve enviar documento em que justifique aquela falta, descrevendo as razões que obstaram ao acordo, bem como as posições finais das partes.

Artigo 301.º
Duração de medida de redução ou suspensão

1 – A redução ou suspensão deve ter uma duração previamente definida, não superior a seis meses ou, em caso de catástrofe ou outra ocorrência que tenha afectado gravemente a actividade normal da empresa, um ano.

2 – A redução ou suspensão pode iniciar-se decorridos 10 dias sobre a data da comunicação a que se refere o n.º 3 do artigo anterior, ou imediatamente em caso de impedimento imediato à prestação normal de trabalho que seja conhecido pelos trabalhadores abrangidos.

3 – Qualquer dos prazos referidos no n.º 1 pode ser prorrogado por um período máximo de seis meses, desde que o empregador comunique tal intenção e a duração prevista, por escrito e de forma fundamentada, à estrutura representativa dos trabalhadores e esta não se oponha, por escrito e nos cinco dias seguintes.

4 – Na falta de estrutura representativa dos trabalhadores, a comunicação prevista no número anterior é feita a

Artigo 677.º (CT)
Redução da actividade e suspensão do contrato

1 – Constitui contra-ordenação grave a violação do disposto nos n.ᵒˢ 1 e 2 do artigo 331.º, no artigo 336.º, nos n.ᵒˢ 1, 2 e 3 do artigo 341.º, no artigo 342.º no n.º 1 do artigo 343.º e nos artigos 346.º, 348.º, 350.º e 351.º

2 – Constitui contra-ordenação leve a violação do disposto nos artigos 337.º, 338.º e nos n.ᵒˢ 1 e 2 do artigo 339.º

Artigo 339.º (CT)
Duração

1 – A redução ou suspensão determinada por motivos de mercado, estruturais ou tecnológicos deve ter uma duração previamente definida, não podendo, porém, ser superior a seis meses.

2 – Em caso de catástrofe ou outra ocorrência que tenha afectado gravemente a actividade normal da empresa, o prazo referido no número anterior pode ter a duração máxima de um ano.

4 – A data de início da aplicação da redução ou suspensão não pode verificar-se antes de decorridos 10 dias sobre a data da comunicação a que se refere o n.º 3 do artigo anterior, salvo se se verificar impedimento imediato à prestação normal de trabalho que seja conhecido pelo trabalhador, caso em que o início da medida poderá ser imediato.

3 – Os prazos referidos nos números anteriores podem ser prorrogados até ao máximo de seis meses, desde que, comunicada a intenção de prorrogação por escrito e de forma fundamentada à

cada trabalhador abrangido pela prorrogação, a qual só terá lugar quando o trabalhador manifeste, por escrito, o seu acordo.

5 – Constitui contra-ordenação leve a violação do disposto no n.º 1.

Artigo 302.º
Formação profissional durante a redução ou suspensão

1 – A formação profissional a frequentar pelos trabalhadores durante o período de redução ou suspensão deve orientar-se para a viabilização da empresa e a manutenção dos postos de trabalho, ou o desenvolvimento da qualificação profissional dos trabalhadores que aumente a sua empregabilidade.

2 – O empregador elabora o plano da formação, precedido de consulta aos trabalhadores abrangidos e de parecer da estrutura representativa dos trabalhadores.

3 – A resposta dos trabalhadores e o parecer referido no número anterior devem ser emitidos em prazo indicado pelo empregador, não inferior a cinco dias.

estrutura representativa dos trabalhadores, esta não se oponha, igualmente por escrito, dentro dos cinco dias seguintes, ou quando o trabalhador abrangido pela prorrogação manifeste, por escrito, o seu acordo.

Artigo 677.º (CT)
Redução da actividade e suspensão do contrato

1 – Constitui contra-ordenação grave a violação do disposto nos n.ºs 1 e 2 do artigo 331.º, no artigo 336.º, nos n.ºs 1, 2 e 3 do artigo 341.º, no artigo 342.º no n.º 1 do artigo 343.º e nos artigos 346.º, 348.º, 350.º e 351.º

2 – Constitui contra-ordenação leve a violação do disposto nos artigos 337.º, 338.º e nos n.ºs 1 e 2 do artigo 339.º

Artigo 338.º (CT)
Outros deveres de informação e consulta

1 – O empregador deve consultar os trabalhadores abrangidos sobre a elaboração do plano de formação referido no n.º 2 do artigo 344.º

2 – O plano de formação deve ser submetido a parecer da estrutura representativa dos trabalhadores previamente à sua aprovação.

3 – O parecer referido no número anterior deve ser emitido no prazo indicado pelo empregador, que não pode ser inferior a cinco dias.

4 – O empregador deve informar trimestralmente as estruturas representativas dos trabalhadores da evolução das razões que justificam o recurso à redução ou suspensão da prestação de trabalho.

4 – Constitui contra-ordenação leve a violação do disposto nos n.ᵒˢ 2 e 3.

Artigo 303.º
Deveres do empregador no período de redução ou suspensão

1 – Durante o período de redução ou suspensão, o empregador deve:
a) Efectuar pontualmente o pagamento da compensação retributiva;
b) Pagar pontualmente as contribuições para a segurança social sobre a retribuição auferida pelos trabalhadores;
c) Não distribuir lucros, sob qualquer forma, nomeadamente a título de levantamento por conta;
d) Não aumentar a retribuição ou outra prestação patrimonial atribuída a membro de corpos sociais, enquanto a segurança social compartiticipar na compensação retributiva atribuída aos trabalhadores;
e) Não proceder a admissão ou renovação de contrato de trabalho para preenchimento de posto de trabalho susceptível de ser assegurado por trabalhador em situação de redução ou suspensão.
2 – Constitui contra-ordenação grave a violação do disposto no número anterior.

Artigo 677.º (CT)
Redução da actividade e suspensão do contrato

1 – Constitui contra-ordenação grave a violação do disposto nos n.ᵒˢ 1 e 2 do artigo 331.º, no artigo 336.º, nos n.ᵒˢ 1, 2 e 3 do artigo 341.º, no artigo 342.º no n.º 1 do artigo 343.º e nos artigos 346.º, 348.º, 350.º e 351.º
2 – Constitui contra-ordenação leve a violação do disposto nos artigos 337.º, 338.º e nos n.ᵒˢ 1 e 2 do artigo 339.º

Artigo 342.º (CT)
Deveres do empregador

1 – Durante o período de redução ou suspensão o empregador fica obrigado a:
a) Pagar pontualmente a compensação retributiva;
b) Pagar pontualmente as contribuições para a segurança social referentes à retribuição efectivamente auferida pelo trabalhador;
c) Não distribuir lucros, sob qualquer forma, nomeadamente a título de levantamento por conta;
d) Não aumentar as remunerações dos membros dos corpos sociais, enquanto se verificar a comparticipação financeira da segurança social na compensação retributiva concedida aos trabalhadores.
2 – O empregador não pode admitir novos trabalhadores ou renovar contratos para o preenchimento de postos de trabalho susceptíveis de serem ocupados por trabalhadores em regime de redução ou suspensão.

Artigo 304.º
Deveres do trabalhador no período de redução ou suspensão

1 – Durante o período de redução ou suspensão, o trabalhador deve:

a) Pagar contribuições para a segurança social com base na retribuição auferida e na compensação retributiva;

b) Caso exerça actividade remunerada fora da empresa, comunicar o facto ao empregador, no prazo de cinco dias a contar do início da mesma, para efeitos de eventual redução na compensação retributiva;

c) Frequentar acções de formação profissional previstas no plano referido no artigo 302.º

2 – O trabalhador que não cumpra injustificadamente o dever a que se refere a alínea *b)* ou *c)* do número anterior perde o direito a compensação retributiva e, no caso da alínea *b)*, deve restituir o que tiver recebido a este título, constituindo ainda a omissão uma infracção disciplinar grave.

Artigo 677.º (CT)
Redução da actividade e suspensão do contrato

1 – Constitui contra-ordenação grave a violação do disposto nos n.ᵒˢ 1 e 2 do artigo 331.º, no artigo 336.º, nos n.ᵒˢ 1, 2 e 3 do artigo 341.º, no artigo 342.º no n.º 1 do artigo 343.º e nos artigos 346.º, 348.º, 350.º e 351.º Artigo 680.º

2 – Constitui contra-ordenação leve a violação do disposto nos artigos 337.º, 338.º e nos n.ᵒˢ 1 e 2 do artigo 339.º

Artigo 345.º (CT)
Deveres do trabalhador

1 – Durante o período de redução ou suspensão, constituem deveres do trabalhador:

a) Pagar, mediante desconto, contribuições para a segurança social com base na retribuição efectivamente auferida, seja a título de contrapartida do trabalho prestado, seja a título de compensação retributiva;

b) Comunicar ao empregador, no prazo máximo de cinco dias, que exerce uma actividade remunerada fora da empresa, para efeitos de eventual redução na compensação retributiva;

c) Frequentar cursos adequados de formação profissional, desde que tal faculdade lhe seja oferecida pelo empregador ou pelo serviço competente na área da formação profissional.

2 – O incumprimento injustificado do disposto na alínea b) do número anterior determina para o trabalhador a perda do direito à compensação retributiva e a obrigação de repor o que lhe tiver sido pago a este título, constituindo ainda infracção disciplinar grave.

Artigo 305.º
Direitos do trabalhador no período de redução ou suspensão

1 – Durante o período de redução ou suspensão, o trabalhador tem direito:

a) A auferir mensalmente um montante mínimo igual a dois terços da sua retribuição normal ilíquida, ou o valor da retribuição mínima mensal garantida correspondente ao seu período normal de trabalho, consoante o que for mais elevado;

b) A manter as regalias sociais ou prestações da segurança social a que tenha direito e que a que a respectiva base de cálculo não seja alterada por efeito da redução ou suspensão;

c) A exercer outra actividade remunerada.

2– Durante o período de redução, a retribuição do trabalhador é calculada em proporção das horas de trabalho.

3 – Durante o período de redução ou suspensão, o trabalhador tem direito a compensação retributiva na medida do necessário para, conjuntamente com a retribuição de trabalho prestado na empresa ou fora dela, assegurar o montante mensal referido na alínea a) do n.º 1, até ao triplo da retribuição mínima mensal garantida.

4 – O subsídio de doença da segurança social não é atribuído relativamente a período de doença que ocorra durante a suspensão do contrato, mantendo o trabalhador direito à compensação retributiva.

3 – A recusa de frequência dos cursos referidos na alínea c) do n.º 1 determina a perda do direito à compensação retributiva.

Artigo 341.º (CT)
Direitos do trabalhador

1 – Durante o período de redução ou suspensão, constituem direitos do trabalhador:

a) Auferir retribuição mensal não inferior à retribuição mínima mensal legalmente garantida, nos termos do disposto no n.º 2;

b) Manter todas as regalias sociais e as prestações da segurança social, calculadas na base da sua retribuição normal, sem prejuízo do disposto no n.º 3;

c) Exercer actividade remunerada fora da empresa.

2 – Sempre que a retribuição mensal auferida pelo trabalhador em regime de prestação normal de trabalho seja inferior à retribuição mínima mensal garantida, o trabalhador mantém o direito a esta.

3 – Em caso de doença, o trabalhador cujo contrato esteja suspenso mantém o direito à compensação retributiva, nos termos do artigo 343.º, não lhe sendo atribuível o respectivo subsídio pecuniário da segurança social e cessando o que, porventura, lhe esteja a ser concedido.

4 – Considera-se retribuição normal a que é constituída pela retribuição base, pelas diuturnidades e por todas as prestações regulares e periódicas inerentes à prestação do trabalho.

5 – Em caso de não pagamento pontual do montante previsto na alínea *a)* do n.º 1 durante o período de redução, o trabalhador tem direito a suspender o contrato nos termos do artigo 325.º.

6 – Constitui contra-ordenação grave a violação do disposto na alínea *a)* do n.º 1, ou na alínea *b)* do mesmo número na parte respeitante ao empregador.

Artigo 343.º (CT)
Compensação retributiva

1 – Durante a redução ou suspensão, o trabalhador tem direito a receber uma compensação retributiva, quando e na medida em que tal se torne necessário para lhe assegurar uma retribuição mensal equivalente a dois terços da sua retribuição normal ilíquida ou à retribuição mínima prevista na alínea a) do n.º 1 do artigo 341.º

2 – A compensação retributiva, por si ou conjuntamente com a retribuição de trabalho prestado na empresa ou fora dela, não pode implicar uma retribuição mensal superior ao triplo da retribuição mínima mensal garantida.

Artigo 677.º (CT)
Redução da actividade e suspensão do contrato

1 – Constitui contra-ordenação grave a violação do disposto nos n.ºs 1 e 2 do artigo 331.º, no artigo 336.º, nos n.ºs 1, 2 e 3 do artigo 341.º, no artigo 342.º no n.º 1 do artigo 343.º e nos artigos 346.º, 348.º, 350.º e 351.º

2 – Constitui contra-ordenação leve a violação do disposto nos artigos 337.º, 338.º e nos n.ºs 1 e 2 do artigo 339.º

Artigo 293.º (RCT)
Redução do período normal de trabalho

1 – A retribuição do trabalhador durante a redução do período normal de trabalho, nas situações previstas no artigo 343.º do Código de Trabalho, é calculada proporcionalmente por aplicação da fórmula fixada no artigo 264.º do mesmo diploma.

Artigo 306.º
Efeitos da redução ou suspensão em férias, subsídio de férias ou de Natal

1 – O tempo de redução ou suspensão não afecta o vencimento e a duração do período de férias.

2 – A redução ou suspensão não prejudica a marcação e o gozo de férias, nos termos gerais, tendo o trabalhador direito ao pagamento pelo empregador do subsídio de férias devido em condições normais de trabalho.

3 – O trabalhador tem direito a subsídio de Natal por inteiro, que é pago pela segurança social em montante correspondente a metade da compensação retributiva e pelo empregador no restante.

4 – Constitui contra-ordenação grave a violação do disposto nos n.ᵒˢ 1, 2 ou 3, este na parte respeitante ao empregador.

2 – Se a retribuição determinada nos termos do número anterior for inferior a dois terços da retribuição normal ilíquida ou à retribuição mínima mensal garantida, o trabalhador tem direito ao montante mais elevado, sendo-lhe devida uma compensação retributiva de valor igual à diferença.

Artigo 346.º (CT)
Férias

1 – Para efeito do direito a férias, o tempo de redução ou suspensão conta-se como serviço efectivamente prestado em condições normais de trabalho.

2 – A redução ou suspensão não prejudica a marcação e o gozo de férias, nos termos gerais, tendo o trabalhador direito ao subsídio de férias que lhe seria devido em condições normais de trabalho.

Artigo 347.º (CT)
Subsídio de Natal

O trabalhador tem direito ao subsídio de Natal por inteiro.

Artigo 677.º (CT)
Redução da actividade e suspensão do contrato

1 – Constitui contra-ordenação grave a violação do disposto nos n.ᵒˢ 1 e 2 do artigo 331.º, no artigo 336.º, nos n.ᵒˢ 1, 2 e 3 do artigo 341.º, no artigo 342.º no n.º 1 do artigo 343.º e nos artigos 346.º, 348.º, 350.º e 351.º

2 – Constitui contra-ordenação leve a violação do disposto nos artigos 337.º, 338.º e nos n.ᵒˢ 1 e 2 do artigo 339.º

Artigo 294.º (RCT)
Subsídio de férias

Ao trabalhador em situação de redução do período normal de trabalho ou de suspensão do contrato de trabalho é devido, pelo empregador, subsídio de férias de montante igual ao que teria direito em regime de prestação normal de trabalho.

Artigo 295.º (RCT)
Subsídio de Natal

O trabalhador tem direito ao subsídio de Natal por inteiro, sendo este pago em montante correspondente a 50% da compensação salarial pela segurança social e o restante pelo empregador.

Artigo 307.º
Acompanhamento da medida

1 – O empregador informa trimestralmente as estruturas representativas dos trabalhadores da evolução das razões que justificam o recurso à redução ou suspensão da prestação de trabalho.

2 – Durante a redução ou suspensão, o serviço com competência inspectiva do ministério responsável pela área laboral, por iniciativa própria ou a requerimento de qualquer interessado, deve pôr termo à aplicação do regime relativamente a todos ou a alguns trabalhadores, nos seguintes casos:

a) Não verificação ou cessação da existência do fundamento invocado;

b) Falta das comunicações ou recusa de participação no procedimento de informações e negociação por parte do empregador;

c) Incumprimento de qualquer dos deveres a que se refere o n.º 1 do artigo 303.º

Artigo 338.º (CT)
Outros deveres de informação e consulta

1 – O empregador deve consultar os trabalhadores abrangidos sobre a elaboração do plano de formação referido no n.º 2 do artigo 344.º

2 – O plano de formação deve ser submetido a parecer da estrutura representativa dos trabalhadores previamente à sua aprovação.

3 – O parecer referido no número anterior deve ser emitido no prazo indicado pelo empregador, que não pode ser inferior a cinco dias.

4 – O empregador deve informar trimestralmente as estruturas representativas dos trabalhadores da evolução das razões que justificam o recurso à redução ou suspensão da prestação de trabalho.

3 – A decisão que ponha termo à aplicação da medida deve indicar os trabalhadores a quem se aplica e produz efeitos a partir do momento em que o empregador seja notificado.

Artigo 308.º
Direitos dos representantes dos trabalhadores durante a redução ou suspensão

1 – A medida de redução ou suspensão relativa a trabalhador que seja dele-

Artigo 340.º (CT)
Fiscalização

1 – Durante a redução ou suspensão, os serviços competentes do ministério responsável pela área laboral, por iniciativa própria ou a requerimento de qualquer dos interessados, deve pôr termo à aplicação do regime, relativamente a todos ou a alguns dos trabalhadores, nos seguintes casos:

a) Não verificação dos motivos invocados, quando não tenha havido o acordo mencionado nos n.ᵒˢ 1 e 3 do artigo 337.º;

b) Falta das comunicações ou recusa de participação no processo negocial por parte do empregador;

c) Falta de pagamento pontual da compensação retributiva devida aos trabalhadores;

d) Admissão de novos trabalhadores para funções susceptíveis de serem desempenhadas por trabalhadores em regime de redução ou suspensão da prestação do trabalho.

2 – A decisão que ponha termo à aplicação das medidas deve indicar os trabalhadores a que se aplica.

3 – São restabelecidos todos os direitos e deveres das partes decorrentes do contrato de trabalho a partir do momento em que o empregador seja notificado da decisão que põe termo à aplicação do regime de redução ou suspensão.

Artigo 348.º (CT)
Representantes sindicais e membros das comissões de trabalhadores

A redução do período normal de trabalho ou a suspensão do contrato de trabalho relativas a trabalhador que

gado sindical ou membro de estrutura de representação colectiva dos trabalhadores não prejudica o direito ao exercício das correspondentes funções na empresa.

2 – Constitui contra-ordenação grave a violação do disposto no número anterior.

seja representante sindical ou membro da comissão de trabalhadores não prejudica o direito ao exercício normal dessas funções no interior da empresa.

Artigo 677.º (CT)
Redução da actividade e suspensão do contrato

1 – Constitui contra-ordenação grave a violação do disposto nos n.ºs 1 e 2 do artigo 331.º, no artigo 336.º, nos n.ºs 1, 2 e 3 do artigo 341.º, no artigo 342.º no n.º 1 do artigo 343.º e nos artigos 346.º, 348.º, 350.º e 351.º

2 – Constitui contra-ordenação leve a violação do disposto nos artigos 337.º, 338.º e nos n.ºs 1 e 2 do artigo 339.º

DIVISÃO II
Encerramento e diminuição temporários de actividade

Artigo 309.º
Retribuição durante o encerramento ou a diminuição de actividade

1 – Em caso de encerramento temporário ou diminuição temporária de actividade de empresa ou estabelecimento que não respeite a situação de crise empresarial, o trabalhador tem direito a:

a) Sendo devido a caso fortuito ou de força maior, 75% da retribuição;

b) Sendo devido a facto imputável ao empregador ou por motivo de interesse deste, a totalidade da retribuição.

2 – Ao valor da retribuição deduz-se o que o trabalhador receba no período em causa por outra actividade que tenha passado a exercer por efeito do encerramento ou diminuição de actividade.

3 – Constitui contra-ordenação grave a violação do disposto no n.º 1.

Artigo 350.º (CT)
Caso fortuito ou motivo de força maior

Quando o encerramento temporário do estabelecimento ou a diminuição temporária da actividade forem devidos a caso fortuito ou motivo de força maior, o empregador passa a pagar 75% da retribuição aos trabalhadores.

Artigo 351.º (CT)
Facto imputável ao empregador

No caso de encerramento temporário do estabelecimento ou diminuição de actividade por facto imputável ao empregador ou por motivo do interesse deste, os trabalhadores afectados mantêm o direito à retribuição.

Artigo 310.º
Cessação de encerramento
ou de diminuição de actividade

O empregador deve informar os trabalhadores cuja actividade está suspensa da cessação do encerramento ou da diminuição de actividade, devendo estes retomar a prestação de trabalho.

Artigo 311.º
Procedimento em caso
de encerramento temporário
por facto imputável ao empregador

1 – O encerramento temporário de empresa ou estabelecimento por facto

Artigo 352.º (CT)
Dedução

Do valor da prestação a satisfazer pelo empregador, ao abrigo dos artigos anteriores, deve deduzir-se o que o trabalhador porventura receba por qualquer outra actividade remunerada que passe a exercer durante o período em que o impedimento subsista e que não pudesse desempenhar não fora o encerramento.

Artigo 677.º (CT)
Redução da actividade e suspensão
do contrato

1 – Constitui contra-ordenação grave a violação do disposto nos n.ᵒˢ 1 e 2 do artigo 331.º, no artigo 336.º, nos n.ᵒˢ 1, 2 e 3 do artigo 341.º, no artigo 342.º no n.º 1 do artigo 343.º e nos artigos 346.º, 348.º, 350.º e 351.º

2 – Constitui contra-ordenação leve a violação do disposto nos artigos 337.º, 338.º e nos n.ᵒˢ 1 e 2 do artigo 339.º

Artigo 353.º (CT)
Cessação do impedimento

Verificada a cessação do impedimento, deve o empregador avisar desse facto os trabalhadores cuja actividade está suspensa, sem o que não podem aqueles considerar-se obrigados a retomar o cumprimento da prestação do trabalho.

Artigo 296.º (RCT)
Procedimento

1 – O encerramento temporário da empresa ou estabelecimento por facto imputável ao empregador, sem que este tenha iniciado um procedimento com

imputável ao empregador, sem que este tenha iniciado procedimento com vista a despedimento colectivo, a despedimento por extinção de posto de trabalho, a redução temporária do período normal de trabalho ou a suspensão do contrato de trabalho em situação de crise empresarial, ou que não consista em encerramento para férias, rege-se pelo disposto nos números seguintes.

2 – Para efeito do número anterior, considera-se que há encerramento temporário de empresa ou estabelecimento por facto imputável ao empregador sempre que, por decisão deste, a actividade deixe de ser exercida, ou haja interdição de acesso a locais de trabalho ou recusa de fornecimento de trabalho, condições e instrumentos de trabalho, que determine ou possa determinar a paralisação de empresa ou estabelecimento.

3 – O empregador informa os trabalhadores e a comissão de trabalhadores ou, na sua falta, a comissão intersindical ou as comissões sindicais da empresa, sobre fundamento, duração previsível e consequências de encerramento, com antecedência não inferior a 15 dias ou, sendo esta inviável, logo que possível.

4 – A comissão de trabalhadores pode emitir parecer sobre o encerramento no prazo de 10 dias.

5 – Constitui contra-ordenação muito grave a violação não dolosa do disposto no n.º 3.

vista ao despedimento colectivo, por extinção de postos de trabalho, à redução temporária do período normal de trabalho ou à suspensão do contrato de trabalho por facto respeitante ao empregador nos termos do Código do Trabalho rege-se pelo disposto nos números seguintes.

2 – Para efeitos do número anterior, considera-se que há encerramento temporário da empresa ou estabelecimento por facto imputável ao empregador sempre que, por decisão deste, a empresa ou estabelecimento deixar de exercer a sua actividade, bem como se houver interdição de acesso aos locais de trabalho ou recusa em fornecer trabalho, condições e instrumentos de trabalho que determine ou possa determinar a paralisação da empresa ou estabelecimento.

3 – O empregador deve informar os trabalhadores e a comissão de trabalhadores ou, na sua falta, a comissão intersindical ou as comissões sindicais da empresa, com uma antecedência não inferior a 15 dias, da fundamentação, duração previsível e consequências do encerramento temporário da empresa ou estabelecimento, bem como prestar garantia nos termos dos números seguintes.

4 – O empregador deve prestar garantia das retribuições em mora, se existirem, das retribuições referentes ao período de encerramento temporário da empresa ou estabelecimento e dos valores correspondentes à compensação por despedimento colectivo, relativamente aos trabalhadores abrangidos pelo encerramento.

5 – Decorridos 15 dias após o não pagamento da retribuição, a garantia deve obrigatoriamente ser utilizada.

6 – A garantia deve ser reconstituída no prazo de quarenta e oito horas a contar do dia em que for utilizada.

7 – O empregador não está adstrito ao cumprimento da obrigação de prestar a garantia prevista na parte final do n.º 4, sempre que dois terços dos trabalhadores da empresa tenham manifestado a sua concordância escrita e expressa.

8 – O disposto nos números anteriores aplica-se igualmente em caso de aumento da duração do encerramento temporário da empresa ou estabelecimento.

Artigo 486.º (RCT)
Encerramento temporário

Constitui contra-ordenação muito grave a violação não dolosa do disposto nos artigos 296.º e 299.º

Artigo 312.º
Caução em caso de encerramento temporário por facto imputável ao empregador

1 – Em situação prevista no artigo anterior, o empregador constitui a caução que garanta o pagamento de retribuições em mora, se existirem, de retribuições referentes ao período de encerramento e de compensações por despedimento, relativamente aos trabalhadores abrangidos.

2 – O empregador é dispensado de prestar caução relativa a compensações por despedimento colectivo em caso de declaração expressa neste sentido, por

Artigo 296.º (RCT)
Procedimento

1 – O encerramento temporário da empresa ou estabelecimento por facto imputável ao empregador, sem que este tenha iniciado um procedimento com vista ao despedimento colectivo, por extinção de postos de trabalho, à redução temporária do período normal de trabalho ou à suspensão do contrato de trabalho por facto respeitante ao empregador nos termos do Código do Trabalho rege-se pelo disposto nos números seguintes.

2 – Para efeitos do número anterior, considera-se que há encerramento

escrito, de dois terços dos trabalhadores abrangidos.

3 – A caução deve ser utilizada decorridos 15 dias após o não pagamento de qualquer prestação garantida ou, no caso de retribuição em mora, após a sua constituição.

4 – A caução deve ser reforçada proporcionalmente em caso de aumento de retribuições, da duração do encerramento ou da sua extensão a outro estabelecimento da empresa.

5 – É aplicável o regime da caução para o exercício da actividade de empresa de trabalho temporário no que respeita aos seguintes aspectos:

a) Entidade a favor da qual é constituída;

b) Forma por que é prestada;

c) Prova do não pagamento de prestações garantidas;

d) Cessação e devolução.

6 – Constitui contra-ordenação muito grave a violação não dolosa do disposto nos n.ᵒˢ 1 ou 4.

temporário da empresa ou estabelecimento por facto imputável ao empregador sempre que, por decisão deste, a empresa ou estabelecimento deixar de exercer a sua actividade, bem como se houver interdição de acesso aos locais de trabalho ou recusa em fornecer trabalho, condições e instrumentos de trabalho que determine ou possa determinar a paralisação da empresa ou estabelecimento.

3 – O empregador deve informar os trabalhadores e a comissão de trabalhadores ou, na sua falta, a comissão intersindical ou as comissões sindicais da empresa, com uma antecedência não inferior a 15 dias, da fundamentação, duração previsível e consequências do encerramento temporário da empresa ou estabelecimento, bem como prestar garantia nos termos dos números seguintes.

4 – O empregador deve prestar garantia das retribuições em mora, se existirem, das retribuições referentes ao período de encerramento temporário da empresa ou estabelecimento e dos valores correspondentes à compensação por despedimento colectivo, relativamente aos trabalhadores abrangidos pelo encerramento.

5 – Decorridos 15 dias após o não pagamento da retribuição, a garantia deve obrigatoriamente ser utilizada.

6 – A garantia deve ser reconstituída no prazo de quarenta e oito horas a contar do dia em que for utilizada.

7 – O empregador não está adstrito ao cumprimento da obrigação de prestar a garantia prevista na parte final do n.º 4, sempre que dois terços dos trabalhadores da empresa tenham manifestado a sua concordância escrita e expressa.

8 – O disposto nos números anteriores aplica-se igualmente em caso de aumento da duração do encerramento temporário da empresa ou estabelecimento.

Artigo 486.º (RCT)
Encerramento temporário

Constitui contra-ordenação muito grave a violação não dolosa do disposto nos artigos 296.º e 299.º

Artigo 313.º
Actos proibidos em caso de encerramento temporário

1 – Em caso de encerramento temporário de empresa ou estabelecimento a que se refere o n.º 1 do artigo 311.º, o empregador não pode:

a) Distribuir lucros ou dividendos, pagar suprimentos e respectivos juros ou amortizar quotas sob qualquer forma;

b) Remunerar membros dos corpos sociais por qualquer meio, em percentagem superior à paga aos respectivos trabalhadores;

c) Comprar ou vender acções ou quotas próprias a membros dos corpos sociais;

d) Efectuar pagamentos a credores não titulares de garantia ou privilégio com preferência em relação aos créditos dos trabalhadores, salvo se tais pagamentos se destinarem a permitir a actividade da empresa;

e) Efectuar pagamentos a trabalhadores que não correspondam ao rateio do montante disponível, na proporção das respectivas retribuições;

Artigo 297.º (RCT)
Inibição de prática de certos actos

1 – No caso de encerramento temporário da empresa ou estabelecimento por facto imputável ao empregador, este não pode:

a) Distribuir lucros ou dividendos, pagar suprimentos e respectivos juros e amortizar quotas sob qualquer forma;

b) Remunerar os membros dos corpos sociais por qualquer meio, em percentagem superior à paga aos respectivos trabalhadores;

c) Comprar ou vender acções ou quotas próprias aos membros dos corpos sociais;

d) Efectuar pagamentos a credores não titulares de garantia ou privilégio oponível aos créditos dos trabalhadores, salvo se tais pagamentos se destinarem a permitir o reinício da actividade da empresa;

e) Efectuar pagamentos a trabalhadores que não correspondam ao rateio proporcional do montante disponível;

f) Efectuar quaisquer liberalidades, seja a que título for;

f) Efectuar liberalidades, qualquer que seja o título;
g) Renunciar a direitos com valor patrimonial;
h) Celebrar contratos de mútuo na qualidade de mutuante;
i) Proceder a levantamentos de tesouraria para fim alheio à actividade da empresa.

2 – A proibição a que se refere qualquer das alíneas *d)* a *g)* do número anterior cessa em caso de declaração expressa neste sentido, por escrito, de dois terços dos trabalhadores abrangidos.

Artigo 314.º
Anulabilidade de acto de disposição

1 – O acto de disposição de património da empresa a título gratuito, praticado durante o encerramento temporário abrangido pelo n.º 1 do artigo 311.º, é anulável por iniciativa de qualquer interessado ou de estrutura de representação colectiva dos trabalhadores.

2 – O disposto no número anterior aplica-se a acto de disposição de património da empresa a título oneroso, praticado durante o mesmo período, se dele resultar diminuição da garantia patrimonial de créditos dos trabalhadores.

Artigo 315.º
Extensão do regime a caso de encerramento definitivo

O regime previsto nos artigos 311.º a 314.º aplica-se, com as devidas adaptações, a encerramento definitivo de empresa ou estabelecimento que ocorra sem ser iniciado procedimento para despedimento colectivo ou sem ser cumprido o disposto no n.º 4 do artigo 346.º

g) Renunciar a direitos com valor patrimonial;
h) Celebrar contratos de mútuo na qualidade de mutuante;
i) Proceder a levantamentos de tesouraria para fins alheios à actividade da empresa.

2 – A proibição constante das alíneas d), e), f) e g) do número anterior cessa com a concordância escrita e expressa de dois terços dos trabalhadores da empresa.

Artigo 298.º (RCT)
Actos de disposição

1 – Os actos de disposição do património da empresa a título gratuito realizados em situação de encerramento temporário da empresa ou estabelecimento são anuláveis por iniciativa de qualquer interessado ou da estrutura representativa dos trabalhadores.

2 – O mesmo regime aplica-se aos actos de disposição do património da empresa a título oneroso, realizados durante o mesmo período, se deles resultar diminuição da garantia patrimonial dos créditos dos trabalhadores.

Artigo 299.º (RCT)
Encerramento definitivo

O regime previsto nos artigos 296.º, 297.º e 298.º aplica-se, com as devidas adaptações, ao encerramento definitivo da empresa ou estabelecimento, sempre que este tenha ocorrido sem ter sido iniciado um procedimento com vista ao despedimento colectivo ou, tratando-se de microempresa, cumprido o dever de informação previsto no n.º 4 do artigo 390.º do Código do Trabalho ou despedimento por extinção de posto de trabalho, sem prejuízo do disposto no n.º 2 do artigo 390.º daquele diploma.

Artigo 316.º
Responsabilidade penal em caso de encerramento de empresa ou estabelecimento

1 – O empregador que encerre, temporária ou definitivamente, empresa ou estabelecimento, em caso previsto no artigo 311.º ou no artigo anterior, sem ter dado cumprimento ao disposto nos artigos 311.º e 312.º, é punido com pena de prisão até 2 anos ou de multa até 240 dias.

2 – A violação do disposto no artigo 313.º é punida com pena de prisão até 3 anos, sem prejuízo de pena mais grave aplicável ao caso.

Artigo 465.º (RCT)
Encerramento ilícito

A violação do disposto nos artigos 296.º e 299.º é punida com pena de prisão até dois anos ou com pena de multa até 240 dias.

Artigo 466.º (RCT)
Actos proibidos em caso de encerramento temporário

A violação do artigo 297.º é punida com pena de prisão até três anos, sem prejuízo de pena mais grave aplicável ao caso.

SUBSECÇÃO IV
Licença sem retribuição

Artigo 317.º
Concessão e efeitos da licença sem retribuição

1 – O empregador pode conceder ao trabalhador, a pedido deste, licença sem retribuição.

2 – O trabalhador tem direito a licença sem retribuição de duração superior a 60 dias para frequência de curso de formação ministrado sob responsabilidade de instituição de ensino ou de formação profissional, ou no âmbito de programa específico aprovado por autoridade competente e executado sob o seu controlo pedagógico, ou para frequência de

Artigo 354.º (CT)
Concessão e recusa da licença

1 – O empregador pode conceder ao trabalhador, a pedido deste, licenças sem retribuição.

2 – Sem prejuízo do disposto em legislação especial ou em instrumento de regulamentação colectiva de trabalho, o trabalhador tem direito a licenças sem retribuição de longa duração para frequência de cursos de formação ministrados sob responsabilidade de uma instituição de ensino ou de formação profissional ou no âmbito de programa específico aprovado por autoridade

curso ministrado em estabelecimento de ensino.

3 – Em situação prevista no número anterior, o empregador pode recusar a concessão de licença:

a) Quando, nos 24 meses anteriores, tenha sido proporcionada ao trabalhador formação profissional adequada ou licença para o mesmo fim;

b) Em caso de trabalhador com antiguidade inferior a três anos;

c) Quando o trabalhador não tenha requerido a licença com a antecedência mínima de 90 dias em relação à data do seu início;

d) Quando se trate de microempresa ou de pequena empresa e não seja possível a substituição adequada do trabalhador, caso necessário;

e) Em caso de trabalhador incluído em nível de qualificação de direcção, chefia, quadro ou pessoal qualificado, quando não seja possível a sua substituição durante o período da licença, sem prejuízo sério para o funcionamento da empresa.

4 – A licença determina a suspensão do contrato de trabalho, com os efeitos previstos no artigo 295.º.

5 – Constitui contra-ordenação grave a violação do disposto no n.º 2.

competente e executado sob o seu controlo pedagógico ou frequência de cursos ministrados em estabelecimento de ensino.

3 – O empregador pode recusar a concessão da licença prevista no número anterior nas seguintes situações:

a) Quando ao trabalhador tenha sido proporcionada formação profissional adequada ou licença para o mesmo fim, nos últimos 24 meses;

b) Quando a antiguidade do trabalhador na empresa seja inferior a três anos;

c) Quando o trabalhador não tenha requerido a licença com uma antecedência mínima de 90 dias em relação à data do seu início;

d) Quando se trate de microempresa ou de pequena empresa e não seja possível a substituição adequada do trabalhador, caso necessário;

e) Para além das situações referidas nas alíneas anteriores, tratando-se de trabalhadores incluídos em níveis de qualificação de direcção, chefia, quadros ou pessoal qualificado, quando não seja possível a substituição dos mesmos durante o período da licença, sem prejuízo sério para o funcionamento da empresa ou serviço.

4 – Para efeitos do disposto no n.º 2, considera-se de longa duração a licença superior a 60 dias.

Artigo 355.º (CT)
Efeitos

1 – A concessão da licença determina a suspensão do contrato de trabalho, com os efeitos previstos no artigo 331.º

SUBSECÇÃO V
Pré-reforma

Artigo 318.º
Noção de pré-reforma

Considera-se pré-reforma a situação de redução ou suspensão da prestação de trabalho, constituída por acordo entre empregador e trabalhador com idade igual ou superior a 55 anos, durante a qual este tem direito a receber do empregador uma prestação pecuniária mensal, denominada de pré-reforma.

Artigo 319.º
Acordo de pré-reforma

O acordo de pré-reforma está sujeito a forma escrita e deve conter:

a) Identificação, assinaturas e domicílio ou sede das partes;

b) Data de início da pré-reforma;

c) Montante da prestação de pré-reforma;

d) Organização do tempo de trabalho, no caso de redução da prestação de trabalho.

2 – *O trabalhador beneficiário da licença sem retribuição mantém o direito ao lugar.*

3 – *Pode ser contratado um substituto do trabalhador na situação de licença sem retribuição, nos termos previstos para o contrato a termo.*

Artigo 678.º (CT)
Licenças

Constitui contra-ordenação grave a violação do disposto no n.º 2 do artigo 354.º e no n.º 2 do artigo 355.º

Artigo 356.º (CT)
Noção de pré-reforma

Considera-se pré-reforma a situação de redução ou de suspensão da prestação do trabalho em que o trabalhador com idade igual ou superior a cinquenta e cinco anos mantém o direito a receber do empregador uma prestação pecuniária mensal até à data da verificação de qualquer das situações previstas no n.º 1 do artigo 361.º

Artigo 103.º (CT)
Forma escrita

1 – Estão sujeitos a forma escrita, nomeadamente:

a) Contrato-promessa de trabalho;

b) Contrato para prestação subordinada de teletrabalho;

c) Contrato de trabalho a termo;

d) Contrato de trabalho com trabalhador estrangeiro, salvo disposição legal em contrário;

e) Contrato de trabalho em comissão de serviço;

f) Contrato de trabalho com pluralidade de empregadores;

g) Contrato de trabalho a tempo parcial;
h) Contrato de pré-reforma;
i) Contrato de cedência ocasional de trabalhadores.

2 – Dos contratos em que é exigida forma escrita deve constar a identificação e a assinatura das partes.

Artigo 357.º (CT)
Acordo de pré-reforma

1 – A situação de pré-reforma constitui-se por acordo entre o empregador e o trabalhador.
2 – Do acordo de pré-reforma devem constar as seguintes indicações:
    a) Data de início da situação de pré-reforma;
    b) Montante da prestação de pré-reforma;
    c) Forma de organização do tempo de trabalho no caso de redução da prestação de trabalho.
3 – O empregador deve remeter o acordo de pré-reforma à segurança social, conjuntamente com a folha de retribuições relativa ao mês da sua entrada em vigor.

Artigo 320.º
Prestação de pré-reforma

1 – O montante inicial da prestação de pré-reforma não pode ser superior à retribuição do trabalhador na data do acordo, nem inferior a 25% desta ou à retribuição do trabalho, caso a pré-reforma consista na redução da prestação de trabalho.

2 – Salvo estipulação em contrário, a prestação de pré-reforma é actualizada anualmente em percentagem igual à do

Artigo 359.º (CT)
Prestação de pré-reforma

1 – A prestação de pré-reforma inicialmente fixada não pode ser inferior a 25% da última retribuição auferida pelo trabalhador, nem superior ao montante desta retribuição.
2 – Salvo estipulação em contrário constante do acordo de pré-reforma, a prestação referida no número anterior é actualizada anualmente em percentagem igual à do aumento de retribuição

aumento de retribuição de que o trabalhador beneficiaria se estivesse em pleno exercício de funções ou, se não havendo tal aumento, à taxa de inflação.

3 – A prestação de pré-reforma goza das garantias dos créditos de trabalhador emergentes de contrato de trabalho.

Artigo 321.º
Direitos de trabalhador em situação de pré-reforma

1 – O trabalhador em situação de pré-reforma pode exercer outra actividade profissional remunerada.

2 – O acordo de pré-reforma pode atribuir ao trabalhador outros direitos não decorrentes na lei.

3 – Em caso de falta culposa de pagamento da prestação de pré-reforma ou, independentemente de culpa, se a mora se prolongar por mais de 30 dias, o trabalhador tem direito a retomar o pleno exercício de funções, sem prejuízo da antiguidade, ou a resolver o contrato, com direito a indemnização nos termos dos n.ºˢ 2 e 3 do artigo seguinte.

Artigo 322.º
Cessação de pré-reforma

1 – A pré-reforma cessa:
a) Com a reforma do trabalhador, por velhice ou invalidez;
b) Com o regresso do trabalhador ao pleno exercício de funções, por acordo com o empregador ou nos termos do n.º 3 do artigo anterior;

de que o trabalhador beneficiaria se estivesse no pleno exercício das suas funções ou, não havendo tal aumento, à taxa de inflação.

3 – A prestação de pré-reforma goza de todas as garantias e privilégios reconhecidos à retribuição.

Artigo 358.º (CT)
Direito do trabalhador

1 – O trabalhador em situação de pré-reforma tem os direitos constantes do acordo celebrado com o empregador, sem prejuízo do disposto nos artigos seguintes.

2 – O trabalhador em situação de pré-reforma pode desenvolver outra actividade profissional remunerada.

Artigo 360.º (CT)
Não pagamento da prestação de pré-reforma

No caso de falta culposa de pagamento da prestação de pré-reforma ou, independentemente de culpa, se a mora se prolongar por mais de 30 dias, o trabalhador tem direito a retomar o pleno exercício de funções, sem prejuízo da sua antiguidade, ou a resolver o contrato, com direito à indemnização prevista nos n.ºˢ 2 e 3 do artigo seguinte.

Artigo 361.º (CT)
Extinção da situação de pré-reforma

1 – A situação de pré-reforma extingue-se:
a) Com a passagem à situação de pensionista por limite de idade ou invalidez;
b) Com o regresso ao pleno exercício de funções por acordo entre o

c) Com a cessação do contrato de trabalho.

2 – Na situação prevista na alínea *c)* do número anterior, caso a modalidade de cessação do contrato de trabalho conferisse ao trabalhador direito a indemnização ou compensação se estivesse no pleno exercício de funções, aquele tem direito a indemnização no montante das prestações de pré-reforma até à idade legal de reforma por velhice.

3 – A indemnização referida no número anterior tem por base o montante da prestação de pré-reforma à data da cessação do contrato de trabalho.

CAPÍTULO VI
Incumprimento do contrato

SECÇÃO I
Disposições gerais

Artigo 323.º
Efeitos gerais do incumprimento do contrato de trabalho

1 – A parte que faltar culposamente ao cumprimento dos seus deveres é responsável pelo prejuízo causado à contraparte.

2 – O empregador que faltar culposamente ao cumprimento de prestações pecuniárias é obrigado a pagar os correspondentes juros de mora à taxa legal, ou a taxa superior estabelecida em instrumento de regulamentação colectiva de trabalho ou acordo das partes.

3 – A falta de pagamento pontual da retribuição confere ao trabalhador a faculdade de suspender ou fazer cessar o contrato, nos termos previstos neste Código.

trabalhador e o empregador ou nos termos do artigo anterior;

c) Com a cessação do contrato de trabalho.

2 – Sempre que a extinção da situação de pré-reforma resulte de cessação do contrato de trabalho que conferisse ao trabalhador direito a indemnização ou compensação caso estivesse no pleno exercício das suas funções, aquele tem direito a uma indemnização correspondente ao montante das prestações de pré-reforma até à idade legal de reforma.

3 – A indemnização referida no número anterior tem por base a última prestação de pré-reforma devida à data da cessação do contrato de trabalho.

Artigo 363.º (CT)
Princípio geral

Se uma das partes faltar culposamente ao cumprimento dos seus deveres torna-se responsável pelo prejuízo causado à contraparte.

Artigo 364.º (CT)
Mora

1 – Se o empregador faltar culposamente ao cumprimento de prestações pecuniárias constitui-se na obrigação de pagar os correspondentes juros de mora.

2 – O trabalhador tem a faculdade de suspender a prestação de trabalho ou de resolver o contrato decorridos, respectivamente, 15 ou 60 dias após o não pagamento da retribuição, nos termos previstos em legislação especial.

Artigo 324.º
Efeitos para o empregador de falta de pagamento pontual da retribuição

1 – Ao empregador em situação de falta de pagamento pontual de retribuição é aplicável o disposto no artigo 313.º

2 – O acto de disposição do património da empresa praticado em situação de falta de pagamento pontual de retribuições, ou nos seis meses anteriores, é anulável nos termos do artigo 314.º

3 – A violação do n.º 1 é punida com pena de prisão até 3 anos, sem prejuízo de pena mais grave aplicável ao caso.

Artigo 301.º (RCT)
Inibição de prática de certos actos

1 – O empregador em situação de falta de pagamento pontual de retribuições não pode:
a) Distribuir lucros ou dividendos, pagar suprimentos e respectivos juros e amortizar quotas sob qualquer forma;
b) Remunerar os membros dos corpos sociais por qualquer meio, em percentagem superior à paga aos respectivos trabalhadores;
c) Comprar ou vender acções ou quotas próprias aos membros dos corpos sociais;
d) Efectuar pagamentos a credores não titulares de garantia ou privilégio oponível aos créditos dos trabalhadores, salvo se tais pagamentos se destinarem a impedir a paralisação da actividade da empresa;
e) Efectuar pagamentos a trabalhadores que não correspondam ao rateio proporcional do montante disponível;
f) Efectuar quaisquer liberalidades, seja a que título for;
g) Renunciar a direitos com valor patrimonial;
h) Celebrar contratos de mútuo na qualidade de mutuante;
i) Proceder a levantamentos de tesouraria para fins alheios à actividade da empresa.

2 – A proibição constante das alíneas d), e), f) e g) cessa com a concordância escrita e expressa de dois terços dos trabalhadores da empresa.

302.º (RCT)
Actos de disposição

1 – Os actos de disposição do património da empresa a título gratuito

SECÇÃO II
Suspensão de contrato de trabalho por não pagamento pontual da retribuição

Artigo 325.º
Requisitos da suspensão de contrato de trabalho

1 – No caso de falta de pagamento pontual da retribuição por período de 15 dias sobre a data do vencimento, o trabalhador pode suspender o contrato de trabalho, mediante comunicação por escrito ao empregador e ao serviço com competência inspectiva do ministério responsável pela área laboral, com a antecedência mínima de oito dias em relação à data de início da suspensão.

2 – O trabalhador pode suspender o contrato de trabalho antes de decorrido o período de 15 dias referido no número anterior, quando o empregador declare por escrito que prevê que não vai pagar a retribuição em dívida até ao termo daquele prazo.

realizados em situação de falta de pagamento pontual das retribuições ou nos seis meses anteriores são anuláveis por iniciativa de qualquer interessado ou da estrutura representativa dos trabalhadores.

2 – O mesmo regime se aplica aos actos de disposição do património da empresa a título oneroso, realizados durante o mesmo período, se deles resultar diminuição da garantia patrimonial dos créditos dos trabalhadores.

Artigo 467.º (RCT)
Actos proibidos em caso de incumprimento do contrato

A violação do n.º 1 do artigo 301.º é punida com pena de prisão até três anos, sem prejuízo de pena mais grave aplicável ao caso.

Artigo 303.º (RCT)
Suspensão do contrato de trabalho

1 – Quando a falta de pagamento pontual da retribuição se prolongue por período de 15 dias sobre a data do vencimento, pode o trabalhador suspender o contrato de trabalho, após comunicação ao empregador e à Inspecção-Geral do Trabalho, com a antecedência mínima de oito dias em relação à data do início da suspensão.

2 – A faculdade de suspender o contrato de trabalho pode ser exercida antes de esgotado o período de 15 dias referido no número anterior, quando o empregador declare por escrito a previsão de não pagamento, até ao termo daquele prazo, do montante da retribuição em falta.

3 – A falta de pagamento pontual da retribuição que se prolongue por

3 – A falta de pagamento pontual da retribuição por período de 15 dias é declarada, a pedido do trabalhador, pelo empregador ou, em caso de recusa, pelo serviço referido no n.º 1, no prazo de cinco ou 10 dias, respectivamente.

4 – A declaração referida no n.ºs 2 ou 3 deve especificar o montante das retribuições em dívida e o período a que respeitam.

5 – Constitui contra-ordenação leve a violação do disposto no n.º 3.

Artigo 326.º
Prestação de trabalho durante a suspensão

O trabalhador pode exercer outra actividade remunerada durante a suspensão do contrato de trabalho, com respeito do dever de lealdade ao empregador originário.

Artigo 327.º
Cessação da suspensão do contrato de trabalho

A suspensão do contrato de trabalho cessa:

a) Mediante comunicação do trabalhador, nos termos do n.º 1 do artigo 325.º, de que põe termo à suspensão a partir de determinada data;

b) Com o pagamento integral das retribuições em dívida e juros de mora;

c) Por acordo entre trabalhador e empregador para regularização das retribuições em dívida e juros de mora.

período de 15 dias deve ser declarada pelo empregador, a pedido do trabalhador, no prazo de cinco dias ou, em caso de recusa, suprida mediante declaração da Inspecção-Geral do Trabalho após solicitação do trabalhador.

Artigo 487.º (RCT)
Incumprimento do contrato

Constitui contra-ordenação leve a violação do disposto no n.º 3 do artigo 303.º

Artigo 307.º (RCT)
Prestação de trabalho durante a suspensão

Durante a suspensão do contrato de trabalho, o trabalhador pode dedicar-se a outra actividade, desde que não viole as suas obrigações para com o empregador originário e a segurança social, com sujeição ao previsto no regime de protecção no desemprego.

Artigo 305.º (RCT)
Cessação da suspensão

A suspensão do contrato de trabalho cessa:

a) Mediante comunicação do trabalhador ao empregador e à Inspecção-Geral do Trabalho, nos termos previstos no n.º 1 do artigo 303.º, de que põe termo à suspensão a partir de determinada data, que deve ser expressamente mencionada na comunicação;

b) Com o pagamento integral das retribuições em dívida e respectivos juros de mora;

c) Com a celebração de acordo tendente à regularização das retribuições em dívida e respectivos juros de mora.

SECÇÃO III
Poder disciplinar

Artigo 328.º
Sanções disciplinares

1 – No exercício do poder disciplinar, o empregador pode aplicar as seguintes sanções:

a) Repreensão;
b) Repreensão registada;
c) Sanção pecuniária;
d) Perda de dias de férias;
e) Suspensão do trabalho com perda de retribuição e de antiguidade;
f) Despedimento sem indemnização ou compensação.

2 – O instrumento de regulamentação colectiva de trabalho pode prever outras sanções disciplinares, desde que não prejudiquem os direitos e garantias do trabalhador.

3 – A aplicação das sanções deve respeitar os seguintes limites:

a) As sanções pecuniárias aplicadas a trabalhador por infracções praticadas no mesmo dia não podem exceder um terço da retribuição diária e, em cada ano civil, a retribuição correspondente a 30 dias;
b) A perda de dias de férias não pode pôr em causa o gozo de 20 dias úteis;
c) A suspensão do trabalho não pode exceder 30 dias por cada infracção e, em cada ano civil, o total de 90 dias.

4 – Sempre que o justifiquem as especiais condições de trabalho, os limites estabelecidos nas alíneas *a)* e *c)* do número anterior podem ser elevados até ao dobro por instrumento de regulamentação colectiva de trabalho.

5 – A sanção pode ser agravada pela sua divulgação no âmbito da empresa.

Artigo 366.º (CT)
Sanções disciplinares

O empregador pode aplicar, dentro dos limites fixados no artigo 368.º, as seguintes sanções disciplinares, independentemente de outras fixadas em instrumento de regulamentação colectiva de trabalho e sem prejuízo dos direitos e garantias gerais do trabalhador:

a) Repreensão;
b) Repreensão registada;
c) Sanção pecuniária;
d) Perda de dias de férias;
e) Suspensão do trabalho com perda de retribuição e de antiguidade;
f) Despedimento sem qualquer indemnização ou compensação.

Artigo 368.º (CT)
Limites às sanções disciplinares

1 – As sanções pecuniárias aplicadas a um trabalhador por infracções praticadas no mesmo dia não podem exceder um terço da retribuição diária, e, em cada ano civil, a retribuição correspondente a 30 dias.

2 – A perda de dias de férias não pode pôr em causa o gozo de 20 dias úteis de férias.

3 – A suspensão do trabalho não pode exceder por cada infracção 30 dias e, em cada ano civil, o total de 90 dias.

6 – Constitui contra-ordenação grave a violação do disposto nos n.ºˢ 3 ou 4.

Artigo 329.º
Procedimento disciplinar e prescrição

1 – O direito de exercer o poder disciplinar prescreve um ano após a prática da infracção, ou no prazo de prescrição da lei penal se o facto constituir igualmente crime.

2 – O procedimento disciplinar deve iniciar-se nos 60 dias subsequentes àquele em que o empregador, ou o superior hierárquico com competência disciplinar, teve conhecimento da infracção.

3 – O procedimento disciplinar prescreve decorrido um ano contado da data em que é instaurado quando, nesse prazo, o trabalhador não seja notificado da decisão final.

Artigo 369.º (CT)
Agravamento das sanções disciplinares

1 – Sempre que o justifiquem as especiais condições de trabalho, é lícito elevar até ao dobro, por instrumento de regulamentação colectiva de trabalho, os limites fixados nos n.ºˢ 1 e 3 do artigo anterior.

2 – As sanções referidas no artigo 366.º podem ser agravadas pela respectiva divulgação dentro da empresa.

Artigo 680.º (CT)
Sanções disciplinares

1 – Constitui contra-ordenação grave a violação do disposto no artigo 368.º, no n.º 1 do artigo 369.º, no n.º 1 do artigo 370.º, no n.º 1 do artigo 371.º e no artigo 373.º, bem como a aplicação de sanção abusiva nos termos do artigo 374.º

2 – Constitui contra-ordenação leve a violação do disposto no artigo 376.º

Artigo 365.º
Poder disciplinar

1 – O empregador tem poder disciplinar sobre o trabalhador que se encontre ao seu serviço, enquanto vigorar o contrato de trabalho.

2 – O poder disciplinar tanto pode ser exercido directamente pelo empregador como pelo superior hierárquico do trabalhador, nos termos por aquele estabelecidos.

Artigo 371.º (CT)
Procedimento

1 – A sanção disciplinar não pode ser aplicada sem audiência prévia do trabalhador.

4 – O poder disciplinar pode ser exercido directamente pelo empregador, ou por superior hierárquico do trabalhador, nos termos estabelecidos por aquele.

5 – Iniciado o procedimento disciplinar, o empregador pode suspender o trabalhador se a presença deste se mostrar inconveniente, mantendo o pagamento da retribuição.

6 – A sanção disciplinar não pode ser aplicada sem audiência prévia do trabalhador.

7 – Sem prejuízo do correspondente direito de acção judicial, o trabalhador pode reclamar para o escalão hierarquicamente superior ao que aplicou a sanção, ou recorrer a processo de resolução de litígio quando previsto em instrumento de regulamentação colectiva de trabalho ou na lei.

8 – Constitui contra-ordenação grave a violação do disposto no n.º 6.

2 – Sem prejuízo do correspondente direito de acção judicial, o trabalhador pode reclamar para o escalão hierarquicamente superior na competência disciplinar àquele que aplicou a sanção ou, sempre que existam, recorrer a mecanismos de composição de conflitos previstos em instrumento de regulamentação colectiva de trabalho ou na lei.

3 – Iniciado o procedimento disciplinar, pode o empregador suspender o trabalhador, se a presença deste se mostrar inconveniente, mas não lhe é lícito suspender o pagamento da retribuição.

Artigo 372.º (CT)
Exercício da acção disciplinar

1 – O procedimento disciplinar deve exercer-se nos 60 dias subsequentes àquele em que o empregador, ou o superior hierárquico com competência disciplinar, teve conhecimento da infracção.

2 – A infracção disciplinar prescreve ao fim de um ano a contar do momento em que teve lugar, salvo se os factos constituírem igualmente crime, caso em que são aplicáveis os prazos prescricionais da lei penal.

Artigo 680.º (CT)
Sanções disciplinares

1 – Constitui contra-ordenação grave a violação do disposto no artigo 368.º, no n.º 1 do artigo 369.º, no n.º 1 do artigo 370.º, no n.º 1 do artigo 371.º e no artigo 373.º, bem como a aplicação de sanção abusiva nos termos do artigo 374.º

2 – Constitui contra-ordenação leve a violação do disposto no artigo 376.º

Artigo 330.º
Critério de decisão e aplicação de sanção disciplinar

1 – A sanção disciplinar deve ser proporcional à gravidade da infracção e à culpabilidade do infractor, não podendo aplicar-se mais de uma pela mesma infracção.

2 – A aplicação da sanção deve ter lugar nos três meses subsequentes à decisão, sob pena de caducidade.

3 – O empregador deve entregar ao serviço responsável pela gestão financeira do orçamento da Segurança Social o montante de sanção pecuniária aplicada.

4 – Constitui contra-ordenação grave a violação do disposto nos n.ᵒˢ 2 ou 3.

Artigo 331.º
Sanções abusivas

1 – Considera-se abusiva a sanção disciplinar motivada pelo facto de o trabalhador:

a) Ter reclamado legitimamente contra as condições de trabalho;

b) Se recusar a cumprir ordem a que não deva obediência, nos termos da alínea *e)* do n.º 1 e do n.º 2 do artigo 128.º;

c) Exercer ou candidatar-se ao exercício de funções em estrutura de representação colectiva dos trabalhadores;

d) Em geral, exercer, ter exercido, pretender exercer ou invocar os seus direitos ou garantias.

Artigo 367.º (CT)
Proporcionalidade

A sanção disciplinar deve ser proporcional à gravidade da infracção e à culpabilidade do infractor, não podendo aplicar-se mais de uma pela mesma infracção.

Artigo 373.º (CT)
Aplicação da sanção

A aplicação da sanção só pode ter lugar nos três meses subsequentes à decisão.

Artigo 680.º (CT)
Sanções disciplinares

1 – Constitui contra-ordenação grave a violação do disposto no artigo 368.º, no n.º 1 do artigo 369.º, no n.º 1 do artigo 370.º, no n.º 1 do artigo 371.º e no artigo 373.º, bem como a aplicação de sanção abusiva nos termos do artigo 374.º

2 – Constitui contra-ordenação leve a violação do disposto no artigo 376.º

Artigo 374.º (CT)
Sanções abusivas

1 – Considera-se abusiva a sanção disciplinar motivada pelo facto de o trabalhador:

a) Haver reclamado legitimamente contra as condições de trabalho;

b) Recusar-se a cumprir ordens a que não devesse obediência, nos termos da alínea d) do n.º 1 e do n.º 2 do artigo 121.º;

c) Exercer ou candidatar-se a funções em organismos de representação de trabalhadores;

d) Em geral, exercer, ter exercido, pretender exercer ou invocar os direitos e garantias que lhe assistem.

2 – Presume-se abusivo o despedimento ou outra sanção aplicada alegadamente para punir uma infracção, quando tenha lugar:
a) Até seis meses após qualquer dos factos mencionados no número anterior;
b) Até um ano após reclamação ou outra forma de exercício de direitos relativos a igualdade e não discriminação.
3 – O empregador que aplicar sanção abusiva deve indemnizar o trabalhador nos termos gerais, com as alterações constantes dos números seguintes.
4 – Em caso de despedimento, o trabalhador tem direito a optar entre a reintegração e uma indemnização calculada nos termos do n.º 3 do artigo 392.º.
5 – Em caso de sanção pecuniária ou suspensão do trabalho, a indemnização não deve ser inferior a 10 vezes a importância daquela ou da retribuição perdida.
6 – O empregador que aplique sanção abusiva no caso previsto na alínea *c)* do n.º 1 deve indemnizar o trabalhador nos seguintes termos:
a) Os mínimos a que se refere o número anterior são elevados para o dobro;
b) Em caso de despedimento, a indemnização não deve ser inferior ao valor da retribuição base e diuturnidades correspondentes a 12 meses.
7 – Constitui contra-ordenação grave a aplicação de sanção abusiva

2 – *Presume-se abusivo o despedimento ou a aplicação de qualquer sanção sob a aparência de punição de outra falta, quando tenha lugar até seis meses após qualquer dos factos mencionados nas alíneas a), b) e d) do número anterior.*

Artigo 375.º (CT)
Consequências gerais da aplicação de sanção abusiva

1 – O empregador que aplicar alguma sanção abusiva nos casos previstos nas alíneas do n.º 1 do artigo anterior fica obrigado a indemnizar o trabalhador nos termos gerais, com as alterações constantes dos números seguintes.
2 – Se a sanção consistir no despedimento, o trabalhador tem o direito de optar entre a reintegração e uma indemnização calculada de modo idêntico ao previsto no n.º 4 do artigo 439.º
3 – Tratando-se de sanção pecuniária ou suspensão, a indemnização não deve ser inferior a 10 vezes a importância daquela ou da retribuição perdida.
4 – O empregador que aplicar alguma sanção abusiva no caso previsto na alínea c) do n.º 1 do artigo anterior, indemniza o trabalhador nos seguintes termos:
a) Os mínimos fixados no número anterior são elevados para o dobro;
b) Em caso de despedimento, a indemnização nunca é inferior à retribuição base e diuturnidades correspondentes a 12 meses de serviço.

Artigo 332.º
Registo de sanções disciplinares

1 – O empregador deve ter um registo actualizado das sanções disciplinares, feito por forma que permita facilmente a verificação do cumprimento das disposições aplicáveis, nomeadamente por parte das autoridades competentes que solicitem a sua consulta.

2 – Constitui contra-ordenação leve a violação do disposto no número anterior.

SECÇÃO IV
Garantias de créditos do trabalhador

Artigo 333.º
Privilégios creditórios

1 – Os créditos do trabalhador emergentes de contrato de trabalho, ou da sua violação ou cessação gozam dos seguintes privilégios creditórios:
a) Privilégio mobiliário geral;

Artigo 680.º (CT)
Sanções disciplinares

1 – Constitui contra-ordenação grave a violação do disposto no artigo 368.º, no n.º 1 do artigo 369.º, no n.º 1 do artigo 370.º, no n.º 1 do artigo 371.º e no artigo 373.º, bem como a aplicação de sanção abusiva nos termos do artigo 374.º

2 – Constitui contra-ordenação leve a violação do disposto no artigo 376.º

Artigo 376.º (CT)
Registo das sanções disciplinares

O empregador deve manter devidamente actualizado, a fim de o apresentar às autoridades competentes sempre que o requeiram, o registo das sanções disciplinares, escriturado de forma a poder verificar-se facilmente o cumprimento das disposições anteriores.

Artigo 680.º (CT)
Sanções disciplinares

1 – Constitui contra-ordenação grave a violação do disposto no artigo 368.º, no n.º 1 do artigo 369.º, no n.º 1 do artigo 370.º, no n.º 1 do artigo 371.º e no artigo 373.º, bem como a aplicação de sanção abusiva nos termos do artigo 374.º

2 – Constitui contra-ordenação leve a violação do disposto no artigo 376.º

Artigo 377.º (CT)
Privilégios creditórios

1 – Os créditos emergentes do contrato de trabalho e da sua violação ou cessação, pertencentes ao trabalhador, gozam dos seguintes privilégios creditórios:

b) Privilégio imobiliário especial sobre bem imóvel do empregador no qual o trabalhador presta a sua actividade.

2 – A graduação dos créditos faz-se pela ordem seguinte:

a) O crédito com privilégio mobiliário geral é graduado antes de crédito referido no n.º 1 do artigo 747.º do Código Civil;

b) O crédito com privilégio imobiliário especial é graduado antes de crédito referido no artigo 748.º do Código Civil e de crédito relativo a contribuição para a segurança social.

a) Privilégio mobiliário geral;

b) Privilégio imobiliário especial sobre os bens imóveis do empregador nos quais o trabalhador preste a sua actividade.

2 – A graduação dos créditos faz-se pela ordem seguinte:

a) O crédito com privilégio mobiliário geral é graduado antes dos créditos referidos no n.º 1 do artigo 747.º do Código Civil;

b) O crédito com privilégio imobiliário especial é graduado antes dos créditos referidos no artigo 748.º do Código Civil e ainda dos créditos de contribuições devidas à segurança social.

Artigo 334.º
Responsabilidade solidária de sociedade em relação de participações recíprocas, de domínio ou de grupo

Por crédito emergente de contrato de trabalho, ou da sua violação ou cessação, vencido há mais de três meses, respondem solidariamente o empregador e sociedade que com este se encontre em relação de participações recíprocas, de domínio ou de grupo, nos termos previstos nos artigos 481.º e seguintes do Código das Sociedades Comerciais.

Artigo 335.º
Responsabilidade de sócio, gerente, administrador ou director

1 – O sócio que, só por si ou juntamente com outros a quem esteja ligado por acordos parassociais, se encontre numa das situações previstas no artigo

Artigo 378.º (CT)
Responsabilidade solidária das sociedades em relação de domínio ou de grupo

Pelos montantes pecuniários resultantes de créditos emergentes do contrato de trabalho e da sua violação ou cessação, vencidos há mais de três meses, respondem solidariamente o empregador e as sociedades que com este se encontrem em relação de participações recíprocas, de domínio ou de grupo, nos termos previstos nos artigos 481.º e seguintes do Código das Sociedades Comerciais.

Artigo 379.º (CT)
Responsabilidade dos sócios

1 – O sócio que, só por si ou juntamente com outros a quem esteja ligado por acordos parassociais, se encontre numa das situações previstas no artigo 83.º do Código das Sociedades

83.º do Código das Sociedades Comerciais, responde nos termos do artigo anterior, desde que se verifiquem os pressupostos dos artigos 78.º, 79.º e 83.º daquele diploma e pelo modo neles estabelecido.

2 – O gerente, administrador ou director responde nos termos previstos no artigo anterior, desde que se verifiquem os pressupostos dos artigos 78.º e 79.º do Código das Sociedades Comerciais e pelo modo neles estabelecido.

Artigo 336.º
Fundo de Garantia Salarial

O pagamento de créditos de trabalhador emergentes de contrato de trabalho, ou da sua violação ou cessação, que não possam ser pagos pelo empregador por motivo de insolvência ou de situação económica difícil, é assegurado pelo Fundo de Garantia Salarial, nos termos previstos em legislação específica

SECÇÃO V
Prescrição e prova

Artigo 337.º
Prescrição e prova de crédito

1 – O crédito de empregador ou de trabalhador emergente de contrato de trabalho, da sua violação ou cessação prescreve decorrido um ano a partir do dia seguinte àquele em que cessou o contrato de trabalho.

2 – O crédito correspondente a compensação por violação do direito a férias, indemnização por aplicação de sanção abusiva ou pagamento de trabalho suplementar, vencido há mais de

Comerciais responde nos termos do artigo anterior, desde que se verifiquem os pressupostos dos artigos 78.º, 79.º e 83.º daquele diploma e nos moldes aí estabelecidos.

2 – Os gerentes, administradores ou directores respondem nos termos previstos no artigo anterior desde que se verifiquem os pressupostos dos artigos 78.º e 79.º do Código das Sociedades Comerciais e nos moldes aí estabelecidos.

Artigo 380.º (CT)
Garantia de pagamento

A garantia do pagamento dos créditos emergentes do contrato de trabalho e da sua violação ou cessação, pertencentes ao trabalhador, que não possam ser pagos pelo empregador por motivo de insolvência ou de situação económica difícil é assumida e suportada pelo Fundo de Garantia Salarial, nos termos previstos em legislação especial.

Artigo 381.º (CT)
Prescrição e regime de provas dos créditos resultantes do contrato de trabalho

1 – Todos os créditos resultantes do contrato de trabalho e da sua violação ou cessação, pertencentes ao empregador ou ao trabalhador, extinguem-se por prescrição, decorrido um ano a partir do dia seguinte àquele em que cessou o contrato de trabalho.

2 – Os créditos resultantes da indemnização por falta do gozo de férias, pela aplicação de sanções abusivas ou

cinco anos, só pode ser provado por documento idóneo.

pela realização de trabalho suplementar, vencidos há mais de cinco anos, só podem, todavia, ser provados por documento idóneo.

CAPÍTULO VII
Cessação de contrato de trabalho

SECÇÃO I
Disposições gerais sobre cessação de contrato de trabalho

Artigo 338.º
Proibição de despedimento sem justa causa

É proibido o despedimento sem justa causa ou por motivos políticos ou ideológicos

Artigo 382.º (CT)
Proibição de despedimento sem justa causa

São proibidos os despedimentos sem justa causa ou por motivos políticos ou ideológicos.

Artigo 339.º
Imperatividade do regime de cessação do contrato de trabalho

1 – O regime estabelecido no presente capítulo não pode ser afastado por instrumento de regulamentação colectiva de trabalho ou por contrato de trabalho, salvo o disposto nos números seguintes ou em outra disposição legal.

2 – Os critérios de definição de indemnizações, os prazos de procedimento e de aviso prévio consagrados neste capítulo podem ser regulados por instrumento de regulamentação colectiva de trabalho.

3 – Os valores de indemnizações podem, dentro dos limites deste Código, ser regulados por instrumento de regulamentação colectiva de trabalho.

Artigo 383.º (CT)
Natureza imperativa

1 – O regime fixado no presente capítulo não pode ser afastado ou modificado por instrumento de regulamentação colectiva de trabalho ou por contrato de trabalho, salvo o disposto nos números seguintes ou em outra disposição legal.

2 – Os critérios de definição de indemnizações, os prazos de procedimento e de aviso prévio consagrados neste capítulo podem ser regulados por instrumento de regulamentação colectiva de trabalho.

3 – Os valores de indemnizações podem, dentro dos limites fixados neste Código, ser regulados por instrumento de regulamentação colectiva de trabalho.

Artigo 340.º
Modalidades de cessação do contrato de trabalho

Para além de outras modalidades legalmente previstas, o contrato de trabalho pode cessar por:
a) Caducidade;
b) Revogação;
c) Despedimento por facto imputável ao trabalhador;
d) Despedimento colectivo;
e) Despedimento por extinção de posto de trabalho;
f) Despedimento por inadaptação;
g) Resolução pelo trabalhador;
h) Denúncia pelo trabalhador.

Artigo 341.º
Documentos a entregar ao trabalhador

1 – Cessando o contrato de trabalho, o empregador deve entregar ao trabalhador:
a) Um certificado de trabalho, indicando as datas de admissão e de cessação, bem como o cargo ou cargos desempenhados;
b) Outros documentos destinados a fins oficiais, designadamente os previstos na legislação de segurança social, que deva emitir mediante solicitação.

2 – O certificado de trabalho só pode conter outras referências a pedido do trabalhador.

3 – Constitui contra-ordenação leve a violação do disposto neste artigo.

Artigo 384.º (CT)
Modalidades de cessação do contrato de trabalho

O contrato de trabalho pode cessar por:
a) Caducidade;
b) Revogação;
c) Resolução;
d) Denúncia.

Artigo 385.º (CT)
Documentos a entregar ao trabalhador

1 – Quando cesse o contrato de trabalho, o empregador é obrigado a entregar ao trabalhador um certificado de trabalho, indicando as datas de admissão e de saída, bem como o cargo ou cargos que desempenhou.

2 – O certificado não pode conter quaisquer outras referências, salvo pedido do trabalhador nesse sentido.

3 – Além do certificado de trabalho, o empregador é obrigado a entregar ao trabalhador outros documentos destinados a fins oficiais que por aquele devam ser emitidos e que este solicite, designadamente os previstos na legislação de segurança social.

Artigo 342.º
Devolução de instrumentos de trabalho

Cessando o contrato de trabalho, o trabalhador deve devolver imediatamente ao empregador os instrumentos de trabalho e quaisquer outros objectos pertencentes a este, sob pena de incorrer em responsabilidade civil pelos danos causados.

SECÇÃO II
Caducidade de contrato de trabalho

Artigo 343.º
Causas de caducidade de contrato de trabalho

O contrato de trabalho caduca nos termos gerais, nomeadamente:

a) Verificando-se o seu termo;

b) Por impossibilidade superveniente, absoluta e definitiva, de o trabalhador prestar o seu trabalho ou de o empregador o receber;

c) Com a reforma do trabalhador, por velhice ou invalidez.

Artigo 344.º
Caducidade de contrato de trabalho a termo certo

1 – O contrato de trabalho a termo certo caduca no final do prazo estipulado, ou da sua renovação, desde que o empregador ou o trabalhador comunique à outra parte a vontade de o fazer cessar, por escrito, respectivamente, 15 ou oito dias antes de o prazo expirar.

2 – Em caso de caducidade de contrato a termo certo decorrente de declaração do empregador, o trabalhador tem direito a compensação correspondente a

Artigo 386.º (CT)
Devolução de instrumentos de trabalho

Cessando o contrato, o trabalhador deve devolver imediatamente ao empregador os instrumentos de trabalho e quaisquer outros objectos que sejam pertença deste, sob pena de incorrer em responsabilidade civil pelos danos causados.

Artigo 387.º (CT)
Causas de caducidade

O contrato de trabalho caduca nos termos gerais, nomeadamente:

a) Verificando-se o seu termo;

b) Em caso de impossibilidade superveniente, absoluta e definitiva de o trabalhador prestar o seu trabalho ou de o empregador o receber;

c) Com a reforma do trabalhador, por velhice ou invalidez.

Artigo 388.º (CT)
Caducidade do contrato a termo certo

1 – O contrato caduca no termo do prazo estipulado desde que o empregador ou o trabalhador comunique, respectivamente, 15 ou 8 dias antes de o prazo expirar, por forma escrita, a vontade de o fazer cessar.

2 – A caducidade do contrato a termo certo que decorra de declaração do empregador confere ao trabalhador o direito a uma compensação correspondente a três ou dois dias de retribuição base e diuturnidades por cada

três ou dois dias de retribuição base e diuturnidades por cada mês de duração do contrato, consoante esta não exceda ou seja superior a seis meses, respectivamente.

3 – A parte da compensação relativa a fracção de mês de duração do contrato é calculada proporcionalmente.

4 – Constitui contra-ordenação grave a violação do disposto no n.º 2.

mês de duração do vínculo, consoante o contrato tenha durado por um período que, respectivamente, não exceda ou seja superior a seis meses.

3 – Para efeitos da compensação prevista no número anterior a duração do contrato que corresponda a fracção de mês é calculada proporcionalmente.

Artigo 681.º (CT)
Cessação do contrato de trabalho

1 – Constitui contra-ordenação grave:

a) A violação do disposto no n.º 2 do artigo 388.º, no n.º 4 do artigo 389.º, no n.º 5 do artigo 390.º, no n.º 1 do artigo 401.º, no n.º 1 do artigo 436.º e no n.º 2 do artigo 440.º, bem como a violação do direito à retribuição no caso previsto no n.º 1 do artigo 417.º;

b) O despedimento do trabalhador com fundamento em justa causa com violação do disposto nos n.ºˢ 1, 2 e 3 do artigo 411.º, nos artigos 413.º a 415.º e 418.º;

c) O despedimento colectivo com violação do disposto nos n.ºˢ 1, 2 e 4 do artigo 419.º, nos n.ºˢ 1 e 3 do artigo 420.º e no n.º 1 do artigo 422.º;

d) O despedimento com fundamento na extinção do posto de trabalho com violação do disposto nos n.ºˢ 1, 2 e 4 do artigo 403.º, no artigo 423.º e no n.º 1 do artigo 425.º;

e) O despedimento com fundamento na inadaptação com violação do disposto no n.º 1 do artigo 407.º, e nos artigos 408.º, 410.º e 426.º, bem como a falta de fundamentação da comunicação de despedimento, nos termos do n.º 1 do artigo 428.º

2 – Excluem-se do disposto nas alíneas b), c), d) e e) do número anterior os casos em que, existindo fundamento para a ilicitude do despedimento, o empregador assegure ao trabalhador os direitos previstos no artigo 436.º

3 – No caso de violação do disposto no artigo 410.º, o não cumprimento da obrigação no prazo fixado pela autoridade administrativa constitui uma nova infracção punida com o dobro da coima prevista no n.º 1 deste artigo.

4 – Constitui contra-ordenação leve a violação do disposto nos n.ºs 1 e 2 do artigo 394.º, nos n.ºs 1 e 2 do artigo 399.º, incluindo quando aplicáveis em caso de despedimento por extinção do posto de trabalho ou por inadaptação do trabalhador, no n.º 3 do artigo 419.º, nos n.ºs 2, 3 e 4 do artigo 422.º, no n.º 2 do artigo 425.º, assim como o impedimento à participação dos serviços competentes do ministério responsável pela área laboral no processo de negociação referido no n.º 1 do artigo 421.º

Artigo 345.º
Caducidade de contrato de trabalho a termo incerto

1 – O contrato de trabalho a termo incerto caduca quando, prevendo-se a ocorrência do termo, o empregador comunique a cessação do mesmo ao trabalhador, com a antecedência mínima de sete, 30 ou 60 dias conforme o contrato tenha durado até seis meses, de seis meses a dois anos ou por período superior.

2 – Tratando-se de situação prevista na alínea e) ou h) do n.º 2 do artigo

Artigo 389.º (CT)
Caducidade do contrato a termo incerto

1 – O contrato caduca quando, prevendo-se a ocorrência do termo incerto, o empregador comunique ao trabalhador a cessação do mesmo, com a antecedência mínima de 7, 30 ou 60 dias, conforme o contrato tenha durado até seis meses, de seis meses até dois anos ou por período superior.

2 – Tratando-se de situações previstas nas alíneas d) e g) do artigo 143.º, que dêem lugar à contratação de

140.º que dê lugar à contratação de vários trabalhadores, a comunicação a que se refere o número anterior deve ser feita, sucessivamente, a partir da verificação da diminuição gradual da respectiva ocupação, em consequência da normal redução da actividade, tarefa ou obra para que foram contratados.

3 – Na falta da comunicação a que se refere o n.º 1, o empregador deve pagar ao trabalhador o valor da retribuição correspondente ao período de aviso prévio em falta.

4 – Em caso de caducidade de contrato a termo incerto, o trabalhador tem direito a compensação calculada nos termos dos n.ᵒˢ 2 e 3 do artigo anterior.

5 – Constitui contra-ordenação grave a violação do disposto no número anterior.

vários trabalhadores, a comunicação a que se refere o número anterior deve ser feita, sucessivamente, a partir da verificação da diminuição gradual da respectiva ocupação, em consequência da normal redução da actividade, tarefa ou obra para que foram contratados.

3 – A falta da comunicação a que se refere o n.º 1 implica para o empregador o pagamento da retribuição correspondente ao período de aviso prévio em falta

4 – A cessação do contrato confere ao trabalhador o direito a uma compensação calculada nos termos do n.º 2 do artigo anterior.

Artigo 681.º (CT)
Cessação do contrato de trabalho

1 – Constitui contra-ordenação grave:

a) A violação do disposto no n.º 2 do artigo 388.º, no n.º 4 do artigo 389.º, no n.º 5 do artigo 390.º, no n.º 1 do artigo 401.º, no n.º 1 do artigo 436.º e no n.º 2 do artigo 440.º, bem como a violação do direito à retribuição no caso previsto no n.º 1 do artigo 417.º;

b) O despedimento do trabalhador com fundamento em justa causa com violação do disposto nos n.ᵒˢ 1, 2 e 3 do artigo 411.º, nos artigos 413.º a 415.º e 418.º;

c) O despedimento colectivo com violação do disposto nos n.ᵒˢ 1, 2 e 4 do artigo 419.º, nos n.ᵒˢ 1 e 3 do artigo 420.º e no n.º 1 do artigo 422.º;

d) O despedimento com fundamento na extinção do posto de trabalho com violação do disposto nos n.ᵒˢ 1, 2 e 4 do artigo 403.º, no artigo 423.º e no n.º 1 do artigo 425.º;

e) O despedimento com fundamento na inadaptação com violação do disposto no n.º 1 do artigo 407.º, e nos artigos 408.º, 410.º e 426.º, bem como a falta de fundamentação da comunicação de despedimento, nos termos do n.º 1 do artigo 428.º

2 – Excluem-se do disposto nas alíneas b), c), d) e e) do número anterior os casos em que, existindo fundamento para a ilicitude do despedimento, o empregador assegure ao trabalhador os direitos previstos no artigo 436.º

3 – No caso de violação do disposto no artigo 410.º, o não cumprimento da obrigação no prazo fixado pela autoridade administrativa constitui uma nova infracção punida com o dobro da coima prevista no n.º 1 deste artigo.

4 – Constitui contra-ordenação leve a violação do disposto nos n.ºs 1 e 2 do artigo 394.º, nos n.ºs 1 e 2 do artigo 399.º, incluindo quando aplicáveis em caso de despedimento por extinção do posto de trabalho ou por inadaptação do trabalhador, no n.º 3 do artigo 419.º, nos n.ºs 2, 3 e 4 do artigo 422.º, no n.º 2 do artigo 425.º, assim como o impedimento à participação dos serviços competentes do ministério responsável pela área laboral no processo de negociação referido no n.º 1 do artigo 421.º

Artigo 346.º Morte de empregador, extinção de pessoa colectiva ou encerramento de empresa	*Artigo 390.º (CT)* *Morte do empregador e extinção ou encerramento da empresa*
1 – A morte de empregador em nome individual faz caducar o contrato de trabalho na data do encerramento da empresa, salvo se o sucessor do falecido continuar a actividade para que o	*1 – A morte do empregador em nome individual faz caducar o contrato de trabalho na data do encerramento da empresa, salvo se os sucessores do falecido continuarem a actividade para que o trabalhador foi contratado ou se se*

trabalhador se encontra contratado, ou se verificar a transmissão da empresa ou estabelecimento.

2 – A extinção de pessoa colectiva empregadora, quando não se verifique a transmissão da empresa ou estabelecimento, determina a caducidade do contrato de trabalho.

3 – O encerramento total e definitivo de empresa determina a caducidade do contrato de trabalho, devendo, caso o número de trabalhadores corresponda ao da noção de despedimento colectivo, seguir-se o procedimento previsto nos artigos 360.º e seguintes, com as necessárias adaptações.

4 – O disposto no número anterior não se aplica a microempresas, de cujo encerramento o trabalhador deve ser informado com a antecedência prevista nos n.ºˢ 1 e 2 do artigo 363.º.

5 – Verificando-se a caducidade do contrato em caso previsto num dos números anteriores, o trabalhador tem direito a compensação calculada nos termos do artigo 366.º, pela qual responde o património da empresa.

6 – Constitui contra-ordenação grave a violação do disposto no número anterior.

verificar a transmissão da empresa ou estabelecimento.

2 – A extinção da pessoa colectiva empregadora, quando se não verifique a transmissão da empresa ou estabelecimento, determina a caducidade do contrato de trabalho.

3 – O encerramento total e definitivo da empresa determina a caducidade do contrato de trabalho, devendo, em tal caso, seguir-se o procedimento previsto nos artigos 419.º e seguintes, com as necessárias adaptações.

4 – O disposto no número anterior não se aplica às microempresas, de cujo encerramento o trabalhador deve, não obstante, ser informado com 60 dias de antecedência.

5 – Verificando-se a caducidade do contrato nos casos previstos nos números anteriores, o trabalhador tem direito à compensação estabelecida no artigo 401.º, pela qual responde o património da empresa.

Artigo 681.º (CT)
Cessação do contrato de trabalho

1 – Constitui contra-ordenação grave:

a) A violação do disposto no n.º 2 do artigo 388.º, no n.º 4 do artigo 389.º, no n.º 5 do artigo 390.º, no n.º 1 do artigo 401.º, no n.º 1 do artigo 436.º e no n.º 2 do artigo 440.º, bem como a violação do direito à retribuição no caso previsto no n.º 1 do artigo 417.º;

b) O despedimento do trabalhador com fundamento em justa causa com violação do disposto nos n.ºˢ 1, 2 e 3 do artigo 411.º, nos artigos 413.º a 415.º e 418.º;

c) O despedimento colectivo com violação do disposto nos n.ᵒˢ 1, 2 e 4 do artigo 419.º, nos n.ᵒˢ 1 e 3 do artigo 420.º e no n.º 1 do artigo 422.º;

d) O despedimento com fundamento na extinção do posto de trabalho com violação do disposto nos n.ᵒˢ 1, 2 e 4 do artigo 403.º, no artigo 423.º e no n.º 1 do artigo 425.º;

e) O despedimento com fundamento na inadaptação com violação do disposto no n.º 1 do artigo 407.º, e nos artigos 408.º, 410.º e 426.º, bem como a falta de fundamentação da comunicação de despedimento, nos termos do n.º 1 do artigo 428.º

2 – Excluem-se do disposto nas alíneas b), c), d) e e) do número anterior os casos em que, existindo fundamento para a ilicitude do despedimento, o empregador assegure ao trabalhador os direitos previstos no artigo 436.º

3 – No caso de violação do disposto no artigo 410.º, o não cumprimento da obrigação no prazo fixado pela autoridade administrativa constitui uma nova infracção punida com o dobro da coima prevista no n.º 1 deste artigo.

4 – Constitui contra-ordenação leve a violação do disposto nos n.ᵒˢ 1 e 2 do artigo 394.º, nos n.ᵒˢ 1 e 2 do artigo 399.º, incluindo quando aplicáveis em caso de despedimento por extinção do posto de trabalho ou por inadaptação do trabalhador, no n.º 3 do artigo 419.º, nos n.ᵒˢ 2, 3 e 4 do artigo 422.º, no n.º 2 do artigo 425.º, assim como o impedimento à participação dos serviços competentes do ministério responsável pela área laboral no processo de negociação referido no n.º 1 do artigo 421.º

Artigo 347.º
Insolvência e recuperação de empresa

1 – A declaração judicial de insolvência do empregador não faz cessar o contrato de trabalho, devendo o administrador da insolvência continuar a satisfazer integralmente as obrigações para com os trabalhadores enquanto o estabelecimento não for definitivamente encerrado.

2 – Antes do encerramento definitivo do estabelecimento, o administrador da insolvência pode fazer cessar o contrato de trabalho de trabalhador cuja colaboração não seja indispensável ao funcionamento da empresa.

3 – A cessação de contratos de trabalho decorrente do encerramento do estabelecimento ou realizada nos termos do n.º 2, que abranja trabalhadores em número correspondente ao da noção de despedimento colectivo, deve ser antecedida de procedimento previsto nos artigos 360.º e seguintes, com as necessárias adaptações.

4 – O disposto no número anterior não se aplica às microempresas.

5 – O disposto no n.º 3 aplica-se em caso de processo de insolvência que possa determinar o encerramento do estabelecimento.

Artigo 348.º
Conversão em contrato a termo após reforma por velhice ou idade de 70 anos

1 – Considera-se a termo o contrato de trabalho de trabalhador que permaneça ao serviço decorridos 30 dias sobre o conhecimento, por ambas as partes, da sua reforma por velhice.

Artigo 391.º (CT)
Insolvência e recuperação de empresa

1 – A declaração judicial de insolvência do empregador não faz cessar os contratos de trabalho, devendo o administrador da insolvência continuar a satisfazer integralmente as obrigações que dos referidos contratos resultem para os trabalhadores enquanto o estabelecimento não for definitivamente encerrado.

2 – Pode, todavia, o administrador da insolvência, antes do encerramento definitivo do estabelecimento, fazer cessar os contratos de trabalho dos trabalhadores cuja colaboração não seja indispensável à manutenção do funcionamento da empresa.

3 – Com excepção das microempresas, a cessação do contrato de trabalho decorrente do encerramento previsto no n.º 1 ou realizada nos termos do n.º 2 deve ser antecedida de procedimento previsto nos artigos 419.º e seguintes, com as necessárias adaptações.

4 – O disposto no número anterior aplica-se em caso de processo de insolvência que possa determinar o encerramento do estabelecimento.

Artigo 392.º (CT)
Reforma por velhice

1 – A permanência do trabalhador ao serviço decorridos 30 dias sobre o conhecimento, por ambas as partes, da sua reforma por velhice determina a aposição ao contrato de um termo resolutivo.

2 – O contrato previsto no número anterior fica sujeito, com as necessárias adaptações, ao regime definido neste

2 – No caso previsto no número anterior, o contrato fica sujeito ao regime definido neste Código para o contrato a termo resolutivo, com as necessárias adaptações e as seguintes especificidades:
a) É dispensada a redução do contrato a escrito;
b) O contrato vigora pelo prazo de seis meses, renovando-se por períodos iguais e sucessivos, sem sujeição a limites máximos;
c) A caducidade do contrato fica sujeita a aviso prévio de 60 ou 15 dias, consoante a iniciativa pertença ao empregador ou ao trabalhador;
d) A caducidade não determina o pagamento de qualquer compensação ao trabalhador.
3 – O disposto nos números anteriores é aplicável a contrato de trabalho de trabalhador que atinja 70 anos de idade sem ter havido reforma.

SECÇÃO III
Revogação de contrato de trabalho

Artigo 349.º
Cessação de contrato de trabalho por acordo

1 – O empregador e o trabalhador podem fazer cessar o contrato de trabalho por acordo.
2 – O acordo de revogação deve constar de documento assinado por ambas as partes, ficando cada uma com um exemplar.
3 – O documento deve mencionar expressamente a data de celebração do acordo e a de início da produção dos respectivos efeitos.
4 – As partes podem, simultaneamente, acordar outros efeitos, dentro dos limites da lei.

Código para o contrato a termo resolutivo, ressalvadas as seguintes especificidades:
a) É dispensada a redução do contrato a escrito;
b) O contrato vigora pelo prazo de seis meses, sendo renovável por períodos iguais e sucessivos, sem sujeição a limites máximos;
c) A caducidade do contrato fica sujeita a aviso prévio de 60 dias, se for da iniciativa do empregador, ou de 15 dias, se a iniciativa pertencer ao trabalhador;
d) A caducidade não determina o pagamento de qualquer compensação ao trabalhador.
3 – Quando o trabalhador atinja os 70 anos de idade sem ter havido caducidade do vínculo por reforma, é aposto ao contrato um termo resolutivo, com as especificidades constantes do número anterior.

Artigo 393.º (CT)
Cessação por acordo

O empregador e o trabalhador podem fazer cessar o contrato de trabalho por acordo, nos termos do disposto no artigo seguinte.

Artigo 394.º (CT)
Exigência da forma escrita

1 – O acordo de cessação deve constar de documento assinado por ambas as partes, ficando cada uma com um exemplar.
2 – O documento deve mencionar expressamente a data da celebração do acordo e a de início da produção dos respectivos efeitos.

5 – Se, no acordo ou conjuntamente com este, as partes estabelecerem uma compensação pecuniária global para o trabalhador, presume-se que esta inclui os créditos vencidos à data da cessação do contrato ou exigíveis em virtude desta.

6 – Constitui contra-ordenação leve a violação do disposto nos n.ᵒˢ 2 ou 3.

3 – No mesmo documento podem as partes acordar na produção de outros efeitos, desde que não contrariem o disposto neste Código.

4 – Se, no acordo de cessação, ou conjuntamente com este, as partes estabelecerem uma compensação pecuniária de natureza global para o trabalhador, presume-se que naquela foram pelas partes incluídos e liquidados os créditos já vencidos à data da cessação do contrato ou exigíveis em virtude dessa cessação.

Artigo 681.º (CT)
Cessação do contrato de trabalho

1 – Constitui contra-ordenação grave:

a) A violação do disposto no n.º 2 do artigo 388.º, no n.º 4 do artigo 389.º, no n.º 5 do artigo 390.º, no n.º 1 do artigo 401.º, no n.º 1 do artigo 436.º e no n.º 2 do artigo 440.º, bem como a violação do direito à retribuição no caso previsto no n.º 1 do artigo 417.º;

b) O despedimento do trabalhador com fundamento em justa causa com violação do disposto nos n.ᵒˢ 1, 2 e 3 do artigo 411.º, nos artigos 413.º a 415.º e 418.º;

c) O despedimento colectivo com violação do disposto nos n.ᵒˢ 1, 2 e 4 do artigo 419.º, nos n.ᵒˢ 1 e 3 do artigo 420.º e no n.º 1 do artigo 422.º;

d) O despedimento com fundamento na extinção do posto de trabalho com violação do disposto nos n.ᵒˢ 1, 2 e 4 do artigo 403.º, no artigo 423.º e no n.º 1 do artigo 425.º;

e) O despedimento com fundamento na inadaptação com violação do disposto no n.º 1 do artigo 407.º, e nos artigos 408.º, 410.º e 426.º, bem como a falta de fundamentação da comunicação de despedimento, nos termos do n.º 1 do artigo 428.º

2 – Excluem-se do disposto nas alíneas b), c), d) e e) do número anterior os casos em que, existindo fundamento para a ilicitude do despedimento, o empregador assegure ao trabalhador os direitos previstos no artigo 436.º

3 – No caso de violação do disposto no artigo 410.º, o não cumprimento da obrigação no prazo fixado pela autoridade administrativa constitui uma nova infracção punida com o dobro da coima prevista no n.º 1 deste artigo.

4 – Constitui contra-ordenação leve a violação do disposto nos n.ºs 1 e 2 do artigo 394.º, nos n.ºs 1 e 2 do artigo 399.º, incluindo quando aplicáveis em caso de despedimento por extinção do posto de trabalho ou por inadaptação do trabalhador, no n.º 3 do artigo 419.º, nos n.ºs 2, 3 e 4 do artigo 422.º, no n.º 2 do artigo 425.º, assim como o impedimento à participação dos serviços competentes do ministério responsável pela área laboral no processo de negociação referido no n.º 1 do artigo 421.º

Artigo 350.º
Cessação do acordo de revogação

1 – O trabalhador pode fazer cessar o acordo de revogação do contrato de trabalho mediante comunicação escrita dirigida ao empregador, até ao sétimo dia seguinte à data da respectiva celebração.

2 – O trabalhador, caso não possa assegurar a recepção da comunicação no prazo previsto no número anterior, deve

Artigo 395.º (CT)
Cessação do acordo de revogação

1 – Os efeitos do acordo de revogação do contrato de trabalho podem cessar por decisão do trabalhador até ao 7.º dia seguinte à data da respectiva celebração, mediante comunicação escrita.

2 – No caso de não ser possível assegurar a recepção da comunicação prevista no número anterior, o trabalhador

remetê-la por carta registada com aviso de recepção, no dia útil subsequente ao fim do prazo.

3 – A cessação prevista no n.º 1 só é eficaz se, em simultâneo com a comunicação, o trabalhador entregar ou puser, por qualquer forma, à disposição do empregador a totalidade do montante das compensações pecuniárias pagas em cumprimento do acordo, ou por efeito da cessação do contrato de trabalho.

4 – Exceptua-se do disposto nos números anteriores o acordo de revogação devidamente datado e cujas assinaturas sejam objecto de reconhecimento notarial presencial, nos termos da lei.

SECÇÃO IV
Despedimento por iniciativa do empregador

SUBSECÇÃO I
Modalidades de despedimento

DIVISÃO I
Despedimento por facto imputável ao trabalhador

Artigo 351.º
Noção de justa causa de despedimento

1 – Constitui justa causa de despedimento o comportamento culposo do trabalhador que, pela sua gravidade e consequências, torne imediata e praticamente impossível a subsistência da relação de trabalho.

2 – Constituem, nomeadamente, justa causa de despedimento os seguintes comportamentos do trabalhador:

a) Desobediência ilegítima às ordens dadas por responsáveis hierarquicamente superiores;

b) Violação de direitos e garantias de trabalhadores da empresa;

deve remetê-la ao empregador, por carta registada com aviso de recepção, no dia útil subsequente ao fim desse prazo.

3 – A cessação prevista no n.º 1 só é eficaz se, em simultâneo com a comunicação, o trabalhador entregar ou puser por qualquer forma à disposição do empregador, na totalidade, o valor das compensações pecuniárias eventualmente pagas em cumprimento do acordo, ou por efeito da cessação do contrato de trabalho.

4 – Exceptua-se do disposto nos números anteriores o acordo de revogação do contrato de trabalho devidamente datado e cujas assinaturas sejam objecto de reconhecimento notarial presencial.

Artigo 396.º (CT)
Justa causa de despedimento

1 – O comportamento culposo do trabalhador que, pela sua gravidade e consequências, torne imediata e praticamente impossível a subsistência da relação de trabalho constitui justa causa de despedimento.

2 – Para apreciação da justa causa deve atender-se, no quadro de gestão da empresa, ao grau de lesão dos interesses do empregador, ao carácter das relações entre as partes ou entre o trabalhador e os seus companheiros e às demais circunstâncias que no caso se mostrem relevantes.

3 – Constituem, nomeadamente, justa

c) Provocação repetida de conflitos com trabalhadores da empresa;

d) Desinteresse repetido pelo cumprimento, com a diligência devida, de obrigações inerentes ao exercício do cargo ou posto de trabalho a que está afecto;

e) Lesão de interesses patrimoniais sérios da empresa;

f) Falsas declarações relativas à justificação de faltas;

g) Faltas não justificadas ao trabalho que determinem directamente prejuízos ou riscos graves para a empresa, ou cujo número atinja, em cada ano civil, cinco seguidas ou 10 interpoladas, independentemente de prejuízo ou risco;

h) Falta culposa de observância de regras de segurança e saúde no trabalho;

i) Prática, no âmbito da empresa, de violências físicas, injúrias ou outras ofensas punidas por lei sobre trabalhador da empresa, elemento dos corpos sociais ou empregador individual não pertencente a estes, seus delegados ou representantes;

j) Sequestro ou em geral crime contra a liberdade das pessoas referidas na alínea anterior;

l) Incumprimento ou oposição ao cumprimento de decisão judicial ou administrativa;

m) Reduções anormais de produtividade.

3 – Na apreciação da justa causa, deve atender-se, no quadro de gestão da empresa, ao grau de lesão dos interesses do empregador, ao carácter das relações entre as partes ou entre o trabalhador e os seus companheiros e às demais circunstâncias que no caso sejam relevantes.

causa de despedimento os seguintes comportamentos do trabalhador:

a) Desobediência ilegítima às ordens dadas por responsáveis hierarquicamente superiores;

b) Violação dos direitos e garantias de trabalhadores da empresa;

c) Provocação repetida de conflitos com outros trabalhadores da empresa;

d) Desinteresse repetido pelo cumprimento, com a diligência devida, das obrigações inerentes ao exercício do cargo ou posto de trabalho que lhe esteja confiado;

e) Lesão de interesses patrimoniais sérios da empresa;

f) Falsas declarações relativas à justificação de faltas;

g) Faltas não justificadas ao trabalho que determinem directamente prejuízos ou riscos graves para a empresa ou, independentemente de qualquer prejuízo ou risco, quando o número de faltas injustificadas atingir, em cada ano civil, 5 seguidas ou 10 interpoladas;

h) Falta culposa de observância das regras de higiene e segurança no trabalho;

i) Prática, no âmbito da empresa, de violências físicas, de injúrias ou outras ofensas punidas por lei sobre trabalhadores da empresa, elementos dos corpos sociais ou sobre o empregador individual não pertencente aos mesmos órgãos, seus delegados ou representantes;

j) Sequestro e em geral crimes contra a liberdade das pessoas referidas na alínea anterior;

l) Incumprimento ou oposição ao cumprimento de decisões judiciais ou administrativas;

m) Reduções anormais de produtividade.

Artigo 352.º
Inquérito prévio

Caso o procedimento prévio de inquérito seja necessário para fundamentar a nota de culpa, o seu início interrompe a contagem dos prazos estabelecidos nos n.ᵒˢ 1 ou 2 do artigo 329.º, desde que ocorra nos 30 dias seguintes à suspeita de comportamentos irregulares, o procedimento seja conduzido de forma diligente e a nota de culpa seja notificada até 30 dias após a conclusão do mesmo.

Artigo 353.º
Nota de culpa

1 – No caso em que se verifique algum comportamento susceptível de constituir justa causa de despedimento, o empregador comunica, por escrito, ao trabalhador que o tenha praticado a intenção de proceder ao seu despedimento, juntando nota de culpa com a descrição circunstanciada dos factos que lhe são imputados.
2 – Na mesma data, o empregador remete cópias da comunicação e da nota de culpa à comissão de trabalhadores e, caso o trabalhador seja representante sindical, à associação sindical respectiva.
3 – A notificação da nota de culpa ao trabalhador interrompe a contagem dos prazos estabelecidos nos n.ᵒˢ 1 ou 2 do artigo 329.º.
4 – Constitui contra-ordenação grave, ou muito grave no caso de representante sindical, o despedimento de trabalhador com violação do disposto nos n.ᵒˢ 1 ou 2.

Artigo 412.º (CT)
Instauração do procedimento

A instauração do procedimento prévio de inquérito interrompe os prazos a que se refere o n.º 4 do artigo anterior, desde que, mostrando-se aquele procedimento necessário para fundamentar a nota de culpa, seja iniciado e conduzido de forma diligente, não mediando mais de 30 dias entre a suspeita de existência de comportamentos irregulares e o início do inquérito, nem entre a sua conclusão e a notificação da nota de culpa.

Artigo 411.º (CT)
Nota de culpa

1 – Nos casos em que se verifique algum comportamento susceptível de integrar o conceito de justa causa enunciado no n.º 1 do artigo 396.º, o empregador comunica, por escrito, ao trabalhador que tenha incorrido nas respectivas infracções a sua intenção de proceder ao despedimento, juntando nota de culpa com a descrição circunstanciada dos factos que lhe são imputados.
2 – Na mesma data é remetida à comissão de trabalhadores da empresa cópia daquela comunicação e da nota de culpa.
3 – Se o trabalhador for representante sindical, é ainda enviada cópia dos dois documentos à associação sindical respectiva.
4 – A comunicação da nota de culpa ao trabalhador interrompe a contagem dos prazos estabelecidos no artigo 372.º

Artigo 681.º (CT)
Cessação do contrato de trabalho

1 – Constitui contra-ordenação grave:
a) A violação do disposto no n.º 2 do artigo 388.º, no n.º 4 do artigo 389.º, no n.º 5 do artigo 390.º, no n.º 1 do artigo 401.º, no n.º 1 do artigo 436.º e no n.º 2 do artigo 440.º, bem como a violação do direito à retribuição no caso previsto no n.º 1 do artigo 417.º;

b) O despedimento do trabalhador com fundamento em justa causa com violação do disposto nos n.ºs 1, 2 e 3 do artigo 411.º, nos artigos 413.º a 415.º e 418.º;

c) O despedimento colectivo com violação do disposto nos n.ºs 1, 2 e 4 do artigo 419.º, nos n.ºs 1 e 3 do artigo 420.º e no n.º 1 do artigo 422.º;

d) O despedimento com fundamento na extinção do posto de trabalho com violação do disposto nos n.ºs 1, 2 e 4 do artigo 403.º, no artigo 423.º e no n.º 1 do artigo 425.º;

e) O despedimento com fundamento na inadaptação com violação do disposto no n.º 1 do artigo 407.º, e nos artigos 408.º, 410.º e 426.º, bem como a falta de fundamentação da comunicação de despedimento, nos termos do n.º 1 do artigo 428.º

2 – Excluem-se do disposto nas alíneas b), c), d) e e) do número anterior os casos em que, existindo fundamento para a ilicitude do despedimento, o empregador assegure ao trabalhador os direitos previstos no artigo 436.º

3 – No caso de violação do disposto no artigo 410.º, o não cumprimento da obrigação no prazo fixado pela autoridade administrativa constitui uma nova

infracção punida com o dobro da coima prevista no n.º 1 deste artigo.

4 – Constitui contra-ordenação leve a violação do disposto nos n.ᵒˢ 1 e 2 do artigo 394.º, nos n.ᵒˢ 1 e 2 do artigo 399.º, incluindo quando aplicáveis em caso de despedimento por extinção do posto de trabalho ou por inadaptação do trabalhador, no n.º 3 do artigo 419.º, nos n.ᵒˢ 2, 3 e 4 do artigo 422.º, no n.º 2 do artigo 425.º, assim como o impedimento à participação dos serviços competentes do ministério responsável pela área laboral no processo de negociação referido no n.º 1 do artigo 421.º

Artigo 354.º
Suspensão preventiva de trabalhador

1 – Com a notificação da nota de culpa, o empregador pode suspender preventivamente o trabalhador cuja presença na empresa se mostrar inconveniente, mantendo o pagamento da retribuição.

2 – A suspensão a que se refere o número anterior pode ser determinada nos 30 dias anteriores à notificação, desde que o empregador justifique, por escrito, que, tendo em conta indícios de factos imputáveis ao trabalhador, a presença deste na empresa é inconveniente, nomeadamente para a averiguação de tais factos, e que ainda não foi possível elaborar a nota de culpa

Artigo 417.º (CT)
Suspensão preventiva do trabalhador

1 – Com a notificação da nota de culpa, o empregador pode suspender preventivamente o trabalhador, sem perda de retribuição, sempre que a sua presença se mostrar inconveniente.

2 – A suspensão a que se refere o número anterior pode ser determinada 30 dias antes da notificação da nota de culpa, desde que o empregador, por escrito, justifique que, tendo em conta indícios de factos imputáveis ao trabalhador, a sua presença na empresa é inconveniente, nomeadamente para a averiguação de tais factos, e que não foi ainda possível elaborar a nota de culpa.

Artigo 355.º
Resposta à nota de culpa

1 – O trabalhador dispõe de 10 dias úteis para consultar o processo e responder à nota de culpa, deduzindo por

Artigo 413.º (CT)
Resposta à nota de culpa

O trabalhador dispõe de 10 dias úteis para consultar o processo e responder à nota de culpa, deduzindo por

escrito os elementos que considera relevantes para esclarecer os factos e a sua participação nos mesmos, podendo juntar documentos e solicitar as diligências probatórias que se mostrem pertinentes para o esclarecimento da verdade.

2 – Constitui contra-ordenação grave, ou muito grave no caso de representante sindical, o despedimento de trabalhador com violação do disposto no número anterior.

escrito os elementos que considere relevantes para o esclarecimento dos factos e da sua participação nos mesmos, podendo juntar documentos e solicitar as diligências probatórias que se mostrem pertinentes para o esclarecimento da verdade.

Artigo 681.º (CT)
Cessação do contrato de trabalho

1 – Constitui contra-ordenação grave:
a) A violação do disposto no n.º 2 do artigo 388.º, no n.º 4 do artigo 389.º, no n.º 5 do artigo 390.º, no n.º 1 do artigo 401.º, no n.º 1 do artigo 436.º e no n.º 2 do artigo 440.º, bem como a violação do direito à retribuição no caso previsto no n.º 1 do artigo 417.º;

b) O despedimento do trabalhador com fundamento em justa causa com violação do disposto nos n.ºˢ 1, 2 e 3 do artigo 411.º, nos artigos 413.º a 415.º e 418.º;

c) O despedimento colectivo com violação do disposto nos n.ºˢ 1, 2 e 4 do artigo 419.º, nos n.ºˢ 1 e 3 do artigo 420.º e no n.º 1 do artigo 422.º;

d) O despedimento com fundamento na extinção do posto de trabalho com violação do disposto nos n.ºˢ 1, 2 e 4 do artigo 403.º, no artigo 423.º e no n.º 1 do artigo 425.º;

e) O despedimento com fundamento na inadaptação com violação do disposto no n.º 1 do artigo 407.º, e nos artigos 408.º, 410.º e 426.º, bem como a falta de fundamentação da comunicação de despedimento, nos termos do n.º 1 do artigo 428.º

2 – Excluem-se do disposto nas alíneas b), c), d) e e) do número anterior os casos em que, existindo funda-

mento para a ilicitude do despedimento, o empregador assegure ao trabalhador os direitos previstos no artigo 436.º

3 – No caso de violação do disposto no artigo 410.º, o não cumprimento da obrigação no prazo fixado pela autoridade administrativa constitui uma nova infracção punida com o dobro da coima prevista no n.º 1 deste artigo.

4 – Constitui contra-ordenação leve a violação do disposto nos n.ºs 1 e 2 do artigo 394.º, nos n.ºs 1 e 2 do artigo 399.º, incluindo quando aplicáveis em caso de despedimento por extinção do posto de trabalho ou por inadaptação do trabalhador, no n.º 3 do artigo 419.º, nos n.ºs 2, 3 e 4 do artigo 422.º, no n.º 2 do artigo 425.º, assim como o impedimento à participação dos serviços competentes do ministério responsável pela área laboral no processo de negociação referido no n.º 1 do artigo 421.º

Artigo 356.º
Instrução

1 – Cabe ao empregador decidir a realização das diligências probatórias requeridas na resposta à nota de culpa.

2 – Se o despedimento respeitar a trabalhadora grávida, puérpera ou lactante ou a trabalhador no gozo de licença parental, o empregador, por si ou através de instrutor que tenha nomeado, deve realizar as diligências probatórias requeridas na resposta à nota de culpa, a menos que as considere patentemente dilatórias ou impertinentes, devendo neste caso alegá-lo fundamentadamente por escrito.

3 – Quando haja lugar à instrução requerida pelo trabalhador, o empregador

Artigo 414.º (CT)
Instrução

1 – O empregador, por si ou através de instrutor que tenha nomeado, procede às diligências probatórias requeridas na resposta à nota de culpa, a menos que as considere patentemente dilatórias ou impertinentes, devendo, nesse caso, alegá-lo fundamentadamente por escrito.

2 – O empregador não é obrigado a proceder à audição de mais de 3 testemunhas por cada facto descrito na nota de culpa, nem mais de 10 no total, cabendo ao trabalhador assegurar a respectiva comparência para o efeito.

3 – Concluídas as diligências probatórias, o processo é apresentado, por

não é obrigado a proceder à audição de mais de três testemunhas por cada facto descrito na nota de culpa, nem mais de 10 no total.

4 – O trabalhador deve assegurar a comparência das testemunhas que indicar.

5 – Após a recepção da resposta à nota de culpa ou a conclusão das diligências probatórias, o empregador apresenta cópia integral do processo à comissão de trabalhadores e, caso o trabalhador seja representante sindical, à associação sindical respectiva, que podem, no prazo de cinco dias úteis, fazer juntar ao processo o seu parecer fundamentado.

6 – Para efeito do número anterior, o trabalhador pode comunicar ao empregador, nos três dias úteis posteriores à recepção da nota de culpa, que o parecer sobre o processo é emitido por determinada associação sindical, não havendo neste caso lugar a apresentação de cópia do processo à comissão de trabalhadores.

7 – Constitui contra-ordenação grave, ou muito grave no caso de representante sindical, o despedimento de trabalhador com violação do disposto nos n.ºs 2, 5 ou 6.

cópia integral, à comissão de trabalhadores e, no caso do n.º 3 do artigo 411.º, à associação sindical respectiva, que podem, no prazo de cinco dias úteis, fazer juntar ao processo o seu parecer fundamentado.

Artigo 681.º (CT)
Cessação do contrato de trabalho

1 – Constitui contra-ordenação grave:

a) A violação do disposto no n.º 2 do artigo 388.º, no n.º 4 do artigo 389.º, no n.º 5 do artigo 390.º, no n.º 1 do artigo 401.º, no n.º 1 do artigo 436.º e no n.º 2 do artigo 440.º, bem como a violação do direito à retribuição no caso previsto no n.º 1 do artigo 417.º;

b) O despedimento do trabalhador com fundamento em justa causa com violação do disposto nos n.ºs 1, 2 e 3 do artigo 411.º, nos artigos 413.º a 415.º e 418.º;

c) O despedimento colectivo com violação do disposto nos n.ºs 1, 2 e 4 do artigo 419.º, nos n.ºs 1 e 3 do artigo 420.º e no n.º 1 do artigo 422.º;

d) O despedimento com fundamento na extinção do posto de trabalho com violação do disposto nos n.ºs 1, 2 e 4 do artigo 403.º, no artigo 423.º e no n.º 1 do artigo 425.º;

e) O despedimento com fundamento na inadaptação com violação do disposto no n.º 1 do artigo 407.º, e nos artigos 408.º, 410.º e 426.º, bem como a falta de fundamentação da comunicação de despedimento, nos termos do n.º 1 do artigo 428.º

2 – Excluem-se do disposto nas alíneas b), c), d) e e) do número anterior os casos em que, existindo fundamento para a ilicitude do despedimento, o empregador assegure ao trabalhador os direitos previstos no artigo 436.º

3 – No caso de violação do disposto no artigo 410.º, o não cumprimento da obrigação no prazo fixado pela autoridade administrativa constitui uma nova infracção punida com o dobro da coima prevista no n.º 1 deste artigo.

4 – Constitui contra-ordenação leve a violação do disposto nos n.ºs 1 e 2 do artigo 394.º, nos n.ºs 1 e 2 do artigo 399.º, incluindo quando aplicáveis em caso de despedimento por extinção do posto de trabalho ou por inadaptação do trabalhador, no n.º 3 do artigo 419.º, nos n.ºs 2, 3 e 4 do artigo 422.º, no n.º 2 do artigo 425.º, assim como o impedimento à participação dos serviços competentes do ministério responsável pela área laboral no processo de negociação referido no n.º 1 do artigo 421.º

Artigo 357.º
Decisão de despedimento por facto imputável ao trabalhador

1 – Recebidos os pareceres referidos no n.º 5 do artigo anterior ou decorrido o prazo para o efeito, o empregador dispõe de 30 dias para proferir a decisão de despedimento, sob pena de caducidade do direito de aplicar a sanção.

2 – Quando não exista comissão de trabalhadores e o trabalhador não seja representante sindical, o prazo referido no número anterior conta-se a partir da data da conclusão da última diligência de instrução.

3 – Se o empregador optar por não realizar as diligências probatórias requeridas pelo trabalhador, a decisão só pode ser tomada depois de decorridos

Artigo 415.º (CT)
Decisão

1 – Decorrido o prazo referido no n.º 3 do artigo anterior, o empregador dispõe de 30 dias para proferir a decisão, sob pena de caducidade do direito de aplicar a sanção.

2 – A decisão deve ser fundamentada e constar de documento escrito.

3 – Na decisão são ponderadas as circunstâncias do caso, a adequação do despedimento à culpabilidade do trabalhador, bem como os pareceres que tenham sido juntos nos termos do n.º 3 do artigo anterior, não podendo ser invocados factos não constantes da nota de culpa, nem referidos na defesa escrita do trabalhador, salvo se atenuarem ou diminuírem a responsabilidade.

cinco dias úteis após a recepção dos pareceres dos representantes dos trabalhadores, ou o decurso do prazo para o efeito ou, caso não exista comissão de trabalhadores e o trabalhador não seja representante sindical, após a recepção da resposta à nota de culpa ou o decurso do prazo para este efeito.

4 – Na decisão são ponderadas as circunstâncias do caso, nomeadamente as referidas no n.º 3 do artigo 351.º, a adequação do despedimento à culpabilidade do trabalhador e os pareceres dos representantes dos trabalhadores, não podendo ser invocados factos não constantes da nota de culpa ou da resposta do trabalhador, salvo se atenuarem a responsabilidade.

5 – A decisão deve ser fundamentada e constar de documento escrito.

6 – A decisão é comunicada, por cópia ou transcrição, ao trabalhador, à comissão de trabalhadores, ou à associação sindical respectiva, caso aquele seja representante sindical ou na situação a que se refere o n.º 6 do artigo anterior.

7 – A decisão determina a cessação do contrato logo que chega ao poder do trabalhador ou é dele conhecida ou, ainda, quando só por culpa do trabalhador não foi por ele oportunamente recebida.

8 – Constitui contra-ordenação grave, ou muito grave no caso de representante sindical, o despedimento de trabalhador com violação do disposto nos n.ºs 1 a 3 e 5 a 7.

4 – *A decisão fundamentada é comunicada, por cópia ou transcrição, ao trabalhador e à comissão de trabalhadores, bem como, no caso do n.º 3 do artigo 411.º, à associação sindical.*

Artigo 416.º (CT)
Cessação

1 – A declaração de despedimento determina a cessação do contrato logo que chega ao poder do trabalhador ou é dele conhecida.

2 – É também considerada eficaz a declaração de despedimento que só por culpa do trabalhador não foi por ele oportunamente recebida.

Artigo 681.º (CT)
Cessação do contrato de trabalho

1 – Constitui contra-ordenação grave:

a) A violação do disposto no n.º 2 do artigo 388.º, no n.º 4 do artigo 389.º, no n.º 5 do artigo 390.º, no n.º 1 do artigo 401.º, no n.º 1 do artigo 436.º e no n.º 2 do artigo 440.º, bem como a violação do direito à retribuição no caso previsto no n.º 1 do artigo 417.º;

b) O despedimento do trabalhador com fundamento em justa causa com violação do disposto nos n.ºs 1, 2 e 3 do artigo 411.º, nos artigos 413.º a 415.º e 418.º;

c) O despedimento colectivo com violação do disposto nos n.ºs 1, 2 e 4 do artigo 419.º, nos n.ºs 1 e 3 do artigo 420.º e no n.º 1 do artigo 422.º;

d) O despedimento com fundamento na extinção do posto de trabalho com violação do disposto nos n.ºs 1, 2 e 4 do artigo 403.º, no artigo 423.º e no n.º 1 do artigo 425.º;

e) *O despedimento com fundamento na inadaptação com violação do disposto no n.º 1 do artigo 407.º, e nos artigos 408.º, 410.º e 426.º, bem como a falta de fundamentação da comunicação de despedimento, nos termos do n.º 1 do artigo 428.º*

2 – Excluem-se do disposto nas alíneas b), c), d) e e) do número anterior os casos em que, existindo fundamento para a ilicitude do despedimento, o empregador assegure ao trabalhador os direitos previstos no artigo 436.º

3 – No caso de violação do disposto no artigo 410.º, o não cumprimento da obrigação no prazo fixado pela autoridade administrativa constitui uma nova infracção punida com o dobro da coima prevista no n.º 1 deste artigo.

4 – Constitui contra-ordenação leve a violação do disposto nos n.ºs 1 e 2 do artigo 394.º, nos n.ºs 1 e 2 do artigo 399.º, incluindo quando aplicáveis em caso de despedimento por extinção do posto de trabalho ou por inadaptação do trabalhador, no n.º 3 do artigo 419.º, nos n.ºs 2, 3 e 4 do artigo 422.º, no n.º 2 do artigo 425.º, assim como o impedimento à participação dos serviços competentes do ministério responsável pela área laboral no processo de negociação referido no n.º 1 do artigo 421.º

Artigo 358.º
Procedimento em caso de microempresa

1 – No procedimento de despedimento em microempresa, caso o trabalhador não seja membro de comissão de trabalhadores ou representante sindical, são dispensadas as formalidades pre-

Artigo 418.º (CT)
Microempresas

1 – Nas microempresas são dispensadas, no procedimento de despedimento, as formalidades previstas nos n.º 2 e 3 do artigo 411.º, no artigo 413.º, nos n.º 1 e 3 do artigo 414.º e no artigo 415.º

vistas no n.º 2 do artigo 353.º, no n.º 5 do artigo 356.º e nos n.ᵒˢ 1, 2, 3 e 6 do artigo anterior, sendo aplicável o disposto nos números seguintes.

2 – Na ponderação e fundamentação da decisão, é aplicável o disposto no n.º 4 do artigo anterior, com excepção da referência a pareceres de representantes dos trabalhadores.

3 – O empregador pode proferir a decisão dentro dos seguintes prazos:

a) Se o trabalhador não responder à nota de culpa, 30 dias a contar do termo do prazo para resposta à mesma;

b) Caso realize as diligências probatórias requeridas pelo trabalhador, 30 dias a contar da conclusão da última diligência;

c) Caso opte por não realizar as diligências probatórias requeridas pelo trabalhador, decorridos cinco dias úteis após a recepção da resposta à nota de culpa, e até 30 dias após esta data.

4 – Se o empregador não proferir a decisão até ao termo do prazo referido em qualquer das alíneas do número anterior, o direito de aplicar a sanção caduca.

5 – A decisão é comunicada, por cópia ou transcrição, ao trabalhador.

6 – Constitui contra-ordenação grave a violação do disposto nos n.ᵒˢ 2, 3 ou 5.

2 – É garantida a audição do trabalhador, que a pode substituir, no prazo de 10 dias úteis contados da notificação da nota de culpa, por alegação escrita dos elementos que considere relevantes para o esclarecimento dos factos e da sua participação nos mesmos, podendo requerer a audição de testemunhas.

3 – A decisão do despedimento deve ser fundamentada com discriminação dos factos imputados ao trabalhador, sendo-lhe comunicada por escrito.

4 – No caso de o trabalhador ser membro da comissão de trabalhadores ou representante sindical, o processo disciplinar segue os termos dos artigos 411.º e seguintes.

Artigo 681.º (CT)
Cessação do contrato de trabalho

1 – Constitui contra-ordenação grave:

a) A violação do disposto no n.º 2 do artigo 388.º, no n.º 4 do artigo 389.º, no n.º 5 do artigo 390.º, no n.º 1 do artigo 401.º, no n.º 1 do artigo 436.º e no n.º 2 do artigo 440.º, bem como a violação do direito à retribuição no caso previsto no n.º 1 do artigo 417.º;

b) O despedimento do trabalhador com fundamento em justa causa com violação do disposto nos n.ᵒˢ 1, 2 e 3 do artigo 411.º, nos artigos 413.º a 415.º e 418.º;

c) O despedimento colectivo com violação do disposto nos n.ᵒˢ 1, 2 e 4 do artigo 419.º, nos n.ᵒˢ 1 e 3 do artigo 420.º e no n.º 1 do artigo 422.º;

d) O despedimento com fundamento na extinção do posto de trabalho com violação do disposto nos n.ᵒˢ 1, 2 e 4 do

artigo 403.º, no artigo 423.º e no n.º 1 do artigo 425.º;
e) O despedimento com fundamento na inadaptação com violação do disposto no n.º 1 do artigo 407.º, e nos artigos 408.º, 410.º e 426.º, bem como a falta de fundamentação da comunicação de despedimento, nos termos do n.º 1 do artigo 428.º
2 – Excluem-se do disposto nas alíneas b), c), d) e e) do número anterior os casos em que, existindo fundamento para a ilicitude do despedimento, o empregador assegure ao trabalhador os direitos previstos no artigo 436.º
3 – No caso de violação do disposto no artigo 410.º, o não cumprimento da obrigação no prazo fixado pela autoridade administrativa constitui uma nova infracção punida com o dobro da coima prevista no n.º 1 deste artigo.
4 – Constitui contra-ordenação leve a violação do disposto nos n.ºs 1 e 2 do artigo 394.º, nos n.ºs 1 e 2 do artigo 399.º, incluindo quando aplicáveis em caso de despedimento por extinção do posto de trabalho ou por inadaptação do trabalhador, no n.º 3 do artigo 419.º, nos n.ºs 2, 3 e 4 do artigo 422.º, no n.º 2 do artigo 425.º, assim como o impedimento à participação dos serviços competentes do ministério responsável pela área laboral no processo de negociação referido no n.º 1 do artigo 421.º

DIVISÃO II
Despedimento colectivo

Artigo 359.º
Noção de despedimento colectivo

1 – Considera-se despedimento colectivo a cessação de contratos de trabalho promovida pelo empregador e operada simultânea ou sucessivamente no período de três meses, abrangendo, pelo

Artigo 397.º (CT)
Noção

1 – Considera-se despedimento colectivo a cessação de contratos de trabalho promovida pelo empregador e operada simultânea ou sucessivamente no período de três meses, abrangendo,

menos, dois ou cinco trabalhadores, conforme se trate, respectivamente, de microempresa ou de pequena empresa, por um lado, ou de média ou grande empresa, por outro, sempre que aquela ocorrência se fundamenta em encerramento de uma ou várias secções ou estrutura equivalente ou a redução do número de trabalhadores e seja determinada por motivos de mercado, estruturais ou tecnológicos.

2 – Para efeitos do disposto no número anterior consideram-se, nomeadamente:

a) Motivos de mercado – redução da actividade da empresa provocada pela diminuição previsível da procura de bens ou serviços ou na impossibilidade superveniente, prática ou legal, de colocar estes no mercado, provocando redução da actividade da empresa;

b) Motivos estruturais – desequilíbrio económico-financeiro, mudança de actividade, reestruturação da organização produtiva ou substituição de produtos dominantes;

c) Motivos tecnológicos – alterações nas técnicas ou processos de fabrico, automatização de instrumentos de produção, de controlo ou de movimentação de cargas, bem como informatização de serviços ou automatização de meios de comunicação.

Artigo 360.º
Comunicações em caso de despedimento colectivo

1 – O empregador que pretenda proceder a um despedimento colectivo comunica essa intenção, por escrito, à comissão de trabalhadores ou, na sua falta, à comissão intersindical ou às

pelo menos, dois ou cinco trabalhadores, conforme se trate, respectivamente, de microempresa e de pequena empresa, por um lado, ou de média e grande empresa, por outro, sempre que aquela ocorrência se fundamenta em encerramento de uma ou várias secções ou estrutura equivalente ou redução de pessoal determinada por motivos de mercado, estruturais ou tecnológicos.

2 – Para efeitos do disposto no número anterior consideram-se, nomeadamente:

a) Motivos de mercado – redução da actividade da empresa provocada pela diminuição previsível da procura de bens ou serviços ou impossibilidade superveniente, prática ou legal, de colocar esses bens ou serviços no mercado;

b) Motivos estruturais – desequilíbrio económico-financeiro, mudança de actividade, reestruturação da organização produtiva ou substituição de produtos dominantes;

c) Motivos tecnológicos – alterações nas técnicas ou processos de fabrico, automatização dos instrumentos de produção, de controlo ou de movimentação de cargas, bem como informatização de serviços ou automatização de meios de comunicação.

Artigo 419.º (CT)
Comunicações

1 – O empregador que pretenda promover um despedimento colectivo comunica, por escrito, à comissão de trabalhadores ou, na sua falta, à comissão intersindical ou às comissões sindicais da empresa representativas dos traba-

comissões sindicais da empresa representativas dos trabalhadores a abranger.

2 – Da comunicação a que se refere o número anterior devem constar:

a) Os motivos invocados para o despedimento colectivo;

b) O quadro de pessoal, discriminado por sectores organizacionais da empresa;

c) Os critérios para selecção dos trabalhadores a despedir;

d) O número de trabalhadores a despedir e as categorias profissionais abrangidas;

e) O período de tempo no decurso do qual se pretende efectuar o despedimento;

f) O método de cálculo de compensação a conceder genericamente aos trabalhadores a despedir, se for caso disso, sem prejuízo da compensação estabelecida no artigo 366.º ou em instrumento de regulamentação colectiva de trabalho.

3 – Na falta das entidades referidas no n.º 1, o empregador comunica a intenção de proceder ao despedimento, por escrito, a cada um dos trabalhadores que possam ser abrangidos, os quais podem designar, de entre eles, no prazo de cinco dias úteis a contar da recepção da comunicação, uma comissão representativa com o máximo de três ou cinco membros consoante o despedimento abranja até cinco ou mais trabalhadores.

4 – No caso previsto no número anterior, o empregador envia à comissão neste referida os elementos de informação discriminados no n.º 2.

5 – O empregador, na data em que procede à comunicação prevista no n.º 1 ou no número anterior, envia cópia da

lhadores a abranger a intenção de proceder ao despedimento.

2 – A comunicação a que se refere o número anterior deve ser acompanhada de:

a) Descrição dos motivos invocados para o despedimento colectivo;

b) Quadro de pessoal, discriminado por sectores organizacionais da empresa;

c) Indicação dos critérios que servem de base para a selecção dos trabalhadores a despedir;

d) Indicação do número de trabalhadores a despedir e das categorias profissionais abrangidas;

e) Indicação do período de tempo no decurso do qual se pretende efectuar o despedimento;

f) Indicação do método de cálculo de qualquer eventual compensação genérica a conceder aos trabalhadores a despedir, para além da indemnização referida no n.º 1 do artigo 401.º ou da estabelecida em instrumento de regulamentação colectiva de trabalho.

3 – Na mesma data deve ser enviada cópia da comunicação e dos documentos previstos no número anterior aos serviços competentes do ministério responsável pela área laboral.

4 – Na falta das entidades referidas no n.º 1, o empregador comunica, por escrito, a cada um dos trabalhadores que possam vir a ser abrangidos, a intenção de proceder ao despedimento, podendo estes designar, de entre eles, no prazo de cinco dias úteis contados da data da recepção daquela comunicação, uma comissão representativa, com o máximo de três ou cinco elementos, consoante o despedimento

mesma ao serviço do ministério responsável pela área laboral com competência para o acompanhamento e fomento da contratação colectiva.

6 – Constitui contra-ordenação grave o despedimento efectuado com violação do disposto nos n.ᵒˢ 1 a 4 e constitui contra-ordenação leve o efectuado com violação do disposto no n.º 5.

abranja até cinco ou mais trabalhadores.

5 – No caso previsto no número anterior, o empregador envia à comissão nele designada e aos serviços mencionados no n.º 3 os elementos referidos no n.º 2.

Artigo 681.º (CT)
Cessação do contrato de trabalho

1 – Constitui contra-ordenação grave:

a) A violação do disposto no n.º 2 do artigo 388.º, no n.º 4 do artigo 389.º, no n.º 5 do artigo 390.º, no n.º 1 do artigo 401.º, no n.º 1 do artigo 436.º e no n.º 2 do artigo 440.º, bem como a violação do direito à retribuição no caso previsto no n.º 1 do artigo 417.º;

b) O despedimento do trabalhador com fundamento em justa causa com violação do disposto nos n.ᵒˢ 1, 2 e 3 do artigo 411.º, nos artigos 413.º a 415.º e 418.º;

c) O despedimento colectivo com violação do disposto nos n.ᵒˢ 1, 2 e 4 do artigo 419.º, nos n.ᵒˢ 1 e 3 do artigo 420.º e no n.º 1 do artigo 422.º;

d) O despedimento com fundamento na extinção do posto de trabalho com violação do disposto nos n.ᵒˢ 1, 2 e 4 do artigo 403.º, no artigo 423.º e no n.º 1 do artigo 425.º;

e) O despedimento com fundamento na inadaptação com violação do disposto no n.º 1 do artigo 407.º, e nos artigos 408.º, 410.º e 426.º, bem como a falta de fundamentação da comunicação de despedimento, nos termos do n.º 1 do artigo 428.º

2 – Excluem-se do disposto nas alíneas b), c), d) e e) do número anterior os casos em que, existindo fundamento para a ilicitude do despedimento, o empregador assegure ao trabalhador os direitos previstos no artigo 436.º

3 – No caso de violação do disposto no artigo 410.º, o não cumprimento da obrigação no prazo fixado pela autoridade administrativa constitui uma nova infracção punida com o dobro da coima prevista no n.º 1 deste artigo.

4 – Constitui contra-ordenação leve a violação do disposto nos n.ºs 1 e 2 do artigo 394.º, nos n.ºs 1 e 2 do artigo 399.º, incluindo quando aplicáveis em caso de despedimento por extinção do posto de trabalho ou por inadaptação do trabalhador, no n.º 3 do artigo 419.º, nos n.ºs 2, 3 e 4 do artigo 422.º, no n.º 2 do artigo 425.º, assim como o impedimento à participação dos serviços competentes do ministério responsável pela área laboral no processo de negociação referido no n.º 1 do artigo 421.º

Artigo 361.º
Informações e negociação em caso de despedimento colectivo

1 – Nos cinco dias posteriores à data do acto previsto nos n.ºs 1 ou 4 do artigo anterior, o empregador promove uma fase de informações e negociação com a estrutura representativa dos trabalhadores, com vista a um acordo sobre a dimensão e efeitos das medidas a aplicar e, bem assim, de outras medidas que reduzam o número de trabalhadores a despedir, designadamente:

a) Suspensão de contratos de trabalho;

b) Redução de períodos normais de trabalho;

Artigo 420.º (CT)
Informações e negociações

1 – Nos 10 dias posteriores à data da comunicação prevista nos n.ºs 1 ou 5 do artigo anterior tem lugar uma fase de informações e negociação entre o empregador e a estrutura representativa dos trabalhadores, com vista à obtenção de um acordo sobre a dimensão e efeitos das medidas a aplicar e, bem assim, sobre a aplicação de outras medidas que reduzam o número de trabalhadores a despedir, designadamente:

a) Suspensão da prestação de trabalho;

b) Redução da prestação de trabalho;

c) Reconversão ou reclassificação profissional;
d) Reforma antecipada ou pré-reforma.

2 – A aplicação de medida prevista na alínea *a)* ou *b)* do número anterior a trabalhadores abrangidos por procedimento de despedimento colectivo não está sujeita ao disposto nos artigos 299.º e 300.º

3 – A aplicação de medida prevista na alínea *c)* ou *d)* do n.º 1 depende de acordo do trabalhador.

4 – O empregador e a estrutura representativa dos trabalhadores podem fazer-se assistir cada qual por um perito nas reuniões de negociação.

5 – Deve ser elaborada acta das reuniões de negociação, contendo a matéria acordada, bem como as posições divergentes das partes e as opiniões, sugestões e propostas de cada uma.

6 – Constitui contra-ordenação grave o despedimento efectuado com violação do disposto nos n.ºˢ 1 ou 3.

c) Reconversão e reclassificação profissional;
d) Reformas antecipadas e pré-reformas.

2 – Se no decurso de um procedimento de despedimento colectivo se vierem a adoptar as medidas previstas nas alíneas a) e b) do n.º 1, aos trabalhadores abrangidos não se aplica o disposto nos artigos 336.º e 337.º

3 – A aplicação das medidas previstas nas alíneas c) e d) do n.º 1 pressupõem o acordo do trabalhador.

4 – O empregador e a estrutura representativa dos trabalhadores podem cada qual fazer-se assistir por um perito nas reuniões de negociação.

5 – Das reuniões de negociação é lavrada acta contendo a matéria aprovada e, bem assim, as posições divergentes das partes, com as opiniões, sugestões e propostas de cada uma.

Artigo 681.º (CT)
Cessação do contrato de trabalho

1 – Constitui contra-ordenação grave:
a) A violação do disposto no n.º 2 do artigo 388.º, no n.º 4 do artigo 389.º, no n.º 5 do artigo 390.º, no n.º 1 do artigo 401.º, no n.º 1 do artigo 436.º e no n.º 2 do artigo 440.º, bem como a violação do direito à retribuição no caso previsto no n.º 1 do artigo 417.º;
b) O despedimento do trabalhador com fundamento em justa causa com violação do disposto nos n.ºˢ 1, 2 e 3 do artigo 411.º, nos artigos 413.º a 415.º e 418.º;
c) O despedimento colectivo com violação do disposto nos n.ºˢ 1, 2 e 4 do artigo 419.º, nos n.ºˢ 1 e 3 do artigo 420.º e no n.º 1 do artigo 422.º;

d) O despedimento com fundamento na extinção do posto de trabalho com violação do disposto nos n.ᵒˢ 1, 2 e 4 do artigo 403.º, no artigo 423.º e no n.º 1 do artigo 425.º;

e) O despedimento com fundamento na inadaptação com violação do disposto no n.º 1 do artigo 407.º, e nos artigos 408.º, 410.º e 426.º, bem como a falta de fundamentação da comunicação de despedimento, nos termos do n.º 1 do artigo 428.º

2 – Excluem-se do disposto nas alíneas b), c), d) e e) do número anterior os casos em que, existindo fundamento para a ilicitude do despedimento, o empregador assegure ao trabalhador os direitos previstos no artigo 436.º

3 – No caso de violação do disposto no artigo 410.º, o não cumprimento da obrigação no prazo fixado pela autoridade administrativa constitui uma nova infracção punida com o dobro da coima prevista no n.º 1 deste artigo.

4 – Constitui contra-ordenação leve a violação do disposto nos n.ᵒˢ 1 e 2 do artigo 394.º, nos n.ᵒˢ 1 e 2 do artigo 399.º, incluindo quando aplicáveis em caso de despedimento por extinção do posto de trabalho ou por inadaptação do trabalhador, no n.º 3 do artigo 419.º, nos n.ᵒˢ 2, 3 e 4 do artigo 422.º, no n.º 2 do artigo 425.º, assim como o impedimento à participação dos serviços competentes do ministério responsável pela área laboral no processo de negociação referido no n.º 1 do artigo 421.º

Artigo 362.º
Intervenção do ministério responsável pela área laboral

1 – O serviço competente do ministério responsável pela área laboral participa na negociação prevista no artigo anterior, com vista a promover a regularidade da sua instrução substantiva e procedimental e a conciliação dos interesses das partes.

2 – O serviço referido no número anterior, caso exista irregularidade da instrução substantiva e procedimental, deve advertir o empregador e, se a mesma persistir, deve fazer constar essa menção da acta das reuniões de negociação.

3 – A pedido de qualquer das partes ou por iniciativa do serviço referido no número anterior, os serviços regionais do emprego e da formação profissional e da segurança social indicam as medidas a aplicar, nas respectivas áreas, de acordo com o enquadramento legal das soluções que sejam adoptadas.

4 – Constitui contra-ordenação leve o impedimento à participação do serviço competente na negociação referida no n.º 1.

Artigo 421.º (CT)
Intervenção do ministério responsável pela área laboral

1 – Os serviços competentes do ministério responsável pela área laboral participam no processo de negociação previsto no artigo anterior, com vista a assegurar a regularidade da sua instrução substantiva e procedimental e a promover a conciliação dos interesses das partes.

2 – A pedido de qualquer das partes ou por iniciativa da entidade referida no número anterior, os serviços regionais do emprego e da formação profissional e a segurança social definem as medidas de emprego, formação profissional e de segurança social aplicáveis, de acordo com o enquadramento previsto na lei para as soluções que vierem a ser adoptadas.

Artigo 681.º (CT)
Cessação do contrato de trabalho

1 – Constitui contra-ordenação grave:

a) A violação do disposto no n.º 2 do artigo 388.º, no n.º 4 do artigo 389.º, no n.º 5 do artigo 390.º, no n.º 1 do artigo 401.º, no n.º 1 do artigo 436.º e no n.º 2 do artigo 440.º, bem como a violação do direito à retribuição no caso previsto no n.º 1 do artigo 417.º;

b) O despedimento do trabalhador com fundamento em justa causa com violação do disposto nos n.ºs 1, 2 e 3 do artigo 411.º, nos artigos 413.º a 415.º e 418.º;

c) O despedimento colectivo com violação do disposto nos n.ºs 1, 2 e 4 do artigo 419.º, nos n.ºs 1 e 3 do artigo 420.º e no n.º 1 do artigo 422.º;

d) O despedimento com fundamento na extinção do posto de trabalho com violação do disposto nos n.ᵒˢ 1, 2 e 4 do artigo 403.º, no artigo 423.º e no n.º 1 do artigo 425.º;

e) O despedimento com fundamento na inadaptação com violação do disposto no n.º 1 do artigo 407.º, e nos artigos 408.º, 410.º e 426.º, bem como a falta de fundamentação da comunicação de despedimento, nos termos do n.º 1 do artigo 428.º

2 – Excluem-se do disposto nas alíneas b), c), d) e e) do número anterior os casos em que, existindo fundamento para a ilicitude do despedimento, o empregador assegure ao trabalhador os direitos previstos no artigo 436.º

3 – No caso de violação do disposto no artigo 410.º, o não cumprimento da obrigação no prazo fixado pela autoridade administrativa constitui uma nova infracção punida com o dobro da coima prevista no n.º 1 deste artigo.

4 – Constitui contra-ordenação leve a violação do disposto nos n.ᵒˢ 1 e 2 do artigo 394.º, nos n.ᵒˢ 1 e 2 do artigo 399.º, incluindo quando aplicáveis em caso de despedimento por extinção do posto de trabalho ou por inadaptação do trabalhador, no n.º 3 do artigo 419.º, nos n.ᵒˢ 2, 3 e 4 do artigo 422.º, no n.º 2 do artigo 425.º, assim como o impedimento à participação dos serviços competentes do ministério responsável pela área laboral no processo de negociação referido no n.º 1 do artigo 421.º

Artigo 363.º
Decisão de despedimento colectivo

1 – Celebrado o acordo ou, na falta deste, após terem decorrido 15 dias

Artigo 398.º (CT)
Aviso prévio

1 – A decisão de despedimento, com menção expressa do motivo, deve ser

sobre a prática do acto referido nos n.ᵒˢ 1 ou 4 do artigo 360.º ou, na falta de representantes dos trabalhadores, da comunicação referida no n.º 3 do mesmo artigo, o empregador comunica a cada trabalhador abrangido a decisão de despedimento, com menção expressa do motivo e da data de cessação do contrato e indicação do montante, forma, momento e lugar de pagamento da compensação, dos créditos vencidos e dos exigíveis por efeito da cessação do contrato de trabalho, por escrito e com antecedência mínima, relativamente à data da cessação, de:

a) 15 dias, no caso de trabalhador com antiguidade inferior a um ano;

b) 30 dias, no caso de trabalhador com antiguidade igual ou superior a um ano e inferior a cinco anos;

c) 60 dias, no caso de trabalhador com antiguidade igual ou superior a cinco anos e inferior a 10 anos;

d) 75 dias, no caso de trabalhador com antiguidade igual ou superior a 10 anos.

2 – No caso do despedimento abranger ambos os cônjuges ou pessoas que vivam em união de facto, a comunicação prevista no número anterior deverá ser feita com a antecedência mínima prevista no escalão imediatamente superior ao que seria aplicável se apenas um deles integrasse o despedimento.

3 – Na data em que envia a comunicação aos trabalhadores, o empregador remete:

a) Ao serviço competente do ministério responsável pela área laboral, a acta das reuniões de negociação ou, na sua falta, informação sobre a justificação de tal falta, as razões que obstaram ao

comunicada, por escrito, a cada trabalhador com uma antecedência não inferior a 60 dias relativamente à data prevista para a cessação do contrato.

2 – *A inobservância do aviso prévio a que se refere o número anterior não determina a imediata cessação do vínculo e implica para o empregador o pagamento da retribuição correspondente ao período de antecedência em falta.*

Artigo 422.º (CT)
Decisão

1 – Celebrado o acordo ou, na falta deste, decorridos 20 dias sobre a data da comunicação referida nos n.ᵒˢ 1 ou 5 do artigo 419.º, o empregador comunica, por escrito, a cada trabalhador a despedir a decisão de despedimento, com menção expressa do motivo e da data da cessação do respectivo contrato, indicando o montante da compensação, assim como a forma e o lugar do seu pagamento.

2 – Na data em que for expedida aos trabalhadores a decisão de despedimento, o empregador deve remeter ao serviço competente do ministério responsável pela área laboral a acta a que se refere o n.º 5 do artigo 420.º, bem como um mapa, mencionando, em relação a cada trabalhador, nome, morada, data de nascimento e de admissão na empresa, situação perante a segurança social, profissão, categoria e retribuição e ainda a medida individualmente aplicada e a data prevista para a sua execução.

3 – Na mesma data é enviada cópia do referido mapa à estrutura representativa dos trabalhadores.

acordo e as posições finais das partes, bem como relação de que conste o nome de cada trabalhador, morada, datas de nascimento e de admissão na empresa, situação perante a segurança social, profissão, categoria, retribuição, a medida decidida e a data prevista para a sua aplicação;

b) À estrutura representativa dos trabalhadores, cópia da relação referida na alínea anterior.

4 – Não sendo observado o prazo mínimo de aviso prévio, o contrato cessa decorrido o período de aviso prévio em falta a contar da comunicação de despedimento, devendo o empregador pagar a retribuição correspondente a este período.

5 – O pagamento da compensação, dos créditos vencidos e dos exigíveis por efeito da cessação do contrato de trabalho deve ser efectuado até ao termo do prazo de aviso prévio, salvo em situação prevista no artigo 347.º ou regulada em legislação especial sobre recuperação de empresas e reestruturação de sectores económicos.

6 – Constitui contra-ordenação grave o despedimento efectuado com violação do disposto nos n.ºs 1, 2 ou 5 e constitui contra-ordenação leve a violação do disposto no n.º 3.

4 – Na falta da acta a que se refere o n.º 5 do artigo 420.º, o empregador, para os efeitos do referido no n.º 2 do presente artigo, deve enviar justificação daquela falta, descrevendo as razões que obstaram ao acordo, bem como as posições finais das partes.

Artigo 681.º (CT)
Cessação do contrato de trabalho

1 – Constitui contra-ordenação grave:

a) A violação do disposto no n.º 2 do artigo 388.º, no n.º 4 do artigo 389.º, no n.º 5 do artigo 390.º, no n.º 1 do artigo 401.º, no n.º 1 do artigo 436.º e no n.º 2 do artigo 440.º, bem como a violação do direito à retribuição no caso previsto no n.º 1 do artigo 417.º;

b) O despedimento do trabalhador com fundamento em justa causa com violação do disposto nos n.ºs 1, 2 e 3 do artigo 411.º, nos artigos 413.º a 415.º e 418.º;

c) O despedimento colectivo com violação do disposto nos n.ºs 1, 2 e 4 do artigo 419.º, nos n.ºs 1 e 3 do artigo 420.º e no n.º 1 do artigo 422.º;

d) O despedimento com fundamento na extinção do posto de trabalho com violação do disposto nos n.ºs 1, 2 e 4 do artigo 403.º, no artigo 423.º e no n.º 1 do artigo 425.º;

e) O despedimento com fundamento na inadaptação com violação do disposto no n.º 1 do artigo 407.º, e nos artigos 408.º, 410.º e 426.º, bem como a falta de fundamentação da comunicação de despedimento, nos termos do n.º 1 do artigo 428.º

2 – Excluem-se do disposto nas alíneas b), c), d) e e) do número anterior os casos em que, existindo fundamento para a ilicitude do despedimento, o empregador assegure ao trabalhador os direitos previstos no artigo 436.º

3 – No caso de violação do disposto no artigo 410.º, o não cumprimento da obrigação no prazo fixado pela autoridade administrativa constitui uma nova infracção punida com o dobro da coima prevista no n.º 1 deste artigo.

4 – Constitui contra-ordenação leve a violação do disposto nos n.ºs 1 e 2 do artigo 394.º, nos n.ºs 1 e 2 do artigo 399.º, incluindo quando aplicáveis em caso de despedimento por extinção do posto de trabalho ou por inadaptação do trabalhador, no n.º 3 do artigo 419.º, nos n.ºs 2, 3 e 4 do artigo 422.º, no n.º 2 do artigo 425.º, assim como o impedimento à participação dos serviços competentes do ministério responsável pela área laboral no processo de negociação referido no n.º 1 do artigo 421.º

Artigo 364.º
Crédito de horas durante o aviso prévio

1 – Durante o prazo de aviso prévio, o trabalhador tem direito a um crédito de horas correspondente a dois dias de trabalho por semana, sem prejuízo da retribuição.

2 – O crédito de horas pode ser dividido por alguns ou todos os dias da semana, por iniciativa do trabalhador.

3 – O trabalhador deve comunicar ao empregador a utilização do crédito de horas, com três dias de antecedência salvo motivo atendível.

4 – Constitui contra-ordenação leve a violação do disposto neste artigo.

Artigo 399.º (CT)
Crédito de horas

1 – Durante o prazo de aviso prévio o trabalhador tem direito a utilizar um crédito de horas correspondente a dois dias de trabalho por semana, sem prejuízo da retribuição.

2 – O crédito de horas pode ser dividido por alguns ou por todos os dias da semana, por iniciativa do trabalhador.

3 – O trabalhador deve comunicar ao empregador o modo de utilização do crédito de horas com três dias de antecedência, salvo motivo atendível.

Artigo 681.º (CT)
Cessação do contrato de trabalho

1 – Constitui contra-ordenação grave:

a) A violação do disposto no n.º 2 do artigo 388.º, no n.º 4 do artigo 389.º, no n.º 5 do artigo 390.º, no n.º 1 do artigo 401.º, no n.º 1 do artigo 436.º e no n.º 2 do artigo 440.º, bem como a violação do direito à retribuição no caso previsto no n.º 1 do artigo 417.º;

b) O despedimento do trabalhador com fundamento em justa causa com violação do disposto nos n.ºs 1, 2 e 3 do artigo 411.º, nos artigos 413.º a 415.º e 418.º;

c) O despedimento colectivo com violação do disposto nos n.ºs 1, 2 e 4 do artigo 419.º, nos n.ºs 1 e 3 do artigo 420.º e no n.º 1 do artigo 422.º;

d) O despedimento com fundamento na extinção do posto de trabalho com violação do disposto nos n.ºs 1, 2 e 4 do artigo 403.º, no artigo 423.º e no n.º 1 do artigo 425.º;

e) O despedimento com fundamento na inadaptação com violação do dispos-to no n.º 1 do artigo 407.º, e nos artigos 408.º, 410.º e 426.º, bem como a falta de fundamentação da comunicação de despedimento, nos termos do n.º 1 do artigo 428.º

2 – Excluem-se do disposto nas alíneas b), c), d) e e) do número anterior os casos em que, existindo fundamento para a ilicitude do despedimento, o empregador assegure ao trabalhador os direitos previstos no artigo 436.º

3 – No caso de violação do disposto no artigo 410.º, o não cumprimento da obrigação no prazo fixado pela autoridade administrativa constitui uma

nova infracção punida com o dobro da coima prevista no n.º 1 deste artigo.
4 – Constitui contra-ordenação leve a violação do disposto nos n.ºˢ 1 e 2 do artigo 394.º, nos n.ºˢ 1 e 2 do artigo 399.º, incluindo quando aplicáveis em caso de despedimento por extinção do posto de trabalho ou por inadaptação do trabalhador, no n.º 3 do artigo 419.º, nos n.ºˢ 2, 3 e 4 do artigo 422.º, no n.º 2 do artigo 425.º, assim como o impedimento à participação dos serviços competentes do ministério responsável pela área laboral no processo de negociação referido no n.º 1 do artigo 421.º

Artigo 365.º
Denúncia do contrato pelo trabalhador durante o aviso prévio

Durante o prazo de aviso prévio, o trabalhador pode denunciar o contrato de trabalho, mediante declaração com a antecedência mínima de três dias úteis, mantendo o direito a compensação.

Artigo 366.º
Compensação por despedimento colectivo

1 – Em caso de despedimento colectivo, o trabalhador tem direito a compensação correspondente a um mês de retribuição base e diuturnidades por cada ano completo de antiguidade.
2 – Em caso de fracção de ano, a compensação é calculada proporcionalmente.
3 – A compensação não pode ser inferior a três meses de retribuição base e diuturnidades.
4 – Presume-se que o trabalhador aceita o despedimento quando recebe a compensação prevista neste artigo.

Artigo 400.º (CT)
Denúncia

Durante o prazo de aviso prévio, o trabalhador pode, mediante declaração com a antecedência mínima de três dias úteis, denunciar o contrato, sem prejuízo do direito à compensação.

Artigo 401.º (CT)
Compensação

1 – O trabalhador cujo contrato cesse em virtude de despedimento colectivo tem direito a uma compensação correspondente a um mês de retribuição base e diuturnidades por cada ano completo de antiguidade.
2 – No caso de fracção de ano, o valor de referência previsto no número anterior é calculado proporcionalmente.
3 – A compensação a que se refere o n.º 1 não pode ser inferior a três meses de retribuição base e diuturnidades.

5 – A presunção referida no número anterior pode ser ilidida desde que, em simultâneo, o trabalhador entregue ou ponha, por qualquer forma, à disposição do empregador a totalidade da compensação pecuniária recebida.

6 – Constitui contra-ordenação grave a violação do disposto nos n.ᵒˢ 1 ou 2.

4 – Presume-se que o trabalhador aceita o despedimento quando recebe a compensação prevista neste artigo.

Artigo 681.º (CT)
Cessação do contrato de trabalho

1 – Constitui contra-ordenação grave:

a) A violação do disposto no n.º 2 do artigo 388.º, no n.º 4 do artigo 389.º, no n.º 5 do artigo 390.º, no n.º 1 do artigo 401.º, no n.º 1 do artigo 436.º e no n.º 2 do artigo 440.º, bem como a violação do direito à retribuição no caso previsto no n.º 1 do artigo 417.º;

b) O despedimento do trabalhador com fundamento em justa causa com violação do disposto nos n.ᵒˢ 1, 2 e 3 do artigo 411.º, nos artigos 413.º a 415.º e 418.º;

c) O despedimento colectivo com violação do disposto nos n.ᵒˢ 1, 2 e 4 do artigo 419.º, nos n.ᵒˢ 1 e 3 do artigo 420.º e no n.º 1 do artigo 422.º;

d) O despedimento com fundamento na extinção do posto de trabalho com violação do disposto nos n.ᵒˢ 1, 2 e 4 do artigo 403.º, no artigo 423.º e no n.º 1 do artigo 425.º;

e) O despedimento com fundamento na inadaptação com violação do disposto no n.º 1 do artigo 407.º, e nos artigos 408.º, 410.º e 426.º, bem como a falta de fundamentação da comunicação de despedimento, nos termos do n.º 1 do artigo 428.º

2 – Excluem-se do disposto nas alíneas b), c), d) e e) do número anterior os casos em que, existindo fundamento para a ilicitude do despedimento, o empregador assegure ao trabalhador os direitos previstos no artigo 436.º

DIVISÃO III
Despedimento por extinção
de posto de trabalho

Artigo 367.º
Noção de despedimento por extinção de posto de trabalho

1 – Considera-se despedimento por extinção de posto de trabalho a cessação de contrato de trabalho promovida pelo empregador e fundamentada nessa extinção, quando esta seja devida a motivos de mercado, estruturais ou tecnológicos, relativos à empresa.

2 – Entende-se por motivos de mercado, estruturais ou tecnológicos os como tal referidos no n.º 2 do artigo 359.º

Artigo 368.º
Requisitos de despedimento por extinção de posto de trabalho

1 – O despedimento por extinção de posto de trabalho só pode ter lugar desde que se verifiquem os seguintes requisitos:

3 – No caso de violação do disposto no artigo 410.º, o não cumprimento da obrigação no prazo fixado pela autoridade administrativa constitui uma nova infracção punida com o dobro da coima prevista no n.º 1 deste artigo.

4 – Constitui contra-ordenação leve a violação do disposto nos n.ºs 1 e 2 do artigo 394.º, nos n.ºs 1 e 2 do artigo 399.º, incluindo quando aplicáveis em caso de despedimento por extinção do posto de trabalho ou por inadaptação do trabalhador, no n.º 3 do artigo 419.º, nos n.ºs 2, 3 e 4 do artigo 422.º, no n.º 2 do artigo 425.º, assim como o impedimento à participação dos serviços competentes do ministério responsável pela área laboral no processo de negociação referido no n.º 1 do artigo 421.º

Artigo 402.º (CT)
Noção

A extinção do posto de trabalho determina o despedimento justificado por motivos económicos, tanto de mercado como estruturais ou tecnológicos, relativos à empresa, nos termos previstos para o despedimento colectivo.

Artigo 403.º (CT)
Requisitos

1 – O despedimento por extinção do posto de trabalho só pode ter lugar desde que, cumulativamente, se verifiquem os seguintes requisitos:

a) Os motivos indicados não sejam devidos a conduta culposa do empregador ou do trabalhador;
b) Seja praticamente impossível a subsistência da relação de trabalho;
c) Não existam, na empresa, contratos de trabalho a termo para tarefas correspondentes às do posto de trabalho extinto;
d) Não seja aplicável o despedimento colectivo.
2 – Havendo na secção ou estrutura equivalente uma pluralidade de postos de trabalho de conteúdo funcional idêntico, para concretização do posto de trabalho a extinguir, o empregador deve observar, por referência aos respectivos titulares, a seguinte ordem de critérios:
a) Menor antiguidade no posto de trabalho;
b) Menor antiguidade na categoria profissional;
c) Classe inferior da mesma categoria profissional;
d) Menor antiguidade na empresa.
3 – O trabalhador que, nos três meses anteriores ao início do procedimento para despedimento, tenha sido transferido para posto de trabalho que venha a ser extinto, tem direito a ser reafectado ao posto de trabalho anterior caso ainda exista, com a mesma retribuição base.
4 – Para efeito da alínea *b)* do n.º 1, uma vez extinto o posto de trabalho, considera-se que a subsistência da relação de trabalho é praticamente impossível quando o empregador não disponha de outro compatível com a categoria profissional do trabalhador.
5 – O despedimento por extinção do posto de trabalho só pode ter lugar desde que, até ao termo do prazo de aviso prévio, seja posta à disposição do traba-

a) Os motivos indicados não sejam devidos a uma actuação culposa do empregador ou do trabalhador;
b) Seja praticamente impossível a subsistência da relação de trabalho;
c) Não se verifique a existência de contratos a termo para as tarefas correspondentes às do posto de trabalho extinto;
d) Não se aplique o regime previsto para o despedimento colectivo;
e) Seja posta à disposição do trabalhador a compensação devida.
2 – Havendo na secção ou estrutura equivalente uma pluralidade de postos de trabalho de conteúdo funcional idêntico, o empregador, na concretização de postos de trabalho a extinguir, deve observar, por referência aos respectivos titulares, os critérios a seguir indicados, pela ordem estabelecida:
1.º Menor antiguidade no posto de trabalho;
2.º Menor antiguidade na categoria profissional;
3.º Categoria profissional de classe inferior;
4.º Menor antiguidade na empresa.
3 – A subsistência da relação de trabalho torna-se praticamente impossível desde que, extinto o posto de trabalho, o empregador não disponha de outro que seja compatível com a categoria do trabalhador.
4 – O trabalhador que, nos três meses anteriores à data do início do procedimento para extinção do posto de trabalho, tenha sido transferido para determinado posto de trabalho que vier a ser extinto, tem direito a reocupar o posto de trabalho anterior, com garantia da mesma retribuição base, salvo se este também tiver sido extinto.

lhador a compensação devida, bem como os créditos vencidos e os exigíveis por efeito da cessação do contrato de trabalho.

6 – Constitui contra-ordenação grave o despedimento com violação do disposto nas alíneas *c)* e *d)* do n.º 1 e nos n.ºˢ 2 ou 3.

Artigo 681.º (CT)
Cessação do contrato de trabalho

1 – Constitui contra-ordenação grave:
a) A violação do disposto no n.º 2 do artigo 388.º, no n.º 4 do artigo 389.º, no n.º 5 do artigo 390.º, no n.º 1 do artigo 401.º, no n.º 1 do artigo 436.º e no n.º 2 do artigo 440.º, bem como a violação do direito à retribuição no caso previsto no n.º 1 do artigo 417.º;
b) O despedimento do trabalhador com fundamento em justa causa com violação do disposto nos n.ºˢ 1, 2 e 3 do artigo 411.º, nos artigos 413.º a 415.º e 418.º;
c) O despedimento colectivo com violação do disposto nos n.ºˢ 1, 2 e 4 do artigo 419.º, nos n.ºˢ 1 e 3 do artigo 420.º e no n.º 1 do artigo 422.º;
d) O despedimento com fundamento na extinção do posto de trabalho com violação do disposto nos n.ºˢ 1, 2 e 4 do artigo 403.º, no artigo 423.º e no n.º 1 do artigo 425.º;
e) O despedimento com fundamento na inadaptação com violação do disposto no n.º 1 do artigo 407.º, e nos artigos 408.º, 410.º e 426.º, bem como a falta de fundamentação da comunicação de despedimento, nos termos do n.º 1 do artigo 428.º

2 – Excluem-se do disposto nas alíneas b), c), d) e e) do número anterior os casos em que, existindo fundamento para a ilicitude do despedimento, o empregador assegure ao trabalhador os direitos previstos no artigo 436.º

3 – No caso de violação do disposto no artigo 410.º, o não cumprimento da obrigação no prazo fixado pela autoridade administrativa constitui uma nova infracção punida com o dobro da coima prevista no n.º 1 deste artigo.

4 – Constitui contra-ordenação leve a violação do disposto nos n.ºs 1 e 2 do artigo 394.º, nos n.ºs 1 e 2 do artigo 399.º, incluindo quando aplicáveis em caso de despedimento por extinção do posto de trabalho ou por inadaptação do trabalhador, no n.º 3 do artigo 419.º, nos n.ºs 2, 3 e 4 do artigo 422.º, no n.º 2 do artigo 425.º, assim como o impedimento à participação dos serviços competentes do ministério responsável pela área laboral no processo de negociação referido no n.º 1 do artigo 421.º

Artigo 369.º
Comunicações em caso de despedimento por extinção de posto de trabalho

1 – No caso de despedimento por extinção de posto de trabalho, o empregador comunica, por escrito, à comissão de trabalhadores ou, na sua falta, à comissão intersindical ou comissão sindical, ao trabalhador envolvido e ainda, caso este seja representante sindical, à associação sindical respectiva:

a) A necessidade de extinguir o posto de trabalho, indicando os motivos justificativos e a secção ou unidade equivalente a que respeita;

b) A necessidade de despedir o trabalhador afecto ao posto de trabalho a extinguir e a sua categoria profissional.

2 – Constitui contra-ordenação grave o despedimento efectuado com violação do disposto no número anterior.

Artigo 423.º (CT)
Comunicações

1 – No caso de despedimento por extinção de posto de trabalho, o empregador comunica, por escrito, à comissão de trabalhadores ou, na sua falta, à comissão intersindical ou comissão sindical respectiva a necessidade de extinguir o posto de trabalho e o consequente despedimento do trabalhador que o ocupe.

2 – A comunicação a que se refere o número anterior é igualmente feita a cada um dos trabalhadores envolvidos e enviada ao sindicato representativo dos mesmos, quando sejam representantes sindicais.

3 – A comunicação a que se referem os números anteriores é acompanhada de:

a) Indicação dos motivos invocados para a extinção do posto de trabalho, com identificação da secção ou unidade equivalente a que respeitam;

b) Indicação das categorias profissionais e dos trabalhadores abrangidos.

Artigo 681.º (CT)
Cessação do contrato de trabalho

1 – Constitui contra-ordenação grave:

a) A violação do disposto no n.º 2 do artigo 388.º, no n.º 4 do artigo 389.º, no n.º 5 do artigo 390.º, no n.º 1 do artigo 401.º, no n.º 1 do artigo 436.º e no n.º 2 do artigo 440.º, bem como a violação do direito à retribuição no caso previsto no n.º 1 do artigo 417.º;

b) O despedimento do trabalhador com fundamento em justa causa com violação do disposto nos n.ºs 1, 2 e 3 do artigo 411.º, nos artigos 413.º a 415.º e 418.º;

c) O despedimento colectivo com violação do disposto nos n.ºs 1, 2 e 4 do artigo 419.º, nos n.ºs 1 e 3 do artigo 420.º e no n.º 1 do artigo 422.º;

d) O despedimento com fundamento na extinção do posto de trabalho com violação do disposto nos n.ºs 1, 2 e 4 do artigo 403.º, no artigo 423.º e no n.º 1 do artigo 425.º;

e) O despedimento com fundamento na inadaptação com violação do disposto no n.º 1 do artigo 407.º, e nos artigos 408.º, 410.º e 426.º, bem como a falta de fundamentação da comunicação de despedimento, nos termos do n.º 1 do artigo 428.º

2 – Excluem-se do disposto nas alíneas b), c), d) e e) do número anterior os casos em que, existindo fundamento para a ilicitude do despedimento, o empregador assegure ao trabalhador os direitos previstos no artigo 436.º

3 – No caso de violação do disposto no artigo 410.º, o não cumprimento da obrigação no prazo fixado pela autoridade administrativa constitui uma nova infracção punida com o dobro da coima prevista no n.º 1 deste artigo.

4 – Constitui contra-ordenação leve a violação do disposto nos n.ºs 1 e 2 do artigo 394.º, nos n.ºs 1 e 2 do artigo 399.º, incluindo quando aplicáveis em caso de despedimento por extinção do posto de trabalho ou por inadaptação do trabalhador, no n.º 3 do artigo 419.º, nos n.ºs 2, 3 e 4 do artigo 422.º, no n.º 2 do artigo 425.º, assim como o impedimento à participação dos serviços competentes do ministério responsável pela área laboral no processo de negociação referido no n.º 1 do artigo 421.º

Artigo 370.º
Consultas em caso de despedimento por extinção de posto de trabalho

1 – Nos 10 dias posteriores à comunicação prevista no artigo anterior, a estrutura representativa dos trabalhadores, o trabalhador envolvido e ainda, caso este seja representante sindical, a associação sindical respectiva podem transmitir ao empregador o seu parecer fundamentado, nomeadamente sobre os motivos invocados, os requisitos previstos no n.º 1 do artigo 368.º ou as prioridades a que se refere o n.º 2 do mesmo artigo, bem como as alternativas que permitam atenuar os efeitos do despedimento.

2 – Qualquer entidade referida no número anterior pode, nos três dias úteis posteriores à comunicação do empregador, solicitar ao serviço com compe-

Artigo 424.º (CT)
Consultas

1 – Nos 10 dias posteriores à data da comunicação prevista no artigo anterior, a estrutura representativa dos trabalhadores, em caso de oposição ao despedimento, emite parecer fundamentado do qual constam as respectivas razões, nomeadamente quanto aos motivos invocados, quanto à não verificação dos requisitos previstos nas alíneas a) a d) do n.º 1 do artigo 403.º ou quanto à violação das prioridades a que se refere o n.º 2 do mesmo artigo, bem como as alternativas que permitam atenuar os seus efeitos.

2 – Dentro do mesmo prazo os trabalhadores abrangidos podem pronunciar-se nos termos do número anterior.

3 – A estrutura representativa dos trabalhadores e cada um dos trabalha-

tência inspectiva do ministério responsável pela área laboral a verificação dos requisitos previstos nas alíneas *c)* e *d)* do n.º 1 e no n.º 2 do artigo 368.º, informando simultaneamente do facto o empregador.

3 – O serviço a que se refere o número anterior elabora e envia ao requerente e ao empregador relatório sobre a matéria sujeita a verificação, no prazo de sete dias após a recepção do requerimento.

Artigo 371.º
Decisão de despedimento por extinção de posto de trabalho

1 – Decorridos cinco dias a contar do termo do prazo previsto no n.º 1 do artigo anterior, ou, sendo caso disso, a contar da recepção do relatório a que se refere o n.º 3 do mesmo artigo ou do termo do prazo para o seu envio, o empregador pode proceder ao despedimento.

2 – A decisão de despedimento é proferida por escrito, dela constando:

a) Motivo da extinção do posto de trabalho;

b) Confirmação dos requisitos previstos no n.º 1 do artigo 368.º, com menção, sendo caso disso, da recusa de alternativa proposta ao trabalhador;

c) Prova da aplicação do critério de prioridades, caso se tenha verificado oposição a esta;

d) Montante, forma, momento e lugar do pagamento da compensação e

dores abrangidos podem, nos três dias úteis posteriores à comunicação referida nos n.ºs 1 e 2 do artigo anterior, solicitar a intervenção dos serviços competentes do ministério responsável pela área laboral para fiscalizar a verificação dos requisitos previstos nas alíneas c) e d) do n.º 1 e no n.º 2 do artigo 403.º

4 – Os serviços competentes do ministério responsável pela área laboral, no prazo de sete dias contados da data de recepção do requerimento referido no número anterior, devem elaborar relatório sobre a matéria sujeita à sua fiscalização, o qual é enviado ao requerente e ao empregador.

Artigo 398.º (CT)
Aviso prévio

1 – A decisão de despedimento, com menção expressa do motivo, deve ser comunicada, por escrito, a cada trabalhador com uma antecedência não inferior a 60 dias relativamente à data prevista para a cessação do contrato.

2 – A inobservância do aviso prévio a que se refere o número anterior não determina a imediata cessação do vínculo e implica para o empregador o pagamento da retribuição correspondente ao período de antecedência em falta.

Artigo 425.º (CT)
Decisão

1 – Decorridos cinco dias sobre o termo do prazo previsto nos n.ºs 1 e 2 do artigo anterior, em caso de cessação do contrato de trabalho, o empregador profere, por escrito, decisão fundamentada de que conste:

dos créditos vencidos e dos exigíveis por efeito da cessação do contrato de trabalho;

e) Data da cessação do contrato.

3 – O empregador comunica a decisão, por cópia ou transcrição, ao trabalhador, às entidades referidas no n.º 1 do artigo 369.º e, bem assim, ao serviço com competência inspectiva do ministério responsável pela área laboral, com antecedência mínima, relativamente à data da cessação, de:

a) 15 dias, no caso de trabalhador com antiguidade inferior a um ano;

b) 30 dias, no caso de trabalhador com antiguidade igual ou superior a um ano e inferior a cinco anos;

c) 60 dias, no caso de trabalhador com antiguidade igual ou superior a cinco anos e inferior a 10 anos;

d) 75 dias, no caso de trabalhador com antiguidade igual ou superior a 10 anos.

4 – O pagamento da compensação, dos créditos vencidos e dos exigíveis por efeito da cessação do contrato de trabalho deve ser efectuado até ao termo do prazo de aviso prévio.

5 – Constitui contra-ordenação grave o despedimento efectuado com violação do disposto nos n.ᵒˢ 1 ou 2 ou do aviso prévio referido no n.º 3, e constitui contra-ordenação leve a violação do disposto no n.º 3.

a) Motivo da extinção do posto de trabalho;

b) Confirmação dos requisitos previstos nas alíneas a) a d) do n.º 1 do artigo 403.º, com justificação de inexistência de alternativas à cessação do contrato do ocupante do posto de trabalho extinto ou menção da recusa de aceitação das alternativas propostas;

c) Prova do critério de prioridades, caso se tenha verificado oposição quanto a este;

d) Montante da compensação, assim como a forma e o lugar do seu pagamento;

e) Data da cessação do contrato.

2 – A decisão é comunicada, por cópia ou transcrição, à entidade referida no n.º 1 do artigo 423.º e, sendo o caso, à mencionada no n.º 2 do mesmo artigo e, bem assim, aos serviços competentes do ministério responsável pela área laboral.

Artigo 681.º (CT)
Cessação do contrato de trabalho

1 – Constitui contra-ordenação grave:

a) A violação do disposto no n.º 2 do artigo 388.º, no n.º 4 do artigo 389.º, no n.º 5 do artigo 390.º, no n.º 1 do artigo 401.º, no n.º 1 do artigo 436.º e no n.º 2 do artigo 440.º, bem como a violação do direito à retribuição no caso previsto no n.º 1 do artigo 417.º;

b) O despedimento do trabalhador com fundamento em justa causa com violação do disposto nos n.ᵒˢ 1, 2 e 3 do artigo 411.º, nos artigos 413.º a 415.º e 418.º;

c) O despedimento colectivo com violação do disposto nos n.ᵒˢ 1, 2 e 4 do artigo 419.º, nos n.ᵒˢ 1 e 3 do artigo 420.º e no n.º 1 do artigo 422.º;

d) O despedimento com fundamento na extinção do posto de trabalho com violação do disposto nos n.ᵒˢ 1, 2 e 4 do artigo 403.º, no artigo 423.º e no n.º 1 do artigo 425.º;

e) O despedimento com fundamento na inadaptação com violação do disposto no n.º 1 do artigo 407.º, e nos artigos 408.º, 410.º e 426.º, bem como a falta de fundamentação da comunicação de despedimento, nos termos do n.º 1 do artigo 428.º

2 – Excluem-se do disposto nas alíneas b), c), d) e e) do número anterior os casos em que, existindo fundamento para a ilicitude do despedimento, o empregador assegure ao trabalhador os direitos previstos no artigo 436.º

3 – No caso de violação do disposto no artigo 410.º, o não cumprimento da obrigação no prazo fixado pela autoridade administrativa constitui uma nova infracção punida com o dobro da coima prevista no n.º 1 deste artigo.

4 – Constitui contra-ordenação leve a violação do disposto nos n.ᵒˢ 1 e 2 do artigo 394.º, nos n.ᵒˢ 1 e 2 do artigo 399.º, incluindo quando aplicáveis em caso de despedimento por extinção do posto de trabalho ou por inadaptação do trabalhador, no n.º 3 do artigo 419.º, nos n.ᵒˢ 2, 3 e 4 do artigo 422.º, no n.º 2 do artigo 425.º, assim como o impedimento à participação dos serviços competentes do ministério responsável pela área laboral no processo de negociação referido no n.º 1 do artigo 421.º

Artigo 372.º
Direitos de trabalhador em caso de despedimento por extinção de posto de trabalho

Ao trabalhador despedido por extinção de posto de trabalho aplica-se o disposto no n.º 4 do artigo 363.º e nos artigos 364.º a 366.º

Artigo 404.º (CT)
Direitos dos trabalhadores

Ao trabalhador cujo contrato de trabalho cesse nos termos da presente divisão aplica-se o disposto nos artigos 398.º a 401.º

DIVISÃO IV
Despedimento por inadaptação

Artigo 373.º
Noção de despedimento por inadaptação

Considera-se despedimento por inadaptação a cessação de contrato de trabalho promovida pelo empregador e fundamentada em inadaptação superveniente do trabalhador ao posto de trabalho.

Artigo 405.º (CT)
Noção

Constitui fundamento de despedimento do trabalhador a sua inadaptação superveniente ao posto de trabalho, nos termos dos artigos seguintes.

Artigo 374.º
Situações de inadaptação

1 – A inadaptação verifica-se em qualquer das situações previstas nas alíneas seguintes, quando, sendo determinada pelo modo de exercício de funções do trabalhador, torne praticamente impossível a subsistência da relação de trabalho:

a) Redução continuada de produtividade ou de qualidade;

b) Avarias repetidas nos meios afectos ao posto de trabalho;

c) Riscos para a segurança e saúde do trabalhador, de outros trabalhadores ou de terceiros.

2 – Verifica-se ainda inadaptação de trabalhador afecto a cargo de complexidade técnica ou de direcção quando não se cumpram os objectivos previamente

Artigo 406.º (CT)
Situações de inadaptação

1 – A inadaptação verifica-se em qualquer das situações previstas nas alíneas seguintes, quando, sendo determinadas pelo modo de exercício de funções do trabalhador, tornem praticamente impossível a subsistência da relação de trabalho:

a) Redução continuada de produtividade ou de qualidade;

b) Avarias repetidas nos meios afectos ao posto de trabalho;

c) Riscos para a segurança e saúde do próprio, dos restantes trabalhadores ou de terceiros.

2 – Verifica-se ainda inadaptação do trabalhador quando, tratando-se de cargos de complexidade técnica ou de direcção, não tenham sido cumpridos os acordados, por escrito, em consequência do seu modo de exercício de funções e seja praticamente impossível a subsistência da relação de trabalho.

Artigo 375.º
Requisitos de despedimento por inadaptação

1 – O despedimento por inadaptação em situação referida no n.º 1 do artigo anterior só pode ter lugar desde que, cumulativamente, se verifiquem os seguintes requisitos:

a) Tenham sido introduzidas modificações no posto de trabalho resultantes de alterações nos processos de fabrico ou de comercialização, de novas tecnologias ou equipamentos baseados em diferente ou mais complexa tecnologia, nos seis meses anteriores ao início do procedimento;

b) Tenha sido ministrada formação profissional adequada às modificações do posto de trabalho, sob controlo pedagógico da autoridade competente ou de entidade formadora certificada;

c) Tenha sido facultado ao trabalhador, após a formação, um período de adaptação de, pelo menos, 30 dias, no posto de trabalho, ou fora dele sempre que o exercício de funções naquele posto seja susceptível de causar prejuízos ou riscos para a segurança e saúde do trabalhador, de outros trabalhadores ou de terceiros;

d) Não exista na empresa outro posto de trabalho disponível e compatível com a qualificação profissional do trabalhador;

e) A situação de inadaptação não decorra de falta de condições de segurança

objectivos previamente fixados e formalmente aceites por escrito, sendo tal determinado pelo modo de exercício de funções e desde que se torne praticamente impossível a subsistência da relação de trabalho.

Artigo 407.º (CT)
Requisitos

1 – O despedimento por inadaptação a que se refere o n.º 1 do artigo anterior só pode ter lugar desde que, cumulativamente, se verifiquem os seguintes requisitos:

a) Tenham sido introduzidas modificações no posto de trabalho resultantes de alterações nos processos de fabrico ou de comercialização, da introdução de novas tecnologias ou equipamentos baseados em diferente ou mais complexa tecnologia, nos seis meses anteriores ao início do procedimento previsto no artigo 426.º;

b) Tenha sido ministrada acção de formação profissional adequada às modificações introduzidas no posto de trabalho, sob controlo pedagógico da autoridade competente ou de entidade por esta credenciada;

c) Tenha sido facultado ao trabalhador, após a formação, um período não inferior a 30 dias de adaptação ao posto de trabalho ou, fora deste, sempre que o exercício de funções naquele posto seja susceptível de causar prejuízos ou riscos para a segurança e saúde do próprio, dos restantes trabalhadores ou terceiros;

d) Não exista na empresa outro posto de trabalho disponível e compatível com a qualificação profissional do trabalhador;

e saúde no trabalho imputável ao empregador.

2 – O trabalhador que, nos três meses anteriores ao início do procedimento para despedimento, tenha sido transferido para posto de trabalho em relação ao qual se verifique a inadaptação tem direito a ser reafectado ao posto de trabalho anterior caso ainda exista, com a mesma retribuição base.

3 – O despedimento por inadaptação em situação referida no n.º 2 do artigo anterior só pode ter lugar desde que se verifique o requisito referido na alínea *e)* do n.º 1 e, ainda, tenha havido introdução de novos processos de fabrico, de novas tecnologias ou equipamentos baseados em diferente ou mais complexa tecnologia, que implique modificação das funções relativas ao posto de trabalho.

4 – O despedimento só pode ter lugar desde que seja posta à disposição do trabalhador a compensação devida.

5 – Constitui contra-ordenação grave a violação do disposto neste artigo.

e) A situação de inadaptação não tenha sido determinada pela falta de condições de segurança, higiene e saúde no trabalho imputável ao empregador;

f) Seja posta à disposição do trabalhador a compensação devida.

2 – A cessação do contrato prevista no n.º 2 do artigo anterior só pode ter lugar desde que, cumulativamente, se verifiquem os seguintes requisitos:

a) A introdução de novos processos de fabrico, de novas tecnologias ou equipamentos baseados em diferente ou mais complexa tecnologia implique modificação nas funções relativas ao posto de trabalho;

b) A situação de inadaptação não tenha sido determinada pela falta de condições de segurança, higiene e saúde no trabalho imputável ao empregador;

c) Seja posta à disposição do trabalhador a compensação devida.

Artigo 681.º (CT)
Cessação do contrato de trabalho

1 – Constitui contra-ordenação grave:

a) A violação do disposto no n.º 2 do artigo 388.º, no n.º 4 do artigo 389.º, no n.º 5 do artigo 390.º, no n.º 1 do artigo 401.º, no n.º 1 do artigo 436.º e no n.º 2 do artigo 440.º, bem como a violação do direito à retribuição no caso previsto no n.º 1 do artigo 417.º;

b) O despedimento do trabalhador com fundamento em justa causa com violação do disposto nos n.ºs 1, 2 e 3 do artigo 411.º, nos artigos 413.º a 415.º e 418.º;

c) O despedimento colectivo com violação do disposto nos n.ᵒˢ 1, 2 e 4 do artigo 419.º, nos n.ᵒˢ 1 e 3 do artigo 420.º e no n.º 1 do artigo 422.º;

d) O despedimento com fundamento na extinção do posto de trabalho com violação do disposto nos n.ᵒˢ 1, 2 e 4 do artigo 403.º, no artigo 423.º e no n.º 1 do artigo 425.º;

e) O despedimento com fundamento na inadaptação com violação do disposto no n.º 1 do artigo 407.º, e nos artigos 408.º, 410.º e 426.º, bem como a falta de fundamentação da comunicação de despedimento, nos termos do n.º 1 do artigo 428.º

2 – Excluem-se do disposto nas alíneas b), c), d) e e) do número anterior os casos em que, existindo fundamento para a ilicitude do despedimento, o empregador assegure ao trabalhador os direitos previstos no artigo 436.º

3 – No caso de violação do disposto no artigo 410.º, o não cumprimento da obrigação no prazo fixado pela autoridade administrativa constitui uma nova infracção punida com o dobro da coima prevista no n.º 1 deste artigo.

4 – Constitui contra-ordenação leve a violação do disposto nos n.ᵒˢ 1 e 2 do artigo 394.º, nos n.ᵒˢ 1 e 2 do artigo 399.º, incluindo quando aplicáveis em caso de despedimento por extinção do posto de trabalho ou por inadaptação do trabalhador, no n.º 3 do artigo 419.º, nos n.ᵒˢ 2, 3 e 4 do artigo 422.º, no n.º 2 do artigo 425.º, assim como o impedimento à participação dos serviços competentes do ministério responsável pela área laboral no processo de negociação referido no n.º 1 do artigo 421.º

Artigo 376.º
Comunicações em caso de despedimento por inadaptação

1 – No caso de despedimento por inadaptação, o empregador comunica, por escrito, à comissão de trabalhadores ou, na sua falta, à comissão intersindical ou comissão sindical, ao trabalhador e, caso este seja representante sindical, à associação sindical respectiva:

a) A necessidade de fazer cessar o contrato de trabalho, indicando os motivos justificativos;

b) As modificações introduzidas no posto de trabalho e os resultados da formação profissional e do período de adaptação, de acordo com as alíneas *a)* a *c)* n.º 1 do artigo anterior;

c) A inexistência na empresa de outro posto de trabalho disponível e compatível com a qualificação profissional do trabalhador, de acordo com a alínea *d)* do n.º 1 do artigo anterior.

2 – Constitui contra-ordenação grave o despedimento efectuado com violação do disposto neste artigo.

Artigo 426.º (CT)
Comunicações

1 – No caso de despedimento por inadaptação, o empregador comunica, por escrito, ao trabalhador e à comissão de trabalhadores ou, na sua falta, à comissão intersindical ou comissão sindical respectiva, a necessidade de fazer cessar o contrato de trabalho.

2 – A comunicação a que se refere o número anterior é acompanhada de:

a) Indicação dos motivos invocados para a cessação do contrato de trabalho;

b) Indicação das modificações introduzidas no posto de trabalho, dos resultados da formação ministrada e do período de adaptação facultado, nos casos do n.º 1 do artigo 407.º;

c) Indicação da inexistência de outro posto de trabalho que seja compatível com a qualificação profissional do trabalhador, no caso da alínea d) do n.º 1 do artigo 407.º

Artigo 681.º (CT)
Cessação do contrato de trabalho

1 – Constitui contra-ordenação grave:

a) A violação do disposto no n.º 2 do artigo 388.º, no n.º 4 do artigo 389.º, no n.º 5 do artigo 390.º, no n.º 1 do artigo 401.º, no n.º 1 do artigo 436.º e no n.º 2 do artigo 440.º, bem como a violação do direito à retribuição no caso previsto no n.º 1 do artigo 417.º;

b) O despedimento do trabalhador com fundamento em justa causa com violação do disposto nos n.ºs 1, 2 e 3 do artigo 411.º, nos artigos 413.º a 415.º e 418.º;

c) O despedimento colectivo com

violação do disposto nos n.ᵒˢ 1, 2 e 4 do artigo 419.º, nos n.ᵒˢ 1 e 3 do artigo 420.º e no n.º 1 do artigo 422.º;

d) O despedimento com fundamento na extinção do posto de trabalho com violação do disposto nos n.ᵒˢ 1, 2 e 4 do artigo 403.º, no artigo 423.º e no n.º 1 do artigo 425.º;

e) O despedimento com fundamento na inadaptação com violação do disposto no n.º 1 do artigo 407.º, e nos artigos 408.º, 410.º e 426.º, bem como a falta de fundamentação da comunicação de despedimento, nos termos do n.º 1 do artigo 428.º

2 – Excluem-se do disposto nas alíneas b), c), d) e e) do número anterior os casos em que, existindo fundamento para a ilicitude do despedimento, o empregador assegure ao trabalhador os direitos previstos no artigo 436.º

3 – No caso de violação do disposto no artigo 410.º, o não cumprimento da obrigação no prazo fixado pela autoridade administrativa constitui uma nova infracção punida com o dobro da coima prevista no n.º 1 deste artigo.

4 – Constitui contra-ordenação leve a violação do disposto nos n.ᵒˢ 1 e 2 do artigo 394.º, nos n.ᵒˢ 1 e 2 do artigo 399.º, incluindo quando aplicáveis em caso de despedimento por extinção do posto de trabalho ou por inadaptação do trabalhador, no n.º 3 do artigo 419.º, nos n.ᵒˢ 2, 3 e 4 do artigo 422.º, no n.º 2 do artigo 425.º, assim como o impedimento à participação dos serviços competentes do ministério responsável pela área laboral no processo de negociação referido no n.º 1 do artigo 421.º

Artigo 377.º
Consultas em caso de despedimento por inadaptação

Nos 10 dias posteriores à comunicação prevista no artigo anterior, a estrutura representativa dos trabalhadores, o trabalhador envolvido e ainda, caso este seja representante sindical, a associação sindical respectiva podem transmitir ao empregador o seu parecer fundamentado, nomeadamente sobre os motivos justificativos do despedimento, podendo ainda o trabalhador apresentar os meios de prova que considere pertinentes.

Artigo 378.º
Decisão de despedimento por inadaptação

1 – Decorridos cinco dias sobre o termo do prazo a que se refere o artigo anterior, o empregador pode proceder ao despedimento, mediante decisão fundamentada e por escrito de que constem:

a) Motivo da cessação do contrato de trabalho;

b) Confirmação dos requisitos previstos no artigo 375.º, com menção, sendo caso disso, da recusa de alternativa proposta ao trabalhador;

c) Montante, forma, momento e lugar do pagamento da compensação e dos créditos vencidos e dos exigíveis por efeito da cessação do contrato de trabalho;

d) Data da cessação do contrato.

2 – O empregador comunica a decisão, por cópia ou transcrição, ao trabalhador, às entidades referidas no n.º 1 do artigo 376.º e, bem assim, ao serviço

Artigo 427.º (CT)
Consultas

1 – Dentro do prazo de 10 dias a contar da comunicação a que se refere o artigo anterior, a estrutura representativa dos trabalhadores emite parecer fundamentado quanto aos motivos invocados para o despedimento.

2 – Dentro do mesmo prazo o trabalhador pode deduzir oposição à cessação do contrato de trabalho, oferecendo os meios de prova que considere pertinentes.

Artigo 428.º (CT)
Decisão

1 – Decorridos cinco dias sobre o termo do prazo a que se refere o n.º 1 do artigo anterior, em caso de cessação do contrato de trabalho, o empregador profere, por escrito, decisão fundamentada de que conste:

a) Motivo da cessação do contrato de trabalho;

b) Verificação dos requisitos previstos no artigo 407.º, com justificação de inexistência de posto de trabalho alternativo ou menção da recusa de aceitação das alternativas propostas;

c) Montante da compensação, assim como a forma e o lugar do seu pagamento;

d) Data da cessação do contrato.

2– A decisão é comunicada, por cópia ou transcrição, ao trabalhador e às estruturas de representação colectiva de trabalhadores nos termos estabelecidos no n.º 1 do artigo 426.º e, bem assim, aos serviços competentes do ministério responsável pela área laboral.

com competência inspectiva do ministério responsável pela área laboral, com antecedência mínima, relativamente à data da cessação, de:

a) 15 dias, no caso de trabalhador com antiguidade inferior a um ano;

b) 30 dias, no caso de trabalhador com antiguidade igual ou superior a um ano e inferior a cinco anos;

c) 60 dias, no caso de trabalhador com antiguidade igual ou superior a cinco anos e inferior a 10 anos;

d) 75 dias, no caso de trabalhador com antiguidade igual ou superior a 10 anos

3 – Constitui contra-ordenação grave o despedimento efectuado com violação do disposto no n.º 1 ou do aviso prévio referido no n.º 2, e constitui contra-ordenação leve a violação do disposto no n.º 2, no que respeita à falta de comunicação às entidades e ao serviço nele referidos.

Artigo 681.º (CT)
Cessação do contrato de trabalho

1 – Constitui contra-ordenação grave:

a) A violação do disposto no n.º 2 do artigo 388.º, no n.º 4 do artigo 389.º, no n.º 5 do artigo 390.º, no n.º 1 do artigo 401.º, no n.º 1 do artigo 436.º e no n.º 2 do artigo 440.º, bem como a violação do direito à retribuição no caso previsto no n.º 1 do artigo 417.º;

b) O despedimento do trabalhador com fundamento em justa causa com violação do disposto nos n.ᵒˢ 1, 2 e 3 do artigo 411.º, nos artigos 413.º a 415.º e 418.º;

c) O despedimento colectivo com violação do disposto nos n.ᵒˢ 1, 2 e 4 do artigo 419.º, nos n.ᵒˢ 1 e 3 do artigo 420.º e no n.º 1 do artigo 422.º;

d) O despedimento com fundamento na extinção do posto de trabalho com violação do disposto nos n.ᵒˢ 1, 2 e 4 do artigo 403.º, no artigo 423.º e no n.º 1 do artigo 425.º;

e) O despedimento com fundamento na inadaptação com violação do disposto no n.º 1 do artigo 407.º, e nos artigos 408.º, 410.º e 426.º, bem como a falta de fundamentação da comunicação de despedimento, nos termos do n.º 1 do artigo 428.º

2 – Excluem-se do disposto nas alíneas b), c), d) e e) do número anterior os casos em que, existindo fundamento para a ilicitude do despedimento, o empregador assegure ao trabalhador os direitos previstos no artigo 436.º

3 – No caso de violação do disposto no artigo 410.º, o não cumprimento da obrigação no prazo fixado pela autoridade administrativa constitui uma nova

Artigo 379.º
Direitos de trabalhador em caso de despedimento por inadaptação

Ao trabalhador despedido por inadaptação aplica-se o disposto no n.º 4 do artigo 363.º e nos artigos 364.º a 366.º

Artigo 380.º
Manutenção do nível de emprego

1 – Nos 90 dias seguintes a despedimento por inadaptação, deve ser assegurada a manutenção do nível de emprego na empresa, por meio de admissão ou transferência de trabalhador no decurso de procedimento tendente a despedimento por facto que não lhe seja imputável.

2 – Em caso de incumprimento do disposto no número anterior, o serviço com competência inspectiva do ministério responsável pela área laboral notifica o empregador para que assegure a manutenção do nível de emprego, em prazo não superior a 30 dias.

infracção punida com o dobro da coima prevista no n.º 1 deste artigo.

4 – Constitui contra-ordenação leve a violação do disposto nos n.ºs 1 e 2 do artigo 394.º, nos n.ºs 1 e 2 do artigo 399.º, incluindo quando aplicáveis em caso de despedimento por extinção do posto de trabalho ou por inadaptação do trabalhador, no n.º 3 do artigo 419.º, nos n.ºs 2, 3 e 4 do artigo 422.º, no n.º 2 do artigo 425.º, assim como o impedimento à participação dos serviços competentes do ministério responsável pela área laboral no processo de negociação referido no n.º 1 do artigo 421.º

Artigo 409.º (CT)
Direito dos trabalhadores

Ao trabalhador cujo contrato cesse nos termos desta divisão aplica-se o disposto nos artigos 398.º a 401.º

Artigo 410.º (CT)
Manutenção do nível de emprego

1 – Da cessação do contrato de trabalho com fundamento na inadaptação do trabalhador não pode resultar diminuição do volume de emprego na empresa.

2 – A manutenção do volume de emprego deve ser assegurada no prazo de 90 dias, a contar da cessação do contrato, admitindo-se, para o efeito, qualquer das seguintes situações:

a) Admissão de trabalhador;

b) Transferência de trabalhador no decurso de processo visando a extinção do respectivo posto de trabalho.

3 – Constitui contra-ordenação grave o despedimento efectuado com violação do disposto nos n.ᵒˢ 1 ou 2, sendo a violação do n.º 2 punível com o dobro da coima.

Artigo 681.º (CT)
Cessação do contrato de trabalho

1 – Constitui contra-ordenação grave:

a) A violação do disposto no n.º 2 do artigo 388.º, no n.º 4 do artigo 389.º, no n.º 5 do artigo 390.º, no n.º 1 do artigo 401.º, no n.º 1 do artigo 436.º e no n.º 2 do artigo 440.º, bem como a violação do direito à retribuição no caso previsto no n.º 1 do artigo 417.º;

b) O despedimento do trabalhador com fundamento em justa causa com violação do disposto nos n.ᵒˢ 1, 2 e 3 do artigo 411.º, nos artigos 413.º a 415.º e 418.º;

c) O despedimento colectivo com violação do disposto nos n.ᵒˢ 1, 2 e 4 do artigo 419.º, nos n.ᵒˢ 1 e 3 do artigo 420.º e no n.º 1 do artigo 422.º;

d) O despedimento com fundamento na extinção do posto de trabalho com violação do disposto nos n.ᵒˢ 1, 2 e 4 do artigo 403.º, no artigo 423.º e no n.º 1 do artigo 425.º;

e) O despedimento com fundamento na inadaptação com violação do disposto no n.º 1 do artigo 407.º, e nos artigos 408.º, 410.º e 426.º, bem como a falta de fundamentação da comunicação de despedimento, nos termos do n.º 1 do artigo 428.º

2 – Excluem-se do disposto nas alíneas b), c), d) e e) do número anterior os casos em que, existindo fundamento para a ilicitude do despedimento, o empregador assegure ao trabalhador os direitos previstos no artigo 436.º

3 – No caso de violação do disposto no artigo 410.º, o não cumprimento da obrigação no prazo fixado pela autoridade administrativa constitui uma nova

SUBSECÇÃO II
Ilicitude de despedimento

Artigo 381.º
Fundamentos gerais de ilicitude de despedimento

Sem prejuízo do disposto nos artigos seguintes ou em legislação específica, o despedimento por iniciativa do empregador é ilícito:

a) Se for devido a motivos políticos, ideológicos, étnicos ou religiosos, ainda que com invocação de motivo diverso;

b) Se o motivo justificativo do despedimento for declarado improcedente;

c) Se não for precedido do respectivo procedimento;

d) Em caso de trabalhadora grávida, puérpera ou lactante ou de trabalhador durante o gozo de licença parental inicial, em qualquer das suas modalidades, se não for solicitado o parecer prévio da entidade competente na área da igualdade de oportunidades entre homens e mulheres.

infracção punida com o dobro da coima prevista no n.º 1 deste artigo.

4 – Constitui contra-ordenação leve a violação do disposto nos n.ºs 1 e 2 do artigo 394.º, nos n.ºs 1 e 2 do artigo 399.º, incluindo quando aplicáveis em caso de despedimento por extinção do posto de trabalho ou por inadaptação do trabalhador, no n.º 3 do artigo 419.º, nos n.ºs 2, 3 e 4 do artigo 422.º, no n.º 2 do artigo 425.º, assim como o impedimento à participação dos serviços competentes do ministério responsável pela área laboral no processo de negociação referido no n.º 1 do artigo 421.º

Artigo 429.º (CT)
Princípio geral

Sem prejuízo do disposto nos artigos seguintes e em legislação especial, qualquer tipo de despedimento é ilícito:

a) Se não tiver sido precedido do respectivo procedimento;

b) Se se fundar em motivos políticos, ideológicos, étnicos ou religiosos, ainda que com invocação de motivo diverso;

c) Se forem declarados improcedentes os motivos justificativos invocados para o despedimento.

Artigo 382.º
Ilicitude de despedimento por facto imputável ao trabalhador

1 – O despedimento por facto imputável ao trabalhador é ainda ilícito se tiverem decorrido os prazos estabelecidos nos n.ᵒˢ 1 ou 2 do artigo 329.º, ou se o respectivo procedimento for inválido.

2 – O procedimento é inválido se:

a) Faltar a nota de culpa, ou se esta não for escrita ou não contiver a descrição circunstanciada dos factos imputados ao trabalhador;

b) Faltar a comunicação da intenção de despedimento junta à nota de culpa;

c) Não tiver sido respeitado o direito do trabalhador a consultar o processo ou a responder à nota de culpa ou, ainda, o prazo para resposta à nota de culpa;

d) A comunicação ao trabalhador da decisão de despedimento e dos seus fundamentos não for feita por escrito, ou não esteja elaborada nos termos do n.º 4 do artigo 357.º ou do n.º 2 do artigo 358.º.

Artigo 383.º
Ilicitude de despedimento colectivo

O despedimento colectivo é ainda ilícito se o empregador:

a) Não tiver feito a comunicação prevista nos n.º 1 ou 4 do artigo 360.º ou promovido a negociação prevista no n.º 1 do artigo 361.º;

b) Não tiver observado o prazo para decidir o despedimento, referido no n.º 1 do artigo 363.º;

c) Não tiver posto à disposição do trabalhador despedido, até ao termo do prazo de aviso prévio, a compensação a que se refere o artigo 366.º e os créditos

Artigo 430.º (CT)
Despedimento por facto imputável ao trabalhador

1 – O despedimento por facto imputável ao trabalhador é ainda ilícito se tiverem decorrido os prazos de prescrição estabelecidos no artigo 372 ou se o respectivo procedimento for inválido.

2 – O procedimento só pode ser declarado inválido se:

a) Faltar a comunicação da intenção de despedimento junta à nota de culpa ou não tiver sido elaborada nos termos previstos no artigo 411.º;

b) Não tiver sido respeitado o princípio do contraditório, nos termos enunciados nos artigos 413.º, 414.º e no n.º 2 do artigo 418.º;

c) A decisão de despedimento e os seus fundamentos não constarem de documento escrito, nos termos do artigo 415.º ou do n.º 3 do artigo 418.º.

Artigo 431.º (CT)
Despedimento colectivo

1 – O despedimento colectivo é ainda ilícito sempre que o empregador:

a) Não tiver feito as comunicações e promovido a negociação previstas nos n.º 1 ou 4 do artigo 419.º e n.º 1 do artigo 420;

b) Não tiver observado o prazo para decidir o despedimento, referido no n.º 1 do artigo 422.º;

c) Não tiver posto à disposição do trabalhador despedido, até ao termo do prazo de aviso prévio, a compensação a que se refere o artigo 401.º e, bem

vencidos ou exigíveis em virtude da cessação do contrato de trabalho, sem prejuízo do disposto na parte final do n.º 4 do artigo 363.º

assim, os créditos vencidos ou exigíveis em virtude da cessação do contrato de trabalho, sem prejuízo do disposto no número seguinte.

2 – O requisito constante da alínea c) do número anterior não é exigível na situação prevista no artigo 391.º nem nos casos regulados em legislação especial sobre recuperação de empresas e reestruturação de sectores económicos.

Artigo 384.º
Ilicitude de despedimento por extinção de posto de trabalho

O despedimento por extinção de posto de trabalho é ainda ilícito se o empregador:

a) Não cumprir os requisitos do n.º 1 do artigo 368.º;

b) Não respeitar os critérios de concretização de postos de trabalho a extinguir referidos no n.º 2 do artigo 368.º;

c) Não tiver feito as comunicações previstas no artigo 369.º;

d) Não tiver colocado à disposição do trabalhador despedido, até ao termo do prazo de aviso prévio, a compensação a que se refere o artigo 366.º por remissão do artigo 372.º e os créditos vencidos ou exigíveis em virtude da cessação do contrato de trabalho.

Artigo 432.º (CT)
Despedimento por extinção do posto de trabalho

O despedimento por extinção de posto de trabalho é ainda ilícito sempre que o empregador:

a) Não tiver respeitado os requisitos do n.º 1 do artigo 403.º;

b) Tiver violado o critério de determinação de postos de trabalho a extinguir, enunciado no n.º 2 do artigo 403.º;

c) Não tiver feito as comunicações previstas no artigo 423.º;

d) Não tiver colocado à disposição do trabalhador despedido, até ao termo do prazo de aviso prévio, a compensação a que se refere o artigo 401.º e, bem assim, os créditos vencidos ou exigíveis em virtude da cessação do contrato de trabalho.

Artigo 385.º
Ilicitude de despedimento por inadaptação

O despedimento por inadaptação é ainda ilícito se o empregador:

a) Não cumprir os requisitos do n.º 1 do artigo 375.º;

b) Não tiver feito as comunicações previstas no artigo 376.º;

Artigo 433.º (CT)
Despedimento por inadaptação

O despedimento por inadaptação é ainda ilícito se:

a) Faltarem os requisitos do n.º 1 do artigo 407.º;

b) Não tiverem sido feitas as comunicações previstas no artigo 426.º;

c) Não tiver sido posta à disposição

c) Não tiver posto à disposição do trabalhador despedido, até ao termo do prazo de aviso prévio, a compensação a que se refere o artigo 366.º por remissão do artigo 379.º e os créditos vencidos ou exigíveis em virtude da cessação do contrato de trabalho.

Artigo 386.º
Suspensão de despedimento

O trabalhador pode requerer a suspensão preventiva do despedimento, no prazo de cinco dias úteis a contar da data da recepção da comunicação de despedimento, mediante providência cautelar regulada no Código de Processo do Trabalho.

Artigo 387.º
Apreciação judicial do despedimento

1 – A regularidade e licitude do despedimento só pode ser apreciada por tribunal judicial.

2 – O trabalhador pode opor-se ao despedimento, mediante apresentação de requerimento em formulário próprio, junto do tribunal competente, no prazo de 60 dias, contados a partir da recepção da comunicação de despedimento ou da data de cessação do contrato, se posterior, excepto no caso previsto no artigo seguinte.

3 – Na acção de apreciação judicial do despedimento, o empregador apenas pode invocar factos e fundamentos constantes de decisão de despedimento comunicada ao trabalhador.

4 – Em casos de apreciação judicial de despedimento por facto imputável ao trabalhador, sem prejuízo da apreciação de vícios formais, o tribunal deve

do trabalhador despedido, até ao termo do prazo de aviso prévio, a compensação a que se refere o artigo 401.º, bem assim os créditos vencidos ou exigíveis em virtude da cessação do contrato de trabalho.

Artigo 434.º (CT)
Suspensão do despedimento

O trabalhador pode, mediante providência cautelar regulada no Código de Processo do Trabalho, requerer a suspensão preventiva do despedimento no prazo de cinco dias úteis a contar da data da recepção da comunicação de despedimento.

Artigo 435.º (CT)
Impugnação do despedimento

1 – A ilicitude do despedimento só pode ser declarada por tribunal judicial em acção intentada pelo trabalhador.

2 – A acção de impugnação tem de ser intentada no prazo de um ano a contar da data do despedimento, excepto no caso de despedimento colectivo em que a acção de impugnação tem de ser intentada no prazo de seis meses contados da data de cessação do contrato.

3 – Na acção de impugnação do despedimento, o empregador apenas pode invocar factos e fundamentos constantes da decisão de despedimento comunicada ao trabalhador.

sempre pronunciar-se sobre a verificação e procedência dos fundamentos invocados para o despedimento.

Artigo 388.º
Apreciação judicial do despedimento colectivo

1 – A ilicitude do despedimento colectivo só pode ser declarada por tribunal judicial.

2 – A acção de impugnação do despedimento colectivo deve ser intentada no prazo de seis meses contados da data da cessação do contrato.

3 – É aplicável à acção de impugnação do despedimento colectivo o disposto no n.º 3 do artigo anterior.

Artigo 435.º (CT)
Impugnação do despedimento

1 – A ilicitude do despedimento só pode ser declarada por tribunal judicial em acção intentada pelo trabalhador.

2 – A acção de impugnação tem de ser intentada no prazo de um ano a contar da data do despedimento, excepto no caso de despedimento colectivo em que a acção de impugnação tem de ser intentada no prazo de seis meses contados da data da cessação do contrato.

3 – Na acção de impugnação do despedimento, o empregador apenas pode invocar factos e fundamentos constantes da decisão de despedimento comunicada ao trabalhador.

Artigo 389.º
Efeitos da ilicitude de despedimento

1 – Sendo o despedimento declarado ilícito, o empregador é condenado:

a) A indemnizar o trabalhador por todos os danos causados, patrimoniais e não patrimoniais;

b) Na reintegração do trabalhador no mesmo estabelecimento da empresa, sem prejuízo da sua categoria e antiguidade, salvo nos casos previstos nos artigos 391.º e 392.º.

2 – No caso de mera irregularidade fundada em deficiência de procedimento por omissão das diligências probatórias referidas nos n.ᵒˢ 2 e 3, do artigo 356.º, ou a inobservância do prazo referido no n.º 3 do artigo 357.º, se forem declarados

Artigo 436.º (CT)
Efeitos da ilicitude

1 – Sendo o despedimento declarado ilícito, o empregador é condenado:

a) A indemnizar o trabalhador por todos os danos, patrimoniais e não patrimoniais, causados;

b) A reintegrá-lo no seu posto de trabalho sem prejuízo da sua categoria e antiguidade,

2 – No caso de ter sido impugnado o despedimento com base em invalidade do procedimento disciplinar, este pode ser reaberto até ao termo do prazo para contestar, iniciando-se o prazo interrompido nos termos do n.º 4 do artigo 411.º, não se aplicando, no entanto, este regime mais do que uma vez.

procedentes os motivos justificativos invocados para o despedimento, o trabalhador tem apenas direito a indemnização correspondente a metade do valor que resultaria da aplicação do n.º 1 do artigo 391.º

3 – Constitui contra-ordenação grave a violação do disposto no n.º 1.

Artigo 681.º (CT)
Cessação do contrato de trabalho

1 – Constitui contra-ordenação grave:

a) A violação do disposto no n.º 2 do artigo 388.º, no n.º 4 do artigo 389.º, no n.º 5 do artigo 390.º, no n.º 1 do artigo 401.º, no n.º 1 do artigo 436.º e no n.º 2 do artigo 440.º, bem como a violação do direito à retribuição no caso previsto no n.º 1 do artigo 417.º;

b) O despedimento do trabalhador com fundamento em justa causa com violação do disposto nos n.ºs 1, 2 e 3 do artigo 411.º, nos artigos 413.º a 415.º e 418.º;

c) O despedimento colectivo com violação do disposto nos n.ºs 1, 2 e 4 do artigo 419.º, nos n.ºs 1 e 3 do artigo 420.º e no n.º 1 do artigo 422.º;

d) O despedimento com fundamento na extinção do posto de trabalho com violação do disposto nos n.ºs 1, 2 e 4 do artigo 403.º, no artigo 423.º e no n.º 1 do artigo 425.º;

e) O despedimento com fundamento na inadaptação com violação do disposto no n.º 1 do artigo 407.º, e nos artigos 408.º, 410.º e 426.º, bem como a falta de fundamentação da comunicação de despedimento, nos termos do n.º 1 do artigo 428.º

2 – Excluem-se do disposto nas alíneas b), c), d) e e) do número anterior os casos em que, existindo fundamento para a ilicitude do despedimento, o empregador assegure ao trabalhador os direitos previstos no artigo 436.º

3 – No caso de violação do disposto no artigo 410.º, o não cumprimento da obrigação no prazo fixado pela autoridade administrativa constitui uma nova

infracção punida com o dobro da coima prevista no n.º 1 deste artigo.
4 – Constitui contra-ordenação leve a violação do disposto nos n.ºˢ 1 e 2 do artigo 394.º, nos n.ºˢ 1 e 2 do artigo 399.º, incluindo quando aplicáveis em caso de despedimento por extinção do posto de trabalho ou por inadaptação do trabalhador, no n.º 3 do artigo 419.º, nos n.ºˢ 2, 3 e 4 do artigo 422.º, no n.º 2 do artigo 425.º, assim como o impedimento à participação dos serviços competentes do ministério responsável pela área laboral no processo de negociação referido no n.º 1 do artigo 421.º

Artigo 390.º
Compensação em caso de despedimento ilícito

1 – Sem prejuízo da indemnização prevista na alínea *a)* do n.º 1 do artigo anterior, o trabalhador tem direito a receber as retribuições que deixar de auferir desde o despedimento até ao trânsito em julgado da decisão do tribunal que declare a ilicitude do despedimento.

2 – Às retribuições referidas no número anterior deduzem-se:

a) As importâncias que o trabalhador aufira com a cessação do contrato e que não receberia se não fosse o despedimento;

b) A retribuição relativa ao período decorrido desde o despedimento até 30 dias antes da propositura da acção, se esta não for proposta nos 30 dias subsequentes ao despedimento;

c) O subsídio de desemprego atribuído ao trabalhador no período referido no n.º 1, devendo o empregador entregar essa quantia à segurança social.

Artigo 437.º (CT)
Compensação

1 – Sem prejuízo da indemnização prevista na alínea a) do n.º 1 do artigo anterior, o trabalhador tem direito a receber as retribuições que deixou de auferir desde a data do despedimento até ao trânsito em julgado da decisão do tribunal.

2 – Ao montante apurado nos termos da segunda parte do número anterior deduzem-se as importâncias que o trabalhador tenha comprovadamente obtido com a cessação do contrato e que não receberia se não fosse o despedimento.

3 – O montante do subsídio de desemprego auferido pelo trabalhador é deduzido na compensação, devendo o empregador entregar essa quantia à segurança social.

4 – Da importância calculada nos termos da segunda parte do n.º 1 é deduzido o montante das retribuições respeitantes ao período decorrido desde a data do despedimento até 30 dias antes da data da propositura da acção,

Artigo 391.º
Indemnização em substituição de reintegração a pedido do trabalhador

1 – Em substituição da reintegração, o trabalhador pode optar por uma indemnização, até ao termo da discussão em audiência final de julgamento, cabendo ao tribunal determinar o seu montante, entre 15 e 45 dias de retribuição base e diuturnidades por cada ano completo ou fracção de antiguidade, atendendo ao valor da retribuição e ao grau de ilicitude decorrente da ordenação estabelecida no artigo 381.º

2 – Para efeitos do número anterior, o tribunal deve atender ao tempo decorrido desde o despedimento até ao trânsito em julgado da decisão judicial.

3 – A indemnização prevista no n.º 1 não pode ser inferior a três meses de retribuição base e diuturnidades.

Artigo 392.º
Indemnização em substituição de reintegração a pedido do empregador

1 – Em caso de microempresa ou de trabalhador que ocupe cargo de administração ou de direcção, o empregador

se esta não for proposta nos 30 dias subsequentes ao despedimento.

Artigo 439.º (CT)
Indemnização em substituição da reintegração

1 – Em substituição da reintegração pode o trabalhador optar por uma indemnização, cabendo ao tribunal determinar o seu montante, entre 15 e 45 dias de retribuição base e diuturnidades por cada ano completo ou fracção de antiguidade, atendendo ao valor da retribuição e ao grau de ilicitude decorrente da ordenação estabelecida no artigo 429.º

2 – Para efeitos do número anterior, o tribunal deve atender ao tempo decorrido desde o despedimento até ao trânsito em julgado da decisão judicial.

3 – A indemnização prevista no n.º 1 não pode ser inferior a três meses de retribuição base e diuturnidades.

4 – Caso a oposição à reintegração nos termos do n.º 2 do artigo anterior seja julgada procedente, a indemnização prevista no n.º 1 deste artigo é calculada entre 30 e 60 dias nos termos estabelecidos nos números anteriores.

5 – Sendo a oposição à reintegração julgada procedente, a indemnização prevista no número anterior não pode ser inferior a seis meses de retribuição base e diuturnidades.

Artigo 438.º (CT)
Reintegração

1 – O trabalhador pode optar pela reintegração na empresa até sentença do tribunal.

2 – Em caso de micro-empresa ou relativamente a trabalhador que ocupe

pode requerer ao tribunal que exclua a reintegração, com fundamento em factos e circunstâncias que tornem o regresso do trabalhador gravemente prejudicial e perturbador do funcionamento da empresa.

2 – O disposto no número anterior não se aplica sempre que a ilicitude do despedimento se fundar em motivo político, ideológico, étnico ou religioso, ainda que com invocação de motivo diverso, ou quando o fundamento da oposição à reintegração for culposamente criado pelo empregador.

3 – Caso o tribunal exclua a reintegração, o trabalhador tem direito a indemnização, determinada pelo tribunal entre 30 e 60 dias de retribuição base e diuturnidades por cada ano completo ou fracção de antiguidade, nos termos estabelecidos nos n.ᵒˢ 1 e 2 do artigo anterior, não podendo ser inferior ao valor correspondente a seis meses de retribuição base e diuturnidades.

cargo de administração ou de direcção, o empregador pode opor-se à reintegração se justificar que o regresso do trabalhador é gravemente prejudicial e perturbador para a prossecução da actividade empresarial.

3 – O fundamento invocado pelo empregador é apreciado pelo tribunal.

4 – O disposto no n.º 2 não se aplica sempre que a ilicitude do despedimento se fundar em motivos políticos, ideológicos, étnicos ou religiosos, ainda que com invocação de motivo diverso, bem como quando o juiz considere que o fundamento justificativo da oposição à reintegração foi culposamente criado pelo empregador.

Artigo 439.º (CT)
Indemnização em substituição da reintegração

1 – Em substituição da reintegração pode o trabalhador optar por uma indemnização, cabendo ao tribunal fixar o montante, entre 15 e 45 dias de retribuição base e diuturnidades por cada ano completo ou fracção de antiguidade, atendendo ao valor da retribuição e ao grau de ilicitude decorrente do disposto no artigo 429.º

2 – Para efeitos do número anterior, o tribunal deve atender a todo o tempo decorrido desde a data do despedimento até ao trânsito em julgado da decisão judicial.

3 – A indemnização prevista no n.º 1 não pode ser inferior a três meses de retribuição base e diuturnidades.

4 – Caso a oposição à reintegração nos termos do n.º 2 do artigo anterior seja julgada procedente, a indemnização prevista no n.º 1 deste artigo é

SUBSECÇÃO III
Despedimento por iniciativa do empregador em caso de contrato a termo

Artigo 393.º
Regras especiais relativas a contrato de trabalho a termo

1 – As regras gerais de cessação do contrato aplicam-se a contrato de trabalho a termo, com as alterações constantes do número seguinte.

2 – Sendo o despedimento declarado ilícito, o empregador é condenado:

a) No pagamento de indemnização dos danos patrimoniais e não patrimoniais, que não deve ser inferior às retribuições que o trabalhador deixou de auferir desde o despedimento até ao termo certo ou incerto do contrato, ou até ao trânsito em julgado da decisão judicial, se aquele termo ocorrer posteriormente.

b) Caso o termo ocorra depois do trânsito em julgado da decisão judicial, na reintegração do trabalhador, sem prejuízo da sua categoria e antiguidade.

3 – Constitui contra-ordenação grave a violação do disposto no número anterior.

calculada entre 30 e 60 dias nos termos estabelecidos nos números anteriores.

5 – Sendo a oposição à reintegração julgada procedente, a indemnização prevista no número anterior não pode ser inferior a seis meses de retribuição base e diuturnidades.

Artigo 440.º (CT)
Regras especiais relativas ao contrato a termo

1 – Ao contrato de trabalho a termo aplicam-se as regras gerais de cessação do contrato, com as alterações constantes do número seguinte.

2 – Sendo o despedimento declarado ilícito, o empregador é condenado:

a) No pagamento da indemnização pelos prejuízos causados, não devendo o trabalhador receber uma compensação inferior à importância correspondente ao valor das retribuições que deixou de auferir desde a data do despedimento até ao termo certo ou incerto do contrato, ou até ao trânsito em julgado da decisão do tribunal se aquele termo ocorrer posteriormente;

b) Na reintegração do trabalhador, sem prejuízo da sua categoria, caso o termo ocorra depois do trânsito em julgado da decisão do tribunal.

Artigo 681.º (CT)
Cessação do contrato de trabalho

1 – Constitui contra-ordenação grave:

a) A violação do disposto no n.º 2 do artigo 388.º, no n.º 4 do artigo 389.º, no n.º 5 do artigo 390.º, no n.º 1 do artigo 401.º, no n.º 1 do artigo 436.º e no n.º 2 do artigo 440.º, bem como a violação do direito à retribuição no caso previsto no n.º 1 do artigo 417.º;

b) O despedimento do trabalhador com fundamento em justa causa com violação do disposto nos n.ᵒˢ 1, 2 e 3 do artigo 411.º, nos artigos 413.º a 415.º e 418.º;

c) O despedimento colectivo com violação do disposto nos n.ᵒˢ 1, 2 e 4 do artigo 419.º, nos n.ᵒˢ 1 e 3 do artigo 420.º e no n.º 1 do artigo 422.º;

d) O despedimento com fundamento na extinção do posto de trabalho com violação do disposto nos n.ᵒˢ 1, 2 e 4 do artigo 403.º, no artigo 423.º e no n.º 1 do artigo 425.º;

e) O despedimento com fundamento na inadaptação com violação do disposto no n.º 1 do artigo 407.º, e nos artigos 408.º, 410.º e 426.º, bem como a falta de fundamentação da comunicação de despedimento, nos termos do n.º 1 do artigo 428.º

2 – Excluem-se do disposto nas alíneas b), c), d) e e) do número anterior os casos em que, existindo fundamento para a ilicitude do despedimento, o empregador assegure ao trabalhador os direitos previstos no artigo 436.º

3 – No caso de violação do disposto no artigo 410.º, o não cumprimento da obrigação no prazo fixado pela autoridade administrativa constitui uma nova infracção punida com o dobro da coima prevista no n.º 1 deste artigo.

4 – Constitui contra-ordenação leve a violação do disposto nos n.ᵒˢ 1 e 2 do artigo 394.º, nos n.ᵒˢ 1 e 2 do artigo 399.º, incluindo quando aplicáveis em caso de despedimento por extinção do posto de trabalho ou por inadaptação

SECÇÃO V
Cessação de contrato de trabalho por iniciativa do trabalhador

SUBSECÇÃO I
Resolução de contrato de trabalho pelo trabalhador

Artigo 394.º
Justa causa de resolução

1 – Ocorrendo justa causa, o trabalhador pode fazer cessar imediatamente o contrato.

2 – Constituem justa causa de resolução do contrato pelo trabalhador, nomeadamente, os seguintes comportamentos do empregador:

a) Falta culposa de pagamento pontual da retribuição;

b) Violação culposa de garantias legais ou convencionais do trabalhador;

c) Aplicação de sanção abusiva;

d) Falta culposa de condições de segurança e saúde no trabalho;

e) Lesão culposa de interesses patrimoniais sérios do trabalhador.

f) Ofensa à integridade física ou moral, liberdade, honra ou dignidade do trabalhador, punível por lei, praticada pelo empregador ou seu representante;

3 – Constituem ainda justa causa de resolução do contrato pelo trabalhador:

a) Necessidade de cumprimento de obrigação legal incompatível com a continuação do contrato;

b) Alteração substancial e duradoura das condições de trabalho no exercício lícito de poderes do empregador;

c) Falta não culposa de pagamento pontual da retribuição.

4 – A justa causa é apreciada nos termos do n.º 3 do artigo 351.º, com as necessárias adaptações.

do trabalhador, no n.º 3 do artigo 419.º, nos n.ᵒˢ 2, 3 e 4 do artigo 422.º, no n.º 2 do artigo 425.º, assim como o impedimento à participação dos serviços competentes do ministério responsável pela área laboral no processo de negociação referido no n.º 1 do artigo 421.º

Artigo 441.º (CT)
Regras gerais

1 – Ocorrendo justa causa, pode o trabalhador fazer cessar imediatamente o contrato.

2 – Constituem justa causa de resolução do contrato pelo trabalhador, nomeadamente, os seguintes comportamentos do empregador:

a) Falta culposa de pagamento pontual da retribuição;

b) Violação culposa das garantias legais ou convencionais do trabalhador;

c) Aplicação de sanção abusiva;

d) Falta culposa de condições de segurança, higiene e saúde no trabalho;

e) Lesão culposa de interesses patrimoniais sérios do trabalhador.

f) Ofensas à integridade física ou moral, liberdade, honra ou dignidade do trabalhador, puníveis por lei, praticadas pelo empregador ou seu representante legítimo;

3 – Constitui ainda justa causa de resolução do contrato pelo trabalhador:

a) Necessidade de cumprimento de obrigações legais incompatíveis com a continuação ao serviço;

b) Alteração substancial e duradoura das condições de trabalho no exercício legítimo de poderes do empregador;

c) Falta não culposa de pagamento pontual da retribuição.

5 – Considera-se culposa a falta de pagamento pontual da retribuição que se prolongue por período de 60 dias, ou quando o empregador, a pedido do trabalhador, declare por escrito a
previsão de não pagamento da retribuição em falta, até ao termo daquele prazo.

Artigo 395.º
Procedimento para resolução de contrato pelo trabalhador

1 – O trabalhador deve comunicar a resolução do contrato ao empregador, por escrito, com indicação sucinta dos factos que a justificam, nos 30 dias subsequentes ao conhecimento dos factos.

2 – No caso a que se refere o n.º 5 do artigo anterior, o prazo para resolução conta-se a partir do termo do período de 60 dias ou da declaração do empregador.

3 – Se o fundamento da resolução for o referido na alínea *a)* do n.º 3 do artigo anterior, a comunicação deve ser feita logo que possível.

4 – O empregador pode exigir que a assinatura do trabalhador constante da declaração de resolução tenha reconhecimento notarial presencial, devendo, neste caso, mediar um período não superior a 60 dias entre a data do reconhecimento e a da cessação do contrato.

4 – *A justa causa é apreciada nos termos do n.º 2 do artigo 396.º, com as necessárias adaptações.*

Artigo 442.º (CT)
Procedimento

1 – A declaração de resolução deve ser feita por escrito, com indicação sucinta dos factos que a justificam, nos 30 dias subsequentes ao conhecimento desses factos.

2 – Se o fundamento da resolução for o da alínea a) do n.º 3 do artigo anterior, o trabalhador deve notificar o empregador logo que possível.

Artigo 449.º (CT)
Não produção de efeitos da declaração de cessação do contrato

1 – A declaração de cessação do contrato de trabalho por iniciativa do trabalhador, tanto por resolução como por denúncia, sem assinatura objecto de reconhecimento notarial presencial, pode por este ser revogada por qualquer forma até ao 7.º dia seguinte à data em que chega ao poder do empregador.

2 – No caso de não ser possível assegurar a recepção da comunicação prevista no número anterior, o trabalhador deve remetê-la ao empregador, por carta registada com aviso de recepção, no dia útil subsequente ao fim desse prazo.

3 – A cessação prevista no n.º 1 só é eficaz se, em simultâneo com a comuni-

cação, o trabalhador entregar ou puser por qualquer forma à disposição do empregador, na totalidade, o valor das compensações pecuniárias eventualmente pagas em consequência da cessação do contrato de trabalho.

4 – Para a cessação do vínculo, o empregador pode exigir que os documentos de onde conste a declaração prevista no n.º 1 do artigo 442.º e o aviso prévio a que se refere o n.º 1 do artigo 447.º tenham a assinatura do trabalhador objecto de reconhecimento notarial presencial.

5 – No caso a que se refere o número anterior, entre a data do reconhecimento notarial e a da cessação do contrato não pode mediar um período superior a 60 dias.

Artigo 396.º
Indemnização devida ao trabalhador

1 – Em caso de resolução do contrato com fundamento em facto previsto no n.º 2 do artigo 394.º, o trabalhador tem direito a indemnização, a determinar entre 15 e 45 dias de retribuição base e diuturnidades por cada ano completo de antiguidade, atendendo ao valor da retribuição e ao grau da ilicitude do comportamento do empregador, não podendo ser inferior a três meses de retribuição base e diuturnidades.

2 – No caso de fracção de ano de antiguidade, o valor da indemnização é calculado proporcionalmente.

3 – O valor da indemnização pode ser superior ao que resultaria da aplicação do n.º 1 sempre que o trabalhador sofra danos patrimoniais e não patrimoniais de montante mais elevado.

Artigo 443.º (CT)
Indemnização devida ao trabalhador

1 – A resolução do contrato com fundamento nos factos previstos no n.º 2 do artigo 441.º confere ao trabalhador o direito a uma indemnização por todos os danos patrimoniais e não patrimoniais sofridos, devendo esta corresponder a uma indemnização a fixar entre 15 e 45 dias de retribuição base e diuturnidades por cada ano completo de antiguidade.

2 – No caso de fracção de ano o valor de referência previsto na segunda parte do número anterior é calculado proporcionalmente, mas, independentemente da antiguidade do trabalhador, a indemnização nunca pode ser inferior a três meses de retribuição base e diuturnidades.

3 – No caso de contrato a termo, a indemnização prevista nos números

4 – No caso de contrato a termo, a indemnização não pode ser inferior ao valor das retribuições vincendas.

Artigo 397.º
Revogação da resolução

1 – O trabalhador pode revogar a resolução do contrato, caso a sua assinatura constante desta não seja objecto de reconhecimento notarial presencial, até ao sétimo dia seguinte à data em que chegar ao poder do empregador, mediante comunicação escrita dirigida a este.

2 – É aplicável à revogação o disposto nos n.ᵒˢ 2 ou 3 do artigo 350.º

anteriores não pode ser inferior à quantia correspondente às retribuições vincendas.

Artigo 449.º (CT)
Não produção de efeitos
da declaração de cessação do contrato

1 – A declaração de cessação do contrato de trabalho por iniciativa do trabalhador, tanto por resolução como por denúncia, sem assinatura objecto de reconhecimento notarial presencial, pode por este ser revogada por qualquer forma até ao 7.º dia seguinte à data em que chega ao poder do empregador.

2 – No caso de não ser possível assegurar a recepção da comunicação prevista no número anterior, o trabalhador deve remetê-la ao empregador, por carta registada com aviso de recepção, no dia útil subsequente ao fim desse prazo.

3 – A cessação prevista no n.º 1 só é eficaz se, em simultâneo com a comunicação, o trabalhador entregar ou puser por qualquer forma à disposição do empregador, na totalidade, o valor das compensações pecuniárias eventualmente pagas em consequência da cessação do contrato de trabalho.

4 – Para a cessação do vínculo, o empregador pode exigir que os documentos de onde conste a declaração prevista no n.º 1 do artigo 442.º e o aviso prévio a que se refere o n.º 1 do artigo 447.º tenham a assinatura do trabalhador objecto de reconhecimento notarial presencial.

5 – No caso a que se refere o número anterior, entre a data do reconhecimento notarial e a da cessação do con-

Artigo 398.º
Impugnação da resolução

1 – A ilicitude da resolução do contrato pode ser declarada por tribunal judicial em acção intentada pelo empregador.

2 – A acção deve ser intentada no prazo de um ano a contar da data da resolução.

3 – Na acção em que for apreciada a ilicitude da resolução, apenas são atendíveis para a justificar os factos constantes da comunicação referida no n.º 1 do artigo 395.º.

4 – No caso de a resolução ter sido impugnada com base em ilicitude do procedimento previsto no n.º 1 do artigo 395.º, o trabalhador pode corrigir o vício até ao termo do prazo para contestar, mas só pode utilizar esta faculdade uma vez.

Artigo 399.º
Responsabilidade do trabalhador em caso de resolução ilícita

Não se provando a justa causa de resolução do contrato, o empregador tem direito a indemnização dos prejuízos causados, não inferior ao montante calculado nos termos do artigo 401.º

trato não pode mediar um período superior a 60 dias.

Artigo 444.º (CT)
Impugnação da resolução

1 – A ilicitude da resolução do contrato pode ser declarada por tribunal judicial em acção intentada pelo empregador.

2 – A acção tem de ser intentada no prazo de um ano a contar da data da resolução.

3 – Na acção em que for apreciada a ilicitude da resolução, apenas são atendíveis para a justificar os factos constantes da comunicação referida no n.º 1 do artigo 442.º.

Artigo 445.º (CT)
Resolução ilícita

No caso de ter sido impugnada a resolução do contrato com base em ilicitude do procedimento previsto no n.º 1 do artigo 442.º, o trabalhador pode corrigir o vício até ao termo do prazo para contestar, não se aplicando, no entanto, este regime mais de uma vez.

Artigo 446.º (CT)
Responsabilidade do trabalhador em caso de resolução ilícita

A resolução do contrato pelo trabalhador com invocação de justa causa, quando esta não tenha sido provada, confere ao empregador o direito a uma indemnização pelos prejuízos causados não inferior ao montante calculado nos termos do artigo 448.º

SUBSECÇÃO II
Denúncia de contrato de trabalho pelo trabalhador

Artigo 400.º
Denúncia com aviso prévio

1 – O trabalhador pode denunciar o contrato independentemente de justa causa, mediante comunicação ao empregador, por escrito, com a antecedência mínima de 30 ou 60 dias, conforme tenha, respectivamente, até dois anos ou mais de dois anos de antiguidade.

2 – O instrumento de regulamentação colectiva de trabalho e o contrato de trabalho podem aumentar o prazo de aviso prévio até seis meses, relativamente a trabalhador que ocupe cargo de administração ou direcção, ou com funções de representação ou de responsabilidade.

3 – No caso de contrato de trabalho a termo, a denúncia pode ser feita com a antecedência mínima de 30 ou 15 dias, consoante a duração do contrato seja de pelo menos seis meses ou inferior.

4 – No caso de contrato a termo incerto, para efeito do prazo de aviso prévio a que se refere o número anterior, atende-se à duração do contrato já decorrida.

5 – É aplicável à denúncia o disposto no n.º 4 do artigo 395.º

Artigo 447.º (CT)
Aviso prévio

1 – O trabalhador pode denunciar o contrato independentemente de justa causa, mediante comunicação escrita enviada ao empregador com a antecedência mínima de 30 ou 60 dias, conforme tenha, respectivamente, até dois anos ou mais de dois anos de antiguidade.

2 – O instrumento de regulamentação colectiva de trabalho e o contrato de trabalho podem alargar o prazo de aviso prévio até seis meses, relativamente a trabalhadores que ocupem cargos de administração ou direcção, bem como funções de representação ou de responsabilidade.

3 – Sendo o contrato a termo, o trabalhador que se pretenda desvincular antes do decurso do prazo acordado deve avisar o empregador com a antecedência mínima de 30 dias, se o contrato tiver duração igual ou superior a seis meses, ou de 15 dias, se for de duração inferior.

4 – No caso de contrato a termo incerto, para o cálculo do prazo de aviso prévio a que se refere o número anterior atender-se-á ao tempo de duração efectiva do contrato.

Artigo 449.º (CT)
Não produção de efeitos da declaração de cessação do contrato

1 – A declaração de cessação do contrato de trabalho por iniciativa do trabalhador, tanto por resolução como

por denúncia, sem assinatura objecto de reconhecimento notarial presencial, pode por este ser revogada por qualquer forma até ao 7.º dia seguinte à data em que chega ao poder do empregador.

2 – No caso de não ser possível assegurar a recepção da comunicação prevista no número anterior, o trabalhador deve remetê-la ao empregador, por carta registada com aviso de recepção, no dia útil subsequente ao fim desse prazo.

3 – A cessação prevista no n.º 1 só é eficaz se, em simultâneo com a comunicação, o trabalhador entregar ou puser por qualquer forma à disposição do empregador, na totalidade, o valor das compensações pecuniárias eventualmente pagas em consequência da cessação do contrato de trabalho.

4 – Para a cessação do vínculo, o empregador pode exigir que os documentos de onde conste a declaração prevista no n.º 1 do artigo 442.º e o aviso prévio a que se refere o n.º 1 do artigo 447.º tenham a assinatura do trabalhador objecto de reconhecimento notarial presencial.

5 – No caso a que se refere o número anterior, entre a data do reconhecimento notarial e a da cessação do contrato não pode mediar um período superior a 60 dias.

Artigo 401.º
Denúncia sem aviso prévio

O trabalhador que não cumpra, total ou parcialmente, o prazo de aviso prévio estabelecido no artigo anterior deve pagar ao empregador uma indemni-

Artigo 448.º (CT)
Falta de cumprimento do prazo de aviso prévio

Se o trabalhador não cumprir, total ou parcialmente, o prazo de aviso prévio estabelecido no artigo anterior,

zação de valor igual à retribuição base e diuturnidades cor respondentes ao período em falta, sem prejuízo de indemnização por danos causados pela inobservância do prazo de aviso prévio ou de obrigação assumida em pacto de permanência.

Artigo 402.º
Revogação da denúncia

1 – O trabalhador pode revogar a denúncia do contrato, caso a sua assinatura constante desta não tenha reconhecimento notarial presencial, até ao sétimo dia seguinte à data em que a mesma chegar ao poder do empregador, mediante comunicação escrita dirigida a este.

2 – É aplicável à revogação o disposto nos n.ºˢ 2 ou 3 do artigo 350.º

fica obrigado a pagar ao empregador uma indemnização de valor igual à retribuição base e diuturnidades correspondentes ao período de antecedência em falta, sem prejuízo da responsabilidade civil pelos danos eventualmente causados em virtude da inobservância do prazo de aviso prévio ou emergentes da violação de obrigações assumidas em pacto de permanência.

Artigo 449.º (CT)
Não produção de efeitos da declaração de cessação do contrato

1 – A declaração de cessação do contrato de trabalho por iniciativa do trabalhador, tanto por resolução como por denúncia, sem assinatura objecto de reconhecimento notarial presencial, pode por este ser revogada por qualquer forma até ao 7.º dia seguinte à data em que chega ao poder do empregador.

2 – No caso de não ser possível assegurar a recepção da comunicação prevista no número anterior, o trabalhador deve remetê-la ao empregador, por carta registada com aviso de recepção, no dia útil subsequente ao fim desse prazo.

3 – A cessação prevista no n.º 1 só é eficaz se, em simultâneo com a comunicação, o trabalhador entregar ou puser por qualquer forma à disposição do empregador, na totalidade, o valor das compensações pecuniárias eventualmente pagas em consequência da cessação do contrato de trabalho.

4 – Para a cessação do vínculo, o empregador pode exigir que os documentos de onde conste a declaração prevista no n.º 1 do artigo 442.º e o aviso prévio a que se refere o n.º 1 do artigo 447.º tenham a assinatura do trabalhador objecto de reconhecimento notarial presencial.

5 – No caso a que se refere o número anterior, entre a data do reconhecimento notarial e a da cessação do contrato não pode mediar um período superior a 60 dias.

Artigo 403.º
Abandono do trabalho

1 – Considera-se abandono do trabalho a ausência do trabalhador do serviço acompanhada de factos que, com toda a probabilidade, revelam a intenção de não o retomar.

2 – Presume-se o abandono do trabalho em caso de ausência de trabalhador do serviço durante, pelo menos, 10 dias úteis seguidos, sem que o empregador seja informado do motivo da ausência.

3 – O abandono do trabalho vale como denúncia do contrato, só podendo ser invocado pelo empregador após comunicação ao trabalhador dos factos constitutivos do abandono ou da presunção do mesmo, por carta registada com aviso de recepção para a última morada conhecida deste.

4 – A presunção estabelecida no n.º 2 pode ser ilidida pelo trabalhador mediante prova da ocorrência de motivo de força maior impeditivo da comunicação ao empregador da causa da ausência.

5 – Em caso de abandono do trabalho, o trabalhador deve indemnizar o empregador nos termos do artigo 401.º

Artigo 450.º (CT)
Abandono do trabalho

1 – Considera-se abandono do trabalho a ausência do trabalhador ao serviço acompanhada de factos que, com toda a probabilidade, revelem a intenção de o não retomar.

2 – Presume-se abandono do trabalho a ausência do trabalhador ao serviço durante, pelo menos, 10 dias úteis seguidos, sem que o empregador tenha recebido comunicação do motivo da ausência.

3 – A presunção estabelecida no número anterior pode ser ilidida pelo trabalhador mediante prova da ocorrência de motivo de força maior impeditivo da comunicação da ausência.

4 – O abandono do trabalho vale como denúncia do contrato e constitui o trabalhador na obrigação de indemnizar o empregador pelos prejuízos causados, não devendo a indemnização ser inferior ao montante calculado nos termos do artigo 448.º

5 – A cessação do contrato só é invocável pelo empregador após comunicação por carta registada com aviso de recepção para a última morada conhecida do trabalhador.

TÍTULO III
Direito colectivo

SUBTÍTULO I
Sujeitos

CAPÍTULO I
Estruturas de representação colectiva dos trabalhadores

SECÇÃO I
Disposições gerais sobre estruturas de representação colectiva dos trabalhadores

Artigo 404.º
Estruturas de representação colectiva dos trabalhadores

Para defesa e prossecução colectivas dos seus direitos e interesses, podem os trabalhadores constituir:

a) Associações sindicais;

b) Comissões de trabalhadores e subcomissões de trabalhadores;

c) Representantes dos trabalhadores para a segurança e saúde no trabalho;

d) Outras estruturas previstas em lei específica, designadamente conselhos de empresa europeus.

Artigo 405.º
Autonomia e independência

1 – As estruturas de representação colectiva dos trabalhadores são independentes do Estado, de partidos políticos, de instituições religiosas ou associações de outra natureza, sendo proibidos qualquer ingerência destes na sua organi-

Artigo 451.º (CT)
Estruturas de representação colectiva dos trabalhadores

Para defesa e prossecução colectivas dos seus direitos e interesses, podem os trabalhadores constituir:

a) Comissões de trabalhadores e subcomissões de trabalhadores;

b) Conselhos de empresa europeus;

c) Associações sindicais.

Artigo 452.º (CT)
Autonomia e independência

1 – Sem prejuízo das formas de apoio previstas neste Código, não podem os empregadores, individualmente ou através das suas associações, promover a constituição, manter ou financiar o funcionamento, por quaisquer meios, das

zação e gestão, bem como o seu recíproco financiamento.

2 – Sem prejuízo das formas de apoio previstas neste Código, os empregadores não podem, individualmente ou através das suas associações, promover a constituição, manter ou financiar o funcionamento, por quaisquer meios, de estruturas de representação colectiva dos trabalhadores ou, por qualquer modo, intervir na sua organização e gestão, assim como impedir ou dificultar o exercício dos seus direitos.

3 – O Estado pode apoiar as estruturas de representação colectiva dos trabalhadores nos termos previstos na lei.

4 – O Estado não pode discriminar as estruturas de representação colectiva dos trabalhadores relativamente a quaisquer outras entidades.

5 – Constitui contra-ordenação grave a violação do disposto nos n.ᵒˢ 1 ou 2.

estruturas de representação colectiva dos trabalhadores ou, por qualquer modo, intervir na sua organização e direcção, assim como impedir ou dificultar o exercício dos seus direitos.

2 – As estruturas de representação colectiva são independentes do Estado, dos partidos políticos, das instituições religiosas e de quaisquer associações de outra natureza, sendo proibida qualquer ingerência destes na sua organização e direcção, bem como o seu recíproco financiamento.

3 – O Estado pode apoiar as estruturas de representação colectiva dos trabalhadores, nos termos previstos na lei.

4 – O Estado não pode discriminar as estruturas de representação colectiva dos trabalhadores relativamente a quaisquer outras entidades associativas.

Artigo 682.º (CT)
Autonomia e independência

Constitui contra-ordenação grave a violação do disposto nos n.ᵒˢ 1 e 2 do artigo 452.º e no artigo 453.º, no n.º 1 do artigo 454.º, nos artigos 457.º e 459.º, nos artigos 501.º, 502.º e 504.º, no n.º 1 do artigo 505.º e no n.º 1 do artigo 507.º.

Artigo 406.º
Proibição de actos discriminatórios

1 – É proibido e considerado nulo o acordo ou outro acto que vise:

a) Subordinar o emprego de trabalhador à condição de este se filiar ou não se filiar numa associação sindical ou de se retirar daquela em que esteja inscrito;

b) Despedir, transferir ou, por qual-

Artigo 453.º (CT)
Proibição de actos discriminatórios

É proibido e considerado nulo todo o acordo ou acto que vise:

a) Subordinar o emprego do trabalhador à condição de este se filiar ou não se filiar numa associação sindical ou de se retirar daquela em que esteja inscrito;

quer modo, prejudicar trabalhador devido ao exercício dos direitos relativos à participação em estruturas de representação colectiva ou à sua filiação ou não filiação sindical.

2 – Constitui contra-ordenação grave a violação do disposto no número anterior.

b) Despedir, transferir ou, por qualquer modo, prejudicar um trabalhador devido ao exercício dos direitos relativos à participação em estruturas de representação colectiva ou pela sua filiação ou não filiação sindical.

Artigo 682.º (CT)
Autonomia e independência.

Constitui contra-ordenação grave a violação do disposto nos n.ºs 1 e 2 do artigo 452.º e no artigo 453.º, no n.º 1 do artigo 454.º, nos artigos 457.º e 459.º, nos artigos 501.º, 502.º e 504.º, no n.º 1 do artigo 505.º e no n.º 1 do artigo 507.º

Artigo 407.º
Crime por violação da autonomia ou independência sindical, ou por acto discriminatório

1 – A entidade que viole o disposto nos n.ºs 1 ou 2 do artigo 405.º ou no artigo anterior é punida com pena de multa até 120 dias.

2 – O administrador, director, gerente ou outro trabalhador que ocupe lugar de chefia que seja responsável por acto referido no número anterior é punido com pena de prisão até 1 ano.

3 – Perde os direitos específicos atribuídos por este Código o dirigente ou delegado sindical que seja condenado nos termos do número anterior.

Artigo 611.º (CT)
Violação da autonomia e da independência sindicais

1 – As entidades ou organizações que violem o disposto nos n.ºs 1 e 2 do artigo 452.º e no artigo 453.º são punidas com pena de multa até 120 dias.

2 – Os administradores, directores ou gerentes e os trabalhadores que ocupem lugares de chefia, responsáveis pelos actos referidos no número anterior, são punidos com pena de prisão até um ano.

3 – Perdem as regalias que lhes são atribuídas por este Código os dirigentes sindicais ou delegados sindicais que forem condenados nos termos do número anterior.

Artigo 408.º
Crédito de horas de representantes dos trabalhadores

1 – Beneficiam de crédito de horas, nos termos previstos neste Código ou em legislação específica, os trabalhadores

Artigo 454.º (CT)
Crédito de horas

1 – Beneficiam de crédito de horas, nos termos previstos neste Código, os trabalhadores eleitos para as estruturas de representação colectiva.

eleitos para as estruturas de representação colectiva dos trabalhadores.

2 – O crédito de horas é referido ao período normal de trabalho e conta como tempo de serviço efectivo, inclusivamente para efeito de retribuição.

3 – Sempre que pretenda utilizar o crédito de horas, o trabalhador deve informar o empregador, por escrito, com a antecedência mínima de dois dias, salvo motivo atendível.

4 – Não pode haver lugar a cumulação do crédito de horas pelo facto de o trabalhador pertencer a mais de uma estrutura de representação colectiva dos trabalhadores.

5 – Constitui contra-ordenação grave a violação do disposto no n.º 1.

2 – O crédito de horas é referido ao período normal de trabalho e conta como tempo de serviço efectivo.

3 – Sempre que pretendam exercer o direito ao gozo do crédito de horas, os trabalhadores devem avisar, por escrito, o empregador com a antecedência mínima de dois dias, salvo motivo atendível.

Artigo 682.º (CT)
Autonomia e independência

Constitui contra-ordenação grave a violação do disposto nos n.ºs 1 e 2 do artigo 452.º e no artigo 453.º, no n.º 1 do artigo 454.º, nos artigos 457.º e 459.º, nos artigos 501.º, 502.º e 504.º, no n.º 1 do artigo 505.º e no n.º 1 do artigo 507.º

Artigo 280.º (RCT)
Crédito de horas

1 – Cada representante dos trabalhadores para a segurança, higiene e saúde no trabalho dispõe, para o exercício das suas funções, de um crédito de cinco horas por mês.

2 – O crédito de horas é referido ao período normal de trabalho e conta como tempo de serviço efectivo.

3 – Sempre que pretenda exercer o direito ao gozo do crédito de horas, o representante dos trabalhadores para a segurança, higiene e saúde no trabalho deve avisar, por escrito, o empregador com a antecedência mínima de dois dias, salvo motivo atendível.

Artigo 401.º (RCT)
Não cumulação de crédito de horas

Não pode haver lugar a cumulação do crédito de horas pelo facto de o

Artigo 409.º
Faltas de representantes dos trabalhadores

1 – A ausência de trabalhador por motivo do desempenho de funções em estrutura de representação colectiva dos trabalhadores de que seja membro, que exceda o crédito de horas, considera-se justificada e conta como tempo de serviço efectivo, salvo para efeito de retribuição.

2 – A ausência de delegado sindical motivada pela prática de actos necessários e inadiáveis no exercício das correspondentes funções considera-se justificada, nos termos do número anterior.

3 – O trabalhador ou a estrutura de representação colectiva em que se integra comunica ao empregador, por escrito, as datas e o número de dias em que aquele necessita ausentar-se para o exercício das suas funções, com um dia de antecedência ou, em caso de imprevisibilidade, nas 48 horas posteriores ao primeiro dia de ausência.

4 – A inobservância do disposto no número anterior torna a falta injustificada.

5 – Constitui contra-ordenação grave a violação do disposto no n.º 1.

trabalhador pertencer a mais de uma estrutura de representação colectiva dos trabalhadores.

Artigo 455.º (CT)
Faltas

1 – As ausências dos trabalhadores eleitos para as estruturas de representação colectiva no desempenho das suas funções e que excedam o crédito de horas consideram-se faltas justificadas e contam, salvo para efeito de retribuição, como tempo de serviço efectivo.

2 – Relativamente aos delegados sindicais, apenas se consideram justificadas, para além das que correspondam ao gozo do crédito de horas, as ausências motivadas pela prática de actos necessários e inadiáveis no exercício das suas funções, as quais contam, salvo para efeito de retribuição, como tempo de serviço efectivo.

3 – As ausências a que se referem os números anteriores são comunicadas, por escrito, com um dia de antecedência, com referência às datas e ao número de dias de que os respectivos trabalhadores necessitam para o exercício das suas funções, ou, em caso de impossibilidade de previsão, nas quarenta e oito horas imediatas ao primeiro dia de ausência.

4 – A inobservância do disposto no número anterior torna as faltas injustificadas.

Artigo 682.º (CT)
Autonomia e independência

Constitui contra-ordenação grave a violação do disposto nos n.ºˢ 1 e 2 do artigo 452.º e no artigo 453.º, no n.º 1 do artigo 454.°, nos artigos 457.° e 459.°, nos artigos 501.°, 502.° e 504.°, no n.° 1 do artigo 505.° e no n.° 1 do artigo 507.°

Artigo 281.° (RCT)
Faltas

1 – As ausências dos representantes dos trabalhadores para a segurança, higiene e saúde no trabalho no desempenho das suas funções e que excedam o crédito de horas consideram-se faltas justificadas e contam, salvo para efeito de retribuição, como tempo de serviço efectivo.

2 – As ausências a que se refere o número anterior são comunicadas, por escrito, com um dia de antecedência, com referência às datas e ao número de dias de que os respectivos trabalhadores necessitam para o exercício das suas funções, ou, em caso de impossibilidade de previsão, nas quarenta e oito horas imediatas ao primeiro dia de ausência.

3 – A inobservância do disposto no número anterior torna as faltas injustificadas.

Artigo 485.° (RCT)
Eleição dos representantes dos trabalhadores para a segurança, higiene e saúde no trabalho

1 – Constitui contra-ordenação muito grave a violação do disposto no artigo 270.°, no n.° 1 do artigo 274.° e no n.° 1 do artigo 275.°

2 – Constitui contra-ordenação grave a violação do disposto na alínea b) do 267.°, no artigo 268.°, na parte final do n.° 3 do artigo 274.°, no n.° 5 do artigo 275.º, a oposição do empregador à afixação dos resultados da votação, nos termos do n.º 1 do artigo 278.º, no n.º 1 do artigo 280.º, n.º 1 do artigo 281.º e nos artigos 283.º a 286.º

Artigo 410.º
Protecção em caso de procedimento disciplinar ou despedimento

1 – A suspensão preventiva de trabalhador membro de estrutura de representação colectiva não obsta a que o mesmo tenha acesso a locais e exerça actividades que se compreendem no exercício das correspondentes funções.

2 – Na pendência de processo judicial para apuramento de responsabilidade disciplinar, civil ou criminal com fundamento em exercício abusivo de direitos na qualidade de membro de estrutura de representação colectiva dos trabalhadores, aplica-se ao trabalhador visado o disposto no número anterior.

3 – O despedimento de trabalhador candidato a membro de qualquer dos corpos sociais de associação sindical ou que exerça ou haja exercido funções nos mesmos corpos sociais há menos de três anos presume-se feito sem justa causa.

4 – A providência cautelar de suspensão de despedimento de trabalhador membro de estrutura de representação colectiva dos trabalhadores só não é decretada se o tribunal concluir pela existência de probabilidade séria de verificação da justa causa invocada.

5 – A acção de apreciação da licitude de despedimento de trabalhador a que se refere o número anterior tem natureza urgente.

Artigo 456.º (CT)
Protecção em caso de procedimento disciplinar e despedimento

1 – A suspensão preventiva de trabalhador eleito para as estruturas de representação colectiva não obsta a que o mesmo possa ter acesso aos locais e actividades que se compreendam no exercício normal dessas funções.

2 – O despedimento de trabalhador candidato a corpos sociais das associações sindicais, bem como do que exerça ou haja exercido funções nos mesmos corpos sociais há menos de três anos, presume-se feito sem justa causa.

3 – No caso de o trabalhador despedido ser representante sindical, membro de comissão de trabalhadores ou membro de conselho de empresa europeu, tendo sido interposta providência cautelar de suspensão do despedimento, esta só não é decretada se o tribunal concluir pela existência de probabilidade séria de verificação da justa causa invocada.

4 – As acções de impugnação judicial do despedimento dos trabalhadores referidos no número anterior têm natureza urgente.

5 – Não havendo justa causa, o trabalhador despedido tem o direito de optar entre a reintegração na empresa e uma indemnização calculada nos termos previstos nos n.ᵒˢ 4 e 5 do artigo 439.º ou estabelecida em instrumento de

6 – Em caso de ilicitude de despedimento por facto imputável ao trabalhador membro de estrutura de representação colectiva, este tem direito a optar entre a reintegração e uma indemnização calculada nos termos do n.º 3 do artigo 392.º ou em instrumento de regulamentação colectiva de trabalho, não inferior à retribuição base e diuturnidades correspondentes a seis meses.

regulamentação colectiva de trabalho, e nunca inferior à retribuição base e diuturnidades correspondentes a seis meses.

Artigo 282.º (RCT)
Protecção em caso de procedimento disciplinar e despedimento

1 – A suspensão preventiva de representante dos trabalhadores para a segurança, higiene e saúde no trabalho não obsta a que o mesmo possa ter acesso aos locais e actividades que se compreendam no exercício normal dessas funções.

2 – O despedimento de trabalhador candidato a representante dos trabalhadores para a segurança, higiene e saúde no trabalho, bem como do que exerça ou haja exercido essas funções há menos de três anos, presume-se feito sem justa causa.

3 – No caso de representante dos trabalhadores para a segurança, higiene e saúde no trabalho ser despedido e ter sido interposta providência cautelar de suspensão do despedimento, esta só não é decretada se o tribunal concluir pela existência de probabilidade séria de verificação da justa causa invocada.

4 – As acções de impugnação judicial do despedimento de representante dos trabalhadores para a segurança, higiene e saúde no trabalho têm natureza urgente.

5 – Não havendo justa causa, o trabalhador despedido tem o direito de optar entre a reintegração na empresa e uma indemnização calculada nos termos previstos nos n.ᵒˢ 4 e 5 do artigo 439.º do Código do Trabalho ou esta-

belecida em instrumento de regulamentação colectiva de trabalho, e nunca inferior à retribuição base e diuturnidades correspondentes a seis meses.

Artigo 411.º
Protecção em caso de transferência

1 – O trabalhador membro de estrutura de representação colectiva dos trabalhadores não pode ser transferido de local de trabalho sem o seu acordo, salvo quando tal resultar de extinção ou mudança total ou parcial do estabelecimento onde presta serviço.

2 – O empregador deve comunicar a transferência do trabalhador a que se refere o número anterior à estrutura a que este pertence, com antecedência igual à da comunicação feita ao trabalhador.

3 – Constitui contra-ordenação grave a violação do disposto neste artigo.

Artigo 457.º (CT)
Protecção em caso de transferência

1 – Os trabalhadores eleitos para as estruturas de representação colectiva não podem ser transferidos de local de trabalho sem o seu acordo, salvo quando a transferência resultar da mudança total ou parcial do estabelecimento onde aqueles prestam serviço.

2 – A transferência dos trabalhadores referidos no número anterior carece, ainda, de prévia comunicação à estrutura a que pertencem.

Artigo 682.º (CT)
Autonomia e independência

Constitui contra-ordenação grave a violação do disposto nos n.ºˢ 1 e 2 do artigo 452.º e no artigo 453.º, no n.º 1 do artigo 454.º, nos artigos 457.º e 459.º, nos artigos 501.º, 502.º e 504.º, no n.º 1 do artigo 505.º e no n.º 1 do artigo 507.º

Artigo 283.º (RCT)
Protecção em caso de transferência

Os representantes dos trabalhadores para a segurança, higiene e saúde no trabalho não podem ser transferidos de local de trabalho sem o seu acordo, salvo quando a transferência resultar da mudança total ou parcial do estabelecimento onde aqueles prestam serviço.

Artigo 412.º
Informações confidenciais

1 – O membro de estrutura de representação colectiva dos trabalhadores não pode revelar aos trabalhadores ou a terceiros informações que tenha recebido, no âmbito de direito de informação ou consulta, com menção expressa da respectiva confidencialidade.

2 – O dever de confidencialidade mantém-se após a cessação do mandato de membro de estrutura de representação colectiva dos trabalhadores.

3 – O empregador não é obrigado a prestar informações ou a proceder a consultas cuja natureza seja susceptível de prejudicar ou afectar gravemente o funcionamento da empresa ou do estabelecimento.

Artigo 458.º (CT)
Informações confidenciais

1 – Os membros das estruturas de representação colectiva dos trabalhadores não podem revelar aos trabalhadores ou a terceiros as informações que, no exercício legítimo da empresa ou do estabelecimento, lhes tenham sido comunicadas com menção expressa da respectiva confidencialidade.

2 – O dever de confidencialidade mantém-se após a cessação do mandato dos membros das estruturas de representação colectiva dos trabalhadores.

3 – A violação do dever de sigilo estabelecido nos números anteriores dá lugar a responsabilidade civil, nos termos gerais, sem prejuízo das sanções aplicáveis em procedimento disciplinar.

Artigo 459.º (CT)
Limite aos deveres de informação e consulta

O empregador não é obrigado a prestar informações ou a proceder a consultas cuja natureza seja susceptível de prejudicar ou afectar gravemente o funcionamento da empresa ou do estabelecimento.

Artigo 682.º (CT)
Autonomia e independência

Constitui contra-ordenação grave a violação do disposto nos n.ºs 1 e 2 do artigo 452.º e no artigo 453.º, no n.º 1 do artigo 454.º, nos artigos 457.º e 459.º, nos artigos 501.º, 502.º e 504.º, no n.º 1 do artigo 505.º e no n.º 1 do artigo 507.º

Artigo 287.º (RCT)
Informações confidenciais

1 – Os representantes dos trabalhadores para a segurança, higiene e saúde no trabalho não podem revelar aos trabalhadores ou a terceiros as informações que, no exercício legítimo da empresa ou do estabelecimento, lhes tenham sido comunicadas com menção expressa da respectiva confidencialidade.

2 – O dever de confidencialidade mantém-se após a cessação do mandato.

3 – A violação do dever de sigilo estabelecido nos números anteriores dá lugar a responsabilidade civil, nos termos gerais, sem prejuízo das sanções aplicáveis em procedimento disciplinar.

Artigo 395.º (RCT)
Informações confidenciais

A violação do dever de sigilo por parte dos peritos dá lugar a responsabilidade civil nos termos gerais.

Artigo 413.º
Justificação e controlo judicial em matéria de confidencialidade de informação

1 – A qualificação de informação como confidencial, a não prestação de informação ou a não realização de consulta deve ser fundamentada por escrito, com base em critérios objectivos, assentes em exigências de gestão.

2 – A qualificação como confidencial da informação prestada, a recusa de prestação de informação ou a não realização de consulta pode ser impugnada pela estrutura de representação colectiva

Artigo 460.º (CT)
Justificação e controlo judicial

1 – Tanto a qualificação das informações como confidenciais como a não prestação de informação ou a realização de consultas ao abrigo do disposto no artigo anterior devem ser justificadas por escrito, com base em critérios objectivamente aferíveis e que assentem em exigências de gestão.

2 – A qualificação como confidenciais das informações prestadas e a recusa fundamentada de prestação de informação ou da realização de consultas podem ser impugnadas pelas

dos trabalhadores em causa, nos termos previstos no Código de Processo do Trabalho.

estruturas de representação colectiva em causa, nos termos previstos no Código de Processo do Trabalho.

Artigo 289.º (RCT)
Justificação e controlo judicial

1 – Tanto a qualificação das informações como confidenciais como a não prestação de informação ou a não realização de consultas ao abrigo do disposto no artigo anterior devem ser justificadas por escrito, com base em critérios objectivamente aferíveis e que assentem em exigências de gestão.

2 – A qualificação como confidenciais das informações prestadas e a recusa fundamentada de prestação de informação ou da realização de consultas podem ser impugnadas pelos representantes dos trabalhadores, nos termos previstos no Código de Processo do Trabalho.

Artigo 414.º
Exercício de direitos

1 – O membro de estrutura de representação colectiva dos trabalhadores não pode, através do exercício dos seus direitos ou do desempenho das suas funções, prejudicar o normal funcionamento da empresa.

2 – O exercício abusivo de direitos por parte de membro de estrutura de representação colectiva dos trabalhadores é passível de responsabilidade disciplinar, civil ou criminal, nos termos gerais.

Artigo 466.º (CT)
Direitos das comissões
e das subcomissões de trabalhadores

1 – As comissões de trabalhadores têm os direitos que lhes são conferidos na Constituição, regulamentados em legislação especial.

2 – Os direitos das subcomissões de trabalhadores são regulamentados em legislação especial.

3 – As comissões e as subcomissões de trabalhadores não podem, através do exercício dos seus direitos e do desempenho das suas funções, prejudicar o normal funcionamento da empresa.

Artigo 288.º (RCT)
Limite aos deveres de informação e consulta

O empregador não é obrigado a prestar informações ou a proceder a consultas cuja natureza seja susceptível de prejudicar ou afectar gravemente o funcionamento da empresa ou do estabelecimento.

Artigo 354.º (RCT)
Direitos das comissões e das subcomissões de trabalhadores

1 – Constituem direitos das comissões de trabalhadores, nomeadamente:

a) Receber todas as informações necessárias ao exercício da sua actividade;

b) Exercer o controlo de gestão nas respectivas empresas;

c) Participar nos processos de reestruturação da empresa, especialmente no tocante a acções de formação ou quando ocorra alteração das condições de trabalho;

d) Participar na elaboração da legislação do trabalho, directamente ou por intermédio das respectivas comissões coordenadoras;

e) Gerir ou participar na gestão das obras sociais da empresa;

f) Promover a eleição de representantes dos trabalhadores para os órgãos sociais das entidades públicas empresariais.

2 – As subcomissões de trabalhadores podem:

a) Exercer os direitos previstos nas alíneas a), b), c) e e) do número anterior, que lhes sejam delegados pelas comissões de trabalhadores;

SECÇÃO II
Comissões de trabalhadores

SUBSECÇÃO I
Disposições gerais sobre comissões de trabalhadores

Artigo 415.º
Princípios gerais relativos a comissões, subcomissões e comissões coordenadoras

1 – Os trabalhadores têm direito de criar, em cada empresa, uma comissão de trabalhadores para defesa dos seus interesses e exercício dos direitos previstos na Constituição e na lei.

2 – Podem ser criadas subcomissões de trabalhadores em estabelecimentos da empresa geograficamente dispersos.

3 – Qualquer trabalhador da empresa, independentemente da idade ou função, tem o direito de participar na constituição das estruturas previstas nos números anteriores e na aprovação dos respectivos estatutos, bem como o direito de eleger e ser eleito.

4 – Podem ser criadas comissões coordenadoras para melhor intervenção na reestruturação económica, para articulação de actividades das comissões de trabalhadores constituídas nas empresas em relação de domínio ou de grupo, bem como para o exercício de outros direitos previstos na lei e neste Código.

b) *Informar a comissão de trabalhadores dos assuntos que entenderem de interesse para a normal actividade desta;*

c) *Fazer a ligação entre os trabalhadores dos estabelecimentos e as respectivas comissões de trabalhadores, ficando vinculadas à orientação geral por estas estabelecida.*

3 – As comissões e as subcomissões de trabalhadores não podem, através do exercício dos seus direitos e do desempenho das suas funções, prejudicar o normal funcionamento da empresa.

Artigo 461.º (CT)
Princípios gerais

1 – É direito dos trabalhadores criarem em cada empresa uma comissão de trabalhadores para defesa dos seus interesses e para o exercício dos direitos previstos na Constituição.

2 – Nas empresas com estabelecimentos geograficamente dispersos, os respectivos trabalhadores poderão constituir subcomissões de trabalhadores.

3 – Podem ser criadas comissões coordenadoras para melhor intervenção na reestruturação económica, para articulação de actividades das comissões de trabalhadores constituídas nas empresas em relação de domínio ou de grupo, bem como para o desempenho de outros direitos consignados na lei e neste Código.

Artigo 330.º (RCT)
Capacidade

Nenhum trabalhador da empresa pode ser prejudicado nos seus direitos, nomeadamente de participar na constituição da comissão de trabalhadores, na aprovação dos estatutos ou de eleger e ser eleito, designadamente por motivo de idade ou função.

Artigo 416.º
Personalidade e capacidade de comissão de trabalhadores e de comissão coordenadora

1 – A comissão de trabalhadores adquire personalidade jurídica pelo registo dos seus estatutos pelo serviço competente do ministério responsável pela área laboral.

2 – A capacidade da comissão de trabalhadores e da comissão coordenadora abrange todos os direitos e obrigações necessários ou convenientes para a prossecução dos seus fins.

Artigo 417.º
Número de membros de comissão de trabalhadores, comissão coordenadora ou subcomissão

1 – O número de membros de comissão de trabalhadores não pode exceder os seguintes:

a) Em empresa com menos de 50 trabalhadores, dois;

b) Em empresa com 50 ou mais trabalhadores e menos de 200, três;

c) Em empresa com 201 a 500 trabalhadores, três a cinco;

d) Em empresa com 501 a 1000 trabalhadores, cinco a sete;

Artigo 462.º (CT)
Personalidade e capacidade

1 – As comissões de trabalhadores adquirem personalidade jurídica pelo registo dos seus estatutos no ministério responsável pela área laboral.

2 – A capacidade das comissões de trabalhadores abrange todos os direitos e obrigações necessários ou convenientes para a prossecução dos fins previstos na lei.

Artigo 464.º (CT)
Composição das comissões de trabalhadores

O número de membros das comissões de trabalhadores não pode exceder os seguintes:

a) Em microempresas e pequenas empresas – 2 membros;

b) Em médias empresas – 3 membros;

c) Em grandes empresas com 201 a 500 trabalhadores – 3 a 5 membros;

d) Em grandes empresas com 501 a 1000 trabalhadores – 5 a 7 membros;

e) Em grandes empresas com mais de 1000 trabalhadores – 7 a 11 membros.

e) Em empresa com mais de 1000 trabalhadores, sete a 11.

2 – O número de membros de subcomissão de trabalhadores não pode exceder os seguintes:

a) Em estabelecimento com 50 a 200 trabalhadores, três;

b) Em estabelecimento com mais de 200 trabalhadores, cinco.

3 – Em estabelecimento com menos de 50 trabalhadores, a função da subcomissão de trabalhadores é assegurada por um só membro.

4 – O número de membros de comissão coordenadora não pode exceder o número das comissões de trabalhadores que a mesma coordena, nem o máximo de 11 membros.

Artigo 418.º
Duração do mandato

O mandato de membros de comissão de trabalhadores, comissão coordenadora ou subcomissão de trabalhadores não pode exceder quatro anos, sendo permitidos mandatos sucessivos.

Artigo 419.º
Reunião de trabalhadores no local de trabalho convocada por comissão de trabalhadores

1 – A comissão de trabalhadores pode convocar reuniões gerais de trabalhadores a realizar no local de trabalho:

a) Fora do horário de trabalho da generalidade dos trabalhadores, sem prejuízo do normal funcionamento de turnos ou de trabalho suplementar;

Artigo 465.º (CT)
Subcomissões de trabalhadores

1 – O número de membros das subcomissões de trabalhadores não pode exceder os seguintes:

a) Estabelecimentos com 50 a 200 trabalhadores – três membros;

b) Estabelecimentos com mais de 200 trabalhadores – cinco membros.

2 – Nos estabelecimentos com menos de 50 trabalhadores, a função das subcomissões de trabalhadores é assegurada por um só trabalhador.

Artigo 345.º (RCT)
Número de membros

O número de membros da comissão coordenadora não pode exceder o número das comissões de trabalhadores que a mesma coordena, nem o máximo de 11 membros.

Artigo 343.º (RCT)
Duração dos mandatos

O mandato dos membros da comissão de trabalhadores e das subcomissões de trabalhadores não pode exceder quatro anos, sendo permitida a reeleição para mandatos sucessivos.

Artigo 468.º (CT)
Reuniões dos trabalhadores

1 – Salvo o disposto nos números seguintes, as comissões de trabalhadores devem marcar as reuniões gerais a realizar nos locais de trabalho fora do horário de trabalho observado pela generalidade dos trabalhadores e sem prejuízo da execução normal da actividade no caso de trabalho por turnos ou de trabalho suplementar.

b) Durante o horário de trabalho da generalidade dos trabalhadores até um período máximo de 15 horas por ano, que conta como tempo de serviço efectivo, desde que seja assegurado o funcionamento de serviços de natureza urgente e essencial.

2 – O empregador que proíba reunião de trabalhadores no local de trabalho comete contra-ordenação muito grave.

Artigo 420.º
Procedimento para reunião de trabalhadores no local de trabalho

1 – A comissão de trabalhadores deve comunicar ao empregador, com a antecedência mínima de 48 horas, a data, hora, número previsível de participantes e local em que pretende que a reunião de trabalhadores se efectue e afixar a respectiva convocatória.

2 – No caso de reunião a realizar durante o horário de trabalho, a comissão de trabalhadores deve apresentar proposta que vise assegurar o funcionamento de serviços de natureza urgente e essencial.

3 – Após receber a comunicação referida no n.º 1 e, sendo caso disso, a proposta referida no número anterior, o empregador deve pôr à disposição da entidade promotora, desde que esta o requeira, um local no interior da empresa ou na sua proximidade apropriado à realização da reunião, tendo em conta os elementos da comunicação e da pro-

2 – Podem realizar-se reuniões gerais de trabalhadores nos locais de trabalho durante o horário de trabalho observado pela generalidade dos trabalhadores até um máximo de quinze horas por ano, desde que se assegure o funcionamento dos serviços de natureza urgente e essencial.

Artigo 685.º (CT)
Comissões de trabalhadores

Constitui contra-ordenação grave a violação do disposto nos n.ºs 1, 2, 3 e 7 do artigo 467.º, nos n.ºs 1 e 2 do artigo 468.º e no artigo 469.º

Artigo 468.º (CT)
Reuniões dos trabalhadores

1 – Salvo o disposto nos números seguintes, as comissões de trabalhadores devem marcar as reuniões gerais a realizar nos locais de trabalho fora do horário de trabalho observado pela generalidade dos trabalhadores e sem prejuízo da execução normal da actividade no caso de trabalho por turnos ou de trabalho suplementar.

2 – Podem realizar-se reuniões gerais de trabalhadores nos locais de trabalho durante o horário de trabalho observado pela generalidade dos trabalhadores até um máximo de quinze horas por ano, desde que se assegure o funcionamento dos serviços de natureza urgente e essencial.

3 – Para efeito do número anterior, as comissões ou as subcomissões de trabalhadores são obrigadas a comunicar aos órgãos de gestão da empresa a realização das reuniões com a antecedência mínima de quarenta e oito horas.

posta, bem como a necessidade de respeitar o disposto na parte final da alínea *a)* ou *b)* do n.º 1 do artigo anterior.

4 – Constitui contra-ordenação muito grave a violação do disposto no número anterior.

Artigo 421.º
Apoio à comissão de trabalhadores e difusão de informação

1 – O empregador deve pôr à disposição da comissão ou subcomissão de trabalhadores instalações adequadas, bem como os meios materiais e técnicos necessários ao exercício das suas funções.

2 – É aplicável à comissão e subcomissão de trabalhadores o disposto no artigo 465.º, com as necessárias adaptações.

3 – Constitui contra-ordenação grave a violação do disposto neste artigo.

Artigo 685.º (CT)
Comissões de trabalhadores

Constitui contra-ordenação grave a violação do disposto nos n.ºs 1, 2, 3 e 7 do artigo 467.º, nos n.ºs 1 e 2 do artigo 468.º e no artigo 469.º

Artigo 469.º (CT)
Apoio às comissões de trabalhadores

1 – Os órgãos de gestão das empresas devem pôr à disposição das comissões ou subcomissões de trabalhadores as instalações adequadas, bem como os meios materiais e técnicos necessários ao desempenho das suas atribuições.

2 – As comissões e subcomissões de trabalhadores têm igualmente direito a distribuir informação relativa aos interesses dos trabalhadores, bem como à sua afixação em local adequado que for destinado para esse efeito.

Artigo 685.º (CT)
Comissões de trabalhadores

Constitui contra-ordenação grave a violação do disposto nos n.ºs 1, 2, 3 e 7 do artigo 467.º, nos n.ºs 1 e 2 do artigo 468.º e no artigo 469.º

Artigo 422.º
Crédito de horas de membros das comissões

1 – Para o exercício das suas funções, o membro das seguintes estruturas tem direito ao seguinte crédito mensal de horas:

a) Subcomissão de trabalhadores, oito horas;

b) Comissão de trabalhadores, 25 horas;

c) Comissão coordenadora, 20 horas.

Artigo 467.º (CT)
Crédito de horas

1 – Para o exercício da sua actividade, cada um dos membros das seguintes entidades dispõe de crédito de horas não inferior aos seguintes montantes:

a) Subcomissões de trabalhadores – oito horas mensais;

b) Comissões de trabalhadores – vinte e cinco horas mensais;

c) Comissões coordenadoras – vinte horas mensais.

2 – Em microempresa, os créditos de horas referidos no número anterior são reduzidos a metade.

3 – Em empresa com mais de 1000 trabalhadores, a comissão de trabalhadores pode deliberar por unanimidade redistribuir pelos seus membros um montante global correspondente à soma dos créditos de horas de todos eles, com o limite individual de 40 horas mensais.

4 – O trabalhador que seja membro de mais de uma das estruturas referidas no n.º 1 não pode cumular os correspondentes créditos de horas.

5 – Em empresa do sector empresarial do Estado com mais de 1000 trabalhadores, a comissão de trabalhadores pode deliberar por unanimidade que um dos membros tenha crédito de horas correspondente a metade do seu período normal de trabalho, não sendo neste caso aplicável o disposto no n.º 3.

6 – Constitui contra-ordenação grave a violação do disposto nos n.ºˢ 1, 2, 3 ou 5.

2 – Nas microempresas, o crédito de horas referido no número anterior é reduzido a metade.

3 – Nas empresas com mais de 1000 trabalhadores, as comissões de trabalhadores podem optar por um montante global, que é apurado pela seguinte fórmula:

$$C = n \times 25$$

em que C é o crédito de horas e n.º o número de membros da comissão de trabalhadores.

4 – Tem de ser tomada por unanimidade a opção prevista no número anterior, bem como a distribuição do montante global do crédito de horas pelos diversos membros da comissão de trabalhadores, não podendo ser atribuídas a cada um mais de quarenta horas mensais.

5 – Os membros das entidades referidas no n.º 1 ficam obrigados, para além do limite aí estabelecido e ressalvado o disposto nos n.ºˢ 2 e 3, à prestação de trabalho nas condições normais.

6 – Não pode haver lugar a acumulação de crédito de horas pelo facto de um trabalhador pertencer a mais de uma das entidades referidas no n.º 1.

7 – Nas empresas do sector empresarial do Estado com mais de 1000 trabalhadores, e independentemente dos créditos previstos no n.º 1, as comissões de trabalhadores podem dispor de um dos seus membros durante metade do seu período normal de trabalho, desde que observado o disposto no n.º 3 no que respeita à unanimidade.

8 – Nos casos previstos no número anterior não se aplica a possibilidade de opção contemplada no n.º 3.

SUBSECÇÃO II
Informação e consulta

Artigo 423.º
Direitos da comissão
e da subcomissão de trabalhadores

1 – A comissão de trabalhadores tem direito, nomeadamente, a:
a) Receber a informação necessária ao exercício da sua actividade;
b) Exercer o controlo da gestão da empresa;
c) Participar, entre outros, em processo de reestruturação da empresa, na elaboração dos planos e dos relatórios de formação profissional e em procedimentos relativos à alteração das condições de trabalho;
d) Participar na elaboração da legislação do trabalho, directamente ou por intermédio das respectivas comissões coordenadoras;
e) Gerir ou participar na gestão das obras sociais da empresa;
f) Promover a eleição de representantes dos trabalhadores para os órgãos sociais das entidades públicas empresariais;
g) Reunir, pelo menos uma vez por mês, com o órgão de gestão da empresa para apreciação de assuntos relacionados com o exercício dos seus direitos.

2 – Compete à subcomissão de trabalhadores, de acordo com orientação geral estabelecida pela comissão:
a) Exercer, mediante delegação pela comissão de trabalhadores, os direitos

Artigo 685.º (CT)
Comissões de trabalhadores

Constitui contra-ordenação grave a violação do disposto nos n.ºs 1, 2, 3 e 7 do artigo 467.º, nos n.ºs 1 e 2 do artigo 468.º e no artigo 469.º

Artigo 466.º (CT)
Direitos das comissões
e das subcomissões de trabalhadores

1 – As comissões de trabalhadores têm os direitos que lhes são conferidos na Constituição, regulamentados em legislação especial.

2 – Os direitos das subcomissões de trabalhadores são regulamentados em legislação especial.

3 – As comissões e as subcomissões de trabalhadores não podem, através do exercício dos seus direitos e do desempenho das suas funções, prejudicar o normal funcionamento da empresa.

Artigo 354.º (RCT)
Direitos das comissões e das
subcomissões de trabalhadores

1 – Constituem direitos das comissões de trabalhadores, nomeadamente:
a) Receber todas as informações necessárias ao exercício da sua actividade;
b) Exercer o controlo de gestão nas respectivas empresas;
c) Participar nos processos de reestruturação da empresa, especialmente no tocante a acções de formação ou quando ocorra alteração das condições de trabalho;
d) Participar na elaboração da legislação do trabalho, directamente ou por intermédio das respectivas comissões coordenadoras;

previstos nas alíneas *a)*, *b)*, *c)* e *e)* do número anterior;

b) Informar a comissão de trabalhadores sobre os assuntos de interesse para a actividade desta;

c) Fazer a ligação entre os trabalhadores do respectivo estabelecimento e a comissão de trabalhadores;

d) Reunir com o órgão de gestão do estabelecimento, nos termos da alínea *g)* do número anterior.

3 – O órgão de gestão da empresa ou do estabelecimento, consoante o caso, elabora a acta da reunião referida na alínea *g)* do n.º 1 ou na alínea *d)* do n.º 2, que deve ser assinada por todos os participantes.

4 – Constitui contra-ordenação grave a violação do disposto nas alíneas *e)* ou *g)* do n.º 1, na alínea *d)* do n.º 2 ou no número anterior.

e) Gerir ou participar na gestão das obras sociais da empresa;

f) Promover a eleição de representantes dos trabalhadores para os órgãos sociais das entidades públicas empresariais.

2 – As subcomissões de trabalhadores podem:

a) Exercer os direitos previstos nas alíneas a), b), c) e e) do número anterior, que lhes sejam delegados pelas comissões de trabalhadores;

b) Informar a comissão de trabalhadores dos assuntos que entenderem de interesse para a normal actividade desta;

c) Fazer a ligação entre os trabalhadores dos estabelecimentos e as respectivas comissões de trabalhadores, ficando vinculadas à orientação geral por estas estabelecida.

3 – As comissões e as subcomissões de trabalhadores não podem, através do exercício dos seus direitos e do desempenho das suas funções, prejudicar o normal funcionamento da empresa.

Artigo 488.º (RCT)
Comissões de trabalhadores

1 – Constitui contra-ordenação muito grave a violação do disposto no artigo 332.º, no n.º 1 do artigo 333.º e nos n.ºs 2 e 4 do artigo 334.º

2 – Constitui contra-ordenação grave a violação do disposto na parte final do n.º 3 do artigo 333.º, no n.º 5 do artigo 334.º, a oposição do empregador à afixação dos resultados da votação, nos termos do artigo 338.º, na alínea e) do n.º 1 do artigo 354.º, nos artigos 355.º e 356.º, nos n.ºs 1 e 2 do artigo 357.º, o impedimento, por parte do

	empregador, ao exercício dos direitos previstos no artigo 360.º e o impedimento, por parte do empregador, ao exercício dos direitos previstos no artigo 364.º
	Artigo 488.º ***Comissões de trabalhadores*** *1 – Constitui contra-ordenação muito grave a violação do disposto no artigo 332.º, no n.º 1 do artigo 333.º e nos n.ᵒˢ 2 e 4 do artigo 334.º* *2 – Constitui contra-ordenação grave a violação do disposto na parte final do n.º 3 do artigo 333.º, no n.º 5 do artigo 334.º, a oposição do empregador à afixação dos resultados da votação, nos termos do artigo 338.º, na alínea e) do n.º 1 do artigo 354.º, nos artigos 355.º e 356.º, nos n.ᵒˢ 1 e 2 do artigo 357.º, o impedimento, por parte do empregador, ao exercício dos direitos previstos no artigo 360.º e o impedimento, por parte do empregador, ao exercício dos direitos previstos no artigo 364.º*
Artigo 424.º **Conteúdo do direito a informação** 1 – A comissão de trabalhadores tem direito a informação sobre: *a)* Planos gerais de actividade e orçamento; *b)* Organização da produção e suas implicações no grau da utilização dos trabalhadores e do equipamento; *c)* Situação do aprovisionamento; *d)* Previsão, volume e administração de vendas; *e)* Gestão de pessoal e estabelecimento dos seus critérios básicos, montante da massa salarial e sua distribuição	***Artigo 356.º (RCT)*** ***Conteúdo do direito a informação*** *O direito a informação abrange as seguintes matérias:* *a) Planos gerais de actividade e orçamento;* *b) Organização da produção e suas implicações no grau da utilização da mão-de-obra e do equipamento;* *c) Situação do aprovisionamento;* *d) Previsão, volume e administração de vendas;* *e) Gestão de pessoal e estabelecimento dos seus critérios básicos, montante da massa salarial e sua distri-*

por grupos profissionais, regalias sociais, produtividade e absentismo;

f) Situação contabilística, compreendendo o balanço, conta de resultados e balancetes;

g) Modalidades de financiamento;

h) Encargos fiscais e parafiscais;

i) Projecto de alteração do objecto, do capital social ou de reconversão da actividade da empresa.

2 – Constitui contra-ordenação grave a violação do disposto no número anterior.

Artigo 425.º
Obrigatoriedade de consulta da comissão de trabalhadores

O empregador deve solicitar o parecer da comissão de trabalhadores antes de praticar os seguintes actos, sem prejuízo de outros previstos na lei:

a) Modificação dos critérios de classificação profissional e de promoções dos trabalhadores;

buição pelos diferentes escalões profissionais, regalias sociais, mínimos de produtividade e grau de absentismo;

f) Situação contabilística da empresa compreendendo o balanço, conta de resultados e balancetes trimestrais;

g) Modalidades de financiamento;

h) Encargos fiscais e parafiscais;

i) Projectos de alteração do objecto, do capital social e de reconversão da actividade produtiva da empresa.

Artigo 488.º (RCT)
Comissões de trabalhadores

1 – Constitui contra-ordenação muito grave a violação do disposto no artigo 332.º, no n.º 1 do artigo 333.º e nos n.ᵒˢ 2 e 4 do artigo 334.º

2 – Constitui contra-ordenação grave a violação do disposto na parte final do n.º 3 do artigo 333.º, no n.º 5 do artigo 334.º, a oposição do empregador à afixação dos resultados da votação, nos termos do artigo 338.º, na alínea e) do n.º 1 do artigo 354.º, nos artigos 355.º e 356.º, nos n.ᵒˢ 1 e 2 do artigo 357.º, o impedimento, por parte do empregador, ao exercício dos direitos previstos no artigo 360.º e o impedimento, por parte do empregador, ao exercício dos direitos previstos no artigo 364.º

Artigo 357.º (RCT)
Obrigatoriedade de parecer prévio

1 – Têm de ser obrigatoriamente precedidos de parecer escrito da comissão de trabalhadores os seguintes actos do empregador:

a) Regulação da utilização de equipamento tecnológico para vigilância a distância no local de trabalho;

b) Tratamento de dados biométricos;

b) Mudança de local de actividade da empresa ou do estabelecimento;

c) Qualquer medida de que resulte ou possa resultar, de modo substancial, diminuição do número de trabalhadores, agravamento das condições de trabalho ou mudanças na organização de trabalho;

d) Dissolução ou pedido de declaração de insolvência da empresa.

c) Elaboração de regulamentos internos da empresa;

d) Modificação dos critérios de base de classificação profissional e de promoções;

e) Definição e organização dos horários de trabalho aplicáveis a todos ou a parte dos trabalhadores da empresa;

f) Elaboração do mapa de férias dos trabalhadores da empresa;

g) Mudança de local de actividade da empresa ou do estabelecimento;

h) Quaisquer medidas de que resulte uma diminuição substancial do número de trabalhadores da empresa ou agravamento substancial das suas condições de trabalho e, ainda, as decisões susceptíveis de desencadear mudanças substanciais no plano da organização de trabalho ou dos contratos de trabalho;

i) Encerramento de estabelecimentos ou de linhas de produção;

j) Dissolução ou requerimento de declaração de insolvência da empresa.

2 – O parecer referido no número anterior deve ser emitido no prazo máximo de 10 dias a contar da recepção do escrito em que for solicitado, se outro maior não for concedido em atenção da extensão ou complexidade da matéria.

3 – Nos casos a que se refere a alínea c) do n.º 1, o prazo de emissão de parecer é de cinco dias.

4 – Quando seja solicitada a prestação de informação sobre as matérias relativamente às quais seja requerida a emissão de parecer ou quando haja lugar à realização de reunião nos termos do n.º 1 do artigo 355.º, o prazo

SUBSECÇÃO III
Controlo de gestão da empresa

Artigo 426.º
Finalidade e conteúdo do controlo de gestão

1 – O controlo de gestão visa promover o empenhamento responsável dos trabalhadores na actividade da empresa.

2 – No exercício do controlo de gestão, a comissão de trabalhadores pode:

a) Apreciar e emitir parecer sobre o orçamento da empresa e suas alterações, bem como acompanhar a respectiva execução;

b) Promover a adequada utilização dos recursos técnicos, humanos e financeiros;

c) Promover, junto dos órgãos de gestão e dos trabalhadores, medidas que contribuam para a melhoria da actividade da empresa, designadamente nos domínios dos equipamentos e da simplificação administrativa;

d) Apresentar à empresa sugestões, recomendações ou críticas tendentes à qualificação inicial e à formação contínua dos trabalhadores, à melhoria das condições de trabalho nomeadamente da segurança e saúde no trabalho;

e) Defender junto dos órgãos de gestão e fiscalização da empresa e das autoridades competentes os legítimos interesses dos trabalhadores.

3 – O controlo de gestão não abrange:

a) O Banco de Portugal;

conta-se a partir da prestação das informações ou da realização da reunião.

5 – Decorridos os prazos referidos nos n.ºs 2 e 3 sem que o parecer tenha sido entregue à entidade que o tiver solicitado considera-se preenchida a exigência referida no n.º 1.

Artigo 359.º (RCT)
Finalidade do controlo de gestão

O controlo de gestão visa promover o empenhamento responsável dos trabalhadores na vida da respectiva empresa.

Artigo 360.º (RCT)
Conteúdo do controlo de gestão

No exercício do direito do controlo de gestão, as comissões de trabalhadores podem:

a) Apreciar e emitir parecer sobre os orçamentos da empresa e respectivas alterações, bem como acompanhar a respectiva execução;

b) Promover a adequada utilização dos recursos técnicos, humanos e financeiros;

c) Promover, junto dos órgãos de gestão e dos trabalhadores, medidas que contribuam para a melhoria da actividade da empresa, designadamente nos domínios dos equipamentos técnicos e da simplificação administrativa;

d) Apresentar aos órgãos competentes da empresa sugestões, recomendações ou críticas tendentes à qualificação inicial e à formação contínua dos trabalhadores e, em geral, à melhoria da qualidade de vida no trabalho e das condições de segurança, higiene e saúde;

e) Defender junto dos órgãos de gestão e fiscalização da empresa e das

b) A Imprensa Nacional – Casa da Moeda, S. A.;

c) Estabelecimentos fabris militares e actividades de investigação militar ou outras com interesse para a defesa nacional;

d) Actividades que envolvam competências de órgãos de soberania, de assembleias regionais ou governos regionais.

4 – Constitui contra-ordenação grave o impedimento por parte do empregador ao exercício dos direitos previstos no n.º 2.

autoridades competentes os legítimos interesses dos trabalhadores.

Artigo 361.º (RCT)
Exclusões do controlo de gestão

1 – O controlo de gestão não pode ser exercido em relação às seguintes actividades:

a) Produção de moeda;

b) Prossecução das atribuições do Banco de Portugal;

c) Imprensa Nacional-Casa da Moeda, S. A.;

d) Investigação científica e militar;

e) Serviço público postal, de telecomunicações ou de meios de comunicação áudio-visual;

f) Estabelecimentos fabris militares.

2 – Excluem-se igualmente do controlo de gestão as actividades com interesse para a defesa nacional ou que envolvam, por via directa ou delegada, competências dos órgãos de soberania, bem como das assembleias regionais e dos governos regionais.

Artigo 488.º (RCT)
Comissões de trabalhadores

1 – Constitui contra-ordenação muito grave a violação do disposto no artigo 332.º, no n.º 1 do artigo 333.º e nos n.ᵒˢ 2 e 4 do artigo 334.º

2 – Constitui contra-ordenação grave a violação do disposto na parte final do n.º 3 do artigo 333.º, no n.º 5 do artigo 334.º, a oposição do empregador à afixação dos resultados da votação, nos termos do artigo 338.º, na alínea e) do n.º 1 do artigo 354.º, nos artigos 355.º e 356.º, nos n.ᵒˢ 1 e 2 do artigo 357.º, o impedimento, por parte do empregador, ao exercício dos direitos previstos no

Artigo 427.º
Exercício do direito a informação e consulta

1 – A comissão de trabalhadores ou a subcomissão solicita por escrito, respectivamente, ao órgão de gestão da empresa ou do estabelecimento os elementos de informação respeitantes às matérias abrangidas pelo direito à informação.

2 – A informação é prestada por escrito, no prazo de oito dias, ou 15 dias se a sua complexidade o justificar.

3 – O disposto nos números anteriores não prejudica o direito de a comissão ou a subcomissão de trabalhadores receber informação em reunião a que se refere a alínea *g)* do n.º 1 ou a alínea *d)* do n.º 2 do artigo 423.º

4 – No caso de consulta, o empregador solicita por escrito o parecer da comissão de trabalhadores, que deve ser emitido no prazo de 10 dias a contar da recepção do pedido, ou em prazo superior que seja concedido atendendo à extensão ou complexidade da matéria.

5 – Caso a comissão de trabalhadores peça informação pertinente sobre a matéria da

consulta, o prazo referido no número anterior conta-se a partir da prestação da informação, por escrito ou em reunião em que tal ocorra.

6 – A obrigação de consulta considera-se cumprida uma vez decorrido o prazo referido no n.º 4 sem que o parecer tenha sido emitido.

7 – Quando esteja em causa decisão por parte do empregador no exercício de *artigo 360.º e o impedimento, por parte do empregador, ao exercício dos direitos previstos no artigo 364.º*

Artigo 358.º (RCT)
Prestação de informações

1 – Os membros das comissões e subcomissões devem requerer, por escrito, respectivamente, ao órgão de gestão da empresa ou de direcção do estabelecimento os elementos de informação respeitantes às matérias referidas nos artigos anteriores.

2 – As informações são-lhes prestadas, por escrito, no prazo de oito dias, salvo se, pela sua complexidade, se justificar prazo maior, que nunca deve ser superior a 15 dias.

3 – O disposto nos números anteriores não prejudica o direito à recepção de informações nas reuniões previstas no artigo 355.º

poderes de direcção e organização decorrentes do contrato de trabalho, o procedimento de informação e consulta devem ser conduzidos por ambas as partes no sentido de alcançar, sempre que possível, o consenso.

8 – Constitui contra-ordenação grave a violação do disposto no n.º 2 ou na primeira parte do n.º 4.

Artigo 428.º
Representantes dos trabalhadores em órgãos de entidade pública empresarial

1 – A comissão de trabalhadores de entidade pública empresarial promove a eleição de representantes dos trabalhadores para os órgãos sociais da mesma, aplicando-se o disposto neste Código em matéria de caderno eleitoral, secções de voto, votação e apuramento de resultados.

2 – A comissão de trabalhadores deve comunicar ao ministério responsável pelo sector de actividade da entidade pública empresarial o resultado da eleição a que se refere o número anterior.

3 – O órgão social em causa e o número de representantes dos trabalhadores são regulados nos estatutos da entidade pública empresarial.

Artigo 362.º (RCT)
Representantes dos trabalhadores nos órgãos das entidades públicas empresariais

1 – Nas entidades públicas empresariais, as comissões de trabalhadores promovem a eleição, nos termos dos artigos 332.º a 336.º e do n.º 1 do artigo 337.º, de representantes dos trabalhadores para os órgãos sociais das mesmas.

2 – As comissões de trabalhadores devem comunicar ao ministério responsável pelo sector de actividade da entidade pública empresarial a realização das eleições que promovem nos termos do número anterior.

3 – O número de trabalhadores a eleger e o órgão social competente são os previstos nos estatutos das respectivas entidades públicas empresariais.

SUBSECÇÃO IV
Participação em processo de reestruturação da empresa

Artigo 429.º
Exercício do direito de participação nos processos de reestruturação

1 – O direito de participar em processos de reestruturação da empresa é exercido pela comissão de trabalhadores,

Artigo 363.º (RCT)
Legitimidade para participar

O direito de participar nos processos de reestruturação da empresa deve ser exercido:

a) Directamente pelas comissões de

Artigo 429.º

ou pela comissão coordenadora em caso de reestruturação da maioria das empresas cujas comissões esta coordena.

2 – No âmbito da participação na reestruturação da empresa, a comissão de trabalhadores ou a comissão coordenadora tem direito a:

a) Informação e consulta prévias sobre as formulações dos planos ou projectos de reestruturação;

b) Informação sobre a formulação final dos instrumentos de reestruturação e de se pronunciarem antes de estes serem aprovados;

c) Reunir com os órgãos encarregados de trabalhos preparatórios de reestruturação;

d) Apresentar sugestões, reclamações ou críticas aos órgãos competentes da empresa.

3 – Constitui contra-ordenação grave o impedimento por parte do empregador ao exercício dos direitos previstos no número anterior.

trabalhadores, quando se trate de reestruturação da empresa;

b) Através da correspondente comissão coordenadora, quando se trate da reestruturação de empresas do sector a que pertença a maioria das comissões de trabalhadores por aquela coordenadas.

Artigo 364.º (RCT)
Direitos de participação

No âmbito do exercício do direito de participação na reestruturação da empresa, as comissões de trabalhadores e as comissões coordenadoras têm:

a) O direito de serem previamente ouvidas e de emitirem parecer, nos termos e prazos previstos no n.º 2 do artigo 357.º, sobre os planos ou projectos de reestruturação referidos no artigo anterior;

b) O direito de serem informadas sobre a evolução dos actos subsequentes;

c) O direito de serem informadas sobre a formulação final dos instrumentos de reestruturação e de se pronunciarem antes de aprovados;

d) O direito de reunirem com os órgãos encarregados dos trabalhos preparatórios de reestruturação;

e) O direito de emitirem juízos críticos, sugestões e reclamações junto dos órgãos sociais da empresa ou das entidades legalmente competentes.

Artigo 488.º (RCT)
Comissões de trabalhadores

1 – Constitui contra-ordenação muito grave a violação do disposto no artigo 332.º, no n.º 1 do artigo 333.º e nos n.ºˢ 2 e 4 do artigo 334.º

2 – Constitui contra-ordenação grave a violação do disposto na parte final do n.º 3 do artigo 333.º, no n.º 5 do artigo 334.º, a oposição do empregador à afixação dos resultados da votação, nos termos do artigo 338.º, na alínea e) do n.º 1 do artigo 354.º, nos artigos 355.º e 356.º, nos n.ᵒˢ 1 e 2 do artigo 357.º, o impedimento, por parte do empregador, ao exercício dos direitos previstos no artigo 360.º e o impedimento, por parte do empregador, ao exercício dos direitos previstos no artigo 364.º

Artigo 488.º
Comissões de trabalhadores

1 – Constitui contra-ordenação muito grave a violação do disposto no artigo 332.º, no n.º 1 do artigo 333.º e nos n.ᵒˢ 2 e 4 do artigo 334.º

2 – Constitui contra-ordenação grave a violação do disposto na parte final do n.º 3 do artigo 333.º, no n.º 5 do artigo 334.º, a oposição do empregador à afixação dos resultados da votação, nos termos do artigo 338.º, na alínea e) do n.º 1 do artigo 354.º, nos artigos 355.º e 356.º, nos n.ᵒˢ 1 e 2 do artigo 357.º, o impedimento, por parte do empregador, ao exercício dos direitos previstos no artigo 360.º e o impedimento, por parte do empregador, ao exercício dos direitos previstos no artigo 364.º

SUBSECÇÃO V
Constituição, estatutos e eleição

Artigo 430.º
Constituição e aprovação dos estatutos de comissão de trabalhadores

1 – A constituição e a aprovação dos estatutos de comissão de trabalhadores

Artigo 328.º (RCT)
Constituição da comissão de trabalhadores e aprovação dos estatutos

1 – Os trabalhadores deliberam a constituição e aprovam os estatutos da

são deliberadas em simultâneo pelos trabalhadores da empresa, com votos distintos, dependendo a validade da constituição da validade da aprovação dos estatutos.

2 – A deliberação de constituir a comissão de trabalhadores deve ser tomada por maioria simples dos votantes, sendo suficiente para a aprovação dos estatutos a deliberação por maioria relativa.

3 – A votação é convocada com a antecedência mínima de 15 dias por, pelo menos, 100 ou 20% dos trabalhadores da empresa, com ampla publicidade e menção expressa de data, hora, local e ordem de trabalhos, devendo ser remetida simultaneamente cópia da convocatória ao empregador.

4 – O regulamento da votação deve ser elaborado pelos trabalhadores que a convocam e publicitado simultaneamente com a convocatória.

5 – Os projectos de estatutos submetidos a votação são propostos por, no mínimo, 100 ou 20% dos trabalhadores da empresa, devendo ser nesta publicitados com a antecedência mínima de 10 dias.

6 – O disposto nos números anteriores é aplicável a alteração de estatutos, com as necessárias adaptações.

comissão de trabalhadores mediante votação.

2 – A votação é convocada com a antecedência mínima de 15 dias por, no mínimo, 100 ou 20%

dos trabalhadores da empresa, com ampla publicidade e menção expressa do dia, local, horário e objecto, devendo ser remetida simultaneamente cópia da convocatória ao órgão de gestão da empresa.

3 – Os projectos de estatutos submetidos a votação são propostos por, no mínimo, 100 ou 20% dos trabalhadores da empresa, devendo ser nesta publicitados com a antecedência mínima de 10 dias.

Artigo 331.º (RCT)
Regulamento

1 – Com a convocação da votação deve ser publicitado o respectivo regulamento.

2 – A elaboração do regulamento é da responsabilidade dos trabalhadores que procedam à convocação da votação.

Artigo 337.º (RCT)
Deliberação

1 – A deliberação de constituir a comissão de trabalhadores deve ser aprovada por maioria simples dos votantes.

2 – São aprovados os estatutos que recolherem o maior número de votos.

3 – A validade da aprovação dos estatutos depende da aprovação da deliberação de constituir a comissão de trabalhadores.

Artigo 431.º
Votação da constituição e aprovação dos estatutos de comissão de trabalhadores

1 – A identidade dos trabalhadores da empresa à data da convocação da votação deve constar de caderno eleitoral constituído por lista elaborada pelo empregador, discriminada, sendo caso disso, por estabelecimento.

2 – O empregador entrega o caderno eleitoral aos trabalhadores que convocaram a assembleia, no prazo de quarenta e oito horas após a recepção de cópia da convocatória, procedendo estes à sua imediata afixação nas instalações da empresa.

3 – A votação decorre de acordo com as seguintes regras:

a) Em cada estabelecimento com um mínimo de 10 trabalhadores deve haver, pelo menos, uma secção de voto;

b) Cada secção de voto não pode ter mais de 500 votantes;

c) A mesa da secção de voto dirige a respectiva votação e é composta por um presidente e dois vogais que são, para esse efeito, dispensados da respectiva prestação de trabalho.

4 – Cada grupo de trabalhadores proponente de um projecto de estatutos pode designar um representante em cada mesa, para acompanhar a votação.

5 – As urnas de voto são colocadas nos locais de trabalho, de modo a permitir que todos os trabalhadores possam votar, sem prejudicar o normal funcionamento da empresa ou estabelecimento.

6 – A votação inicia-se, pelo menos, trinta minutos antes do começo e termina, pelo menos, sessenta minutos depois do termo do período de funcionamento da

Artigo 332.º (RCT)
Caderno eleitoral

1 – O empregador deve entregar o caderno eleitoral aos trabalhadores que procedem à convocação da votação dos estatutos, no prazo de quarenta e oito horas após a recepção da cópia da convocatória, procedendo estes à sua imediata afixação na empresa e estabelecimento.

2 – O caderno eleitoral deve conter o nome dos trabalhadores da empresa e, sendo caso disso, agrupados por estabelecimentos, à data da convocação da votação.

Artigo 333.º (RCT)
Secções de voto

1 – Em cada estabelecimento com um mínimo de 10 trabalhadores deve haver, pelo menos, uma secção de voto.

2 – A cada mesa de voto não podem corresponder mais de 500 votantes.

3 – Cada secção de voto é composta por um presidente e dois vogais, que dirigem a respectiva votação, ficando, para esse efeito, dispensados da respectiva prestação de trabalho.

4 – Cada grupo de trabalhadores proponente de um projecto de estatutos pode designar um representante em cada mesa, para acompanhar a votação.

Artigo 334.º (RCT)
Votação

1 – A votação da constituição da comissão de trabalhadores e dos projectos de estatutos é simultânea, com votos distintos.

2 – As urnas de voto são colocadas nos locais de trabalho, de modo a per-

empresa ou estabelecimento, podendo os trabalhadores dispor do tempo indispensável para votar durante o respectivo horário de trabalho.

7 – A votação deve, na medida do possível, decorrer simultaneamente em todas as secções de voto.

8 – Constitui contra-ordenação muito grave a violação do disposto nos n.ºs 1 ou 2, na alínea *a)* do n.º 3, no n.º 5 ou na primeira parte do n.º 6, e constitui contra-ordenação grave a violação do disposto na parte final da alínea *c)* do n.º 3 ou na parte final do n.º 6.

mitir que todos os trabalhadores possam votar e a não prejudicar o normal funcionamento da empresa ou estabelecimento.

3 – A votação é efectuada durante as horas de trabalho.

4 – A votação inicia-se, pelo menos, trinta minutos antes do começo e termina, pelo menos, sessenta minutos depois do termo do período de funcionamento da empresa ou estabelecimento.

5 – Os trabalhadores podem votar durante o respectivo horário de trabalho, para o que cada um dispõe do tempo para tanto indispensável.

6 – Em empresa com estabelecimentos geograficamente dispersos, a votação realiza-se em todos eles no mesmo dia, horário e nos mesmos termos.

7 – Quando, devido ao trabalho por turnos ou outros motivos, não seja possível respeitar o disposto no número anterior, a abertura das urnas de voto para o respectivo apuramento deve ser simultânea em todos os estabelecimentos.

Artigo 488.º (RCT)
Comissões de trabalhadores

1 – Constitui contra-ordenação muito grave a violação do disposto no artigo 332.º, no n.º 1 do artigo 333.º e nos n.ºs 2 e 4 do artigo 334.º

2 – Constitui contra-ordenação grave a violação do disposto na parte final do n.º 3 do artigo 333.º, no n.º 5 do artigo 334.º, a oposição do empregador à afixação dos resultados da votação, nos termos do artigo 338.º, na alínea e) do n.º 1 do artigo 354.º, nos artigos 355.º e 356.º, nos n.ºs 1 e 2 do artigo

357.º, o impedimento, por parte do empregador, ao exercício dos direitos previstos no artigo 360.º e o impedimento, por parte do empregador, ao exercício dos direitos previstos no artigo 364.º

Artigo 488.º
Comissões de trabalhadores

1 – Constitui contra-ordenação muito grave a violação do disposto no artigo 332.º, no n.º 1 do artigo 333.º e nos n.ᵒˢ 2 e 4 do artigo 334.º

2 – Constitui contra-ordenação grave a violação do disposto na parte final do n.º 3 do artigo 333.º, no n.º 5 do artigo 334.º, a oposição do empregador à afixação dos resultados da votação, nos termos do artigo 338.º, na alínea e) do n.º 1 do artigo 354.º, nos artigos 355.º e 356.º, nos n.ᵒˢ 1 e 2 do artigo 357.º, o impedimento, por parte do empregador, ao exercício dos direitos previstos no artigo 360.º e o impedimento, por parte do empregador, ao exercício dos direitos previstos no artigo 364.º

Artigo 432.º
Procedimento para apuramento do resultado

1 – A abertura das urnas de voto para o respectivo apuramento deve ser simultânea em todas as secções de voto, ainda que a votação tenha decorrido em horários diferentes.

2 – Os membros da mesa de voto registam o modo como decorreu a votação em acta que, depois de lida e aprovada, rubricam e assinam a final.

3 – A identidade dos votantes deve ser registada em documento próprio,

Artigo 335.º (RCT)
Acta

1 – De tudo o que se passar na votação é lavrada acta que, depois de lida e aprovada pelos membros da mesa de voto, é por estes assinada e rubricada.

2 – Os votantes devem ser identificados e registados em documento próprio, com termos de abertura e encerramento, assinado e rubricado em todas as folhas pelos membros da mesa, o qual constitui parte integrante da acta.

com termos de abertura e encerramento, assinado e rubricado pelos membros da mesa, o qual constitui parte integrante da acta.

4 – O apuramento global das votações da constituição da comissão de trabalhadores e da aprovação dos estatutos é feito pela comissão eleitoral, que lavra a respectiva acta, nos termos do n.º 2.

5 – A comissão eleitoral referida no número anterior é constituída por um representante dos proponentes de projectos de estatutos e igual número de representantes dos trabalhadores que convocaram a assembleia constituinte.

6 – A comissão eleitoral, no prazo de 15 dias a contar da data do apuramento, comunica o resultado da votação ao empregador e afixa-o, bem como cópia da respectiva acta no local ou locais em que a votação teve lugar.

7 – Constitui contra-ordenação grave a oposição do empregador à afixação do resultado da votação, nos termos do número anterior.

Artigo 336.º (RCT)
Apuramento global

1 – O apuramento global da votação da constituição da comissão de trabalhadores e dos estatutos é feito por uma comissão eleitoral.

2 – De tudo o que se passar no apuramento global é lavrada acta que, depois de lida e aprovada pelos membros da comissão eleitoral, é por estes assinada e rubricada.

Artigo 338.º (RCT)
Publicidade do resultado da votação

A comissão eleitoral deve, no prazo de 15 dias a contar da data do apuramento, proceder à afixação dos resultados da votação, bem como de cópia da respectiva acta no local ou locais em que a votação teve lugar e comunicá-los ao órgão de gestão da empresa.

Artigo 488.º (RCT)
Comissões de trabalhadores

1 – Constitui contra-ordenação muito grave a violação do disposto no artigo 332.º, no n.º 1 do artigo 333.º e nos n.ºs 2 e 4 do artigo 334.º

2 – Constitui contra-ordenação grave a violação do disposto na parte final do n.º 3 do artigo 333.º, no n.º 5 do artigo 334.º, a oposição do empregador à afixação dos resultados da votação, nos termos do artigo 338.º, na alínea e) do n.º 1 do artigo 354.º, nos artigos 355.º e 356.º, nos n.ºs 1 e 2 do artigo 357.º, o impedimento, por parte do empregador, ao exercício dos direitos previstos no artigo 360.º e o impedimento, por parte do empregador, ao exercício dos direitos previstos no artigo 364.º

Artigo 433.º
Regras gerais da eleição de comissão e subcomissões de trabalhadores

1 – Os membros da comissão e das subcomissões de trabalhadores são eleitos, de entre as listas apresentadas pelos trabalhadores da empresa ou estabelecimento, por voto directo e secreto, segundo o princípio de representação proporcional.

2 – A eleição é convocada com a antecedência de 15 dias, ou prazo superior estabelecido nos estatutos, pela comissão eleitoral constituída nos termos dos estatutos ou, na sua falta, por, no mínimo, 100 ou 20% dos trabalhadores da empresa, com ampla publicidade e menção expressa de data, hora, local e ordem de trabalhos, devendo ser remetida simultaneamente cópia da convocatória ao empregador.

3 – Só podem concorrer listas subscritas por, no mínimo, 100 ou 20% dos trabalhadores da empresa ou, no caso de listas de subcomissões de trabalhadores, 10% dos trabalhadores do estabelecimento, não podendo qualquer trabalhador subscrever ou fazer parte de mais de uma lista concorrente à mesma estrutura.

4 – A eleição dos membros da comissão e das subcomissões de trabalhadores decorre em simultâneo, sendo aplicável o disposto nos artigos 431.º e 432.º, com as necessárias adaptações.

5 – Na falta da comissão eleitoral eleita nos termos dos estatutos, a mesma é constituída por um representante de cada uma das listas concorrentes e igual número de representantes dos trabalhadores que convocaram a eleição.

Artigo 340.º (RCT)
Regras gerais da eleição

1 – Os membros da comissão de trabalhadores e das subcomissões de trabalhadores são eleitos, de entre as listas apresentadas pelos trabalhadores da respectiva empresa ou estabelecimento, por voto directo e secreto, e segundo o princípio de representação proporcional.

2 – O acto eleitoral é convocado com a antecedência de 15 dias, salvo se os estatutos fixarem um prazo superior, pela comissão eleitoral constituída nos termos dos estatutos ou, na sua falta, por, no mínimo, 100 ou 20% dos trabalhadores da empresa, com ampla publicidade e menção expressa do dia, local, horário e objecto, devendo ser remetida simultaneamente cópia da convocatória ao órgão de gestão da empresa.

3 – Só podem concorrer as listas que sejam subscritas por, no mínimo, 100 ou 20% dos trabalhadores da empresa ou, no caso de listas de subcomissões de trabalhadores, 10% dos trabalhadores do estabelecimento, não podendo qualquer trabalhador subscrever ou fazer parte de mais de uma lista concorrente à mesma estrutura.

4 – A eleição dos membros da comissão de trabalhadores e das subcomissões de trabalhadores decorre em simultâneo, sendo aplicável o disposto nos artigos 332.º a 336.º, com as necessárias adaptações.

5 – Na falta da comissão eleitoral eleita nos termos dos estatutos, a mesma é constituída por um representante de cada uma das listas concorrentes e

Artigo 434.º
Conteúdo dos estatutos da comissão de trabalhadores

1 – Os estatutos da comissão de trabalhadores devem prever:

a) A composição, eleição, duração do mandato e regras de funcionamento da comissão eleitoral que preside ao acto eleitoral, da qual tem o direito de fazer parte um delegado designado por cada lista concorrente, e que deve assegurar a igualdade de oportunidades e imparcialidade no tratamento das listas;

b) O número, duração do mandato e regras da eleição dos membros da comissão de trabalhadores e o modo de preenchimento das vagas;

c) O funcionamento da comissão;

d) A forma de vinculação da comissão;

e) O modo de financiamento das actividades da comissão, o qual não pode, em caso algum, ser assegurado por uma entidade alheia ao conjunto dos trabalhadores da empresa;

f) A articulação da comissão, se for o caso, com subcomissões de trabalhadores ou comissão coordenadora;

g) O destino do respectivo património em caso de extinção da comissão, o qual não pode ser distribuído pelos trabalhadores da empresa.

2 – O mandato dos membros da comissão não pode ter duração superior a quatro anos, sendo permitida a reeleição para mandatos sucessivos, salvo disposição estatutária em contrário.

3 – Os estatutos podem prever a existência de subcomissões de trabalhadores

igual número de representantes dos trabalhadores que convocaram a eleição.

Artigo 329.º (RCT)
Estatutos

1 – A comissão de trabalhadores é regulada pelos seus estatutos, os quais devem prever, nomeadamente:

a) A composição, eleição, duração do mandato e regras de funcionamento da comissão eleitoral, de que tem o direito de fazer parte um delegado designado por cada uma das listas concorrentes, à qual compete convocar e presidir ao acto eleitoral, bem como apurar o resultado do mesmo, na parte não prevista no Código do Trabalho;

b) O número, regras da eleição, na parte não prevista neste capítulo, e duração do mandato dos membros da comissão de trabalhadores, bem como modo de preenchimento das vagas dos respectivos membros;

c) O funcionamento da comissão, resolvendo as questões relativas a empate de deliberações;

d) A articulação da comissão com as subcomissões de trabalhadores e a comissão coordenadora de que seja aderente;

e) A forma de vinculação, a qual deve exigir a assinatura da maioria dos seus membros, com um mínimo de duas assinaturas;

f) O modo de financiamento das actividades da comissão, o qual não pode, em caso algum, ser assegurado por uma entidade alheia ao conjunto dos trabalhadores da empresa;

g) O processo de alteração de estatutos.

em estabelecimentos geograficamente dispersos.

Artigo 435.º
Estatutos da comissão coordenadora

Os estatutos da comissão coordenadora estão sujeitos ao disposto nos n.ᵒˢ 1 e 2 do artigo anterior, com as necessárias adaptações, devendo nomeadamente indicar a localidade da sede.

Artigo 436.º
Adesão e revogação de adesão a comissão coordenadora

À adesão ou revogação de adesão de comissão de trabalhadores a uma comissão coordenadora é aplicável o disposto no n.º 1 do artigo 433.º.

2 – Os estatutos podem prever a existência de subcomissões de trabalhadores em estabelecimentos geograficamente dispersos.

Artigo 344.º (RCT)
Constituição e estatutos

1 – A comissão coordenadora é constituída com a aprovação dos seus estatutos pelas comissões de trabalhadores que ela se destina a coordenar.

2 – Os estatutos da comissão coordenadora estão sujeitos ao disposto no n.º 1 do artigo 329.º, com as necessárias adaptações.

3 – As comissões de trabalhadores aprovam os estatutos da comissão coordenadora, por voto secreto de cada um dos seus membros, em reunião de que deve ser elaborada acta assinada por todos os presentes, a que deve ficar anexo o documento de registo dos votantes.

4 – A reunião referida no número anterior deve ser convocada com a antecedência de 15 dias, por pelo menos duas comissões de trabalhadores que a comissão coordenadora se destina a coordenar.

Artigo 347.º (RCT)
Participação das comissões de trabalhadores

1 – Os trabalhadores da empresa deliberam sobre a participação da respectiva comissão de trabalhadores na constituição da comissão coordenadora e a adesão à mesma, bem como a revogação da adesão, por iniciativa da comissão de trabalhadores ou de 100 ou 10% dos trabalhadores da empresa.

2 – As deliberações referidas no número anterior são adoptadas por votação realizada nos termos dos artigos 328.º e 330.º a 336.º, com as necessárias adaptações.

Artigo 437.º
Eleição de comissão coordenadora

1 – Os membros das comissões de trabalhadores aderentes elegem, de entre si, os membros da comissão coordenadora, por voto directo e secreto e segundo o princípio da representação proporcional.

2 – A eleição é convocada com a antecedência de 15 dias, ou prazo superior estabelecido nos estatutos, por pelo menos duas comissões de trabalhadores aderentes.

3 – A eleição é feita por listas subscritas por, no mínimo, 20% dos membros das comissões de trabalhadores aderentes, apresentadas até cinco dias antes da votação.

4 – Deve ser elaborada acta do acto eleitoral, assinada por todos os presentes, à qual fica anexo o documento de registo dos votantes.

Artigo 438.º
Registos e publicações referentes a comissões e subcomissões

1 – A comissão eleitoral requer ao serviço competente do ministério responsável pela área laboral o registo da constituição da comissão de trabalhadores e dos estatutos ou das suas alterações, juntando os estatutos ou as alterações aprovados, bem como cópias certificadas das actas do apuramento global e das mesas de voto, acompanhadas dos documentos de registo dos votantes.

Artigo 348.º (RCT)
Eleição

1 – Os membros das comissões de trabalhadores aderentes elegem, de entre si, os membros da comissão coordenadora.

2 – A eleição deve ser convocada com a antecedência de 15 dias, por pelo menos duas comissões de trabalhadores aderentes.

3 – A eleição é feita por listas, por voto directo e secreto, e segundo o princípio da representação proporcional, em reunião de que deve ser elaborada acta assinada por todos os presentes, a que deve ficar anexo o documento de registo dos votantes.

4 – Cada lista concorrente deve ser subscrita por, no mínimo, 20% dos membros das comissões de trabalhadores aderentes, sendo apresentada até cinco dias antes da votação

Artigo 350.º (RCT)
Registo

1 – A comissão eleitoral referida no n.º 1 do artigo 336.º deve, no prazo de 15 dias a contar da data do apuramento, requerer ao ministério responsável pela área laboral o registo da constituição da comissão de trabalhadores e da aprovação dos estatutos ou das suas alterações, juntando os estatutos aprovados ou alterados, bem como cópias certificadas das actas da comissão eleitoral e das mesas de voto,

2 – A comissão eleitoral, no prazo de 10 dias a contar da data do apuramento, requer ainda ao serviço competente do ministério responsável pela área laboral o registo da eleição dos membros da comissão de trabalhadores e das subcomissões de trabalhadores, juntando cópias certificadas das listas concorrentes, bem como das actas do apuramento global e das mesas de voto, acompanhadas dos documentos de registo dos votantes.

3 – As comissões de trabalhadores que participaram na constituição da comissão coordenadora requerem ao serviço competente do ministério responsável pela área laboral, em caso de eleição no prazo de 10 dias, o registo:

a) Da constituição da comissão coordenadora e dos estatutos ou das suas alterações, juntando os estatutos ou as alterações aprovados, bem como cópias certificadas da acta da reunião em que foi constituída a comissão e do documento de registo dos votantes;

b) Da eleição dos membros da comissão coordenadora, juntando cópias certificadas das listas concorrentes, bem como da acta da reunião e do documento de registo dos votantes.

4 – As comunicações dirigidas ao serviço referido nos números anteriores devem indicar correctamente o endereço da estrutura em causa, indicação que deve ser mantida actualizada.

5 – Os estatutos de comissões de trabalhadores ou comissão coordenadora são entregues em documento electrónico, nos termos de portaria do ministro responsável pela área laboral.

6 – Nos 30 dias posteriores à recepção dos documentos referidos nos nú-

acompanhadas dos documentos de registo dos votantes.

2 – A comissão eleitoral referida nos n.ᵒˢ 2 ou 5 do artigo 340.º deve, no prazo de 15 dias a contar da data do apuramento, requerer ao ministério responsável pela área laboral o registo da eleição dos membros da comissão de trabalhadores e das subcomissões de trabalhadores, juntando cópias certificadas das listas concorrentes, bem como das actas da comissão eleitoral e das mesas de voto, acompanhadas dos documentos de registo dos votantes.

3 – As comissões de trabalhadores que participaram na constituição da comissão coordenadora devem, no prazo de 15 dias, requerer ao ministério responsável pela área laboral o registo da constituição da comissão coordenadora e da aprovação dos estatutos ou das suas alterações, juntando os estatutos aprovados ou alterados, bem como cópias certificadas da acta da reunião em que foi constituída a comissão e do documento de registo dos votantes.

4 – As comissões de trabalhadores que participaram na eleição da comissão coordenadora devem, no prazo de 15 dias, requerer ao ministério responsável pela área laboral o registo da eleição dos membros da comissão coordenadora, juntando cópias certificadas das listas concorrentes, bem como da acta da reunião e do documento de registo dos votantes.

5 – O ministério responsável pela área laboral regista, no prazo de 10 dias:

a) A constituição da comissão de trabalhadores e da comissão coordenadora,

meros anteriores, o serviço competente do ministério responsável pela área laboral:

a) Regista a constituição da comissão de trabalhadores ou da comissão coordenadora, bem como os estatutos ou as suas alterações;

b) Regista a eleição dos membros da comissão e subcomissões de trabalhadores ou da comissão coordenadora;

c) Publica no Boletim do Trabalho e Emprego os estatutos da comissão de trabalhadores ou da comissão coordenadora, ou as respectivas alterações;

d) Publica no Boletim do Trabalho e Emprego a composição da comissão de trabalhadores, das subcomissões de trabalhadores ou da comissão coordenadora.

7 – A comissão de trabalhadores, a subcomissão ou a comissão coordenadora só pode iniciar as suas actividades depois da publicação dos estatutos e da respectiva composição, nos termos do número anterior.

Artigo 439.º
Controlo de legalidade da constituição e dos estatutos das comissões

1 – Nos oito dias posteriores à publicação dos estatutos da comissão de trabalhadores ou da comissão coordenadora, ou das suas alterações, o serviço competente do ministério responsável pela área laboral remete ao magistrado do Ministério Público da área da sede da empresa, ou da sede da comissão coordenadora, uma apreciação fundamentada sobre a legalidade da constituição da comissão e dos estatutos, ou das suas alterações, bem como cópia certificada

bem como a aprovação dos respectivos estatutos ou das suas alterações;

b) A eleição dos membros da comissão de trabalhadores, das subcomissões de trabalhadores e da comissão coordenadora e publica a respectiva composição.

Artigo 351.º (RCT)
Publicação

O ministério responsável pela área laboral procede à publicação no Boletim do Trabalho e Emprego:

a) Dos estatutos da comissão de trabalhadores e da comissão coordenadora, ou das suas alterações;

b) Da composição da comissão de trabalhadores, das subcomissões de trabalhadores e da comissão coordenadora.

Artigo 352.º (RCT)
Controlo de legalidade da constituição e dos estatutos das comissões

1 – Após o registo da constituição da comissão de trabalhadores e da aprovação dos estatutos ou das suas alterações, o ministério responsável pela área laboral remete, dentro do prazo de oito dias a contar da publicação, cópias certificadas das actas da comissão eleitoral e das mesas de voto, dos documentos de registo dos votantes, dos estatutos aprovados ou alterados e do requerimento de registo, bem como a apreciação fundamentada sobre a

dos documentos referidos, respectivamente, no n.º 1 ou na alínea *a)* do 3 do artigo anterior.
2 – É aplicável, com as devidas adaptações, o disposto no artigo 447.º

SECÇÃO III
Associações sindicais e associações de empregadores

SUBSECÇÃO I
Disposições preliminares

Artigo 440.º
Direito de associação

1 – Os trabalhadores têm o direito de constituir associações sindicais a todos os níveis para defesa e promoção dos seus interesses sócio-profissionais.
2 – Os empregadores têm o direito de constituir associações de empregadores a todos os níveis para defesa e promoção dos seus interesses empresariais.
3 – As associações sindicais abrangem sindicatos, federações, uniões e confederações.
4 – As associações de empregadores abrangem associações, federações, uniões e confederações.
5 – Os estatutos de federações, uniões e confederações podem admitir a representação directa de trabalhadores não representados por sindicatos, ou de empregadores não representados por associações de empregadores.

legalidade da constituição da comissão de trabalhadores e dos estatutos ou das suas alterações, ao magistrado do Ministério Público da área da sede da respectiva empresa.
2 – O disposto no número anterior é aplicável, com as necessárias adaptações, à constituição e aprovação dos estatutos da comissão coordenadora.

Artigo 475.º (CT)
Direito de associação sindical

1 – Os trabalhadores têm o direito de constituir associações sindicais a todos os níveis para defesa e promoção dos seus interesses sócio-profissionais.
2 – As associações sindicais abrangem sindicatos, federações, uniões e confederações.
3 – Os estatutos das federações, uniões ou confederações podem admitir a representação directa dos trabalhadores não representados em sindicatos.

Artigo 506.º
Direito de associação (CT)

1 – Os empregadores têm o direito de constituir associações para defesa e promoção dos seus interesses empresariais.
2 – No exercício do direito de associação, é garantida aos empregadores, sem qualquer discriminação, a liberdade de inscrição em associação de empregadores que, na área da sua actividade, os possa representar.
3 – As associações de empregadores abrangem federações, uniões e confederações.

4 – *Os estatutos das federações, uniões ou confederações podem admitir a possibilidade de representação directa de empregadores não representados em associações de empregadores.*

Artigo 441.º
Regime subsidiário

1 – As associações sindicais e as associações de empregadores estão sujeitas ao regime geral do direito de associação em tudo o que não contrarie este Código ou a natureza específica da respectiva autonomia.

2 – Não são aplicáveis a associações sindicais e a associações de empregadores as normas do regime geral do direito de associação susceptíveis de determinar restrições inadmissíveis à respectiva liberdade de organização.

Artigo 482.º (CT)
Regime subsidiário

1 – As associações sindicais estão sujeitas ao regime geral do direito de associação em tudo o que não contrarie este Código ou a natureza específica da autonomia sindical.

2 – Não são aplicáveis às associações sindicais as normas do regime geral do direito de associação susceptíveis de determinar restrições inadmissíveis à liberdade de organização dos sindicatos.

Artigo 512.º (CT)
Regime subsidiário

As associações de empregadores estão sujeitas ao regime geral do direito de associação em tudo o que não contrarie este Código.

Artigo 442.º
Conceitos no âmbito do direito de associação

1 – No âmbito das associações sindicais, entende-se por:

a) Sindicato, a associação permanente de trabalhadores para defesa e promoção dos seus interesses sócio-profissionais;

b) Federação, a associação de sindicatos de trabalhadores da mesma profissão ou do mesmo sector de actividade;

c) União, a associação de sindicatos de base regional;

Artigo 476.º (CT)
Noções

Entende-se por:

a) Sindicato – associação permanente de trabalhadores para defesa e promoção dos seus interesses sócio-profissionais;

b) Federação – associação de sindicatos de trabalhadores da mesma profissão ou do mesmo sector de actividade;

c) União – associação de sindicatos de base regional;

d) Confederação – associação nacional de sindicatos;

d) Confederação, a associação nacional de sindicatos, federações e uniões;

e) Secção sindical, o conjunto de trabalhadores de uma empresa ou estabelecimento filiados no mesmo sindicato;

f) Delegado sindical, o trabalhador eleito para exercer actividade sindical na empresa ou estabelecimento;

g) Comissão sindical, a organização dos delegados sindicais do mesmo sindicato na empresa ou estabelecimento;

h) Comissão intersindical, a organização, a nível de uma empresa, dos delegados das comissões sindicais dos sindicatos representados numa confederação, que abranja no mínimo cinco delegados sindicais, ou de todas as comissões sindicais nela existentes.

2 – No âmbito das associações de empregadores, entende-se por:

a) Associação de empregadores, a associação permanente de pessoas, singulares ou colectivas, de direito privado, titulares de uma empresa, que têm habitualmente trabalhadores ao seu serviço;

b) Federação, a associação de associações de empregadores do mesmo sector de actividade;

c) União, a associação de associações de empregadores de base regional;

d) Confederação, a associação nacional de associações de empregadores, federações e uniões.

Artigo 443.º
Direitos das associações

1 – As associações sindicais e as associações de empregadores têm, nomeadamente, o direito de:

a) Celebrar convenções colectivas de trabalho;

e) Secção sindical de empresa – conjunto de trabalhadores de uma empresa ou estabelecimento filiados no mesmo sindicato;

f) Comissão sindical de empresa – organização dos delegados sindicais do mesmo sindicato na empresa ou estabelecimento;

g) Comissão intersindical de empresa – organização dos delegados das comissões sindicais de empresa de uma confederação, desde que abranjam no mínimo cinco delegados sindicais, ou de todas as comissões sindicais da empresa ou estabelecimento.

Artigo 508.º (CT)
Noções

Entende-se por:

a) Associação de empregadores – organização permanente de pessoas, singulares ou colectivas, de direito privado, titulares de uma empresa, que tenham, habitualmente, trabalhadores ao seu serviço;

b) Federação – organização de associações de empregadores do mesmo sector de actividade;

c) União – organização de associações de empregadores de base regional;

d) Confederação – organização nacional de associações de empregadores.

Artigo 477.º (CT)
Direitos

As associações sindicais têm, nomeadamente, o direito de:

a) Celebrar convenções colectivas de trabalho;

b) Prestar serviços de carácter económico e social aos seus associados;

c) Participar na elaboração da legislação do trabalho;

d) Iniciar e intervir em processos judiciais e em procedimentos administrativos quanto a interesses dos seus associados, nos termos da lei;

e) Estabelecer relações ou filiar-se, a nível nacional ou internacional, em organizações, respectivamente, de trabalhadores ou de empregadores.

2 – As associações sindicais têm, ainda, o direito de participar nos processos de reestruturação da empresa, especialmente no respeitante a acções de formação ou quando ocorra alteração das condições de trabalho.

3 – As associações de empregadores não podem dedicar-se à produção ou comercialização de bens ou serviços ou de qualquer modo intervir no mercado, sem prejuízo do disposto na alínea b) do n.º 1.

b) Prestar serviços de carácter económico e social aos seus associados;

c) Participar na elaboração da legislação do trabalho;

d) Iniciar e intervir em processos judiciais e em procedimentos administrativos quanto a interesses dos seus associados, nos termos da lei;

e) Participar nos processos de reestruturação da empresa, especialmente no respeitante a acções de formação ou quando ocorra alteração das condições de trabalho;

f) Estabelecer relações ou filiar-se em organizações sindicais internacionais.

Artigo 510.º *(CT)*
Direitos

1 – As associações de empregadores têm, nomeadamente, o direito de:

a) Celebrar convenções colectivas de trabalho;

b) Prestar serviços aos seus associados;

c) Participar na elaboração de legislação do trabalho;

d) Iniciar e intervir em processos judiciais e em procedimentos administrativos quanto a interesses dos seus associados, nos termos da lei;

e) Estabelecer relações ou filiar-se em organizações internacionais de empregadores.

2 – As associações de empregadores, sem prejuízo do disposto na alínea b) do número anterior, não podem dedicar-se à produção ou comercialização de bens ou serviços ou de qualquer modo intervir no mercado.

Artigo 444.º
Liberdade de inscrição

1 – No exercício da liberdade sindical, o trabalhador tem o direito de, sem discriminação, se inscrever em sindicato que, na área da sua actividade, represente a categoria respectiva.

2 – Pode manter a qualidade de associado o trabalhador que deixe de exercer a sua actividade, mas não passe a exercer outra não representada pelo mesmo sindicato ou não perca a condição de trabalhador subordinado.

3 – O empregador tem o direito de, sem discriminação, se inscrever em associação de empregadores que, na área da sua actividade, o possa representar.

4 – O empresário que não empregue trabalhadores pode inscrever-se em associação de empregadores, não podendo, contudo, intervir nas decisões respeitantes a relações de trabalho.

5 – O trabalhador não pode estar simultaneamente filiado, a título da mesma profissão ou actividade, em sindicatos diferentes.

6 – O trabalhador ou o empregador pode desfiliar-se a todo o tempo, mediante comunicação escrita com a antecedência mínima de 30 dias.

Artigo 479.º (CT)
Liberdade sindical individual

1 – No exercício da liberdade sindical, é garantida aos trabalhadores, sem qualquer discriminação, a liberdade de inscrição em sindicato que, na área da sua actividade, represente a categoria respectiva.

2 – O trabalhador não pode estar simultaneamente filiado a título da mesma profissão ou actividade em sindicatos diferentes.

3 – Pode manter a qualidade de associado o prestador de trabalho que deixe de exercer a sua actividade, mas não passe a exercer outra não representada pelo mesmo sindicato ou não perca a condição de trabalhador subordinado.

4 – O trabalhador pode retirar-se a todo o tempo do sindicato em que esteja filiado, mediante comunicação escrita enviada com a antecedência mínima de 30 dias.

Artigo 506.º (RCT)
Direito de associação

1 – Os empregadores têm o direito de constituir associações para defesa e promoção dos seus interesses empresariais.

2 – No exercício do direito de associação, é garantida aos empregadores, sem qualquer discriminação, a liberdade de inscrição em associação de empregadores que, na área da sua actividade, os possa representar.

3 – As associações de empregadores abrangem federações, uniões e confederações.

4 – Os estatutos das federações, uniões ou confederações podem admitir a possibilidade de representação directa de empregadores não representados em associações de empregadores.

Artigo 516.º (CT)
Gestão democrática e liberdade de associação

1 – A organização das associações de empregadores deve respeitar os princípios da gestão democrática, nomeadamente as regras das alíneas seguintes:

a) Todo o associado no gozo dos seus direitos tem o direito de participar na actividade da associação, incluindo o de eleger e ser eleito para os corpos sociais e ser nomeado para qualquer cargo associativo, sem prejuízo de poderem estabelecer-se requisitos de idade e de tempo de inscrição;

b) A assembleia geral reúne-se ordinariamente, pelo menos, uma vez por ano;

c) Deve ser possibilitado a todos os associados o exercício efectivo do direito de voto, podendo os estatutos prever para tanto a realização simultânea de assembleias gerais por áreas regionais ou secções de voto, ou outros sistemas compatíveis com as deliberações a tomar;

d) No caso de os estatutos conferirem mais do que um voto a certos associados, em função das dimensões das empresas, não pode esse associado dispor de um número de votos superior ao décuplo do número de votos do associado que tiver o menor número;

e) Nenhum associado pode estar representado em mais do que um dos órgãos electivos;

f) São asseguradas iguais oportunidades a todas as listas concorrentes às *eleições para os corpos sociais, devendo constituir-se para fiscalizar o processo eleitoral uma comissão eleitoral composta pelo presidente da mesa da assembleia geral e por representantes de cada uma das listas concorrentes;*

g) O mandato dos membros da direcção não pode ter duração superior a quatro anos, sendo permitida a reeleição para mandatos sucessivos;

h) Os corpos sociais podem ser destituídos por deliberação da assembleia geral, devendo os estatutos regular os termos da destituição e da gestão da associação sindical até ao início de funções de novos corpos sociais;

i) As assembleias gerais devem ser convocadas com ampla publicidade, indicando-se a hora, local e objecto, e devendo ser publicada a convocatória com antecedência mínima de três dias em um dos jornais da localidade da sede da associação sindical ou, não o havendo, em um dos jornais aí mais lidos;

j) A convocação das assembleias gerais compete ao presidente da respectiva mesa, por sua iniciativa ou a pedido da direcção, ou de 10% ou 200 dos associados.

2 – O empregador goza da liberdade de se inscrever em associação que represente a sua actividade, desde que preencha os requisitos estatutários, não podendo a sua admissão estar dependente de uma decisão discricionária da associação.

3 – O empregador inscrito numa associação pode retirar-se dela a todo o tempo, mediante comunicação enviada com a antecedência mínima de 30 dias.

SUBSECÇÃO II
Constituição e organização das associações

Artigo 445.º
Princípios de auto-regulamentação, organização e gestão democráticas

As associações sindicais e as associações de empregadores regem-se por estatutos e regulamentos por elas aprovados, elegem livre e democraticamente os titulares dos corpos sociais e organizam democraticamente a sua gestão e actividade.

Artigo 446.º
Autonomia e independência das associações

1 – O exercício de cargo de direcção de associação sindical ou de associação de empregadores é incompatível com o exercício de qualquer cargo de direcção em partido político, instituição religiosa ou outra associação relativamente à qual exista conflito de interesses.

2 – É aplicável a associações de empregadores o disposto nos n.ᵒˢ 1, 3 ou 4 do artigo 405.º, com as necessárias adaptações.

Artigo 523.º (CT)
Inscrição em associação de empregadores

Os empresários que não empreguem trabalhadores, ou as suas associações, podem filiar-se em associações de empregadores, não podendo, contudo, intervir nas decisões respeitantes às relações de trabalho.

Artigo 511.º (CT)
Auto-regulamentação, eleição e gestão

As associações de empregadores regem-se por estatutos e regulamentos por elas aprovados, elegem os corpos sociais e organizam a sua gestão e actividade.

Artigo 481.º (CT)
Independência

É incompatível o exercício de cargos de direcção de associações sindicais com o exercício de quaisquer cargos de direcção em partidos políticos, instituições religiosas ou outras associações relativamente às quais exista conflito de interesses.

Artigo 509.º (CT)
Independência

É incompatível o exercício de quaisquer cargos de direcção em partidos políticos, instituições religiosas ou outras associações relativamente às quais exista conflito de interesses com o exercício de cargos de direcção de associações de empregadores.

Artigo 447.º
Constituição, registo e aquisição de personalidade

1 – A associação sindical ou a associação de empregadores constitui-se e aprova os respectivos estatutos mediante deliberação da assembleia constituinte, que pode ser assembleia de representantes de associados, e adquire personalidade jurídica pelo registo daqueles por parte do serviço competente do ministério responsável pela área laboral.

2 – O requerimento do registo de associação sindical ou associação de empregadores, assinado pelo presidente da mesa da assembleia constituinte, deve ser acompanhado dos estatutos aprovados e de certidão ou cópia certificada da acta da assembleia, tendo em anexo as folhas de registo de presenças e respectivos termos de abertura e encerramento.

3 – Os estatutos de associação sindical ou associação de empregadores são

Artigo 507.º (CT)
Autonomia e independência

1 – As associações de empregadores são independentes do Estado, dos partidos políticos, das instituições religiosas e de quaisquer associações de outra natureza, sendo proibida qualquer ingerência destes na sua organização e direcção, bem como o seu recíproco financiamento.

2 – O Estado pode apoiar as associações de empregadores nos termos previstos na lei.

3 – O Estado não pode discriminar as associações de empregadores relativamente a quaisquer outras entidades associativas.

Artigo 483.º (CT)
Registo e aquisição de personalidade

1 – As associações sindicais adquirem personalidade jurídica pelo registo dos seus estatutos no ministério responsável pela área laboral.

2 – O requerimento do registo de qualquer associação sindical, assinado pelo presidente da mesa da assembleia constituinte ou de assembleia de representantes de associados, deve ser acompanhado dos estatutos aprovados, de certidão ou cópia certificada da acta da assembleia, com as folhas de presenças e respectivos termos de abertura e encerramento.

3 – O ministério responsável pela área laboral, após o registo:
a) Publica os estatutos no Boletim do Trabalho e Emprego nos 30 dias posteriores à sua recepção;
b) Remete certidão ou fotocópia certificada da acta da assembleia constituinte ou de assembleia de representantes

entregues em documento electrónico, nos termos de portaria do ministro responsável pela área laboral.

4 – O serviço competente do ministério responsável pela área laboral regista os estatutos, após o que:

a) Publica os estatutos no Boletim do Trabalho e Emprego, nos 30 dias posteriores à sua recepção;

b) Remete ao magistrado do ministério Público no tribunal competente certidão ou cópia certificada da acta da assembleia constituinte, dos estatutos e do pedido de registo, acompanhados de apreciação fundamentada sobre a legalidade da constituição da associação e dos estatutos, nos oito dias posteriores à publicação, sem prejuízo do disposto no número seguinte.

5 – Caso os estatutos contenham disposições contrárias à lei, o serviço competente, no prazo previsto na alínea *b)* do número anterior, notifica a associação para que esta altere as mesmas, no prazo de 180 dias.

6 – Caso não haja alteração no prazo referido no número anterior, o serviço competente procede de acordo com o disposto na alínea *b)* do n.º 4.

7 – A associação sindical ou a associação de empregadores só pode iniciar o exercício das respectivas actividades após a publicação dos estatutos no Boletim do Trabalho e Emprego, ou 30 dias após o registo.

8 – Caso a constituição ou os estatutos iniciais da associação sejam desconformes com a lei imperativa, o magistrado do Ministério Público no tribunal competente promove, no prazo de 15 dias a contar da recepção dos documentos a que se refere a alínea *b)* do n.º 4,

de associados, dos estatutos e do pedido de registo, acompanhados de uma apreciação fundamentada sobre a legalidade da constituição da associação e dos estatutos, dentro do prazo de oito dias a contar da publicação, ao magistrado do Ministério Público no tribunal competente.

4 – No caso de a constituição ou os estatutos da associação serem desconformes com a lei, o magistrado do Ministério Público promove, dentro do prazo de 15 dias, a contar da recepção, a declaração judicial de extinção da associação.

5 – As associações sindicais só podem iniciar o exercício no Boletim do Trabalho e Emprego ou, na falta desta, depois de decorridos 30 dias após o registo.

Artigo 513.º (CT)
Registo, aquisição da personalidade e extinção

1 – As associações de empregadores adquirem personalidade jurídica pelo registo dos seus estatutos no ministério responsável pela área laboral.

2 – O requerimento do registo de qualquer associação de empregadores, assinado pelo presidente da mesa da assembleia constituinte, deve ser acompanhado dos estatutos aprovados, de certidão ou cópia certificada da acta da assembleia, com as folhas de presenças e os respectivos termos de abertura e encerramento.

3 – O ministério responsável pela área laboral, após o registo:

a) Publica os estatutos no Boletim do Trabalho e Emprego nos 30 dias posteriores à sua recepção;

a declaração judicial de extinção da associação ou, no caso de norma dos estatutos, a sua nulidade, se a matéria for regulada por lei imperativa ou se a regulamentação da mesma não for essencial ao funcionamento da associação.

9 – Na situação referida no número anterior, o serviço competente do ministério responsável pela área laboral, em caso de extinção da associação, segue o procedimento previsto no n.º 3 do artigo 456.º ou, em caso de nulidade de norma dos estatutos, promove a publicação imediata de aviso no Boletim do Trabalho e Emprego.

b) Remete certidão ou fotocópia certificada da acta da assembleia constituinte, dos estatutos e do pedido de registo, acompanhados de uma apreciação fundamentada sobre a legalidade da constituição da associação e dos estatutos, dentro do prazo de oito dias a contar da publicação, ao magistrado do Ministério Público no tribunal competente.

4 – No caso de a constituição ou os estatutos da associação serem desconformes com a lei, o magistrado do Ministério Público promove, dentro do prazo de 15 dias, a contar da recepção, a declaração judicial de extinção da associação.

5 – As associações de empregadores só podem iniciar o exercício das respectivas actividades depois da publicação dos estatutos no Boletim do Trabalho e Emprego ou, na falta desta, depois de decorridos 30 dias após o registo.

Artigo 448.º
Aquisição e perda da qualidade de associação de empregadores

A associação de empresários constituída ao abrigo do regime geral do direito de associação pode adquirir a qualidade de associação de empregadores, pelo processo definido no artigo anterior, desde que preencha os requisitos previstos neste Código, e pode perder essa qualidade por vontade dos associados ou decisão judicial tomada nos termos do n.º 8 do mesmo artigo.

Artigo 522.º (CT)
Aquisição e perda da qualidade de associação de empregadores

As associações de empresários constituídas ao abrigo do regime geral do direito de associação podem adquirir a qualidade de associação de empregadores pelo processo definido no artigo 513.º, desde que preencham os requisitos constantes deste Código, e podem perder essa qualidade por vontade dos associados ou por decisão judicial tomada nos termos no n.º 4 daquele artigo.

Artigo 449.º
Alteração de estatutos

1 – A alteração de estatutos fica sujeita a registo e ao disposto nos n.ᵒˢ 2 a 6 do artigo 447.º, com as necessárias adaptações.

2 – Caso as alterações dos estatutos da associação sejam desconformes com lei imperativa, o magistrado do Ministério Público no tribunal competente promove, no prazo de 15 dias a contar da recepção dessas alterações, a declaração judicial de nulidade das mesmas, mantendo-se em vigor os estatutos existentes à data do pedido de registo.

3 – Na situação referida no número anterior, é aplicado o n.º 9 do artigo 447.º

4 – As alterações a que se refere o n.º 1 só produzem efeitos em relação a terceiros após publicação no Boletim do Trabalho e Emprego ou, na falta desta, 30 dias após o registo.

Artigo 450.º
Conteúdo dos estatutos

1 – Com os limites dos artigos seguintes, os estatutos de associação sindical ou associação de empregadores devem regular:

a) A denominação, a localidade da sede, o âmbito subjectivo, objectivo e geográfico, os fins e a duração, quando a associação não se constitua por período indeterminado;

b) Os respectivos órgãos, entre os quais deve haver uma assembleia geral

Artigo 484.º (CT)
Alteração dos estatutos

1 – A alteração dos estatutos fica sujeita a registo e ao disposto nos n.ᵒˢ 2 a 4 do artigo anterior, com as necessárias adaptações.

2 – As alterações a que se refere o número anterior só produzem efeitos em relação a terceiros após a publicação dos estatutos no Boletim do Trabalho e Emprego ou, na falta desta, depois de decorridos 30 dias a contar do registo.

Artigo 514.º (CT)
Alteração estatutária e registo

1 – As alterações de estatutos ficam sujeitas a registo e ao disposto nos n.ᵒˢ 2 a 4 do artigo anterior, devendo o requerimento ser assinado pela direcção e acompanhado de cópia da acta da respectiva assembleia geral.

2 – As alterações a que se refere o número anterior só produzem efeitos em relação a terceiros após a publicação dos estatutos no Boletim do Trabalho e Emprego ou, na falta desta, depois de decorridos 30 dias a contar do registo.

Artigo 485.º (CT)
Conteúdo dos estatutos

1 – Com os limites dos artigos seguintes, os estatutos devem conter e regular:

a) A denominação, a localidade da sede, o âmbito subjectivo, objectivo e geográfico, os fins e a duração, quando a associação não se constitua por período indeterminado;

b) Aquisição e perda da qualidade de associado, bem como os respectivos direitos e deveres;

ou uma assembleia de representantes de associados, um órgão colegial de direcção e um conselho fiscal, bem como o número de membros e o funcionamento daqueles;

c) A extinção e consequente liquidação da associação, bem como o destino do respectivo património.

2 – Os estatutos de associação sindical devem ainda regular o exercício do direito de tendência.

3 – A denominação deve identificar o âmbito subjectivo, objectivo e geográfico da associação e não pode confundir-se com a de outra associação existente.

4 – No caso de os estatutos preverem a existência de uma assembleia de representantes de associados, esta exerce os direitos previstos na lei para a assembleia geral, cabendo aos estatutos indicar, caso haja mais de uma assembleia de representantes de associados, a que exerce os referidos direitos.

5 – Em caso de extinção judicial ou voluntária de associação sindical ou associação de empregadores, os respectivos bens não podem ser distribuídos pelos associados, excepto quando estes sejam associações.

c) Princípios gerais em matéria disciplinar;

d) Os respectivos órgãos, entre os quais deve haver uma assembleia geral ou uma assembleia de representantes de associados, um órgão colegial de direcção e um conselho fiscal, bem como o número de membros de funcionamento daqueles;

e) No caso de estar prevista uma assembleia de representantes, os princípios reguladores da respectiva eleição, tendo em vista a representatividade desse órgão;

f) O exercício do direito de tendência;

g) O regime de administração financeira, o orçamento e as contas;

h) O processo de alteração dos estatutos;

i) A extinção, dissolução e consequente liquidação, bem como o destino do respectivo património.

2 – A denominação deve identificar o âmbito subjectivo, objectivo e geográfico da associação e não pode confundir-se com a denominação de outra associação existente.

3 – No caso de os estatutos preverem a existência de uma assembleia de representantes de associados, nomeadamente um congresso ou conselho geral, esta exerce os direitos previstos na lei para a assembleia geral.

Artigo 490.º (CT)
Dissolução e destino dos bens

Em caso de dissolução de uma associação sindical, os respectivos bens não podem ser distribuídos pelos associados.

Artigo 515.º (CT)
Conteúdo dos estatutos

1 – Com observância dos limites definidos neste Código, os estatutos devem conter e regular:

a) A denominação, a localidade da sede, o âmbito subjectivo, objectivo e geográfico, os fins e a duração, quando a associação não se constitua por período indeterminado;

b) A aquisição e perda da qualidade de associado, bem como os respectivos direitos e deveres;

c) Princípios gerais em matéria disciplinar;

d) Os respectivos órgãos, entre os quais deve haver uma assembleia geral ou uma assembleia de representantes de associados, um órgão colegial de direcção e um conselho fiscal, bem como o número de membros e o funcionamento daqueles;

e) No caso de estar prevista uma assembleia de representantes, os princípios reguladores da respectiva eleição tendo em vista a representatividade desse órgão;

f) O regime de administração financeira, o orçamento e as contas;

g) O processo de alteração dos estatutos;

h) A extinção, dissolução e consequente liquidação, bem como o destino do respectivo património.

2 – A denominação deve identificar o âmbito subjectivo, objectivo e geográfico da associação e não pode confundir-se com a denominação de outra associação existente.

3 – No caso de os estatutos preverem a existência de uma assembleia de

representantes de associados, esta exerce os direitos previstos na lei para a assembleia geral.

Artigo 520.º (CT)
Dissolução e destino dos bens

Em caso de dissolução de uma associação de empregadores, os respectivos bens não podem ser distribuídos pelos associados.

Artigo 451.º
Princípios da organização e da gestão democráticas

1 – No respeito pelos princípios da organização e da gestão democráticas, as associações sindicais e as associações de empregadores devem reger-se, nomeadamente, em obediência às seguintes regras:

a) Todo o associado no gozo dos seus direitos tem o direito de participar na actividade da associação, incluindo o de eleger e ser eleito para os corpos sociais e ser nomeado para qualquer cargo associativo, sem prejuízo de poder haver requisitos de idade e de tempo de inscrição;

b) São asseguradas a igualdade de oportunidades e imparcialidade no tratamento das listas concorrentes a eleições para os corpos sociais;

c) O mandato dos membros da direcção não pode ter duração superior a quatro anos, sendo permitida a reeleição para mandatos sucessivos, salvo disposição estatutária em contrário;

2 – Os estatutos de associação de empregadores podem atribuir mais de um voto a certos associados, com base em critérios objectivos, nomeadamente

Artigo 486.º (CT)
Princípios da organização e da gestão democráticas

No respeito pelos princípios da organização e da gestão democráticas, as associações sindicais devem reger-se, nomeadamente, em obediência às seguintes regras:

a) Todo o associado no gozo dos seus direitos sindicais tem o direito de participar na actividade da associação, incluindo o de eleger e ser eleito para a direcção e ser nomeado para qualquer cargo associativo, sem prejuízo de poderem estabelecer-se requisitos de idade e de tempo de inscrição;

b) A assembleia geral reúne-se ordinariamente, pelo menos, uma vez por ano;

c) Deve ser possibilitado a todos os associados o exercício efectivo do direito de voto, podendo os estatutos prever para tanto a realização simultânea de assembleias gerais por áreas regionais ou secções de voto, ou outros sistemas compatíveis com as deliberações a tomar;

d) Nenhum associado pode estar representado em mais do que um dos órgãos electivos;

em função da dimensão da empresa, até ao limite de 10 vezes o número de votos do associado com o menor número de votos.

3 – Os estatutos podem permitir a participação de membros em mais de um órgão, salvo se um desses órgãos for o conselho fiscal, não podendo o número daqueles ultrapassar um terço do total dos membros.

e) São asseguradas iguais oportunidades a todas as listas concorrentes às eleições para a direcção, devendo constituir-se para fiscalizar o processo eleitoral uma comissão eleitoral composta pelo presidente da mesa da assembleia geral e por representantes de cada uma das listas concorrentes;

f) Com as listas, os proponentes apresentam o seu programa de acção, o qual, juntamente com aquelas, deve ser amplamente divulgado, por forma a que todos os associados dele possam ter conhecimento prévio, nomeadamente pela sua exposição em lugar bem visível na sede da associação durante o prazo mínimo de oito dias;

g) O mandato dos membros da direcção não pode ter duração superior a quatro anos, sendo permitida a reeleição para mandatos sucessivos;

h) Os corpos sociais podem ser destituídos por deliberação da assembleia geral, devendo os estatutos regular os termos da destituição e da gestão da associação sindical até ao início de funções de novos corpos sociais;

i) As assembleias gerais devem ser convocadas com ampla publicidade, indicando-se a hora, local e objecto, e devendo ser publicada a convocatória com antecedência mínima de três dias em um dos jornais da localidade da sede da associação sindical ou, não o havendo, em um dos jornais aí mais lidos;

j) A convocação das assembleias gerais compete ao presidente da respectiva mesa, por sua iniciativa ou a pedido da direcção, ou de 10% ou 200 dos associados.

Artigo 516.º (CT)
Gestão democrática e liberdade de associação

1 – A organização das associações de empregadores deve respeitar os princípios da gestão democrática, nomeadamente as regras das alíneas seguintes:

a) Todo o associado no gozo dos seus direitos tem o direito de participar na actividade da associação, incluindo o de eleger e ser eleito para os corpos sociais e ser nomeado para qualquer cargo associativo, sem prejuízo de poderem estabelecer-se requisitos de idade e de tempo de inscrição;

b) A assembleia geral reúne-se ordinariamente, pelo menos, uma vez por ano;

c) Deve ser possibilitado a todos os associados o exercício efectivo do direito de voto, podendo os estatutos prever para tanto a realização simultânea de assembleias gerais por áreas regionais ou secções de voto, ou outros sistemas compatíveis com as deliberações a tomar;

d) No caso de os estatutos conferirem mais do que um voto a certos associados, em função das dimensões das empresas, não pode esse associado dispor de um número de votos superior ao décuplo do número de votos do associado que tiver o menor número;

e) Nenhum associado pode estar representado em mais do que um dos órgãos electivos;

f) São asseguradas iguais oportunidades a todas as listas concorrentes às eleições para os corpos sociais, devendo constituir-se para fiscalizar o processo eleitoral uma comissão

Artigo 451.º

eleitoral composta pelo presidente da mesa da assembleia geral e por representantes de cada uma das listas concorrentes;

g) O mandato dos membros da direcção não pode ter duração superior a quatro anos, sendo permitida a reeleição para mandatos sucessivos;

h) Os corpos sociais podem ser destituídos por deliberação da assembleia geral, devendo os estatutos regular os termos da destituição e da gestão da associação sindical até ao início de funções de novos corpos sociais;

i) As assembleias gerias devem ser convocadas com ampla publicidade, indicando-se a hora, local e objecto, e devendo ser publicada a convocatória com antecedência mínima de três dias em um dos jornais da localidade da sede da associação sindical ou, não o havendo, em um dos jornais aí mais lidos;

j) A convocação das assembleias gerais compete ao presidente da respectiva mesa, por sua iniciativa ou a pedido da direcção, ou de 10% ou 200 dos associados.

2 – O empregador goza de liberdade de se inscrever em associação que represente a sua actividade, desde que preencha os requisitos estatutários, não podendo a sua admissão estar dependente de uma decisão discricionária da associação.

3 – O empregador inscrito numa associação pode retirar-se dela a todo o tempo, mediante comunicação enviada com a antecedência mínima de 30 dias.

Artigo 452.º
Regime disciplinar

1 – O regime disciplinar aplicável aos associados deve assegurar o direito de defesa do associado e prever que o procedimento seja escrito e que a sanção de expulsão seja apenas aplicada em caso de grave violação de deveres fundamentais.

2 – O regime disciplinar da associação de empregadores não pode conter normas que interfiram com a actividade económica exercida pelos associados.

Artigo 453.º
Impenhorabilidade de bens

1 – São impenhoráveis os bens móveis e imóveis de associação sindical ou associação de empregadores cuja utilização seja estritamente indispensável ao seu funcionamento.

2 – O disposto no número anterior não se aplica a bem imóvel quando se verifiquem as seguintes condições:

a) A aquisição, construção, reconstrução, modificação ou beneficiação desse bem seja feita mediante recurso a financiamento por terceiros, com garantia real previamente registada;

b) O financiamento por terceiros e as condições de aquisição sejam objecto de deliberação do órgão estatutariamente competente.

Artigo 487.º (CT)
Regime disciplinar

O regime disciplinar deve assegurar o procedimento escrito e o direito de defesa do associado, devendo a sanção de expulsão ser apenas aplicada aos casos de grave violação de deveres fundamentais.

Artigo 517.º (CT)
Regime disciplinar

1 – O regime disciplinar deve assegurar o procedimento escrito e o direito de defesa do associado, devendo a sanção de expulsão ser apenas aplicada aos casos de grave violação de deveres fundamentais.

2 – O regime disciplinar não pode conter normas que interfiram com a actividade económica exercida pelos empregadores.

Artigo 488.º (CT)
Aquisição e impenhorabilidade de bens

1 – Os bens móveis e imóveis cuja utilização seja estritamente indispensável ao funcionamento das associações sindicais são impenhoráveis.

2 – Os bens imóveis destinados ao exercício de actividades compreendidas nos fins próprios das associações sindicais não gozam da impenhorabilidade estabelecida no número anterior sempre que, cumulativamente, se verifiquem as seguintes condições:

a) A aquisição, construção, reconstrução, modificação ou beneficiação desses bens seja feita mediante recurso a financiamento por terceiros com garantia real, previamente registada;

b) O financiamento por terceiros e as condições de aquisição sejam objecto de deliberação da assembleia geral de associados ou de órgão deliberativo estatutariamente competente.

Artigo 518.º *(CT)*
Aquisição e impenhorabilidade de bens

1 – Os bens móveis e imóveis cuja utilização seja estritamente indispensável ao funcionamento das associações de empregadores são impenhoráveis.

2 – Os bens imóveis destinados ao exercício de actividades compreendidas nos fins próprios das associações de empregadores não gozam da impenhorabilidade estabelecida no número anterior sempre que, cumulativamente, se verifiquem as seguintes condições:

a) A aquisição, construção, reconstrução, modificação ou beneficiação desses bens seja feita mediante recurso a financiamento por terceiros com garantia real, previamente registada;

b) O financiamento por terceiros e as condições de aquisição sejam objecto de deliberação da assembleia geral de associados ou de órgão deliberativo estatutariamente competente.

Artigo 454.º
Publicitação dos membros da direcção

1 – O presidente da mesa da assembleia-geral deve remeter a identidade dos membros da direcção de associação sindical ou associação de empregadores, bem como cópia da acta da assembleia que os elegeu, ao serviço competente do ministério responsável

Artigo 489.º *(CT)*
Publicidade dos membros da direcção

O presidente da mesa da assembleia geral deve remeter a identificação dos membros da direcção, bem como cópia da acta da assembleia que os elegeu, ao ministério responsável pela área laboral no prazo de dez dias após a eleição, para publicação imediata no Boletim do Trabalho e Emprego.

pela área laboral no prazo de 30 dias após a eleição, para publicação imediata no Boletim do Trabalho e Emprego.

2 – A identidade dos membros da direcção deve ser entregue em documento electrónico, nos termos de portaria do ministro responsável pela área laboral.

Artigo 455.º
Averbamento ao registo

A associação sindical ou associação de empregadores deve indicar a actualização do endereço da sede, quando a mesma não conste de alteração dos estatutos, ao serviço competente do ministério responsável pela área laboral, o qual procede ao seu averbamento no respectivo registo.

Artigo 456.º
Extinção de associações e cancelamento do registo

1 – Quando a associação sindical ou de empregadores não tenha requerido a publicação nos termos do n.º 1 do artigo 454.º da identidade dos membros da direcção num período de seis anos a contar da publicação anterior, o serviço competente do ministério responsável pela área laboral deve comunicar o facto ao magistrado do Ministério Público no tribunal competente, o qual promove, no prazo de 15 dias a contar da recepção dessa comunicação, a declaração judicial de extinção da associação.

2 – A extinção judicial ou voluntária de associação sindical ou associação de empregadores deve ser comunicada ao

Artigo 519.º (CT)
Publicidade dos membros da direcção

O presidente da mesa da assembleia geral deve remeter a identificação dos membros da direcção, bem como cópia da acta da assembleia que os elegeu, ao ministério responsável pela área laboral no prazo de 10 dias após a eleição, para publicação imediata no Boletim do Trabalho e Emprego.

Sem correspondência

Artigo 491.º (CT)
Cancelamento do registo

A extinção judicial ou voluntária da associação sindical deve ser comunicada ao ministério responsável pela área laboral que procede ao cancelamento do respectivo registo, produzindo efeitos a partir da respectiva publicação no Boletim do Trabalho e Emprego.

Artigo 521.º (CT)
Cancelamento do registo

A extinção judicial ou voluntária da associação de empregadores deve ser comunicada ao ministério responsável pela área laboral que procede ao cancelamento do respectivo registo produzindo efeitos a partir da respectiva publicação no Boletim do Trabalho e Emprego.

serviço competente do ministério responsável pela área laboral:

a) Pelo tribunal, mediante cópia da decisão que determine a extinção, transitada em julgado;

b) Pelo presidente da mesa da assembleia-geral, mediante certidão ou cópia certificada da acta da assembleia que delibere a extinção, com as folhas de presenças e respectivos termos de abertura e encerramento.

3 – O serviço referido no número anterior procede ao cancelamento do registo dos estatutos da associação em causa e promove a publicação imediata de aviso no Boletim do Trabalho e Emprego.

4 – O serviço referido nos números anteriores remete ao magistrado do Ministério Público no tribunal competente certidão ou cópia certificada da acta da assembleia que delibere a extinção, acompanhada de apreciação fundamentada sobre a legalidade da deliberação, nos oito dias posteriores à publicação do aviso.

5 – No caso de a deliberação de extinção da associação ser desconforme com a lei ou os estatutos, o magistrado do Ministério Público promove, no prazo de 15 dias a contar da recepção, a declaração judicial de nulidade da deliberação.

6 – O tribunal comunica a declaração judicial de nulidade da deliberação de extinção da associação, transitada em julgado, ao serviço referido nos números anteriores, o qual revoga o cancelamento e promove a publicação imediata de aviso no Boletim do Trabalho e Emprego.

7 – A extinção da associação ou a revogação do cancelamento produz

efeitos a partir da publicação do respectivo aviso.

SUBSECÇÃO III
Quotização sindical

Artigo 457.º
Quotização sindical e protecção dos trabalhadores

1 – O trabalhador não pode ser obrigado a pagar quotas para associação sindical em que não esteja inscrito.

2 – A cobrança e entrega de quotas sindicais pelo empregador não podem implicar para o trabalhador qualquer discriminação, nem o pagamento de despesas não previstas na lei ou limitar de qualquer modo a sua liberdade de trabalho.

3 – O empregador pode proceder ao tratamento informático de dados pessoais dos trabalhadores referentes a filiação sindical, desde que, nos termos da lei, sejam exclusivamente utilizados para cobrança e entrega de quotas sindicais.

4 – A associação sindical não pode recusar a passagem de documento essencial à actividade profissional do trabalhador que seja da sua competência, por motivo de falta de pagamento de quotas.

Artigo 458.º
Cobrança de quotas sindicais

1 – O empregador deve proceder à cobrança e entrega de quotas sindicais

Artigo 492.º (CT)
Garantias

1 – O trabalhador não pode ser obrigado a pagar quotas para associação sindical em que não esteja inscrito.

2 – A aplicação do sistema de cobrança e entrega de quotas sindicais não pode implicar para o trabalhador qualquer discriminação, nem o pagamento de outras quotas ou indemnizações, ou provocar-lhe sanções que, de qualquer modo, atinjam a sua liberdade de trabalho.

3 – O empregador pode proceder ao tratamento automatizado de dados pessoais dos trabalhadores, referentes a filiação sindical, desde que, nos termos da lei, sejam exclusivamente utilizados no processamento do sistema de cobrança e entrega de quotas sindicais, previsto nesta secção.

Artigo 493.º (CT)
Carteiras profissionais

A falta de pagamento das quotas não pode prejudicar a passagem de carteiras profissionais ou de quaisquer outros documentos essenciais à actividade profissional do trabalhador, quando a emissão desses documentos seja da competência das associações sindicais.

Artigo 494.º (CT)
Cobrança de quotas

1 – O sistema de cobrança e entrega de quotas sindicais determina para o

quando o instrumento de regulamentação colectiva de trabalho aplicável o preveja e o trabalhador o autorize, ou mediante opção expressa do trabalhador dirigida ao empregador.

2 – O trabalhador deve formular por escrito e assinar a declaração de autorização ou de opção referida no número anterior e nela indicar o valor da quota sindical ou o determinado em percentagem da retribuição a deduzir e a associação sindical à qual o mesmo deve ser entregue.

3 – A cobrança e entrega de quota sindical implica que o empregador deduza da retribuição do trabalhador o valor da quota e o entregue à associação sindical respectiva, até ao dia 15 do mês seguinte.

4 – A responsabilidade pelas despesas necessárias à entrega da quota sindical pode ser definida por instrumento de regulamentação colectiva de trabalho ou acordo entre empregador e sindicato ou trabalhador.

5 – O trabalhador pode fazer cessar a cobrança e entrega de quota sindical pelo empregador mediante declaração escrita e assinada que lhe dirija neste sentido.

6 – O trabalhador deve enviar cópias das declarações previstas nos números anteriores à associação sindical respectiva.

7 – A declaração de autorização ou de opção do trabalhador de cobrança da quota sindical e a declaração sobre a cessação deste procedimento produzem efeitos a partir do mês seguinte ao da sua entrega ao empregador.

8 – Constitui contra-ordenação muito grave a recusa ou falta de cobrança,

empregador a obrigação de proceder à dedução do valor da quota sindical na retribuição do trabalhador, entregando essa quantia à associação sindical em que aquele está inscrito até ao dia 15 do mês seguinte.

2 – A responsabilidade pelas despesas necessárias para a entrega à associação sindical do valor da quota deduzida pelo empregador pode ser definida por instrumento de regulamentação colectiva de trabalho ou por acordo entre empregador e trabalhador.

3 – O sistema de cobrança e entrega de quotas sindicais referido no n.º 1 pode resultar de:

a) Instrumento de regulamentação colectiva de trabalho;

b) Pedido expresso do trabalhador dirigido ao empregador.

4 – Na situação prevista na alínea a) do número anterior, a cobrança de quotas por dedução na retribuição do trabalhador com a consequente entrega à respectiva associação sindical depende ainda de declaração do trabalhador autorizando a referida dedução.

5 – Na situação prevista na alínea b) do n.º 3, o pedido expresso do trabalhador constitui manifestação inequívoca da sua vontade de lhe serem descontadas na retribuição as quotas sindicais.

Artigo 495.º (CT)
Declaração, pedido e revogação

1 – O sistema de cobrança e entrega de quotas sindicais, previsto no artigo anterior, mantém-se em vigor enquanto o trabalhador não revogar a sua declaração com as seguintes indicações:

a) Nome e assinatura do trabalhador;

pelo empregador, da quota sindical, através da dedução na retribuição do trabalhador que a haja autorizado ou decidido.

b) Sindicato em que o trabalhador está inscrito;
c) Valor da quota estatutariamente estabelecida.

3 – O trabalhador deve enviar cópia ao sindicato respectivo da declaração de autorização ou do pedido de cobrança, previstos no artigo anterior, bem como da respectiva revogação.

4 – A declaração de autorização ou o pedido de cobrança, previstos no artigo anterior, bem como a respectiva revogação, produzem efeitos a partir do 1.º dia do mês seguinte ao da sua entrega ao empregador.

Artigo 683.º (CT)
Quotização sindical

Constitui contra-ordenação muito grave a recusa ou falta de cobrança, pelo empregador, da quota sindical, através da dedução na retribuição do trabalhador que a haja autorizado ou pedido expressamente, nos termos do n.º 1 do artigo 494.º

Artigo 459.º
Crime de retenção de quota sindical

O empregador que retiver e não entregar à associação sindical a quota sindical cobrada é punido com a pena prevista para o crime de abuso de confiança.

Artigo 612.º (CT)
Retenção de quota sindical

A retenção e não entrega à associação sindical da quota sindical cobrada pelo empregador é punida com a pena prevista para o crime de abuso de confiança.

SUBSECÇÃO IV
Actividade sindical na empresa

Artigo 460.º
Direito a actividade sindical na empresa

Os trabalhadores e os sindicatos têm direito a desenvolver actividade sindical na empresa, nomeadamente através de

Artigo 496.º (CT)
Acção sindical na empresa

Os trabalhadores e os sindicatos têm direito a desenvolver actividade sindical no interior da empresa, nomeadamente através de delegados sindicais,

delegados sindicais, comissões sindicais e comissões intersindicais.

Artigo 461.º
Reunião de trabalhadores no local de trabalho

1 – Os trabalhadores podem reunir-se no local de trabalho, mediante convocação por um terço ou 50 trabalhadores do respectivo estabelecimento, ou pela comissão sindical ou intersindical:

a) Fora do horário de trabalho da generalidade dos trabalhadores, sem prejuízo do normal funcionamento de turnos ou de trabalho suplementar;

b) Durante o horário de trabalho da generalidade dos trabalhadores até um período máximo de 15 horas por ano, que conta como tempo de serviço efectivo, desde que seja assegurado o funcionamento de serviços de natureza urgente e essencial.

2 – É aplicável à realização de reunião referida no número anterior o disposto no artigo 420.º, com as necessárias adaptações.

3 – Os membros de direcção de associações sindicais representativas dos trabalhadores que não trabalhem na empresa podem participar na reunião, mediante comunicação dos promotores ao empregador com a antecedência mínima de seis horas.

4 – O empregador que proíba reunião de trabalhadores no local de trabalho ou o acesso de membro de direcção de associação sindical a instalações de empresa onde decorra reunião de trabalhadores comete contra-ordenação muito grave.

comissões sindicais e comissões intersindicais.

Artigo 497.º (CT)
Reuniões de trabalhadores

1 – Os trabalhadores podem reunir-se nos locais de trabalho, fora do horário de trabalho observado pela generalidade dos trabalhadores, mediante convocação de um terço ou 50 dos trabalhadores do respectivo estabelecimento, ou da comissão sindical ou intersindical, sem prejuízo do normal funcionamento, no caso de trabalho por turnos ou de trabalho suplementar.

2 – Os trabalhadores podem reunir-se durante o horário de trabalho observado pela generalidade dos trabalhadores até um período máximo de quinze horas por ano, que contam como tempo de serviço efectivo, desde que assegurem o funcionamento dos serviços de natureza urgente e essencial.

3 – A convocação das reuniões referidas nos números anteriores é regulada nos termos previstos em legislação especial.

Artigo 396.º (RCT)
Âmbito

O presente capítulo regula o n.º 3 do artigo 497.º do Código do Trabalho.

Artigo 397.º (RCT)
Convocação de reuniões de trabalhadores

Para efeitos do n.º 2 do artigo 497.º do Código do Trabalho, as reuniões só podem ser convocadas pela comissão sindical ou pela comissão intersindical.

Artigo 398.º (RCT)
Procedimento

1 – Os promotores das reuniões devem comunicar ao empregador, com a antecedência mínima de quarenta e oito horas, a data, hora, número previsível de participantes e local em que pretendem que elas se efectuem, devendo afixar as respectivas convocatórias.

2 – No caso das reuniões a realizar durante o horário de trabalho, os promotores devem apresentar uma proposta que assegure o funcionamento dos serviços de natureza urgente e essencial.

3 – Após a recepção da comunicação referida no n.º 1 e, sendo caso disso, da proposta prevista no número anterior, o empregador é obrigado a pôr à disposição dos promotores das reuniões, desde que estes o requeiram, local situado no interior da empresa, ou na sua proximidade, que seja apropriado à realização das mesmas, tendo em conta os elementos de comunicação, da proposta, bem como a necessidade de respeitar o disposto na parte final dos n.ᵒˢ 1 e 2 do artigo 497.º do Código do Trabalho.

4 – Os membros da direcção das associações sindicais que não trabalhem na empresa podem participar nas reuniões mediante comunicação dos promotores ao empregador com a antecedência mínima de seis horas.

Artigo 684.º (CT)
Impedimento do exercício da actividade sindical

O empregador que impedir o legítimo exercício da actividade sindical na respectiva empresa, proibindo a reunião de trabalhadores ou o acesso legítimo de representante dos trabalhadores às instalações da empresa comete contra-ordenação muito grave.

Artigo 462.º
Eleição, destituição ou cessação de funções de delegado sindical

1 – O delegado sindical é eleito e destituído nos termos dos estatutos do respectivo sindicato, por voto directo e secreto.

2 – O mandato do delegado sindical não pode ter duração superior a quatro anos.

3 – Podem constituir-se comissões sindicais na empresa ou estabelecimento e comissões intersindicais na empresa, de acordo com as alíneas g) e h) do n.º 1 do artigo 442.º

4 – A direcção do sindicato comunica por escrito ao empregador a identidade de cada delegado sindical, bem como dos que fazem parte de comissão sindical ou intersindical, e promove a afixação da comunicação nos locais reservados a informação sindical.

5 – O disposto no número anterior é aplicável em caso de destituição ou cessação de funções de delegado sindical.

Artigo 498.º (CT)
Delegado sindical, comissão sindical e comissão intersindical

1 – Os delegados sindicais são eleitos e destituídos nos termos dos estatutos dos respectivos sindicatos, em escrutínio directo e secreto.

2 – Nas empresas em que o número de delegados o justifique, ou que compreendam vários estabelecimentos, podem constituir-se comissões sindicais de delegados.

3 – Sempre que numa empresa existam delegados de mais de um sindicato pode constituir-se uma comissão intersindical de delegados.

Artigo 499.º (CT)
Comunicação ao empregador sobre eleição e destituição dos delegados sindicais

1 – As direcções dos sindicatos comunicam por escrito ao empregador a identificação dos delegados sindicais, bem como daqueles que fazem parte de comissões sindicais e intersindicais de delegados, sendo o teor dessa comunicação publicitado nos locais reservados às informações sindicais.

2 – O mesmo deve ser observado no caso de substituição ou cessação de funções.

Artigo 463.º
Número de delegados sindicais

1 – O número máximo de delegados sindicais que beneficiam do regime de protecção previsto neste Código é determinado da seguinte forma:

a) Em empresa com menos de 50 trabalhadores sindicalizados, um;

b) Em empresa com 50 a 99 trabalhadores sindicalizados, dois;

c) Em empresa com 100 a 199 trabalhadores sindicalizados, três;

d) Em empresa com 200 a 499 trabalhadores sindicalizados, seis;

e) Em empresa com 500 ou mais trabalhadores sindicalizados, o número resultante da seguinte fórmula:
6 + [(n – 500) : 200]

2 – Para efeito da alínea e) do número anterior, n é o número de trabalhadores sindicalizados.

3 – O resultado apurado nos termos da alínea e) do número anterior é arredondado para a unidade imediatamente superior.

Artigo 464.º
Direito a instalações

1 – O empregador deve pôr à disposição dos delegados sindicais que o requeiram um local apropriado ao exercício das suas funções, no interior da empresa ou na sua proximidade, disponibilizado a título permanente em empresa ou estabelecimento com 150 ou mais trabalhadores.

2 – Constitui contra-ordenação grave a violação do disposto no número anterior.

Artigo 500.º (CT)
Número de delegados sindicais

1 – O número máximo de delegados sindicais que beneficiam do regime de protecção previsto neste Código é determinado da seguinte forma:

a) Empresa com menos de 50 trabalhadores sindicalizados – um membro;

b) Empresa com 50 a 99 trabalhadores sindicalizados – dois membros;

c) Empresa com 100 a 199 trabalhadores sindicalizados – três membros;

d) Empresa com 200 a 499 trabalhadores sindicalizados – seis membros;

e) Empresa com 500 ou mais trabalhadores sindicalizados – o número de delegados resultante da fórmula: 6 + [(n – 500) : 200], representando o n o número de trabalhadores.

2 – O resultado apurado nos termos da alínea e) do número anterior é sempre arredondado para a unidade imediatamente superior.

Artigo 501.º (CT)
Direito a instalações

1 – Nas empresas ou estabelecimentos com 150 ou mais trabalhadores, o empregador é obrigado a pôr à disposição dos delegados sindicais, desde que estes o requeiram, a título permanente, local situado no interior da empresa, ou na sua proximidade, e que seja apropriado ao exercício das suas funções.

2 – Nas empresas ou estabelecimentos com menos de 150 trabalhadores o empregador é obrigado a pôr à disposição dos delegados sindicais, sempre que estes o requeiram, um local apropriado para o exercício das suas funções.

Artigo 682.º (CT)
Autonomia e independência

Constitui contra-ordenação grave a violação do disposto nos n.ᵒˢ 1 e 2 do artigo 452.º e no artigo 453.º, no n.º 1 do artigo 454.º, nos artigos 457.º e 459.º, nos artigos 501.º, 502.º e 504.º, no n.º 1 do artigo 505.º e no n.º 1 do artigo 507.º

Artigo 465.º
Afixação e distribuição de informação sindical

1 – O delegado sindical tem o direito de afixar, nas instalações da empresa e em local apropriado disponibilizado pelo empregador, convocatórias, comunicações, informações ou outros textos relativos à vida sindical e aos interesses socioprofissionais dos trabalhadores, bem como proceder à sua distribuição, sem prejuízo do funcionamento normal da empresa.

2 – Constitui contra-ordenação grave a violação do disposto no número anterior.

Artigo 502.º (CT)
Direito de afixação e informação sindical

Os delegados sindicais têm o direito de afixar, no interior da empresa e em local apropriado, para o efeito reservado pelo empregador, textos, convocatórias, comunicações ou informações relativos à vida sindical e aos interesses sócio-profissionais dos trabalhadores, bem como proceder à sua distribuição, mas sem prejuízo, em qualquer dos casos, do funcionamento normal da empresa.

Artigo 682.º (CT)
Autonomia e independência

Constitui contra-ordenação grave a violação do disposto nos n.ᵒˢ 1 e 2 do artigo 452.º e no artigo 453.º, no n.º 1 do artigo 454.º, nos artigos 457.º e 459.º, nos artigos 501.º, 502.º e 504.º, no n.º 1 do artigo 505.º e no n.º 1 do artigo 507.º

Artigo 466.º
Informação e consulta de delegado sindical

1 – O delegado sindical tem direito a informação e consulta sobre as seguintes matérias, além de outras referidas na lei ou em convenção colectiva:

a) Evolução recente e provável evolução futura da actividade da empresa ou do estabelecimento e da sua situação económica;

b) Situação, estrutura e provável evolução do emprego na empresa ou no estabelecimento e eventuais medidas preventivas, nomeadamente quando se preveja a diminuição do número de trabalhadores;

c) Decisão susceptível de desencadear mudança substancial na organização do trabalho ou nos contratos de trabalho.

2 – É aplicável à informação e consulta de delegados sindicais o disposto nos n.os 1, 2, 4, 5, 6 e 7 do artigo 427.º

3 – O disposto no presente artigo não é aplicável a microempresa ou a pequena empresa.

Artigo 503.º (CT)
Direito a informação e consulta

1 – Os delegados sindicais gozam do direito a informação e consulta relativamente às matérias constantes das suas atribuições.

2 – O direito a informação e consulta abrange, para além de outras referidas na lei ou identificadas em convenção colectiva, as seguintes matérias:

a) A informação sobre a evolução recente e a evolução provável das actividades da empresa ou do estabelecimento e a sua situação económica;

b) A informação e consulta sobre a situação, a estrutura e a evolução provável do emprego na empresa ou no estabelecimento e sobre as eventuais medidas de antecipação previstas, nomeadamente em caso de ameaça para o emprego;

c) A informação e consulta sobre as decisões susceptíveis de desencadear mudanças substanciais a nível da organização do trabalho ou dos contratos de trabalho.

3 – Os delegados sindicais devem requerer, por escrito, respectivamente, ao órgão de gestão da empresa ou de direcção do estabelecimento os elementos de informação respeitantes às matérias referidas nos artigos anteriores.

4 – As informações são-lhes prestadas, por escrito, no prazo de 10 dias, salvo se, pela sua complexidade, se justificar prazo maior, que nunca deve ser superior a 30 dias.

5 – Quando esteja em causa a tomada de decisões por parte do empregador no exercício dos poderes de direcção e de organização decorrentes do contrato de trabalho, os procedimentos de informação e consulta deverão ser conduzidos, por ambas as partes, no sentido de alcançar, sempre que possível, o consenso.

6 – O disposto no presente artigo não é aplicável às microempresas, às pequenas empresas e aos estabelecimentos onde prestem actividade menos de 20 trabalhadores.

Artigo 467.º
Crédito de horas de delegado sindical

1 – O delegado sindical tem direito, para o exercício das suas funções, a um crédito de cinco horas por mês, ou oito horas por mês se fizer parte de comissão intersindical.

2 – Constitui contra-ordenação grave a violação do disposto no número anterior.

Artigo 504.º (CT)
Crédito de horas dos delegados sindicais

Cada delegado sindical dispõe, para o exercício das suas funções, de um crédito de cinco horas por mês ou, tratando-se de delegado que faça parte da comissão intersindical, de um crédito de oito horas por mês.

Artigo 682.º (CT)
Autonomia e independência

Constitui contra-ordenação grave a violação do disposto nos n.ᵒˢ 1 e 2 do artigo 452.º e no artigo 453.º, no n.º 1 do artigo 454.º, nos artigos 457.º e 459.º, nos artigos 501.º, 502.º e 504.º, no n.º 1 do artigo 505.º e no n.º 1 do artigo 507.º

SUBSECÇÃO V
Membro de direcção de associação sindical

Artigo 468.º
Crédito de horas e faltas de membro de direcção

1 – Para o exercício das suas funções, o membro de direcção de associação sindical tem direito a crédito de horas correspondente a quatro dias de trabalho por mês, e a faltas justificadas, nos termos dos números seguintes.

2 – Sem prejuízo do disposto em ins-

Artigo 505.º (CT)
Crédito de horas e faltas dos membros da direcção

1 – Para o exercício das suas funções cada membro da direcção beneficia de um crédito de horas por mês e do direito a faltas justificadas para o exercício de funções sindicais.

2 – O crédito de horas a que se refere o número anterior, bem como o

trumento de regulamentação colectiva de trabalho, em cada empresa, o número máximo de membros de direcção de associação sindical com direito a crédito de horas e a faltas justificadas sem limitação de número é determinado da seguinte forma:

a) Em empresa com menos de 50 trabalhadores sindicalizados, um;

b) Em empresa com 50 a 99 trabalhadores sindicalizados, dois;

c) Em empresa com 100 a 199 trabalhadores sindicalizados, três;

d) Em empresa com 200 a 499 trabalhadores sindicalizados, quatro;

e) Em empresa com 500 a 999 trabalhadores sindicalizados, seis;

f) Em empresa com 1000 a 1999 trabalhadores sindicalizados, sete;

g) Em empresa com 2000 a 4999 trabalhadores sindicalizados, oito;

h) Em empresa com 5000 a 9999 trabalhadores sindicalizados, 10;

i) Em empresa com 10000 ou mais trabalhadores sindicalizados, 12.

3 – No caso de membro de direcção de federação, união ou confederação, a aplicação da fórmula referida no número anterior tem em conta o número de trabalhadores filiados nas associações que fazem parte dessa estrutura.

4 – O trabalhador que seja membro de direcção de mais de uma associação sindical não tem direito a cumulação de crédito de horas.

5 – Os membros de direcção que excedam o número máximo calculado nos termos dos números anteriores têm direito a faltas justificadas até ao limite de 33 por ano.

6 – A direcção da associação sindical deve comunicar ao empregador, até 15

regime aplicável às faltas justificadas para o exercício de funções sindicais, é atribuído em função da dimensão das empresas e do número de filiados no sindicato, nos termos previstos em legislação especial.

Artigo 399.º (RCT)
Âmbito

O presente capítulo regula o n.º 2 do artigo 505.º do Código do Trabalho.

Artigo 400.º (RCT)
Crédito de horas dos membros da direcção

1 – Sem prejuízo do disposto em instrumento de regulamentação colectiva de trabalho, o número máximo de membros da direcção da associação sindical que beneficiam do crédito de horas, em cada empresa, é determinado da seguinte forma:

a) Empresa com menos de 50 trabalhadores sindicalizados – 1 membro;

b) Empresa com 50 a 99 trabalhadores sindicalizados – 2 membros;

c) Empresa com 100 a 199 trabalhadores sindicalizados – 3 membros;

d) Empresa com 200 a 499 trabalhadores sindicalizados – 4 membros;

e) Empresa com 500 a 999 trabalhadores sindicalizados – 6 membros;

f) Empresa com 1000 a 1999 trabalhadores sindicalizados – 7 membros;

g) Empresa com 2000 a 4999 trabalhadores sindicalizados – oito membros;

h) Empresa com 5000 a 9999 trabalhadores sindicalizados – 10 membros;

i) Empresa com 10000 ou mais trabalhadores sindicalizados – 12 membros.

de Janeiro de cada ano e nos 15 dias posteriores a qualquer alteração da sua composição, a identidade dos membros a quem se aplica o disposto no n.º 2.

7 – A direcção da associação sindical pode atribuir crédito de horas a outro membro da mesma, desde que não ultrapasse o montante global atribuído nos termos dos n.ºˢ 1 e 2, e informe o empregador da alteração da repartição do crédito com a antecedência mínima de 15 dias.

8 – Quando as faltas justificadas se prolongarem efectiva ou previsivelmente para além de um mês, aplica-se o regime da suspensão do contrato de trabalho por facto respeitante ao trabalhador, sem prejuízo do disposto em instrumento de regulamentação colectiva de trabalho aplicável, que preveja funções sindicais a tempo inteiro ou outras situações específicas, relativamente ao direito à retribuição de trabalhador.

9 – Constitui contra-ordenação muito grave a violação do disposto no n.º 1.

2 – Para o exercício das suas funções, cada membro da direcção beneficia do crédito de horas correspondente a quatro dias de trabalho por mês, mantendo o direito à retribuição.

3 – A direcção da associação sindical deve comunicar à empresa, até 15 de Janeiro de cada ano civil e nos 15 dias posteriores a qualquer alteração da composição da direcção, a identificação dos membros que beneficiam do crédito de horas.

4 – O previsto nos números anteriores não prejudica a possibilidade de a direcção da associação sindical atribuir créditos de horas a outros membros da mesma, desde que não ultrapasse o montante global do crédito de horas atribuído nos termos do n.º 1 e comunique tal facto ao empregador com a antecedência mínima de 15 dias.

5 – No caso de federação, união ou confederação deve atender-se ao número de trabalhadores filiados nas associações que fazem parte daquelas estruturas de representação colectiva dos trabalhadores.

Artigo 401.º (RCT)
Não cumulação de créditos de horas

Não pode haver lugar a cumulação do crédito de horas pela facto de o trabalhador pertencer a mais de uma estrutura de representação colectiva dos trabalhadores.

Artigo 402.º (RCT)
Faltas

1 – Os membros da direcção cuja identificação foi comunicada ao empregador nos termos do n.º 3 do artigo

CAPÍTULO II
Participação na elaboração de legislação do trabalho

Artigo 469.º
Noção de legislação do trabalho

1 – Entende-se por legislação do trabalho a que regula os direitos e obrigações dos trabalhadores e empregadores, enquanto tais, e as suas organizações.

2 – São consideradas legislação do trabalho os diplomas que regulam, nomeadamente, as seguintes matérias:

a) Contrato de trabalho;
b) Direito colectivo de trabalho;
c) Segurança e saúde no trabalho;
d) Acidentes de trabalho e doenças profissionais;
e) Formação profissional;
f) Processo do trabalho.

400.º usufruem do direito a faltas justificadas.

2 – Os demais membros da direcção usufruem do direito a faltas justificadas até ao limite de 33 faltas por ano.

Artigo 403.º (RCT)
Suspensão do contrato de trabalho

Quando as faltas determinadas pelo exercício de actividade sindical se prolongarem efectiva ou previsivelmente para além de um mês aplica-se o regime da suspensão do contrato de trabalho por facto respeitante ao trabalhador.

Artigo 682.º (CT)
Autonomia e independência

Constitui contra-ordenação grave a violação do disposto nos n.ᵒˢ 1 e 2 do artigo 452.º e no artigo 453.º, no n.º 1 do artigo 454.º, nos artigos 457.º e 459.º, nos artigos 501.º, 502.º e 504.º, no n.º 1 do artigo 505.º e no n.º 1 do artigo 507.º

Artigo 524.º (CT)
Noção de legislação do trabalho

1 – Entende-se por legislação do trabalho a que regula os direitos e obrigações dos trabalhadores e empregadores, enquanto tais, e as suas organizações.

2 – São consideradas legislação do trabalho os diplomas que regulam, nomeadamente, as seguintes matérias:

a) Contrato de trabalho;
b) Direito colectivo de trabalho;
c) Segurança, higiene e saúde no trabalho;
d) Acidentes de trabalho e doenças profissionais;

3 – Considera-se igualmente matéria de legislação do trabalho a aprovação para ratificação de convenções da Organização Internacional do Trabalho.

Artigo 470.º
Precedência de discussão

Qualquer projecto ou proposta de lei, projecto de decreto-lei ou projecto ou proposta de decreto regional relativo a legislação do trabalho só pode ser discutido e votado pela Assembleia da República, pelo Governo da República, pelas Assembleias Legislativas das regiões autónomas e pelos Governos Regionais depois de as comissões de trabalhadores ou as respectivas comissões coordenadoras, as associações sindicais e as associações de empregadores se terem podido pronunciar sobre ele.

Artigo 471.º
Participação da Comissão Permanente de Concertação Social

A Comissão Permanente de Concertação Social pode pronunciar-se sobre qualquer projecto ou proposta de legislação do trabalho, podendo ser convocada por decisão do Presidente mediante requerimento de qualquer dos seus membros.

Artigo 472.º
Publicação de projectos e propostas

1 – Para efeitos do disposto no artigo 470.º, os projectos e propostas são

e) Formação profissional;
f) Processo do trabalho.

3 – Considera-se igualmente matéria de legislação de trabalho o processo de aprovação para ratificação das convenções da Organização Internacional do Trabalho.

Artigo 525.º (CT)
Precedência de discussão

Nenhum projecto ou proposta de lei, projecto de decreto-lei ou projecto ou proposta de decreto regional relativo à legislação de trabalho pode ser discutido e votado pela Assembleia da República, pelo Governo da República, pelas Assembleias Regionais ou pelos Governos Regionais sem que as comissões de trabalhadores ou as respectivas comissões coordenadoras, as associações sindicais e as associações de empregadores se tenham podido pronunciar sobre ele.

Artigo 526.º (CT)
Participação da Comissão Permanente de Concertação Social

A Comissão Permanente de Concertação Social pode pronunciar-se sobre qualquer projecto ou proposta de acto legislativo previsto no artigo 524.º, podendo ser convocada por decisão do Presidente mediante requerimento de qualquer dos seus membros.

Artigo 527.º (CT)
Publicação dos projectos e propostas

1 – Para efeitos do disposto no artigo 525.º, e para mais ampla divul-

publicados em separata das seguintes publicações oficiais:

a) Diário da Assembleia da República, tratando-se de legislação a aprovar pela Assembleia da República;

b) Boletim do Trabalho e Emprego, tratando-se de legislação a aprovar pelo Governo da República;

c) Diários das Assembleias Regionais, tratando-se de legislação a aprovar pelas Assembleias Legislativas das regiões autónomas;

d) Jornal Oficial, tratando-se de legislação a aprovar por Governo Regional.

2 – As separatas referidas no número anterior contêm, obrigatoriamente:

a) O texto integral das propostas ou projectos, com os respectivos números;

b) A designação sintética da matéria da proposta ou projecto;

c) O prazo para apreciação pública.

3 – A Assembleia da República, o Governo da República, a Assembleia Legislativa de região autónoma ou o Governo Regional faz anunciar, através dos órgãos de comunicação social, a publicação da separata e a designação das matérias que se encontram em fase de apreciação pública.

gação, os projectos e propostas são publicados previamente em separata das seguintes publicações oficiais:

a) Diário da Assembleia da República, tratando-se de legislação a aprovar pela Assembleia da República;

b) Boletim do Trabalho e Emprego, tratando-se de legislação a aprovar pelo Governo da República;

c) Diários das Assembleias Regionais, tratando-se de legislação a aprovar pelas Assembleias Regionais;

d) Jornal Oficial, tratando-se de legislação a aprovar pelos governos regionais.

2 – As separatas referidas no número anterior contêm, obrigatoriamente:

a) O texto integral das propostas ou projectos, com os respectivos números;

b) A designação sintética da matéria da proposta ou projecto;

c) O prazo para apreciação pública.

3 – A Assembleia da República, o Governo da República, as Assembleias Regionais e os Governos Regionais fazem anunciar, através dos órgãos de comunicação social, a publicação da separata e a designação das matérias que se encontram em fase de apreciação pública.

Artigo 473.º
Prazo de apreciação pública

1 – O prazo de apreciação pública não pode ser inferior a 30 dias.

2 – O prazo pode ser reduzido para 20 dias, a título excepcional e por motivo de urgência devidamente justificado no acto que determina a publicação.

Artigo 528.º (CT)
Prazo de apreciação pública

1 – O prazo de apreciação pública não pode ser inferior a 30 dias.

2 – O prazo pode, todavia, ser reduzido para 20 dias, a título excepcional e por motivo de urgência, devidamente justificado no acto que determina a publicação.

Artigo 474.º
Pareceres e audições
das organizações representativas

1 – Durante o prazo de apreciação pública, as entidades referidas no artigo 470.º podem pronunciar-se sobre o projecto ou proposta, e solicitar audição oral à Assembleia da República, ao Governo da República, à Assembleia Legislativa de região autónoma ou ao Governo Regional, nos termos da regulamentação própria de cada um destes órgãos.

2 – O parecer da entidade que se pronuncia deve conter:

a) Identificação do projecto ou proposta;

b) Identificação da comissão de trabalhadores, comissão coordenadora, associação sindical ou associação de empregadores que se pronuncia;

c) Âmbito subjectivo, objectivo e geográfico ou, tratando-se de comissão de trabalhadores ou comissão coordenadora, o sector de actividade e a área geográfica da empresa ou empresas;

d) Número de trabalhadores ou de empregadores representados;

e) Data, assinatura de quem legalmente represente a entidade ou de todos os seus membros, e carimbo da mesma.

Artigo 529.º (CT)
Pareceres e audições
das organizações representativas

Dentro do prazo de apreciação pública, as entidades referidas no artigo 525.º podem pronunciar-se sobre os projectos e propostas, de acordo com o modelo regulamentado, e que é obrigatoriamente transcrito em cada separata, e solicitar à Assembleia da República, ao Governo da República, às Assembleias Regionais ou aos Governos Regionais audição oral, nos termos da regulamentação própria da orgânica interna de cada um destes órgãos.

Artigo 405.º (RCT)
Modelo

A participação das comissões de trabalhadores ou respectivas comissões coordenadoras, associações sindicais e associações de empregadores na elaboração da legislação do trabalho deve conter:

a) Identificação do projecto ou proposta de diploma, seguido da indicação da respectiva matéria;

b) Identificação da comissão de trabalhadores, comissão coordenadora, associação sindical ou associação de empregadores que se pronuncia;

c) Âmbito subjectivo, objectivo e geográfico ou, tratando-se de comissões de trabalhadores ou comissões coordenadoras, o sector de actividade e área geográfica da empresa ou empresas;

d) Número de trabalhadores ou de empregadores representados;

e) Data, assinatura de quem legalmente represente a organização que se pronuncia ou de todos os seus membros e carimbo da organização.

Artigo 475.º
Resultado de apreciação pública

1 – As posições das entidades que se pronunciam em pareceres ou audições são tidas em conta pelo legislador como elementos de trabalho.

2 – O resultado da apreciação pública consta:

a) De preâmbulo de decreto-lei ou de decreto regional;

b) De relatório anexo a parecer de comissão especializada da Assembleia da República ou da Assembleia Legislativa de região autónoma.

SUBTÍTULO II
Instrumentos de regulamentação colectiva de trabalho

CAPÍTULO I
Princípios gerais relativos a instrumentos de regulamentação colectiva de trabalho

SECÇÃO I
Disposições gerais sobre instrumentos de regulamentação colectiva de trabalho

Artigo 476.º
Princípio do tratamento mais favorável

As disposições de instrumento de regulamentação colectiva de trabalho só podem ser afastadas por contrato de trabalho quando este estabeleça condições mais favoráveis para o trabalhador.

Artigo 530.º (CT)
Resultados da apreciação pública

1 – As posições das entidades referidas no artigo 525.º constantes de pareceres ou expressas nas audições são tidas em conta pelo legislador como elementos de trabalho.

2 – O resultado da apreciação pública consta:

a) Do preâmbulo do decreto-lei ou do decreto regional;

b) Do relatório anexo ao parecer da comissão especializada da Assembleia da República ou das comissões das assembleias regionais.

Artigo 531.º (CT)
Princípio do tratamento mais favorável

As disposições dos instrumentos de regulamentação colectiva de trabalho só podem ser afastadas por contrato de trabalho quando este estabeleça condições mais favoráveis para o trabalhador e se daquelas disposições não resultar o contrário.

Artigo 477.º
Forma de instrumento de regulamentação colectiva de trabalho

O instrumento de regulamentação colectiva de trabalho reveste a forma escrita, sob pena de nulidade.

Artigo 478.º
Limites do conteúdo de instrumento de regulamentação colectiva de trabalho

1 – O instrumento de regulamentação colectiva de trabalho não pode:
a) Contrariar norma legal imperativa;
b) Regulamentar actividades económicas, nomeadamente períodos de funcionamento, regime fiscal, formação dos preços e exercício da actividade de empresas de trabalho temporário, incluindo o contrato de utilização;
c) Conferir eficácia retroactiva a qualquer cláusula que não seja de natureza pecuniária.
2 – O instrumento de regulamentação colectiva de trabalho pode instituir regime complementar contratual que atribua prestações complementares do subsistema previdencial na parte não coberta por este, nos termos da lei.

Artigo 479.º
Apreciação relativa à igualdade e não discriminação

1 – No prazo de 30 dias a contar da publicação de instrumento de regulamentação colectiva de trabalho negocial ou decisão arbitral em processo de ar-

Artigo 532.º (CT)
Forma

Os instrumentos de regulamentação colectiva de trabalho revestem a forma escrita, sob pena de nulidade.

Artigo 533.º (CT)[5]
Limites

1 – Os instrumentos de regulamentação colectiva de trabalho não podem:
a) Contrariar as normas legais imperativas;
b) Estabelecer regulamentação das actividades económicas, nomeadamente no tocante aos períodos de funcionamento das empresas, ao regime fiscal e à formação dos preços;
c) Conferir eficácia retroactiva a qualquer das suas cláusulas, salvo tratando-se de cláusulas de natureza pecuniária.
2 – Os instrumentos de regulamentação colectiva de trabalho podem instituir regimes complementares contratuais que atribuam prestações complementares do subsistema previdencial na parte não coberta por este, nos termos da lei.

Sem correspondência.

---

[5] Com a redacção dada pela Lei n.º 9/2006, de 20 de Março.

bitragem obrigatória ou necessária, o serviço competente do ministério responsável pela área laboral procede à apreciação fundamentada da legalidade das suas disposições em matéria de igualdade e não discriminação e, caso existam disposições discriminatórias, envia a apreciação ao magistrado do Ministério Público junto do tribunal competente.

2 – Para efeito do número anterior, considera-se competente, pela ordem a seguir indicada, o tribunal em cuja área tenham sede:

a) Todas as associações sindicais e associações de empregadores ou empresas celebrantes da convenção colectiva;

b) O maior número das entidades referidas;

c) Qualquer das entidades referidas.

3 – Caso constate a existência de disposição ilegal na matéria em causa, o magistrado do Ministério Público promove, no prazo de 15 dias, a declaração judicial da nulidade dessas disposições.

4 – A decisão judicial que declare a nulidade de disposição é remetida pelo tribunal ao serviço competente do ministério responsável pela área laboral, para efeito de publicação no Boletim do Trabalho e Emprego.

Artigo 480.º
Publicidade de instrumento de regulamentação colectiva de trabalho aplicável

1 – O empregador deve afixar em local apropriado da empresa a indicação de instrumentos de regulamentação colectiva de trabalho aplicáveis.

2 – Constitui contra-ordenação leve a violação do disposto no número anterior.

Artigo 534.º (CT)
Publicidade

O empregador deve afixar na empresa, em local apropriado, a indicação dos instrumentos de regulamentação colectiva de trabalho aplicáveis.

SECÇÃO II
Concorrência de instrumentos de regulamentação colectiva de trabalho

Artigo 481.º
Preferência de instrumento de regulamentação colectiva de trabalho negocial vertical

O instrumento de regulamentação colectiva de trabalho negocial de um sector de actividade afasta a aplicação de instrumento da mesma natureza cujo âmbito se define por profissão ou profissões relativamente àquele sector de actividade.

Artigo 482.º
Concorrência entre instrumentos de regulamentação colectiva de trabalho negociais

1 – Sempre que exista concorrência entre instrumentos de regulamentação colectiva de trabalho negociais, são observados os seguintes critérios de preferência:

a) O acordo de empresa afasta a aplicação do acordo colectivo ou do contrato colectivo;

b) O acordo colectivo afasta a aplicação do contrato colectivo.

2 – Nos outros casos, os trabalhadores da empresa em relação aos quais se verifica a concorrência escolhem o instrumento aplicável, por maioria, no prazo de 30 dias a contar da entrada em vigor do instrumento de publicação mais recente, comunicando a escolha ao empregador interessado e ao serviço com competência inspectiva do ministério responsável pela área laboral.

3 – Na ausência de escolha pelos trabalhadores, é aplicável:

Artigo 535.º (CT)
Instrumentos de regulamentação colectiva de trabalho negociais verticais

O instrumento de regulamentação colectiva de trabalho negocial de um sector de actividade afasta a aplicação de um instrumento da mesma natureza cujo âmbito se define por profissão ou profissões relativamente àquele sector de actividade.

Artigo 536.º (CT)
Instrumentos de regulamentação colectiva de trabalho negociais

1 – Sempre que existir concorrência entre instrumentos de regulamentação colectiva de trabalho negociais, são observados os seguintes critérios de preferência:

a) O acordo de empresa afasta a aplicação do acordo colectivo e do contrato colectivo;

b) O acordo colectivo afasta a aplicação do contrato colectivo.

2 – Os critérios de preferência previstos nas alíneas a) e b) do número anterior podem ser afastados por instrumento de regulamentação colectiva de trabalho negocial, designadamente através da previsão de cláusulas de articulação entre convenções colectivas de diferente nível.

3 – Em todos os outros casos, compete aos trabalhadores da empresa em relação aos quais se verifique concorrência, escolher, por maioria, no prazo de 30 dias, o instrumento aplicável,

a) O instrumento de publicação mais recente;

b) Sendo os instrumentos em concorrência publicados na mesma data, o que regular a principal actividade da empresa.

4 – A deliberação prevista no n.º 2 é irrevogável até ao termo da vigência do instrumento adoptado.

5 – Os critérios de preferência previstos no n.º 1 podem ser afastados por instrumento de regulamentação colectiva de trabalho negocial, designadamente através de cláusula de articulação entre convenções colectivas de diferente nível, nomeadamente interconfederal, sectorial ou de empresa.

Artigo 483.º
Concorrência entre instrumentos de regulamentação colectiva de trabalho não negociais

1 – Sempre que exista concorrência entre instrumentos de regulamentação colectiva de trabalho não negociais, são observados os seguintes critérios de preferência:

a) A decisão de arbitragem obrigatória afasta a aplicação de outro instrumento;

b) A portaria de extensão afasta a aplicação de portaria de condições de trabalho.

2 – Em caso de concorrência entre portarias de extensão aplica-se o previsto nos n.ºˢ 2 a 4 do artigo anterior, relativamente às convenções colectivas objecto de extensão.

comunicando a escolha ao empregador interessado e aos serviços competentes do ministério responsável pela área laboral.

4 – A declaração e a deliberação previstas no número anterior são irrevogáveis até ao termo da vigência do instrumento por eles adoptado.

5 – Na ausência de escolha pelos trabalhadores, é aplicável o instrumento de publicação mais recente.

6 – No caso de os instrumentos concorrentes terem sido publicados na mesma data, aplica-se o que regular a principal actividade da empresa.

Artigo 537.º (CT)
Instrumentos de regulamentação colectiva de trabalho não negociais

1 – Sempre que existir concorrência entre instrumentos de regulamentação colectiva de trabalho de natureza não negocial, são observados os seguintes critérios de preferência:

a) A decisão de arbitragem obrigatória afasta a aplicação dos outros instrumentos;

b) O regulamento de extensão afasta a aplicação do regulamento de condições mínimas.

2 – Em caso de concorrência entre regulamentos de extensão aplica-se o previsto nos n.ºˢ 3 a 6 do artigo anterior.

Artigo 484.º
Concorrência entre instrumentos de regulamentação colectiva de trabalho negociais e não negociais

A entrada em vigor de instrumento de regulamentação colectiva de trabalho negocial afasta a aplicação, no respectivo âmbito, de anterior instrumento de regulamentação colectiva de trabalho não negocial.

Artigo 538.º (CT)
Instrumentos de regulamentação colectiva de trabalho negociais e não negociais

A entrada em vigor de um instrumento de regulamentação colectiva de trabalho negocial afasta a aplicação, no respectivo âmbito, de um anterior instrumento de regulamentação colectiva de trabalho não negocial.

CAPÍTULO II
Convenção colectiva

SECÇÃO I
Contratação colectiva

Artigo 485.º
Promoção da contratação colectiva

O Estado deve promover a contratação colectiva, de modo a que as convenções colectivas sejam aplicáveis ao maior número de trabalhadores e empregadores.

Artigo 539.º (CT)
Promoção da contratação colectiva

O Estado deve promover a contratação colectiva, de modo que os regimes previstos em convenções colectivas sejam aplicáveis ao maior número de trabalhadores e empregadores.

Artigo 486.º
Proposta negocial

1 – O processo de negociação inicia-se com a apresentação à outra parte de proposta de celebração ou de revisão de uma convenção colectiva.

2 – A proposta deve revestir forma escrita, ser devidamente fundamentada e conter os seguintes elementos:

a) Designação das entidades que a subscrevem em nome próprio ou em representação de outras;

b) Indicação da convenção que se pretende rever, sendo caso disso, e respectiva data de publicação.

Artigo 544.º (CT)
Proposta

1 – O processo de negociação inicia-se com a apresentação à outra parte da proposta de celebração ou de revisão de uma convenção colectiva.

2 – A proposta deve revestir forma escrita, ser devidamente fundamentada e conter os seguintes elementos:

a) Designação das entidades que a subscrevem em nome próprio e em representação de outras;

b) Indicação da convenção que se pretende rever, sendo caso disso, e respectiva data de publicação.

Artigo 487.º
Resposta à proposta

1 – A entidade destinatária da proposta deve responder, de forma escrita e fundamentada, nos 30 dias seguintes à recepção daquela, salvo se houver prazo convencionado ou prazo mais longo indicado pelo proponente.

2 – Em caso de proposta de revisão de uma convenção colectiva, a entidade destinatária pode recusar-se a negociar antes de decorrerem seis meses de vigência da convenção, devendo informar o proponente no prazo de 10 dias úteis.

3 – A resposta deve exprimir uma posição relativa a todas as cláusulas da proposta, aceitando, recusando ou contrapropondo.

4 – Em caso de falta de resposta ou de contraproposta, no prazo a que se refere o n.º 1 e nos termos do n.º 3, o proponente pode requerer a conciliação.

5 – Constitui contra-ordenação grave a violação do disposto nos n.ºs 1 ou 3.

Artigo 488.º
Prioridade em matéria negocial

1 – As partes devem, sempre que possível, atribuir prioridade à negociação da retribuição e da duração e organização do tempo de trabalho, tendo em vista o ajuste do acréscimo global de encargos daí resultante, bem como à segurança e saúde no trabalho.

2 – A inviabilidade de acordo inicial sobre as matérias referidas no número anterior não justifica a ruptura de negociação.

Artigo 545.º (CT)
Resposta

1 – A entidade destinatária da proposta deve responder, de forma escrita e fundamentada, nos 30 dias seguintes à recepção daquela, salvo se houver prazo convencionado ou prazo mais longo indicado pelo proponente.

2 – A resposta deve exprimir uma posição relativa a todas as cláusulas da proposta, aceitando, recusando ou contrapropondo.

3 – A falta de resposta ou de contraproposta, no prazo fixado no n.º 1 e nos termos do n.º 2, legitima a entidade proponente a requerer a conciliação.

Artigo 686.º (CT)
Negociação colectiva

Constitui contra-ordenação grave a violação do disposto nos n.ºs 1 e 2 do artigo 545.º

Artigo 546.º (CT)
Prioridade em matéria negocial

1 – As partes devem, sempre que possível, atribuir prioridade às matérias da retribuição, da duração e organização do tempo de trabalho, tendo em vista o ajuste do acréscimo global de encargos daí resultante, bem como à segurança, higiene e saúde no trabalho.

2 – A inviabilidade do acordo inicial sobre as matérias referidas no número anterior não justifica a ruptura de negociação.

Artigo 489.º
Boa fé na negociação

1 – As partes devem respeitar, no processo de negociação colectiva, o princípio de boa fé, nomeadamente respondendo com a brevidade possível a propostas e contrapropostas, observando o protocolo negocial, caso exista, e fazendo-se representar em reuniões e contactos destinados à prevenção ou resolução de conflitos.

2 – Os representantes das associações sindicais e de empregadores devem, oportunamente, fazer as necessárias consultas aos trabalhadores e aos empregadores interessados, não podendo, no entanto, invocar tal necessidade para obter a suspensão ou interrupção de quaisquer actos.

3 – Cada uma das partes deve facultar à outra os elementos ou informações que esta solicitar, na medida em que tal não prejudique a defesa dos seus interesses.

4 – Não pode ser recusado no decurso de processo de negociação de acordo colectivo e de empresa, o fornecimento dos relatórios e contas de empresas já publicados e o número de trabalhadores, por categoria profissional, que se situem no âmbito de aplicação do acordo a celebrar.

5 – Comete contra-ordenação grave a associação sindical, a associação de empregadores ou o empregador que não se faça representar em reunião convocada nos termos do n.º 1.

Artigo 547.º (CT)
Boa fé na negociação

1 – As partes devem respeitar, no processo de negociação colectiva, o princípio de boa fé, nomeadamente respondendo com a máxima brevidade possível às propostas e contrapropostas, observando, caso exista, o protocolo negocial e fazendo-se representar em reuniões e contactos destinados à prevenção ou resolução de conflitos.

2 – Os representantes legítimos das associações sindicais e de empregadores devem, oportunamente, fazer as necessárias consultas aos trabalhadores e aos empregadores interessados, não podendo, no entanto, invocar tal necessidade para obterem a suspensão ou interrupção de quaisquer actos.

3 – Cada uma das partes do processo deve, na medida em que daí não resulte prejuízo para a defesa dos seus interesses, facultar à outra os elementos ou informações que ela solicitar.

4 – Não pode ser recusado, no decurso de processos de negociação dos acordos colectivo e de empresa, o fornecimento dos relatórios e contas das empresas já publicados e, em qualquer caso, do número de trabalhadores, por categoria profissional, envolvidos no processo que se situem no âmbito da aplicação do acordo a celebrar.

Artigo 687.º (CT)
Instrumentos de regulamentação colectiva de trabalho

1 – A violação das disposições dos instrumentos de regulamentação colectiva de trabalho respeitante a uma generalidade de trabalhadores constitui contra-ordenação grave.

2 – *A violação das disposições dos instrumentos de regulamentação colectiva de trabalho constitui contra-ordenação leve por cada trabalhador em relação ao qual se verificar a infracção.*
3 – O disposto no n.º 1 não se aplica se, com base no n.º 2, forem aplicáveis ao empregador coimas em que o somatório dos valores mínimos seja igual ou superior ao quantitativo mínimo da coima aplicável de acordo com o n.º 1.
4 – Comete contra-ordenação grave a associação sindical, a associação de empregadores ou o empregador que não se fizer representar em reunião convocada nos termos do n.º 1 do artigo 547.º, do n.º 2 do artigo 585.º ou do n.º 2 do artigo 589.º
5 – A decisão que aplicar a coima deve conter, sendo caso disso, a ordem de pagamento de quantitativos em dívida ao trabalhador, a efectuar dentro do prazo estabelecido para o pagamento da coima.
6 – Em caso de não pagamento dos quantitativos em dívida, a decisão referida no número anterior serve de base à execução efectuada nos termos do artigo 89.º do Decreto-Lei n.º 433/82, de 27 de Outubro, aplicando-se as normas do processo comum de execução para pagamento de quantia certa.

Artigo 490.º
Apoio técnico da Administração

1 – Na preparação da proposta negocial e da respectiva resposta, bem como durante as negociações, os serviços competentes dos ministérios responsáveis pela área laboral e pela área de actividade fornecem às partes a informação necessária de que dispõem, que estas solicitem.

Artigo 548.º (CT)
Apoio técnico da Administração

1 – Na preparação da proposta e respectiva resposta e durante as negociações, os serviços competentes dos ministérios responsáveis pela área laboral e pela área de actividade fornecem às partes a informação necessária de que dispõem e que por elas seja requerida.

2 – As partes devem enviar as propostas e respostas, com a respectiva fundamentação, ao ministério responsável pela área laboral, nos 15 dias seguintes à sua apresentação.

SECÇÃO II
Celebração e conteúdo

Artigo 491.º
Representantes de entidades celebrantes

1 – A convenção colectiva é assinada pelos representantes das entidades celebrantes.
2 – Para efeitos do disposto no número anterior, consideram-se representantes:
a) Os membros de direcção de associação sindical ou associação de empregadores, com poderes para contratar;
b) Os gerentes, administradores ou directores com poderes para contratar;
c) No caso de empresa do sector empresarial do Estado, os membros do conselho de gerência ou órgão equiparado, com poderes para contratar;
d) As pessoas titulares de mandato escrito com poderes para contratar, conferido por associação sindical ou associação de empregadores, nos termos dos respectivos estatutos, ou por empregador.
3 – Sem prejuízo da possibilidade de delegação noutras associações sindicais, a associação sindical pode conferir a estrutura de representação colectiva dos trabalhadores na empresa poderes para, relativamente aos seus associados, contratar com empresa com, pelo menos, 500 trabalhadores.
4 – A revogação do mandato só é eficaz após comunicação à outra parte, por escrito e até à assinatura da convenção colectiva.

2 – As partes devem enviar as propostas e respostas, com a respectiva fundamentação, ao ministério responsável pela área laboral nos 15 dias seguintes à sua apresentação.

Artigo 540.º (CT)
Representantes

1 – As convenções colectivas são assinadas pelos representantes das associações sindicais e, conforme os casos, pelos representantes das associações de empregadores ou pelos próprios empregadores.
2 – Para efeitos do disposto no número anterior, consideram-se representantes:
a) Os membros das direcções das associações sindicais e de empregadores com poderes para contratar;
b) As pessoas mandatadas pelas direcções das associações acima referidas;
c) Os gerentes, administradores, directores, desde que com poderes para contratar;
d) No caso das empresas do sector público, os membros dos conselhos de gerência ou órgãos equiparados, desde que com poderes para contratar;
e) Quaisquer pessoas, desde que titulares de mandato escrito com poderes para contratar.
3 – A revogação do mandato só é eficaz após comunicação escrita à outra parte até à data da assinatura da convenção colectiva.

Artigo 492.º
Conteúdo de convenção colectiva

1 – A convenção colectiva deve indicar:

a) Designação das entidades celebrantes;

b) Nome e qualidade em que intervêm os representantes das entidades celebrantes;

c) Âmbito do sector de actividade, profissional e geográfico de aplicação, excepto tratando-se de revisão que não altere o âmbito da convenção revista;

d) Data de celebração;

e) Convenção revista e respectiva data de publicação, se for o caso;

f) Valores expressos de retribuição base para todas as profissões e categorias profissionais, caso tenham sido acordados;

g) Estimativa dos números de empregadores e de trabalhadores abrangidos pela convenção.

2 – A convenção colectiva deve regular:

a) As relações entre as entidades celebrantes, em particular quanto à verificação do cumprimento da convenção e a meios de resolução de conflitos colectivos decorrentes da sua aplicação ou revisão;

b) As acções de formação profissional, tendo presentes as necessidades do trabalhador e do empregador;

c) As condições de prestação do trabalho relativas à segurança e saúde;

d) Medidas que visem a efectiva aplicação do princípio da igualdade e não discriminação;

Artigo 541.º (CT)
Conteúdo

As convenções colectivas de trabalho devem, designadamente, regular:

a) As relações entre as partes outorgantes, em particular quanto à verificação do cumprimento da convenção e aos meios de resolução de conflitos decorrentes da sua aplicação e revisão;

b) As acções de formação profissional, tendo presente as necessidades do trabalhador e do empregador;

c) As condições de prestação do trabalho relativas à segurança, higiene e saúde;

d) O âmbito temporal, nomeadamente a sobrevigência e o prazo de denúncia;

e) Os direitos e deveres recíprocos dos trabalhadores e dos empregadores;

f) Os processos de resolução dos litígios emergentes de contratos de trabalho, instituindo mecanismos de conciliação, mediação e arbitragem;

g) A definição de serviços mínimos e dos meios necessários para os assegurar em caso de greve.

Artigo 543.º (CT)[6]
Conteúdo obrigatório

A convenção colectiva deve referir:

a) Designação das entidades celebrantes;

b) Nome e qualidade em que intervêm os representantes das entidades celebrantes;

c) Área geográfica e âmbito do sector de actividade e profissional de aplicação;

---

[6] Redacção dada pela Lei n.º 9/2006, de 20 de Março.

e) Outros direitos e deveres dos trabalhadores e dos empregadores, nomeadamente retribuição base para todas as profissões e categorias profissionais;

f) Os processos de resolução dos litígios emergentes de contratos de trabalho, nomeadamente através de conciliação, mediação ou arbitragem;

g) A definição de serviços necessários à segurança e manutenção de equipamentos e instalações, de serviços mínimos indispensáveis para ocorrer à satisfação de necessidades sociais impreteríveis, caso a actividade dos empregadores abrangidos satisfaça necessidades sociais impreteríveis, bem como dos meios necessários para os assegurar em situação de greve;

h) Os efeitos decorrentes da convenção em caso de caducidade, relativamente aos trabalhadores abrangidos por aquela, até à entrada em vigor de outro instrumento de regulamentação colectiva de trabalho.

3 – A convenção colectiva deve prever a constituição e regular o funcionamento de comissão paritária com competência para interpretar e integrar as suas cláusulas.

4 – A convenção colectiva pode prever que o trabalhador, para efeito da escolha prevista no artigo 497.º, pague um montante nela estabelecido às associações sindicais envolvidas, a título de comparticipação nos encargos da negociação.

Artigo 493.º
Comissão paritária

1 – A comissão paritária a que se refere o n.º 3 do artigo anterior é formada

d) Data de celebração;

e) Convenção alterada e respectiva data de publicação, caso exista;

f) Prazo de vigência, caso exista;

g) Valores expressos da retribuição base para todas as profissões e categorias profissionais, caso tenham sido acordadas;

h) Estimativa pelas entidades celebrantes do número de empregadores e trabalhadores abrangidos pela convenção colectiva.

Artigo 542.º (CT)
Comissão paritária

1 – A convenção colectiva deve prever a constituição de uma comissão for-

por igual número de representantes das entidades celebrantes.

2 – A comissão paritária só pode deliberar desde que esteja presente metade dos representantes de cada parte.

3 – A deliberação tomada por unanimidade é depositada e publicada nos mesmos termos da convenção colectiva e considera-se para todos os efeitos como integrando a convenção a que respeita.

4 – A deliberação tomada por unanimidade, uma vez publicada, é aplicável no âmbito de portaria de extensão da convenção.

SECÇÃO III
Depósito de convenção colectiva

Artigo 494.º
Procedimento do depósito de convenção colectiva

1 – A convenção colectiva é entregue, para depósito, ao serviço competente do ministério responsável pela área laboral.

2 – A terceira revisão parcial consecutiva de uma convenção deve ser acompanhada de texto consolidado assinado nos mesmos termos, o qual, em caso de divergência, prevalece sobre os textos a que se refere.

3 – A convenção e o texto consolidado são entregues em documento electrónico, nos termos de portaria do ministro responsável pela área laboral.

4 – O depósito depende de a convenção satisfazer os seguintes requisitos:

a) Ser celebrada por quem tenha capacidade par a o efeito;

mada por igual número de representantes das entidades signatárias com competência para interpretar e integrar as suas cláusulas.

2 – O funcionamento da comissão é regulado pela convenção colectiva.

3 – A comissão paritária só pode deliberar desde que esteja presente metade dos representantes de cada parte.

4 – A deliberação tomada por unanimidade considera-se para todos os efeitos como integrando a convenção a que respeita, devendo ser depositada e publicada nos mesmos termos da convenção colectiva.

5 – A deliberação tomada por unanimidade pode ser objecto de regulamento de extensão.

Artigo 549.º (CT)
Depósito

1 – A convenção colectiva, bem como a respectiva revogação, é entregue para depósito, nos serviços competentes do ministério responsável pela área laboral, nos cinco dias subsequentes à data da assinatura.

2 – O depósito considera-se feito se não for recusado nos 15 dias seguintes à recepção da convenção nos serviços referidos no número anterior.

Artigo 550.º (CT)[7]
Recusa de depósito

1 – O depósito das convenções colectivas é recusado:

a) Se não obedecerem ao disposto no artigo 543.º;

---

[7] Redacção dada pela Lei n.º 9/2006, de 20 de Março.

b) Ser acompanhada de títulos comprovativos da representação das entidades celebrantes, no caso referido na alínea *d)* do n.º 2 do artigo 491.º, emitidos por quem possa vincular as associações sindicais e as associações de empregadores ou os empregadores celebrantes;

c) Obedecer ao disposto no n.º 1 do artigo 492.º;

d) Ser acompanhada de texto consolidado, sendo caso disso;

e) Obedecer ao disposto no n.º 3, bem como o texto consolidado, sendo caso disso.

5 – O pedido de depósito deve ser decidido no prazo de 15 dias a contar da recepção da convenção pelo serviço competente.

6 – A recusa fundamentada do depósito é imediatamente notificada às partes, sendo devolvidos a convenção colectiva, o texto consolidado e os títulos comprovativos da representação.

7 – Considera-se depositada a convenção cujo pedido de depósito não seja decidido no prazo referido no n.º 5.

Artigo 495.º
Alteração de convenção antes da decisão sobre o depósito

1 – Enquanto o pedido de depósito não for decidido, as partes podem efectuar, por acordo, qualquer alteração formal ou substancial da convenção entregue para esse efeito.

2 – A alteração referida no n.º 1 interrompe o prazo de depósito referido no n.º 5 do artigo anterior.

b) Se não forem acompanhadas dos títulos de representação exigidos no artigo 540.º;

c) Se os sujeitos outorgantes carecerem de capacidade para a sua celebração;

d) Se não tiver decorrido o prazo de 10 meses após a data da entrada em vigor da convenção;

e) Se não for entregue o texto consolidado, no caso de ter havido três revisões.

2 – A decisão de recusa do depósito, com a respectiva fundamentação, é imediatamente notificada às partes e devolvida a respectiva convenção colectiva.

Artigo 551.º (CT)[8]
Alteração das convenções até ao depósito

1 – Por acordo das partes, e enquanto o depósito não for efectuado ou recusado, pode ser introduzida qualquer alteração formal ou substancial no conteúdo da convenção entregue para esse efeito.

2 – A alteração referida no número anterior interrompe o prazo previsto no n.º 2 do artigo 549.º

---

[8] Redacção dada pela Lei n.º 9/2006, de 20 de Março.

SECÇÃO IV
Âmbito pessoal de convenção colectiva

Artigo 496.º
Princípio da filiação

1 – A convenção colectiva obriga o empregador que a subscreve ou filiado em associação de empregadores celebrante, bem como os trabalhadores ao seu serviço que sejam membros de associação sindical celebrante.

2 – A convenção celebrada por união, federação ou confederação obriga os empregadores e os trabalhadores filiados, respectivamente, em associações de empregadores ou sindicatos representados por aquela organização quando celebre em nome próprio, nos termos dos respectivos estatutos, ou em conformidade com os mandatos a que se refere o n.º 2 do artigo 491.º.

3 – A convenção abrange trabalhadores e empregadores filiados em associações celebrantes no início do processo negocial, bem como os que nelas se filiem durante a vigência da mesma.

4 – Caso o trabalhador, o empregador ou a associação em que algum deles esteja inscrito se desfilie de entidade celebrante, a convenção continua a aplicar-se até ao final do prazo de vigência que dela constar ou, não prevendo prazo de vigência, durante um ano ou, em qualquer caso, até à entrada em vigor de convenção que a reveja.

Artigo 552.º (CT)
Princípio da filiação

1 – A convenção colectiva de trabalho obriga os empregadores que a subscrevem e os inscritos nas associações de empregadores signatárias, bem como os trabalhadores ao seu serviço que sejam membros das associações sindicais outorgantes.

2 – A convenção outorgada pelas uniões, federações e confederações obriga os empregadores e os trabalhadores inscritos, respectivamente, nas associações de empregadores e nos sindicatos representados nos termos dos estatutos daquelas organizações quando outorguem em nome próprio ou em conformidade com os mandatos a que se refere o artigo 540.º

Artigo 553.º (CT)
Efeitos da filiação

As convenções colectivas abrangem os trabalhadores e os empregadores que estejam filiados nas associações signatárias no momento do início do processo negocial, bem como os que nelas se filiem durante o período de vigência das mesmas convenções.

Artigo 554.º (CT)
Efeitos da desfiliação

1 – Em caso de desfiliação dos trabalhadores, dos empregadores ou das respectivas associações, dos sujeitos outorgantes, a convenção colectiva aplica-se até ao final do prazo que dela expressamente constar ou, sendo esta objecto de alteração, até à sua entrada em vigor.

2 – No caso de a convenção colectiva não ter prazo de vigência, os trabalhadores e os empregadores, ou as respectivas associações, que se tenham desfiliado dos sujeitos outorgantes são abrangidos durante o prazo mínimo de um ano.

Artigo 497.º
Escolha de convenção aplicável

1 – Caso sejam aplicáveis, no âmbito de uma empresa, uma ou mais convenções colectivas ou decisões arbitrais, o trabalhador que não seja filiado em qualquer associação sindical pode escolher qual daqueles instrumentos lhe passa a ser aplicável.

2 – A aplicação da convenção nos termos do n.º 1 mantém-se até ao final da sua vigência, sem prejuízo do disposto no número seguinte.

3 – No caso de a convenção colectiva não ter prazo de vigência, os trabalhadores são abrangidos durante o prazo mínimo de um ano.

4 – O trabalhador pode revogar a escolha, sendo neste caso aplicável o disposto no n.º 4 do artigo anterior.

Artigo 498.º
Aplicação de convenção em caso de transmissão de empresa ou estabelecimento

1 – Em caso de transmissão, por qualquer título, da titularidade de empresa, ou estabelecimento ou ainda de parte de empresa ou estabelecimento que constitua uma unidade económica,

Artigo 555.º (CT)
Efeitos da transmissão da empresa ou estabelecimento

1 – Em caso de transmissão, por qualquer título, da titularidade da empresa, do estabelecimento ou de parte de empresa ou estabelecimento que constitua uma unidade económica, o instrumento de regulamentação colectiva de trabalho que vincula o transmitente é aplicável ao adquirente até ao termo do respectivo prazo de vigência, e no mínimo durante 12 meses a contar da data da transmissão, salvo se, entretanto, outro instrumento de regulamentação colectiva de trabalho negocial passar a aplicar-se ao adquirente.

2 – O disposto no número anterior é aplicável à transmissão, cessão ou reversão da exploração da empresa, do estabelecimento ou de uma unidade económica.

Artigo 555.º (CT)
Efeitos da transmissão da empresa ou estabelecimento

1 – Em caso de transmissão, por qualquer título, da titularidade da empresa, do estabelecimento ou de parte de empresa ou estabelecimento que constitua uma unidade económica, o instrumento de regulamentação colectiva de

o instrumento de regulamentação colectiva de trabalho que vincula o transmitente é aplicável ao adquirente até ao termo do respectivo prazo de vigência ou no mínimo durante 12 meses a contar da transmissão, salvo se entretanto outro instrumento de regulamentação colectiva de trabalho negocial passar a aplicar-se ao adquirente.

2 – O disposto no número anterior é aplicável a transmissão, cessão ou reversão da exploração de empresa, estabelecimento ou unidade económica.

trabalho que vincula o transmitente é aplicável ao adquirente até ao termo do respectivo prazo de vigência, e no mínimo durante 12 meses a contar da data da transmissão, salvo se, entretanto, outro instrumento de regulamentação colectiva de trabalho negocial passar a aplicar-se ao adquirente.

2 – O disposto no número anterior é aplicável à transmissão, cessão ou reversão da exploração da empresa, do estabelecimento ou de uma unidade económica.

SECÇÃO V
Âmbito temporal de convenção colectiva

Artigo 499.º
Vigência e renovação de convenção colectiva

1 – A convenção colectiva vigora pelo prazo ou prazos que dela constarem e renova-se nos termos nela previstos.

2 – Considera-se que a convenção, caso não preveja prazo de vigência, vigora pelo prazo de um ano e se renova sucessivamente por igual período.

Artigo 500.º
Denúncia de convenção colectiva

1 – Qualquer das partes pode denunciar a convenção colectiva, mediante comunicação escrita dirigida à outra parte, acompanhada de proposta negocial global.

2 – Não se considera denúncia a mera proposta de revisão de convenção, não determinando a aplicação do regime de sobrevigência e caducidade.

Artigo 556.º (CT)
Vigência

1 – A convenção colectiva vigora pelo prazo que dela constar, não podendo ser inferior a um ano, sem prejuízo do previsto no artigo seguinte.

2 – A convenção colectiva pode ter diferentes períodos de vigência para cada matéria ou grupo homogéneo de cláusulas

Artigo 558.º (CT)
Denúncia

1 – A convenção colectiva pode ser denunciada, por qualquer das outorgantes, mediante comunicação escrita dirigida à outra parte, desde que seja acompanhada de uma proposta negocial.

2 – A denúncia deve ser feita com uma antecedência de, pelo menos, três meses, relativamente ao termo de prazo de vigência previsto no artigo 556.º ou na alínea a) do n.º 2 do artigo 557.º

Artigo 501.º
Sobrevigência e caducidade de convenção colectiva

1 – A cláusula de convenção que faça depender a cessação da vigência desta da substituição por outro instrumento de regulamentação colectiva de trabalho caduca decorridos cinco anos sobre a verificação de um dos seguintes factos:
 a) Última publicação integral da convenção;
 b) Denúncia da convenção;
 c) Apresentação de proposta de revisão da convenção que inclua a revisão da referida cláusula.

2 – Após a caducidade da cláusula referida no número anterior, ou em caso de convenção que não regule a sua renovação aplica-se o disposto nos números seguintes.

3 – Havendo denúncia, a convenção mantém-se em regime de sobrevigência durante o período em que decorra a negociação, incluindo conciliação, mediação ou arbitragem voluntária, ou no mínimo durante 18 meses.

4 – Decorrido o período referido no número anterior, a convenção mantém-se em vigor durante 60 dias após qualquer das partes comunicar ao ministério responsável pela área laboral e à outra parte que o processo de negociação terminou sem acordo, após o que caduca.

5 – Na ausência de acordo anterior sobre os efeitos decorrentes da convenção em caso de caducidade, o ministro responsável pela área laboral notifica as partes, dentro do prazo referido no número anterior, para que, querendo, acordem esses efeitos, no prazo de 15 dias.

Artigo 557.º (CT)[9]
Sobrevigência

1 – Decorrido o prazo de vigência previsto no n.º 1 do artigo anterior, a convenção colectiva renova-se nos termos nela previstos.

2 – No caso de a convenção colectiva não regular a matéria prevista no número anterior, aplica-se o seguinte regime:
 a) A convenção renova-se sucessivamente por períodos de um ano;
 b) Havendo denúncia, a convenção colectiva renova-se por um período de um ano e, estando as partes em negociação, por novo período de um ano;
 c) Decorridos os prazos previstos nas alíneas anteriores, a convenção colectiva mantém-se em vigor, desde que se tenha iniciado a conciliação e, ou, a mediação e a arbitragem voluntária, até à conclusão do respectivo procedimento, não podendo este prazo prolongar-se por mais de seis meses.

3 – Decorridos os prazos previstos nas alíneas b) e c) do número anterior, a convenção colectiva mantém-se em vigor até 60 dias após a comunicação ao ministério responsável pela área laboral e à outra parte, por qualquer das partes, sobre a verificação cumulativa dos seguintes requisitos:
 a) Que a conciliação e, ou, a mediação se frustraram;
 b) Que, tendo sido proposta a realização de arbitragem voluntária, não foi possível obter decisão arbitral.

4 – Na ausência de acordo anterior quanto aos efeitos da convenção colec-

---

[9] Redacção dada pela Lei n.º 9/2006, de 20 de Março.

6 – Após a caducidade e até à entrada em vigor de outra convenção ou decisão arbitral, mantêm-se os efeitos acordados pelas partes ou, na sua falta, os já produzidos pela convenção nos contratos de trabalho no que respeita a retribuição do trabalhador, categoria e respectiva definição, duração do tempo de trabalho e regimes de protecção social cujos benefícios sejam substitutivos dos assegurados pelo regime geral de segurança social ou com protocolo de substituição do Serviço Nacional de Saúde.

7 – Além dos efeitos referidos no número anterior, o trabalhador beneficia dos demais direitos e garantias decorrentes da legislação do trabalho.

8 – As partes podem acordar, durante o período de sobrevigência, a prorrogação da vigência da convenção por um período determinado, ficando o acordo sujeito a depósito e publicação.

9 – O acordo sobre os efeitos decorrentes da convenção em caso de caducidade está sujeito a depósito e publicação.

Artigo 502.º
Cessação da vigência de convenção colectiva

1 – A convenção colectiva pode cessar:

a) Mediante revogação por acordo das partes;

b) Por caducidade, nos termos do artigo anterior.

2 – Aplicam-se à revogação as regras referentes ao depósito e à publicação de convenção colectiva.

tiva em caso de caducidade, o ministro responsável pela área laboral, dentro do prazo referido no número anterior, notifica as partes para que, querendo, estipulem esses efeitos no prazo de 15 dias.

5 – Esgotado o prazo referido no n.º 3 e não tendo sido determinada a realização de arbitragem obrigatória, a convenção colectiva caduca, mantendo-se, até à entrada em vigor de uma outra convenção colectiva de trabalho ou decisão arbitral, os efeitos definidos por acordo das partes ou, na sua falta, os já produzidos pela mesma convenção nos contratos individuais de trabalho no que respeita a:

a) Retribuição do trabalhador;

b) Categoria do trabalhador e respectiva definição;

c) Duração do tempo de trabalho.

6 – Para além dos efeitos referidos no número anterior, o trabalhador beneficiará dos demais direitos e garantias decorrentes da aplicação do presente Código.

Artigo 559.º(CT)[10]
Cessação

A convenção colectiva de trabalho pode cessar:

a) Mediante revogação por acordo das partes;

b) Por caducidade, nos termos do artigo 557.º

---

[10] Redacção dada pela Lei n.º 9/2006, de 20 de Março.

3 – A revogação prejudica os direitos decorrentes da convenção, salvo se na mesma forem expressamente ressalvados pelas partes.

4 – O serviço competente do ministério responsável pela área laboral procede à publicação no Boletim do Trabalho e Emprego de aviso sobre a data da cessação da vigência de convenção colectiva, nos termos do artigo anterior.

Artigo 503.º
Sucessão de convenções colectivas

1 – A convenção colectiva posterior revoga integralmente a convenção anterior, salvo nas matérias expressamente ressalvadas pelas partes.

2 – A mera sucessão de convenções colectivas não pode ser invocada par a diminuir o nível de protecção global dos trabalhadores.

3 – Os direitos decorrentes de convenção só podem ser reduzidos por nova convenção de cujo texto conste, em termos expressos, o seu carácter globalmente mais favorável.

4 – No caso previsto no número anterior, a nova convenção prejudica os direitos decorrentes de convenção precedente, salvo se forem expressamente ressalvados pelas partes na nova convenção.

Artigo 560.º (CT)
Sucessão de convenções colectivas

1 – A convenção posterior revoga integralmente a convenção anterior, salvo nas matérias expressamente ressalvadas pelas partes.

2 – A mera sucessão de convenções colectivas não pode ser invocada para diminuir o nível de protecção global dos trabalhadores.

3 – Os direitos decorrentes de convenção colectiva só podem ser reduzidos por nova convenção de cujo texto conste, em termos expressos, o seu carácter globalmente mais favorável.

4 – No caso previsto no número anterior, a nova convenção prejudica os direitos decorrentes de convenção anterior, salvo se, na nova convenção, forem expressamente ressalvados pelas partes.

CAPÍTULO III
Acordo de adesão

Artigo 504.º
Adesão a convenção colectiva ou a decisão arbitral

1 – A associação sindical, a associação de empregadores ou o empregador

Artigo 563.º (CT)
Adesão a convenções colectivas e a decisões arbitrais

1 – As associações sindicais, as associações de empregadores e os em-

pode aderir a convenção colectiva ou a decisão arbitral em vigor.

2 – A adesão opera-se por acordo entre a entidade interessada e aquela ou aquelas que se lhe contraporiam na negociação da convenção, se nela tivesse participado.

3 – Da adesão não pode resultar modificação do conteúdo da convenção ou da decisão arbitral, ainda que destinada a aplicar-se somente no âmbito da entidade aderente.

4 – Ao acordo de adesão aplicam-se as regras referentes ao depósito e à publicação de convenção colectiva.

pregadores podem aderir a convenções colectivas ou decisões arbitrais em vigor.

2 – A adesão opera-se por acordo entre a entidade interessada e aquela ou aquelas que se lhe contraporiam na negociação da convenção, se nela tivessem participado.

3 – Da adesão não pode resultar modificação do conteúdo da convenção colectiva ou da decisão arbitral ainda que destinada a aplicar-se somente no âmbito da entidade aderente.

4 – Aos acordos de adesão aplicam-se as regras referentes ao depósito e a publicação das convenções colectivas.

CAPÍTULO IV
Arbitragem

SECÇÃO I
Disposições comuns sobre arbitragem

Artigo 505.º
Disposições comuns sobre arbitragem de conflitos colectivos de trabalho

1 – As regras sobre conteúdo obrigatório e depósito de convenção colectiva aplicam-se à decisão arbitral, com as necessárias adaptações.

2 – Os árbitros enviam o texto da decisão arbitral às partes e ao serviço competente do ministério responsável pela área laboral, para efeitos de depósito e publicação, no prazo de cinco dias a contar da decisão.

3 – A decisão arbitral produz os efeitos da convenção colectiva.

4 – O regime geral da arbitragem voluntária é subsidiariamente aplicável.

Artigo 565.º (CT)
Funcionamento

1 – A arbitragem é realizada por três árbitros, um nomeado por cada uma das partes e o terceiro escolhido por estes.

2 – O ministério responsável pela área laboral deve ser informado pelas partes do início e do termo do respectivo procedimento.

3 – Os árbitros podem ser assistidos por peritos e têm o direito a obter das partes, do ministério responsável pela área laboral e do ministério responsável pela área de actividade a informação necessária de que estas disponham.

4 – Os árbitros enviam o texto da decisão às partes e ao ministério responsável pela área laboral, para efeitos

SECÇÃO II
Arbitragem voluntária

Artigo 506.º
Admissibilidade da arbitragem voluntária

A todo o tempo, as partes podem acordar em submeter a arbitragem as questões laborais resultantes, nomeadamente, da interpretação, integração, celebração ou revisão de convenção colectiva.

Artigo 507.º
Funcionamento da arbitragem voluntária

1 – A arbitragem voluntária rege-se por acordo das partes ou, na sua falta, pelo disposto nos números seguintes.

2 – A arbitragem é realizada por três árbitros, sendo dois nomeados, um por cada parte, e o terceiro escolhido por aqueles.

3 – As partes informam o serviço competente do ministério responsável pela área laboral do início e do termo do procedimento.

4 – Os árbitros podem ser assistidos por peritos e têm o direito de obter das partes, do ministério responsável pela área laboral e do ministério responsável pela área de actividade a informação disponível de que necessitem.

5 – Constitui contra-ordenação muito grave a não nomeação de árbitro nos termos do n.º 2 e constitui contra-ordenação leve a violação do disposto no n.º 3.

de depósito e publicação, no prazo de 15 dias a contar da decisão.

5 – O regime geral da arbitragem voluntária é subsidiariamente aplicável.

Artigo 566.º (CT)
Efeitos da decisão arbitral

1 – A decisão arbitral produz os efeitos da convenção colectiva.

2 – Aplicam-se às decisões arbitrais, com as necessárias adaptações, as regras sobre conteúdo obrigatório e depósito previstas para as convenções colectivas.

Artigo 564.º (CT)
Admissibilidade

A todo o tempo as partes podem acordar em submeter a arbitragem, nos termos que definirem ou, na falta de definição, segundo o disposto nos artigos seguintes, as questões laborais que resultem, nomeadamente, da interpretação, integração, celebração ou revisão de uma convenção colectiva.

Artigo 565.º (CT)
Funcionamento

1 – A arbitragem é realizada por três árbitros, um nomeado por cada uma das partes e o terceiro escolhido por estes.

2 – O ministério responsável pela área laboral deve ser informado pelas partes do início e do termo do respectivo procedimento.

3 – Os árbitros podem ser assistidos por peritos e têm o direito a obter das partes, do ministério responsável pela área laboral e do ministério responsável pela área de actividade a informação necessária de que estas disponham.

SECÇÃO III
Arbitragem obrigatória

Artigo 508.º
Admissibilidade de arbitragem obrigatória

1 – O conflito resultante de celebração de convenção colectiva pode ser dirimido por arbitragem obrigatória:

a) Tratando-se de primeira convenção, a requerimento de qualquer das partes, desde que tenha havido negociações prolongadas e infrutíferas, conciliação ou mediação frustrada e não tenha sido possível dirimir o conflito por meio de arbitragem voluntária, em virtude de má-fé negocial da outra parte, ouvida a Comissão Permanente de Concertação Social;

b) Havendo recomendação nesse sentido da Comissão Permanente de Concertação Social, com voto favorável da maioria dos membros representantes dos trabalhadores e dos empregadores;

4 – Os árbitros enviam o texto da decisão às partes e ao ministério responsável pela área laboral, para efeitos de depósito e publicação, no prazo de 15 dias a contar da decisão.

5 – O regime geral da arbitragem voluntária é subsidiariamente aplicável.

Artigo 688.º (CT)
Não nomeação de árbitro

1 – Constitui contra-ordenação muito grave a não nomeação de árbitro nos termos do n.º 1 do artigo 565.º e do n.º 1 do artigo 569.º

2 – Constitui contra-ordenação leve a violação do n.º 2 do artigo 565.º

Artigo 567.º (CT)[11]
Admissibilidade

1 – Nos conflitos que resultem da celebração ou revisão de uma convenção colectiva de trabalho, é admissível a realização de arbitragem obrigatória:

a) A requerimento de qualquer uma das partes e depois de ouvida a Comissão Permanente de Concertação Social desde que tenha participado em negociações prolongadas e infrutíferas, em conciliação e, ou, mediação frustrada e bem assim não tenha conseguido dirimir o conflito em sede de arbitragem voluntária, em virtude de má conduta da outra parte;

b) Por recomendação votada maioritariamente pelos representantes dos trabalhadores e dos empregadores com assento na Comissão Permanente de Concertação Social;

---

[11] Redacção dada pela Lei n.º 9/2006, de 20 de Março.

c) Por iniciativa do ministro responsável pela área laboral, ouvida a Comissão Permanente de Concertação Social, quando estejam em causa serviços essenciais destinados a proteger a vida, a saúde e a segurança das pessoas.

2 – O disposto nas alíneas *b)* e *c)* do número anterior é aplicável no caso de revisão de convenção colectiva.

c) Por iniciativa do ministro responsável pela área laboral, ouvida a Comissão Permanente de Concertação Social, quando estiverem em causa serviços essenciais destinados a proteger a vida, a saúde e a segurança de toda ou parte da população.

2 – A arbitragem obrigatória pode, a qualquer momento, ser suspensa, por uma só vez, mediante requerimento conjunto das partes.

3 – No caso previsto no número anterior, compete ao tribunal arbitral fixar a duração da suspensão, por um período máximo de três meses, findo o qual é reiniciada a arbitragem obrigatória.

Artigo 509.º
Determinação de arbitragem obrigatória

1 – A arbitragem obrigatória pode ser determinada por despacho fundamentado do ministro responsável pela área laboral, atendendo:

a) Ao número de trabalhadores e empregadores afectados pelo conflito;

b) À relevância da protecção social dos trabalhadores abrangidos;

c) Aos efeitos sociais e económicos do conflito;

d) À posição das partes quanto ao objecto da arbitragem.

2 – O ministro responsável pela área laboral deve ouvir previamente as partes ou, no caso da alínea *a)* do n.º 1 do artigo anterior, a contraparte requerida, bem como a entidade reguladora e de supervisão do sector de actividade em causa.

3 – A audiência da entidade reguladora e de supervisão deve ser efectuada

Artigo 568.º (CT)[12]
Determinação

1 – A arbitragem obrigatória pode ser determinada por despacho do ministro responsável pela área laboral, depois de ouvidas as partes ou, no caso da alínea a) do n.º 1 do artigo anterior, a contraparte requerida, e as entidades reguladoras e de supervisão do sector de actividade em causa.

2 – O despacho deve ser devidamente fundamentado e atender:

a) Ao número de trabalhadores e empregadores afectados pelo conflito;

b) À relevância da protecção social dos trabalhadores abrangidos pela convenção;

c) Aos efeitos sociais e económicos da existência do conflito;

d) À posição das partes quanto ao objecto da arbitragem.

3 – O despacho previsto nos números anteriores deve ser precedido de

---

[12] Redacção dada pela Lei n.º 9/2006, de 20 de Março.

pela Comissão Permanente de Concertação Social previamente à recomendação prevista na alínea *b)* do n.º 1 do artigo anterior, em caso de conflito entre partes representadas por associações de trabalhadores e de empregadores com assento na Comissão, se estas o requererem conjuntamente.

4 – O despacho que determina a arbitragem obrigatória é imediatamente notificado às partes e ao secretário-geral do Conselho Económico e Social.

5 – O Código do Procedimento Administrativo é subsidiariamente aplicável.

audiência das entidades reguladoras e de supervisão do sector de actividade em causa.

4 – O regime previsto no Código do Procedimento Administrativo é subsidiariamente aplicável.

SECÇÃO IV
Arbitragem necessária

Artigo 510.º
Admissibilidade da arbitragem necessária

Caso, após a caducidade de uma ou mais convenções colectivas aplicáveis a uma empresa, grupo de empresas ou sector de actividade, não seja celebrada nova convenção nos 12 meses subsequentes, e não haja outra convenção aplicável a pelo menos 50% dos trabalhadores da mesma empresa, grupo de empresas ou sector de actividade, pode ser determinada uma arbitragem necessária.

Sem correspondência.

Artigo 511.º
Determinação de arbitragem necessária

1 – A arbitragem necessária é determinada por despacho fundamentado do ministro responsável pela área laboral, mediante requerimento de qualquer das

Sem correspondência.

partes nos 12 meses subsequentes ao termo do prazo referido no artigo anterior.

2 – Para efeitos de verificação do requisito de não existência de outra convenção aplicável a, pelo menos, 50% dos trabalhadores da mesma empresa, grupo de empresas ou sector de actividade, o ministro responsável pela área laboral, promove a publicação imediata, no Boletim do Trabalho e Emprego, de aviso mencionando o requerimento referido no número anterior para que os interessados possam deduzir oposição fundamentada, por escrito, no prazo de 15 dias.

3 – A decisão sobre o requerimento referido no n.º 1 é proferida no prazo de 60 dias a contar da recepção do mesmo.

4 – Ao despacho referido no n.º 1 são aplicáveis os n.ºˢ 4 e 5 do artigo 509.º.

5 – O objecto da arbitragem é definido pelas partes ou, se estas o não fizerem, pelos árbitros, tendo em consideração as circunstâncias e as posições assumidas pelas partes sobre o mesmo.

SECÇÃO V
Disposições comuns à arbitragem obrigatória e à arbitragem necessária

Artigo 512.º
Competência do Conselho Económico e Social

1 – Compete ao presidente do Conselho Económico e Social participar na constituição das listas de árbitros nos termos de lei específica.

2 – Compete ao Conselho Económico e Social proceder em caso de necessidade ao sorteio de árbitros para efeito de arbitragem obrigatória ou arbitragem necessária.

Artigo 417.º (RCT)
Competência do presidente do Conselho Económico e Social

Compete ao presidente do Conselho Económico e Social decidir sobre a verificação de qualquer situação que implique a substituição de árbitro na composição do tribunal arbitral ou na lista de árbitros, bem como promover os actos necessários à respectiva substituição.

3 – O Conselho Económico e Social assegura:

a) Pagamento de honorários, despesas de deslocação e de estada de árbitros e peritos;

b) O apoio técnico e administrativo necessário ao funcionamento do tribunal arbitral.

Artigo 569.º (CT)[13]
Funcionamento

1 – Nas quarenta e oito horas subsequentes à notificação do despacho que determina a realização de arbitragem obrigatória, as partes nomeiam, com observância dos impedimentos aplicáveis aos árbitros referidos no n.º 1 do artigo 570.º, o respectivo árbitro, cuja identificação é comunicada, no prazo de vinte e quatro horas, à outra parte, aos serviços competentes do ministério responsável pela área laboral e ao secretário-geral do Conselho Económico e Social.

2 – No prazo de setenta e duas horas a contar da comunicação referida no número anterior, os árbitros procedem à escolha do terceiro árbitro, cuja identificação é comunicada, nas vinte e quatro horas subsequentes, às entidades referidas na parte final do número anterior.

3 – No caso de não ter sido feita a designação do árbitro a indicar por uma das partes, o secretário-geral do Conselho Económico e Social procede, no prazo de vinte e quatro horas, ao sorteio do árbitro em falta de entre os árbitros constantes da lista de árbitros dos representantes dos trabalhadores ou dos empregadores, consoante o caso, podendo a parte faltosa oferecer outro, em sua substituição, nas quarenta e oito horas seguintes, procedendo, neste caso, os árbitros indicados à escolha do terceiro árbitro, nos termos do número anterior.

---

[13] Redacção dada pela Lei n.º 9/2006, de 20 de Março.

4 – *No caso de não ter sido feita a designação do terceiro árbitro, o secretário-geral do Conselho Económico e Social procede ao respectivo sorteio de entre os árbitros constantes da lista de árbitros presidentes, no prazo de vinte e quatro horas.*

5 – *O secretário-geral do Conselho Económico e Social notifica os representantes da parte trabalhadora e empregadora do dia e hora do sorteio, realizando-se este à hora marcada na presença de todos os representantes ou, na falta destes, uma hora depois com os que estiveram presentes.*

6 – *O regime da arbitragem voluntária estabelecido na secção anterior é subsidiariamente aplicável, sem prejuízo da regulamentação prevista em legislação especial.*

Artigo 570.º (CT)[14]
Listas de árbitros

1 – As listas de árbitros dos trabalhadores e dos empregadores são elaboradas, no prazo de um mês após a entrada em vigor do Código, pelos respectivos representantes na Comissão Permanente de Concertação Social.

2 – A lista de árbitros presidentes é elaborada, no prazo de um mês após a elaboração das listas referidas no número anterior, por uma comissão composta pelo presidente do Conselho Económico e Social, que preside, e por dois representantes das associações sindicais e dois representantes das associações de empregadores com assento na Comissão Permanente de Concertação Social.

---

[14] Redacção dada pela Lei n.º 9/2006, de 20 de Março.

3 – A lista de árbitros presidentes é composta por 12 árbitros e as listas de árbitros dos trabalhadores e dos empregadores são compostas por oito árbitros, vigorando todas durante um período de três anos.

4 – No caso de as listas de árbitros dos trabalhadores e, ou, dos empregadores não terem sido elaboradas nos termos do n.º 1, a competência para a sua elaboração é atribuída à comissão a que se refere o n.º 2, que delibera por maioria, no prazo de um mês.

5 – No caso de qualquer das listas de árbitros não ter sido feita nos termos dos números anteriores, a competência para a sua elaboração é deferida ao presidente do Conselho Económico e Social que a constitui no prazo de um mês.

6 – Na elaboração das listas de árbitros a que se refere o número anterior, o presidente do Conselho Económico e Social nomeia pessoas independentes e de reconhecida competência.

7 – O disposto nos números anteriores aplica-se aos casos de substituição de árbitros.

Artigo 513.º
Regulamentação da arbitragem obrigatória e arbitragem necessária

O regime da arbitragem obrigatória e da arbitragem necessária, no que não é regulado nas secções precedentes, consta de lei específica.

Sem correspondência.

CAPÍTULO V
Portaria de extensão

Artigo 514.º
Extensão de convenção colectiva ou decisão arbitral

1 – A convenção colectiva ou decisão arbitral em vigor pode ser aplicada, no todo ou em parte, por portaria de extensão a empregadores e a trabalhadores integrados no âmbito do sector de actividade e profissional definido naquele instrumento.

2 – A extensão é possível mediante ponderação de circunstâncias sociais e económicas que a justifiquem, nomeadamente a identidade ou semelhança económica e social das situações no âmbito da extensão e no do instrumento a que se refere.

Artigo 573.º (CT)
Extensão de convenções colectivas ou decisões arbitrais

O âmbito de aplicação definido nas convenções colectivas ou decisões arbitrais pode ser estendido, após a sua entrada em vigor, por regulamentos de extensão.

Artigo 575.º (CT)
Admissibilidade de emissão de regulamentos de extensão

1 – O ministro responsável pela área laboral, através da emissão de um regulamento, pode determinar a extensão, total ou parcial, de convenções colectivas ou decisões arbitrais a empregadores do mesmo sector de actividade e a trabalhadores da mesma profissão ou profissão análoga, desde que exerçam a sua actividade na área geográfica e no âmbito sectorial e profissional fixados naqueles instrumentos.

2 – O ministro responsável pela área laboral pode ainda, através da emissão de um regulamento, determinar a extensão, total ou parcial, de convenções colectivas ou decisões arbitrais a empregadores e a trabalhadores do mesmo âmbito sectorial e profissional, desde que exerçam a sua actividade em área geográfica diversa daquela em que os instrumentos se aplicam, quando não existam associações sindicais ou de empregadores e se verifique identidade ou semelhança económica e social.

3 – Em qualquer caso, a emissão do regulamento de extensão só é possível

Artigo 515.º
Subsidiariedade

A portaria de extensão só pode ser emitida na falta de instrumento de regulamentação colectiva de trabalho negocial.

Artigo 516.º
Competência e procedimento para emissão de portaria de extensão

1 – Compete ao ministro responsável pela área laboral a emissão de portaria de extensão, salvo havendo oposição a esta por motivos de ordem económica, caso em que a competência é conjunta com a do ministro responsável pelo sector de actividade.

2 – O ministro responsável pela área laboral manda publicar o projecto de portaria de extensão no Boletim do Trabalho e Emprego.

3 – Qualquer pessoa singular ou colectiva que possa ser, ainda que indirectamente, afectada pela extensão, pode deduzir oposição fundamentada, por escrito, nos 15 dias seguintes à publicação do projecto.

4 – O Código do Procedimento Administrativo é subsidiariamente aplicável.

estando em causa circunstâncias sociais e económicas que a justifiquem.

Artigo 3.º (CT)
Subsidiariedade

Os instrumentos de regulamentação colectiva de trabalho não negociais só podem ser emitidos na falta de instrumentos de regulamentação colectiva de trabalho negociais, salvo tratando-se de arbitragem obrigatória

Artigo 574.º (CT)
Competência

1 – Compete ao ministério responsável pela área laboral a emissão de regulamentos de extensão, nos termos dos artigos seguintes.

2 – A competência para a emissão dos regulamentos de extensão é conjunta com a do ministro responsável pelo sector de actividade em causa quando a oposição a que se refere o n.º 2 do artigo 576.º se fundamentar em motivos de ordem económica.

Artigo 576.º (CT)
Procedimento de elaboração do regulamento de extensão

1 – O ministro responsável pela área laboral manda publicar o projecto de regulamento de extensão a emitir no Boletim do Trabalho e Emprego.

2 – Nos 15 dias seguintes ao da publicação do aviso, podem os interessados no procedimento de extensão deduzir, por escrito, oposição fundamentada.

3 – Têm legitimidade para intervir no procedimento quaisquer particulares, pessoas singulares ou colectivas,

CAPÍTULO VI
Portaria de condições de trabalho

Artigo 517.º
Admissibilidade de portaria de condições de trabalho

1 – Quando circunstâncias sociais e económicas o justifiquem, não exista associação sindical ou de empregadores nem seja possível a portaria de extensão, pode ser emitida portaria de condições de trabalho.

2 – A portaria de condições de trabalho só pode ser emitida na falta de instrumento de regulamentação colectiva de trabalho negocial.

Artigo 518.º
Competência e procedimento para emissão de portaria de condições de trabalho

1 – São competentes para a emissão de portaria de condições de trabalho o ministro responsável pela área laboral e o ministro responsável pelo sector de actividade.

2 – Os estudos preparatórios de portaria de condições de trabalho são assegurados por uma comissão técnica constituída por despacho do ministro responsável pela área laboral.

que possam ser, ainda que indirectamente, afectados pela emissão do regulamento de extensão.

4 – O regime previsto no Código do Procedimento Administrativo é subsidiariamente aplicável.

Artigo 578.º (CT)
Admissibilidade de emissão de regulamentos de condições mínimas

Nos casos em que não seja possível o recurso ao regulamento de extensão, verificando-se a inexistência de associações sindicais ou de empregadores e estando em causa circunstâncias sociais e económicas que o justifiquem, pode ser emitido um regulamento de condições mínimas de trabalho.

Artigo 3.º (CT)
Subsidiariedade

Os instrumentos de regulamentação colectiva de trabalho não negociais só podem ser emitidos na falta de instrumentos de regulamentação colectiva de trabalho negociais, salvo tratando-se de arbitragem obrigatória

Artigo 577.º (CT)
Competência

Compete ao ministro responsável pela área laboral e ao ministro da tutela ou ao ministro responsável pelo sector de actividade a emissão de regulamentos de condições mínimas, nos termos dos artigos seguintes.

Artigo 579.º (CT)
Procedimento de elaboração do regulamento de condições mínimas

1 – A emissão de um regulamento

3 – A comissão técnica é formada por membros designados pelos ministros competentes para a emissão da portaria e inclui, sempre que possível, assessores designados pelos representantes dos trabalhadores e dos empregadores interessados, em número determinado pelo despacho constitutivo.

4 – A comissão técnica deve elaborar os estudos preparatórios no prazo de 60 dias a contar do despacho que a constitua.

5 – O ministro responsável pela área laboral pode, em situações excepcionais, prorrogar o prazo previsto no número anterior.

6 – O disposto nos n.ᵒˢ 2 a 4 do artigo 516.º é aplicável à elaboração de portaria de condições de trabalho.

CAPÍTULO VII
Publicação, entrada em vigor e aplicação

Artigo 519.º
Publicação e entrada em vigor de instrumento de regulamentação colectiva de trabalho

1 – O instrumento de regulamentação colectiva de trabalho é publicado no

de condições mínimas é precedida de estudos preparatórios.

2 – A elaboração de estudos preparatórios compete a uma comissão técnica, constituída para o efeito por despacho do ministro responsável pela área laboral.

3 – Na comissão técnica são incluídos, sempre que se mostre possível assegurar a necessária representação, assessores designados pelos trabalhadores e pelos empregadores interessados.

4 – O número dos assessores é fixado no despacho constitutivo da comissão.

5 – O regime previsto para a elaboração dos regulamentos de extensão é subsidiariamente aplicável.

Artigo 580.º (CT)
Prazo para a conclusão dos trabalhos

1 – Entre a data do despacho estabelecido no n.º 2 do artigo anterior e o termo dos trabalhos da comissão técnica não podem decorrer mais de 60 dias.

2 – O ministro responsável pela área laboral pode, em situações excepcionais e mediante requerimento devidamente fundamentado do representante do ministério responsável pela área laboral na comissão técnica, prorrogar o prazo previsto no número anterior.

Artigo 581.º (CT)[15]
Publicação e entrada em vigor dos instrumentos de regulamentação colectiva de trabalho

1 – Os instrumentos de regulamentação colectiva de trabalho, bem como

---

[15] Redacção dada pela Lei n.º 9/2006, de 20 de Março.

Boletim do Trabalho e Emprego e entra em vigor, após a publicação, nos termos da lei.

2 – O disposto no número anterior não prejudica a publicação de portaria de extensão e de portaria de condições de trabalho no Diário da República, da qual depende a respectiva entrada em vigor.

3 – O instrumento de regulamentação colectiva de trabalho que seja objecto de três revisões parciais consecutivas é integralmente republicado.

Artigo 520.º
Aplicação de instrumento de regulamentação colectiva de trabalho

1 – Os destinatários de instrumento de regulamentação colectiva de trabalho devem proceder de boa fé no seu cumprimento.

2 – Na aplicação de convenção colectiva ou acordo de adesão, atende-se às circunstâncias em que as partes fundamentaram a decisão de contratar.

3 – Quem faltar culposamente ao cumprimento de obrigação emergente de instrumento de regulamentação colectiva de trabalho é responsável pelo prejuízo causado, nos termos gerais.

a revogação são publicados no Boletim do Trabalho e Emprego e entram em vigor, após a sua publicação, nos mesmos termos das leis.

2 – Compete aos serviços do ministério responsável pela área laboral proceder à publicação no Boletim do Trabalho e Emprego de avisos sobre a data da cessação da vigência de convenções colectivas.

3 – Os regulamentos de extensão e de condições mínimas são também publicados no Diário da República.

4 – Os instrumentos de regulamentação colectiva de trabalho que sejam objecto de três revisões são integralmente republicados.

Artigo 561.º (CT)
Execução

1 – No cumprimento da convenção colectiva devem as partes, tal como os respectivos filiados, proceder de boa fé.

2 – Durante a execução da convenção colectiva atender-se-á às circunstâncias em que as partes fundamentaram a decisão de contratar.

Artigo 562.º (CT)
Incumprimento

A parte outorgante da convenção colectiva, bem como os respectivos filiados que faltem culposamente ao cumprimento das obrigações dela emergentes são responsáveis pelo prejuízo causado, nos termos gerais.

Artigo 521.º
Violação de disposição de instrumento de regulamentação colectiva de trabalho

1 – A violação de disposição de instrumento de regulamentação colectiva de trabalho respeitante a uma generalidade de trabalhadores constitui contra-ordenação grave.

2 – A violação de disposição de instrumento de regulamentação colectiva de trabalho constitui, por cada trabalhador em relação ao qual se verifica a infracção, contra-ordenação leve.

3 – O disposto no n.º 1 não se aplica se, com base no n.º 2, forem aplicáveis ao empregador coimas em que o somatório dos valores mínimos seja igual ou superior ao quantitativo mínimo da coima aplicável de acordo com o n.º 1.

Artigo 687.º (CT)
Instrumentos de regulamentação colectiva de trabalho

1 – A violação das disposições dos instrumentos de regulamentação colectiva de trabalho respeitante a uma generalidade de trabalhadores constitui contra-ordenação grave.

2 – A violação das disposições dos instrumentos de regulamentação colectiva de trabalho constitui contra-ordenação leve por cada trabalhador em relação ao qual se verificar a infracção.

3 – O disposto no n.º 1 não se aplica se, com base no n.º 2, forem aplicáveis ao empregador coimas em que o somatório dos valores mínimos seja igual ou superior ao quantitativo mínimo da coima aplicável de acordo com o n.º 1.

4 – Comete contra-ordenação grave a associação sindical, a associação de empregadores ou o empregador que não se fizer representar em reunião convocada nos termos do n.º 1 do artigo 547.º, do n.º 2 do artigo 585.º ou do n.º 2 do artigo 589.º

5 – A decisão que aplicar a coima deve conter, sendo caso disso, a ordem de pagamento de quantitativos em dívida ao trabalhador, a efectuar dentro do prazo estabelecido para o pagamento da coima.

6 – Em caso de não pagamento dos quantitativos em dívida, a decisão referida no número anterior serve de base à execução efectuada nos termos do artigo 89.º do Decreto-Lei n.º 433/82, de 27 de Outubro, aplicando-se as normas do processo comum de execução para pagamento de quantia certa.

SUBTÍTULO III
Conflitos colectivos de trabalho

CAPÍTULO I
Resolução de conflitos colectivos de trabalho

SECÇÃO I
Princípio de boa fé

Artigo 522.º
Boa fé

Na pendência de um conflito colectivo de trabalho as partes devem agir de boa fé.

Artigo 582.º (CT)
Boa fé

Na pendência de um conflito colectivo de trabalho as partes devem agir de boa fé.

SECÇÃO II
Conciliação

Artigo 523.º
Admissibilidade e regime da conciliação

1 – O conflito colectivo de trabalho, designadamente resultante da celebração ou revisão de uma convenção colectiva, pode ser resolvido por conciliação.

2 – Na falta de regulamentação convencional, a conciliação rege-se pelo disposto no número seguinte e no artigo seguinte.

3 – A conciliação pode ter lugar em qualquer altura:
a) Por acordo das partes;
b) Por iniciativa de uma das partes, em caso de falta de resposta à proposta de celebração ou de revisão de convenção colectiva, ou mediante aviso prévio de oito dias, por escrito, à outra parte.

Artigo 583.º (CT)
Admissibilidade

1 – Os conflitos colectivos de trabalho, designadamente os que resultam da celebração ou revisão de uma convenção colectiva, podem ser dirimidos por conciliação.

2 – Na falta de regulamentação convencional da conciliação, aplicam-se as disposições constantes dos artigos seguintes.

Artigo 584.º (CT)
Funcionamento

1 – A conciliação pode ser promovida em qualquer altura:
a) Por acordo das partes;
b) Por uma das partes, no caso de falta de resposta à proposta de celebração ou de revisão, ou fora desse caso,

Artigo 524.º
Procedimento de conciliação

1 – A conciliação, caso seja requerida, é efectuada pelo serviço competente do ministério responsável pela área laboral, assessorado, sempre que necessário, pelo serviço competente do ministério responsável pelo sector de actividade.

2 – O requerimento de conciliação deve indicar a situação que a fundamenta e o objecto da mesma, juntando prova do aviso prévio no caso de ser subscrito por uma das partes.

3 – Nos 10 dias seguintes à apresentação do requerimento, o serviço competente verifica a regularidade daquele e convoca as partes par a o início da con-

mediante aviso prévio de oito dias, por escrito, à outra parte.

2 – Do requerimento de conciliação deve constar a indicação do respectivo objecto.

3 – A conciliação é efectuada, caso seja requerida, pelos serviços competentes do ministério responsável pela área laboral, assessorados, sempre que necessário, pelos serviços competentes do ministério responsável pelo sector de actividade.

4 – No caso de a conciliação não ter sido requerida aos serviços competentes do ministério responsável pela área laboral, este ministério deve ser informado pelas partes do início e do termo do respectivo procedimento.

5 – No procedimento conciliatório é sempre dada prioridade à definição das matérias sobre as quais o mesmo vai incidir.

Artigo 584.º (CT)
Funcionamento

1 – A conciliação pode ser promovida em qualquer altura:

a) Por acordo das partes;

b) Por uma das partes, no caso de falta de resposta à proposta de celebração ou de revisão, ou fora desse caso, mediante aviso prévio de oito dias, por escrito, à outra parte.

2 – Do requerimento de conciliação deve constar a indicação do respectivo objecto.

3 – A conciliação é efectuada, caso seja requerida, pelos serviços competentes do ministério responsável pela área laboral, assessorados, sempre que necessário, pelos serviços competentes

ciliação, devendo, em caso de revisão de convenção colectiva, convidar para a conciliação a associação sindical ou de empregadores participantes no processo de negociação e não envolvida no requerimento.

4 – A associação sindical ou de empregadores referida na segunda parte do número anterior deve responder ao convite no prazo de cinco dias.

5 – As partes convocadas devem comparecer em reunião de conciliação.

6 – A conciliação inicia-se com a definição das matérias sobre as quais vai incidir.

7 – No caso de a conciliação ser efectuada por outra entidade, as partes devem informar do início e termo respectivos o serviço competente do ministério responsável pela área laboral.

8 – Comete contra-ordenação grave a associação sindical, a associação de empregadores ou o empregador que não se faça representar em reunião para que tenha sido convocado.

do ministério responsável pelo sector de actividade.

4 – No caso de a conciliação não ter sido requerida aos serviços competentes do ministério responsável pela área laboral, este ministério deve ser informado pelas partes do início e do termo do respectivo procedimento.

5 – No procedimento conciliatório é sempre dada prioridade à definição das matérias sobre as quais o mesmo vai incidir.

Artigo 585.º (CT)
Convocatória pelos serviços do ministério responsável pela área laboral

1 – As partes são convocadas para o início do procedimento de conciliação, no caso de ter sido requerido aos serviços do ministério responsável pela área laboral, nos quinze dias seguintes à apresentação do pedido neste ministério.

2 – Os serviços competentes do ministério responsável pela área laboral devem convidar a participar na conciliação que tenha por objecto a revisão de uma convenção colectiva as associações sindicais ou de empregadores participantes no processo de negociação e que não requeiram a conciliação.

3 – As associações sindicais ou de empregadores referidas no número anterior devem responder ao convite no prazo de cinco dias úteis.

4 – As partes são obrigadas a comparecer nas reuniões de conciliação.

Artigo 687.º (CT)
Instrumentos de regulamentação colectiva de trabalho

1 – A violação das disposições dos instrumentos de regulamentação colectiva de trabalho respeitante a uma generalidade de trabalhadores constitui contra-ordenação grave.

2 – A violação das disposições dos instrumentos de regulamentação colectiva de trabalho constitui contra-ordenação leve por cada trabalhador em relação ao qual se verificar a infracção.

3 – O disposto no n.º 1 não se aplica se, com base no n.º 2, forem aplicáveis ao empregador coimas em que o somatório dos valores mínimos seja igual ou superior ao quantitativo mínimo da coima aplicável de acordo com o n.º 1.

4 – Comete contra-ordenação grave a associação sindical, a associação de empregadores ou o empregador que não se fizer representar em reunião convocada nos termos do n.º 1 do artigo 547.º, do n.º 2 do artigo 585.º ou do n.º 2 do artigo 589.º

5 – A decisão que aplicar a coima deve conter, sendo caso disso, a ordem de pagamento de quantitativos em dívida ao trabalhador, a efectuar dentro do prazo estabelecido para o pagamento da coima.

6 – Em caso de não pagamento dos quantitativos em dívida, a decisão referida no número anterior serve de base à execução efectuada nos termos do artigo 89.º do Decreto-Lei n.º 433/82, de 27 de Outubro, aplicando-se as normas do processo comum de execução para pagamento de quantia certa.

Artigo 525.º
Transformação da conciliação em mediação

A conciliação pode ser transformada em mediação, nos termos dos artigos seguintes.

SECÇÃO III
Mediação

Artigo 526.º
Admissibilidade e regime da mediação

1 – O conflito colectivo de trabalho, designadamente resultante da celebração ou revisão de uma convenção colectiva, pode ser resolvido por mediação.

2 – Na falta de regulamentação convencional, a mediação rege-se pelo disposto no número seguinte e nos artigos seguintes.

3 – A mediação pode ter lugar:
a) Por acordo das partes, em qualquer altura, nomeadamente no decurso da conciliação;
b) Por iniciativa de uma das partes, um mês após o início de conciliação, mediante comunicação, por escrito, à outra parte.

Artigo 527.º
Procedimento de mediação

1 – A mediação, caso seja requerida, é efectuada por mediador nomeado pelo

Artigo 586.º (CT)
Transformação da conciliação em mediação

A conciliação pode ser transformada em mediação, nos termos dos artigos seguintes.

Artigo 587.º (CT)[16]
Admissibilidade

1 – As partes podem a todo o tempo acordar em submeter a mediação os conflitos colectivos, nomeadamente os que resultem da celebração ou revisão de uma convenção colectiva.

2 – Na falta do acordo previsto no número anterior, uma das partes pode requerer, um mês após o início da conciliação, a intervenção dos serviços de mediação do ministério responsável pela área laboral.

3 – Do requerimento de mediação deve constar a indicação do respectivo objecto.

4 – Mediante requerimento conjunto e fundamentado, as partes podem solicitar ao ministro responsável pela área laboral o recurso a uma das personalidades constantes da lista de árbitros presidentes para desempenhar as funções de mediador.

Artigo 588.º (CT)
Funcionamento

1 – A mediação é efectuada, caso seja requerida, pelos serviços competentes

---

[16] Redacção dada pela Lei n.º 9/2006, de 20 de Março.

serviço competente do ministério responsável pela área laboral, assessorado, sempre que necessário, pelo serviço competente do ministério responsável pelo sector de actividade.

2 – O requerimento de mediação deve indicar a situação que a fundamenta e o objecto da mesma, juntando prova da comunicação à outra parte caso seja subscrito por uma das partes.

3 – Nos 10 dias seguintes à apresentação do requerimento, o serviço competente verifica a regularidade daquele e nomeia o mediador, dando do facto conhecimento às partes.

4 – Caso a mediação seja requerida por uma das partes, o mediador solicita à outra que se pronuncie sobre o objecto da mesma e, em caso de divergência, decide tendo em consideração a viabilidade da mediação.

5 – Para a elaboração da proposta, o mediador pode solicitar às partes e a qualquer departamento do Estado os dados e informações de que estes disponham e que aquele considere necessários.

6 – As partes devem comparecer em reuniões convocadas pelo mediador.

7 – O mediador deve remeter a proposta às partes no prazo de 30 dias a contar da sua nomeação e, no decurso do prazo referido no número seguinte, pode contactar qualquer das partes em separado, se o considerar conveniente para a obtenção do acordo.

8 – A aceitação da proposta por qualquer das partes deve ser comunicada ao mediador no prazo de 10 dias a contar da sua recepção.

9 – Recebidas as respostas ou decorrido o prazo estabelecido no número anterior, o mediador comunica em si-

do ministério responsável pela área laboral, assessorados, sempre que necessário, pelos serviços competentes do ministério responsável pelo sector de actividade, competindo àqueles a nomeação do mediador.

2 – No caso de a mediação não ter sido requerida aos serviços competentes do ministério responsável pela área laboral, este ministério deve ser informado pelas partes do início e do termo do respectivo procedimento.

3 – Se a mediação for requerida apenas por uma das partes, o mediador deve solicitar à outra parte que se pronuncie sobre o respectivo objecto.

4 – Se as partes discordarem sobre o objecto da mediação, o mediador decide tendo em consideração a viabilidade de acordo das partes.

5 – Para a elaboração da proposta, o mediador pode solicitar às partes e a qualquer departamento do Estado os dados e informações de que estes disponham e que aquele considere necessários.

6 – O mediador deve remeter às partes a sua proposta por carta registada no prazo de trinta dias a contar da sua nomeação.

7 – A proposta do mediador considera-se recusada se não houver comunicação escrita de ambas as partes a aceitá-la no prazo de 10 dias a contar da sua recepção.

8 – Decorrido o prazo fixado no número anterior, o mediador comunica, em simultâneo, a cada uma das partes, no prazo de cinco dias, a aceitação ou recusa das partes.

9 – O mediador está obrigado a guardar sigilo de todas as informações

multâneo a cada uma das partes, a aceitação ou recusa da proposta, no prazo de dois dias.

10 – O mediador deve guardar sigilo sobre as informações recebidas no decurso do procedimento que não sejam conhecidas da outra parte.

11 – Comete contra-ordenação grave a associação sindical, a associação de empregadores ou o empregador que não se faça representar em reunião convocada pelo mediador.

colhidas no decurso do procedimento que não sejam conhecidas da outra parte.

Artigo 589.º (CT)
Convocatória pelos serviços do ministério responsável pela área laboral

1 – Até ao termo do prazo referido na parte final do n.º 7 do artigo anterior, o mediador pode realizar todos os contactos, com cada uma das partes em separado, que considere convenientes e viáveis no sentido da obtenção de um acordo.

2 – As partes são obrigadas a comparecer nas reuniões convocadas pelo mediador.

Artigo 687.º (CT)
Instrumentos de regulamentação colectiva de trabalho

1 – A violação das disposições dos instrumentos de regulamentação colectiva de trabalho respeitante a uma generalidade de trabalhadores constitui contra-ordenação grave.

2 – A violação das disposições dos instrumentos de regulamentação colectiva de trabalho constitui contra-ordenação leve por cada trabalhador em relação ao qual se verificar a infracção.

3 – O disposto no n.º 1 não se aplica se, com base no n.º 2, forem aplicáveis ao empregador coimas em que o somatório dos valores mínimos seja igual ou superior ao quantitativo mínimo da coima aplicável de acordo com o n.º 1.

4 – Comete contra-ordenação grave a associação sindical, a associação de empregadores ou o empregador que não se fizer representar em reunião convocada nos termos do n.º 1 do artigo 547.º, do n.º 2 do artigo 585.º ou do n.º 2 do artigo 589.º

5 – A decisão que aplicar a coima deve conter, sendo caso disso, a ordem de pagamento de quantitativos em dívida ao trabalhador, a efectuar dentro do prazo estabelecido para o pagamento da coima.

6 – Em caso de não pagamento dos quantitativos em dívida, a decisão referida no número anterior serve de base à execução efectuada nos termos do artigo 89.º do Decreto-Lei n.º 433/82, de 27 de Outubro, aplicando-se as normas do processo comum de execução para pagamento de quantia certa.

Artigo 528.º
Mediação por outra entidade

1 – As partes podem solicitar ao ministro responsável pela área laboral, mediante requerimento conjunto, o recurso a uma personalidade constante da lista de árbitros presidentes para desempenhar as funções de mediador.

2 – Caso o ministro concorde e a personalidade escolhida aceite ser mediador, os correspondentes encargos são suportados pelo ministério responsável pela área laboral.

3 – No caso de a mediação não ser efectuada pelo serviço competente do ministério responsável pela área laboral, este deve ser informado pelas partes dos respectivos início e termo.

Artigo 587.º (CT)[17]
Admissibilidade

1 – As partes podem a todo o tempo acordar em submeter a mediação os conflitos colectivos, nomeadamente os que resultem da celebração ou revisão de uma convenção colectiva.

2 – Na falta do acordo previsto no número anterior, uma das partes pode requerer, um mês após o início da conciliação, a intervenção dos serviços de mediação do ministério responsável pela área laboral.

3 – Do requerimento de mediação deve constar a indicação do respectivo objecto.

4 – Mediante requerimento conjunto e fundamentado, as partes podem soli-

---

[17] Redacção dada pela Lei n.º 9/2006, de 20 de Março.

SECÇÃO IV
Arbitragem

Artigo 529.º
Arbitragem

Os conflitos colectivos de trabalho que não resultem da celebração ou revisão de convenção colectiva podem ser dirimidos por arbitragem, nos termos previstos nos artigos 506.º e 507.º.

citar ao ministro responsável pela área laboral o recurso a uma das personalidades constantes da lista de árbitros presidentes para desempenhar as funções de mediador.

Artigo 590.º (CT)
Arbitragem

Os conflitos colectivos podem ser dirimidos por arbitragem nos termos previstos nos artigos 564.º a 572.º

CAPÍTULO II
Greve e proibição de lock-out

SECÇÃO I
Greve

Artigo 530.º
Direito à greve

1 – A greve constitui, nos termos da Constituição, um direito dos trabalhadores.
2 – Compete aos trabalhadores definir o âmbito de interesses a defender através da greve.
3 – O direito à greve é irrenunciável.

Artigo 531.º
Competência para declarar a greve

1 – O recurso à greve é decidido por associações sindicais.
2 – Sem prejuízo do disposto no número anterior, a assembleia de trabalhadores da empresa pode deliberar o recurso à greve desde que a maioria dos trabalhadores não esteja representada por associações sindicais, a assembleia

Artigo 591.º (CT)
Direito à greve

1 – A greve constitui, nos termos da Constituição, um direito dos trabalhadores.
2 – Compete aos trabalhadores definir o âmbito de interesses a defender através da greve.
3 – O direito à greve é irrenunciável.

Artigo 592.º (CT)
Competência para declarar a greve

1 – O recurso à greve é decidido pelas associações sindicais.
2 – Sem prejuízo do direito reconhecido às associações sindicais no número anterior, as assembleias de trabalhadores podem decidir do recurso à greve, por voto secreto, desde que na respectiva empresa a maioria dos trabalhadores

seja convocada para o efeito por 20% ou 200 trabalhadores, a maioria dos trabalhadores participe na votação e a deliberação seja aprovada por voto secreto pela maioria dos votantes.

não esteja representada por associações sindicais e que a assembleia seja expressamente convocada para o efeito por 20% ou 200 trabalhadores.

3 – As assembleias referidas no número anterior deliberam validamente desde que participe na votação a maioria dos trabalhadores da empresa e que a declaração de greve seja aprovada pela maioria dos votantes.

Artigo 532.º
Representação dos trabalhadores em greve

1 – Os trabalhadores em greve são representados pela associação ou associações sindicais que decidiram o recurso à greve ou, no caso referido o n.º 2 do artigo anterior, por uma comissão de greve, eleita pela mesma assembleia.

2 – As entidades referidas no número anterior podem delegar os seus poderes de representação.

Artigo 593.º (CT)
Representação dos trabalhadores

1 – Os trabalhadores em greve serão representados pela associação ou associações sindicais ou por uma comissão eleita para o efeito, no caso a que se refere o n.º 2 do artigo anterior.

2 – As entidades referidas no número anterior podem delegar os seus poderes de representação.

Artigo 533.º
Piquete de greve

A associação sindical ou a comissão de greve pode organizar piquetes para desenvolverem actividades tendentes a persuadir, por meios pacíficos, os trabalhadores a aderirem à greve, sem prejuízo do respeito pela liberdade de trabalho de não aderentes.

Artigo 594.º (CT)
Piquetes de greve

A associação sindical ou a comissão de greve pode organizar piquetes para desenvolver actividades tendentes a persuadir os trabalhadores a aderirem à greve, por meios pacíficos, sem prejuízo do reconhecimento da liberdade de trabalho dos não aderentes.

Artigo 534.º
Aviso prévio de greve

1 – A entidade que decida o recurso à greve deve dirigir ao empregador, ou à associação de empregadores, e ao mi-

Artigo 595.º (CT)[18]
Aviso prévio

1 – As entidades com legitimidade para decidirem o recurso à greve devem dirigir ao empregador ou à associação

---

[18] Redacção dada pela Lei n.º 9/2006, de 20 de Março.

nistério responsável pela área laboral, um aviso com a antecedência mínima de cinco dias úteis ou, em situação referida o n.º 1 do artigo 537.º, 10 dias úteis.

2 – O aviso prévio de greve deve ser feito por meios idóneos, nomeadamente por escrito ou através dos meios de comunicação social.

3 – O aviso prévio deve conter uma proposta de definição de serviços necessários à segurança e manutenção de equipamento e instalações e, se a greve se realizar em empresa ou estabelecimento que se destine à satisfação de necessidades sociais impreteríveis, uma proposta de serviços mínimos.

4 – Caso os serviços a que se refere o número anterior estejam definidos em instrumento de regulamentação colectiva de trabalho, este pode determinar que o aviso prévio não necessita de conter proposta sobre os mesmos serviços, desde que seja devidamente identificado o respectivo instrumento.

Artigo 535.º
Proibição de substituição de grevistas

1 – O empregador não pode, durante a greve, substituir os grevistas por pessoas que, à data do aviso prévio, não trabalhavam no respectivo estabelecimento ou serviço, nem pode, desde essa data, admitir trabalhadores para aquele fim.

2 – A tarefa a cargo de trabalhador em greve não pode, durante esta, ser realizada por empresa contratada para esse fim, salvo em caso de incumprimento dos serviços mínimos necessários à satisfação das necessidades sociais

de empregadores, e ao ministério responsável pela área laboral, por meios idóneos, nomeadamente por escrito ou através dos meios de comunicação social, um aviso prévio, com o prazo mínimo de cinco dias úteis.

2 – Para os casos dos n.ºs 1 e 2 do artigo 598.º, o prazo de aviso prévio é de 10 dias úteis.

3 – O aviso prévio deve conter uma proposta de definição dos serviços necessários à segurança e manutenção do equipamento e instalações, bem como, sempre que a greve se realize em empresa ou estabelecimento que se destine à satisfação de necessidades sociais impreteríveis, uma proposta de definição de serviços mínimos.

Artigo 596.º (CT)
Proibição de substituição dos grevistas

1 – O empregador não pode, durante a greve, substituir os grevistas por pessoas que à data do aviso prévio referido no número anterior não trabalhavam no respectivo estabelecimento ou serviço, nem pode, desde aquela data, admitir novos trabalhadores para aquele efeito.

2 – A concreta tarefa desempenhada pelo trabalhador em greve não pode, durante esse período, ser realizada por empresa especialmente contratada para o efeito, salvo no caso de não estarem

623

impreteríveis ou à segurança e manutenção de equipamento e instalações e na estrita medida necessária à prestação desses serviços.

3 – Constitui contra-ordenação muito grave a violação do disposto nos números anteriores.

Artigo 536.º
Efeitos da greve

1 – A greve suspende o contrato de trabalho de trabalhador aderente, incluindo o direito à retribuição e os deveres de subordinação e assiduidade.

2 – Durante a greve, mantém-se, além dos direitos, deveres e garantias das partes que não pressuponham a efectiva prestação do trabalho, os direitos previstos em legislação de segurança social e as prestações devidas por acidente de trabalho ou doença profissional.

3 – O período de suspensão conta-se para efeitos de antiguidade e não prejudica os efeitos decorrentes desta.

garantidos a satisfação das necessidades sociais impreteríveis ou os serviços necessários à segurança e manutenção do equipamento e instalações.

Artigo 613.º (CT)
Violação do direito à greve

1 – A violação do disposto nos artigos 596.º e 603.º é punida com pena de multa até 120 dias.

2 – A violação do disposto no artigo 605.º é punida com pena de prisão até 2 anos ou com pena de multa até 240 dias.

Artigo 597.º (CT)
Efeitos da greve

1 – A greve suspende, no que respeita aos trabalhadores que a ela aderirem, as relações emergentes do contrato de trabalho, nomeadamente o direito à retribuição e, em consequência, desvincula-os dos deveres de subordinação e assiduidade.

2 – Relativamente aos vínculos laborais dos grevistas, mantêm-se, durante a greve, os direitos, deveres e garantias das partes na medida em que não pressuponham a efectiva prestação do trabalho, assim como os direitos previstos na legislação sobre segurança social e as prestações devidas por acidentes de trabalho e doenças profissionais.

3 – O período de suspensão não pode prejudicar a antiguidade e os efeitos dela decorrentes, nomeadamente no que respeita à contagem de tempo de serviço.

Artigo 537.º
Obrigação de prestação de serviços durante a greve

1 – Em empresa ou estabelecimento que se destine à satisfação de necessidades sociais impreteríveis, a associação sindical que declare a greve, ou a comissão de greve no caso referido o n.º 2 do artigo 531.º, e os trabalhadores aderentes devem assegurar, durante a mesma, a prestação dos serviços mínimos indispensáveis à satisfação daquelas necessidades.

2 – Considera-se, nomeadamente, empresa ou estabelecimento que se destina à satisfação de necessidades sociais impreteríveis o que se integra em algum dos seguintes sectores:

a) Correios e telecomunicações;
b) Serviços médicos, hospitalares e medicamentosos;
c) Salubridade pública, incluindo a realização de funerais;
d) Serviços de energia e minas, incluindo o abastecimento de combustíveis;
e) Abastecimento de águas;
f) Bombeiros;
g) Serviços de atendimento ao público que assegurem a satisfação de necessidades essenciais cuja prestação incumba ao Estado;
h) Transportes, incluindo portos, aeroportos, estações de caminho-de-ferro e de camionagem, relativos a passageiros, animais e géneros alimentares deterioráveis e a bens essenciais à economia nacional, abrangendo as respectivas cargas e descargas;
i) Transporte e segurança de valores monetários.

Artigo 598.º (CT)
Obrigações durante a greve

1 – Nas empresas ou estabelecimentos que se destinem à satisfação de necessidades sociais impreteríveis ficam as associações sindicais e os trabalhadores obrigados a assegurar, durante a greve, a prestação dos serviços mínimos indispensáveis para ocorrer à satisfação daquelas necessidades.

2 – Para efeitos do disposto no número anterior, consideram-se empresas ou estabelecimentos que se destinam à satisfação de necessidades sociais impreteríveis os que se integram, nomeadamente, em alguns dos seguintes sectores:

a) Correios e telecomunicações;
b) Serviços médicos, hospitalares e medicamentosos;
c) Salubridade pública, incluindo a realização de funerais;
d) Serviços de energia e minas, incluindo o abastecimento de combustíveis;
e) Abastecimento de águas;
f) Bombeiros;
g) Serviços de atendimento ao público que assegurem a satisfação de necessidades essenciais cuja prestação incumba ao Estado;
h) Transportes, incluindo portos, aeroportos, estações de caminho de ferro e de camionagem, relativos a passageiros, animais e géneros alimentares deterioráveis e a bens essenciais à economia nacional, abrangendo as respectivas cargas e descargas;
i) Transporte e segurança de valores monetários.

3 – As associações sindicais e os trabalhadores ficam obrigados a prestar,

3 – A associação sindical que declare a greve, ou a comissão de greve no caso referido o n.º 2 do artigo 531.º, e os trabalhadores aderentes devem prestar, durante a greve, os serviços necessários à segurança e manutenção de equipamentos e instalações.

4 – Os trabalhadores afectos à prestação de serviços referidos nos números anteriores mantêm-se, na estrita medida necessária a essa prestação, sob a autoridade e direcção do empregador, tendo nomeadamente direito a retribuição.

Artigo 538.º
Definição de serviços a assegurar durante a greve

1 – Os serviços previstos nos n.ºs 1 e 3 do artigo anterior e os meios necessários para os assegurar devem ser definidos por instrumento de regulamentação colectiva de trabalho ou por acordo entre os representantes dos trabalhadores e os empregadores abrangidos pelo aviso prévio ou a respectiva associação de empregadores.

2 – Na ausência de previsão em instrumento de regulamentação colectiva de trabalho ou de acordo sobre a definição dos serviços mínimos previstos no n.º 1 do artigo anterior, o serviço competente do ministério responsável pela área laboral, assessorado sempre que

durante a greve, os serviços necessários à segurança e manutenção do equipamento e instalações.

Artigo 600.º (CT)
Regime de prestação dos serviços mínimos

1 – Os trabalhadores afectos à prestação de serviços mínimos mantêm-se, na estrita medida necessária à prestação desses serviços, sob a autoridade e direcção do empregador, tendo direito, nomeadamente, à retribuição.

2 – O disposto no número anterior é aplicável a trabalhadores que prestem durante a greve os serviços necessários à segurança e manutenção do equipamento e instalações.

Artigo 599.º (CT)[19]
Definição dos serviços mínimos

1 – Os serviços mínimos previstos nos n.ºs 1 e 3 do artigo anterior devem ser definidos por instrumento de regulamentação colectiva de trabalho ou por acordo com os representantes dos trabalhadores.

2 – Na ausência de previsão em instrumento de regulamentação colectiva de trabalho e não havendo acordo anterior ao aviso prévio quanto à definição dos serviços mínimos previstos no n.º 1 do artigo anterior, o ministério responsável pela área laboral convoca os representantes dos trabalhadores referidos no artigo 593.º e os representantes dos empregadores, tendo em vista a negociação de um acordo quanto aos

---

[19] Redacção dada pela Lei n.º 9/2006, de 20 de Março.

Artigo 538.º

necessário pelo serviço competente do ministério responsável pelo sector de actividade, convoca as entidades referidas no número anterior para a negociação de um acordo sobre os serviços mínimos e os meios necessários para os assegurar.

3 – Na negociação de serviços mínimos relativos a greve substancialmente idêntica a, pelo menos, duas greves anteriores para as quais a definição de serviços mínimos por arbitragem tenha igual conteúdo, o serviço referido no número anterior propõe às partes que aceitem essa mesma definição, devendo, em caso de rejeição, a mesma constar da acta da negociação.

4 – No caso referido nos números anteriores, na falta de acordo nos três dias posteriores ao aviso prévio de greve, os serviços mínimos e os meios necessários para os assegurar são definidos:

a) Por despacho conjunto, devidamente fundamentado, do ministro responsável pela área laboral e do ministro responsável pelo sector de actividade;

b) Tratando-se de serviço da administração directa ou indirecta do Estado, de serviços das autarquias locais ou empresa do sector empresarial do Estado, por tribunal arbitral, constituído nos termos de lei específica sobre arbitragem obrigatória.

5 – A definição dos serviços mínimos deve respeitar os princípios da necessidade, da adequação e da proporcionalidade.

6 – O despacho e a decisão do tribunal arbitral previstos no número anterior produzem efeitos imediatamente após a sua notificação às entidades a que se

serviços mínimos e quanto aos meios necessários para os assegurar.

3 – Na falta de um acordo até ao termo do 3.º dia posterior ao aviso prévio de greve, a definição dos serviços e dos meios referidos no número anterior é estabelecida, sem prejuízo do disposto no n.º 4, por despacho conjunto, devidamente fundamentado, do ministro responsável pela área laboral e do ministro responsável pelo sector de actividade.

4 – No caso de se tratar de serviços da administração directa ou indirecta do Estado ou de empresa que se inclua no sector empresarial do Estado, e na falta de um acordo até ao termo do 3.º dia posterior ao aviso prévio de greve, a definição dos serviços e meios referidos no n.º 2 compete a um colégio arbitral composto por três árbitros constantes das listas de árbitros previstas no artigo 570.º, nos termos previstos em legislação especial.

5 – O despacho previsto no n.º 3 e a decisão do colégio arbitral prevista no número anterior produzem efeitos imediatamente após a sua notificação aos representantes referidos no n.º 2 e devem ser afixados nas instalações da empresa ou estabelecimento, nos locais habitualmente destinados à informação dos trabalhadores.

6 – Os representantes dos trabalhadores a que se refere o artigo 593.º devem designar os trabalhadores que ficam adstritos à prestação dos serviços referidos no artigo anterior, até vinte e quatro horas antes do início do período de greve, e, se não o fizerem, deve o empregador proceder a essa designação.

refere o n.º 1 e devem ser afixados nas instalações da empresa, estabelecimento ou serviço, em locais destinados à informação dos trabalhadores.

7 – Os representantes dos trabalhadores em greve devem designar os trabalhadores que ficam adstritos à prestação dos serviços mínimos definidos e informar do facto o empregador, até 24 horas antes do início do período de greve ou, se não o fizerem, deve o empregador proceder a essa designação.

7 – A definição dos serviços mínimos deve respeitar os princípios da necessidade, da adequação e da proporcionalidade.

Artigo 439.º (RCT)
Âmbito

O presente capítulo regula o n.º 4 do artigo 599.º do Código do Trabalho.

Artigo 440.º (RCT)
Comunicação ao Conselho Económico e Social

No caso de ausência de previsão em instrumento de regulamentação colectiva de trabalho aplicável ou acordo entre os representantes dos trabalhadores e dos empregadores quanto à definição dos serviços mínimos e quanto aos meios necessários para os assegurar, até ao termo do terceiro dia de calendário posterior ao aviso prévio da greve, os serviços competentes do ministério responsável pela área laboral comunicam tal facto ao secretário-geral do Conselho Económico e Social.

Artigo 441.º (RCT)[20]
Sorteio de árbitros

1 – Após a recepção da comunicação prevista no número anterior, o secretário-geral do Conselho Económico e Social notifica de imediato os representantes dos trabalhadores e empregadores do dia e hora do sorteio, realizando-se este à hora marcada na presença de todos os representantes ou,

---

[20] Redacção dada pela Lei n.º 9/2006, de 20 de Março.

na falta destes, uma hora depois com os que estiverem presentes.

2 – O sorteio dos árbitros processa--se nos termos previstos no artigo 410.º, sendo sorteados um árbitro efectivo e três suplentes.

Artigo 442.º (RCT)[21]
Impedimento e suspeição

1 – As partes devem apresentar, sendo caso disso, o requerimento de impedimento, pelo representante presente no sorteio, antes do encerramento da sessão.

2 – O pedido de escusa deve ser apresentado imediatamente após a comunicação do sorteio por parte do secretário-geral.

3 – A decisão do requerimento e do pedido previstos nos números anteriores compete ao presidente do Conselho Económico e Social, o qual, em caso de verificação de impedimento, procede à imediata substituição do árbitro efectivo pelo suplente seguinte na ordem de sorteio.

Artigo 443.º (RCT)
Inicio e desenvolvimento
da arbitragem

A arbitragem tem imediatamente início após a notificação dos árbitros sorteados, podendo desenvolver-se em qualquer dia do calendário.

Artigo 444.º (RCT)
Audição das partes
1.
1 – O colégio arbitral notifica cada

---

[21] Redacção dada pela Lei n.º 9/2006, de 20 de Março.

uma das partes para que apresentem, por escrito, a posição e respectivos documentos quanto à definição dos serviços mínimos e quanto aos meios necessários para os assegurar.

2 – As partes devem apresentar a posição e respectivos documentos no prazo fixado pelo colégio arbitral.

Artigo 445.º (RCT)
Redução das partes da arbitragem

No caso de acordo parcial, incidindo este sobre a definição dos serviços mínimos, a arbitragem prossegue em relação aos meios necessários para os assegurar.

Artigo 446.º (RCT)
Peritos

O colégio arbitral pode ser assistido por peritos.

Artigo 447.º (RCT)
Decisão

A notificação da decisão é efectuada até quarenta e oito horas antes do início do período da greve

Artigo 448.º (VCT)
Designação dos trabalhadores

(Revogado pela Lei 9/2006, de 20/3)

Artigo 449.º (VCT)
Subsidiariedade

O regime geral previsto nos artigos 406.º a 438.º é subsidiariamente aplicável, com excepção do disposto nos artigos 418.º, 425.º, 426.º, 427.º, 428.º, 429.º e 431.º

Artigo 539.º
Termo da greve

A greve termina por acordo entre as partes, por deliberação de entidade que a tenha declarado ou no final do período para o qual foi declarada.

Artigo 540.º
Proibição de coacção, prejuízo ou discriminação de trabalhador

1 – É nulo o acto que implique coacção, prejuízo ou discriminação de trabalhador por motivo de adesão ou não a greve.

2 – Constitui contra-ordenação muito grave o acto do empregador que implique coacção do trabalhador no sentido de não aderir a greve, ou que o prejudique ou discrimine por aderir ou não a greve.

Artigo 602.º (CT)
Termo da greve

A greve termina por acordo entre as partes ou por deliberação das entidades que a tiverem declarado, cessando imediatamente os efeitos previstos no artigo 597.º

Artigo 603.º (CT)
Proibição de discriminações devidas à greve

É nulo e de nenhum efeito todo o acto que implique coacção, prejuízo ou discriminação sobre qualquer trabalhador por motivo de adesão ou não à greve.

Artigo 613.º (CT)
Violação do direito à greve

1 – A violação do disposto nos artigos 596.º e 603.º é punida com pena de multa até 120 dias.

2 – A violação do disposto no artigo 605.º é punida com pena de prisão até 2 anos ou com pena de multa até 240 dias.

Artigo 689.º (CT)
Greve e lock-out

Constitui contra-ordenação muito grave todo o acto do empregador que implique coacção sobre o trabalhador no sentido de não aderir à greve ou que o prejudique ou discrimine por motivo de aderir ou não à greve, bem como a violação do disposto nos artigos 596.º e 605.º

Artigo 541.º
Efeitos de greve declarada ou executada de forma contrária à lei

1 – A ausência de trabalhador por motivo de adesão a greve declarada ou executada de forma contrária à lei considera-se falta injustificada.

2 – O disposto no número anterior não prejudica a aplicação dos princípios gerais em matéria de responsabilidade civil.

3 – Em caso de incumprimento da obrigação de prestação de serviços mínimos, o Governo pode determinar a requisição ou mobilização, nos termos previstos em legislação específica.

Artigo 542.º
Regulamentação da greve por convenção colectiva

1 – A convenção colectiva pode regular, além das matérias referidas na alínea g) do n.º 2 do artigo 492.º, procedimentos de resolução de conflitos susceptíveis de determinar o recurso à greve, bem como limitar o recurso a greve por parte de associação sindical celebrante, durante a vigência daquela, com a finalidade de modificar o seu conteúdo.

2 – A limitação prevista na segunda parte do número anterior não prejudica, nomeadamente a declaração de greve com fundamento:

a) Na alteração anormal de circunstâncias em que as partes fundamentaram a decisão de contratar;

Artigo 604.º (CT)
Inobservância da lei

1 – A greve declarada ou executada de forma contrária à lei faz incorrer os trabalhadores grevistas no regime de faltas injustificadas.

2 – O disposto no número anterior não prejudica a aplicação, quando a tal haja lugar, dos princípios gerais em matéria de responsabilidade civil.

Artigo 601.º (CT)
Incumprimento da obrigação de prestação dos serviços mínimos

No caso de não cumprimento da obrigação de prestação de serviços mínimos, sem prejuízo dos efeitos gerais, o Governo pode determinar a requisição ou mobilização, nos termos previstos em legislação especial

Artigo 606.º (CT)
Contratação colectiva

1 – Para além das matérias referidas no n.º 1 do artigo 599.º, pode a contratação colectiva estabelecer normas especiais relativas a procedimentos de resolução dos conflitos susceptíveis de determinar o recurso à greve, assim como limitações, durante a vigência do instrumento de regulamentação colectiva de trabalho, à declaração de greve por parte dos sindicatos outorgantes com a finalidade de modificar o conteúdo dessa convenção.

2 – As limitações previstas na segunda parte do número anterior não prejudicam, nomeadamente a declaração de greve com fundamento:

a) Na alteração anormal das circunstâncias a que se refere o n.º 2 do artigo 561.º;

b) No incumprimento da convenção colectiva.

3 – O trabalhador não pode ser responsabilizado pela adesão a greve declarada em incumprimento de limitação prevista no n.º 1.

Artigo 543.º
Responsabilidade penal em matéria de greve

A violação do disposto no n.º 1 ou 2 do artigo 535.º ou no n.º 1 do artigo 540.º é punida com pena de multa até 120 dias.

SECÇÃO II
Lock-out

Artigo 544.º
Conceito e proibição de lock-out

1 – Considera-se lock-out qualquer paralisação total ou parcial da empresa ou a interdição do acesso a locais de trabalho a alguns ou à totalidade dos trabalhadores e, ainda, a recusa em fornecer trabalho, condições e instrumentos de trabalho que determine ou possa determinar a paralisação de todos ou alguns sectores da empresa, desde que, em qualquer caso, vise atingir finalidades alheias à normal actividade da empresa, por decisão unilateral do empregador.

2 – É proibido o lock-out.

3 – Constitui contra-ordenação muito grave a violação do disposto no número anterior.

b) No incumprimento da convenção colectiva.

3 – O trabalhador não pode ser responsabilizado pela adesão a greve declarada em incumprimento das limitações previstas no n.º 1.

Artigo 613.º (CT)
Violação do direito à greve

1 – A violação do disposto nos artigos 596.º e 603.º é punida com pena de multa até 120 dias.

2 – A violação do disposto no artigo 605.º é punida com pena de prisão até 2 anos ou com pena de multa até 240 dias.

Artigo 605.º (CT)
Lock-out

1 – É proibido o lock-out.

2 – Considera-se lock-out qualquer decisão unilateral do empregador que se traduza na paralisação total ou parcial da empresa ou na interdição do acesso aos locais de trabalho a alguns ou à totalidade dos trabalhadores e, ainda, na recusa em fornecer trabalho, condições e instrumentos de trabalho que determine ou possa determinar a paralisação de todos ou alguns sectores da empresa ou desde que, em qualquer caso, vise atingir finalidades alheias à normal actividade da empresa

Artigo 689.º (CT)
Greve e lock-out

Constitui contra-ordenação muito grave todo o acto do empregador que implique coacção sobre o trabalhador no sentido de não aderir à greve ou que

Artigo 545.º
Responsabilidade penal em matéria de lock-out

A violação do disposto no n.º 2 do artigo 544.º é punida com pena de prisão até 2 anos ou com pena de multa até 240 dias.

LIVRO II
Responsabilidades penal e contra-ordenacional

CAPÍTULO I
Responsabilidade penal

Artigo 546.º
Responsabilidade de pessoas colectivas e equiparadas

As pessoas colectivas e entidades equiparadas são responsáveis, nos termos gerais, pelos crimes previstos no presente Código.

Artigo 547.º
Desobediência qualificada

Incorre no crime de desobediência qualificada o empregador que:
a) Não apresentar ao serviço com competência inspectiva do ministério responsável pela área laboral documento ou outro registo por este requisitado que interesse ao esclarecimento de qualquer situação laboral;

o prejudique ou discrimine por motivo de aderir ou não à greve, bem como a violação do disposto nos artigos 596.º e 605.º

Artigo 613.º (CT)
Violação do direito à greve

1 – A violação do disposto nos artigos 596.º e 603.º é punida com pena de multa até 120 dias.

2 – A violação do disposto no artigo 605.º é punida com pena de prisão até 2 anos ou com pena de multa até 240 dias.

Artigo 607.º (CT)
Responsabilidade das pessoas colectivas

As pessoas colectivas respondem pela prática dos crimes previstos no presente Código.

Sem correspondência

b) Ocultar, destruir ou danificar documento ou outro registo que tenha sido requisitado pelo serviço referido na alínea anterior.

CAPÍTULO II
Responsabilidade contra-ordenacional

Artigo 548.º
Noção de contra-ordenação laboral

Constitui contra-ordenação laboral o facto típico, ilícito e censurável que con-substancie a violação de uma norma que consagre direitos ou imponha deveres a qualquer sujeito no âmbito de relação laboral e que seja punível com coima.

Artigo 549.º
Regime das contra-ordenações laborais

As contra-ordenações laborais são reguladas pelo disposto neste Código e, subsidiariamente, pelo regime geral das contra-ordenações.

Artigo 550.º
Punibilidade da negligência

A negligência nas contra-ordenações laborais é sempre punível.

Artigo 551.º
Sujeito responsável por contra-ordenação laboral

1 – O empregador é o responsável pelas contra-ordenações laborais, ainda que praticadas pelos seus trabalhadores no exercício das respectivas funções,

Artigo 614.º (CT)
Definição

Constitui contra-ordenação laboral todo o facto típico, ilícito e censurável que consubstancie a violação de uma norma que consagre direitos ou imponha deveres a qualquer sujeito no âmbito das relações laborais e que seja punível com coima.

Artigo 615.º (CT)
Regime

As contra-ordenações laborais são reguladas pelo disposto neste Código e, subsidiariamente, pelo regime geral das contra-ordenações.

Artigo 616.º (CT)
Negligência

A negligência nas contra-ordenações laborais é sempre sancionável.

Artigo 617.º (CT)
Sujeitos

1 – Quando um tipo contra-ordenacional tiver por agente o empregador abrange também a pessoa colectiva, a associação sem personalidade jurídica, bem como a comissão especial.

sem prejuízo da responsabilidade cometida por lei a outros sujeitos.

2 – Quando um tipo contra-ordenacional tiver por agente o empregador abrange também a pessoa colectiva, a associação sem personalidade jurídica ou a comissão especial.

3 – Se o infractor for pessoa colectiva ou equiparada, respondem pelo pagamento da coima, solidariamente com aquela, os respectivos administradores, gerentes ou directores.

4 – O contratante é responsável solidariamente pelo pagamento da coima aplicada ao sub contratante que execute toda ou parte do contrato nas instalações daquele ou sob responsabilidade do mesmo, pela violação de disposições a que corresponda uma infracção muito grave, salvo se demonstrar que agiu com a diligência devida.

2 – Se um sub contratante, ao executar toda ou parte do contrato nas instalações do contratante ou sob a sua responsabilidade, violar disposições a que corresponda uma infracção muito grave, o contratante é responsável solidariamente pelo pagamento da correspondente coima, salvo demonstrando que agiu com a diligência devida.

3 – Se o infractor referido no número anterior for pessoa colectiva ou equiparada, respondem pelo pagamento da coima, solidariamente com aquela, os respectivos administradores, gerentes ou directores.

Artigo 552.º
Apresentação de documentos

1 – As pessoas singulares, colectivas e entidades equiparadas, notificadas pelo serviço com competência inspectiva do ministério responsável pela área laboral para exibição, apresentação ou entrega de documentos ou outros registos ou de cópia dos mesmos, devem apresentá-los no prazo e local identificados para o efeito.

2 – Constitui contra-ordenação leve a violação do disposto no número anterior.

Sem correspondência.

Artigo 553.º
**Escalões de gravidade
das contra-ordenações laborais**

Para determinação da coima aplicável e tendo em conta a relevância dos

Artigo 619.º (CT)
Escalões de gravidade das infracções laborais

Para determinação da coima aplicável e tendo em conta a relevância dos

interesses violados, as contra-ordenações laborais classificam-se em leves, graves e muito graves.

Artigo 554.º
Valores das coimas

1 – A cada escalão de gravidade das contra-ordenações laborais corresponde uma coima variável em função do volume de negócios da empresa e do grau da culpa do infractor, salvo o disposto no artigo seguinte.

2 – Os limites mínimos e máximo das coimas correspondentes a contra-ordenação leve são os seguintes:

a) Se praticada por empresa com volume de negócios inferior a (euro) 10000000, de 2 UC a 5 UC em caso de negligência e de 6 UC a 9 UC em caso de dolo;

b) Se praticada por empresa com volume de negócios igual ou superior a (euro) 10000000, de 6 UC a 9 UC em caso de negligência e de 10 UC a 15 UC em caso de dolo.

3 – Os limites mínimos e máximo das coimas correspondentes a contra-ordenação grave são os seguintes:

a) Se praticada por empresa com volume de negócios inferior a (euro) 500000, de 6 UC a 12 UC em caso de negligência e de 13 UC a 26 UC em caso de dolo;

b) Se praticada por empresa com volume de negócios igual ou superior a (euro) 500000 e inferior (euro) 2500000, de 7 UC a 14 UC em caso de negligência e de 15 UC a 40 UC em caso de dolo;

c) Se praticada por empresa com volume de negócios igual ou superior a (euro) 2500000 euros e inferior a (euro)

interesses violados, as infracções classificam-se em leves, graves e muito graves.

Artigo 620.º (CT)
Valores das coimas

1 – A cada escalão de gravidade das infracções laborais corresponde uma coima variável em função do volume de negócios da empresa e do grau da culpa, salvo o disposto no artigo seguinte.

2 – Os limites das coimas correspondentes às infracções leves têm os seguintes valores:

a) Se praticadas por empresa com volume de negócios inferior a (euro) 10000000, de 2 UC a 5 UC em caso de negligência e de 6 UC a 9 UC em caso de dolo;

b) Se praticadas por empresa com volume de negócios igual ou superior a (euro) 10000000, de 6 UC a 9 UC em caso de negligência e de 10 UC a 15 UC em caso de dolo.

3 – Os limites das coimas correspondentes às infracções graves têm os seguintes valores:

a) Se praticadas por empresa com volume de negócios inferior a (euro) 500000, de 6 UC a 12 UC em caso de negligência e de 13 UC a 26 UC em caso de dolo;

b) Se praticadas por empresa com volume de negócios igual ou superior a (euro) 500000 e inferior (euro) 2500000, de 7 UC a 14 UC em caso de negligência e de 15 UC a 40 UC em caso de dolo;

c) Se praticadas por empresa com volume de negócios igual ou superior a (euro) 2500000 euros e inferior a (euro)

5000000, de 10 UC a 20 UC em caso de negligência e de 21 UC a 45 UC em caso de dolo;

d) Se praticada por empresa com volume de negócios igual ou superior a (euro) 5000000 e inferior a (euro) 10000000, de 12 UC a 25 UC em caso de negligência e de 26 UC a 50 UC em caso de dolo; *e)* Se praticada por empresa com volume de negócios igual ou superior a (euro) 10000000, de 15 UC a 40 UC em caso de negligência e de 55 UC a 95 UC em caso de dolo.

4 – Os limites mínimos e máximo das coimas correspondentes a contra-ordenação muito grave são os seguintes:

a) Se praticada por empresa com volume de negócios inferior a (euro) 500000, de 20 UC a 40 UC em caso de negligência e de 45 UC a 95 UC em caso de dolo;

b) Se praticada por empresa com volume de negócios igual ou superior a (euro) 500000 e inferior (euro) 2500000, de 32 UC a 80 UC em caso de negligência e de 85 UC a 190 UC em caso de dolo;

c) Se praticada por empresa com volume de negócios igual ou superior a (euro) 2500000 e inferior a (euro) 5000000, de 42 UC a 120 UC em caso de negligência e de 120 UC a 280 UC em caso de dolo;

d) Se praticada por empresa com volume de negócios igual ou superior a (euro) 5000000 e inferior a (euro) 10000000, de 55 UC a 140 UC em caso de negligência e de 145 UC a 400 UC em caso de dolo;

e) Se praticada por empresa com volume de negócios igual ou superior a (euro) 10000000, de 90 UC a 300 UC

5000000, de 10 UC a 20 UC em caso de negligência e de 21 UC a 45 UC em caso de dolo;

d) Se praticadas por empresa com volume de negócios igual ou superior a (euro) 5000000 e inferior a (euro) 10000000, de 12 UC a 25 UC em caso de negligência e de 26 UC a 50 UC em caso de dolo;

e) Se praticadas por empresa com volume de negócios igual ou superior a (euro) 10000000, de 15 UC a 40 UC em caso de negligência e de 55 UC a 95 UC em caso de dolo.

4 – Os limites das coimas correspondentes às infracções muito graves têm os seguintes valores:

a) Se praticadas por empresa com volume de negócios inferior a (euro) 500000, de 20 UC a 40 UC em caso de negligência e de 45 UC a 95 UC em caso de dolo;

b) Se praticadas por empresa com volume de negócios igual ou superior a (euro) 500000 e inferior (euro) 2500000, de 32 UC a 80 UC em caso de negligência e de 85 UC a 190 UC em caso de dolo;

c) Se praticadas por empresa com volume de negócios igual ou superior a (euro) 2500000 e inferior a (euro) 5000000, de 42 UC a 120 UC em caso de negligência e de 120 UC a 280 UC em caso de dolo; L

d) Se praticadas por empresa com volume de negócios igual ou superior a (euro) 5000000 e inferior a (euro) 10000000, de 55 UC a 140 UC em caso de negligência e de 145 UC a 400 UC em caso de dolo;

e) Se praticadas por empresa com volume de negócios igual ou superior a

em caso de negligência e de 300 UC a 600 UC em caso de dolo.

5 – O volume de negócios reporta-se ao ano civil anterior ao da prática da infracção.

6 – Caso a empresa não tenha actividade no ano civil anterior ao da prática da infracção, considera-se o volume de negócios do ano mais recente.

7 – No ano de início de actividade são aplicáveis os limites previstos para empresa com volume de negócios inferior a (euro) 500000.

8 – Se o empregador não indicar o volume de negócios, aplicam-se os limites previstos para empresa com volume de negócios igual ou superior a (euro) 10000000.

9 – A sigla UC corresponde à unidade de conta processual.

Artigo 555.º
Outros valores de coimas

1 – A cada escalão de gravidade das contra-ordenações, em caso em que o agente não tenha trabalhadores ao serviço ou, sendo pessoa singular, não exerça uma actividade com fins lucrativos corresponde o valor de coimas previsto nos números seguintes.

2 – A contra-ordenação leve corresponde coima de 1 UC a 2 UC em caso de negligência ou de 2 UC a 3,5 UC em caso de dolo.

3 – A contra-ordenação grave corresponde coima de 3 UC a 7 UC em caso de negligência ou de 7 UC a 14 UC em caso de dolo.

4 – A contra-ordenação muito grave corresponde coima de 10 UC a 25 UC em caso de negligência ou de 25 UC a 50 UC em caso de dolo.

(euro) 10000000, de 90 UC a 300 UC em caso de negligência e de 300 UC a 600 UC em caso de dolo.

5 – O volume de negócios reporta-se ao ano civil anterior ao da prática da infracção.

6 – Se a empresa não tiver actividade no ano civil anterior, considera-se o volume de negócios do ano mais recente.

7 – No ano do início de actividade serão aplicáveis os limites previstos para as empresas com volume de negócios inferior a (euro) 500000.

8 – Sempre que o empregador não indique o volume de negócios aplicam-se os limites previstos para as empresas com volume de negócios igual ou superior a (euro) 10000000.

Artigo 621.º (CT)
Outros casos de valores das coimas

1 – A cada escalão de gravidade das infracções nos casos em que o agente não é uma empresa correspondem as coimas referidas nos números seguintes.

2 – Às infracções leves correspondem coimas de 1 UC a 2 UC em caso de negligência e de 2 UC a 3,5 UC em caso de dolo.

3 – Às infracções graves correspondem coimas de 3 UC a 7 UC em caso de negligência e de 7 UC a 14 UC em caso de dolo.

4 – Às infracções muito graves correspondem coimas de 10 UC a 25 UC em caso de negligência e de 25 UC a 50 UC em caso de dolo.

Artigo 556.º
Critérios especiais de medida da coima

1 – Os valores máximos das coimas aplicáveis a contra-ordenações muito graves previstas no n.º 4 do artigo 554.º são elevados para o dobro em situação de violação de normas sobre trabalho de menores, segurança e saúde no trabalho, direitos de estruturas de representação colectiva dos trabalhadores e direito à greve.

2 – Em caso de pluralidade de agentes responsáveis pela mesma contra-ordenação é aplicável a coima correspondente à empresa com maior volume de negócios.

Artigo 557.º
Dolo

O desrespeito de medidas recomendadas em auto de advertência é ponderado pela autoridade administrativa competente, ou pelo julgador em caso de impugnação judicial, designadamente para efeitos de aferição da existência de conduta dolosa.

Artigo 558.º
Pluralidade de contra-ordenações

1 – Quando a violação da lei afectar uma pluralidade de trabalhadores individualmente considerados, o número de contra-ordenações corresponde ao número de trabalhadores concretamente afectados, nos termos dos números seguintes.

2 – Considera-se que a violação da lei afecta uma pluralidade de trabalhadores quando estes, no exercício da respectiva actividade, foram expostos a

Artigo 622.º (CT)
Critérios especiais de medida da coima

1 – Os valores máximos das coimas aplicáveis a infracções muito graves previstos no n.º 4 do artigo 620.º são elevados para o dobro nas situações de violação de normas sobre trabalho de menores, segurança, higiene e saúde no trabalho, de direitos dos organismos representativos dos trabalhadores, nomeadamente das comissões de trabalhadores, bem como de direitos das associações sindicais, dos dirigentes e delegados sindicais ou equiparados e, ainda, do direito à greve.

Artigo 623.º (CT)
Dolo

O desrespeito das medidas recomendadas no auto de advertência é ponderado pela autoridade administrativa competente ou pelo julgador em caso de impugnação judicial, designadamente, para efeitos de aferição da existência de conduta dolosa.

Artigo 624.º (CT)
Pluralidade de infracções

Quando a violação da lei afectar uma pluralidade de trabalhadores individualmente considerados, o número de infracções corresponde ao número de trabalhadores concretamente afectados, nos termos e com os limites previstos em legislação especial.

uma situação concreta de perigo ou sofreram dano resultante de conduta ilícita do infractor.

3 – A pluralidade de infracções dá origem a um processo e as infracções são sancionadas com uma coima única que não pode exceder o dobro da coima máxima aplicável em concreto.

4 – Se, com a infracção praticada, o agente obteve um benefício económico, este deve ser tido em conta na determinação da medida da coima nos termos do disposto no artigo 18.º do regime geral das contra-ordenações, na redacção dada pelo Decreto-Lei n.º 244/95, de 14 de Setembro.

Artigo 559.º
Determinação da medida da coima

1 – Na determinação da medida da coima, além do disposto no regime geral das contra-ordenações, são ainda atendíveis a medida do incumprimento das recomendações constantes de auto de advertência, a coacção, falsificação, simulação ou outro meio fraudulento usado pelo agente.

2 – No caso de violação de normas de segurança e saúde no trabalho, são também atendíveis os princípios gerais de prevenção a que devem obedecer as medidas de protecção, bem como a permanência ou transitoriedade da infracção, o número de trabalhadores potencialmente afectados e as medidas e instruções adoptadas pelo empregador para prevenir os riscos.

3 – Cessando o contrato de trabalho, no caso de o arguido cumprir o disposto no artigo 245.º, e proceder ao pagamento voluntário da coima por violação do disposto nos n.ºs 1 ou 5 do artigo

Artigo 625.º (CT)
Determinação da medida da coima

1 – Na determinação da medida da coima, além do disposto no regime geral das contra-ordenações, são ainda atendíveis a medida do incumprimento das recomendações constantes do auto de advertência, a coacção, a falsificação, a simulação ou outro meio fraudulento usado pelo agente.

2 – No caso de infracções a normas de segurança, higiene e saúde no trabalho, são também atendíveis os princípios gerais de prevenção a que devem obedecer as medidas de protecção, bem como a permanência ou transitoriedade da infracção, o número de trabalhadores potencialmente afectados e as medidas e instruções adoptadas pelo empregador para prevenir os riscos.

238.º, nos n.ᵒˢ 1, 4 ou 5 do artigo 239.º ou nos n.ᵒˢ 1, 2 ou 3 do artigo 244.º, esta é liquidada pelo valor correspondente à contra-ordenação leve.

Artigo 560.º
Dispensa de coima

A coima prevista para as contra-ordenações referidas no n.º 4 do artigo 353.º, no n.º 2 do artigo 355.º, no n.º 7 do artigo 356.º, no n.º 8 do artigo 357.º, no n.º 6 do artigo 358.º, no n.º 6 do artigo 360.º, no n.º 6 do artigo 361.º, n.º 5 do artigo 363.º, n.º 6 do artigo 368.º, no n.º 2 do artigo 369.º, no n.º 5 do artigo 371.º, no n.º 5 do artigo 375.º, no n.º 2 do artigo 376.º, no n.º 3 do artigo 378.º ou no n.º 3 do artigo 380.º na parte em que se refere a violação do n.º 1 do mesmo artigo, não se aplica caso o empregador assegure ao trabalhador os direitos a que se refere o artigo 389.º

Sem correspondência

Artigo 561.º
Reincidência

1 – É sancionado como reincidente quem comete uma contra-ordenação grave praticada com dolo ou uma contra-ordenação muito grave, depois de ter sido condenado por outra contra-ordenação grave praticada com dolo ou contra-ordenação muito grave, se entre as duas infracções tiver decorrido um prazo não superior ao da prescrição da primeira.

2 – Em caso de reincidência, os limites mínimo e máximo da coima são elevados em um terço do respectivo valor, não podendo esta ser inferior ao valor da coima aplicada pela contra-ordenação anterior desde que os limites mínimos e máximo desta não sejam superiores aos daquela.

Artigo 626.º (CT)
Reincidência

1 – É sancionado como reincidente quem cometer uma infracção grave praticada com dolo ou uma infracção muito grave, depois de ter sido condenado por outra infracção grave praticada com dolo ou infracção muito grave, se entre as duas infracções não tiver decorrido um prazo superior ao da prescrição da primeira.

2 – Em caso de reincidência, os limites mínimo e máximo da coima são elevados em um terço do respectivo valor, não podendo esta ser inferior ao valor da coima aplicada pela infracção anterior desde que os limites mínimos e máximo desta não sejam superiores aos daquela.

Artigo 562.º
Sanções acessórias

1 – No caso de contra-ordenação muito grave ou reincidência em contra-ordenação grave, praticada com dolo ou negligência grosseira, é aplicada ao agente a sanção acessória de publicidade.

2 – No caso de reincidência em contra-ordenação prevista no número anterior, tendo em conta os efeitos gravosos para o trabalhador ou o benefício económico retirado pelo empregador com o incumprimento, podem ainda ser aplicadas as seguintes sanções acessórias:

a) Interdição do exercício de actividade no estabelecimento, unidade fabril ou estaleiro onde se verificar a infracção, por um período até dois anos;

b) Privação do direito de participar em arrematações ou concursos públicos, por um período até dois anos.

3 – A publicidade da decisão condenatória consiste na inclusão em registo público, disponibilizado na página electrónica do serviço com competência inspectiva do ministério responsável pela área laboral, de um extracto com a caracterização da contra-ordenação, a norma violada, a identificação do infractor, o sector de actividade, o lugar da prática da infracção e a sanção aplicada.

4 – A publicidade referida no número anterior é promovida pelo tribunal competente, em relação a contra-ordenação objecto de decisão judicial, ou pelo serviço referido no mesmo número, nos restantes casos.

Artigo 627.º (CT)
Sanções acessórias

1 – No caso de reincidência em contra-ordenação muito grave, praticada com dolo ou negligência grosseira e que tenha efeitos gravosos para o trabalhador, podem ser aplicadas ao agente as seguintes sanções acessórias:

a) Interdição temporária do exercício de actividade no estabelecimento, unidade fabril ou estaleiro onde se verificou a infracção por um período até seis meses;

b) Privação de participar em arrematações ou concursos públicos por um período até seis meses;

c) Publicidade da decisão condenatória, nos casos previstos na lei.

2 – A publicidade da decisão condenatória, quando prevista, consiste na publicação de um extracto com a caracterização da infracção e da norma violada, a identificação do infractor e a sanção aplicada:

a) Num jornal diário de âmbito nacional e numa publicação periódica local ou regional, da área da sede do infractor, a expensas deste;

b) Na 2.ª série do Diário da República, no último dia útil de cada trimestre, em relação aos empregadores condenados no trimestre anterior.

3 – As publicações referidas no número anterior são promovidas pelo tribunal competente, em relação às infracções objecto de decisão judicial, e pela Inspecção-Geral do Trabalho, nos restantes casos.

Artigo 563.º
Dispensa e eliminação da publicidade

1 – A sanção acessória de publicidade pode ser dispensada, tendo em conta as circunstâncias da infracção, se o agente tiver pago imediatamente a coima a que foi condenado e se não tiver praticado qualquer contra-ordenação grave ou muito grave nos cinco anos anteriores.

2 – Decorrido um ano desde a publicidade da decisão condenatória sem que o agente tenha sido novamente condenado por contra-ordenação grave ou muito grave, é a mesma eliminada do registo referido no artigo anterior.

Sem correspondência

Artigo 564.º
Cumprimento de dever omitido

1 – Sempre que a contra-ordenação laboral consista na omissão de um dever, o pagamento da coima não dispensa o infractor do seu cumprimento se este ainda for possível.

2 – A decisão que aplique a coima deve conter, sendo caso disso, a ordem de pagamento de quantitativos em dívida ao trabalhador, a efectuar dentro do prazo estabelecido para o pagamento da coima.

3 – Em caso de não pagamento, a decisão referida no número anterior serve de base à execução efectuada nos termos do artigo 89.º do regime geral das contra-ordenações, na redacção dada pelo Decreto-Lei n.º 244/95, de 14 de Setembro, aplicando-se as normas do processo comum de execução para pagamento de quantia certa.

Artigo 618.º (CT)
Cumprimento do dever omitido

Sempre que a contra-ordenação laboral consista na omissão de um dever, o pagamento da coima não dispensa o infractor do seu cumprimento se este ainda for possível.

Artigo 565.º
Registo individual

1 – O serviço com competência inspectiva do ministério responsável pela área laboral organiza um registo individual dos sujeitos responsáveis pelas contra-ordenações laborais, de âmbito nacional, do qual constam as infracções praticadas, as datas em que foram cometidas, as coimas e as sanções acessórias aplicadas, assim como as datas em que as decisões condenatórias se tornaram irrecorríveis.

2 – Os tribunais e os departamentos das administrações regionais dos Açores e da Madeira com competência para a aplicação de coimas remetem ao serviço referido no número anterior os elementos nestes indicados.

Artigo 566.º
Destino das coimas

1 – Em processo cuja instrução esteja cometida ao serviço com competência inspectiva do ministério responsável pela área laboral, metade do produto da coima aplicada reverte para este, a título de compensação de custos de funcionamento e despesas processuais, tendo o remanescente o seguinte destino:

a) Fundo de Acidentes de Trabalho, no caso de coima aplicada em matéria de segurança e saúde no trabalho;

b) 35% para o serviço responsável pela gestão financeira do orçamento da Segurança Social e 15% para o Orçamento do Estado, relativamente a outra coima.

2 – O serviço referido no número anterior transfere trimestralmente para as entidades referidas no número anterior as importâncias a que têm direito.

Artigo 629.º (CT)
Registo individual

1 – A Inspecção-Geral do Trabalho organiza um registo individual dos sujeitos responsáveis pelas infracções laborais, de âmbito nacional, do qual constam as infracções graves praticadas com dolo e as infracções muito graves, as datas em que foram cometidas, as coimas e as sanções acessórias aplicadas, assim como as datas em que as decisões condenatórias se tornaram irrecorríveis.

2 – Os tribunais e os departamentos das administrações regionais dos Açores e da Madeira com competência para a aplicação de coimas remetem à Inspecção-Geral do Trabalho os elementos referidos no número anterior.

Artigo 628.º
Destino das coimas

1 – Em processos cuja instrução esteja cometida à Inspecção-Geral do Trabalho, metade do produto das coimas aplicadas reverte para esta, a título de compensação de custos de funcionamento e despesas processuais, tendo o remanescente o seguinte destino:

a) Fundo de Garantia e Actualização de Pensões, no caso de coimas aplicadas em matéria de segurança, higiene e saúde no trabalho;

b) 35% para o Instituto de Gestão Financeira da Segurança Social e 15% para o Orçamento do Estado, relativamente às demais coimas.

2 – A Inspecção-Geral do Trabalho transfere, trimestralmente, para as entidades referidas no número anterior as importâncias a que têm direito.

ÍNDICE

LEI N.º 7/2009 DE 12 DE FEVEREIRO
CÓDIGO DO TRABALHO

LIVRO I – Parte geral	11
TÍTULO I – Fontes e aplicação do direito do trabalho	11
CAPÍTULO I – Fontes do direito do trabalho	11
ARTIGO 1.º – Fontes específicas	11
ARTIGO 2.º – Instrumentos de regulamentação colectiva de trabalho	11
ARTIGO 3.º – Relações entre fontes de regulação	12
CAPÍTULO II – Aplicação do direito do trabalho	13
ARTIGO 4.º – Igualdade de tratamento de trabalhador estrangeiro ou apátrida	13
ARTIGO 5.º – Forma e conteúdo de contrato com trabalhador estrangeiro ou apátrida	14
ARTIGO 6.º – Destacamento em território português	17
ARTIGO 7.º – Condições de trabalho de trabalhador destacado	18
ARTIGO 8.º – Destacamento para outro Estado	20
ARTIGO 9.º – Contrato de trabalho com regime especial	21
ARTIGO 10.º – Situações equiparadas	21
TÍTULO II – Contrato de trabalho	21
CAPÍTULO I – Disposições gerais	21
SECÇÃO I – Contrato de trabalho	21
ARTIGO 11.º – Noção de contrato de trabalho	21
ARTIGO 12.º – Presunção de contrato de trabalho	22
SECÇÃO II – Sujeitos	23
SUBSECÇÃO I – Capacidade	23
ARTIGO 13.º – Princípio Geral sobre capacidade	23
SUBSECÇÃO II – Direitos de personalidade	23

ARTIGO 14.º – Liberdade de expressão e de opinião 23
ARTIGO 15.º – Integridade física moral 23
ARTIGO 16.º – Reserva da intimidade da vida privada 24
ARTIGO 17.º – Protecção de dados pessoais 24
ARTIGO 18.º – Dados biométricos 25
ARTIGO 19.º – Testes e exames médicos 26
ARTIGO 20.º – Meios de vigilância a distância 27
ARTIGO 21.º – Utilização de meios de vigilância a distância 28
ARTIGO 22.º – Confidencialidade de mensagens e de acesso a informação 29
SUBSECÇÃO III – Igualdade e não discriminação 29
DIVISÃO I – Disposições gerais sobre igualdade e não discriminação ... 29
ARTIGO 23.º – Conceitos em matéria de igualdade e não discriminação 29
ARTIGO 24.º – Direito à igualdade no acesso a emprego e no trabalho 30
ARTIGO 25.º – Proibição de discriminação 33
ARTIGO 26.º – Regras contrárias ao princípio da igualdade e não discriminação 36
ARTIGO 27.º – Medida de acção positiva 37
ARTIGO 28.º – Indemnização por acto discriminatório 38
DIVISÃO II – Proibição de assédio 38
ARTIGO 29.º – Assédio 38
DIVISÃO III – Igualdade e não discriminação em função do sexo 39
ARTIGO 30.º – Acesso ao emprego, actividade profissional ou formação 39
ARTIGO 31.º – Igualdade de condições de trabalho 40
ARTIGO 32.º – Registo de processos de recrutamento 41
SUBSECÇÃO IV – Parentalidade 42
ARTIGO 33.º – Parentalidade 42
ARTIGO 34.º – Articulação com regime de protecção social 42
ARTIGO 35.º – Protecção na parentalidade 43
ARTIGO 36.º – Conceitos em matéria de protecção da parentalidade 44
ARTIGO 37.º – Licença em situação de risco clínico durante a gravidez 45
ARTIGO 38.º – Licença por interrupção da gravidez 48
ARTIGO 39.º – Modalidades de licença parental 49
ARTIGO 40.º – Licença parental inicial 50
ARTIGO 41.º – Períodos de licença parental exclusiva da mãe 55

ARTIGO 42.º – Licença parental inicial a gozar por um progenitor em caso de impossibilidade do outro 58
ARTIGO 43.º – Licença parental exclusiva do pai 60
ARTIGO 44.º – Licença por adopção 62
ARTIGO 45.º – Dispensa para avaliação para a adopção 65
ARTIGO 46.º – Dispensa para consulta pré-natal 65
ARTIGO 47.º – Dispensa para amamentação ou aleitação 67
ARTIGO 48.º – Procedimento de dispensa para amamentação ou aleitação 48
ARTIGO 49.º – Falta para assistência a filho 49
ARTIGO 50.º – Falta para assistência a neto 73
ARTIGO 51.º – Licença parental complementar 75
ARTIGO 52.º – Licença para assistência a filho 78
ARTIGO 53.º – Licença para assistência a filho com deficiência ou doença crónica 80
ARTIGO 54.º – Redução do tempo de trabalho para assistência a filho menor com deficiência ou doença crónica 82
ARTIGO 55.º – Trabalho a tempo parcial de trabalhador com responsabilidades familiares 86
ARTIGO 56.º – Horário flexível de trabalhador com responsabilidades familiares 88
ARTIGO 57.º – Autorização de trabalho a tempo parcial ou em regime de horário flexível 90
ARTIGO 58.º – Dispensa de algumas formas de organização do tempo de trabalho 93
ARTIGO 59.º – Dispensa de prestação de trabalho suplementar 94
ARTIGO 60.º – Dispensa de prestação de trabalho no período nocturno 94
ARTIGO 61.º – Formação para reinserção profissional 95
ARTIGO 62.º – Protecção da segurança e saúde de trabalhadora grávida puérpera ou lactante 96
ARTIGO 63.º – Protecção em caso de despedimento 102
ARTIGO 64.º – Extensão de direitos atribuídos a progenitores 106
ARTIGO 65.º – Regime de licenças, faltas e dispensas 107
SUBSECÇÃO V – Trabalho de menores 111
ARTIGO 66.º – Princípios gerais relativos ao trabalho de menor .. 111
ARTIGO 67.º – Formação profissional de menor 113
ARTIGO 68.º – Admissão de menor ao trabalho 114
ARTIGO 69.º – Admissão de menor sem escolaridade obrigatória ou sem qualificação profissional 117

ARTIGO 70.º – Capacidade do menor para celebrar contrato de trabalho e receber a retribuição 119
ARTIGO 71.º – Denúncia de contrato por menor 120
ARTIGO 72.º – Protecção da segurança e saúde de menor 120
ARTIGO 73.º – Limites máximos do período normal de trabalho de menor 123
ARTIGO 74.º – Dispensa de algumas formas de organização do tempo de trabalho de menor 125
ARTIGO 75.º – Trabalho suplementar de menor 125
ARTIGO 76.º – Trabalho de menor no período nocturno 126
ARTIGO 77.º – Intervalo de descanso de menor 128
ARTIGO 78.º – Descanso diário de menor 129
ARTIGO 79.º – Descanso semanal de menor 131
ARTIGO 80.º – Descanso semanal e períodos de trabalho de menor em caso de pluriemprego 132
ARTIGO 81.º – Participação de menor em espectáculo ou outra actividade 134
ARTIGO 82.º – Crime por utilização indevida de trabalho de menor . 134
ARTIGO 83.º – Crime de desobediência por não cessação da actividade de menor 134
SUBSECÇÃO VI – Trabalhador com capacidade de trabalho reduzida . 135
ARTIGO 84.º – Princípios gerais quanto ao emprego de trabalhador com capacidade de trabalho reduzida 135
SUBSECÇÃO VII – Trabalhador com deficiência ou doença crónica 136
ARTIGO 85.º – Princípios gerais quanto ao emprego de trabalhador com deficiência ou doença crónica 136
ARTIGO 86.º – Medidas de acção positiva em favor de trabalhador com deficiência ou doença crónica 137
ARTIGO 87.º – Dispensa de algumas formas de organização do tempo de trabalho de trabalhador com deficiência ou doença crónica 138
ARTIGO 88.º – Trabalho suplementar de trabalhador com deficiência ou doença crónica 138
SUBSECÇÃO VIII – Trabalhador-estudante 139
ARTIGO 89.º – Noção de trabalhador-estudante 139
ARTIGO 90.º – Organização do tempo de trabalho de trabalhador-estudante 140
ARTIGO 91.º – Faltas para prestação de provas de avaliação 144
ARTIGO 92.º – Férias e licenças de trabalhador-estudante 145
ARTIGO 93.º – Promoção profissional de trabalhador-estudante ... 147
ARTIGO 94.º – Concessão do estatuto de trabalhador-estudante ... 147

ARTIGO 95.º – Cessação e renovação de direitos 148
ARTIGO 96.º – Procedimento para exercício de direitos de trabalhador-estudante 149
SUBSECÇÃO IX – O empregador e a empresa 151
   ARTIGO 97.º – Poder de direcção 151
   ARTIGO 98.º – Poder disciplinar 151
   ARTIGO 99.º – Regulamento interno de empresa 151
   ARTIGO 100.º – Tipos de empresas 152
   ARTIGO 101.º – Pluralidade de empregadores 152
SECÇÃO III – Formação do contrato 154
   SUBSECÇÃO I – Negociação 154
      ARTIGO 102.º – Culpa na formação do contrato 154
   SUBSECÇÃO II – Promessa de contrato de trabalho 154
      ARTIGO 103.º – Regime da promessa de contrato de trabalho 154
   SUBSECÇÃO III – Contrato de adesão 155
      ARTIGO 104.º – Contrato de trabalho de adesão 155
      ARTIGO 105.º – Cláusulas contratuais gerais 155
   SUBSECÇÃO IV – Informação sobre aspectos relevantes na prestação de trabalho 156
      ARTIGO 106.º – Dever de informação 156
      ARTIGO 107.º – Meios de informação 157
      ARTIGO 108.º – Informação relativa a prestação de trabalho no estrangeiro 158
      ARTIGO 109.º – Actualização da informação 159
   SUBSECÇÃO V – Forma de contrato de trabalho 160
      ARTIGO 110.º – Regra geral sobre a forma de contrato de trabalho 160
SECÇÃO IV – Período experimental 160
   ARTIGO 111.º – Noção de período experimental 160
   ARTIGO 112.º – Duração do período experimental 161
   ARTIGO 113.º – Contagem do período experimental 162
   ARTIGO 114.º – Denúncia do contrato durante o período experimental 163
SECÇÃO V – Actividade do trabalhador 163
   ARTIGO 115.º – Determinação da actividade do trabalhador 163
   ARTIGO 116.º – Autonomia técnica 164
   ARTIGO 117.º – Efeitos de falta de título profissional 164
   ARTIGO 118.º – Funções desempenhadas pelo trabalhador 164
   ARTIGO 119.º – Mudança para categoria inferior 165
   ARTIGO 120.º – Mobilidade funcional 166
SECÇÃO VI – Invalidade do contrato de trabalho 167
   ARTIGO 121.º – Invalidade parcial de contrato de trabalho 167

ARTIGO 122.º – Efeitos da invalidade de contrato de trabalho 167
ARTIGO 123.º – Invalidade e cessação de contrato de trabalho 168
ARTICO 124.º – Contrato com objecto ou fim contrário à lei ou à ordem pública 168
ARTIGO 125.º – Convalidação de contrato de trabalho 169
SECÇÃO VII – Direitos, deveres e garantias das partes 169
  SUBSECÇÃO I – Disposições gerais 169
    ARTIGO 126.º – Deveres gerais das partes 169
    ARTIGO 127.º – Deveres do empregador 170
    ARTIGO 128.º – Deveres do trabalhador 171
    ARTIGO 129.º – Garantias do trabalhador 173
  SUBSECÇÃO II – Formação profissional 174
    ARTIGO 130.º – Objectivos da formação profissional 174
    ARTIGO 131.º – Formação contínua 175
    ARTIGO 132.º – Crédito de horas e subsídio para formação contínua 179
    ARTIGO 133.º – Conteúdo da formação contínua 180
    ARTIGO 134.º – Efeito da cessação do contrato de trabalho no direito a formação 180
SECÇÃO VIII – Cláusulas acessórias 181
  SUBSECÇÃO I – Condição e termo 181
    ARTIGO 135.º – Condição ou termo suspensivo 181
  SUBSECÇÃO II – Cláusulas de limitação da liberdade de trabalho ... 181
    ARTIGO 136.º – Pacto de não concorrência 181
    ARTIGO 137.º – Pacto de permanência 182
    ARTIGO 138.º – Limitação da liberdade de trabalho 183
SECÇÃO IX – Modalidades de contrato de trabalho 183
  SUBSECÇÃO I – Contrato a termo resolutivo 183
    ARTIGO 139.º – Regime do termo resolutivo 183
    ARTIGO 140.º – Admissibilidade de contrato de trabalho a termo resolutivo 184
    ARTIGO 141.º – Forma e conteúdo de contrato de trabalho a termo . 186
    ARTIGO 142.º – Casos especiais de contrato de trabalho de muito curta duração 187
    ARTIGO 143.º – Sucessão de contrato de trabalho a termo 188
    ARTIGO 144.º – Informações relativas a contrato de trabalho a termo 189
    ARTIGO 145.º – Preferência na admissão 190
    ARTIGO 146.º – Igualdade de tratamento no âmbito de contrato a termo 191
    ARTIGO 147.º – Contrato de trabalho sem termo 191

ARTIGO 148.º – Duração de contrato de trabalho a termo 194
ARTIGO 149.º – Renovação de contrato de trabalho a termo certo 195
SUBSECÇÃO II – Trabalho a tempo parcial 196
    ARTIGO 150.º – Noção de trabalho a tempo parcial 196
    ARTIGO 151.º – Liberdade de celebração de contrato de trabalho
        a tempo parcial 197
    ARTIGO 153.º – Forma e conteúdo de contrato de trabalho a tempo
        parcial 198
    ARTIGO 152.º – Preferência na admissão para trabalho a tempo
        parcial 198
    ARTIGO 154.º – Condições de trabalho a tempo parcial 199
    ARTIGO 155.º – Alteração da duração do trabalho a tempo parcial 200
    ARTIGO 156.º – Deveres do empregador em caso de trabalho a
        tempo parcial 201
SUBSECÇÃO III – Trabalho intermitente 202
    ARTIGO 157.º – Admissibilidade de trabalho intermitente 202
    ARTIGO 158.º – Forma e conteúdo de contrato de trabalho intermitente 203
    ARTIGO 159.º – Período de prestação de trabalho 203
    ARTIGO 160.º – Direitos do trabalhador 204
SUBSECÇÃO IV – Comissão de serviço 204
    ARTIGO 161.º – Objecto da comissão de serviço 204
    ARTIGO 162.º – Regime de contrato de trabalho em comissão de
        serviço 205
    ARTIGO 163.º – Cessação de comissão de serviço 206
    ARTIGO 164.º – Efeitos da cessação da comissão de serviço 206
SUBSECÇÃO V – Teletrabalho 208
    ARTIGO 165.º – Noção de teletrabalho 208
    ARTIGO 166.º – Regime de contrato para prestação subordinada
        de teletrabalho 208
    ARTIGO 167.º – Regime no caso de trabalhador anteriormente
        vinculado ao empregador 210
    ARTIGO 168.º – Instrumentos de trabalho em prestação subordinada de teletrabalho 210
    ARTIGO 169.º – Igualdade de tratamento de trabalhador em regime de teletrabalho 211
    ARTIGO 170.º – Privacidade de trabalhador em regime de teletrabalho 212
    ARTIGO 171.º – Participação e representação colectivas de trabalhador em regime de teletrabalho 213

SUBSECÇÃO VI – Trabalho temporário 214
DIVISÃO I – Disposições gerais relativas a trabalho temporário 214
    ARTIGO 172.º – Conceitos específicos do regime de trabalho temporário 214
    ARTIGO 173.º – Cedência ilícita de trabalhador 215
    ARTIGO 174.º – Casos especiais de responsabilidade da empresa de trabalho temporário ou do utilizador 217
DIVISÃO II – Contrato de utilização de trabalho temporário 218
    ARTIGO 175.º – Admissibilidade de contrato de utilização de trabalho temporário 218
    ARTIGO 176.º – Justificação de contrato de utilização de trabalho temporário 221
    ARTIGO 177.º – Forma e conteúdo de contrato de utilização de trabalho temporário 221
    ARTIGO 178.º – Duração de contrato de utilização de trabalho temporário 224
    ARTIGO 179.º – Proibição de contratos sucessivos 225
DIVISÃO III – Contrato de trabalho temporário 226
    ARTIGO 180.º – Admissibilidade de contrato de trabalho temporário 226
    ARTIGO 181.º – Forma e conteúdo de contrato de trabalho temporário 227
    ARTIGO 182.º – Duração de contrato de trabalho temporário 229
DIVISÃO IV – Contrato de trabalho por tempo indeterminado para cedência temporária 230
    ARTIGO 183.º – Forma e conteúdo de contrato de trabalho por tempo indeterminado para cedência temporária .. 230
    ARTIGO 184.º – Período sem cedência temporária 232
DIVISÃO V – Regime de prestação de trabalho de trabalhador temporário 234
    ARTIGO 185.º – Condições de trabalho de trabalhador temporário 234
    ARTIGO 186.º – Segurança e saúde no trabalho temporário 238
    ARTIGO 187.º – Formação profissional de trabalhador temporário 241
    ARTIGO 188.º – Substituição de trabalhador temporário 244
    ARTIGO 189.º – Enquadramento de trabalhador temporário 245
    ARTIGO 190.º – Prestações garantidas pela caução para exercício da actividade de trabalho temporário 247
    ARTIGO 191.º – Execução da caução 250
    ARTIGO 192.º – Sanções acessórias no âmbito de trabalho temporário 254

CAPÍTULO II – Prestação do trabalho 255
SECÇÃO I – Local de trabalho 255
   ARTIGO 193.º – Noção de local de trabalho 255
   ARTIGO 194.º – Transferência de local de trabalho 255
   ARTIGO 195.º – Transferência a pedido do trabalhador 257
   ARTIGO 196.º – Procedimento em caso de transferência do local
                de trabalho 257
SECÇÃO II – Duração e organização do tempo de trabalho 258
   SUBSECÇÃO I – Noções e princípios gerais sobre duração e organi-
            zação do tempo de trabalho 258
      ARTIGO 197.º – Tempo de trabalho 258
      ARTIGO 198.º – Período normal de trabalho 259
      ARTIGO 199.º – Período de descanso 259
      ARTIGO 200.º – Horário de trabalho 260
      ARTIGO 201.º – Período de funcionamento 260
      ARTIGO 202.º – Registo de tempos de trabalho 261
   SUBSECÇÃO II – Limites da duração do trabalho 261
      ARTIGO 203.º – Limites máximos do período normal de trabalho. 261
      ARTIGO 204.º – Adaptabilidade por regulamentação colectiva 263
      ARTIGO 205.º – Adaptabilidade individual 263
      ARTIGO 206.º – Adaptabilidade grupal 264
      ARTIGO 207.º – Período de referência 265
      ARTIGO 208.º – Banco de horas 267
      ARTIGO 209.º – Horário concentrado 268
      ARTIGO 210.º – Excepções aos limites máximos do período nor-
               mal de trabalho 269
      ARTIGO 211.º – Limite máximo da duração média do trabalho
               semanal 270
   SUBSECÇÃO III – Horário de trabalho 271
      ARTIGO 212.º – Elaboração de horário de trabalho 271
      ARTIGO 213.º – Intervalo de descanso 272
      ARTIGO 214.º – Descanso diário 273
      ARTIGO 2l5.º – Mapa de horário de trabalho 275
      ARTIGO 216.º – Afixação e envio de mapa de horário de trabalho. 277
      ARTIGO 217.º – Alteração de horário de trabalho 279
   SUBSECÇÃO IV – Isenção de horário de trabalho 281
      ARTIGO 218.º – Condições de isenção de horário de trabalho 281
      ARTIGO 219.º – Modalidades e efeitos de isenção de horário de
               trabalho 282
   SUBSECÇÃO V – Trabalho por turnos 283
      ARTIGO 220.º – Noção de trabalho por turnos 283

ARTIGO 221.º – Organização de turnos 283
ARTIGO 222.º – Protecção em matéria de segurança e saúde no trabalho 284
SUBSECÇÃO VI – Trabalho nocturno 285
ARTIGO 223.º – Noção de trabalho nocturno 285
ARTIGO 224.º – Duração do trabalho de trabalhador nocturno 285
ARTIGO 225.º – Protecção de trabalhador nocturno 288
SUBSECÇÃO VII – Trabalho suplementar 289
ARTIGO 226.º – Noção de trabalho suplementar 289
ARTIGO 227.º – Condições de prestação de trabalho suplementar 290
ARTIGO 228.º – Limites de duração do trabalho suplementar 292
ARTIGO 229.º – Descanso compensatório de trabalho suplementar 293
ARTIGO 230.º – Regimes especiais de trabalho suplementar 294
ARTIGO 231.º – Registo de trabalho suplementar 296
SUBSECÇÃO VIII – Descanso semanal 298
ARTIGO 232.º – Descanso semanal 298
ARTIGO 233.º – Cumulação de descanso semanal e de descanso diário 299
SUBSECÇÃO IX – Feriados 301
ARTIGO 234.º – Feriados obrigatórios 301
ARTIGO 235.º – Feriados facultativos 302
ARTIGO 236.º – Regime dos feriados 302
SUBSECÇÃO X – Férias 302
ARTIGO 237.º – Direito a férias 302
ARTIGO 238.º – Duração do período de férias 304
ARTIGO 239.º – Casos especiais de duração do período de férias 307
ARTIGO 240.º – Ano do gozo das férias 309
ARTIGO 241.º – Marcação do período de férias 310
ARTIGO 242.º – Encerramento para férias 313
ARTIGO 243.º – Alteração do período de férias por motivo relativo à empresa 314
ARTIGO 244.º – Alteração do período de férias por motivo relativo ao trabalhador 316
ARTIGO 245.º – Efeitos da cessação do contrato de trabalho no direito a férias 318
ARTIGO 246.º – Violação do direito a férias 321
ARTIGO 247.º – Exercício de outra actividade durante as férias .. 322
SUBSECÇÃO XI – Faltas 323
ARTIGO 248.º – Noção de falta 323
ARTIGO 249.º – Tipos de falta 323
ARTIGO 250.º – Imperatividade do regime de faltas 324

ARTIGO 251.º – Faltas por motivo de falecimento de cônjuge, parente ou afim 325
ARTIGO 252.º – Falta para assistência a membro do agregado familiar 325
ARTIGO 253.º – Comunicação de ausência 326
ARTIGO 254.º – Prova de motivo justificativo de falta 327
ARTIGO 255.º – Efeitos de falta justificada 328
ARTIGO 256.º – Efeitos de falta injustificada 329
ARTIGO 257.º – Substituição da perda de retribuição por motivo de falta 330
CAPÍTULO III – Retribuição e outras prestações patrimoniais 332
SECÇÃO I – Disposições gerais sobre retribuição 332
ARTIGO 258.º – Princípios gerais sobre a retribuição 332
ARTIGO 259.º – Retribuição em espécie 332
ARTIGO 260.º – Prestações incluídas ou excluídas da retribuição 333
ARTIGO 261.º – Modalidades de retribuição 335
ARTIGO 262.º – Cálculo de prestação complementar ou acessória 335
ARTIGO 263.º – Subsídio de Natal 336
ARTIGO 264.º – Retribuição do período de férias e subsídio 337
ARTIGO 265.º – Retribuição por isenção de horário de trabalho .. 338
ARTIGO 266.º – Pagamento de trabalho nocturno 340
ARTIGO 267.º – Retribuição por exercício de funções afins ou funcionalmente ligadas 342
ARTIGO 268.º – Pagamento de trabalho suplementar 342
ARTIGO 269.º – Prestações relativas a dia feriado 344
SECÇÃO II – Determinação do valor da retribuição 344
ARTIGO 270.º – Critérios de determinação da retribuição 344
ARTIGO 271.º – Cálculo do valor da retribuição horária 345
ARTIGO 272.º – Determinação judicial do valor da retribuição 345
SECÇÃO III – Retribuição mínima mensal garantida 346
ARTIGO 273.º – Determinação da retribuição mínima mensal garantida 346
ARTIGO 274.º – Prestações incluídas na retribuição mínima mensal garantida 347
ARTIGO 275.º – Redução da retribuição mínima mensal garantida relacionada com o trabalhador 348
SECÇÃO IV – Cumprimento de obrigação de retribuição 349
ARTIGO 276.º – Forma de cumprimento 349
ARTIGO 277.º – Lugar do cumprimento 351
ARTIGO 278.º – Tempo do cumprimento 351

ARTIGO 279.º – Compensações e descontos 354
ARTIGO 280.º – Cessão de crédito retributivo 356
CAPÍTULO IV – Prevenção e reparação de acidentes de trabalho e doenças
   profissionais 356
   ARTIGO 281.º – Princípios gerais em matéria de segurança e saúde
      no trabalho 356
   ARTIGO 282.º – Informação, consulta e formação dos trabalha-
      dores 362
   ARTIGO 283.º – Acidentes de trabalho e doenças profissionais 367
   ARTIGO 284.º – Regulamentação da prevenção e reparação 371
CAPÍTULO V – Vicissitudes contratuais 371
   SECÇÃO I – Transmissão de empresa ou estabelecimento 371
      ARTIGO 285.º – Efeitos de transmissão de empresa ou estabeleci-
         mento 371
      ARTIGO 286.º – Informação e consulta de representantes dos tra-
         balhadores 373
      ARTIGO 287.º – Representação dos trabalhadores após a trans-
         missão 374
   SECÇÃO II – Cedência ocasional de trabalhador 375
      ARTIGO 288.º – Noção de cedência ocasional de trabalhador 375
      ARTIGO 289.º – Admissibilidade de cedência ocasional 377
      ARTIGO 290.º – Acordo de cedência ocasional de trabalhador 377
      ARTIGO 291.º – Regime de prestação de trabalho de trabalhador
         cedido 377
      ARTIGO 292.º – Consequência de recurso ilícito a cedência ou
         de irregularidade de acordo 379
      ARTIGO 293.º – Enquadramento de trabalhador cedido 380
   SECÇÃO III – Redução da actividade e suspensão de contrato de tra-
      balho 380
      SUBSECÇÃO I – Disposições gerais sobre a redução e suspensão 380
         ARTIGO 294.º – Factos determinantes de redução ou suspensão .. 380
         ARTIGO 295.º – Efeitos da redução ou da suspensão 381
      SUBSECÇÃO II – Suspensão de contrato de trabalho por facto res-
         peitante a trabalhador 382
         ARTIGO 296.º – Facto determinante da suspensão respeitante a
            trabalhador 382
         ARTIGO 297.º – Regresso do trabalhador 383
      SUBSECÇÃO III – Redução temporária do período normal de tra-
         balho ou suspensão do contrato de trabalho por
         facto respeitante ao empregador 383
         DIVISÃO I – Situação de crise empresarial 383

ARTIGO 298.º – Redução ou suspensão em situação de crise empresarial 383
ARTIGO 299.º – Comunicações em caso de redução ou suspensão 384
ARTIGO 300.º – Informações e negociação em caso de redução ou suspensão 385
ARTIGO 301.º – Duração de medida de redução ou suspensão 387
ARTIGO 302.º – Formação profissional durante a redução ou suspensão 388
ARTIGO 303.º – Deveres do empregador no período de redução ou suspensão 389
ARTIGO 304.º – Deveres do trabalhador no período de redução ou suspensão 390
ARTIGO 305.º – Direitos do trabalhador no período de redução ou suspensão 391
ARTIGO 306.º – Efeitos da redução ou suspensão em férias, subsídio de férias ou de Natal 393
ARTIGO 307.º – Acompanhamento da medida 394
ARTIGO 308.º – Direitos dos representantes dos trabalhadores durante a redução ou suspensão 395
DIVISÃO II – Encerramento e diminuição temporários de actividade ... 396
ARTIGO 309.º – Retribuição durante o encerramento ou a diminuição de actividade 396
ARTIGO 310.º – Cessação de encerramento ou de diminuição de actividade 397
ARTIGO 311.º – Procedimento em caso de encerramento temporário por facto imputável ao empregador 397
ARTIGO 312.º – Caução em caso de encerramento temporário por facto imputável ao empregador 399
ARTIGO 313.º – Actos proibidos em caso de encerramento temporário 401
ARTIGO 314.º – Anulabilidade de acto de disposição 402
ARTIGO 315.º – Extensão do regime a caso de encerramento definitivo 402
ARTIGO 316.º – Responsabilidade penal em caso de encerramento de empresa ou estabelecimento 403
SUBSECÇÃO IV – Licença sem retribuição 403
ARTIGO 317.º – Concessão e efeitos da licença sem retribuição 403
SUBSECÇÃO V – Pré-reforma 405
ARTIGO 318.º – Noção de pré-reforma 405
ARTIGO 319.º – Acordo de pré-reforma 405
ARTIGO 320.º – Prestação de pré-reforma 406

ARTIGO 321.º – Direitos de trabalhador em situação de pré-reforma 407
ARTIGO 322.º – Cessação de pré-reforma 407
CAPÍTULO VI – Incumprimento do contrato 408
SECÇÃO I – Disposições gerais 408
    ARTIGO 323.º – Efeitos gerais do incumprimento do contrato de trabalho 408
    ARTIGO 324.º – Efeitos para o empregador de falta de pagamento pontual da retribuição 409
SECÇÃO II – Suspensão de contrato de trabalho por não pagamento pontual da retribuição 410
    ARTIGO 325.º – Requisitos da suspensão de contrato de trabalho 410
    ARTIGO 326.º – Prestação de trabalho durante a suspensão 411
    ARTIGO 327.º – Cessação da suspensão do contrato de trabalho . 411
SECÇÃO III – Poder disciplinar 412
    ARTIGO 328.º – Sanções disciplinares 413
    ARTIGO 329.º – Procedimento disciplinar e prescrição 413
    ARTIGO 330.º – Critério de decisão e aplicação de sanção disciplinar 415
    ARTIGO 331.º – Sanções abusivas 415
    ARTIGO 332.º – Registo de sanções disciplinares 417
SECÇÃO IV – Garantias de créditos do trabalhador 417
    ARTIGO 333.º – Privilégios creditórios 417
    ARTIGO 334.º – Responsabilidade solidária de sociedade em relação de participações recíprocas, de domínio ou de grupo 418
    ARTIGO 335.º – Responsabilidade de sócio, gerente, administrador ou director 418
    ARTIGO 336.º – Fundo de Garantia Salarial 419
SECÇÃO V – Prescrição e prova 419
    ARTIGO 337.º – Prescrição e prova de crédito 419
CAPÍTULO VII – Cessação de contrato de trabalho 420
SECÇÃO I – Disposições gerais sobre cessação de contrato de trabalho 420
    ARTIGO 338.º – Proibição de despedimento sem justa causa 420
    ARTIGO 339.º – Imperatividade do regime de cessação do contrato de trabalho 420
    ARTIGO 340.º – Modalidades de cessação do contrato de trabalho 421
    ARTIGO 341.º – Documentos a entregar ao trabalhador 421
    ARTIGO 342.º – Devolução de instrumentos de trabalho 422
SECÇÃO II – Caducidade de contrato de trabalho 422
    ARTIGO 343.º – Causas de caducidade de contrato de trabalho ... 422

ARTIGO 344.º – Caducidade de contrato de trabalho a termo certo 422
ARTIGO 345.º – Caducidade de contrato de trabalho a termo incerto 424
ARTIGO 346.º – Morte de empregador, extinção de pessoa colectiva ou encerramento de empresa 426
ARTIGO 347.º – Insolvência e recuperação de empresa 429
ARTIGO 348.º – Conversão em contrato a termo após reforma por velhice ou idade de 70 anos 429
SECÇÃO III – Revogação de contrato de trabalho 430
ARTIGO 349.º – Cessação de contrato de trabalho por acordo 430
ARTIGO 350.º – Cessação do acordo de revogação 432
SECÇÃO IV – Despedimento por iniciativa do empregador 433
SUBSECÇÃO I – Modalidades de despedimento 433
DIVISÃO I – Despedimento por facto imputável ao trabalhador 433
ARTIGO 351.º – Noção de justa causa de despedimento 433
ARTIGO 352.º – Inquérito prévio 435
ARTIGO 353.º – Nota de culpa 435
ARTIGO 354.º – Suspensão preventiva de trabalhador 437
ARTIGO 355.º – Resposta à nota de culpa 437
ARTIGO 356.º – Instrução 439
ARTIGO 357.º – Decisão de despedimento por facto imputável ao trabalhador 441
ARTIGO 358.º – Procedimento em caso de microempresa 443
DIVISÃO II – Despedimento colectivo 445
ARTIGO 359.º – Noção de despedimento colectivo 445
ARTIGO 360.º – Comunicações em caso de despedimento colectivo 446
ARTIGO 361.º – Informações e negociação em caso de despedimento colectivo 449
ARTIGO 362.º – Intervenção do ministério responsável pela área laboral 452
ARTIGO 363.º – Decisão de despedimento colectivo 453
ARTIGO 364.º – Crédito de horas durante o aviso prévio 456
ARTIGO 365.º – Denúncia do contrato pelo trabalhador durante o aviso prévio 458
ARTIGO 366.º – Compensação por despedimento colectivo 458
DIVISÃO III – Despedimento por extinção de posto de trabalho 460
ARTIGO 367.º – Noção de despedimento por extinção de posto de trabalho 460
ARTIGO 368.º – Requisitos de despedimento por extinção de posto de trabalho 460

ARTIGO 369.º – Comunicações em caso de despedimento por extinção de posto de trabalho 463
ARTIGO 370.º – Consultas em caso de despedimento por extinção de posto de trabalho... 465
ARTIGO 371.º – Decisão de despedimento por extinção de posto de trabalho 466
ARTIGO 372.º – Direitos de trabalhador em caso de despedimento por extinção de posto de trabalho 469
DIVISÃO IV – Despedimento por inadaptação 469
ARTIGO 373.º – Noção de despedimento por inadaptação 469
ARTIGO 374.º – Situações de inadaptação 469
ARTIGO 375.º – Requisitos de despedimento por inadaptação 470
ARTIGO 376.º – Comunicações em caso de despedimento por inadaptação 473
ARTIGO 377.º – Consultas em caso de despedimento por inadaptação 475
ARTIGO 378.º – Decisão de despedimento por inadaptação 475
ARTIGO 379.º – Direitos de trabalhador em caso de despedimento por inadaptação 477
ARTIGO 380.º – Manutenção do nível de emprego 477
SUBSECÇÃO II – Ilicitude de despedimento 479
ARTIGO 381.º – Fundamentos gerais de ilicitude de despedimento.. 479
ARTIGO 382.º – Ilicitude de despedimento por facto imputável ao trabalhador 480
ARTIGO 383.º – Ilicitude de despedimento colectivo 480
ARTIGO 384.º – Ilicitude de despedimento por extinção de posto de trabalho 481
ARTIGO 385.º – Ilicitude de despedimento por inadaptação 481
ARTIGO 386.º – Suspensão de despedimento................................. 482
ARTIGO 387.º – Apreciação judicial do despedimento 482
ARTIGO 388.º – Apreciação judicial do despedimento colectivo .. 483
ARTIGO 389.º – Efeitos da Ilicitude de despedimento 483
ARTIGO 390.º – Compensação em caso de despedimento ilícito .. 485
ARTIGO 391.º – Indemnização em substituição de reintegração a pedido do trabalhador 486
ARTIGO 392.º – Indemnização em substituição de reintegração a pedido do empregado 486
SUBSECÇÃO III – Despedimento por iniciativa do empregador em caso de contrato a termo 488
ARTIGO 393.º – Regras especiais relativas a contrato de trabalho a termo 488

SECÇÃO V – Cessação de contrato de trabalho por iniciativa do trabalhador 490
SUBSECÇÃO I – Resolução de contrato de trabalho pelo trabalhador
ARTIGO 394.º – Justa causa de resolução 490
ARTIGO 395.º – Procedimento para resolução de contrato pelo trabalhador 491
ARTIGO 396.º – Indemnização devida ao trabalhador 492
ARTIGO 397.º – Revogação da resolução 493
ARTIGO 398.º – Impugnação da resolução 494
ARTIGO 399.º – Responsabilidade do trabalhador em caso de resolução ilícita 494
SUBSECÇÃO II – Denúncia de contrato de trabalho pelo trabalhador 495
ARTIGO 400.º – Denúncia com aviso prévio 495
ARTIGO 401.º – Denúncia sem aviso prévio 496
ARTIGO 402.º – Revogação da denúncia 497
ARTIGO 403.º – Abandono do trabalho 498

TÍTULO III – Direito colectivo 499
SUBTÍTULO I – Sujeitos 499
CAPÍTULO I – Estruturas de representação colectiva dos trabalhadores 499
SECÇÃO I – Disposições gerais sobre estruturas de representação colectiva dos trabalhadores 499
ARTIGO 404.º – Estruturas de representação colectiva dos trabalhadores 499
ARTIGO 405.º – Autonomia e independência 499
ARTIGO 406.º – Proibição de actos discriminatórios 500
ARTIGO 407.º – Crime por violação da autonomia ou independência sindical, ou por acto discriminatório 501
ARTIGO 408.º – Crédito de horas de representantes dos trabalhadores 501
ARTIGO 409.º – Faltas de representantes dos trabalhadores 503
ARTIGO 410.º – Protecção em caso de procedimento disciplinar ou despedimento 505
ARTIGO 411.º – Protecção em caso de transferência 507
ARTIGO 412.º – Informações confidenciais 508
ARTIGO 413.º – Justificação e controlo judicial em matéria de confidencialidade de informação 509
ARTIGO 414.º – Exercício de direitos 510
SECÇÃO II – Comissões de trabalhadores 512
SUBSECÇÃO I – Disposições gerais sobre comissões de trabalhadores 512

ARTIGO 415.º – Princípios gerais relativos a comissões subcomissões e comissões coordenadoras 512
ARTIGO 416.º – Personalidade e capacidade de comissão de trabalhadores 513
ARTIGO 417.º – Número de membros de comissão de trabalhadores, comissão coordenadora ou subcomissão 513
ARTIGO 418.º – Duração do mandato 514
ARTIGO 419.º – Reunião de trabalhadores no local de trabalho convocada por comissão de trabalhadores 514
ARTIGO 420.º – Procedimento para reunião de trabalhadores no local de trabalho 515
ARTIGO 421.º – Apoio à comissão de trabalhadores e difusão de informação 516
ARTIGO 422.º – Crédito de horas de membros das comissões 516
SUBSECÇÃO II – Informação e consulta 518
ARTIGO 423.º – Direitos da comissão e da subcomissão de trabalhadores 518
ARTIGO 424.º – Conteúdo do direito a informação 520
ARTIGO 425.º – Obrigatoriedade de consulta da comissão de trabalhadores 521
SUBSECÇÃO III – Controlo de gestão da empresa 523
ARTIGO 426.º – Finalidade e conteúdo do controlo de gestão 523
ARTIGO 427.º – Exercício do direito a informação e consulta 525
ARTIGO 428.º – Representantes dos trabalhadores em órgãos de entidade pública empresarial 526
SUBSECÇÃO IV – Participação em processo de reestruturação da empresa 526
ARTIGO 429.º – Exercício do direito de participação nos processos de reestruturação 526
SUBSECÇÃO V – Constituição, estatutos e eleição 528
ARTIGO 430.º – Constituição e aprovação dos estatutos de comissão de trabalhadores 528
ARTIGO 431.º – Votação da constituição e aprovação dos estatutos de comissão de trabalhadores 530
ARTIGO 432.º – Procedimento para apuramento do resultado 531
ARTIGO 433.º – Regras gerais da eleição de comissão e subcomissões de trabalhadores 534
ARTIGO 434.º – Conteúdo dos estatutos da comissão de trabalhadores 535
ARTIGO 435.º – Estatutos da comissão coordenadora 536

ARTIGO 436.º – Adesão e revogação de adesão a comissão coordenadora 536
ARTIGO 437.º – Eleição de comissão coordenadora 537
ARTIGO 438.º – Registos e publicações referentes a comissões e subcomissões 537
ARTIGO 439.º – Controlo de legalidade da constituição e dos estatutos das comissões 539
SECÇÃO III – Associações sindicais e associações de empregadores 540
SUBSECÇÃO I – Disposições preliminares 540
ARTIGO 440.º – Direito de associação 540
ARTIGO 441.º – Regime subsidiário 541
ARTIGO 442.º – Conceitos no âmbito do direito de associação 541
ARTIGO 443.º – Direitos das associações 542
ARTIGO 444.º – Liberdade de inscrição 544
SUBSECÇÃO II – Constituição e organização das associações 547
ARTIGO 445.º – Princípios de auto-regulamentação organização e gestão democráticas 547
ARTIGO 446.º – Autonomia e independência das associações 547
ARTIGO 447.º – Constituição, registo e aquisição de personalidade 548
ARTIGO 448.º – Aquisição e perda da qualidade de associação de empregadores 550
ARTIGO 449.º – Alteração de estatutos 551
ARTIGO 450.º – Conteúdo dos estatutos 551
ARTIGO 451.º – Princípios da organização e da gestão democráticas 554
ARTIGO 452.º – Regime disciplinar 558
ARTIGO 453.º – Impenhorabilidade de bens 558
ARTIGO 454.º – Publicitação dos membros da direcção 559
ARTIGO 455.º – Averbamento ao registo 560
ARTIGO 456.º – Extinção de associações e cancelamento do registo 560
SUBSECÇÃO III – Quotização sindical 562
ARTIGO 457.º – Quotização sindical e protecção dos trabalhadores 562
ARTIGO 458.º – Cobrança de quotas sindicais 562
ARTIGO 459.º – Crime de retenção de quota sindical 564
SUBSECÇÃO IV – Actividade sindical na empresa 564
ARTIGO 460.º – Direito a actividade sindical na empresa 564
ARTIGO 461.º – Reunião de trabalhadores no local de trabalho ... 565
ARTIGO 462.º – Eleição, destituição ou cessação de funções de delegado sindical 567
ARTIGO 463.º – Número de delegados sindicais 568
ARTIGO 464.º – Direito a instalações 568
ARTIGO 465.º – Afixação e distribuição de informação sindical .. 569

ARTIGO 466.º – Informação e consulta de delegado sindical 570
ARTIGO 467.º – Crédito de horas de delegado sindical 571
SUBSECÇÃO V – Membro de direcção de associação sindical 571
ARTIGO 468.º – Crédito de horas e faltas de membro de direcção 571
CAPÍTULO II – Participação na elaboração de legislação do trabalho 574
ARTIGO 469.º – Noção de legislação do trabalho 574
ARTIGO 470.º – Precedência de discussão 575
ARTIGO 471.º – Participação da Comissão Permanente de Concertação Social 575
ARTIGO 472.º – Publicação de projectos e propostas 575
ARTIGO 473.º – Prazo de apreciação pública 576
ARTIGO 474.º – Pareceres e audições das organizações representativas 577
ARTIGO 475.º – Resultado de apreciação pública 578
SUBTÍTULO II – Instrumentos de regulamentação colectiva de trabalho 578
CAPÍTULO I – Princípios gerais relativos a instrumentos de regulamentação colectiva de trabalho 578
SECÇÃO I – Disposições gerais sobre instrumentos de regulamentação colectiva de trabalho 578
ARTIGO 476.º – Princípio do tratamento mais favorável 578
ARTIGO 477.º – Forma de instrumento de regulamentação colectiva de trabalho 579
ARTIGO 478.º – Limites do conteúdo de instrumento de regulamentação colectiva de trabalho 579
ARTIGO 479.º – Apreciação relativa à igualdade e não discriminação 579
ARTIGO 480.º – Publicidade de instrumento de regulamentação colectiva de trabalho aplicável 580
SECÇÃO II – Concorrência de instrumentos de regulamentação colectiva de trabalho 581
ARTIGO 481.º – Preferência de instrumento de regulamentação colectiva de trabalho negocial vertical 581
ARTIGO 482.º – Concorrência entre instrumentos de regulamentação colectiva de trabalho negociais 581
ARTIGO 483.º – Concorrência entre instrumentos de regulamentação colectiva de trabalho não negociais 582
ARTIGO 484.º – Concorrência entre instrumentos de regulamentação colectiva de trabalho negociais e não negociais 583
CAPÍTULO II – Convenção colectiva 583
SECÇÃO I – Contratação colectiva 583
ARTIGO 485.º – Promoção da contratação colectiva 583

ARTIGO 486.º – Proposta negocial 583
ARTIGO 487.º – Resposta à proposta 584
ARTIGO 488.º – Prioridade em matéria negocial 584
ARTIGO 489.º – Boa fé na negociação 585
ARTIGO 490.º – Apoio técnico da Administração 586
SECÇÃO II – Celebração e conteúdo 587
    ARTIGO 491.º – Representantes de entidades celebrantes 587
    ARTIGO 492.º – Conteúdo de convenção colectiva 588
    ARTIGO 493.º – Comissão paritária 589
SECÇÃO III – Depósito de convenção colectiva 590
    ARTIGO 494.º – Procedimento do depósito de convenção colectiva. 590
    ARTIGO 495.º – Alteração de convenção antes da decisão sobre o depósito 591
SECÇÃO IV – Âmbito pessoal de convenção colectiva 592
    ARTIGO 496.º – Princípio da filiação 592
    ARTIGO 497.º – Escolha de convenção aplicável 593
    ARTIGO 498.º – Aplicação de convenção em caso de transmissão de empresa ou estabelecimento 593
SECÇÃO V – Âmbito temporal de convenção colectiva 594
    ARTIGO 499.º – Vigência e renovação de convenção colectiva..... 594
    ARTIGO 500.º – Denúncia de convenção colectiva 594
    ARTIGO 501.º – Sobrevigência e caducidade de convenção colectiva 595
    ARTIGO 502.º – Cessação da vigência de convenção colectiva..... 596
    ARTIGO 503.º – Sucessão de convenções colectivas 597
CAPÍTULO III – Acordo de adesão 597
    ARTIGO 504.º – Adesão a convenção colectiva ou a decisão arbitral 597
CAPÍTULO IV – Arbitragem 598
SECÇÃO I – Disposições comuns sobre arbitragem 598
    ARTIGO 505.º – Disposições comuns sobre arbitragem de conflitos colectivos de trabalho 598
SECÇÃO II – Arbitragem voluntária 599
    ARTIGO 506.º – Admissibilidade da arbitragem voluntária 599
    ARTIGO 507.º – Funcionamento da arbitragem voluntária 599
SECÇÃO III – Arbitragem obrigatória 600
    ARTIGO 508.º – Admissibilidade de arbitragem obrigatória 600
    ARTIGO 509.º – Determinação de arbitragem obrigatória 601
SECÇÃO IV – Arbitragem necessária 602
    ARTIGO 510.º – Admissibilidade da arbitragem necessária 602
    ARTIGO 511.º – Determinação de arbitragem necessária 602

SECÇÃO V – Disposições comuns à arbitragem obrigatória e à arbitragem necessária 603
    ARTIGO 5l2.º – Competência do Conselho Económico e Social ... 603
    ARTIGO 513.º – Regulamentação da arbitragem obrigatória e arbitragem necessária 606
CAPÍTULO V – Portaria de extensão 607
    ARTIGO 514.º – Extensão de convenção colectiva ou decisão arbitral 607
    ARTIGO 515.º – Subsidiariedade 608
    ARTIGO 516.º – Competência e procedimento para emissão de portaria de extensão 608
CAPÍTULO VI – Portaria de condições de trabalho 609
    ARTIGO 517.º – Admissibilidade de portaria de condições de trabalho 609
    ARTIGO 518.º – Competência e procedimento para emissão de portaria de condições de trabalho 609
CAPÍTULO VII – Publicação, entrada em vigor e aplicação 610
    ARTIGO 5l9.º – Publicação e entrada em vigor de instrumento de regulamentação colectiva de trabalho 610
    ARTIGO 520.º – Aplicação de instrumento de regulamentação colectiva de trabalho 611
    ARTIGO 52l.º – Violação de disposição de instrumento de regulamentação colectiva de trabalho 612
SUBTÍTULO III – Conflitos colectivos de trabalho 613
CAPÍTULO I – Resolução de conflitos colectivos de trabalho 613
  SECÇÃO I – Princípio de boa fé 613
    ARTIGO 522.º – Boa fé 613
  SECÇÃO II – Conciliação 613
    ARTIGO 523.º – Admissibilidade e regime da conciliação 613
    ARTIGO 524.º – Procedimento de conciliação 614
    ARTIGO 525.º – Transformação da conciliação em mediação 617
  SECÇÃO III – Mediação 617
    ARTIGO 526.º – Admissibilidade e regime da mediação 617
    ARTIGO 527.º – Procedimento de mediação 617
    ARTIGO 528.º – Mediação por outra entidade 620
  SECÇÃO IV – Arbitragem 621
    ARTIGO 529.º – Arbitragem 621
CAPÍTULO II – Greve e proibição de lock-out 621
  SECÇÃO I – Greve 621
    ARTIGO 530.º – Direito à greve 621
    ARTIGO 531.º – Competência para declarar a greve 621

ARTIGO 532.º – Representação dos trabalhadores em greve 622
ARTIGO 533.º – Piquete de greve 622
ARTIGO 534.º – Aviso prévio de greve 622
ARTIGO 535.º – Proibição de substituição de grevistas 623
ARTIGO 536.º – Efeitos da greve 624
ARTIGO 537.º – Obrigação de prestação de serviços durante a greve 625
ARTIGO 538.º – Definição de serviços a assegurar durante a greve 626
ARTIGO 539.º – Termo da greve 631
ARTIGO 540.º – Proibição de coacção, prejuízo ou discriminação de trabalhador 631
ARTIGO 541.º – Efeitos de greve declarada ou executada de forma contrária à lei 632
ARTIGO 542.º – Regulamentação da greve por convenção colectiva 632
ARTIGO 543.º – Responsabilidade penal em matéria de greve 633
SECÇÃO II – Lock-out 633
ARTIGO 544.º – Conceito e proibição de lock-out 633
ARTIGO 545.º – Responsabilidade penal em matéria de lock-out ... 634

LIVRO II – Responsabilidades penal e contra-ordenacional 634
CAPÍTULO I – Responsabilidade penal 634
ARTIGO 546.º – Responsabilidade de pessoas colectivas e equiparadas 634
ARTIGO 547.º – Desobediência qualificada 634
CAPÍTULO II – Responsabilidade contra-ordenacional 635
ARTIGO 548.º – Noção de contra-ordenação laboral 635
ARTIGO 549.º – Regime das contra-ordenações laborais 635
ARTIGO 550.º – Punibilidade da negligência 635
ARTIGO 551.º – Sujeito responsável por contra-ordenação laboral . 635
ARTIGO 552.º – Apresentação de documentos 636
ARTIGO 553.º – Escalões de gravidade das contra-ordenações laborais 636
ARTIGO 554.º – Valores das coimas 637
ARTIGO 555.º – Outros valores de coimas 639
ARTIGO 556.º – Critérios especiais de medida da coima 640
ARTIGO 557.º – Dolo 640
ARTIGO 558.º – Pluralidade de contra-ordenações 640
ARTIGO 559.º – Determinação da medida da coima 641
ARTIGO 560.º – Dispensa de coima 642
ARTIGO 561.º – Reincidência 642

ARTIGO 562.º – Sanções acessórias 643
ARTIGO 563.º – Dispensa e eliminação da publicidade 644
ARTIGO 564.º – Cumprimento de dever omitido 644
ARTIGO 565.º – Registo individual 645
ARTIGO 566.º – Destino das coimas 645